《当代中国人物传记》丛书

书名手迹：邓小平

陳毅傳

《陈毅传》编写组 著

当代中国出版社
Contemporary China Publishing House

图书在版编目(CIP)数据

陈毅传 /《陈毅传》编写组著. -- 3版. -- 北京：当代中国出版社，2006. 8 （2022. 7 重印）
（当代中国人物传记丛书）
ISBN 978-7-80092-054-7

Ⅰ. ①陈… Ⅱ. ①陈… Ⅲ. ①陈毅（1901~1972）—传记 Ⅳ. ①K825.2

中国版本图书馆 CIP 数据核字(2006)第 089960 号

出 版 人　曹宏举
责任编辑　姜楷杰　柯琳芳　赵永颜　解希林
责任校对　康　莹
封面设计　北京华子图文设计公司
出版发行　当代中国出版社
地　　址　北京市地安门西大街旌勇里 8 号
网　　址　http://www.ddzg.net　邮箱：ddzgcbs@sina.com
邮政编码　100009
编 辑 部　(010)66572264　66572154　66572132　66572180
市 场 部　(010)66572281　66572161　66572157　83221785
印　　刷　北京润田金辉印刷有限公司
开　　本　720 毫米×1060 毫米　1/16
印　　张　26 印张　6 插页　插图 67 幅　424 千字
版　　次　2015 年 7 月第 3 版
印　　次　2022 年 7 月第 5 次印刷
定　　价　53.00 元

《陈毅传》顾问

傅奎清　孙克骥　缪国亮

《陈毅传》编写组

组　　长　胡石言
副 组 长　吴克斌
组　　员　罗英才　胡松植
　　　　　何晓鲁　铁竹伟
特约撰稿人　胡居成　𨰻耀稷

出版说明

1982年，中共中央书记处讨论通过、中共中央宣传部发文布置在全国范围内编写出版《当代中国》丛书。根据编写计划，《当代中国》丛书依内容共分为五类，人物传记是其中之一。由于人物传记涉及方方面面，情况繁杂，且编写时间长，1991年人物传记从《当代中国》丛书中分立出来，确定为《当代中国人物传记》丛书。

《当代中国人物传记》丛书编辑委员会在丛书总序中说：

“二十世纪的中国，是一个风云际会、英杰辈出的时代。正是伟大的时代造就出灿若群星的历史伟人；也正是历史伟人们艰苦卓绝的奋斗历程和忘我建树的光辉业绩，才能充分地体现着潮流之所趋、人心之所向，才最深刻最生动地反映着奔腾前进的伟大时代。他们一生的业绩，恰恰构成了从旧中国到新中国这一旷古未有的历史性大变革的缩影。正因为这样，修撰作为中华人民共和国缔造者的一代杰出历史人物的传记，其意义自是远远超越记述个人身世的范围。这套传记丛书，无疑应当看作是，当代中国千百万爱国志士、革命先驱的杰出代表用毕生的血和汗谱写出的挽救祖国、振兴中华的可歌可泣的历史画卷，它将是永远矗立于世世代代人民心中的革命丰碑。《当代中国人物传记》丛书中的每一部传记，都可读作当代中国的救国史，中华人民共和国的开国史、建国史；每一部传记都可读作结束中国苦难危亡命运的革命史，披荆斩棘建设社会主义的奠基史、创业史。”

“《当代中国人物传记》丛书，首批编撰的是中华人民共和国建国时期的开国元勋和各方面的最杰出人士的传记。这批传记的主人公将包括：党和国家的主要领导人（其中毛泽东、周恩来、刘少奇、朱德、邓小平、陈云的传记，将由中共中央文献研究室编写、出版)、人民军队中功勋卓著的元帅、参与新中国创建大业的各民主党派的领导人和各方面的著名爱国人士、贡献突出的著名科学家、文学家和艺术家,以及为中国民主革命事业和社会主义事业做出重大贡献的国际主义战士,等等。毫无疑问,他们既是当代中国最卓越的代表,同时也是彪炳千秋青史的历史巨人。当然,如同一切历史人物一样,我们时代的杰出代表也不可能不受到历史条件的限制,也必然会具有这样那样的弱点、短处,一生中也不免会发生这样那样的某些过失。但是,所有这些,当如日月之蚀,堂堂正正公之于众亦无损于他们形象的光辉。他们为中华民族创建的功业,他们的革命精神、高尚情操,他们的鸿才睿智、嘉言懿行,无不震古铄今,垂范后世。这是中华民族一份永远值得倍加珍摄的宝贵精神财富。"

"愿人们从这部《当代中国人物传记》丛书中,以这些历史人物的光辉业绩为典范,学习他们的革命献身精神、爱国主义情操和坚定的社会主义信念,为中华民族的历史伟业做出更大的贡献。"

我社有幸承担了《当代中国人物传记》丛书的编辑出版工作,自1991年以来陆续出版了一批中华人民共和国开国元勋的传记,获得很好的社会影响。我们将继续按照丛书的编辑出版方针,把《当代中国人物传记》丛书编辑出版工作做好,以飨读者。

书中图片绝大部分为本书编写组提供,因时间仓促等,有的图片未能注明著作权,特致歉。请相应著作权人知晓后,与当代中国出版社总编室联系(电话:010-66572131),以便我们再版时准确署名及支付稿酬。

当代中国出版社

2021年11月

陈毅（摄于1963年）

目　录

第一章　青少年时代

第一节　第一次动荡

1901 年 8 月 26 日，清光绪二十七年（辛丑）7 月 13 日，陈毅出生于四川省中部乐至县复兴场张安井村“一个小地主”家里。[①]

陈毅，字仲弘（也写作仲宏），原名陈世俊，在陈家按“尧、舜、禹、汤，文、武、荣、昌，世、德、延、远，福、寿、绵、长”排列的谱系中，是“世”字辈。小名秋江。

陈家原籍湖南省新宁县，是清初“湖广填川”[②]时迁到四川的。到汤字辈陈汤佶读书赴考，中了个拔贡，陈家曾经上升为有田产 800 亩的地主。

陈毅的祖父辈有兄弟两人，父辈兄弟五人。陈家是“耕读传家”、“义门世家”，家风和顺。陈毅的父亲陈昌礼在五兄弟中读书最多，诗词歌赋、琴棋书画都懂一些，对陈毅的中文学习颇有影响。陈毅的母亲黄培善（陈毅姑祖母的女儿嫁回陈家的）是陈毅少年时期品德的主要培育者。

自从 1840 年鸦片战争之后到陈毅出生前的这 60 年间，由于清王朝的腐败，中国已在帝国主义的侵略下，变成了半殖民地半封建的国家。在这变化中，陈家也逐渐败落。陈毅出生前后几年间，四川又连年遭受水旱灾荒，再加苛捐重税，陈家的败落加速。陈毅出生时，陈家已降落到相当于上中农的经济地位。堂兄陈修和回忆：陈毅的祖父和 5 个儿子共有田 40 亩，出租 8 亩，自种 32 亩，主要劳力为两个叔父，平时雇一长工，忙时全家参加劳动。

从陈毅的祖父陈荣盛开始，大伯陈昌仁、父亲陈昌礼、母亲黄培善都憧憬着陈家的中兴发达，对陈毅他们寄托着很大的希望。

陈毅在堂兄弟辈中排行第五，亲兄弟中则是老二。同胞兄弟姐妹五人。陈毅 3 岁开始跟着两个哥哥背诵《三字经》，5 岁开始由父亲课读《千字文》，半年后，进入私塾就学。

---

① 陈毅：《给罗生特同志的信》，见《陈毅诗词选集》，人民文学出版社 1977 年版，第 359 页。据陈毅的堂兄陈修和回忆，陈家当时经济地位相当于上中农。

② 清初，由于先有张献忠入川和清将豪格征川，后有吴三桂等的“三藩之乱”，四川人口剧减，乃由湖广（清代地名，今湖南湖北）迁移人口填补，故谓“湖广填川”。

陈毅故居——四川省乐至县复兴场张安井村，陈毅在这个院落度过了自己的童年

陈毅7岁那年，外祖父黄福钦捐200两银子得了个湖北省利川县建南司“巡检”的小官。黄福钦要女婿去帮办文书，并把外孙带一个去。陈毅于是随父亲到了外祖父的任上。

巡检司专司“捕盗贼，诘奸宄”的职责。衙门里三天两头残酷拷打“犯人”。黄福钦还让陈毅去认干爹，拜老庚，结交当地权贵。后来，陈毅得知那些被外祖父拷打的“犯人”多半是交不起租谷的穷苦农民，有的还是打富济贫的人物。1942年3月8日陈毅在给奥地利医生罗生特[①]的信中，曾这样回忆这段生活：“我在那里过着衙门生活。那时候留下一个至今难忘的印象，就是他衙门里经常毒打犯人，使我在旁边看了非常难受。我很同情那些被打的人，在我心里开始种下了对旧社会愤怒不平的种子。”“在那里过了两年多时间，……官府中腐败黑暗的情况，引起我极端的厌恶……”

1910年（宣统二年）春夏间，9岁的陈毅由父亲带回四川，经乐至老家到了成都。还在1909年，陈家已将40亩田产抵押掉由乡下迁到省城，居住在成都东门外的上河心。

陈家迁居都市，主要是为了给陈毅他们创造一个良好的学习环境。陈毅的祖父和大伯都认为时势变了，科举已经废止，新学堂已经兴起，陈家要重振家声，

① 罗生特，奥地利医生，当时在新四军军部工作。

只有学“声光化电”，搞工矿实业，而这些，在乡下不如都市便利。

在上河心，他们从地主家租了 200 来亩地耕种。居住的房子，也是租自那个外号叫“林四顽子”的地主的。

陈毅到成都后，和堂兄陈修和、胞兄陈孟熙等一起进了锦官驿两等小学，开始学习新学。和乐至乡下比起来，成都当然算是有现代科技设施的地方了。他们上下学都经过陆军部四川兵工厂门前，厂里全部是德国进口的机器，附近还有一座大铁桥；加上来去利川途经重庆看到过的大轮船、大兵舰，使陈毅对科学和工业的神奇力量惊叹不已。他对新学的各门课程学得都很认真。

头年秋天，由于突发大水，租田被淹，陈家无租可交，被“林四顽子”以“恶佃罢租”的罪名告到官府，陈毅的大伯陈昌仁一度曾被拘留。结果，租田的押金被扣，陈毅的祖父陈荣盛也在败诉后一病不起，不久去世。陈家更迅速地破落下去。

第二年，1911 年（宣统三年辛亥），开春不久，声势浩大的“保路风潮”[①]席卷了四川全省。陈家的住地上河心一带，是保路同志军过往和驻屯的地方；陈毅读书的学校附近九眼桥、三官堂一带，是革命党人宣传革命最活跃的一些场所；东门牛市口一线，是保路同志军与清军作战最激烈的地段之一。成都各大中小学，也举行了声势浩大的罢课，并组织了“学生军”，参加了斗争。10 岁的陈毅虽然没有参加学生军，但从罢课开始的整个斗争他几乎全部都经历了。他还亲见焚香请愿的群众遭受清军排枪屠杀的惨景。后来，陈毅在《给罗生特的信》中说：“我当时还不懂得革命的政治意义，但是暴动的事实为我所亲见，在我童稚的心灵中激起了共鸣。”

家庭的遭际和革命风暴的荡涤，使陈毅对封建王朝的腐朽又有了深一步的感受。当他和胞兄孟熙路过臬台衙门，看见人们在剪辫子以示对清王朝的反叛时，他们也毫不犹豫地上前把自己的辫子剪掉了。

由于时局混乱，1911 年秋天，陈毅和孟熙回到乐至乡下的外婆家寄读，上了青海寺的学堂。陈毅格律诗词的基础是这时打下的。青海寺的陈玉堂老师比较同情和支持当时的革命，师生间结下了深厚的情谊。陈毅后来曾赋诗纪念这位老师：“青海设帐启幼蒙，博文约韵坐春风。出国归来先生逝，只忆音容难寻踪。”

1913 年初，母亲带着他和孟熙回到了成都。这年，陈毅 12 岁。家庭的经济已十分困难。华阳县（当时成都分为成都县和华阳县）德胜乡高等小学（简称华德高）规定每班的前三名学生可以免费。下半年，他和孟熙考进了华德高。陈毅读书刻苦，和孟熙各在自己的班级里每学期都考取了前三名。校长冯湛恩是成都有名的古文家，对陈毅的影响颇大。“这段时间，读了《古文观止》《古文辞类纂》《千家诗》《唐诗集解》以及《西游记》《封神榜》等书籍，奠定了文化基础。”

① 保路风潮，即保路运动。1911 年春，四川等省人民为反对清政府将原由民众集资建设的川汉、粤汉两铁路收归“国有”，又将筑路权出卖给英、法、德、美四国银行团，在广东、湖南、湖北、四川掀起了保路运动，四川尤为激烈。9 月 7 日，四川总督赵尔丰屠杀请愿群众激起四川人民更大愤怒。同盟会发动武装起义，把保路运动推向高潮，成为武昌起义的前奏。

陈毅作文课成绩优异。

陈毅在高等小学快毕业时，正是袁世凯攫取辛亥革命的果实窃国称帝和反袁浪潮高涨之日。“科学救国”、“工业救国”的口号也更响亮地提了出来。陈毅曾反驳一位遗憾四川没有出过皇帝的老师说：“现在是民国了，无须出皇帝……现在要多出几个科学家就好了。”[①]

而这期间，由于陈毅祖母的去世，陈家分了家，经济更趋困难，陈毅父亲去重庆盐务局当了抄写员，每月只有大洋 6 元钱维持家庭生活，母亲不得不租种几分菜地贴补家用。国家的出路和个人的出路结合起来，华德高毕业后，陈毅走上了学工的道路。1915 年下半年，他先在成都工业讲习所读了半年，然后于 1916 年初考上了成都省立甲种工业学校（简称甲工校）开始学习染织专业。

但是，这时陈毅“实在的兴趣是集中在政治和文学方面”。这以后的一段时间，学工、关注政治和倾心文学成了陈毅发展道路上并行的三个方面。

从 1916 年初到 1917 年底，陈毅在甲工校学习了两年。这两年中，反袁反帝制斗争的迅速胜利，使他看到辛亥革命所激起的人民反对帝国主义、反对封建帝制的意志还是有强大潜力的，但是，紧接而来的却是遍及全国的军阀战争，四川是军阀混战最为惨烈的地区之一。战乱中，陈修和和陈孟熙都差点儿丧命。陈孟熙说，军阀混战“是以后促使仲弘投身革命的直接原因之一”。陈毅也曾说：“辛亥革命以后四川连续不断的军阀混战，引起了我对于政治和社会问题的注意。”他开始有意识地抨击时事，并带领同学们“闹学潮”，在甲工校里成了头角峥嵘的人物。同时，由于他踢得一脚好球，“陈 Forward”（足球前锋）成了成都学界有名的“五虎”之一，使他在甲工校外也有了一些名气。这一时期，陈毅“开始接触到一些资产阶级思想，要搞实业救国……但基本上仍是封建主义思想。”[②]

1917 年底，由于家庭经济更加困难，陈毅中途辍学了。恰在这时，吴玉章等在成都创办了一个可以免费的四川留法勤工俭学预备学校，陈毅和孟熙都去报考并双双被录取了。1918 年 3 月，陈毅开始就读留法预备学校。

考入留法预备学校的同学，除了寻找出路和出洋镀金的目的之外，许多人的确同时抱着到西方强国去寻找救国救民真理的宗旨，即如陈毅所说的“转输文明”。预备学校的教师，也几乎全是留法或留比的学生。因此，当时学校里政治讨论的空气十分浓厚。“五四”前夜的中国，救国救民的主张无奇不有：无政府主义、国家主义、资本主义、社会主义……，“科学救国”“实业救国”“教育救国”“关税救国”……。陈毅兄弟俩和同学金满城、杨持正、周光炜、夏时烁、陈中凡等也受这些主义、思潮的影响，经常谈论、争论。经过一年的学习和对法国革命的初步了解，民主和科学的思想在陈毅头脑中渐渐明确，资产阶级民主主义思想已成主导方面。

1919 年春，陈毅和孟熙在留法预备学校毕业，双双考取官费留学（共 30

---

① 陈毅：《早年回忆》，见《陈毅早年的回忆和文稿》，四川人民出版社 1981 年版，第 3 页。

② 陈毅：《选择革命道路》，见《陈毅早年的回忆和文稿》，四川人民出版社 1981 年版，第 19 页。

名）的资格。6月1日，他们离开成都，踏上了赴法的征途。这时“五四”运动的消息还没有传到成都，在上海了解到“五四”的精神以后，陈毅的思想就迅速地转到“五四”新潮流上来了。

恰巧他们抵达上海的第二天，是北京政府的代表在巴黎被迫拒绝在“凡尔赛和约”上签字的日子。消息传到上海，各界兴奋，万民欢呼，还举行了规模巨大的示威游行。陈毅深受鼓舞，也约孟熙、金满城等几个同学积极参加到示威游行和庆祝集会中去。

在上海滞留的一个半月中，除了群系赴法船只和参加一些零星的集会及示威游行，陈毅他们主要是在上海观光和听一些当时的社会名流的讲演。特别是吴稚晖和康白情，一个宣扬“反孔”，一个介绍“五四”，都使陈毅的思想发生激烈震荡。

1919年10月，陈毅赴法勤工俭学前在上海

康白情是“五四”运动的直接参加者。他主要给同学讲“五四”运动情况，“号召我们起来讲科学、争民主、做白话文、白话诗。”他介绍大家读《新青年》，读《华盛顿传》《孙文传》《拿破仑传》……于是，陈毅去搜购了大量的《新青年》和伟人传记阅读，很快，反帝反封建和讲科学、争民主在陈毅头脑中融为一体，变成了他信仰和崇拜的东西。

8月14日，陈毅一行登上“麦浪号”从上海起锚赴法，经过了59天的艰难航行，于10月10日到达法国南部的大城市马赛。对于“五四”前后这一时期的思想演变，陈毅曾这样总结：“1919年6月，我们离开成都到了上海，这是中国资本主义的中心。在这里，经历了思想上第一次的动荡。”① 大体说来，这是陈毅抛弃封建主义思想和接受资本主义思想的一次动荡。

第二节 西方文明的启示

由于“麦浪号”是艘货船，设备很差，而且“船中位次甚劣，饮食尤恶”，酷热、晕船，加上沿途又目睹了殖民地人民被殖民主义者奴役的惨状，使本来应该是十分愉快的这次旅行变得如同苦行。陈毅在船上患了脚气病，半身浮肿。他

① 陈毅：《选择革命的道路》，见《陈毅早年的回忆和文稿》，四川人民出版社1981年版，第25页。

是被人背下船的。他和孟熙在马赛华工医院住了两个月后，病愈出院，1919 年底，从马赛乘火车到法国的首都巴黎。“刚到巴黎，觉得是到了天国一样，社会秩序安定，城市清洁繁荣，对法国文明佩服得五体投地，觉得中国古代文明是一钱不值了，再也不想读古书、作古诗了。”

几天后，由华侨协社安排，陈毅去蒙达尼中学专为勤工俭学生开办的法文补习班学习法文。不久，蔡和森等也被分配到这里。从这时开始，陈毅与蔡和森成为亲密的朋友。他们同教室听课，蔡和森与陈孟熙还同一课桌。

由于受“五四”精神鼓舞，且有法国的自由环境，在蒙达尼，各种思想的学习和争论十分普遍热烈。势力较大的有由追随李石曾、吴稚晖的同学形成的无政府主义派，以曾琦、李璜为首的国家主义派和由蔡和森、李富春等一批湖南籍学生组成的社会主义派。三大派外，其他自由主义、改良主义等也都有人信奉。陈毅完全在这种气氛的包围中。不过，只有蔡和森等所鼓吹的社会主义思想，陈毅觉得新鲜强烈，有吸引力。因为陈毅他们虽然在 1918 年春夏间就已接触过“社会主义”，但并未有具体明确的认识。而蔡和森他们明白宣称中国也应走苏俄十月革命的道路。在成都时，陈毅曾了解过那场“过激派革命”。当时他只知道，那是“过激党和富人作对，搞共产”。当时他曾说，倘若那是真的，他就支持那场革命。因此，当有钱的学生说，有钱人应该出钱雇人把过激党打垮的时候，他便反驳他们：“有钱也买不到穷人去替富人打仗，假如穷人知道过激党是为自己谋利益的，他们又何必替富人卖命。”

当然，在陈毅心目中，这时比苏俄的成功更有吸引力的还是眼前的这个“天国”一样的西方资本主义世界。“看着巴黎的华美与彼邦的文明，才知祖国毛病太多”，他更“不能不以改造者自任”了。他“到了法国以后，资产阶级思想有了发展，崇拜资产阶级的自由、平等、博爱”①。他要认真地学习西方世界。他把主要精力放在补习法文上，也劝孟熙不要轻易接受什么“主义”或“思想”。

在蒙达尼补习几个月法文后，陈毅被分配到施奈德公司位于巴黎克里西门外的一个工厂工作。施奈德公司是法国有名的“二百家”大公司之一，这个厂也是大厂，制造汽车、火车头、耕田机、铁甲车等。成都的兵工厂与之相比，简直是小巫见大巫。陈毅以为，进入这样的工厂，一定可以进一步看到西方的发达和文明了。谁知一进工厂，他就发现“若用我们在法国社会上的感觉，去推想工厂内的情形，完全是一种错误”②。

首先给陈毅留下深刻印象的是“工厂内阶级森严”。“法国工厂是工头制。资本家派一个总办，以下有总工头，工程师，监工，小工头，以下便是工人，分如许的阶级，由下至上，与小官见大官一样”。他们不但“常常拿身份来凌辱工人”，“且工资分配很不平均”，这是陈毅“极不满意的”。

---

① 陈毅：《选择革命的道路》，见《陈毅早年的回忆和文稿》，四川人民出版社 1981 年版，第 37 页。

② 陈毅：《我两年来旅法勤工俭学的实感》（1921 年 6 月 14 日），见《陈毅早年的回忆和文稿》，四川人民出版社 1981 年版，第 47 页。

陈毅入厂之后分配的恰恰是处于这个森严等级最下层的“杂工”。“打扫卫生，搬运货物，工作很重”。不仅如此，外国工人还比法国本国的工人多受一层歧视。“他们看到黄脸人，以为你是愚蠢与黑人一样。他们的对待，令人更难当了。”像陈毅这样的外国勤工俭学生，由于“能力不强，技艺不熟，语言不通”，当然就更“大吃其亏”。这在陈毅是思想准备不足的。他把西方世界看作理想的“天国”，以为到处都会有巴黎街市上看到的那种自由平等的“车揖马下”之风。这料想不到的现实，深深刺痛了他。从工厂内的生活，他得出结论：“人道的敌人，便是资本主义。”①

其次，是法国普通工人“差吾国贫人不远”的低工资和低生活水平。“资本家完全为自己的利益起见，实毫无人心。”货物销路一旦低落，就把工人“大批取缔”而出。在厂的工人，如是靠一人养活的几口之家，生活已经困难。一旦被解雇，生活就更毫无依靠了。“常见工人被辞退出厂的情形，就用‘神情丧失’、‘面若死灰’都形容不尽致。”陈毅在《我两年来旅法勤工俭学的实感》中喟然而叹：“我才知欧洲资本界，是罪恶的渊薮。”

再有，就是陈毅感觉到了工人和资本家之间那种针锋相对，不可调和的矛盾和对立。陈毅和法国工人相处得稍为熟悉一些之后，法国工人就教给他种种磨洋工的办法，以发泄对资本家的不满。当矛盾发展到一定程度时，工人们就举行罢工。陈毅入厂不久就碰到过罢工。在五一劳动节举行的大规模游行示威中，陈毅还带领同厂的几个留法同学和孟熙一起参加了。他们的这一行动，“受到法国工人的热烈欢迎”。一次陈毅工伤休息，同厂的许多工人来看望他。他们对厂方只准陈毅“休息三天，养伤费发得很少”大为不满，公开“骂资本家没良心”。更使陈毅惊奇的是，法国工人对俄国的革命和列宁的名字都很熟悉。陈毅十分具体地感到，工人和资本家是完全对立的。只是由于“资本家有政府为后援”，有“兵大爷”们撑腰，“很不容易至于失败”罢了。陈毅认识到：“一言以蔽之就是社会制度不好”，“觉得社会革命是极合道理的事”。

在这个“罪恶的渊薮”中，陈毅个人的美好愿望也像梦幻般地破灭。他原以为“勤工便是生产，替社会充裕生计，俭学就是求学，是精神生活，是创造文化，为社会求进步”。“工学兼营，即理实并重”，用自己的“两手解决我的生活问题与求学问题，这真是少年的伟力”。可是，一天 12 法郎的工资，除可糊口外，要想通过“勤工”来达到“俭学”的目的已经困难；做工、自理生活，时间很紧，“所以工余求学，是梦想的了”。

蔡和森鼓吹的苏俄十月革命的道路，在陈毅面前明亮起来。蔡和森介绍他学习了《共产党宣言》，使他感到豁然开朗。陈毅曾说：“蔡和森对我起了很重要的影响。”“我们逐渐接受了马克思主义，认识到搞无产阶级革命的光明前途。”

---

① 陈毅：《我两年来旅法的痛苦》（1921 年 7 月 10 日），见《陈毅早年的回忆和文稿》，四川人民出版社 1981 年版，第 54 页。

这是陈毅对西方资本主义文明由崇拜到失望的过程，也是他在后来写的《选择革命和道路》中提到的“思想上第二次大震动”。从此，陈毅开始了马克思主义理论和苏俄无产阶级革命实践的初步研究。

入厂三个月后，陈毅被提升为技术工，工资也从每日 12 法郎增加到了 18 法郎，开始有了积蓄。这时，陈毅的思想进程发生了曲折。原因是，有了积蓄就有可能在法国读书，将来上正规大学，以“求最后的胜利”，“可以当个文学博士。所以又不太愿意和搞革命的人来往，怕被别人利用，要自己走出一条路子来。下了工就补习法文，读文学作品，想搞文艺”，走“文艺救国”的道路。当然，他对马克思主义和无产阶级革命的认识是没有变的。他只是不想直接参加到革命队伍中去，而是想做一个站在革命组织之外支持和参与革命的文学家。在这段时间中，他读了大量的法国及西欧的文学作品，特别是巴尔扎克、雨果、卢梭那样的名家的作品，这使他不但进一步加深了对西方世界的了解，文学修养也提高了一大步。不过，这种游离的时间也不久，在冷酷的现实面前，他的这种梦想很快就破灭了。

这现实，就是法国战后的经济萧条和中国国内的旧势力给勤工俭学带来的重重障碍。法国战后的经济困难，完全转嫁到工人阶级身上了。而外籍工人首先成为这种转嫁对象。陈毅的好友周光炜被从勒哈佛尔解雇回巴黎了。提升为技术工不久的陈毅和孟熙也面临着同样的危险。有些同学已要求国内寄钱，而国内的景况又是十分糟糕。陈家更甚。四川军阀连年混战，已使陈家趋于赤贫，以致连妹妹世芳的婚事都无法料理。两兄弟只得把仅有的一点积蓄寄给家里。依靠积蓄上大学的如意算盘落空了。紧接着，他们又遇到了四川同学安子初在紧张的劳动中喝了化工厂的自来水中毒身亡的重大变故。陈毅深切地感到了“国内旧社会”和“资本制度的罪恶相加”的痛苦，也进一步看到了自己无法与之分离的整个勤工俭学的艰难前途。这推动着陈毅，使他又和无产阶级革命道路靠紧起来。1920 年冬，他参加了张昆弟、李富春、李维汉、颜昌颐他们发起组织的“工学世界

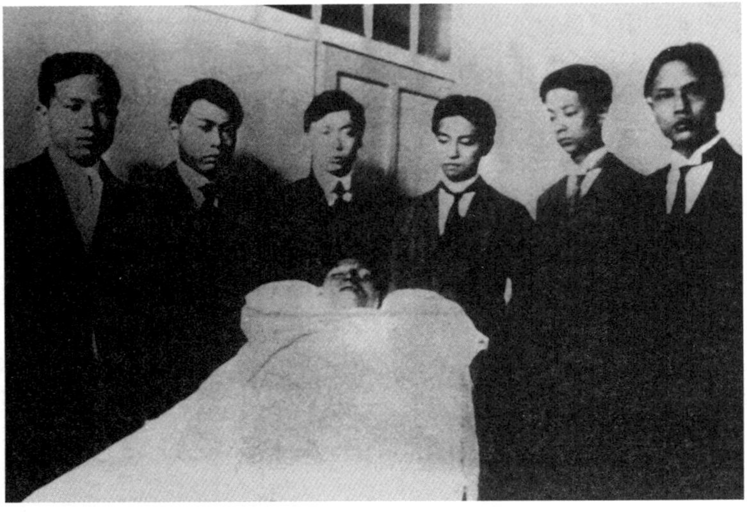

参与料理丧事的同学向安子初遗体告别（左三为陈毅，左二为陈孟熙）

社”。这个组织，实际上就是以后的旅欧的社会主义青年团的前身和外围组织，以“信仰马克思主义和实行俄国式的社会革命”为该社宗旨。[①]但是工学世界社还只是群众组织，当时公开活动的内容，主要就是争取勤工俭学生的出路。陈毅所走上的，是热心于爱国学生运动的道路。

这时，被解雇的同学不断增多，在候工的同学当然更难安排，法国政府对仍在工厂做工的同学也不能做出明确保证，随时有解雇的可能，而国内主管此事的华法教育会经费拮据，无法接济同学们上学。1921 年初，华法教育会会长蔡元培到法国走了一趟也未能解决问题。同是勤工俭学倡导者之一的吴稚晖已在国内宣传勤工俭学生们“既无勤工之能，又无俭学之志”，扬言要将他们“遣送回国”。同学们既气愤，又着急，准备通过北洋政府的驻法公使馆一总解决。

作为日收入 18 法郎的技术工，而且在工厂里与工程师逐渐亲近不会有被解雇之虞的陈毅，处境远比其他同学为好。但是他既已跳出独立地寻找救国道路的圈子，就没有只顾自己，而是冒着被解雇的危险积极投入了为同学们求生存和出路的斗争。他很快成为四川学生的代表。

在学生代表们的坚持斗争下，驻法公使陈箓为解决同学们的问题当着学生代表的面给国内拟发了电报。但是，不久后北洋政府回电说：现时国库奇绌，在法学生之无钱无工者，惟有将其分别遣送回国，并“责成公使馆办理”。这使同学们大失所望。1921 年 2 月 28 日，纷纷从法国各地赶到巴黎的 500 多名勤工俭学生，在陈毅等 11 名代表的带领下，浩浩荡荡地开赴中国驻法公使馆，与陈箓展开了针锋相对、紧张激烈的面对面斗争。

这就是留法勤工俭学生为“争吃饭权、工作权、求学权”而掀起的著名的“二二八”运动。陈毅由于旷工参加了这场斗争，被厂方解雇了。

“二二八”运动得到了在法华工的支持，赢得了法国人民和舆论的重视，也引起了法、中两国政府的关注。从法国自身利益着想，法国政府对接纳中国的这批勤工俭学生曾抱有很大希望。现在由于经济困难和中国国内的原因把学生推入绝境，和他们的初衷是不符的。在法国一批“有识之士”的奔走下，通过与中国方面协商，于 5 月 14 日成立了“留法中国青年监护处”，由法国有关部门拨出一些款项进行维持。同时，尽量安排一些勤工俭学生做工或就学。陈毅也被安排到圣·日耳曼中学继续读书。但是他知道，所谓“监护”，就是为了把勤工俭学纳入中、法官方所需要的轨道。“维持费”要一周一周地领就是明证。中、法两国政府是不会花钱培养反对自己的人才的。勤工俭学生们的问题还远没有解决。

6 月的一天，陈毅从一位法国工程师那儿了解到一个惊人的秘密借款消息：北洋政府派专使朱启钤、财政次长吴鼎昌来法，决定以滇渝铁路和两粤铁路的建筑权作为交换条件，以全国 50 年的印花税、验契税作抵押，向法国政府商借 3 亿法郎巨款。

---

① 李维汉：《回忆新民学会》，见《回忆与研究》，中共党史资料出版社 1986 年版，第 18 页。

与此同时，在雷诺工厂做工的周恩来也从报纸上判明了这一丧权辱国的买卖。这种卖国行径决不能允许。周恩来、陈毅立即分头把消息透露给了在法同学，并很快通知旅法各华侨社团以及“工学世界社”等，于6月30日在巴黎召开了有旅法各界代表参加的“拒款大会”。

陈毅在斗争中做了大量宣传和组织工作。他不但团结和争取官费生和自费生一起参加斗争，还深入华工区进行演说和组织。

巴黎的拒款斗争，很快影响到国内和国际舆论。中国国内的工人、学生、知识界、工商界都支持中国留法学生的这场爱国运动，并迅速掀起反借款斗争。法国的正义舆论也同情中国学生的斗争。其他列强由于争夺侵华利益，得知中国向法国借款消息后也纷纷责难。中、法两国政府只好暂时把这项肮脏交易隐匿下来。

但是，7月下旬，同学们突然得知借款密约已经签订，而且将借款数额从3亿增加到了5亿。8月13日，规模宏大的第二次“拒款大会”在巴黎召开。大会由周恩来、赵世炎、陈毅、蔡和森、王若飞等主持。会上，愤怒的与会代表控诉了卖国政府的这一罪行，痛打了拒不说明借款真相的代表陈箓出席会议的公使馆秘书王曾思，迫使他代表陈箓“向法外交部声明反对此次五万万法郎的大借款”，使拒款斗争取得了完全胜利。

拒款斗争中，除了许多领导和组织工作外，陈毅似乎是同学中唯一能写白话文的人，他全天在忙碌起草；有那么多的宣言、通讯竟使得他天天不得闲。他把这些宣言、通讯以油印的方式向旅法华侨各界和法国上层人士及各报馆广为散发。拒款斗争后，陈毅在同学们中的威信更高、影响也更大了。

法国里昂中法大学旧址

拒款斗争激怒了中、法两国政府。“留法中国青年监护处”宣布从9月15日起，停发勤工俭学生的维持费。（陈毅起草的《克鲁邹工厂勤工俭学生争回里比两大运动团通告》中记载了这一史实。）

恰在此时，又传来了一个更令同学们吃惊而愤怒的消息：里昂中法大学（简称里大）即将开学，在法国的勤工俭学生将被拒之门外，吴稚晖等在国内已另外招收了一批学生，并发了一个专门为了限制勤工俭学生入校的《通告》，说入学者必须有“财力”保证，有“毕业文凭”，并要通过考试。

里昂中法大学，“在历史上，是

因……勤工俭学生而后有”。法国政府效美国用中国的“庚子赔款”创办清华大学的先河，在中国的留法勤工俭学生一批批涌入法国而法国政府事实上不能给予妥善安排之后，遂与中国政府决定也用“庚子赔款”创办这所学校。勤工俭学的几位主要倡导者蔡元培、李石曾、吴稚晖等都从未讳言过创办里大是因为“已有千余学生来法之故”。并曾“主张将勤工俭学机关，并入里昂大学筹备处”。可是，曾几何时，为勤工俭学生创办的里大，突然间要对勤工俭学生关门了。

1921 年 11 月，陈毅由法国乘坐“波尔特加号”邮轮，经过 40 天颠簸到达上海。这是归国时的陈毅

陈毅等人敏锐地看到，勤工俭学生们之所以被抛弃的原因，是不久前掀起的拒款运动。“陈箓对于各界人士无可如何，专归咎于勤工俭学生”，并借此给学生们戴上“过激党”的帽子。陈毅等大声疾呼：“正当的争攘，不是恶德！”他和蔡和森、赵世炎、李隆郅（即李立三）等发起在巴黎组织各地勤工俭学生联合委员会，作为最高领导机关，决定发动斗争，争回里大。

情势变化很快。各地代表抵达巴黎成立联合委员会，得悉吴稚晖率一批国内新招的学生将于 9 月 21 日抵法，里昂中法大学也将于是日开学；而驻法公使馆对于勤工俭学生们的要求，迟至此时还毫无准备协商的态度。为了与有关当局进行有力谈判，9 月 20 日，蔡和森、赵世炎、陈毅、李隆郅等率领已汇集于巴黎的各地代表一百余人组成了“先发队”，开赴里昂，占据了里大校园。这完全是在中法当局的迫害下，“前途茫茫，危急万状，势不得不铤而走险”“以求一总解决”的不得已而为之的“最后之行动”。学生的原意也无非是借此以作为条件与有关当局谈判。因此，“20 日到里昂后，共 100 名同学暂在里大屋后一坪内等候，无所要求，亦无以扰乱，并向里大办事人已申明来意”。[①] 但是，在中国驻法公使馆，中法里昂大学当局和法国政府方面看来，这已经成为他们进行镇压的口实。他们三方勾结，先由“里昂官厅派来警兵十余人”，将他们“看守、限制出入”，并以欺骗手段收走了“先发队”全体成员的居住证。随于“第二日下午，忽派来武装警察一大队”，把他们全部拘捕，押上囚车，送到里昂市郊一个废旧的军营关押。

① 陈毅：《被迫回国留法勤工俭学生一百零四人通启》，见《陈毅早年的回忆和文稿》，四川人民出版社 1981 年版，第 69 页。

陈毅等在《被迫回国留法勤工俭学生一百零四人通启》中，还记载着："至10月……13日上午，里昂官厅来营报告，说中国政府来电，无法解决你们，决计送你们回国。今晚11时动身赴马赛，明天由马赛启程回国，不准要求，不准反抗，命到必行。"同学们被武装军警偷偷押到马赛，强行送上"波尔特加号"邮船，10月14日被遣送出境，"一直押送到上海"。

从9月初"留法中国青年监护处"宣布与勤工俭学脱离关系到10月14日被押回国的将近一个半月中，陈毅作为主要负责人之一，做了大量工作。他代表勤工俭学生起草宣言、通告，撰写报刊文章和宣传传单，担负起了制造舆论的主要任务，同时四处奔走、写信，向旅法侨团和国内各界呼吁募捐，以解决同学们的生活问题。被关押以后，他积极与各方联络、谈判，组织同学们进行斗争。10月10日所进行的被称为"三十节"（民国十年十月十日）的绝食斗争，使中、法当局大为惊恐，并赢得法国舆论和人民群众的同情和支持。

第三节　入团入党

归国途中，同学们在船上组织了"学生干事会"，由蔡和森、李隆郅、陈毅等负责，准备回国后继续领导斗争。为了寻找共产党的组织，也怕引起反动当局的过分注意，当时已经很红了的蔡和森、李隆郅在香港先期下船。这样，1921年11月23日陈毅一行回到上海后，领导斗争的担子就主要落到了陈毅肩上。

被押送回国的学生，由马赛动身时，事前既无准备，行李不及带来，无衣服更换，无书籍用具，身上又无一文钱。陈毅不但必须向国内父老说明此次归国事件的真相，还必须奔走解决同学们的食宿医疗诸问题。从11月23日至12月12日的20天中，他废寝忘食地撰写文告，座谈讲演，四处奔走，各方联系，赢得了广泛的社会同情，为留法的一些同学争取到了部分经费（如宁波同乡会就先汇2万法郎资助在法的10名宁波籍学生），为被押送回国的同学争取到了一些食宿费、路费和转入北京中法大学读书的条件。但是，在上海无法解决全体留法勤工俭学生的问题。陈毅和干事会的同学商量后，选派了各地的代表分头回到各省去寻求解决办法。他自己则作为四川省的代表回四川。

临行，蔡和森找到陈毅。蔡和森是在香港下船后又潜来上海的。中国共产党正式成立已近半年。蔡和森回国后，马上与中共组织取得了联系，并很快参加了中共中央的领导工作。他了解陈毅。他和陈毅作了深谈，问陈毅愿不愿意入党或去苏联学习。

陈毅在《选择革命的道路》中说道："1921年11月回到上海，当时还没有下定决心干革命，又经历了一次动摇。"陈毅没有同意入党，也不想去苏联。他还没有放弃当一个自由作家的夙愿。这样的作家，信仰共产主义，可以支持和参加中共所领导的革命运动，只是不想受组织的约束；而是想以个人的努力，独立地为祖国为人民作贡献。而且，他感到肩上还担负着没有完成的一个神圣使命，

1921 年，陈毅和一起由法国勤工俭学被迫归来的部分学友合影。陈毅（中）、陈孟熙（右二）、陈修和（右一）

为勤工俭学同学奔走。他答应给党发行书刊。而后，于 1922 年 1 月下旬，作为四川籍学生的代表，他回到了重庆。

和陈毅同行的有另两位代表黎纯一、喻正衡以及周钦岳等一部分同学。

由于军阀连年混战，四川的军政巨头更迭频繁。这时，总节四川军政事务的头儿是大军阀刘湘。刘湘和第二军军长杨森都住在重庆。陈毅等到达重庆后，立即设法面见了刘湘和杨森，陈述了一切，要求川省当局解决川籍学生的学习和经费问题。

大出陈毅等意料，刘湘、杨森都表现得热情积极，表示责任所在，无论如何要为他们谋一根本解决办法。他们告诉陈毅等人，归国同学在上海发的各种函电、通启、宣言等，川省均已收到。他们已责令各县筹款接济，并已致电驻法公使勿再迫令川生归国。他们并决定从路款（即曾引起过“保路风潮”的那笔铁路款项）中拨出一部分来解决在法的川籍学生求学问题。

然而，只闻雷鸣，并无雨下。时间一天天过去，陈毅等并没有得到一点具体结果。原来，刘湘等既想出面解决以博令名，又不愿自己出钱，而且，当时刘、杨的势力实际只控制川东一隅，统治不稳。因此，与掌握路款的代表推来推去，延宕不决。其间，却由杨森出面聘请陈毅等到他们军队当“秘书”。陈毅断然谢绝。

陈毅还想继续争取，军阀混战又开始了。刘湘战败下野，杨森被赶出重庆，成都的刘成勋宣布就任了四川省长兼总司令。为了寻找新的当权者解决问题，陈毅在重庆奔波将近半年之后，赶到成都。

成都的当权者们此时正忙于打仗。陈毅等在成都又奔走了几个月，只见过刘成勋一面，毫无结果。黎纯一等怅然别去，最后只剩下陈毅一个。希望破碎了。这使陈毅又一次看到，依靠个人的努力，推动或迫使任何一个封建政权或资产阶级政权来做有益于人民的事，都是徒劳。好在这时他已开始为中共发行刊物，就是由蔡和森主编的中共中央的刊物《向导周报》。上海别后，他一直和蔡和森保持联系。他把回川后的情形及时写信告诉他，他则把该发行的《向导周报》和其他宣传小册子寄给陈毅。学习了这些东西，十月革命道路之应用于中国，在陈毅的心中更加明确起来。

1922 年初秋，陈毅形单影只地回到乐至乡下。在陈毅留法的两年中，陈家更已败落不堪。陈毅的二伯已经冻饿而死。大伯、四叔、幺叔和陈毅的母亲，都已将家产变卖罄尽，在成都无法谋生，先后回到乐至老家合住在祠堂里，租种十来亩田为生。陈家已完全沦为赤贫。

陈家的这种变化，在当时农村世俗眼光里最被鄙视。而今，陈毅兄弟出洋留学，不是“衣锦荣归”，却是被押解回国，连个职业都没有，更叫乡人瞧不起。

为了谋一个适当的职业，陈毅在成都和回乐至后都询问过许多地方。但是，“找不到。比较理想的，人家不肯给，说是我这个小庙容不下你这个大菩萨；人家愿意给的，我又嫌低了，不肯俯就”。他在家乡到处受到歧视，使他感到周围有一股窒人的可怖的力量——封建的愚昧的社会心理，最难改变的旧势力。这时，陈毅对中国的历史和现状有了更深切的了解和认识了。从中国到法国，又从法国到中国，陈毅进一步看到，不是那种新的极其强大的力量，即他已经认识到的新兴的无产阶级和它的政党共产党，去摧毁这陈旧的一切，中国是很少有什么希望了。个人奋斗是软弱无力的，只有参加到组织中去，才能有所作为，有所贡献。他给蔡和森写了申请加入组织的信，至此，陈毅的思想已在根本上完成了从资产阶级到无产阶级的转化。

1922 年秋，蔡和森给陈毅写了回信。“就这样，经蔡和森通信介绍，加入了共产主义青年团。”①

这一年过年时，陈毅的心情大不一样。除夕之夜，陈毅给陈家祠堂写了副春联：“年难过，年难过，年年难过年年过；事不成，事不成，事事不成事事成。”横批是：春待来年。

1923 年春，陈毅回到重庆，应聘担任了重庆《新蜀报》的主笔。

去年 1 月回川以后，陈毅一直给《新蜀报》写稿。《新蜀报》为了标榜自己的民主精神，允许在报上刊登一些不直接损害军阀根本利益的反映社会现实的文章。陈毅回川后在为勤工俭学生奔走中写的许多富有现实感的文章，也被刊用了。这些文章的见解和文采，正是他被聘用的主要原因。担任主笔，陈毅找到了一个为共产党工作同时又可以施展自己文学才华的天地，心情很好，写出了大量诗文，抨击当时黑暗的军阀政治，在重庆的知识界特别是青年学生中产生了积极的影响。胡兰畦就是许许多多受他文章鼓舞的青年中的一个。她直接到报馆寻找陈毅。他们从此成了亲密的朋友。

可也因为这样，很快引起了当权者的嫉恨。当时杨森在吴佩孚支持下据有重

---

① 陈毅：《选择革命和道路》，见《陈毅早年的回忆和文稿》，四川人民出版社 1981 年版，第 27 页。按：陈毅在这里所说的“共产主义青年团”，实际上当时是“中国社会主义青年团”。1925 年才改为“中国共产主义青年团”。

陈毅（左三）与重庆《新蜀报》同仁在社址前

庆。在一次宴会上，杨森的秘书长公开对陈毅说："请陈先生在报上多谈点国际形势吧。"陈毅当然不可能接受这样的"劝告"。陈毅自己曾说，"我觉悟得比较迟，但一经觉悟就坚决干。"陈毅继续抨击四川军阀的种种弊政。不久，更在《新蜀报》上发表了一篇据别人回忆题目为《论民众武装》的猛烈声讨军阀政治的文章，惹怒了杨森，"被礼送出川"。

在《新蜀报》工作期间，陈毅结识了共产党员萧楚女，虽然他们在组织上没有联系，但在为共产党的共同事业奋斗中成了知交。临走时，陈毅推荐萧楚女接替了自己在《新蜀报》的职位，为共产党保持了一个宣传阵地。

这是1923年10月的事。陈孟熙和金满城多次来信，介绍北京中法大学的情况。陈毅于是决定先去北京入学，再与中共组织取得联系，乃经武汉转道到北京进入了设于西山碧云寺的中法大学。

入学后不久，1923年11月，经过中共北方区委的考察，由颜昌颐、肖振声介绍，陈毅从中国社会主义青年团转入中国共产党，成了中国共产党正式党员。

第四节 "踏上了职业革命家的道路"

陈毅转党时，中国共产党已经从刚建党时的50余名党员，发展成为有500多名正式党员的组织。

当时，由于中国共产党统一战线工作的成功，孙中山在多次挫折和失败后，接受了中国共产党的主张，并于1923年11月25日国民党改组特别会议上确定了革命的"联俄、联共、扶助农工"的三大政策，对中国国民党进行了彻底改组。这标志着国共合作共同进行国民革命新阶段的到来。

入党不久，经上级组织批准，陈毅担任了中国共产党北京地方委员会（简称北京地委）西部区 18 个支部之一的中法大学支部书记。这是陈毅在党内担任的第一个职务。

这时最大量的工作就是搞统一战线，宣传群众和发动群众。他以极大的热情投入到这些工作中。他每月召集一次党的会议，把北方区党委和北京西部委的指示及时传达下去，并对共产党在学校内工作和附近农村的工作认真地进行汇报、总结。他整天奔波忙碌，朝气蓬勃，正如中法大学的校长李书华以后说的：“陈毅作为学生，哪儿是读书！读书是掩护，其实是在搞革命。”

为了反对校政的腐败，由陈毅等七人署名上书校方要求撤换教务主任宋春舫，并因此陈毅等七人被校方开除学籍，又由此而引起了长时间的罢课斗争。作为这场斗争的核心人物，陈毅忙得废寝忘食。斗争的结果，虽然宋春舫没有被撤换，但学校的条件得到了一些改善，陈毅等被开除学籍一事也不了了之。

1924 年陈毅（左一）与同学在北平香山碧云寺

陈毅是共产党支部书记，但他也是学生，他必须读书，以便将来从事一定的社会职业。陈毅最爱的是新文化的一套书籍，科玄论战的若干文章他非常感兴趣，报上一有他就收集。哥哥孟熙，老同学金满城，还有在北京新认识的同学李嵩高，都喜欢文学。这样，陈毅着重学文史哲，一面做党的工作，一面就“自己发展”搞文学创作。他继续为《新蜀报》及北京的各报刊撰写了大量诗歌、散文、杂文、小说，还有译作和评论。他逐渐同沈雁冰、郑振铎、王统照等著名作家发生了联系，后来还参加了他们组织的“文学研究会”。1925 年春，陈毅与金满城、李嵩高等还组织了一个文学小团体“西山文社”。当时，共产党的经费困难，党员要资助党，还要帮助困难的同学，也是陈毅“只好卖稿子”的重要原因。

作为中法大学的学生代表，陈毅还参加了北京市学联的工作，参加领导北京各校的斗争。当时，中法大学在北京各大专院校中是最不成规模的，人数既

陈毅（左一）与“西山文社”同仁在香山宋氏别墅

少，组织也松散，甚至连一个统一的宿舍和伙食单位都没有（同学们只好经常吃小饭馆）。但是，每次示威游行，中法大学的学生却表现得很有力量。有一次学生游行与警察发生冲突，陈毅率领中法大学的队伍迎险而上，使游行队伍得以突破警戒线。据当时北京八校之一的北京农大学生，共青团北京西部委书记乐天宇1980年3月回忆，陈毅在各校学生积极分子中很有威信。每当类似这样的时刻，同学们总是喊：去找陈毅！去找陈毅！

“1925年，我离开了学校，开始搞工会工作，学生运动，统战工作，参加北京地委。文学活动就逐渐停止了。那时是第一次国共合作，党批准我参加国民党北京特别市党部工作。国民党方面有吴稚晖、顾孟余，共产党三个代表：李大钊、张国焘和我。我同时还担任学生联合会的党团书记。”①

从1924年10月冯玉祥发动北京政变，于北苑召集军政会议组织国民军，电请孙中山北上共商国是，到这年年底孙中山扶病北上，抵达北京后，北方国共合作出现了较好的局面。这时，中国共产党在北方的领导机关是中共北方区执行委员会（简称中共北方区委），由李大钊负责。而李大钊同时又是中国国民党北京政治委员会的领导人之一。设于翠花胡同8号的国民党北京特别市党部（简称北京特别市党部）实际上受中共北方区委的影响，其中的领导骨干和工作人员多为跨党的共产党员和国民党中的左派分子。陈毅就是其中之一。

但是，重新被拥为“中华民国临时总执政”的段祺瑞对孙中山毫无诚意。1925年3月12日，孙中山逝世于北京。孙中山逝世后，国民党内的左派和右派迅速分化，7月23日，以后成为“西山会议派”主角之一的戴季陶出版了《国民革命与中国国民党》，反对三大政策，反对共产党，反对工农运动。

对孙中山的逝世，陈毅是悲痛万分的。他写诗赞颂孙中山是“光明的战

① 陈毅：《早年回忆》，《陈毅早年的回忆和文稿》，四川人民出版社1981年版，第15页。

士”“民族的母亲”“吾族空前的英雄”，带领同学们参加护灵守灵。对国民党右派在孙中山尸骨未寒的情况下就背叛孙中山的革命政策，陈毅当然义愤填膺。对北京的军阀政府包括对冯玉祥以及对国民党内的力量变化，他也有比较清醒的认识。“有人主张依靠冯玉祥”，他“认为到时候冯是会有变化的”。有人盲目地主张“依靠国民党左派”，他“认为那些左派已经腐朽，应该创造真正的左派”。在斗争实践中，陈毅还深刻地认识到，真正的革命主力军是“直接受帝国主义者的宰割”的“工人和农人”。他在《谁是救国的主力军》[①]一文中，生动而慧眼灿然地说：“我们和他们谈什么国魂、民族的遗产，他们虽然不懂，即对于我们痛苦流涕的宣讲，他们也诧异莫名其妙。但我们与他们说：‘现在米价一天贵一天，而且是永远贵下去。就是说我们的生活一天一天地艰难起来。我们凭这一点也要起来自救！你们试看到中国来的外国人谁个不阔绰，坐汽车、修高房、穿好衣服、吃好食品，然而我们同胞则面黄肌瘦，无可为生。这便是外国强盗抢了我们。中国的军阀与强盗勾结，来抢我们。现在强盗抢了我们，公然在上海、汉口、沙面、安东杀起我们的人来。所以大家要知道……我们的归路不是饿死，便是被杀而死。与其死，不如起来反抗！所以我们大家应该团结起来！’”“这个意思至少使他们惊心动魄。”因此，陈毅大声疾呼：“工人农人们，才是我们救国的主力军，有智识的爱国之士，与其在都市上出特刊开大会，不如放身归田，或者投身工厂，去从事组织工农，这才是我们成功的捷径，这才是我们永远的办法。”陈毅的这一思考，在当时国共合作中和在中共的革命史上是很有见解的。不难看出，这正是对国民党右派背叛孙中山三大政策、反对共产党、反对工农运动的反击。这说明陈毅对于党的路线已有一定的认识。他已踏上了职业革命家的道路。

国民党右派的活动日益猖狂。8月20日，刺杀了廖仲恺。随后，以反共著称的林森、邹鲁、戴季陶、谢持等在北京举行了“西山会议”，在上海另设“中央党部”与广东中央党部对抗。在北京，他们也片面决定开除李大钊等共产党人，分裂国民党的北方领导机构，在汉花园1号，另立国民党北京市党部，与翠花胡同8号原国民党北京特别市党部唱对台戏。接着，他们就在北京等地雇用流氓、暴徒冒充“共产党”放火烧房并用共产党发动群众运动是“要在北京建立工农政府”等论调挑拨国民军与工农革命群众的关系。在这种情况下，巩固内部、反击国民党右派，继续维护和加强整个统一战线成了当务之急。

这时，正是酝酿产生国民党第二次全国代表大会（简称“二大”）代表的紧张阶段。陈毅一面时刻提防流氓暴徒的捣乱、汉花园1号的破坏，一面又忙于筹备大会，工作繁重。这年夏秋间的一天，选举国民党“二大”代表的会议，终于在陈毅等的努力下，如期在北京大学三院召开。

能否推选好代表开好“二大”，是关系着能否继续沿着孙中山生前制订的路

① 1925年7月28日北京《京报》副刊《民众周刊》第30号。

线前进的大事。但是，以李璜为首的一小撮右派分子竟然为反对李大钊等人选而大闹会场。陈毅当机立断，带领几名身强力壮的同学采取了有力的措施，把右派的气焰压了下去。大会继续进行，选举了于右任、李大钊等一批具有广泛代表性的党员为代表。

年底，陈毅毕业于中法大学文学院（服尔德学院）。

在共产党的帮助下，国民党“二大”取得了成功，全国革命形势又得到了新的发展。这使帝国主义和军阀异常惊恐。他们急忙策动“反赤运动”。英国银行家首先拿出了60万英镑巨款，作为在东方宣传反共、反赤、反民族主义的费用。紧接着，日本帝国主义派出军舰驶入大沽口，帮助反动军阀张作霖进攻天津，开始了反对国民军的战争。同时，北京的段祺瑞政府和各帝国主义国家设立了专门为了“防赤化”用的5000万元借款。1926年春，帝国主义和反动军阀相互勾结，对革命摆出了一副杀气腾腾的架势。

面对敌人的嚣张气焰，在陈毅的积极参与下，北京特别市党部准备组织一次对反革命势力的有力反击。在3月13日孙中山逝世周年纪念大会上，[①]陈毅痛斥了英、日帝国主义的侵略行径和反动军阀张作霖、吴佩孚的罪行，提醒人们警惕段祺瑞“反共”、“反赤”的阴谋，“试看段执政将如何动作”！3月14日，在中共北方区委领导下，在北京举行了声势浩大的国民反日大会，愤怒声讨了日军炮击大沽口的暴行。3月16日，英、美、法、日、意、西、荷、比八国，向段祺瑞政府提出最后通牒，蛮横要求国民军在44小时内拆除天津至大沽口之间的防御工事。中共北方区委得悉，一方面立即把这蛮横无理的“最后通牒”迅速传播出去，以引起各界各阶层群众的反响，一方面连夜开会，准备于3月18日通牒期限未满以前举行一次国民大会并进行大规模的示威运动，以敦促段祺瑞政府驳回八国的最后通牒。为了筹备这次大会，3月17日，国民党北京特别市党部专门召集了各界代表的紧急会议，确定了这次大会的名称和主席团成员及会议程序，并决定把到会代表分为两组，到外交部和国务院交涉，“非得到圆满答复，誓不空回”，陈毅被推举为四位“赴国务院发言代表”之一。[②]

3月17日下午4时，赴国务院交涉的67位代表到了铁狮子胡同国务院门口。这是一场艰巨的流血谈判。一到国务院门口就与如狼似虎的卫兵发生了冲突，经过再三交涉，陈毅等4位发言代表才得准进门。但段祺瑞执政和贾德耀总理都避而不见。从下午4时相持到深夜11时，经陈毅等坚决斗争，国务院才不得不派出其秘书长邓汉祥以外交负责人身份接见陈毅等人。在相持的7个小时中，段祺瑞的卫队用刺刀刺伤代表多人，致使候在门外的代表们被迫撤走，但陈毅等毫不畏惧，毫不退缩。4位发言代表严正要求邓汉祥并转告段、贾：必须严

① 孙中山逝世周年纪念原为3月12日，这次会议因故推至第二天即3月13日举行。

②《党声》第3期《本特别市执行委员会对于三一八惨案之经过呈报中央执行委员会书》，赴国务院发言代表4人为：陈毅、陈月新、王布仁、辛焕文。

惩行凶卫队，必须断然驳回八国的无理通牒，必须容纳人民的意见，与全国民众站在一起，不要自绝于人民。陈毅警告段祺瑞的秘书长现在已经是民国，反对人民的人如清朝皇帝、袁世凯都垮了台，段祺瑞也不一定保得住。待邓汉祥唯唯表示后，陈毅等才离开国务院。

第二天，3 月 18 日，上午 10 时，如期在天安门广场召开了万余人的北京反对八国通牒大会，李大钊、徐谦、顾孟余、于右任等 13 人组成了主席团。徐谦报告了大会宗旨后，顾孟余报告了昨天国务院门前的流血事件。最后大会通过了《国民驳复列强最后通电》和组织"北京国民反对各国侵略中国大同盟"的决定，进行了示威游行。

作为游行带队人之一，陈毅走在队伍的最前面。群情愤激，大家高喊着口号。下午 1 时半，行进到铁狮子胡同执政府大门口。谁知段祺瑞早有阴谋准备。上午 9 时北京警备司令部表示过要"保护"这次和平示威和请愿运动，这时段祺瑞用以迎接手无寸铁的群众的却是军警们的排枪子弹。血案立即发生。在军警们的子弹、刺刀、棍棒有预谋的袭击下，游行群众纷纷伤亡倒地。3 月 18 日，正如鲁迅所形容的，是"民国以来最黑暗的一天"。

陈毅"被人群挤在两挺机关枪之间，幸未负伤"。但是，"游行队伍被打散"了。正义的轰轰烈烈的行动，被反动派的屠刀镇压了下去。陈毅又经历了一次反动武装的血的洗礼。陈毅在 1955 年 3 月 18 日的日记中还回忆道："当时我在铁狮子胡同作人民代表，与安体成、邓文辉、路友于四人站最前线打冲锋。四人当时未被难。安等三人殉难于 1927 年李守常案，我则幸存至今。痛念故友，不禁凄然。"

惨案之后，白色恐怖立即笼罩了整个北京城，李大钊等遭到了反动军阀政府的严令"通缉"。"北方区委有人估计为反动时期的到来，革命退潮开始，主张撤退机关，转入地下，不敢组织示威反击"。陈毅的主张则"相反，认为革命仍在高涨，应乘势暴露段祺瑞的罪恶"。当晚，他们在北大一院召开了有北京市二百余团体参加的联席会议，组织了惨案善后委员会，并痛斥段政府的倒行逆施。第二天，陈毅担任主席，主持召开了北京特别市党部紧急会议，《北京特别市党部第二次执行委员会第二十四次会议记事录》（1929 年 3 月 19 日）载：决定组织行动委员会，派代表分赴上海、广东、长沙、南京、天津、张家口、汉口宣传惨案真相，唤醒民众一致反段，反对帝国主义的侵略。接着，陈毅又四处奔走，和舆论各界联系，公开揭露段政府罪行，并组织追悼会，慰问死难者家属和受伤群众。他冒着被捕的危险，全力领导着惨案的善后工作和大部分中共北方区委和北京特别市党部的公开工作。

第二章　为创建党的武装而奋斗

第一节　川军兵运

“三一八”惨案后，李大钊等领导人不能公开活动。陈毅不断躲开军警和暗探的监视向李大钊汇报情况。和某些人的悲观论点相反，陈毅他们认为革命仍在高涨，主要的潮头乃是南方国共联合的武装的国民革命运动。

果然，随着国民革命军的出师北伐，政局出现了新的分化。

一天，陈毅向李大钊汇报：他遇到了留法同学喻正衡。喻现为四川军阀杨森的秘书，此次以杨森的全权代表的资格，来北京试探风向，进行联络。原来杨森见到革命高涨，希望共产党和国民党左派的“要人”促请广州国民政府派人去改造他的部队，以便参加国民革命。李大钊当即指示陈毅深入了解，建立联系。

不久，李大钊便正式布置陈毅回四川做兵运工作。

1926 年 8 月，陈毅带着李大钊、李石曾分别致杨森的亲笔信，在喻正衡陪同下乘火车南下。他们经过尚在直系军阀吴佩孚军事统治之下的武汉，换乘轮船入川。

杨森当时还是北洋军阀政府的讨贼联军川军第一路总司令，近日还就任吴佩孚委任的四川省“省长”。陈毅到万县望见满街“庆祝荣任”的红绿标语，对杨森的投机性印象鲜明。

8 月 25 日，杨森以客礼在其司令部接待陈毅。杨森看过李大钊、李石曾的手札，首先向陈毅说明他参加国民革命的意向，表明他是开明派。甚至说如果需要，他可以发兵 10 万到两湖去援助北伐军。对于陈毅，他四年之前即已谨致拜请之意，此次又承李公介绍，他欢迎陈毅到他军中参赞军务，可以代表他到各部队走动，自由出入于军部各处以及杨森的私宅。他愿随时听取陈毅的“高见”。陈毅暗自承认杨森安排甚妥：既对共产党及国民革命表示尊重，又不正式任职得罪北洋。杨森可以视时局顺逆而伸缩；陈毅也有接触部队接近杨森的相对自由。陈毅当即表示接受，并借介绍北京及武汉等地情况向杨森说明了吴佩孚不得人心，必难持久的形势。杨森相当坦率地说明他自己是吴佩孚一手提拔的，实难立即背弃；一旦北伐局势明朗，自会及时抉择。

第二天，杨森又邀见陈毅，并介绍“‘第三国际’派来联系的代表”与陈毅相见。这位“代表”叫朱玉阶，四川仪陇人，原是川中名将，与杨森旧交颇深，此次方从德国、苏俄回来。陈毅见这位老军人气度敦厚，胸怀坦荡，晤谈甚为欢洽。不料后来万县共产党的地下组织通知陈毅去南洋兄弟烟草公司万县分公司会见一位党内同志，迎见他的正是这位朱玉阶——朱德。他并非杨森所说的“第三国际代表”。

就在此时，杨森部队面临严重的考验。

8 月 29 日，英商太古公司轮船在四川云阳长江江面浪沉杨森部载运军饷的木船三艘，杨部官兵和船民 58 人淹死，银元 8.5 万枚、步枪 50 余支也沉入江底。英国轮船依仗帝国主义所攫取的中国内河航行权，在川江上无数次撞沉浪沉中国船只，杨部人员也多次受欺。此次事态特别严重，杨部上下震怒，杨森也感到奇耻大辱。

陈毅向杨森分析：反对帝国主义的暴行，是杨部官兵及四川人民的强烈愿望，因而必须采取强硬态度，才能加强杨森的军中威望和政治影响。杨森对此深表同意。陈毅提出：第一，立即向报界披露事件真相；第二，发动工农兵学商各界奋起御侮；第三，扣留肇事船只。朱德完全支持陈毅的意见。朱德远虑深谋，特别强调在与英方交涉的同时，必须充分准备英方动用武力。

杨森下了决心：一面指示驻重庆交涉员向重庆英国领事提出抗议和惩凶、赔偿要求；一面命令部队加强戒备，随时听命行动。

8 月 30 日，英商太古公司万通、万县两轮由重庆驶抵万县。杨森派兵予以扣留。

英方拒绝赔偿损失，拒绝惩办肇事凶手。英方向北洋政府施加压力迫使吴佩孚电令杨森“和平了结此案”，同时以武力威胁，并发出通牒：限杨森于 24 小时内将万通、万县两轮放行。

杨森连日召集会议商讨对策。朱德、陈毅一再陈明反帝大义，巩固杨森的决心。陈毅先后主持了反英暴行筹备会及声势浩大的万县各界群众抗英大会，大会后举行了示威游行，并通电全国，揭露英帝暴行。

9 月 5 日，英舰“威警”号、“柯克捷夫”号和武装轮船“嘉禾”号进迫万县江岸，强行靠帮跳舷劫夺被扣的轮船，开枪打死守船的杨部士兵。杨森部队按事先的命令给予回击。英舰劫船受挫，竟用舰炮向万县人口稠密的繁华市区疯狂轰击，并使用燃烧弹。

杨森乃令沿江炮兵向英舰还击。朱德先同杨森一起协助指挥，后又到黄桷树炮兵阵地督战。陈毅奔走在指挥部与火线之间，传达战况，激励士气。英舰炮火击中万县法国教堂的钟楼，陈毅登上泊于江边的法舰都大号，用法语向法国海军揭露英舰滥轰和平居民和法国教堂的罪行。

在众炮轰击下，英舰先后负伤，拖着浓烟逃去。这是中国人第一次在长江上向英舰作战而迫使其逃遁的壮举！

中国军民死伤以千计，民房商店被毁千余家，造成了著名的“万县惨案”。然而万县炮战的胜利意义重大。朱德、陈毅在 9 月 6 日召开了万县各界万人抗英大会，组成了“万县惨案”后援会，并通电全国，使反帝高潮又增新浪。

但是杨森在吴佩孚越来越严厉的威压之下逐步降低了抗英的调门，这场斗争以虎头蛇尾告终。

北伐军攻克武昌，吴佩孚向杨森告急，杨森竟公然发兵“援鄂”，以牵制北伐军。

杨森部的工作已难以为继，朱德东去武汉。经朱德介绍，陈毅与中共重庆地方委员会（简称重庆地委，即中共四川省委）接上了关系，被派往达县川军田颂尧部胡翼旅任党代表。在达县的一个多月中，陈毅除了对田部官兵进行国民革命的宣传教育外，还在学生界开展工作。当时的进步学生领袖之一张爱萍在1980年4月回忆：因为国家主义派学生从反动部队搞到了一些枪支，张爱萍他们曾要求陈毅也配备一些枪械给他们，以便对抗。陈毅没有同意。陈毅布置在思想斗争和文化斗争中孤立和分化少数顽固分子，把尽可能多的青年学生争取过来。

11月，陈毅被重庆地委调到重庆，负责共青团和青年工作。

在一次党团联席会议上陈毅得知重庆地委已在策划发动顺庆（南充）、泸州的驻军举行顺泸起义。中共重庆地方委员会军事委员会由杨闇公、朱德、刘伯承组成。陈毅也就在此时认识了刘伯承，得知他是根据中共中央的指示回四川从事军事运动的，并由中国国民党执监联席会议委以国民党中央党部特派员之职到四川负责军事工作，顺泸起义将由他任总指挥。陈毅对这样的武装起义当然热心。因为起义目标虽然在根本上还只是配合北伐，起义的部队也都是缺乏共产党的工作基础的旧军队，但毕竟这是共产党独立领导的正规部队武装起义，而且是第一次。如果起义成功，掌握并逐步改造好这样一支武装，和在杨森部队做工作大不相同。在杨森部队因为有枪有炮，就能击退英舰，但部队是人家的，结果还是有始无终。一旦有了一支自己掌握的部队，革命作用就大了。

陈毅积极了解情况，参与意见，和刘伯承的交往日多。据陈毅回忆：他们曾研究在起义发动后把分驻于泸州、合川、顺庆等地的八个旅北移顺庆，创建革命根据地，由刘伯承任总指挥，陈毅任政治部主任。

泸州、顺庆驻军于12月初提前发难。但驻泸州的袁品文、皮光泽、陈兰亭3个旅贪恋膏腴之地泸州的大量税收，不愿向顺庆转移。据泸州市图书馆副馆长吴孟辉1980年4月谈，陈毅曾到泸州，在万吹楼分别找各旅领导人进行劝说，未奏效。

在中共重庆地委的会议上，合川共产党的负责人请求派人到驻合川的川军二十八军第三师做改造的工作。合川扼嘉陵江、涪江、渠江三江之口，为泸州到顺庆的必经之地，在地理上对起义有枢纽作用。陈毅乃向中共川东负责人刘愿安提出愿去三师工作。刘愿安原来的公开身份就是合川三师政治部的宣传科长，调离不久，深知合川地理和驻军的重要性，表示赞同。

合川三师师长陈书农，兼该师政治部主任。政治部副主任陈梦云，是陈书农的叔父。陈梦云已于两年前和陈毅好友胡兰畦结婚，深知陈毅的胆识才华。陈毅与合川三师驻渝办事处联系，有刘愿安介绍，又有陈梦云的推重，很快被陈书农任命为三师政治部组织科长。12 月 25 日陈毅到合川时，陈梦云及宣传科新任科长范英士等到码头欢迎。陈书农当晚设宴接风。陈书农此后对陈毅的工作始终支持。在陈毅的影响下，陈书农多次表示既已接受国民革命军的名义，一定顺应潮流，泸州的部队若北移顺庆路过合川，他保证不加拦阻，严守中立。30 年后的 1956 年，解放前夕去香港的陈书农表示愿意回内地参加建设。国务院副总理陈毅表示赞同。陈书农抵沪，陈毅在锦江饭店宴请他一家，并说："以前我到合川，你请我吃饭。今天我们也请你吃饭。这不只是我个人的意思，我是代表周恩来总理请你吃饭的。"

1927 年元旦刚过，陈毅在政治部部务会上提出了改进政治部石印刊物《武力与民众》的建议，立即受陈梦云和该刊主编范英士支持。该刊由不定期改为周刊。陈毅积极写稿。该刊在合川军民中有力地宣传了革命的三民主义和国民革命运动。陈毅的工作范围逐步扩大到三师所属各旅和军事教育团，宣传三大政策，并发展中共秘密党员。

身为组织科长的陈毅有责有权开展工会工作和学生工作，他迅速团结了一批工运骨干和学运骨干。3 月 12 日孙中山逝世两周年，各界民众 1000 余人在城内瑞山公园举行纪念大会。陈毅组织并主持了这次大会，还作了很富鼓动性的演说。

1927 年 3 月，国民革命的形势发生明显逆转，北伐军总司令蒋介石的新军阀气息越来越为政治嗅觉灵敏的旧军阀们所察觉。各地的军阀，包括四川的杨森、刘湘等在内，和蒋介石勾结起来了。

3 月 24 日，英、美兵舰炮击南京下关，对蒋介石示威，造成和平居民死伤 2000 余人的大惨案。蒋介石妥协求和。全国各地爆发了抗议英、美暴行的群众斗争。重庆人民也在打枪坝召开抗议大会。当时已占领重庆的刘湘接奉蒋介石的旨意要镇压共产党和革命群众。此时便集中军警，预先埋伏，突然开火，制造了死伤近千人的"三三一"惨案。刘湘随即大肆捕杀共产党人和革命群众。重庆地委书记杨闇公被捕牺牲。

陈毅在合川的活动当然早已为反动分子所注意。此时，师长陈书农正在成都邓锡侯那里开会，一向反对"联俄容共"而且为人阴毒的旅长王学姜代理师长。王学姜忽然亲自邀约，要宴请陈毅，以示团结。陈毅考虑，非但不能赴宴，合川也不宜再留，决心紧急撤离。

陈梦云、范英士关心陈毅的安全，决定二人一同护送陈毅直到重庆。在当时的严酷形势下，和陈毅这样的人一同出走，干系不小，情谊殊深。范英士在 1980 年 4 月说：后来查明，王学姜确实准备于宴请时下毒手。而陈梦云和范英士也没有再回三师工作。

为了减小目标，他们在重庆附近的江北县分手，陈毅只身去重庆找新任旅长的郭勋祺。

郭勋祺是陈毅少年时代的同学和球友，陈毅出现在他面前，使他吃惊不小。此时的重庆全被白色恐怖笼罩。中共重庆地委和莲花池国民党左派省党部尽被破坏。到处是搜捕、枪杀；一部分人自首叛变。车站、码头全部戒严，向东往武汉去的船只检查尤其严格。郭勋祺把陈毅留在自己司令部掩护了几天，随即亲自布置陪送陈毅前往码头，送上去武汉的江轮。

第二节　武汉军校

陈毅来到武汉，暂住武昌蛇山脚下的小旅馆里。和重庆相比，武汉是另一个世界，到处是标语、旗帜、横幅的革命的世界。但是标语的内容急遽地变化着，一夜之间，到处是声讨新军阀蒋介石的怒吼。“四一二”反革命事变发生了！

接着又是李大钊在北京遇害的噩耗！

革命的怒潮和革命的危机交织。

陈毅急于找党，急于投入斗争。

可是他既无介绍信，又无介绍人，到处碰壁。终于他在街上遇到了留法勤工俭学的同学、他的入党介绍人颜昌颐。颜昌颐是“四一二”事变后从上海撤到武汉来的，在中共中央军事委员会工作。5 月，中共中央军事委员会正式分配陈毅到武汉中央军事政治学校任党委书记。

武汉中央军事政治学校的前身就是原来在广州的黄埔军校。此时，国民党中央撤销了蒋介石的校长职务，改校长制为委员制，校务委员有国民党方面的邓演达、谭延闿、顾孟余、徐谦，共产党方面的恽代英等 5 人，以邓、谭、恽 3 人为常委。国民党方面的常委不肯管学校的实际工作，校政实际上由恽代英政治总教官负总责。据聂荣臻 1980 年 9 月说：在共产党内，陈毅到任后由恽代英、施存统、陈毅组成校党委，陈毅任书记。但是陈毅的公开身份要利于隐蔽，他的公开职务是校政治部的准尉文书。

军校共产党的组织是不公开的，但是健全，每个大队和队都有党、团的支部和小组。专职的党委书记陈毅到任后，即到各大队各支部了解情况，秘密开展工作。当时政局动荡，湖南发生了“马日事变”，不久夏斗寅叛乱，武汉吃紧，军校奉命改编为独立师开赴前线和叶挺部队一起平定了叛乱。接着，汪精卫撕下伪装，于 7 月 15 日宣布“分共”，白色恐怖笼罩武汉城乡。在这些剧变中，军校大多数教职员工和学生都紧紧地团结在国民革命的旗帜下，无论在公开论战中或在战场上，都敢于和新老军阀及国民党右派斗争。在平叛作战时，陈毅在党内作了有力的动员，保障了作战部队的高昂士气；还布置了对一些考验合格的发展对象举行火线入党。当时在军校工作的徐向前、郭化若都记得陈毅在党内工作很活跃。

工作活跃，言行之中不免会流露出不像个准尉文书之处。当时施存统的秘书，后来曾为蒋介石代笔写《中国之命运》的陶希圣，就对陈毅说过：“共产党真正的领导人是站在幕后的，我看你就是。”施存统告诉陈毅，政治部组织科长叶镛是国民党员，专门监视共产党人。叶镛找陈毅，说“你在我们四川是有名的，怎么来当文书呢？你一定是 C.P.（共产党）”，并表示了革命的愿望。陈毅见他诚恳，承认自己是共产党，并对他做工作。后来，通过组织发展叶镛加入了中国共产党。这使陈毅的工作多了一层保护和支助。叶镛后来参加了广州起义，担任工农革命军的师长，在战斗中英勇牺牲。

陈毅的堂兄陈修和、胞兄陈孟熙于 1925 年在广州考入黄埔军校第五期，弟弟陈季让刚考入武汉军校第六期，都在武汉，兄弟们经常聚会。他们政治见解各不相同，经常争论，但感情却很亲密。

陈毅的几位朋友也在武汉。胡兰畦在军校女生队学习。胡兰畦的丈夫陈梦云和范英士后来也到了武汉。他们也常见面，议论政局，观点也不相同，但都忧国忧民。

汪精卫不想保留革命的军校。女生队被解散，胡兰畦只好回到丈夫身边。政治队提前毕业，陈孟熙得到吴玉章的同意到四川军阀刘存厚部工作。陈修和决心去上海搞造船工业。

陈毅在 7 月份的主要工作是组织军校人员应变。军校最后被改编为张发奎第二方面军的教导团。当时恽代英已东去九江；施存统也离开了军校。陈毅领导各支部，把有的学员调去叶挺担任副师长的第二十五师七十三团（即原叶挺独立团），让有的学员回乡各找革命之路，大多数党团员隐蔽下来。他自己一度隐蔽在郭化若任连长的炮兵连，继续负责教导团的党的工作。[①] 当郭化若身份暴露奉命调出时，陈毅转移到党的基础较好的特务连隐蔽，任该连准尉文书，继续和各营连党组织秘密联系。

8 月 1 日，即教导团奉命“东征讨蒋”、准备开拔的前一天，陈毅特地从武昌到汉口，向好友陈梦云、胡兰畦及范英士等辞行。他们纵谈时局、各叙襟怀。陈毅的话一直为胡兰畦和范英士所牢记。陈毅说：“以前清朝政府骂孙中山是土匪，现在国民党又骂我们是土匪。好，我偏要去当这个‘土匪’！”

第三节 “只要拿武装我就干！”

8 月 2 日，教导团 2000 多人分乘一艘大客轮和多艘小火轮，以及它们所拖引的数十条大小木船，离开武昌顺流东下。

当时教导团的团长是侯连瀛、副团长是杨树松，参谋长是季方。侯、杨虽是共产党员，却并没有组成党委，后来他们都转入了国民党，因而在当时这个团显然还不是共产党领导的部队。陈毅虽是中共党内的主要负责人，但是没有兵权，和上级党组织也缺乏可靠的联系。陈毅只听说了党对教导团这次“东征”的大致意向：趁东行之便，开到江西九江、南昌一带，尽量保存革命骨干，相机参加武装起义。

关于南昌起义的消息，在出发前全不知晓。船队抵黄石，被何键部队强行扣留，经交涉并由何键部队打电报请示驻九江的第二方面军总司令部，才于次日放行。这时才听到传闻说南昌方面出了事。

---

① 据原总参军训部顾问刘祖靖 1982 年回忆：当时有人称陈毅为“总支书记”。

陈毅在 1952 年 6 月 14 日《关于八一南昌起义》的谈话中回忆：

8 月 4 日船到九江。江岸已武装戒严。第二方面军的人乘数艘小艇向分散在江面上的各船官兵传达张发奎的命令：把武器留在船上，徒手上岸集合。此时部队分散在毫无防御设备的民船上，无法进行战斗通讯联络，团长、参谋长以及“准尉文书”都无抵抗的善策，也无法指挥，只能上岸见机行事。

集合完毕，张发奎亲自来宣布：要大家放下武器是事出无奈，叶挺、贺龙不够朋友，带走了他好几个师，差点把第二方面军搞垮。他说他还是要革命的。愿意跟叶、贺走的，他“礼送”出境。愿意留下的，他带去广州。最后他下令分别站队，共产党站那边，国民党站这边。

没有人站到“那边”，大家早听说要隐蔽待机。

陈毅在当晚召集共产党干部分析形势，商讨对策。情况已趋明朗：南昌已成功地举行了武装暴动，叶、贺掌握了好几个师，张发奎走向反动，但还不愿丢掉革命招牌。大家研究决定：一是连夜分散出发到南昌去找叶、贺军，一是回家乡去搞农民运动。没有暴露党员身份的，可以留下。“大约有 200 多人愿意留下，这 200 多人组织了个支部。”①

陈毅身份已经暴露，决定星夜去南昌，投入他多时来热切向往的共产党独立领导的革命军队。特务连连长肖劲和他同去。

8 月 6 日陈毅、肖劲赶到南昌，叶、贺军已无踪影，张发奎的部队已进了城，好不容易打听到起义军已去抚州方向。两人决意追赶。

沿途绝少行人，常有反动团练和地痞流氓拦路盘查。途中遇到几个从蔡廷锴部队逃出来的军官，他们说蔡廷锴师本来参加了起义，但在南撤途中脱离了起义军，现在也在“礼送”共产党员。陈毅、肖劲表示了誓必追上起义军的决心。他们终于在抚州城里见到了紧张忙碌而秩序井然的起义军，找到了周恩来和刘伯承。

当时起义军后面有朱培德的追兵，抚州附近是杨如轩的部队。赣东一支绿林武装派人来接头，愿意接受叶、贺军的委任和指挥，条件是给他们一部分枪支。周恩来、刘伯承就要陈毅带着肖劲去联系，到这支绿林部队去做改造工作。但他们按预定办法和对方的司令联系时，起义军已开走，追兵已进了抚州。绿林部队联系代表逃避不见。陈毅、肖劲出城时被哨兵抓住。幸陈毅说动了哨兵，得以脱险。

8 月 10 日，他们在宜黄再次追上起义军。周恩来与刘伯承等商量后，分配陈毅任第二十五师七十三团的团指导员。周恩来说：“派你做的工作太小了。你不要嫌小！”

陈毅真诚而喜悦地说：“什么小不小哩！你叫我当连指导员我也干。只要拿武装我就干！”

“只要拿武装我就干”，说出了陈毅对于中国革命要靠共产党独立领导的武装斗争的觉悟。这是他亲历四川保路运动的屠杀、里昂护校斗争被武装押送回国、北京

① 张发奎后来又将武器发还教导团。教导团开到广州，参加了广州起义。

惨案、万县惨案、九江被迫放下武器，并结合宏观的认识所得到的宝贵结晶！

使他特别高兴的是：他要去领导的团正是由叶挺独立团的主力改编发展而成的“铁军铁团”。他早就听说，这支部队在北伐中是最出色的前锋，战无不胜。这部队又是党最早创建由周恩来亲手组织的武装，训练严格，战斗力强。现有2000多人，是起义军的一个坚强的主力团！

陈毅面临第一个考验。作为共产党的党代表和政工干部能否取得官兵们信任的考验。这个团毕竟还是国民革命军，官兵们对蒋、汪不满，对共产党比较有认识，但对政治工作人员，许多人还是持保留态度。陈毅自己对武汉时期某些政工人员的满嘴空话与“五皮主义”（皮带、皮靴、皮包、皮手套、皮马鞭）也很反感，所以能够理解官兵们看不起“狗皮膏药”的情绪。他自觉地塑造共产党的政工干部的形象。不高高在上，常到班排谈心。盛暑行军，又加某些地方群众受了欺骗宣传逃避一空，有时一天吃不上一顿饭。他都能和官兵们一样，挨饿走路，还扶助病号，帮士兵背枪。官兵们渐渐相信他的讲话了。更严峻的考验是在战场上。打会昌，七十三团打的是攻克敌人主阵地制高点的恶仗，敌人炮火浓密。第一次上战场的陈毅开始时不知所措，他自己后来说简直像《夏伯阳》里的政治委员富曼诺夫一样，被敌人火力压得抬不起头来。但他清醒地意识到这种考验，立刻奔上最前线，冒着敌火鼓励部队，和团长站在一起指挥作战。这就赢得了许多老兵的称赞，老行伍出身的团长黄浩声也开始对陈毅另眼相看。

然而第二个考验接踵而至。这是一个人的生命史上极少遇到的严峻而深刻的考验，并不是每一个革命者都能经受住这种考验的，关键就在于对共产党独立领导的军队有超过一切的认识和感情。

第四节　疾风劲草

南昌起义部队进入广东后，决定以大部攻克潮汕；周士第的二十五师及第九军教育团留守三河坝地区，由九军副军长朱德指挥。这样就把全军最强的叶挺部队的二十四师与二十五师拆散了。事隔25年，陈毅在《关于八一南昌起义》的谈话中痛心地说：“如果三河坝不分兵，我们一共有15个团，而桂系加陈济棠可以集中的不过17个团，力量差不多，我们战斗力强于他们，一定可以击破他们。三河坝一分兵，反革命就以钱大钧牵制朱、周部，集中全力对付叶、贺。叶、贺长途跋涉，队伍疲劳，一路仰攻上去，到了汤坑遂陷入反革命的重重包围”，损失严重。

三河坝位于广东梅江、汀江、韩江的会合口。二十五师为避免背水作战的不利态势，东渡韩江，在以东文部为中心的笔枝尾山、龙虎坑、下村一带设防。10月2日起，钱大钧部以优势兵力3个师10个团多次渡河攻击，伤亡达1000余人。起义军顽强抗击，歼灭渡河之敌，但自己也有数百人伤亡。10月4日，敌军再次多路渡河登陆。起义军兵力少，久战不利，乃撤出三河坝地区，向潮、汕与大部队靠拢。但行至饶平县茂芝，先后遇见潮汕撤出的部分人员及在揭阳、汤坑失败跑回的零散人员，才知道潮汕失守，起义的领导人已分头撤离。

中国共产党第一次独立领导的革命武装起义失败了！2 万多人的起义部队现在只剩下朱德身边这 2000 余人，而且四面都有占绝对优势的敌人，随时有被歼灭的危险。而如果这支部队的领导人不再坚持领导岗位，部队必将全部溃散。

当时，朱德决心继续斗争，陈毅坚决拥护。他们决定到闽粤赣三省边界地区活动。在饶平县的茂芝，部队进行整编，以七十三团为基础编为第一营（四个连的大营），以七十四团编为第二营，以九军教育团编为第三营。

10 月 7 日，朱德、陈毅率部向闽粤赣边界地区转移。

同时，与饶平地方的共产党组织取得联系，留下一批枪支，分散安置了一批不能随军行动的伤员，并派人秘密赴香港向中共南方局报告请示。

10 月 15 日，中共南方局与广东省委联席会议提出，南昌起义军必须“全部转变为工农革命军”。10 月 24 日，南方局恽代英在致中共中央的信中说：“工农革命军第一师（即二十五师）据彼处派来之人报告，确存长枪 1000，驳壳 200，机枪约 4 挺，人 2000……”

然而在闽粤赣边立足的意图未能实现。路过峰市，因为后面有钱大钧的追兵，不敢久留。在武平，同钟绍奎的土匪部队遭遇，钟部被击溃，乃进占武平。钱大钧部一个师又猛扑而来，第一师退出武平，向武平以西的山区转移。

部队仰攻险要的石径岭，朱德亲率突击小分队爬绝壁翻山崖到守敌侧后猛袭，始得突破险关。朱德智勇善战的名声此时便在七十三团这样的铁团得到推崇。

进入江西后，情况更糟。对于武装斗争的悲观失望，日益严重地摧毁着部队的意志。与上级党及地方党完全失去联系，两眼抹黑，前途茫茫。时至深秋，官兵们还是南昌起义时的单衣单裤，露宿山林，风寒露冷。山区少人烟，搞不到多少粮食，饥饿削弱体力。病员急剧增多，疟疾、痢疾，没有药品治疗。每天还得长途爬山行军。于是掉队、离队的日多。

部队到达安远县的天心圩。在这里才得到短暂的休息。领导干部聚集起来，议论出路。这时的部队，体力和战斗力都大大削弱，散伙的现象日益明显，有的带着整班、整排公开离队，带着枪自寻出路。部队只剩一千来人了。还有没有必要和可能维持这一支小小的接近涣散的队伍确实成了问题。即使要奋力维持，有没有必要保持这么些军、师、团职的领导干部也令人怀疑。

朱德态度坚定明朗，他认定南昌起义留下的骨干必不能溃散，一定要带着走出绝境，坚持武装斗争的路。陈毅到北京、上海、四川都有出路，但他既已认定中国革命必须要有共产党所领导的武装，他也决心带队到底。原七十四团参谋长王尔琢也决心带部队，他已蓄起胡须，发誓革命不胜利就不剃掉。后来大家同意去留自愿。这时，团以上领导干部就只剩他们几个人了。

傍晚，在天心圩圩场外的河滩上，朱德召集排以上干部开会。朱德阐述了他在领导干部议论时的主张。他说大革命失败了，革命的旗帜不能丢。武装斗争的道路一定要走下去。1927 年的中国革命好比 1905 年的俄国革命。俄国在 1905

年革命失败后是黑暗的。但是黑暗是暂时的，到了1917年革命终于成功了。只要坚持斗争下去，中国也会有个“1917年”。朱德还说：“要革命的，跟我走，不革命的，可以回家，不勉强！”

陈毅也讲了话。他说：一个真正的革命者，不仅经得起胜利的考验，能做胜利时的英雄，也经得起失败的考验，能做失败时的英雄。

经过天心圩的整顿和动员，许多人的心中又燃起了希望之火。部队继续西进。但实际困难丝毫没有解决，反而更趋严重。饥寒、疲劳、疾病、穷困，把部队折磨得筋疲力尽。

林彪领着几个连长来见陈毅。他们都是黄埔四期的毕业生。林彪说：现在部队不行了，一碰就跨。与其等部队垮了当俘虏，不如现在穿便衣，到上海另外去搞。其他几个也附和，他们劝陈毅走。

陈毅明确表示他不走。他说：“现在我们拿着枪可以杀土豪劣绅，土豪劣绅怕我们。离开了队伍没有了枪，土豪劣绅就杀我们。我们都是共产党员，要经得起失败的考验。”

其他几个连长被陈毅劝止了。只有林彪一度离队，但没走多久又回来了。因为走到梅关，看到搜查、抢夺、打人、杀人，这样送命太不值了。陈毅批评了他，对他回来还是表示欢迎，让他仍回原来的连队任连长。①

部队减员到只剩八百多人。可是终于得到了难得的休整机会。他们走到了信丰县。军阀刘士毅的军队远在赣州，信丰没有敌军。这时军阀战争即将开始，他们身后已没有了追兵。赣南地方党也派人来取得联系，他们第一次对赣南的情况有了较全面的了解。

在敌情缓和的情况下开进县城，对这支贫困饥寒、而且是有许多旧军人的部队，是一个新的考验。问题还是发生了，有人进饭馆白吃白喝，有人到当铺“当”手榴弹要钱花。

朱德、陈毅正同城里的地方人士座谈，忽接报告：一家当铺被一伙士兵抢了。朱德让陈毅先去紧急处理。

陈毅下令紧急集合，带领部队跑步到离城二十多里的一个山坳里。朱德也飞马赶到。

陈毅站在山坡上发出整队口令。

朱德应声跑到排头兵位置，肃然立正。王尔琢跟上，站第二名。于是八百多人迅速列队。

朱德、王尔琢出列来到陈毅站立的山坡，紧急研究后，由陈毅宣布此次哄抢当铺事件的严重危害性，并当场查明带头肇事的抢劫主犯三名，立即枪决。陈毅又向大家讲述了这支共产党领导的铁军铁团的革命宗旨和光荣传统，要大家自觉执行政策、遵守纪律、一心为公。他特别强调要以朱德为榜样。朱德不屑高官厚

① 陈毅于1971年10月老同志座谈会上发言谈及此事。

禄，1922 年就加入共产党。他目光远大，意志坚定，许多师、团领导干部离开了，唯独他不走，他看到这支队伍一定会发达，革命一定会成功。大家要跟朱军长革命到胜利！

官兵们自发地喊出了“拥护朱军长！”“跟朱军长干革命！”的口号。参加哄抢的士兵，纷纷把抢得的东西交了出来。

朱德感谢大家的支持，完全赞成陈毅的处理，指出革命纪律铁面无私，如果他本人违犯纪律，大家可以同样拿他问罪。朱德并郑重宣布，从今起，这支队伍由他和陈毅共同领导。①

通过这一次严肃整顿，既有共产主义的理想和道德，又有铁的纪律，政治工作的威望大增。10 月底开进大余县城时，县长吴巨光闻风逃到广东南雄。群众也纷纷离家躲避，随即听说这支队伍不住民房不抓民夫，态度和气按价付钱，又陆续回到城里。这时国民党新军阀之间战争正紧锣密鼓地进行，自顾不暇，朱德、陈毅、王尔琢研究决定利用时机进行思想整顿和组织整顿，并改善物质条件，恢复体力。当时江西由滇军将领朱培德主持军政，各县主政的多云南人，吴巨光也是，且在云南时与朱德有过旧交。朱德乃在县商会筹得一万多元经费，说明为借用，并留信请吴巨光县长拨款归还。部队的整顿工作乃在生活较好的条件下展开。

部队急需调整组织。考虑到和湘赣一带的滇军搞好统一战线关系并利于隐蔽，决定暂时将部队改编为国民革命军第五纵队，下辖三个支队，计七个步兵连，一个重机枪连，一个特务连（一说迫击炮连），朱德化名王楷任纵队司令，陈毅任纵队指导员，王尔琢任纵队参谋长。

陈毅负责党团组织的整顿。重新登记了党团员，发展了一批坚决革命的人入党，把全部 56 名党员组成一个党支部，把一部分党团员分配到各连队，“建立了连的指导员”。事隔几十年，粟裕还印象深刻：“那时候我们还不懂得应当把支部建在连上，但是实行了把一部分党团员分配到各个连队中去，从而加强了党在基层的工作，这是对于这支部队建设具有重大意义的一个措施。”

11 月上旬，部队移驻湘粤赣三省交界的上堡、文英、古亭一带山区。敌人忙于军阀混战，使他们得到近一个月的休息。离队官兵二百余人归队，加上一批参军新兵，部队又有一千多人。部队天天上小课，隔一二天上一次大课。军事方面讲授正规战如何向游击战发展，讲新战术。政治工作方面继续整顿思想、整顿纪律，规定筹款和缴获要全部归公，组织部队打土豪、筹款、各班排分头向群众作宣传，调查情况，帮助群众劳动。陈毅主持了这支部队的政治工作建设，颇多建树，成为中国人民解放军政治工作的开拓者之一。

11 月中旬，附近到了一支部队，经联络，竟是秋收起义后经过三湾改编的一个营，该营是一团三营，由张子清、伍中豪带领，因在一次战斗中被敌人切断了和毛泽东亲率的一团团部及一营的联系，三营独立向南发展。得知毛泽东领导

① 《粟裕战争回忆录》，解放军出版社 1988 年版，第 42—45 页。

着部队在井冈山活动，朱德、陈毅、王尔琢立即派原在第二十五师政治部工作的毛泽东的同胞小弟毛泽覃去与毛泽东联系。同时，与范石生也联系上了。

范石生当时为国民革命军第十六军军长，驻防湘南粤北。他是朱德早年在云南陆军讲武堂的同学、知交，结过金兰。他派该军参谋韦柏萃（原为共产党员）带着他的亲笔信前来联系。范石生希望两军合作，信上还指出该军内部即有一批共产党员，他并未取缔他们的活动，以示诚意。

早在南昌起义军南下时，周恩来即曾授意朱德致函金汉鼎、范石生、杨如轩等滇军将领进行争取。朱德等各军师负责人并带上了中国共产党前敌委员会的组织介绍信备用。此时，朱德、陈毅、王尔琢等对与范石生的合作进行了慎重研究，考虑到部队疲惫，子弹、服装、被盖等也极度缺乏，有建立统一战线关系的必要，乃决定在确实保持共产党武装独立自主的原则下与之合作。

11 月 21 日起，朱德根据党组织的决定到第十六军四十七师师部驻地汝城与范石生的代表、该师师长曾曰唯进行了两天谈判，达成了协议：朱部是共产党的队伍，一切行动听从共产党的调动；范部给朱部的物资补充，完全由朱部自己支配；朱部的内部组织和训练工作等，完全按照朱部的决定办，范部不得进行干涉。

朱德以王楷名义任第十六军总参议、第四十七师副师长兼第一四〇团团长，陈毅任团政治指导员，王尔琢任团参谋长。嗣后，又将张子清、伍中豪的一个营改称为第一四一团，将何举成带领的湖南宜章、汝城农军二百余人改称为第十六军特务营。为统一这三支部队及十六军原有共产党组织的党的领导，秘密建立了中共第十六军军委，陈毅任书记。

朱德、陈毅有意识地利用滇军与蒋、桂、粤的矛盾，范石生也希望增加友军力量并企图与朱德同回云贵求得发展，再加朱德、范石生彼此友谊甚深，彼此相信对方品德，所以合作是真诚的。朱德在他的一部书稿中曾感慨说："他接济我们十多万发子弹，一个月还接济我们万多块钱、医生、西药、被单……""这时范石生去打广东，很多东西留下来了。""我们始终心心相印。就在红军的发展上来讲，范石生是值得我们赞扬的。"

对这一合作的最好检验，是能否确保这支共产党军队继续实行党的政治主张和革命活动。在上犹、崇义期间，"改编"了的这支部队照旧打土豪，支持农会活动。他们还同各地的共产党组织联系，并于 11 月下旬在汝城召开湘南各县党组织负责人的联席会议，共同策划"年关暴动"。移驻粤北以后，更有力地支持农民运动。途经仁化时，积极支持恢复农会，帮助组织农民武装，号召开展土地革命。

从另一方面也可看出这支队伍的革命坚定性。——中共中央接连写信给他们，"能否不为范石生所解决，很是疑问"。"为避免被消灭的危险，你们只有坚决地脱离范石生。"中共北江特委常派人侦听他们的情况。有一天陈毅在该团军政干部会上讲话，北江特委派人秘密监听。只听得陈毅说革命是有波折的，要根据客观形势的发展决定革命的方法。但最要紧的是不能被环境所屈服，时刻不忘记自己在中国无产阶级领导的革命运动中应该担负的伟大任务。于是北江特委派人与陈毅接上党的关系，通过北江特委又与中共广东省委建立了联系。

广州起义即将举行，北江特委传来广东省委指示，要朱、陈率部参加。他们即行开拔，范部也不阻拦。他们途经韶关，请范石生拨给去广州的车皮，范石生也如数调拨。只是临上火车时得悉广州起义失败，临时中止。

嗣后部队移驻韶关以北的犁铺头，继续进行军政训练，并开办了教导队。陈毅常到教导队讲课。部队仍积极支持农民运动，除继续联系仁化董塘等地外，还派人到驻地附近的曲江西水地区支援农民暴动，使那里的斗争蓬勃开展。

北江特委先后派出熟悉当地情况的龚楚等人来到部队。此时张子清、伍中豪的一四一团已休整装备完毕回井冈山地区，而一四〇团收留了陆续归队的人员和广州起义失败后来投奔的零散人员（其中干部 80 多人），已恢复到 1200 余人。

12 月下旬，何长工受毛泽东的委派来到犁铺头。朱德、陈毅、王尔琢等与何长工促膝长谈，介绍了南昌起义部队的情况和经验教训，也了解了井冈山武装割据建立革命根据地的情况。

1928 年元旦刚过，突接范石生从广州派专人送来的密信。朱德正应范部师长之邀赴宴，陈毅拆信。信中大意是：合作事已败露，应从速离开，自谋出路。最后胜利是你们的，现在我是爱莫能助。陈毅等一面急报朱德，一面紧急准备撤离。

第五节　湘南暴动

脱离范石生部以后，于 1928 年 1 月 5 日攻占仁化县城，并在董塘帮助仁化农军改编为工农革命军独立第四团。

再打乐昌没有打下，就转向湘南。朱德、陈毅他们面对着的是北伐时期群众发动普遍，马日事变、蒋汪合流后受害很深的湘南，控制着湘粤大道四省通衢的湘南。

早在 1927 年 8 月 3 日中共中央拟在湘、鄂、粤、赣四省举行秋收暴动的《大纲》中，即有发动湘南暴动的设想，“准备于不久时期内在湘南计划一湘政府，建设革命政权及一切革命团体，在广东革命委员会指挥之下。”后来因暴动的条件尚不成熟，举行湘南暴动的计划未能实行。

现在各方军阀正在混战，又有了一支久经锻炼的正规主力作为骨干。这支主力部队不仅善战，而且接受了南昌起义、秋收起义、广州起义的宝贵经验和教训，已初步懂得武装斗争和农民运动相结合，初步懂得要建设苏维埃政权和农民革命武装。

朱德、陈毅、王尔琢、胡少海和中共宜章县委军事部长陈东日等详细研究之后，决定首先组织宜章暴动。

胡少海是在部队途经乐昌时加入的。他曾在程潜的第六军当过营长，是宜章岩泉人。其父兄是宜章富户，颇有声望。

这时的宜章官绅们正为传闻中的“年关暴动”担心。忽然接到粤北方面送来的机密信件，说即将有一支国民党的正规部队前来驻防，大喜过望。

1月12日，胡少海带领两个连的先头部队入城。受到以县长为首的官吏绅商的盛情欢迎。大部队接着进驻。于是，就在次日晚欢迎“王楷”的宴会上，扣留了全城所有的头面人物和民团长官。县政府、警察局、团防局的武器很快被铁军铁团所收缴。

宜章女子职业学校，此时成为部队的司令部、宜章暴动的指挥部。中共宜章县委早在做迎接朱德部队和年关暴动的准备工作，故而转瞬之间全城一新。

1月13日，在宜章北门广场召开了几千人的祝捷大会，镰刀斧头的红旗第一次高高地飘扬。朱德报告了暴动简要经过，同时庄严宣告：他们是为工农大众利益奋斗牺牲的工农革命军。由他担任工农革命军第一师师长，由陈毅担任师党代表，由王尔琢担任师参谋长。

陈毅的任务主要是和地方党的干部一起，迅速恢复县总工会、县农民协会和青年、妇女、赤卫队组织并加强农军。起义后25天，正式成立了湘南第一个革命政权——宜章苏维埃政府。

宜章暴动胜利的影响遍及湘南各县。中共郴县县委派李克如前来送信，请求工农革命军第一师出兵郴州，推动郴州工农暴动。信送给了朱德。

陈毅被请去。“党代表，你看怎样回答他们？”陈毅接过信，当着来人的面读出来，读着就连声说：“当然要去！当然要去！”

这“当然要去”实际上就是决心把宜章暴动扩大为湘南暴动。

湘南“赤焰复燃”，驻粤北的独立第三师师长、马日事变的刽子手许克祥，奉命率6个团扑向宜章。他对官兵说：潮汕一战，朱德已成惊弓之鸟，宜章是靠欺诈得手，实际并无几多战力，这次务必收聚歼之大功。

朱德此次指挥铁军铁团，不再有三河坝阵地战的束缚，进退自如。为避敌锋芒，朱德、陈毅率部打着火把连夜撤离宜章。

许克祥亲率两个主力团进占岩泉，而将另外四个团配置在栗源至坪石一线。朱德首先使用主力配合农军打开了很顽强的土豪寨子黄沙堡，在窠壁洞整理部队后便出击，利用许克祥轻视工农革命军而未集中其部队的失误，对运动之敌突然发起攻击，把他两个团打得稀烂，一气追了七八十里。第二天又乘胜追击，从他屁股后头打下去，又把他们打垮了。主力部队有北伐打恶仗打追击的优良传统，农军有地理熟悉，声势浩大的优长，打得敌军建制大乱。溃兵向后狂逃，乱了后续部队的军心和阵脚，未战先败。如此猛打猛冲猛追，竟成“多米诺骨牌”，一路上敌军风声鹤唳，草木皆兵，起义军势如破竹，直杀坪石，攻下了这个敌军后方基地。此役接连击溃6个团，俘敌1000余名，缴获重机枪10余挺，步枪1500余支，手枪100余支，迫击炮8门，马13匹，弹药被服不计其数。许克祥化装混入乱军之中才得逃命。

这次战斗，是主力军、地方农军和赤卫队配合作战获得成功。实战证明，彼此必不可少，尤其是战斗力强过敌正规军的主力军，更是土地革命战争的中坚。

工农革命军第一师重返宜章，随即挥师北上，攻占摺岭，直指郴州。经侦察，郴州南郊的主要守备点大铺桥，守军两个营，多为没有实战经验的学生兵。陈毅乃决定组织喊话，采用军事攻势和政治攻势相结合的办法瓦解敌人。作战中他右手负轻伤，忍痛坚持。守敌被逐一分割瓦解，除少数逃回郴州城，600 余人枪悉数俘获。史沫特莱在《伟大的道路》中写道：这些俘虏“被带到一个山谷里，由朱德和陈毅讲解工农革命军的性质和纲领。陈毅的讲话有如跟朋友们叙家常，对于俘虏们影响最大，因为陈毅自己就是从书香门第出身的”。

少数士兵逃回城里，带去了恐怖情绪，守敌不战自乱，争相逃命。先头连尾追入城攻占敌旅部，溃敌向永兴、耒阳逃去。

2 月 4 日傍晚，朱、陈率主力开进郴州。中共郴县县委组织了盛大的欢迎工农革命军入城的活动。

“船到郴州止，马到郴州死，人到郴州打摆子。”这民谣确实道出了郴州潮湿温暖、蚊蝇扑面，河道淤秽的状况。可是郴州人很快发现，工农革命军不但热心办工农青妇的会，不但认真查案子、放冤犯，成立什么“苏维埃”，还由长官亲自扛锹卷裤带领，铲子、扫帚、畚箕、担桶一齐上，搬走垃圾堆、清除臭水沟。排队来，排队去，心齐力大，河清街净。郴州人都知道朱德，却很少人知道那带头挖污泥的是党代表陈毅。

湘南的革命形势，正如干柴逢烈火。第一师和各县农军密切协同，先后攻下永兴、耒阳、资兴、桂阳、安仁等县城。攸县、酃县也先后举行暴动。影响所及，临武、嘉乐、衡阳、常宁以及江华、永明都有局部的工农暴动；瑶族等少数民族同胞也揭竿而起。第一师所到之处，都和中共地方党组织密切配合，建立苏维埃政府，建立和恢复群众组织，组建革命武装。继宜章农军成立工农革命军第三师之后，又先后建立郴州的工农革命军第七师，耒阳的工农革命军第四师和永兴、资兴两个独立团。

各地苏维埃政府颁布法令，惩治反革命，没收地主的土地，领导农民插标分田。陈毅满腔热情地从事建立政权、组织农军、指导分田的工作，还挤出时间为宣传员训练班、农运讲习班和党校讲课。此时，湘南暴动已打开了很大的局面，军队完全由共产党独立领导，陈毅与朱德在四川兵运时向往过的“可以伸伸展展地干”的时候似乎来到了。

从不再受国民党任何掣肘的意义上说确是如此，但是他们仍然没有得到“自由”。受中共中央内部和湖南省委“左”倾盲动主义的影响，中共湘南特委开始推行某些盲动的政策。在发动农民起来插标分田和惩治反革命的斗争中，“杀杀杀，杀尽土豪劣绅”之类的口号导致惩治镇压的扩大化，并因为农村的宗族矛盾而增加了相互仇杀的数量，还为后来的“白带子”与“红带子”互杀积下了动因。

当军阀混战暂时休止，湘南面临湘、粤两省敌军联合进攻时，中共湘南特委又在“使小资产变为无产然后强迫他们革命”的精神影响下，提出“焦土战略”，为了企图使敌军进入湘南后无房可住，无法立足，硬性推行焚烧湘粤大道两侧 30 里内房屋和烧毁郴州等县城的决定。指示下达，群众和干部强烈反对。湘南特委一方面逐次让步，将焚烧范围缩小至湘粤大道两侧各五里；一方面仍向各级干部施加组织压力，强令执行。许多区乡干部抵抗不住，只得在大道旁焚烧了少数房屋。然而消息风传，烟火起处，人心大乱，敌对情绪剧增。

此时正是湘南暴动的战果进一步扩大的时候，中共湘南特委扩大会在永兴召开，准备在3月16日召开湘南工农兵代表会议，成立湘南苏维埃政府，并广泛开展插标分田运动。据当时担任中共良田、坳上区委书记的李克如、李杰及其他人回忆：

郴州是湘、赣、粤、桂四省通衢，是中共湘南特委确定的首批实施焚烧计划的重点，而且城内房屋还是要全烧。

中共郴县县委对群众的呼声有所了解，却坚持要执行特委的指示，认为烧掉郴州使敌人无法立足才是群众的最大利益所在，想以此说服动员群众收拾家什搬迁至县城五里以外，烧掉房子。却不想群众多数对此不能忍受，有的坏人混在群众中煽动闹事。3月12日，县委通知在郴州城里城隍庙召开群众大会，拟由郴县县委书记夏明震说服动员群众在尽量减少损失的措施下执行焚烧的决定，以粉碎敌人的进攻。

这天到会的人格外多，平日空旷的场地已挤得水泄不通。城隍庙入口处手持大刀梭镖把守的人有的身份不明。大会于10时开始。夏明震上台说到为阻止湘、粤两省敌人进占不得已实行“坚壁清野”时，台下立即叫喊：“烧房子就是不行！”“杀死他们！杀死他们！”许多人迅速扯下颈上标志革命的红带子，换上事先暗藏的白带子。

一个暴徒蹿上台去，一刀砍死了夏明震。混乱的人群刀枪棍棒齐上，县干部与群众组织负责人多人被杀。全场顿时形成一场白带子杀红带子的混战，当场死伤二百余人。接着，人们一路呼啸而去，见红带子就杀，见商店就抢，相继捣毁县总工会、少先队等住地。

当天下午，有人散布谣言：“城里的工人要杀农民”，“共产党要烧郴州方圆50里的民房”，煽动数千农民包围了先已搬迁到城外东塔岭的中共县委机关，洗劫一空。

事已至此，中共县、区党组织及苏维埃的负责人只能组织未受煽动的农军、赤卫队及工人进行武装反击。郴州城内又开展了红带子和白带子的血战。良田、坳上等区的中共党组织曾派出武装力量进城参与平乱。

3月16日，湘南工农兵代表会议在永兴举行。陈毅当选主席团成员。郴州凶信传来，特委立即要陈毅率第一师的一个营赶往郴州。陈毅赶到时，郴州城内及大部分郊区已为“红带子”控制，城郊的五里碑、栖凤渡尚未平息，陈毅率领部队配合农军前往平定。

湘南特委决定由陈毅接任郴县县委书记。郴州损失惨重、仇恨恐惧、混乱不堪。除良田、坳上等少数区基本上没有破坏外，无论城乡都遭受了一场人为的大地震。

陈毅作为郴县县委书记，首先恢复和整顿县委、县苏维埃的工作，在湘南特委的指示下，建立肃反委员会和革命法庭，同时深入调查研究，查清事件原委。据郴州师范专科学校师生社会调查所得材料：新县委对于参与“反水”的人分别不同情况做出相应的处理。对个别证据确凿的首恶分子坚决镇压。对于绝大多数受煽动的群众，只要不继续坚持错误，一律不予追究，原来是农会会员的仍然承认其为会员，原来是赤卫队员的仍然承认其为赤卫队员。原为干部不责令检讨，不给予处分，仍按干部使用。

当时湖南省委及湘南特委本身也认识了这次错误的严重性，很快调动了湘南特委书记陈佑魁的工作（后陈佑魁在长沙被捕牺牲）。陈毅经和湘南特委研究，并在县委会上统一了认识，在局面得到控制后，还以县委名义仍在城隍庙召开了群众大会。大会有数千人参加。会上，陈毅宣布郴县县委对于执行烧城和焚烧湘粤大道两侧房屋的错误决定有不可推卸的责任，宣布取消错误的决定，并代表县委向群众作检讨；同时宣布了有关政策。会后，还以县苏维埃政府的名义发布布告，规定不准焚烧房屋，不准强迫搬家，不准造谣惑众，等等。

嗣后，陈毅所主持的郴县县委把工作的重心转到土地革命方面。陈毅经常到各乡了解和指导分田的工作。郴县桥口有一户农民害怕日后地主报复，分给他三块田不敢要。陈毅亲自去给他讲“耕者有其田”的道理，还说：“你实在怕，就让分田的把那三块田写在我陈毅名下好了。田归你种。”在陈毅的积极推动下，郴县的插标分田虽然因为“反白事件”有了耽误，但很快赶上了邻近各县，仅仅十余天就完成了任务的一半。

湘南暴动从 1 月 13 日起至 4 月初，在不到三个月的时间里，取得了辉煌的成就。它坚定地走武装斗争的道路，并在武装斗争和土地革命相结合，武装斗争和革命根据地政权建设相结合，主力正规军、地方农军和赤卫队相结合等方面进行了初步的实践。它还在湘南工农兵代表会议讨论了土地问题，制定了基本上和后来的土地法相一致的分配原则和实施办法。它广泛地成立了县、区、乡的苏维埃，根据《共青团湘南特委徐林关于湘南暴动经过给中共中央的报告》（1928 年 6 月）所载，还于 3 月中旬成立了湘南苏维埃政府，陈佑魁当选湘南苏维埃政府主席，朱德、陈毅等 21 人当选为湘南苏维埃政府执行委员。这是在地区一级的较高层次建立革命政权的首次实践。这个政权的建设甚至到了发行湘南苏维埃政府钞票并能一度为市场所接受流通的程度。这颇能说明这个政府当时的社会信任度。在武装斗争方面，因有湖南农民运动的基础，加上第一等的主力革命军及军事领袖和军队政

1928 年湘南起义期间，耒阳县苏维埃政府发行的“劳动券”

治工作，也得到了新的发展。湘南暴动已由 7 个县城，发展到 11 个县，各地农军有很大的扩展，而工农革命军第一师已由 1200 多人发展到 2000 多人。如果不是“左”倾盲动主义政策严重破坏了群众之间的团结，严重损害了许多群众对共产党的拥护，湘南人民是会有较多的办法来对付国民党的两省“协剿”的。

大“协剿”来到了。湘、粤两省的国民党军调集了 7 个师的强大兵力投向这一地区。大军压境，腹背受敌，加上“左”倾盲动政策的破坏，在湘南应付敌人就缺少回旋余地。陈毅同远在耒阳的朱德取得一致意见，并与湘南党政负责人商议，共同做出了退出湘南的决策。

4 月上旬，朱德率第一师主力和部分农军由耒阳经安仁、茶陵向酃县进发。陈毅率第一师一部及湘南特委、郴县县委、县苏维埃及农军共 4000 人转移。撤退之前，陈毅曾布置坚持原地斗争。坳上区委书记李杰便是经陈毅亲自到区里动员说服才愿意留下斗争的领导干部。当时绝大多数干部和革命群众迫切要求随军转移。形势严峻：白军将至；土豪劣绅将复辟；参加过“反水”而被杀的群众家属和虽未受罚但仍对党不满的群众，都会成为对头。陈毅率部到达资兴一带时，队伍已剧增到近 8000 人。宜章、耒阳、永兴、资兴的农军和自发来归的革命群众纷纷汇集。队伍庞大杂乱，既无协同行军的锻炼，又无统一的隶属关系。挑担推车，类似搬家，拖儿带女，弃家跟随。他们愿意把自己的命运和共产党、工农革命军紧紧联结在一起。作为工农革命军第一师党代表的陈毅，义不容辞地负起这支队伍的领导责任，从行军作战到吃、喝、拉、撒、睡都亲自一一过问。

刚到资兴，就遇敌第十三军一个团由永兴方向扑来。陈毅指挥郴州工农革命军第七师第三团迎击。团长蒙九龄指挥部队以大刀梭镖为主的劣势武器在城郊给敌以阻击杀伤后退入城内，展开巷战，敌人付出惨重代价才占领资兴城。农军七师三团英勇抗敌，仅城郊老虎山一仗即牺牲二百多人，团长蒙九龄多处负伤壮烈捐躯。他们为整个队伍从资兴一带安全转移赢得了宝贵的时间。

三团完成掩护任务追赶大队时，敌军跟踪追击。幸有从井冈山下来联系的袁文才、何长工率领的工农革命军第一师第二团与之相遇，敌军见工农革命军势大，缩回资兴城内。

在资兴以东的彭公庙，这支历尽艰难的队伍几天来第一次得到休整。陈毅会见了留法老同学何长工，对毛泽东建设井冈山革命根据地的方略有进一步的了解，更加坚定了此行去井冈山的选择。

在彭公庙，陈毅与湘南特委、各县县委、各农军的负责人和井冈山第二团的负责人举行了联席会议，多数人赞成去井冈山。唯有湘南特委新任书记杨福涛等要折回湘南。他们认为既是湘南特委，就“守土有责”，“共产党员应该不避艰险”，回湘南坚持斗争。陈毅、何长工等耐心劝说他们在形势极端不利时暂时转移，即使回去也要分散个别行动。他们却坚持要把七八十人带回衡阳，离队竟去。几天后，即在安仁、耒阳边境全部遇难。

不久，陈毅、朱德分别率领的南、北两路部队在酃县的沔渡、十都等地会合。湘南暴动的万余人的宏大队伍将到井冈山去完成一次他们当时还无法认识其伟大意义的会师。

第六节　会师井冈山

砻市（当地现称龙市）。先期到达的工农革命军第一师第二团早为湘南部队准备好了驻地。朱德、陈毅、王尔琢等领导人及第一师的领导机关安置在龙江书院。

朱德已在前几天和毛泽东在酃县会过面。陈毅还未见到过毛泽东。在巴黎，蔡和森早就细说过毛泽东在“新民学会”与举办《湘江评论》的贡献。在武汉，中央农民运动讲习所与中央军事政治学校同在武昌，声气相通，广为流传的《湖南农民革命》一书中全文载有毛泽东的名著《湖南农民运动考察报告》。转战途中，张子清、伍中豪、袁文才、何长工对毛泽东拿枪杆子上山的主张的介绍，更使陈毅对这位毛委员的创见特行满怀敬意和兴趣。

朱、毛会师后，会商成立工农革命军第四军的地点——砻市龙江书院文心阁

以井冈山为大本营，在周围各县游击，先后占领茶陵、遂川、宁冈等县城，毛泽东正在创建着罗霄山脉中段的革命根据地。这地区早有党组织和农民革命运动。在大革命中，永新、宁冈、安福、莲花等县都组织了农民自卫军。“马日事变”后，当地党组织发动了永新暴动，是南昌起义以前党所领导的地方性武装暴动之一。宁冈的袁文才、王佐，安福的王新亚等农民自卫军都来参加，一度攻占永新城，成立了永新县革命委员会，贺敏学任主席，并成立了赣西农民自卫军，王新亚为总指挥，袁文才、王佐为副。但因反革命势力过于强大，乃分散活动。王新亚退往湖南浏阳，加入了秋收起义，成为毛泽东得知井冈山有“绿林武装”的消息来源之一。袁、王、贺以及贺的大妹贺子珍则率永新、宁冈的农民自卫军

上了井冈山。

毛泽东根据中共湖南特委的指示，率部出井冈山策应湘南暴动，先在酃县三口圩等地发动群众，建立苏维埃政权。4月初，敌军“协剿”湘南，毛命所部第二团西进资兴，接应陈毅率领的湘南农军退向井冈山，他自己率领第一团南进至桂东沙田，监视汝城之敌胡凤璋部。当胡部出汝城企图袭击退却中的湘南农军时，毛即率第一团于4月8日袭占汝城，迫使胡部放弃原有企图于4月10日返回汝城。毛即率第一团返回酃县，并留该团在酃县监视敌军行动，自己返回砻市。

1928年4月中下旬，毛泽东率领的工农革命军第一军第一师的两个团和朱德、陈毅率领的工农革命军第一师的两个团以及湘南农军的大部，在砻市一带会合了。毛泽东与朱德的两支部队至此乃正式会师。

这时井冈山的武装部队人数激增。原有的一团1000多人和二团（袁文才、王佐部各300人编成），湘南来的朱、陈部2000多人，而湘南来的农军达8000人。两支部队的会合，意味着参加过南昌起义和秋收起义，具有北伐战争民主革命传统和正规作战经验，又都有了农民土地革命运动实践的部队的结合。它们保留了一大批军事政治骨干，有了正确的政治路线和军事路线的初步的创造和实践，其主力部队有坚强的战斗力，这就为建立一支由共产党独立领导的新型的人民军队奠定了基础。两支部队的领导人连日开会研究这支军队的统一改编。一致决定成立工农革命军第四军。军中的共产党组织为中国共产党工农革命军第四军委员会（简称四军军委），毛泽东为书记。

据江华1990年谈：改编成三个师，陈毅为十二师师长，邓允庭为党代表。该师主要为湘南农军5000余人组成，“仅有步枪百余支，余尽梭镖，人称‘梭镖师’”。当时十师编二十八、二十九、三十共三个团（三十团基本为湘南农军）；十一师编三十一、三十二两个团；十二师编三十四、三十五、三十六三个团。陈毅自称“曾长梭镖师”。[①] 三十五团团长黄克诚，三十六团团长李奇中的回忆文章中都肯定此事。

在宁冈砻市，召开了庆祝两军胜利会师大会，陈毅担任大会执行主席，正式宣布成立工农革命军第四军（6月，按中共中央规定，改称红军第四军，简称红四军）。

从此，陈毅作为工农红军创建人之一与毛泽东、朱德一起走上了以武装斗争为主要形式、实行武装割据和土地革命、建立农村革命根据地、最后夺取全国胜利的光辉道路。

两军会师后，江西敌军对井冈山发动了第二次“进剿”。

陈毅率第十二师一部随朱德率领的军部与十师翻越黄洋界。途中，陈毅到以宜章农军为主编成的二十九团驻地，鼓励他们做好战斗准备，在实战中提高杀敌本领。次日，二十九团在黄坳与赣敌杨如轩部一个营遭遇，歼其一部。此战创造

---

①《陈毅诗词选注》，北京出版社1978年版，第320页。

了劣势装备的农民地方武装（全团仅 2 门迫击炮，200 多支枪，余为梭镖）战胜优势装备的正规部队（全营 300 多支一色好枪）的一个范例。

杨如轩部第二十七师八十一团由遂川经五斗江企图从拿山进攻井冈山，朱德指挥二十八团在五斗江歼其一部，其余向拿山、永新溃逃。次日，朱德、陈毅指挥部队相继击溃拿山、永新之敌，占领永新。部队到拿山时，进行了整编。毛泽东在永新城内给中央的报告中提及此事："前湘特委决定朱毛两部合编为第四军，指定朱任军长，毛任党代表，朱部编为第十师，毛部编为第十一师，湘南各县农军编入两师中，朱兼十师师长，宛希先党代表，毛兼十一师师长（本任张子清，因他受伤毛兼代），何挺（颖）任党代表，另一教导大队，陈毅任大队长。"

5 月中旬，杨如轩纠集五个团进攻永新。红军主力主动撤出，留二十九团迟滞敌人。当赣敌进占永新时，朱、陈率二十八团以一天一百多里的急行军由永新小西区奔袭敌后永新城，在永新县之草市坳与敌主力第七十九团遭遇，二十八团绕敌背攻击消灭了这股敌军，毙敌团长。朱、陈随即率部攻击永新。永新守敌杨如轩原是滇军中朱德的老部下，在护国军时，在朱德那一团当连长，在四川时期，朱德当旅长，杨如轩、杨池生当团长。朱德对他们的战法了如指掌，很快打进永新城，杨如轩跳城墙逃去吉安。朱、陈部第二次攻占永新城。此战缴获迫击炮 7 门、山炮 2 门，银洋 5 万多元。

5 月 20 日，在宁冈茅坪召开中共湘赣边界第一次代表大会，陈毅当选为边界特委候补常委。会后召开了中共红四军代表大会。因毛泽东已任边界特委书记，乃选举陈毅为军委书记。从此，陈毅全力进行红四军党的工作。杜修经在 1928 年 6 月 15 日给湖南省委的报告中说："军中的工作乃有起色，尤其是各团委渐次的起了作用。"

与此同时，井冈山地区及部队客观存在的矛盾也逐渐加剧。山区产粮不足，一万余人的军队"吃饭大难"。井冈山农民与外来的人存在土、客籍矛盾。八千湘南农民来此，亦有浓厚乡土观念。湘南农军觉得井冈山太差。井冈山农民说朱、毛的军队好，湘南农军纪律不好。袁文才、王佐部队也不愿意留湘南农军。拿山改编时，把湘南农军大部编在三十团、三十三团两个团中。这两个团的人强烈要求回湘南。只有以宜章农军为主组成的二十九团因党的组织较健全，打了胜仗，当时还算稳定。特委、军委与湘南各县委协商，认为井冈山吃粮确有困难，决定三十团和三十三团（5000 多人）回湘南，四军就直辖四个团，取消了师一级的建制。三十团和三十三团回湘南后，一部分被消灭，一部分散在农村中了。

朱德在一部书稿中曾说："5 月间曾经把三个团送回湘南。一方面是想恢复湘南工作。一方面是因为井冈山吃饭困难，……结果，送回湘南给打垮了。十二师就是这样垮了的。……那时克服农民意识成为很重要的一件事。因为这些人的回去，结果补充困难，就不够了。"

6 月下旬，赣敌五个团对井冈山发动第四次"进剿"。

红四军军委会议分析了形势，决定对比较强大的湘敌取守势，对比较弱小的赣敌取攻势，先破坏两省敌人的联合，尔后伺机歼敌。乃令三十一团佯攻酃县。此举出敌意料，果然吓得湘敌龟缩不前。三十一团随即隐蔽撤回宁冈，红军全力对付赣敌。

6月23日，杨如轩两个团主攻老七溪岭，杨池生一个团助攻新七溪岭。朱德、陈毅率二十九团、三十一团一营先敌占领新七溪岭制高点，扼住杨池生的攻势；王尔琢率二十八团迎击已抢占了老七溪岭制高点的杨如轩部；毛泽东率领三十二团和部分地方武装间道绕到敌军侧后牵制其行动。战斗从拂晓开始，朱、陈方面多次重创敌军，顿挫其攻势，但直到中午还未能攻占敌军所占山头，形成僵持。老七溪岭方面因制高点在敌手，更难攻取，但二十八团毕竟有铁军铁团的传统与骨干，作战顽强，一路仰攻，终于夺取了制高点。中午，二十八团首先向敌军猛压下去，杨如轩两个团相继动摇，被二十八团逐一击溃。二十八团乘胜直捣白口敌军指挥所。朱德、陈毅适时猛攻，杨池生部向龙源口逃窜。而二十八团已及时包抄到了龙源口。两路红军乃密切配合，天黑时将敌军大部围歼于龙源口地区，少数残敌逃往永新。朱、陈指挥部队奋勇追击，永新农民也汹涌上阵助战，乃第三次占领永新城。

陈毅对红军的英勇作战和农民的热忱配合深有所感。尤其是曾同他一起追赶南昌起义部队、时任二十八团营长的肖劲，在老七溪岭勇猛追击敌人时壮烈牺牲，更使他心潮澎湃。他研墨挥毫，在永新城内自己住房的粉墙上写下了一篇《龙源口大捷随感》，赞颂红军之英勇。杜修经作为中共湖南省委巡视员在6月底到永新还亲眼见过，可惜当时未传抄保存。

龙源口大捷后，军委决定分兵游击，开展群众工作、筹款、分田、打土豪。各团分赴各县。这时井冈山革命根据地拥有宁冈、永新、莲花三个全县，遂川北部、酃县东南部以及吉安、安福各一小部。宁、永、莲、遂、酃五县成立了县苏维埃政府，还成立了湘赣边苏维埃政府，袁文才为主席。区乡苏维埃政府普遍建立，县区两级组织了赤卫队，乡组织了工农暴动队，土地革命日益深入，大部分地区分配了土地，小部分地区也在分配中。毛泽东在《井冈山的斗争》中说：“原因就在于边界党（地方的党和军队的党）的政策是正确的。”而当时边界特委书记是毛泽东，四军军委书记是陈毅。此时为井冈山的全盛时期。

第三章　探索正确路线

第一节　湘南“八月失败”

朱毛会师后，坚持在罗霄山脉中段建立根据地，发动群众实行土地革命，红色区域逐渐推广，井冈山革命根据地进入全盛时期。这时有些人因为井冈山粮少人稀，主张远出游击。中共湖南省委来信，说部队要和边界特委一致行动，要有休整的根据地。反对意见暂时平息。陈毅当时是赞成并实行坚持井冈山、波浪式推进的主张的。

但是在6月份军事上获胜后，湖南省委认为湖南反动势力十分动摇、更加削弱，制定了湘南第二次武装起义计划，6月19日两次给红四军来信，既肯定巩固罗霄山脉中段根据地的计划，又提出了一系列大规模发展的策略，并要求“以后四军须集中力量向湘南发展”。

6月30日，由毛泽东主持，在永新城内召开了湘赣边界特委、红四军军委和永新县委的联席会议。会上，关于边界的割据以及围绕这一中心展开的一系列问题形成激烈的争论。

湖南省委的发展策略有：（1）发动湘南游击战争，造成乡村大规模割据，分散敌人力量，牵动湘南各军的行动。（2）发动并扩大莲、萍、安一带工农的斗争，以牵制赣方的部队。（3）在宁冈、永新、遂川，积极地深入土地革命，扩充工农的武装，向敌人严密警戒。（4）发展攸、茶、酃三县的游击战争。（5）打开酃县后，立即向茶、攸、莲、永进攻，乘敌人未集中前予以迎头痛击。（6）巩固罗霄山脉中段的根据地。（7）扩大反军阀战争宣传，并立即开始在敌军中的兵士工作。

这么多发展策略，显然和井冈山党与红军的实际能力不相称。

因此，当湖南省委巡视员杜修经赶到永新来到会场时，毛泽东很高兴，因杜修经了解情况，可以帮助解决争论。5月下旬杜修经第一次到井冈山，送来的正是湖南省委肯定应在井冈山建立根据地的信。杜修经在毛、朱、陈的陪同下比较广泛地接触了红军官兵、伤病员、被服厂工人。20岁的杜修经情绪振奋，回省委作了内容丰富但过于乐观的报告。陈毅后来在1929年8月向中央政治局汇报时说：湖南省委对井冈山力量估计得很高，以为有两万人一万枪。后来巡视员回去报告，又说得过分的好甚至以为不要红军主力只靠地方武装和赤卫队井冈山即可保存。

这样，此次杜修经带来的湖南省委分别致湘赣边界特委和红四军军委的二信，便比前二信（6 月 19 日）更为不妥了。湖南省委 6 月 26 日致特委的信中指示："省委决定四军攻永新敌军后，立即（前信是"以后"）向湘南发展。留袁文才同志一营守山，并由二十八团拨枪 200 条，武装莲花、永新农民，极力扩大赤卫队的组织，实行赤色戒严，用群众作战的力量，以阻止敌军的侵入，造成以工农为主体的湘赣边割据。""泽东同志须随军出发，省委派杨开明同志为特委书记。"省委致军委的信中除与致特委信基本相同的内容外，还有："出发湘南的四军军委应取消，另成立四军前敌委员会指挥四军与湘南党务及群众工作。""前敌委员会，省委指定下列同志组织之：泽东、朱德、陈毅、龚楚、乔生及士兵同志 1 人，湘南农民同志 1 人组织之，前委书记由泽东同志担任，常务委员会由 3 人组织：泽东、朱德、龚楚，并派杜修经同志前来为省委巡视员，帮助前委工作。"

对此，毛泽东据理力争：现在是统治阶级暂时稳定、军阀混战暂时停止的时期，不宜分兵远攻；湘省敌军强硬，实力大于赣西敌军七八倍，此时离开地形高险、有良好群众条件的井冈山而去湘南，有很快被消灭的危险；湘南各县烧杀之余，无法解决四军的经济问题；赣省会有正规军队来打，仅用极少部队与赤卫队保卫，将无法守住井冈山大本营；等等。这些都是严峻的事实，为战争实践者所共见。会上不但宛希先等对省委指示"力持异议"，朱德、陈毅都不同意此时去湘南。对此，陈毅后来向中央政治局汇报说：省委的意见是错误的，会上没有通过。

永新联席会议很快形成决议：即以特委和军委名义向省委陈述此时不能离开井冈山往湘南的理由，请省委重新讨论，予以新的决定。7 月 4 日，即写送了这一正式报告——"决定四军仍应继续在湘赣边界各县作深入群众工作，建设巩固的根据地。""在新军阀战争未爆发前，尚不能离开宁、永、莲往湘南。"

不久湘赣敌军"会剿"井冈山。当红四军正在永新、莲花、安福等地开展群众工作之际，湘敌吴尚的第八军乘虚进攻宁冈。陈毅由安福赶回永新，与朱德率部间道迎击湘敌，却与敌人失之交臂，湘敌已进入永新。特委、军委遂决定：毛泽东率三十一团留永新对付即将来犯之赣敌，由朱德、陈毅率军部与二十八团、二十九团进击酃县、茶陵，迫使湘敌回援。据杜修经 1982 年 12 月回忆：毛泽东写信给正在永新乡下巡视工作的杜修经，要他随朱、陈行动，帮助军委工作。

7 月 12 日，朱、陈率部攻克酃县，吴尚第八军之熊震、程泽润两师果然退出"会剿"，仓忙经莲花撤回茶陵。

酃县已临湘南的大门口。主要以宜章农军编成的二十九团许多人思乡心切，地方主义的情绪在官兵中陡然高涨。前不久湖南省委曾指示要红四军毫不犹疑地向湘南发展的消息也已在部队传开。据当时曾参加在沔渡举行的军委扩大会的红军老战士李步云回忆：打开酃县时二十九团一营党代表李光中即到他所在的一连说：省委代表要他们部队回湘南去。李步云还记得：当时二十九团党代表龚楚对各营党代表说，要各连士兵委员会负责人在部队中造成"非回湘南不可"的声势。于是，有的单位就背着军委领导，召开士兵委员会，暗中找向导，擅自决定不管军部是否同意决计返回湘南，并定于 7 月 13 日就出发。杨克敏（即杨开明）的《关于湘赣边苏区情况的综合报告》（1929 年 2 月 25 日）也记载了这些情况。

陈毅得悉了一些情况，当即召集军委扩大会。经过紧急磋商后决定加强纪律教育，说服二十九团官兵服从革命需要，克服思乡观念。于是先召开士兵代表会，又召集官兵开大会，由朱德、陈毅反复讲话，进行说服解释。但是，由于军委未能在党委会内部首先严格执行党的纪律，贯彻永新联席会议的决议；龚楚等人自行其是，他与团长胡少海虽参加了所有会议，实际上仍是回湘南的积极倡导者。因而朱德、陈毅的讲话扭转不了湘南官兵的意向。

为了防止二十九团溃于一旦，朱德、陈毅被迫允诺回宁冈了解井冈山之危后再有计划地去湘南。这样才勉强稳住了军心，使部队向宁冈回师，但行动迟慢。杨克敏的综合报告说："走了一天只走了 30 里，兵士垂头丧气，似行不行，三五成群，步伍凌乱，军心涣散，组织改体，如果途中遇着敌人定是不能作战，马上溃散。"

而龚楚等却以打开酃县便调动了湘敌回援为例，在部队中说去湘南正可解井冈山之危。行军到达沔渡，二十九团士兵再次群集要回湘南，有的甚至说官长如不允许，他们就留下枪自己走。

陈毅作为军委书记对部队的错误动向力图制止，在军委成员尚未统一思想遵守纪律的情况下在沔渡再次召集军委扩大会议，试图整顿纪律，克服松弛涣散现象。出席这次会议的除连以上干部外，还有各连士兵委员会的负责人 100 余人。不料会议由纪律问题迅速转到回湘南的问题。绝大多数不愿回井冈山，要回湘南或赣南。据李步云回忆：当时他作为连士委会负责人也在会上振振有词地主张回湘南。龚楚听了说："这个小同志说得很好！"后来龚楚建议举手表决，话犹未了，一下举起 80 多只手。

陈毅后来曾在向中央政治局的口头汇报中说这次会议是"代表会"。和其他材料综合研究，可以认为沔渡会议还推选陈毅为前委书记（湖南省委原指定毛泽东为前委书记，毛泽东不去湘南，便推选了陈毅）。如此，则沔渡会议实际上就是一次党代表会议或党代表大会。

为了使部队不致失去约束，陈毅提出暂不就去湘南及有关问题做出正式决定，先应报告特委及毛泽东同志。据杜修经 1982 年 12 月回忆：当时他也提议，部队暂停一天行动，由他回宁冈茅坪向毛泽东和特委报告部队当前的状况和要求，以便决定走留。会议采纳了他们的提议。陈毅乃迅速写信报告。[①] 散会时龚楚对杜修经说："你去吧，我们等你一天，你不来我们也走了！"

杜修经回忆，他赶回茅坪时，毛泽东已去永新，他只报告了新任特委书记的杨开明。杨开明说："既然你们决定了，就走吧！老毛那里我跟他说一下。"

杜修经回到沔渡，军委乃正式决定同意二十九团打回湘南。杨克敏的《关于湘赣边苏区情况的综合报告》说：为了避免二十九团"孤军奋斗为敌所算，乃复决定

① 江华 1990 年 11 月说：毛泽东在 1958 年南宁会议前夕曾告诉江华等，陈毅在去郴州前有请示报告。

二十八团同去湘南”。毛泽东在 1928 年 11 月 25 日给中央的报告中说：“当军队由沔渡出向湘南时，原有之军委取消，组织湖南省委任命之前委，陈毅为书记。”

这正是陈毅后来常检讨的，两次被推举代替毛泽东为前委书记中的第一次。

行军一天多，忽然接到毛泽东派人送来的亲笔信。信是写给杜修经、朱德和陈毅的，由中共茶陵县委书记黄琳（即江华）一天赶一百多里送到。毛泽东要求军部及二十八、二十九两团按永新联席会议决议行事，断然停止去湘南的行动，以避免不应有的损失，并历述不能贸然开赴湘南的理由。为此，当晚宿营决定次日停止行动，召开连以上干部会就毛泽东来信进行讨论。

这次连以上干部会由杜修经主持。开会前几个领导人碰了头，当时宣读了毛泽东的来信，多数人认为事已至此，只能朝前走，争取到湘南打几个胜仗，万一不利再向井冈山靠拢也不难。据杜修经 1982 年 12 月回忆：那次会“主要是我发言，没听到什么反对意见”。

7 月 24 日晨，兵临郴州。朱德在一部书稿中曾有一段详细叙述，他说：“在郴州的范石生部队，我不想去袭击。有人批评我是讲‘个人交情’。实际是他与红军的确有交情。当时上面是盲动，下面农民意识那么浓厚，也是没有办法的……我们给范石生部队一个袭击，在军事上说，这一次是胜利了。白天他们约一团人正在出操，结果一打就垮了，赶进城去，在里面有很多的西药、子弹、地图、衣服……”

“一打就垮”是朱德这样的多经恶战的大将的看法，实际上城东的制高点还是经过冲击、反击、再冲击才占领的。在攻击过程中，陈毅正在发着高烧，还一直和朱德一起指挥作战，布置进城后掌握政策纪律的工作。

可是进了城，面对着范石生部队的大批物资、银元，在井冈山熬了两三个月艰苦生活的红军官兵，有不少人就抑制不住了。这不是群众的东西，是敌人的东西。杨得志当时还是二十八团的班长，他在军用仓库门口站岗，可是“抢仓库”的官兵他挡不住。

郴州人民对红军是熟悉的，不少商店很快开门营业，不少官兵也就自由散漫地上街吃喝、购物、理发、洗澡。

朱德特别喜爱军用地图，缴获大批地图，他很兴奋。陈毅却体温更高，头昏腿软、舌燥唇焦。但是他们都关心着敌情，朱德、王尔琢等亲自去接敌方向了解动态，还两次秘密接见了郴州城里的和范石生部队的共产党员，朱德、杜修经查明：范石生部兵力远超过红军，而且正在调整部署，组织原驻城外的主力部队反击。朱德、陈毅乃召集紧急会议，布置迅速收缴好各种军用物资，准备撤出郴州。领导干部分头到各部队检查督促。陈毅头昏目眩，举步艰难，留守军部。

天擦黑时，杜修经才找到一位老中医来给陈毅诊治。岂知上街买药的人未回，枪声骤起。

范石生部驻城北十余里有四个团，现在大举反攻了。从火力判断，投入的兵力有两个团以上。驻防北郊的二十八团向城区后撤。夜 9 时后，敌人加强攻势，驻守城南的二十九团也受到攻击。此时尚有不少物资未及处理，朱德下令紧急撤出郴州向资兴旧县转移。

陈毅在杜修经和马夫的护送下紧急撤离时，大街上已子弹横飞，只得走小巷出城，涉水过河。范石生部夺回郴州之后并未追击。

真正的打击并非范石生部队的反扑而是农民意识、地方主义和近来大为滋长的无组织无纪律情绪。二十九团的人进了郴州就想打回宜章。他们在敌军攻击之下集结，虽然有的分队一再被冲散，但还是在城外以营、连为单位集合了。据肖克等亲历者回忆：军部和团部的命令由通信员传到，命令他们立即向资兴旧县转移，他们却不听。先后三次命令，反而加速了他们成连成排向家乡奔跑的进程。他们枪上挑着在郴州发到的“洋财”，奔向死亡和溃散之路。只有副营长肖克坚决压住了他所率领的一个连，“坐下不准动”，未被裹走，完整地带回资兴。

部队终于在资兴旧县的布田村集结完毕，二十八团损失不大，二十九团只剩下团长胡少海、党代表龚楚、团部零星人员和肖克的一个连了。怨声四起。陈毅病未全好，就投入紧张的工作，不但抓部队的解释动员和整理，也抓与地方党和群众的联系。布田的共产党组织和群众为部队打探敌情，到远地为部队买粮买菜买盐买药，使部队得以稳定地休整到8月中旬。

下一步怎么办？二十八团有不少人是一直主张到赣南的（见毛泽东：《井冈山的斗争》），而当时部队的主要领导人也不想迅速回井冈山。据杜修经回忆，陈毅在布田曾起草《告湘南人民书》，并让杜修经帮助审定。这文告中提出了开展土地革命，发展武装力量和反对盲目烧杀等方针政策，显然旨在把湘南的工作健康地坚持下去。派出先期探路的二十八团二营和团直机炮连，其行军方向也是向东，去沙田以及他们所熟悉的湘粤赣边区。

这支先遣部队的派出，却又给湘南之行一个新的打击。二营营长袁崇全，在郴州时就按兵不战被发现有企图叛变的迹象，到布田后事例更多。部队领导在对袁的处理上发生了分歧。陈毅等主张将其枪毙，朱德不同意。召开代表会意见仍不一致，后又召开紧急前委会议，决定将他改任团副，[①] 但是朱德没有向部队宣布。由于袁崇全向朱德表示了悔过，派出的先遣部队仍由袁崇全以营长身份率领。派出后第一天还送回报告，接着就断了消息。数日后送信回来说：不杀朱德、陈毅，不回来了。朱德乃痛感“人心难问”。此事向党员大会宣布后，一致声讨袁崇全的反革命罪行，决心革命到底，并要求派队追回。

8月中旬，部队东移桂东县的沙田，此时，被袁崇全以“打遂川”为幌子拉走的第二营，陆续自动归队，才知道袁崇全自行组织了“特委”，自任书记，“并要换旗子”。各连识破其阴谋，先后脱离了这个反革命分子回返二十八团。

湘南之行的一系列事实，使陈毅深感自己作为前委书记领导不力。在沙田他已一再向部队作过检讨，此时，他与前委成员们商议决定召开党员代表大会。会

---

① 团副，是低于副团长相当于副官长的职务，无指挥权。

议由二十八团党代表何长工主持，未通知杜修经参加。会上，陈毅检讨了自己此前作为军委书记，对错误倾向制止不力的责任，听取了与会代表的尖锐批评。前委委员，特务营营长宋乔生的批评更是激烈，要求将朱德、陈毅撤职查办。会议充分发扬了民主，加强了理解和团结。最后决定分别给予朱德、陈毅以“留党察看3个月”的处分（陈毅1929年8月向中央政治局汇报中说了这些情况，此处分后来似未得到批准和执行，朱德、陈毅于10月4日至6日举行的中共湘赣边界第二次代表大会上均当选为特委委员）。

这时，毛泽东率领三十一团在永新一带与赣敌苦斗了一个月之后，亲率三十一团一部南下迎还朱、陈部队。二十八团一营亦于8月18日在林彪率领下占领桂东。8月22日，毛泽东率三十一团三营进抵桂东。朱、陈闻讯乃与杜修经赶往桂东，毛泽东、朱德、陈毅于8月23日再次会合。

毛泽东态度和婉而关切，他说前些日子，赣敌经过猛攻，最后占领了永新，还占了莲花、宁冈，但是敌人又发生了内讧，大部队仓皇退去打内战。“你们不走就好了。”那就可能乘机把割据地区推进到吉安、安福、萍乡，和平江、浏阳连起来。他还拿出几块布片，原来这是朱、陈率部向郴州进发后不到十天，袁德生带来的湖南省委的指示信，要红军不去湘南，而要“毫不犹豫”地去湘东。

陈毅报告了部队失控和先胜后败的情况并作了自我批评。

8月24日，在桂东城内唐家大屋召开前委扩大会。当日下午，湘敌吴尚第八军两个团袭击桂东，将三十一团三营和二十八团一营隔断。会议中断，扩大会成员随二十八团一营撤离桂东，在通往沙田的一个村子宿营，恰与龚楚带来接应的人会合。住下后在一个农家的堂屋内继续开会。经过充分协商，统一了认识。决定一起回井冈山，取消前委，成立以毛泽东为书记的行动委员会（简称行委）。

8月25日，得悉袁崇全胁骗团直机炮连驻扎在思顺圩，团长王尔琢亲自带领警卫排去追寻。机炮连是应声回归了，王尔琢却在追劝袁崇全归部时被袁开枪打死。全军深感悲痛。陈毅以为“红军极大损失”。朱德痛心地兼起了二十八团团长。陈毅一如既往，忠诚积极地协助朱德工作。全建制集结归队的二十八团，编入了肖克带回来的二十九团一个连。实践证明，一支战斗力很强的正规红军，有党的统一团结的正确领导，有铁的革命纪律，便是武装割据的最可靠的保证。在“我军经崇义、上犹向井冈山回军之际，赣南敌军独立第七师刘士毅部追到遂川。9月13日，我军击败刘士毅，缴枪数百，占领遂川”（毛泽东:《井冈山的斗争》）。

9月26日，朱、毛、陈率工农红军重回井冈山。

第二节 重振雄风

8月中旬起，陈毅经历了党内斗争的考验。

陈毅心情沉重。下山前后对比鲜明。下山前红军四个团，如今只剩三个团了。下山前武装割据三城数县，土地革命蓬蓬勃勃，如今只占住几个山头，县城与平坝尽被敌占，群众遭受血洗和摧残。陈毅痛感自己的责任。

更使陈毅焦虑的是统一思想、加强团结的问题。对有些问题看法不一致，本来就有。有些人倾向于巩固井冈山根据地；有些人倾向于远道大规模游击。有些人主张把缴获的枪更多地发给农民武装，有些人主张大力扩大红军。湘南之行造成了“边界与湘南同归失败”的大损失，大家意见更多。主张远出游击的人被称为“逃跑主义”，相反，主张巩固井冈山根据地的人被称为“保守主义”。思想上的隔阂增加了。其实，要搞武装斗争，要搞土地革命和苏维埃政权，大家还是一致的，坚定的。为了大局，陈毅深感必须沟通思想。他的办法首先是用自己的认真检讨来承担责任，同时，还在行委的会议上开展批评与自我批评。毛泽东在两军重会时也曾对部队说过：湘南的问题让二十八团自己讲，三十一团不要讲。这时毛泽东召集部队讲话，说明了朱军长本人是反对去湘南的。这一来，团结的气氛就大为增强。

军事胜利与政治团结相互促进。10 月 1 日，在宁冈击溃周浑元旅一部（第十四旅第二十七团），歼其一个营，收复宁冈全县。同时，湘敌驻桂东的部队有 126 人携械投入红军。陈毅负责收编工作，编为特务营。

1928 年 10 月 4 日至 6 日，中共湘赣边界第二次代表大会在宁冈茅坪召开。这是一次坚持原则、坚持团结的会议，通过了《政治问题和边界党的任务》等决议，对“八月失败”做出了相应的结论。陈毅在这大会上与毛泽东、朱德、谭震林、何挺颖、袁文才、王佐农、陈正人、杨开明等一起当选为第二届特委委员。

11 月 2 日，四军收到中共中央 6 月 4 日来信。尽管时隔五个月，这对长期得不到中央指示的湘赣边界和红四军来说，是破天荒的大事。11 月 6 日，特地推迟向遂川出动的日期，召集特委、军委和地方负责人三十多人参加的中共湘赣边界特委扩大会讨论贯彻。陈毅参加了讨论。来信涉及边界党和红军在割据地区的军事、土地、政权和党的组织等许多重大问题。中央指定朱德为军委书记。中央更指示特委与军委统辖于前委，指定由毛泽东、朱德、地方党部书记、一工人同志、一农民同志五人组成中共红四军前委，毛泽东为书记。前委当即在 11 月 6 日成立，除毛泽东、朱德外，推选谭震林（特委书记）、宋乔生（工人）、毛科文（农民）为前委委员。

11 月 14 日至 15 日，在宁冈新城召开了红四军第六次代表大会。陈毅作为上届军委书记和现任前委秘书长，直接参与了提案审查和决议起草工作。

11 月初，周浑元旅再次来犯。朱德率部下山迎击。陈毅同去。11 月 9 日，红军击破周旅一个团于宁冈城与龙源口；10 日再占永新城。因为敌增援部队向侧后迂回，红军主动撤回宁冈。这时，南自遂川的井冈山南麓，北至莲花边界，包括宁冈全县，遂川、酃县、永新各一部，成了南北狭长的整块。各级政府、群众武装又恢复，按人口分配土地的工作蓬勃展开。井冈山进入了复兴和发展时期。

陈毅先是担任前委秘书长，后调任红四军士兵委员会秘书长。当时敌人的军事进攻与经济封锁给红军的物质生活造成很大的困难。陈毅跟随着朱德，和大家一样穿单衣单裤，吃红米南瓜，并和朱德一样经常加入运粮的行列背粮上山。陈毅不用扁担，他使用的工具是自己的裤子，裤脚一扎，粮食灌在裤管里，然后扛在肩上。那时的裤管肥大，一次能装上七八十斤。

不久，彭德怀、滕代远率领平江起义的红五军一部来到井冈山。12 月 12 日，在宁冈新城召开了红四军、红五军会师庆祝大会。井冈山革命根据地的声威更大了。

中国共产党第六次代表大会的决议给井冈山的革命实践者们注入了新的血液，引发了许多人对理论的兴趣。

“六大”决议是中共中央派专人从上海送来的。毛泽东主持召开前委扩大会学习，并以对马克思主义和中国实际的深刻认识作了精心的传达，引导与会者把理论和当前的斗争实践结合起来。陈毅怀着浓厚的兴趣参加了学习，从对中国革命的性质、任务、特点、策略的研讨中深感自己跟着朱德、毛泽东走着的是一条正确的道路。他们紧紧把握住了中国革命必须进行武装斗争的重要特点，坚持反帝反封建的民主革命，把武装斗争和土地革命紧密结合起来。通过学习，他们更有决心沿着这条道路走下去。陈毅从南昌赶队开始，走这条路是比较自觉的，粤、闽、赣、湘千里转战、湘南暴动、八月失败、重上井冈山，成功和失误的丰富经验教训如今得到理论的提高，他更加坚定也更为清醒了。这在他 1951 年《学习毛主席的马克思列宁主义的创造作风》一文中表达得很明确：“因为毛主席的领导是以井冈山的革命实践为基础，很自然地在许多问题上又超过‘六大’决议而更深入实际地去解决问题。”

但是，虽然身在井冈山，身在红军，有一些极为重要的理论和实践问题在陈毅思想上以及其他领导人的思想上并没有得到很好的解决。其中最突出的是共产党对军队的领导问题和建军的政治路线问题。这需要在新的实践中思考、争论、总结，共同探索，来确立和认清正确的路线。

第三节 “败军气犹壮”

1928 年入冬以来，井冈山地区连下大雪，奇寒。国民党的军事压力和经济封锁也步步加紧。正值红四军前委召集会议传达中共“六大”决议期间，传来湘、赣、粤三省国民党军准备对井冈山发动第三次“会剿”的消息。井冈山地区出现了他们 18 个团级番号。军事形势严峻。

更为严峻的是：在国民党军的严密封锁下，井冈山经济极度困难。陈毅后来（1929 年 9 月 1 日）在写给中共中央的报告中反映了当时的情况：“井冈山红军衣服饮食非常困难，又因敌人封锁，红军未能到远地游击，以致经济没有出路。”在 1928 年 9 月至 12 月四个月中，红军要不要派主力打出去扩展游击区域，在红四军内部是有争论的。因有 7 月湘南远行的失败，远出游击的主张当然不可能实现。至此，全军守在山上难以维持。毛泽东在 1929 年 3 月 20 日写给中央的报告中明确表达："……离开井冈山，主因是经济无出路。"

1929年1月4日至7日，红四军前委在宁冈柏露村召开四军、五军军委、湘赣边界特委及边界各县党组织负责人联席会议。陈毅出席了这一决定战略方针的会议。

会议经过充分讨论决定：由彭德怀、滕代远率原红五军的部队（此时编为红四军第三十团，彭德怀任红四军副军长）及红四军的第三十二团留守井冈山，坚持内线作战；由朱德、毛泽东率红四军主力出击赣南实施外线机动作战，寻机歼敌，打破敌之经济封锁。这种将主力用于远出机动作战的思想，已含有崭新的军事因素，已突破以前不离开井冈山地区，只作较近距离机动的常规。但此次远距离迂回的目的，还是为了调动围山的敌军，以坚持井冈山。

这就说明：经过新的实践，红四军的领导人对于坚持和扩大农村革命根据地必须创造必要的经济条件，对于开创和巩固农村革命根据地可以有更多的作战方法，已有了新的感受。

1月14日黎明，朱德、毛泽东率红四军军部、二十八团、三十一团和特务营共约3600人，由井冈山小荇州等地下山。陈毅作为红四军士兵委员会秘书长随军部行动。

当晚红军一举歼灭大汾守敌一个营，突破封锁线，乃日夜兼程，向大余前进。大余城无敌军设防，红军不费一弹占领大余城。

出敌不意所取得的胜利却带来了自己的"不意"。红四军前委在城内天主堂召开的连以上干部会上，确定以二十八团（团长林彪、党代表何挺颖）配置于城东北一带山地担任警戒，军部、三十一团、特务营和独立营在城里和近郊开展群众工作。并规定：如遇紧急情况，部队到广东境内南雄的乌径集合。据肖克等亲历者回忆，这次会议对出现敌情时应予坚决回击虽已举手通过了决议，但行动上未严格贯彻。二十八团进入警戒位置后即各管一段，没有组织营连主官看地形，也没有研究各种战况下的协同配合。

陈毅以主要精力从事宣传群众的工作。他亲自上街向群众讲解刚刚张贴的四言92句的《红军第四军司令部布告》，并联系他和朱德在1927年秋天经过大余和此次红军入城的种种事实，说明红军的宗旨和革命的前途。

陈毅主持召开了大余城的群众大会。会场选在章江畔大路边的广阔沙滩上。人们从四面八方涌到会场。毛泽东、朱德先后讲话。大会后，当场把打土豪得来的财物分发给贫苦群众，群情沸腾。

但是，大余县毕竟是没有共产党的组织、没有群众革命斗争基础的地方，赣敌李文彬旅悄悄逼近大余城时，就没有人来向红军急报。李文彬旅突然发起猛烈攻击，二十八团在城东的警戒阵地被突破。部队的急速后撤在城内引起惊乱，很快，城北街区出现敌军，军部被迫向南转移。

陈毅从分发财物的地方赶回，在城边追上军部，只见毛泽东带着少数机关人员，林彪也后撤到此，毛泽东正督促林彪返回二十八团部队，挡住敌人。林却说部队已退下来了，面有难色。毛泽东怒令："撤下来也要拉回去！"陈毅也愤然说："主力要坚决顶住敌人！"林彪带着身边的少数兵员杀回去了，敌人的攻势果然被挡住了一阵，这就为集合做群众工作的部队赢得了时间。

这一仗，三十一团营长周舫、独立营营长张威牺牲，二十八团党代表何挺颖负重伤，用担架抬着行军。部队越大余岭，向粤北南雄方向撤退，按规定到达乌径。

在乌径宿营不久，接到当地中共组织的报告：敌追兵逼近。部队紧急撤离，重新进入赣南，但又遇敌情，部队仓促奔走，重伤的党代表何挺颖在混乱中不幸牺牲。

厄运远未结束。部队日夜东行，想摆脱追兵。在平头坳，与追兵接触，又小有损失。在圳下，军部险遭覆灭。当夜军部驻圳下，前卫三十一团驻圳下以东的吉潭，后卫二十八团驻圳下以西。次日拂晓，后卫二十八团先于军部开拔，特务营也未及时察觉敌情，敌人进圳下时，陈毅、毛泽覃等正在吃早饭。毛泽东经常夜间工作，晚睡晚起。这天他尚未起床，枪声惊醒了他，实际上敌人的先头分队已越过他的住房，他当即随警卫员乘昏暗向村外转移。朱德离开住屋时，敌军已近在眼前。警卫员开枪掩护，中弹牺牲，朱德依依不舍地摘下警卫员的冲锋枪，在敌我交错中夺路撤退。当时弹雨横飞，人群奔突，他同妻子伍若兰被敌冲散。陈毅披着大衣急走，被突然冲上来的敌人一把抓住了大衣。陈毅立即把大衣向后一抛正好罩住了敌人的脑袋，自己快跑脱身。

特务营全力抵抗，三十一团、二十八团纷纷来支援，火力压住了敌人。

军部被冲散的人陆续归队。主要负责人都安全。只毛泽覃腿部中弹，行军艰难。伍若兰却被敌军俘去，后押送赣州，英勇就义。

三十年后，陈毅在接受中共江西省委党史研究室人员的采访时说："当时红军人生地不熟，常常找不到向导……一走错路便有全军覆没的危险。"毛泽东在1929年3月20日写给中央的报告中说："沿途都是无党无群众的地方，追兵五团紧蹑其后，反动民团助长声威，是为我军最困苦的时候。"

直到2月1日，红军才暂时摆脱追兵，来到寻邬境内的罗福嶂，歇脚一天。红四军前委在罗福嶂开会，就这支红军的领导体制、行动的方向和如何使部队精干利索以对付严峻复杂的敌情，展开了讨论和争论。为应付紧张的情况，须指挥便捷。前委过去有大量地方工作要领导，所以需要有军委专管军队，现在暂时没有固定地区的工作，前委可以全力管军队工作，大家认为不需要重叠机构，军委可以"暂时停止办公"，军委的机关可以改为军政治部，由前委直接领导红军。为解决给养和宿营困难，大家认为部队有必要分成两个有独立机动作战能力的单位。于是决定将红四军所属部队进行改编，一纵队由二十八团、特务营编成，党代表陈毅，纵队长林彪。三纵队由三十一团编成，党代表蔡协民，纵队长伍中豪。必要时军长朱德、军党代表毛泽东分别率一、三纵队行动。毛泽东不同意立即分兵，认为分兵活动容易遭敌人各个击破，此事议而未决。关于行动方向，因为此时已有消息证实吉安东固一带的江西红军独立第二团尚在坚持且有发展，就决定逐步向东固转进，以便找到一个有党有革命群众的休息地，安置一路拖累的伤员；并可以拊吉安敌军之背，救援坚持井冈山的红军。

在将近一个星期的“打圈子”行军中，三千多人吃饭很难，目标很大，不少干部要求分兵活动，要求前委开会决定。毛泽东看到如果开会则分兵可能成为多数意见，就压下不予讨论。对于因此而增加的不满情绪他置之不理。而实践正好证明，分兵就不会有后来大柏地的胜利。

1929年2月10日，红军到达瑞金、宁都边界的大柏地。赣敌刘士毅闻风尾随而来。陈毅、林彪命令一纵队二支队支队长肖克、党代表胡士俭率队阻击，使敌军暂时不敢前进。胡士俭却不幸牺牲。这天，正是旧历除夕，然而大柏地的群众不了解红军，逃跑一空。部队饥寒疲乏，追敌又无法摆脱，大年三十面对冷灶黑房，二十多天郁积的烦闷恼怒简直要爆炸。有的怪军长“无能”。有的叫“拼了算了！”

陈毅出席当夜的前委会。他见朱德在会上特别沉静。朱德引导大家分析敌我形势。集体的经验和智慧使大家的认识产生了飞跃：敌我形势有了转化的条件！敌气焰骄横，必然轻进。刘士毅师在遂川曾被红四军打败，朱德、陈毅都了解他的战斗坚韧性不足。此次他孤军深入，态势很不利；红军虽然疲惫不堪，弹药不足，但久屈求伸，求战心切。此地虽无群众助战，但地形有利。朱德在来到大柏地途中已留心看过周围地形，他指出大柏地以南的山谷地带有条件设置伏击圈。毛泽东微笑点头。

红军趁夜进入预定阵地：一纵队一支队在大柏地以南西侧山上设伏，三纵队在大柏地以南东侧山上设伏，一纵队三、四支队配置在东、西两侧之间正面堵击，一纵队二支队为总预备队留大柏地由军长亲自掌握。

2月11日（大年初一）拂晓，敌人冒着蒙蒙细雨向大柏地前进，受到红军阻击。敌人以为得手，不断投入新的兵力，猛攻求歼。一纵队三、四支队佯作不支，轮番掩护退却。逐步退到大柏地附近，便与东、西两侧伏军形成一个口袋形的伏击圈。敌人不知是计，猛钻口袋直至底部，遇坚强抗击仍增兵不已，以致全部进入口袋。9时许，东、西两侧伏军向敌后迂回出击，扎住了袋口。接着，各路红军向敌人发起进攻，杀声四起。但是，红军毕竟子弹少，沿途又有损无补，如今火力薄弱。虽然力争弹无虚发，打完了子弹的用刺刀、石块、枪托拼搏，却逐渐出现僵持局面。此时，朱德军长命令总预备队出击，各路红军也同时奋勇冲锋，战况才得扭转。经过反复肉搏，“与敌在血泊中挣扎”，终将敌第十五旅两个团大部歼灭，获人、枪各八百余。这是出山以来的首次胜仗，胸中的郁闷为之一扫。陈毅称之为“红军成立以来最有荣誉的战斗”。

战前，为了让部队有足够体力打山地肉搏战，前委书记毛泽东亲自批准可以动用群众家的粮食，留下借条，保证日后偿还。群众回村见条将信将疑。后红军再次路过，果然按借条归还。

宁都守敌吓跑了。2月12日，红军不战而进宁都城。红军得短暂休整和少量补给。数日后，赣敌李文彬旅三个团急急赶来，红军主动撤离宁都。

陈毅、林彪率一纵队取道兴国向东固进发。行至葛坳，遭众多敌军截击。林彪指挥果断，迅速突围，得以脱离。2 月 19 日到达东固地区。

东固位于吉安县城东南 120 余华里，是五县交界的边境，四周崇山峻岭，地势险要。早在大革命时期这里就建立了共产党的组织和农民协会。大革命失败后，共产党人赖经邦、高克念、曾炳春等秘密恢复了党组织，并发动了东固暴动，先后建立了赣西工农革命军第七、第九纵队。1928 年 9 月，七、九纵队合编为江西红军独立第二团，团长兼政委李文林，副团长段月泉（即段起凤）。1929 年初，正是红四军出井冈山之时，红二团又帮助当地的群众帮会武装组建成独立第四团，段起凤任团长，政委是金万邦。以东固、桥头为中心的方圆约二百里的范围不仅成为群众斗争异常活跃的游击区，而且创造了“游击秘密割据”或“飘忽不定的秘密割据”的成功经验。红四军前委领导人对此曾有很高的评价。毛泽东在两个月以后在红四军前委给湘赣边界特委信中写道：“这番我们到东固则另是一种形式，反动势力已驱逐了，政权完全是我们的，但公开的政权机关和固定的赤卫队都没有，邮路是照常的，商业贸易是照常的，边界所受的痛苦此地完全没有，敌军到来寻不到目标，党的组织和群众的组织（农民协会）完全秘密着，在接近暴动之时这种形式是最好的，因为这种形式取得群众不致失掉群众，武装群众不是守土的赤卫队而是游击队……敌人完全奈何他们不得。”红二团、红四团在共产党对军队的领导方面也有突出的表现，毛泽东对此十分欣赏。他在四个月后答复林彪的信中写道：“至于二、四团，四军的同志见了他们真是惭愧万分，他们是指导员支配军官的，花名册上军官的（名字）列在指导员的后面，一个子弹不问过党不能支配，他们是绝对的党领导。”

红四军开进这样的地区，群众欢迎的热情可想而知，抬着整猪，挑着成担的棉花和粮食来慰问。陈毅与毛泽东、朱德一起同二、四团领导人、当地党组织和农协的负责人亲切会见，交流经验。22 日，召开会师庆祝大会。

红四军对东固红军也作了切实的帮助，毛泽东、陈毅给东固战友们传达和讲解中共“六大”的决议案。陈毅从一纵队抽调干部和枪支给二、四团。

在东固休整仅一个星期，李文彬率三个团向东固进逼，张与仁旅也进窥东固。前委开会研究战略方针。

这时若以东固为阵地加以死守而与强敌作战显然是不利的。红二、四团的公开斗争和秘密斗争相结合的优势在两军对阵时将完全丧失。红四军来东固的重要原因之一是救援井冈山，此时却得悉井冈山已经失守，由红五军部队编成的三十团及三十二团已突围。这样，前委“乃决定抛弃了固定区域之公开割据政策而采取变定不居的游击政策（打圈子政策），以对付敌人的跟踪穷追政策”（毛泽东为前委写给中央的报告，1929 年 3 月 20 日）。

这个决定对中国革命武装斗争及农村革命根据地的创建和扩大是有深刻历史意义的。毛泽东在 1928 年 11 月 25 日给中共中央的报告（即《井冈山的斗争》）中说：“环边界而‘进剿’的敌军，尚有十余团之多。但若我们于现金问题能继续找得出路（粮食衣服已不成大问题），则凭借边界的基础，对付此数敌人，甚至更多敌人，均有办法。”因此他力主“红军不走”，“只有”在井冈山作长期的斗争才是正确的，而将任何想远出游击的意图都视为不要革命根据地。然而实践却证明虽然采取了变通办法，派主力突围下山打外线，范围不大的、没有诱敌深入条件的井冈山还是没有办法守住，因而不得不暂时放弃过去认为只有如此才正确的固定区域的公开割据。从主力下山外线游击到正式采取打圈子政策，不仅是战术上的改变，而且在实际上认识了大范围的游击行动也是巩固、扩大或开创革命根据地的主要战略手段。突破了片面性和局限性，就为红军此后在闽、赣两省机动游击、最后创立中央革命根据地开辟了广阔的道路。

此时，红四军全军三千余人，从一、三纵队中抽调人员，编为第二纵队，纵队长胡少海、党代表彭祜。

2 月 25 日，红四军撤离东固，绕道经永丰、乐安、广昌、石城、宁都进入瑞金境内。赣敌张与仁旅仍紧蹑其后。然而部队进抵瑞金壬田市时，赣敌忽悄然折回，去向不明，令人疑惑。为避免赣敌暗算，前委决定转向东行，进入敌兵力较弱的闽西。

一纵队取道瑞金、古城间的荒僻山路入闽，3 月 12 日进占四都。四都距闽西土皇帝、福建省防军第二混成旅旅长郭凤鸣盘踞的长汀城八十余里。郭凤鸣急派一个团向四都扑来。红四军一举将其击溃。3 月 14 日，红四军向长汀挺进。郭凤鸣亲率主力在长岭寨凭险据守。红四军一路直取长岭寨，一路迂回敌后，仅三小时便将敌大部解决，歼敌两千余人，缴获大批武器弹药。郭凤鸣被击毙。残敌向上杭溃逃，长汀为红军占领。

红军进城后，接管了原有的军需工厂，并筹得大批军饷。红四军官兵第一次穿上统一的青灰色的军装，戴上缀有红五星的新军帽，打上新裹腿，每人还领到四块钱的津贴费。对从不关饷的红军官兵来说，这简直是一笔巨款。他们上街理发洗澡，全身上下焕然一新。

陈毅有诗表达了 1929 年春天他们的心情：“闽赣路千重，春花笑吐红。败军气犹壮，一鼓下汀龙。”此诗收入诗集出版时“败军气犹壮”改为“铁军真是铁”。

在汀州，红四军有两件大事。一是 3 月 20 日召开的前委扩大会议决定了行动计划；二是成立了军和纵队两级政治部。

当时已查明，张与仁旅的悄然引去是蒋桂战争爆发的一个震波，整个战局必将大动荡，前委扩大会一致认为应抓紧有利时机发展革命形势。同时已知红五军（当时习惯上仍称红五军）从井冈山突围后到达赣南。因此，会议做出决定，红四军应与红五军及江西红二、四团密切配合。“以赣南、闽西廿余县为范围，用游击战术从发动群众以至于公开苏维埃割据，由此割据区域与湘赣边界之割据区域相连接。”毛泽东特别强调：“这一计划是决须确立，无论如何，不能放弃，因为这是前进的基础。”（见毛泽东 3 月 20 日给中央的报告，后在于都会议形成正式决议。）陈毅参与做出这一决定并始终赞成。他在 9 月 1 日给中央的报告中不无自豪地写道：“以闽西赣南为游击区域，相机与湘赣边界取得联系，恢复井冈山附近群众割据。”

政治部成立。毛泽东在汀州亲笔书写了“中国红军第四军政治部”的红旗。自此，游击区域的群众工作就由政治部负责组织实施，在地方赤色政权未成立之前，由政治部代行政府的职权，部队的筹款及分配也由政治部指挥各级党委负责实施。政治部成立将更好地执行党的政策，保护各阶层群众的利益，配合党的政治任务更有计划地统一地开展部队政治工作、群众工作和政权工作。在军政治部指导下，长汀相继建立了工会和农会组织（分公开和秘密两种）。不久成立了长汀县革命委员会。部队筹款五万元。

第四节　主持红四军“七大”

4 月 1 日，红四军回师赣南到达瑞金与红五军会合，局势很有好转。4 月 3 日，前委却接到辗转送达的中共中央 1929 年 2 月 7 日信（后称“二月来信”）。

这封信是在革命形势严重时写的，中共中央按照中共“六大”时布哈林演说的精神，要求红四军将队伍分得很小，散向农村中，朱、毛离开红军，隐匿大的目标，以保存红军和分散发动群众。

前委接到“二月来信”后，就在毛泽东主持下举行前委扩大会讨论。会议的结果，在毛泽东写的前委 4 月 5 日致中央的信中得到充分的体现。这信一开头就坦诚地指出“中央此信对客观形势及主观力量的估量都太悲观了”。并从四个方面阐明了红军必须集中、领导者不能离开的理由，表现出理论上和组织上很大的政治勇气。

其实，在蒋桂战争爆发后，中共中央也已开始改变看法。中共中央在 4 月 4 日通过的给红四军的指示信（4 月 7 日发出）中说：红军目前总的任务是扩大游击战争范围，发动农民武装斗争，深入土地革命，朱、毛“若一时还不能来，中央希望前委派一得力同志前来与中央讨论问题”。

但是，二月来信要求分散游击，却使红四军中一部分主张分兵游击的人增加了争论的借口。

4 月 8 日，红四军主力和红五军由瑞金进抵于都城。前委召开会议继续讨论红军行动的策略问题，通过了抓紧蒋桂战争时机分兵发动群众、在赣南创造群众割据局面的决定。

在于都东门外河滩上召开了红四军、红五军第二次会师庆祝大会，毛、朱、彭、陈都讲了话。其后，彭德怀率红五军回湘赣边区，毛泽东率三纵队，朱德率一、二纵队与军部，在赣南分兵活动。

此时，中共中央派来红四军工作的刘安恭从上海辗转来到宁都。刘安恭四川人，早年留学德国，回国在四川省当过邮政局长，后来加入了共产党，南昌起义后，到苏联学过军事，在军事理论上有一套。由于他是中央派来、苏联回来的，一到红四军就受到推崇。前委通过他为红四军政治部主任的任命。后来，在红军再次入闽，于5月23日一举攻克龙岩城之后，由于地方工作一度繁忙，前委决定成立临时军委，并决定由刘安恭任临时军委书记。

刘安恭回国不久，才到苏区，不了解中国红军的发展历史和斗争实况，就主张搬用苏联红军的一些做法。尤其是他主持了一次临时军委的会议，竟做出决定：前委只讨论行动问题，不要管军队的其他事。下级党委作决定限制上级党委的领导权，这显然是错误的。于是就以军委的问题为焦点，加剧了红四军党内本已存在的有关当时军队的领导、单纯军事观点和流寇思想等问题的争论。

5月底，永定守敌省防军第二混成旅黄月波团弃城而逃。红四军开赴永定的湖雷、金丰等处游击。前委与军部驻湖雷。

在湖雷的前委会上，有些人对前委领导提出很多意见，并要求恢复正式的军委。会议对党的工作范围、党的组织指导的原则展开了争论。

主张设立军委的意见是：既有四军，就要有军委；建立军委是完成党的组织系统。这些意见指责前委"管得太多"、"权力太集中"、"包办了下级党部的工作"、"代替了群众组织"，甚至指责前委是"书记专政"，有"家长制"的倾向。

反对设立军委的意见是：赣南、闽西的苏区尚未发展，地方工作不多，领导工作的重心还在军队，"军队指挥需要集中而敏捷"，由前委直接领导和指挥更有利于作战，不必要重叠的机构。这些意见批评了硬要成立军委实际上是"分权主义"。

争论结果，意见未能统一，相反的，争论扩大起来。

问题的症结在于：当时的红四军，虽然坚决走工农革命的道路，走武装斗争的道路，英勇善战，百折不挠，但的确存在着不少非无产阶级的错误思想。由于官兵中许多人是从旧军队脱胎出来的，必然带着旧思想、旧习性。他们习惯于"军官权威"，不习惯党的领导；他们乐意"流动游击"、"走州过府"，不乐意做艰苦的根据地群众工作。另一方面，由于红军的大部分是农民出身，自由散漫、无组织无纪律的作风也随之而来。因而，在当时部队中，单纯军事观点、流寇思想、极端民主化等错误思想确实是存在的。

问题在于党和军队的领导人如何对待。

红四军的主要领导干部，在总路线上是一致的（见毛泽东在1944年3月15日致华中局电），他们之间的争论，在于党怎样领导军队，军队的农村武装斗争怎样进行。

充分重视部队政治建设和农村革命根据地建设的领导干部，对部队的各种非无产阶级思想采取从严纠正的态度，主张加强党对军队的领导，加强思想教育，加强组织纪律性，主张在敌情缓和时分兵发动群众。

有的领导干部侧重于军事斗争，主张在敌情缓和时分兵远出游击，对于部队中"军队只管打仗"的观点、流寇思想、军阀残余，以及破坏政策纪律的现象就采取从宽对待的态度；有的领导干部对新型革命军队的民主主义有误解，主张实行"自下而上的民主集中制"，反对所谓"自上而下的家长制"，这更容易助长部队的极端民主化思想。

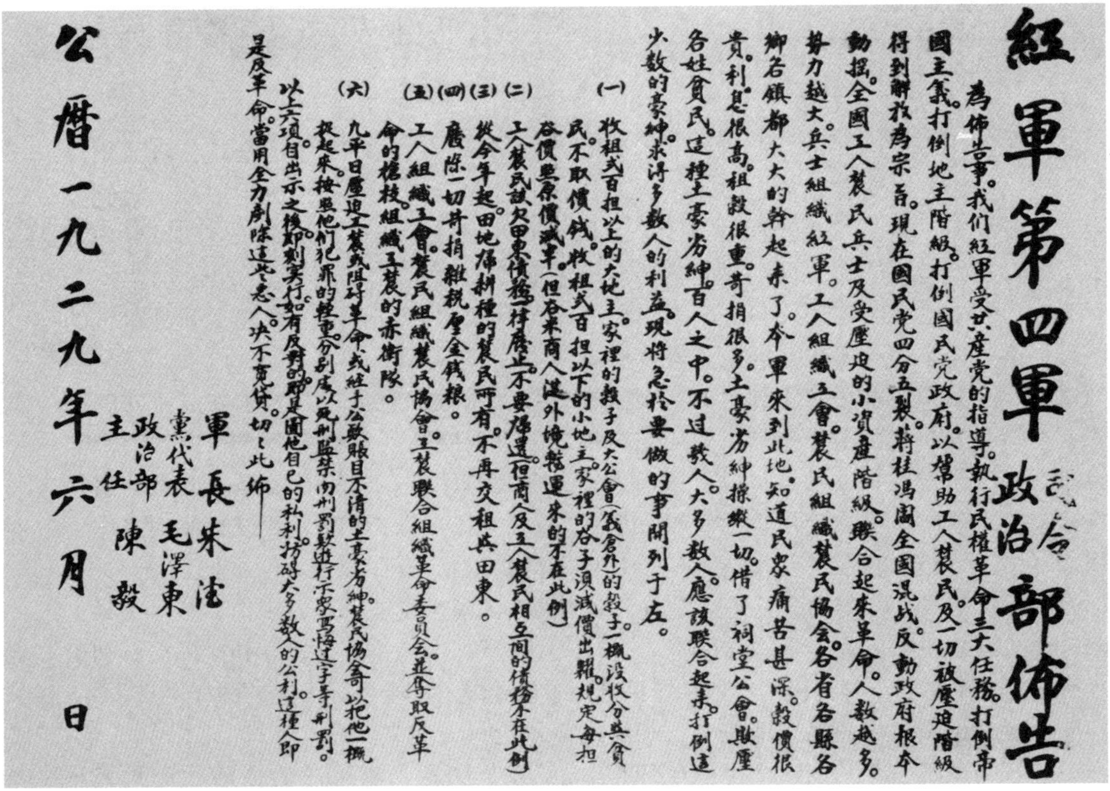

紅軍第四軍政治部佈告

為佈告事。我們紅軍受共產党的指導。執行民權革命三大任務。打倒帝國主義。打倒地主階級。打倒國民党政府。以幫助工人農民及一切被壓迫階級得到解放為宗旨。現在國民党四分五裂。蔣桂馮閻全國混戰。反動政府根本動搖。全國工人農民兵士及受壓迫的小資產階級。聯合起來革命。人數越多。勢力越大。兵士組織紅軍。工人組織工會。農民組織農民協會。各省各縣各鄉各鎮都大大的幹起來了。本軍來到此地。知道民衆痛苦甚深。穀價很貴。利息很高。租穀很重。苛捐很多。土豪劣紳操縱一切。借了祠堂公會。欺壓各姓貧民。這種土豪劣紳百人之中。不過數人。大多數人應該聯合起來。打倒這少數的豪紳。求得多數人的利益。現將急於要做的事開列于左。

(一) 收租式百担以上的大地主家裡的穀子及大公會(義倉外)的穀子。一概沒收分與貧民。不取價錢。收租式百担以下的小地主家裡的谷子須減價出糶。規定每担谷價要原價減半(但谷米商人從外境販運來的不在此例)

(二) 工人農民欠田東債務一律廢止。不要償還(但商人及工人農民相互間的債務不在此例)

(三) 從今年起田地歸耕種的農民所有。不再交租與田東。

(四) 廢除一切苛捐雜稅厘金錢糧。

(五) 工人組織工會。農民組織農民協會。工農聯合組織革命委員會。並奪取反革命的槍枝。組織工農的赤衛隊。

(六) 凡平日壓迫工農或阻碍革命。或經手公款賬目不清的土豪劣紳。農民協會可以把他一概捉起來。按照他們犯罪的輕重。分別處以死刑監禁罰款遊行示衆寫悔過字等刑罰。

以上六項自出示之後即刻實行。如有反對的。那是圖他自己的私利。妨碍大多數人的公利。這種人即是反革命。當用全力剷除這些惡人。決不寬貸。切切此佈

軍長 朱德
黨代表 毛澤東
政治部主任 陳毅

公曆一九二九年六月 日

1929 年陈毅与朱德、毛泽东联名颁发的布告

毛泽东在 1929 年 6 月 14 日的一封信中，对争论的问题作了充分的阐述，大部分在后来古田会议决议中得到红四军全党的重视和认可。

但是在 1929 年 6 月，争论的双方各持己见。临时军委坚持要搞偏于军事观点的一套，因而坚持要“分权”。这就使前委无法统一领导，不好工作。

前委 6 月 8 日在白砂召开了前委扩大会，讨论了成立正式军委的意见，以及相反的意见——目前不要设立军委一级党部、临时军委应撤销。表决时，41 人参加的前委扩大会，以 36 票对 5 票的压倒多数通过了取消临时军委的决定。这样，刘安恭担任的临时军委书记一职自然免去。政治部主任一职后来也由陈毅接替。

前委扩大会议决定召开中国共产党红军第四军第七次代表大会（简称“七大”）。大会原定计划是通过总结过去斗争的经验、统一思想认识，解决红军建设中存在的各种问题，以进一步提高红军的政治素质和战斗力，更好地担负起创建发展农村根据地的伟大革命斗争任务。这无疑是必要的，当时集体决定召开“七大”，目的和愿望无疑是好的，是想统一认识，解决分歧，结束争论，加强团结，以利革命。但是在当时，解决问题的条件不成熟，指导思想也存在着缺点，前委把各方面的争论意见原文印发给各党支部，并号召“同志们努力来争论吧”，就有“自己不先提办法，而交下级自由讨论”、“公开提到群众中没有指导的任意

批评”（中共中央“九月来信”）的倾向。

前委还决定由陈毅代理前委书记（陈毅：《1929 年 8 月 29 日向中央政治局汇报记录稿》）。这样，陈毅势必担负起主持筹备“七大”的重任，要统一党内意见，起草前委工作报告，并保证大会能够顺利进行不致分裂，对于 28 岁的陈毅来说真是十分艰巨的任务。

前委成员们每天交换意见，陈毅日夜工作。

由于蒋介石令福建的陈国辉、张贞、广东的蒋光鼐和江西的金汉鼎务必于半个月内向闽粤赣三省边界地区集结兵力合力剿灭闽西红军，红四军便先行动作，乘陈国辉旅返回龙岩喘息未定，在闽西群众支援下于 6 月 19 日三打龙岩，攻占县城，歼敌约 2000 人。陈国辉混入乱军中才得以逃命，从此一蹶不振。

环境又暂得稳定。6 月 20 日、21 日，前委扩大会在陈毅主持下讨论、修改并通过了准备在“七大”作的工作报告。

6 月 22 日，中共红四军第七次代表大会在龙岩城一所中学内召开。

出席这次大会的除了前委委员及大队（相当于连）以上党代表外，还有部分军事干部和士兵代表，约四五十人。

陈毅为大会主持人之一。他代表上届前委作了工作报告。据大会的参加者傅柏翠、江华、肖克等回忆：会场空气紧张热烈，有什么意见都可以讲。代表们对几位领导人提出很多意见。有些意见是中肯的，但有些意见偏激夸大。

代表大会开了一天，其成果集中表现为大会通过的《红军第四军党的第七次代表大会决议案》。这是红四军党的集体创作，也在一定程度上反映了陈毅当时的政治思想水平。

决议首先企图回答的是过去政策中的有重大争论的问题。其中最关紧要的是要不要根据地及如何建立、巩固和扩大根据地。这个问题关系到红军的性质和任务，牵涉“保守主义”“逃跑主义”“流寇思想”以及单纯军事观点。“七大”决议批评了 1928 年 7 月开往湘南，有“农民意识的回家观念，避免边界斗争的逃跑主义，是不对的”。决议对井冈山时期的一些历史问题和红军实行的一些制度的结论，基本上也是正确的。如“地方武装与红军武装应同样扩大”；“宣传兵制度……是红军非单纯打仗的工具的特征之一”，反对“宣传兵制度”的偏见“非纠正不可”；“士委制度……是绝对正确的”等。决议还认为“毛同志所指出的偏于军事观点，不注意地方的武装，湖南军事行动之错误……及其他腐败思想，这些都是对的，的确有些同志犯这个错误毛病”。

在党对军队的领导方面，决议否定了在前委之下再设立一个军委的意见，认为这确系机关重叠，无再设军委之必要。决议并说“规定前委只讨论行动问题，这是临时军委的错误”。决议还指出：“党代替群众组织，完全不是事实”；说前委包办了下级党部的工作，“失于武断、不合事实”；所谓前委领导是“书记专政”，则“纯属偏见”。

但是，决议对于“自下而上的民主集中制”的主张、对于部队中确实存在的流寇思想，都没有给予批评。对于争论的不少问题，都作了折中平衡、息事宁人的批评和回答。可惜的是，毛泽东曾向大会提出了关于坚持和加强党对军队的绝对领导，克服红军中正在滋长的单纯军事观点、极端民主化、流寇思想等各种非无产阶级思想的正确主张，未被大多数代表所接受，因而未能充分明确地写入决议，“七大”也就未能“从政治上指出正确路线”（中共中央“九月来信”），未能完全解决存在的分歧，这也是客观的历史局限性所决定，并非任何个人的主观意志所能转移。

最后是改选前委。陈毅当选前委书记。

“七大”决议规定：改选结果的“这个决定须呈报中央批准”，在批准前可以开始工作。“七大”决议案包括改选结果和有关重要材料于会后不久即送中央。

“七大”对于红四军长期存在的争论，只是作了一次展开，只是部分地解决了一些问题，问题的展开对于以后解决问题是必要的、有益的，但不是问题的解决。陈毅自己也认为，大会通过的决议案只是一个折中的决议案，“并没有把问题彻底解决了”，即使写到决议上的一切，都还有待于中央的指示和批准。所以他在 1929 年 9 月 1 日写给中央的报告中称：“静待中央派人去主持，所谓前委，只是一个‘过渡内阁’。”

第五节　党中央“训练班”

以陈毅为书记的“过渡内阁”在 6 月底 7 月初的工作重点是闽西。新的前委决定仍在闽西游击和建立根据地。前委书记于 7 月 9 日写了关于闽西情况及前委的工作计划向中共中央报告：“目前江西、福建正预备着会剿朱、毛（注：红四军仍以朱德为军长，毛泽东为党代表），我们应以极努力发动闽西群众以对付将来到之斗争局面，此时赣南、东江敌有重兵我们不能去，只有在闽西坚决奋斗，从 7 月起我们即以这目的开始闽西工作布置。”

前委并同意毛泽东的提议让毛泽东暂时离开军队工作，到闽西地方作调查研究并指导闽西的工作。毛泽东乃于 7 月 8 日与贺子珍、黄琳、蔡协民、曾志等同往闽西特委所在地蛟洋。

不久，接到中央来信，要红四军派领导干部去上海参加中央政治局召集的军事会议，汇报红四军情况（中央政治局 1929 年 6 月 12 日讨论前委 4 月 5 日信时说到“常委已通过召集一个军事会议，朱、毛处应来人”）。

前委全体成员便在蛟洋开会，毛泽东也曾到会。前委决定陈毅去上海向中央汇报，乃由朱德代理前委书记。

会后，陈毅在闽西特委书记邓子恢陪同下，经上杭、龙岩到厦门。在厦门候船期间，陈毅受到中共福建省委书记罗明的接待，陈毅向省委作了汇报并讨论了发展闽西斗争的问题。在厦门，他给在上海担任四川军阀刘存厚的少将代表的胞兄陈孟熙发了一信，说他将乘香港英国轮船到沪，并告以大致船期。

当时，堂兄陈修和也在上海兵工厂任职。他们自武汉分别以来虽然各奔前程，陈毅判定他们依然会尊重各自的信仰，给他方便和掩护。

陈毅乘船到达香港，同中共广东省委接上头，见到了留法老同学、广东军委书记聂荣臻和中共中央派赴广西路过香港的邓小平。

1929 年 8 月，陈毅经香港赴上海参加中央召开的军事会议。图为旅途中的陈毅

英国轮船经几昼夜航行于 8 月下旬抵达上海时，黄浦江边租界码头气氛紧张，搜查异常严格。陈毅正打算挤到人流中去乘乱下船，忽然发现两位兄长已经登船，正在延颈寻人。相见后，修和、孟熙立刻示意他紧随他们下船上岸。两位兄长一式西装革履，胸佩上海龙华警备司令部徽章，器宇轩昂。陈毅衣着也得体，像个广东来的技术工人。当他们随着人流穿过码头稽查线时，没有警察拦问。

两位兄长已经安排陈毅住英租界四马路新苏旅馆，开了一个有里外间的客房，陈孟熙住外间，陈毅住里间。陈修和则回兵工厂，常来关照。兄长们备好西装全套，警备司令部徽章一枚。

陈毅很快同中共中央机关接上头，并向中央政治局常委李立三报告了红四军“七大”情况。这位一同勤工俭学、一同被押送回国的老同学听完便表示：他会尽快向政治局报告，并要陈毅尽快写好几种上报的书面材料。在这次会见中，陈毅才得知：就在他抵达上海的前两天，由于叛徒的出卖，陈毅的入党介绍人中央军委委员颜昌颐，中央政治局候补委员、中央农委书记彭湃，中央常委、军事部长、对红军农村武装斗争情况熟悉并有卓越见解的杨殷以及正与他们一起的邢士贞、张际春于 8 月 24 日下午 4 时许同时被捕。

陈毅好几天深居简出，赶写材料。李立三在 8 月 27 日向中央政治局扼要报告了与陈毅谈话的内容。会议决定召集临时政治局会议，由陈毅出席作一详细报告。

8 月 29 日，专为听取陈毅报告而召集的政治局会议在上海一处秘密所在召开。出席的有总书记向忠发及政治局成员李立三、周恩来、项英、关向应，陈毅作了全面而详细的报告。鉴于红四军的经验和问题极为重要，政治局决定以李立三、周恩来、陈毅三人组成一委员会深入讨论审议，提出决议到政治局讨论通过。三人委员会由周恩来召集（周恩来是中央军委书记、军事部长）。

9 月 1 日，陈毅写完了李立三代表中央要求写的五个书面材料：《关于朱德、毛泽东军的历史及其状况的报告》《关于朱、毛红军的党务概况报告》《关于朱、毛争论问题的报告》《关于赣南、闽西、粤东江农运及党的发展情况的报告》和

《前委对中央提出的意见——对全国军事运动的意见及四军本身问题》。陈毅的口头报告和书面报告，总的精神和内容完全一致。他襟怀坦白，公正无私，如实地反映了红四军各方面的详情，对红四军的战略战术、组织编制、政治工作、政策策略、斗争艺术都作了准确的叙述，因而中央在1930年初把《关于朱德、毛泽东军的历史及其状况的报告》发表在中央出版的《中央军事通讯》创刊号上，并指出："这是很值得我们宝贵的一个报告"，很多宝贵的经验"都是在中国'别开生面'"。

从8月底起，李立三、周恩来便一次次地到陈毅的客房来聚会，他们都阅读了陈毅所写的报告，然后来和陈毅一同讨论。他们在陈毅房中一谈几个小时。陈孟熙就在外面摆弄围棋担任望风，有时与陈修和对弈，空气更为闲逸。他俩和李、周都认识，或是法国勤工同学，或是黄埔师生，所以相见十分自然。

早在接到红四军前委于7月9日寄出的"七大"决议案及其他文件之后，8月13日，中央政治局就讨论决定由周恩来起草一信，提交政治局讨论。

周恩来起草的信是8月21日由中央政治局通过发出的。这封信很重要，对于红四军党内争论中涉及的一些原则问题做出了比较全面正确的回答。8月份的这些回答，在李、周、陈的9月讨论中，当然要起重要作用。把全国形势、中央指示、毛泽东的几封重要信件和陈毅全身心参与的红四军的实践结合起来，对于陈毅就发生了巨大的作用，使他的思想在一些重大问题上得到提高，甚至得到飞跃。陈毅在多年后曾几次对跟随自己工作的同志说，到上海党中央两个月，等于上了两个月的训练班。

"九月来信"是在周恩来主持下，三人讨论，由周恩来代表中央委托陈毅执笔起草的。

从8月21日信到"九月来信"，内容中最重大的问题是红军（朱、毛红军是其中佼佼者）在中国革命中的地位，以及朱、毛红军在全国的影响。8月21日信已有"现在朱、毛红军对于全国的政治影响较对于闽西一处大得多"；"九月来信"更有"红军第四军……在全国政治局势中有极大影响"。红军的地位和作用究竟如何估量，过去以及后来的一段时间内，都只说是促进全国革命高潮的重要力量之一。1930年有的文章中，有写为"主要条件"、"主要工具"、"最重要因素"的，据查对，都是后来公开出版时修改而成，原件只是"重要条件"、"重要工具"、"重要因素"，并无"主"字和"最"字。

这样，1929年"九月来信"中所写的一段话就很值得注意："先有农村红军，后有城市政权，这是中国革命的特征，这是中国经济基础的产物。"陈毅过去没有表达过这样的思想，李立三、周恩来也没有，周恩来不久前（6月12日政治局会议）在讨论朱、毛问题时还说："目前中国割据的形势是有的，问题是要有城市的领导。城市工作一旦发展，割据局面一定可以发展到固定的方面。"李立三则一直主张"城市中心论"，到1930年3月他还发表一篇《城市头脑论》，更加强调这种观点。而在"九月来信"中的这种"先"、"后"的提法，虽然含义不很精确，却显然是从大局上战略上意识到一种阶段性与因果性的关系，把农村红军看成取得城市政权的主要原因了。（当然，所谓“农村红军”，只是简略的说法，它实际上就是红色武装割据，除红军外，还包括着农村的人民群众、革命根据地、苏维埃政权和领导这一切的党。）这只能来自陈毅亲身参加的由毛泽东、朱德领导的实践，而在中央“训练班”的集体思考下得到飞跃。因此，陈毅当然更加热爱和珍惜他参与创建的红四军，更容易接受中央对“七大”的批评：“谁固执着自己小资产阶级的成见，谁便是破坏这艰难困苦转战千里的革命组织”，也就会更亲切地怀念共同为此而奋斗的毛泽东、朱德。

8 月 21 日信和“九月来信”所强调的第二个重大问题是红军的根本任务。8 月 21 日信尖锐地指出：“谁忽视了这一点（即红军负有发动群众实行土地革命建立苏维埃政权的使命），谁便要将红军带向流寇土匪的行径。”陈毅执笔的“九月来信”便将红军的基本任务定为：“一、发动群众斗争，实行土地革命，建立苏维埃政权；二、实行游击战争，武装农民，并扩大本身组织；三、扩大游击区域及政治影响于全国。”这样，加上红军与地方武装应同时扩大，纠正“好枪不发给地方，坏枪尽数送给农民”的不良倾向等，“七大”没有充分强调反对单纯军事观点的缺点就明显地有所改正。

再一个重大问题是红军分散与集中的战略问题。在这一方面，周恩来先后起草或修改过“二月来信”，4 月 4 日的信，6 月 12 日“坚决改变此（红军分散）原则”的信。直到如今，在“九月来信”中写上了“决不能把红军四军分成几路各不相属的部队，这样就是分散而不是分兵，或者把红军四军分小，化成无数的游击队而不相联属。两者都是取消观念，皆源于对政局的估量不正确，恐惧反动势力稳定，红军会被消灭，才发生减少目标各个自了的右倾思想。这种倾向于红军发展及对全国政治影响有极大危险。”亲自经历这戏剧性转变的周恩来、李立三，当然会告诉陈毅 6 月 12 日他们讨论前委（毛泽东）4 月 5 日来信的情况，以及写上这一段的意义，除了有助于解决红军中某些干部存在的此种错误思想外，实际上也是中央对此的自我批评。只有在这时候，陈毅才更能体会毛泽东政治上的大智大勇。

以上这些重大问题，正是当时红军与阶级敌人艰苦斗争的政治路线的主要内容。从这样的高度看问题，单纯军事观点、流寇思想、小团体主义等就比较容易在思想上解决。保证红军在党的绝对领导下巩固发展的伟大意义也更加清楚了。

在组织路线方面，身为中央组织部长、起草中共“六大”的组织决议案的周恩来，当然更熟知组织原则。“九月来信”在坚持党委的集中统一领导的前提下，党如何通过军政部门和军政首长实施领导做出了指示：“党只能经过党团作用作政治的领导。目前前委指挥军部、政治部，这是一个临时的办法，前委对日常行政事务不要去管理，应交行政机关去办，由政治委员监督。”“党对军队的指挥尽可能实现党团路线，不要直接指挥军队，经过军部指挥军事工作，经过政治部指挥政治工作。……党的系统，军事系统，政治系统，要弄清楚。”可以看到，后来的党委集体领导下的首长分工负责制，在这里已有比较明确的规定。后来凡是执行得好的都得益。相反，实行书记专政像张国焘，其错误就无可遏止不断膨胀。

对于集权制与家长制，8 月 21 日信和“九月来信”都明确地断言“在红军中党的组织原则，尤其是目前环境中之红军党的组织原则，必须采取比较集权制，才能行动敏捷，才能便于作战，才能一致地战胜敌人”。“党的一切权力集中于前委指导机关，这是正确的，决不能动摇。不能机械地引用‘家长制’这个名词来削弱指导机关的权力，来作极端民主化的掩护。”“决不能先征求下级同意或者不作决定俟下级发表意见后再定办法……这就是极端民主化发展到极度的现象。前委在前次党的争论问题，即表示这个弱点，这是一个损失。”

在思想政治工作方面，“九月来信”也提出纠正一切不正确的倾向，那主要是指“右倾思想如取消观念、分家观念、离队观念与缩小团体倾向，极端民主化，红军脱离生产即不能存在等观念”。与后来毛泽东起草的中共红四军第九次代表大会决议之一的《关于纠正党内的错误思想》相对照，着重点和分量都大不相同。这反映在起草“九月来信”时中共中央以及陈毅对部队中的错误思想估量不足，特别是对单纯军事观点和流寇思想有大力纠正之必要认识不足。

“九月来信”十分严肃地指出了红四军“七大”及前委扩大会处置的缺点及其危害，并决定“毛同志应仍为前委书记”，这就从路线的高度来肯定了毛泽东的领导。

“红军是生长在与敌人肉搏中的，他的精神主要的应是对付敌人。前委……没有引导群众注意对外斗争，自己不先提办法，而交下级自由讨论，客观上有放任内部斗争关门闹纠纷的精神，前委自己铸成这个错误，这是第一点。第二，没有从政治上指出正确路线，使同志们得到一个政治领导来判断谁是谁非，只是在组织来回答一些个人问题，这是第二个缺点。第三，这次扩大会及代表大会的办法是削弱了前委的权力，客观上助长极端民主化的发展。第四，……没有顾及他们在政治上的责任之重要，公开提到群众中没有指导的任意批评……这样不但不能解决纠纷，而且只有使纠纷加重。”

这样一段文字是陈毅自己逐字写在“九月来信”中的。这样高水平的要求，特别是“从政治上指出正确路线”的要求，“七大”时的陈毅是达不到的，但是他现在承认应该如此。通过一个月的讨论、思索、总结，他确实感到了毛泽东在政治路线方面的远胜同辈的睿智勇敢和坚定正确，使他毫无抵触地参与确定并亲笔写下了“仍为前委书记”。

陈毅坚决地接受中央的委托，回红四军去向有关同志做好解释说服的工作。因而中央政治局在 9 月 28 日讨论通过这份《中共中央给红四军前委的指示信》（即“九月来信”）时，特在后面加上一段：“凡此各项，概指其大要，详细解释及具体办法已向陈毅同志面谈，当由其口达前委及全军同志。”①

10 月初，陈毅又像坚决追赶南昌起义军一样，坚决地赶回红四军，他要把已经逐步上升到理性认识的红军初创时期的实践经验，再运用到新的斗争中去检验、提高。

---

①“九月来信”全文刊载于 1990 年 4 月第 1 版的《中共中央文件选集》第 5 卷（中央档案馆编）。

第六节　坚决纠正错误思想

陈毅在1929年10月1日离开上海，4日到香港，6日过汕头，11日到达中共东江特委所在地，与特委开会研究中央指示红四军进入东江的工作。他继续北行，走梅县南部山区，绕过梅县，一路了解敌军兵力的分布，当他意外地在梅县到蕉岭的路上与正向南开进的红四军第一纵队相遇时，才知军部现在松源。陈毅立刻赶去松源与朱德见面。

陈毅首先询问毛泽东的近况，朱德告诉他养病尚未回来。10月初召开的中共红四军第八次代表大会上，有许多个支部提议请毛泽东回来主持前委工作，由彭祜、郭化若起草了一信请毛回来。毛回信说不能回来。他反对敷衍调和、模棱两可的“陈毅主义”，不打倒“陈毅主义”他不回来。

这消息对陈毅当然震动很大。但此时的陈毅已是党中央“训练班”毕业了的，他已真诚地承认自己有调和折中的错误倾向，“陈毅主义”虽然主观上是为了维护党内团结，但没有支持正确主张，实际上压抑了正确主张。他这次回来，就是为了纠正这种错误倾向所造成的、“没有从政治上指出正确路线”的不良后果。因而，陈毅表示：毛泽东所说的“陈毅主义”是非无产阶级的东西，他自己也要和同志们一起打倒这个“陈毅主义”。后来他在11月4日给中共中央的报告中也明确地如此写了。

陈毅这样说，也这样做。他当即向朱德原原本本地详尽地介绍了在党中央所见所闻所感受所讨论所决定的一切。当天夜里，前委召集会议，由陈毅正式传达中央“九月来信”，并详细作了解释谈了具体办法。会后，陈毅派专人把中央“九月来信”送去蛟洋给毛泽东，并附自己一信，促请毛泽东回前委工作。陈毅和好几位前委委员谈话，他还直接向红军官兵广为宣传中央指示的精神。他曾不止一次地表示：自己在主持前委工作期间有缺点错误，“七大”没有开好，需要公开检讨的话，“这个检讨我来作”。

前委及军部机关即随部队向梅县前进，陈毅随军南下。在此以前的10月初，陈铭枢、陈济棠争夺广东地盘的战争爆发了，赣敌乘机向闽西进逼。中共中央指示红四军进军东江（陈毅此时离上海在归途中）。红四军前委就决定到东江。当时有两种意见，一种主张兵贵神速，立即挺进到梅县一带；另一种主张逐渐推进，先在闽粤边界分兵做群众工作。前委采取了第二种主张，于是“迟迟不前”。后来第二纵队在峰市炉下坝击溃敌军两个营（但是二纵队长刘安恭在此战中牺牲），一纵队在松源打败敌军一个营，气势很壮，纷纷要求到梅县。事实上梅县敌兵甚少。陈毅从上海回来，10月中旬过梅县时，也了解到松口敌只有二营兵，梅县一营兵，蕉岭一营兵，大埔一营兵，兴宁一营兵。据傅柏翠、肖克等人回忆，陈毅当时认为：敌人如此分散，红四军若能及时集中直扫，以长驱之势，速下东江数要地，东江势必震动。东江群众必大大振奋。然而，部队南下既惊动了敌人，又分兵做群众工作，不能迅速前进，到10月24日前委和军部随大部队到达蕉岭时，实际上大好时机已失，敌人的大队援兵已在向东江地区开进了。陈毅是能辩证地考虑问题的，他决不因为在上海进一步提高了红军做群众工作的觉悟就片面突出，就忽略作战胜利的决定性作用，他对于在战机稍纵即逝的情况下还要分兵做群众工作感到激愤。

到蕉岭，当即探明梅县无正规敌军，仅县警备队相当于一个营的兵守备，乃决定直取梅县。10 月 25 日，红四军主力进占梅县，县警备队纷纷缴枪溃逃。陈毅作为前委和政治部的负责人，立即投入紧张工作，与东江特委、梅县、蕉岭县委筹划成立各种群众组织和东江革命委员会。

26 日下午正准备召开群众大会成立东江革命委员会，突然发现粤敌蒋光鼐率三个团的正规部队于三天前启程，现已抵达梅县附近，其先头部队已向梅县猛扑。战火突起，全城惊乱。一部分敌军仗着人地熟悉竟突入城厢。梅县两面临水难以机动。陈毅当机立断，乘敌人未及插到南门江边，迅速指挥前委和军部人员抢渡南门河，随战斗部队退入梅南山区。全军在朱德军长沉着指挥下适时避开恶战，安全转移，仅亡二、伤四，毙敌五十余人。

红四军再次讨论行动方案，有些人主张三个纵队分开到三个地区发动群众。讨论结果多数人认为在强敌面前分兵易遭各个击破，而且中央也已指示了红四军不应深入东江的政策；同时，又探得梅县只留驻敌军一个教导团，就一致主张再打梅县。这在战略方针上是正确的。但实际上梅县敌人不止一个团；而且广东军有巷战训练，而巷战却是红军所生疏的。因此，红军黑夜运动凌晨突袭虽然得手，前锋冲入大街，却在巷战中抵挡不住敌军用手提机关枪、手榴弹等优势火力的反击而被迫撤到城外。当晚包围攻城，战至清晨 4 时仍打不下，而梅县城内 150 名共产党员和共青团员又没有接应配合的动静。若继续攻击，粤敌增援会使红军陷于被动。前委研究，根据粤军顽强抵抗和大量增援的情况判断，广东战局恐已出现不利于红军的发展，于是决心主动撤围，向敌兵力薄弱的赣南转移。后来查明战局确已发生变化。红军原拟趁张发奎入粤作战，粤敌自顾不暇的时机，在广东东江地区发展。因张发奎迟迟不肯入粤，使得粤敌可以全力对付红军，继续留在广东极为不利。

红四军经平远到寻邬，在寻邬赤色区域大田乡安置了伤病兵。此次梅县作战，伤亡二百余人，而上杭补充的俘虏兵逃亡甚多。在寻邬，陈毅又去信请毛泽东回前委，并开始筹备中共红四军第九次代表大会。

11 月中旬，朱德、陈毅率红四军回闽西。11 月 18 日，在上杭官庄的前委会议上，决定扩大闽西苏区，确定了建立闽西政权的有关政策。11 月 23 日，红四军再次攻克汀州。

在占领汀州的第四天，11 月 26 日，毛泽东在中共福建省委巡视员谢汉秋陪同下，心情舒畅地从蛟洋到达汀州。毛泽东向朱德、陈毅等前委委员表示诚恳地接受中央的批评（“九月来信”除对前委有批评外，对朱、毛个人的工作方式等也有批评），表示愿意遵照中央指示回前委工作。陈毅也诚恳地向毛泽东当面作了检讨，详细介绍了上海之行，并转达了李立三对毛泽东的问候。毛泽东也说“八大”时他因为身体不好，情绪不佳，写了一些伤感情的话。这样，“不能一朝之慨”就消除了。

11 月 28 日，在毛、朱、陈出席的前委扩大会上，气氛融洽而热烈。这是半年多来第一次团结民主的会议。一致通过三项决议：一、召集中共红四军第九次代表大会；二、用各种方法建立红四军的政治领导；三、纠正党内各种错误倾向，扫除红军内部的封建残余制度（废止肉刑、禁止枪毙逃兵等）。这些积极的变化，在同一天毛泽东写给中共中央和李立三的两封信中跃然纸上。“我病已好……遵照中央指示，在前委工作。”“四军党内的团结，在中央正确指导之下，完全不成问题。陈毅同志已到，中央的意思已完全达到。”在致李立三的信中更是充满友情地写道：“多久不和你通讯了，陈毅同志来才知道你的情形。我大病三月，现全好了，但精神未全复元。”从信中也可看出毛泽东对陈毅的感情已经和好如初。

但是，陈毅要和大家一起纠正错误的决心却不因此而减弱。他从 12 月 3 日随军到达新泉的当天即协助毛泽东对部队进行深入的调查研究，重点在于应该纠正的错误思想和如何加强与改进党对部队的领导。移驻古田后，工作更紧张，白天开调查会，夜间整理材料写意见。隆冬寒夜，他和毛泽东房里的灯光经常彻夜不灭。

1929 年 12 月 28 日，在福建上杭古田的廖氏宗祠召开中共红四军第九次代表大会。大会由陈毅主持。

陈毅传达了中共中央 9 月 28 日给红军第四军前委的指示信，并作了详细的解释和说明。毛泽东、朱德分别作了政治报告和军事报告。到会代表展开热烈讨论，发言中提出了许多切合实际的意见。陈毅还在大会上做了反对肉刑、反对枪毙逃兵的专题发言。

经过讨论和充实，一致通过《中国共产党红军第四军第九次代表大会决议案》(即《古田会议决议》)。

“九大”决议是在中央“九月来信”的指导下联系红四军的实际形成的，它和“九月来信”的精神一致，同时又大大地丰富和具体化了许多重要内容，在“关于纠正党内错误思想”方面则根据实际情况做了必要的调整和强调，内容有了很大不同，从而弥补了“七大”决议在这方面的严重不足。

“七大”决议虽然肯定毛泽东给林彪的信中政治观点和军事观点的问题是对的，虽然在地方武装、宣传兵等问题上有正确的规定，但整个说来，对于单纯军事观点的批评很不够。“九月来信”贯穿着对红军根本任务的阐述，强调做群众工作，深入土地革命，建立革命根据地和苏维埃政权，武装群众，因而从根本上反对了单纯军事观点和流寇思想；但是把“纠正一切不正确的倾向”只列为“红军中党的工作”中的第六点，其中根本没有指出单纯军事观点和流寇思想。“九大”决议就不同，第一个大问题便是“纠正党内非无产阶级意识的不正确倾向的问题”，其中的第一条就是“关于单纯军事观点”。“九大”决议把八个错误思想倾向作为建设无产阶级军队必须纠正的主要错误，在“党内教育问题”中又列为经常进行教育的材料，这充分体现了“九大”决议的无产阶级的战斗性。

对于流寇思想，“七大”决议意在调和，说“不见得这意见就是流寇思想”（二十九团要回湘南确不是流寇思想），但是，打进郴州后二十八团官兵的表现却理应引起陈毅的注意。周恩来起草的 8 月 21 日信说得尖锐：忽视红军发动群众，实行土地革命，建立苏维埃政权的使命，就会“将红军带向流寇土匪的行径”。但“九月来信”便只有正面阐述红军的根本任务而没有对流寇思想的批评了。“九大”决议把“关于流寇思想”列入“八个错误思想”之一，是对“七大”决议的纠正，是对“九月来信”的补正。

“九大”决议在党对军队的领导上不再为中央已明确否定了的“党管一切”“家长制”“书记专政”等作分析讨论，而是在“党的组织问题”“党内教育问题”“红军宣传工作问题”“士兵的政治训练问题”等方面具体详细地定出章程做出规定，从而使从旧军队转变过来不是太久、文盲占绝大多数的中国工农红军有了一个贯彻无产阶级及其政党领导的切实可行的法规。虽还没有写定党对军队的绝对领导的文字，但是这部法规中无论在政治上、组织上、思想上，红四军都在党的绝对领导之下，而党委又不包办代替军政机关的工作。这显然和“九月来信”的精神是一致的。

“九月来信”最有决定性的“精神”，还在于由毛泽东仍为前委书记。选定毛泽东为红四军党的核心，这是中央指示最英明之点。这一点，中央政治局 8 月 13 日、27 日讨论中都没有，只说“组织问题要解决”，8 月 21 日信当然也不会有，只有“九月来信”才作了这一明确的认定。“九大”决议和“九月来信”最根本的一致正在这里。

“九大”选举毛泽东、朱德、陈毅、李任予、黄益善、罗荣桓、林彪、伍中豪、谭震林、宋裕和、田桂祥为前委委员，杨岳彬、熊寿祺、李长寿为候补委员，毛泽东为前委书记。

毛泽东已回前委任书记，与错误思想作不调和斗争的决议也已通过，陈毅回四军的任务完成了。今后怎么办呢？在上海时，鉴于他卷入矛盾很深，中央组织部曾征求他的意见，是否到鄂豫皖或广西正在酝酿组建的红七军工作。他回答说：还有一件事没办好，没有把毛泽东请回来，等办好这件事再考虑工作问题。如今，他向前委书记毛泽东谈起自己的工作问题了，毛泽东不假思索地说：你哪里也不用去，就在这里。

陈毅便继续留在朱毛红军工作，至于干什么，他向来是不介意的。

二十五年后，谭震林在 1954 年 4 月 2 日的华东局扩大会议上发言说：“我觉得陈毅同志在我们党内对党有三次贡献。一次是三河坝。假如那个时候没有陈毅同志作核心，保持力量，后来回到井冈山，而井冈山只有秋收暴动那一点力量，很难存在。这个功劳除了朱德就是陈毅同志。第二，七次大会到九次大会之间是中国革命很重要的关键，虽然犯了一些错误，但是如果没有他到上海把中央的精神带了回去，中国今天究竟怎么样就很难说。从七次大会到九次大会的开始，除了毛主席之外主要是他。”（按：第三是黄桥战役打开华中抗日局面）

1959 年 8 月陈毅曾向来访者谈起红四军“九大”以后他的经历，谈得太简略，事实上，有几点是应该记载的。

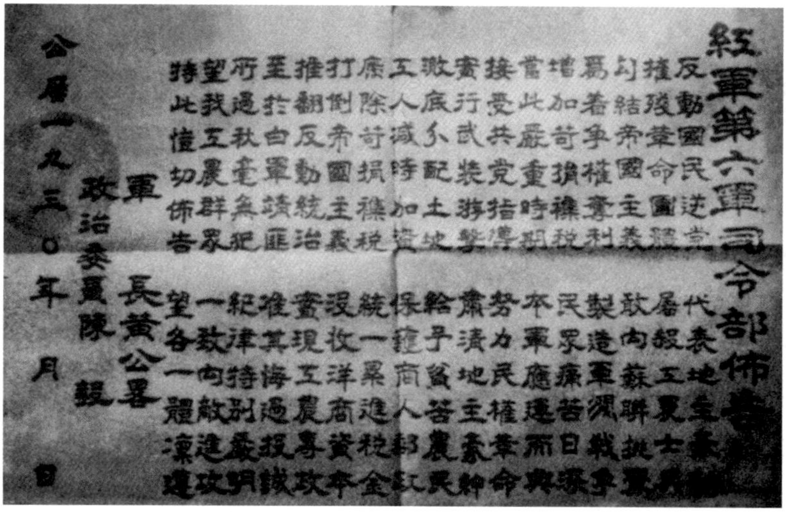
紅軍第六軍司令部佈告

軍長黃公略
政治委員陳毅

公曆一九三〇年 月 日

1930 年陈毅与黄公略联名颁发的布告

回江西，他和毛泽东同行。翻越雄伟的武夷山时，毛泽东接到黄公略派人送来的信，报告说正筹建工农红军第六军。毛泽东征询陈毅的意见：为了实现争取江西兼及闽西浙西的割据计划，需要更多红军，毛泽东初步设想请陈毅去负责红六军。不需要立即回答，考虑成熟再谈。陈毅却当即表示愿意受命。

陈毅虽没有参加“二七”会议，但被选为前委的委员。“二七”会议是红四军前委，五军、六军的军委和赣西南特委的联席会议。选出的前委委员有毛泽东、郭贞（赣南）、曾山（赣西）、王怀（湘赣）、方志敏（赣东北）、朱德、潘心源（中央巡视员）、黄公略（六军）、刘士奇（赣西南）、彭德怀、谭震林、陈毅、邓子恢、张鼎丞（二人为闽西）、袁国平（五军）、李文林（赣西南、红二团）、滕代远（五军）。从这阵容就可看出，这个以毛泽东为书记的前委所领导和管辖的部队和地区，已为后来中央苏区勾画出轮廓。

“二七”会议以后，前委决定陈毅为红六军政治委员，红六军军委书记。红六军辖三个纵队。一纵队长柯武东，政委李韶九；二纵队长罗炳辉，政委王如痴；三纵队长徐彦刚，政委刘作述。每纵有八九百条枪。在黄公略、陈毅率领下，六军二纵队曾配合红四军主力粉碎了国民党军队的一次围攻。先在富田以北之水南全歼独立十五旅两个营；次日又与独立十王旅激战竟日，将其击溃，俘敌1600 余人，残敌仓皇逃往赣州。

至此，陈毅在新的岗位上开创了新的局面。他和黄公略、罗炳辉相处特别融洽。

第七节 血的教训

然而从1930年仲春开始一直到1934年中秋，整整四年半时间里，中共中央先是开始了李立三的盲动，接着又被王明、博古“左”倾机会主义所统治。陈毅经常身不由己，虽然工作一直积极努力，但成果难评。

1930年4月间，中央给前委的信中即严厉批评边境割据、争取江西“在目前是极端错误的了”，而“猛烈的扩大红军与坚决的向中心城市发展，是红军当前最主要的任务”。1930年6月11日，中央政治局正式通过《新的革命高潮与一省或几省的首先胜利》的决议。中央还先后制订了以武汉为中心的全国中心城市武装起义和集中红军进攻中心城市的冒险计划。6月中下旬陈毅到汀州参加红四军前委和闽西特委联席会议。联席会议后，根据中央精神，前委将红四军、红六军（不久改为红三军）、红十二军整编为第一路军（后改称第一军团），由朱德任总指挥，毛泽东任政治委员。6月底，进入赣南后，前委决定将陈毅调离红三军，留在赣南组建红二十二军。

1930年7月，红二十二军在信丰宣告成立，军长陈毅、政治委员邱达三。全军编5个纵队，有枪2000余，这是在赣南原有的二十六、二十七、二十八等纵队和赣南独立师的基础上编成的，归属一军团建制。

红二十二军成立后，陈毅在组训部队的同时，还以很大精力参加土地革命的工作。他在信丰、兴国、于都等地调查研究，帮助总结经验。在赣南地区召开的南路扩大会上他还提出了马上分田割禾、抽多补少的“八个纲领”，并参与了土地法的制订。

陈毅率领二十二军当时突出的任务是发动群众配合部队拔除“白点子”。那是一些留在苏区内部有坚固城堡和顽固武装的地主据点。这些钉子的拔除，对巩固根据地、深入发动群众很有好处。

陈毅很重视干部的培训，他在信丰县的黄泥排、犀牛和信丰城内先后办起了红二十二军干部学校，亲任校长，为二十二军及地方武装培养骨干。在干部学校，他结识了女学员肖菊英，后来并与她结婚。

此时前方的战事在错误路线下步履艰难。

毛泽东一开始就在行动上抵制进攻中心城市的错误路线，没有用主力强攻南昌。

红五军、红八军组成的红三军团在彭德怀指挥下打进长沙，旋即撤出，并与红一军团在湖南浏阳的永和市会师。

在永和市，一、三军团前委举行联席会议，决定成立第一方面军和总前委，毛泽东任总前委书记、总政治委员，朱德任总司令。

一方面军又奉中央命令再攻长沙。总前委书记毛泽东于8月24日致信赣西南特委并抄转陈毅、伍中豪：“赣西南预备军须在信到半月内选一万人到长沙来，信到二月内再送二万人，总之愈快愈好。”陈毅努力配合，大量的预备军招之即去。但是，在错误路线的支配下，这些活生生的预备军，换得的只是血的教训。

血的教训只是开始，此后四年中，血的教训太多了！

红一方面军攻打长沙不克，返回江西。10月初，师指吉安。陈毅奉命率二十二军北上，配合攻吉作战。守敌邓英所部乘夜潜逃。红军未经激战进占吉安。10月7日，江西省苏维埃政府在吉安成立，主席曾山，陈毅为53名政府委员之一。

1930年10月，蒋冯阎大战结束，蒋介石即开始了对红一方面军的第一次“围剿”。敌军由北向南，分进合击，企图以10万兵力将红一方面军消灭于袁水流域。

大敌当前，决战在即。但是，在中央的“左”倾思想指导下，全国各苏区从地方到红军的肃反扩大化也大规模地展开了。

10月14日红一方面军总前委在给中央的报告中称：“赣西南党、团、苏维埃政府的领导机关，多数为AB团所充塞”，必须“来一番根本改造”，以“挽救这一危机”。10月26日总前委与江西省行动委员会（简称省行委）发出指示，“现在赣西南的党内和团内充满着富农反革命”，必须“改造全部党的组织，重新建立，不使有一个富农反革命分子（AB团）留在赣西南的党内团内”，“严厉地镇压AB团，处决AB团中一切活动分子”。此后，打AB团的活动即全面展开。

红二十二军当然也奉命要打AB团。很快陈毅便感到忧虑和为难。他当然会坚决与反革命分子作斗争。但是肃反委员会的人员在中央和上级的影响下捕风捉影，屈打成招，大搞逼供信，而且还像布置扩大红军那样规定肃反数字，就使他日益怀疑和反感了。

不久，二十二军政委邱达三也被作为AB团的要犯逮走了。

李文林，东固地区江西省红军独立二团与四团的创建人，曾以党绝对领导军队而受到毛泽东极口赞誉的英雄人物，此时已是中共江西省行动委员会书记。他任赣西南特委常委时，曾是当地抓AB团的带头人，特委决议中甚至有“实行赤色恐怖”的口号。此时他却被定为AB团首要人物，被逮捕了（后被杀害）。

12月7日，红一方面军总前委肃反委员会主任李韶九（即原红六军一纵队政委）带领红十二军一个连来到江西省行委，江西省苏维埃政府所在地富田“帮助肃反”。在省苏维埃主席曾山、省行委宣传部长陈正人配合下，按别人口供划定名单，将省行委秘书长李白芳、省行委常委段良弼、省苏军事部长金万邦、财政部长周冕及红二十军政治部主任谢汉昌等逮捕关押，严刑逼供，又逮捕了一大批人，严加看守，有的人陆续被杀害。接着李韶九又到东固，要在红二十军搞肃反，准备“找得线索来一个大的破获”。红二十军一七四团政委刘敌也在被怀疑之列。刘敌在部队一鼓动，说“李韶九是反革命，把我们的政治部主任谢汉昌捉起来了，以后还要捉我们”。得到官兵激烈响应。刘敌就带一个营到东固，将李韶九等人抓起来，释放了谢汉昌等；当晚又率部队赶往富田，缴了一个连的枪，把作为AB团扣押的人释放。随即开大会，与会的人纷纷控诉，并提出“打倒毛泽东，拥护朱、彭、黄”的口号。这就是“富田事变”。事后，省行委及红二十军在李白芳、谢汉昌、刘敌等带领下，撤到赣江以西，继续与敌人斗争，并将中央所需的一批黄金交由当时在场的中央提款委员易尔士带回上海。事后，刘敌等人对于这次过激行动的错误有所认识，表示愿意接受党的教育和处分。

陈毅不赞成肃反扩大化，但对于以兵变方式解决内部问题，也很反对。尤其在大敌当前的严重时刻，对于任何分裂红军的做法都认为不能容许。总前委紧急指示陈毅前往东固解围时，他立即带领红十二军的一个连（当时陈毅任军长的红二十二军已缩编为红六十四师，归属红十二军建制，该师在打破第一次“围剿”、活捉张辉瓒的战斗中发挥了良好的作用），前往东固调解处理，救出了被扣押的一些人，据贺子珍的妹妹贺怡自传记述，其中包括被扣押的李韶九。

总前委在12月底决定成立赣西南特区委（相当于省委），陈毅任特区委书记。赣西南是肃反抓AB团的重点地区，也是土地革命中急需纠正按劳力分配土地错误做法的重点地区，还需要发动群众支援前线和参加红军。自此开始，动员青年入伍扩大红军一直是陈毅的主要任务之一。

1931年1月15日，中共苏区中央局按中央政治局1930年10月17日的决定正式成立。苏区中央局由周恩来、毛泽东、项英、任弼时、朱德等组成，周恩来为书记，周恩来未到时，暂由项英代理书记（后曾由毛泽东代理书记）。（后来在3月间的苏区中央局第一次扩大会议上，经毛泽东提议，决定增补陈毅、彭德怀、林彪、周以栗、曾山共五人为苏区中央局委员，呈报中央政治局审批，未批复前即应参加苏区中央局的会议和参加工作。但迟迟未获中央批复。）

富田事变的审理反复甚大。最初，总前委定为反革命暴动。项英主持苏区中央局后，进行了调查，做出了决议，确认段良弼、李白芳、谢汉昌、刘敌等“均系AB团要犯”，开除党籍。但不认为富田事变是一次AB团领导的反革命暴动，对一般附和随从的人只要承认错误，绝对服从党的决议，允许他们回到党的领导下来。经过二十军政委曾炳春等去河西说服动员，富田事变的大部分发动者回到河东，二十军也随之回河东。

然而，去上海向中央申诉的段良弼却“时运”不利，富田事变的当事人大都是赣西南拥护立三路线的，此时的中央却已是四中全会以后狠批立三路线的了。4月初，中央特派的拥有处理富田事变全权的三人团（任弼时、王稼祥、顾作霖）到苏区，重组苏区中央局。他们带来中央指示，于是，新的苏区中央局便按中央指示认定“富田事变是AB团领导的以立三路线为旗帜的反革命暴动”。服从原苏区中央局的要求回河东的富田事变领导者、包括去劝说的曾炳春政委在内，此后全部被杀害。

一度稍稍缓和的肃反扩大化及酷刑逼供又如火上添油，只要被供为AB团者，几乎全部被捕，大部被杀害，苏区军民被杀者无法统计。

陈毅当时对富田事变是持坚决反对的态度的。但是乱抓乱杀现象越来越严重。他作为书记又不得不传达苏区中央局和总前委的决定并组织实施。向来神情开朗、嬉笑怒骂流于形色的陈毅忽然沉默寡言。他为被错抓错关的人重新甄别定案，一旦查无实据即予释放。中央提款委员易尔士于1931年2月20日给中央的报告中，也曾提到陈毅主持正义的事实，陈毅写信给他，要他去总前委如实陈述当时的情况，信中有“被诬枉的同志们暂时忍气，在将来我亦可代为申白”等语。

1931年的3月到9月，国民党对江西苏区和一方面军接连发动了第二次、第三次“围剿”。陈毅在赣西南特区委为反“围剿”做了大量工作，筹集粮草，组织运输，输送预备兵员，还率领兴国、宁都、赣县、于都等县的地方武装配合作战。对于肃反，他更了解内情了，便经常指示要认真调查，注重证据，不搞刑讯逼供，不轻信口供。对那些被乱抓乱押的人，凡无真凭实据的，他敢于下令释放，使那些干部和积极分子得以投入反“围剿”斗争。经陈毅之手释放的人难以计数。江西人民出版社出版的《回忆中央苏区》中，曹金山写的《陈毅同志救了我》，就曾写到仅于都一地一次就放了几十人。

这样就触犯了肃反大员。肖克1981年8月回忆说：李韶九早已怀疑陈毅，有一次公开对人说：我过不了多久就要有匹好马，有条好枪了。这可是个大人物！陈毅听说，就公开表态：老子有好几条枪，谁敢来！

陈毅很坚定，却也感受巨大压力，因为李韶九当时是大权在手的人。陈毅常有去上级开会就像李文林那样永不回来的感觉。他的这种情绪自然为他年轻的妻子肖菊英察觉，她日夜担忧。或许出于某种预感，她托人把陈毅送给她的一支派克金笔转送给她的哥哥。但没等金笔送到，就已出事。一次陈毅远出开会，临行又似诀别，陈毅告知肖菊英某日一定回来，如果到时候没回来，就可能发生了意外的事。陈毅的确如期踏上归途，不料中途遇到白匪袭击，马被打死，陈毅与警卫员绕道步行回兴国城，回到驻地时，为陈毅日夜担忧的肖菊英已死在井中了。

1968年10月，陈毅在中共八届十二中全会小组会上谈起中央苏区肃反扩大化时的个人经历。他说：在中央苏区时，整我是AB团的团长，整了三年多。李韶九对我说：你是AB团，只有自首才有出路。我写信报告了毛主席，两天就得到毛主席的回信，他说我支持你，并批准我把那些被打成AB团的同志分别轻重加以释放。当时如果毛主席不支持我，他们就把我枪毙了。毛主席去打仗，就把红军的战费和他的几篇著作的油印稿交我保存。他对我说：红军的战费都在这里，还有我的几篇稿子，都重托给你了。我是很感激主席的。

1932年5月，李富春、陈毅、吴德峰受命组成江西省肃反委员会。省肃反委员会宣布：在过去红军肃反工作中作AB团分子杀了的官兵，尚未宣布而查不清楚的，其家属如在地方仍一律以红军家属优待。

1931年11月，陈毅出席在瑞金叶坪召开的中华全国苏维埃第一次代表大会，当选为苏维埃中央执行委员，并因成绩卓著被授予红星奖章。

1932年1月，为便于集中统一指挥江西赤色地方武装，中央革命军事委员会（简称中革军委）决定将江西省苏维埃政府之下的军事部取消，改设江西军区总指挥部，陈毅被任命为总指挥兼政治委员，负责指挥独立第二、第三、第四、第五、第六等师及江西所有地方武装，是为中国人民军队有军区建制之始。

以博古为首的临时中央比立三路线更“左”，强令红军进攻中心城市，苏区中

江西军区旧址——兴国县筲箕窝。楼上曾是江西军区总指挥兼政委陈毅的住室

央局和中革军委只得选择赣州为攻取目标。彭德怀被任命为主作战军前敌总指挥；陈毅以江西军区总指挥任支作战军指挥，负责指挥地方部队 6 个独立师配合作战。红军围攻月余不下，伤亡甚重，敌援军又至，只得撤围。此后，陈毅又先后从江西军区动员大批赤卫队和民工赴闽南、粤北支援毛泽东带领的东路军一、五军团作战。胜利后又将缴获和征集的大批食盐、布匹和其他紧缺物资运回苏区。陈毅还从江西模范少先队员中抽调大批年龄较长的骨干，编成两个团派往南雄水口地区担任运输、救护等战地勤务，青少年们表现出色，得到五军团首长的赞扬。

但是毛泽东的作战方针和策略总不符合临时中央的"积极进攻路线"。为贯彻临时中央的"左"倾路线，中共苏区中央局在宁都召开会议，对毛泽东和他在红军中实行的战略战术进行了错误的批评和指责，排斥了毛泽东对红军的领导。

1933 年 2 月到 3 月，红一方面军在毛泽东离开指挥位置的情况下取得第四次反"围剿"的大胜利。周恩来、朱德顶住苏区中央局后方负责人的牵制，指挥红军两战两捷，歼灭蒋介石嫡系近三个师，俘敌一万余。陈毅带领江西军区直属部队、独立师、独立团和地方游击队配合，发动战区群众支援红军。他同官兵们一起行军作战，神情又得开朗，有《乐安宜黄道中闻捷》诗一首为证：

千崖万壑供野宿，羊肠鸟道笑津迷。
半夜松涛动山岳，中天月色照须眉。
工农儿子惯征战，四破铁围奇中奇。

但是陈毅的开朗心情维持不久，这一年年初从上海迁来瑞金的临时中央，直接地对红军和苏区实行错误路线的专制。

1933 年 6 月，苏区中央局在宁都江西军区所在地召开再一次打击毛泽东的第二次宁都会议。陈毅作为江西军区负责人列席了会议。陈毅在发言中肯定毛泽东领导秋收起义，创建红军的功绩，并以红军几次反"围剿"作战为例说明毛泽东在战略策略方面的优长，说毛泽东对中央一些方针虽有意见，但在组织上是服从的。

据宋时轮（当时为江西省军区参谋长）1986 年 10 月回忆：陈毅还与中共江西省委书记李富春一同建议请周恩来、毛泽东、朱德等领导人为江西省机关干部作报告，其用意是给毛泽东提供申述观点的讲台，但未获会议主持人的批准。

1933 年 7 月，临时中央派员参加江西省委扩大会，督促清算江西的“罗明路线”，点名批评邓小平、毛泽覃、谢维俊、古柏，实质是继续批评毛泽东，以清除他在红军中的影响。陈毅、罗荣桓（刚调任江西军区政治部主任）与军区机关部长以上干部都出席了这次会议。陈毅、罗荣桓顶住巨大压力，不肯上台发言批判。但江西军区没人上台无法“脱身”，他们便找青年部长钟发宗，他年龄最小，讲错几句也无大关系。钟发宗上台，有意从个人讲起，以亲身体会讲红军的成长壮大。不料立刻被中央来人指责为“机会主义的发言”。不等大会结束，陈毅和罗荣桓就把钟发宗派到远地的一个军分区当政治部主任，保护起来。钟发宗在 1983 年 8 月回忆此事，记忆如昨。

蒋介石调集百万大军对各地苏区进行第五次“围剿”，直接用于中央苏区的达 50 万，而且“步步为营，堡垒推进”。“左”倾路线的领导者们用共产国际来的军事专家李德的一套完全不适合中国红军的战法对付，连续失利，损失惨重。

陈毅（右）与少先队长刘玉棠合影

江西军区在闽赣一带的各个省级军区中是个大军区，所辖地区达十余县，占中央苏区的大部分，红都瑞金即在其境内。当时境内尚有清塘、石城、赤面寨等白色据点，凭借地形险要、粮弹充足，久攻不下，成了敌人安在苏区内部的钉子。在陈毅的指挥下，省军区部队周密侦察、精心准备，军事攻势与政治攻势相结合，终于一一拔除。在扩大红军运动中，江西军区所辖十余县仅 1933 年的“红五月”一个月就突破 2.5 万人。兴国县更是一马当先（山歌活动也广泛用于“扩红”），被誉为“第一等的工作”。1933 年 6 月，陈毅亲自到兴国参加“兴国模范师”出师誓师大会。

第五次反“围剿”作战开始后，陈毅即受命兼任西方军总指挥，负责指挥招携、永丰前线作战，指挥二十三师、警卫师、独立二、三、四、十一、十三团及江西军区各地方游击队，但上级规定的作战方针只是阵地防御，步步设防，作战艰苦。

1934 年 1 月，陈毅由前线回瑞金出席中华全国苏维埃第二次代表大会，再次当选为全苏中央执行委员，被授予二等红星奖章。会后他立即回前线继续苦战。

陈毅所作的这一切当然都无法补救错误路线带来的失败。1934 年 1 月到 3 月，红军主力多次作战又告失利，伤亡增加，中央苏区缩小到仅存于都、兴国、宁都、石城、瑞金、长汀等县。

陈毅深怀忧虑。5、6 月间，他先后写出并发表了《开展游击战争的潮流》《最近时期西北线游击斗争的检查》等文章，主张战争的组织者应从实际出发制定作战方针，以我之长，击敌之短，“集中一切力量潜入敌人之远后方”。但这些意见没有被采纳，反被指摘为“鼓吹游击主义，实属典型的机会主义”。

战线已退到万安、老营盘一线，而且还在被迫后撤。1934 年 8 月 28 日上午，陈毅来到老营盘三军团六师的前沿阵地视察，正值敌周浑元部一个师在飞机大炮掩护下向老营盘阵地猛烈进攻。陈毅视察完毕作了指示离开师的前沿指挥所时，右胯骨被敌弹击中，造成粉碎性骨折，顿时倾倒，血流如注。

在巨大的血的教训中，陈毅也注进了自己的鲜血。

第四章　坚持南方革命阵地

第一节　战略大转变

1934年10月10日下午，陈毅手术后醒来，立即让警卫员找来担架，抬他去中央机关，与即将撤出中央苏区的周恩来等人告别。

兴国老营盘一仗，陈毅负重伤。经过一段时间的治疗保养，烧退了，大腿总是红肿疼痛、不能伸直，不能下床。陈毅十分心焦。听说中央机关和红军主力就要撤出中央革命根据地了，但是还没有哪一位中央领导人找他谈过话。他应该动手术，但因为云石山国家医院没有电源，不能拍X光片，动手术的事被搁置下来。10月9日，医院各科室的医疗器械、药品都装箱了，看样子一两天就要行动，陈毅赶快给中央革命军事委员会副主席周恩来写了封信反映情况。

周恩来接到陈毅的信，当即派人把电台的汽油发电机送来医院，并在百忙之中到医院来探望陈毅。这样，陈毅才得知中央机关明天黄昏时就要出动。中央因陈毅腿伤、不能远征，决定他和项英等领导人留下来，坚持中央革命根据地的斗争。陈毅知军善战，负责军事。周恩来还告诉陈毅，中央革命根据地设立中共中央分局、中华苏维埃共和国中央政府的办事处。中央分局以项英为书记；陈毅担任中央政府办事处主任，梁柏台为副主任。周恩来还说：党中央和中革军委准备建立中央军区，统一指挥江西、福建等省军区和红二十四师等部队。命令因为李德患病，尚未草写。

X光片显示陈毅右胯骨被打碎一角，于是立即开刀，取出了作祟已久的一些碎骨。

手术后第二天下午，陈毅忍着伤痛睡担架到中革军委驻地。中共中央总负责人博古也在。他见陈毅到来，立刻上前握手，表示歉意：因工作太忙，一直未能去看望。接着就解释：此次撤出本想把他抬走，但因他在江西搞了七八年，有名望，党内军内群众中都活动得开，项英到中央苏区两三年，又没有打过游击，所以留下他负责军事，帮助项英工作。

陈毅是反对“王、博路线”的。他当然懂得，不把他“抬走”，并不仅仅因为需要他在江西坚持，还包括宗派主义的排挤。当时人们议论，这样重伤的高级干部留下来，是凶多吉少。

留下来坚持斗争，陈毅倒并无意见。革命本来就是艰险的事。自己对中央革命根据地确实比较熟悉，留下他负责军事，可以有所作为，也可以使大家觉得共产党并没有放弃中央苏区。陈毅急等着与项英会面。

项英在10月12日送别了最后一批撤离的队伍，第二天就到医院看望陈毅，并向他传达中央的有关部署。

当时，留在中央苏区的红军部队有：中央军区直接指挥的第二十四师及其所辖的第七十、第七十一、第七十二团，独立第三、第七、第十一、第十五、第十六团；江西省军区的独立第一、第二、第三、第四团；赣南省军区的独立第六、第十、第十三、第十四团；福建省军区的独立第八、第九、第十九、第二十团；闽赣省军区的独立第十二、第十七、第十八、第二十四团；加上登贤独立团和各县独立营，共有武装力量1.6万人（另有伤员3万多人）。中央划定瑞金、会昌、于都、宁都四个县城之间的“三角地区”为基本游击区和最后坚守的阵地。这些留下的部队的任务是：保卫中央革命根据地，保卫土地革命的胜利成果，在中央革命根据地及其周围进行游击战争，使侵占中央革命根据地的敌人无法稳定其统治，并准备在适当的时机，配合红军主力部队，在有利条件下进行反击，恢复中央革命根据地。

陈毅听了项英的传达，直率地说了自己的意见。

在对待形势的看法上：陈毅认为蒋介石不会因红军主力撤出而丢下中央苏区不管，不会让苏维埃政权继续存在。反革命大风暴很快要袭来，必须迅速作好打游击的准备。陈毅认为第五次反“围剿”失败是不容否认的事实。“失败就是失败，承认失败还可以不失败或少失败些。失败了硬是不承认，那是十分危险的。”“承认失败并不是悲观失望，而是政治上坚强的表现。”

在保卫中央革命根据地的战略战术上：陈毅认为蒋介石的兵力远远超过红军。蒋用一部分兵力去追堵主力红军，而以另一部分兵力留下来专力对付留在中央苏区的红军和游击队，仍是占绝对优势。留在中央苏区的部队不能依赖红军主力，应当独立自主地坚持斗争。因此陈毅提出在完成掩护红军主力撤出中央苏区的任务之后，要迅速把领导干部分散、把部队分散，开展广泛灵活的游击战争。“红军二十四师和独立团，应立即分散到中央革命根据地各个游击区去，作为游击战争的骨干。这样可以保存一批相当可观的革命力量。”“瞿秋白、何叔衡，以及陈正人、周以栗等高级干部，身体有病，年大体弱，还有一些不能走的知识分子和妇女，最好让他们穿上便衣，到白区去隐蔽起来。坚持打游击，他们是吃不消的。”①

项英是中共中央政治局委员、中央分局书记，又是原中共中央局成员、中革军委副主席、中央政府副主席。他是留下来坚持斗争的党政军总负责人，他当然不能轻易改变中共中央原来确定了的方针。

---

① 陈毅：《三年游击战争回忆》。瞿秋白和周以栗当时正患肺病。何叔衡是中国共产党第一次代表大会代表，当时已58岁。

10 月 14 日，中央分局和中央政府办事处在瑞金梅坑的马道口召开原中共中央和中央政府各部门留在苏区的主要负责人会议，宣布成立中央分局和中央政府办事处，但因中央规定在红军主力到达湖南之前不能公开突围转移的情况，故分局和办事处对外暂保保密，行文和报纸，仍用原来的名称。

这次会议上，项英阐述了中共中央交给中央分局的主要任务和今后斗争方针。陈毅只作了简短的讲话。

10 月 22 日，在转移途中的中革军委，给项英来电，指示“中央军区应从 22 日起即宣布成立”，项英任司令员兼政委，龚楚任参谋长，贺昌任政治部主任。当时不少高级干部对这任命迷惑不解。他们知道在留下的领导人中，真正懂得战争的是陈毅，不给他军职，他怎么指挥部队打仗？陈毅感触尤深，中央原说定叫他“负责军事”，现在却不给他军职。

在红军主力离开中央革命根据地一个月之后，蒋介石才真正弄清了红军主力的动向。他在南昌召开了南北将领会议，调动了二十多个师几十万大军包围中央革命根据地，叫嚷要“掘地三尺”、“斩草除根”，不让苏维埃政权“死灰复燃”。在这之前，国民党军基本上按照第五次“围剿”的原定部署推进。从 10 月初开始，红军主力的阵地已先后由红二十四师及独立团接防，军力减弱；10 月 14 日国民党周浑元纵队占领兴国县城，26 日又占领宁都县城；北路国民党军虽已于 10 月底发觉红军主力转移，但因在过去几次“围剿”中被红军打怕了，担心又是共产党设下的圈套，因此，他们仍然采取堡垒战术，小心翼翼地推进。这时，本是中央革命根据地开始实行大转变的极有利时机，但是为了执行中央方针，仍然集中兵力去四面防堵，命令红二十四师、各独立团和江西军区部队，分别去汀州、广昌、兴国、石城等地正面阻挡国民党军队的进攻。这些红军当然无力和敌人拼消耗，阻挡不住，反而遭受很大的伤亡。11 月 7 日，国民党李延年纵队占领汀州县城，10 日占领瑞金，17 日又占领于都县城。

国民党军每占领一地，就进行灭绝人性的烧杀奸抢。卷土重来的土豪劣绅，流氓恶棍，组织“还乡团”“铲共团”，肆无忌惮地进行阶级报复。中共地方组织和游击队却不知红军主力已走，缺乏足够的思想准备、组织准备和武装准备。无数共产党员和革命群众被活埋、挖心、肢解、碎割！到处是“国破家亡”的惨痛景象！据后来的粗略统计，在白军侵占中央苏区的最初几个月内，瑞金被杀 1.8 万多人，于都被杀 3600 多人，宁都被杀 4700 多人，兴国被杀 2100 多人，会昌被杀 972 人，长汀被杀 3237 人。被完全毁坏的村庄 145 个，房屋近 3.5 万间。在近三年的时间里，整个中央苏区被反动派杀害的革命干部和群众达 70 多万人，占人口的 1/5！

10 月底，中央分局和中央政府办事处从瑞金梅坑迁到于都境内。中央分局驻龙泉村，陈毅和中央政府办事处住在石含村的祠堂里。陈毅是被抬着去的，住厢房里间。为了消肿，右脚吊高地躺着。项英对陈毅的伤情是关心的，一再交代医护人员好好照顾，用好药。可是陈毅面对着越来越严重的形势，怎能“安心养伤”！

他只能尽力地做职权内的工作。他躺在病床上，草拟了中华苏维埃共和国中央政府办事处第一号布告，和办事处副主任梁柏台一起斟酌写定。布告以六言韵文的传统形式，生动晓畅地揭露国民党反动派不抗日、专反共、欺压士兵、残杀人民的罪行。布告由《红色中华》报社印刷厂铅印。日期是“十月革命”的纪念日——十一月七日。陈毅布置办事处人员，尽力争取到敌占区和国民党军驻地广为张贴散发。当时中央苏区和闽西、闽北、赣南、闽浙赣等根据地的联系还没有完全中断，布告随《红色中华》报一起送到了这些地方。一时国民党军官视布告为“最危险的宣传品”，在驻地和军中大肆搜抄和焚毁。

陈毅能够下床时，便拄着拐棍四处走动，找领导干部谈话。他到《红色中华》报社找编委会主任瞿秋白，商量在报纸上增加动员群众坚壁清野的内容。见瞿秋白脸黄浮肿，不停地干咳，陈毅十分焦急，真想赶快让他转移到白区大城市去。

陈毅走遍政府各部门，看到留下的机关为了保守中央和主力转移的机密，到11月中旬还保持着党和政府各部门原有的名称和系统，各谋其政，既分散力量又不适应游击战争环境。此时红军早已进入湖南。陈毅便多次召集中央政府办事处所属各机构负责人会议，研究确定压缩合并部局，精简人员。如将粮食部、财政部、国民经济部、军事工业局和红军供给部，合并为财政经济委员会。机构大大缩小，裁减下来的人员分到部队和游击队。

机关中的女同志和领导干部亲属，被批准随中共中央机关长征的只有蔡畅、邓颖超、贺子珍、康克清等31人，绝大多数留在了中央革命根据地，其中有毛泽东与贺子珍的3岁儿子小毛，贺子珍的父母贺焕文、温吐秀，毛泽覃的妻子贺怡，陆定一的妻子唐义贞，傅连暲的妻子刘赐福。至于项英、陈毅、梁柏台等人的妻子，当然都留了下来。10月下旬，根据反革命大风暴即将到来的清醒估计，陈毅考虑瑞金是赤色首都，目标最大，敌人搜剿严，亲属留在瑞金一带是不合适的。他就布置办事处动员安排她们疏散到瑞金以外的地区去。但她们大多数不愿离开机关部队，“死也要和大家死在一起”。于是，一到宽田，陈毅首先动员自己的妻子赖月明回她的老家兴国县去做地下工作。

陈毅是1932年5月与赖月明结婚的。婚后陈毅大部分时间在前线，两个人很少在一起生活，没有子女。陈毅到瑞金休养，组织上才把她从江西省少共儿童局调来照顾丈夫。陈毅忍痛动员她离开自己，并安排女干部万香跟她一起走。挥泪一别，再未重逢。

陈毅送走了赖月明，就动员疏散。他亲自布置可靠关系安排毛泽覃的妻子贺怡、毛泽东与贺子珍的儿子小毛、贺子珍的父母等乘三条装载钨砂和粮食的船，到赣州郊区隐蔽和工作。当时较早疏散的人员，在三年游击战争中大部分保存了下来。

在形势越加紧张的时候，陈毅还坐担架亲自到兵工厂、被服厂、卫生材料厂、印刷厂和矿山去了解情况，并布置干部、职工们把各种暂时不用的机器拆开装箱，埋到山中，还把盘古、铁山垅矿的几十吨钨砂，埋到于都河的沙滩下。他还去找项英，要他尽早部署分散游击，争取主动。

项英对国民党的暴行极感痛愤，对苏维埃国土日益丧失极感焦急。在国民党军向中央苏区最后一个县城会昌进攻时，他为了“兴奋中央革命根据地群众，提高他们的信心”，将红二十四师以及瑞金、会昌县的两个独立营，集结在会昌谢坊左侧的弯塘岗，伏击敌人。11 月 22 日，一战歼灭了敌人半个旅，击溃了另半个旅。这是红军主力长征后中央苏区唯一的大胜仗，给了群众一时的鼓舞，震惊了敌人。但是红军伤亡也不小，并且暴露了主力二十四师的目标，敌人集中四个师的兵力，跟踪围击二十四师，并于 11 月 23 日占领会昌。

随着局势的更趋严重，项英开始向游击战争转变和加强地方军事建设。中央军区在宽田开办了游击训练班，组织各县地方武装骨干学习游击战术。贺昌、陈毅也去授课。中央分局和中央军区还在赣南成立了杨（殷）赣（县）特委和杨赣军分区。但这仅仅是开始。而形势越来越恶化，进入 12 月，国民党军便开始有计划地封锁和分割。中央革命根据地已被分割成几小块，国民党军至少部署了 12 个师将其围困。这预示着“清剿”的大风暴即将来临。

中共中央分局于 12 月中旬在宽田召开了一次分局会议，对粉碎敌人的分区“清剿”、加强地方游击战的领导做出一些决定和部署，任命和调整了许多领导干部，其中有对后来的游击战争起了很大作用的若干决策。如：决定成立中共信康赣雄临时特委和军分区（后改为中共赣粤边特委和军分区），李乐天任特委书记兼司令员，杨尚奎任副书记；派张鼎丞到福建领导闽西游击战争；从红二十四师抽调一些军事干部到地方武装加强领导，并做出进一步扩大地方武装的决定。

中央分局的这些决定和部署，在战略指导上只是局部的转变，还没有把主力红二十四师和几个骨干独立团从“三角地区”分散到敌后各地去开展游击战争以主动打击和牵制敌人。

在 12 月，陈毅作为苏区的政府首脑，承受着种种“亡国之痛”。奸商地主富农，哄抬物价，拒用中华苏维埃共和国钞票。投机革命的人，投降国民党军，为其带路指认，惨杀干部群众，或者替国民党作欺骗宣传，诱胁群众入民团、办守望队，更严酷地压迫群众。陈毅、梁柏台先后于 1 日、20 日联名签发了中央政府办事处第三号布告和紧急命令。布告规定：“凡中华苏维埃共和国国家银行纸票、银角、铜元等国币在苏区内应一律照常通用。”“如有奸商富农反革命分子拒用国币，或蛊惑群众拒用国币者，各级政府应具体捉拿严办。”紧急命令作了 8 条规定：对革命叛徒、反动分子“概处死刑”，“本人及家中的财产全部没收”。对受敌人欺骗的工农群众，“只要不积极帮助白军团匪等进攻苏区，不参加反革命的工作，就概不加以追究”，“均仍然得为自由的苏维埃公民”。

这两个告示在群众中产生了较大的影响，对安定人心、巩固内部，促进储粮筹款，迟滞国民党军的进攻，都起了一定的作用。宽田周围的瑞西县在发布第三号布告后的半个月中，不仅使苏维埃国币在全县通用，群众还主动捐献 3000 多块银元支援红军反“清剿”。胜利县也在 12 月份没收奸商、地主、富家 6800 多元。紧急命令动员群众扑杀叛徒和镇压反革命成绩也颇大，于都县梓山、漂头和会昌县白鹅一带，十来天内就扑杀了反动地主和铲共团分子140多人，使敌人在占领这些地方后，有很长一段时间建立不起反共民团组织。

但是，当时中央革命根据地仅剩下瑞金、会昌、于都、宁都四县交界处，南北长百里、东西宽六七十里的小小的“三角地区”了。陈毅做出的努力，只是杯水车薪。国民党军从四面八方向内压缩，企图南北夹击，拉网合围。

12月底，分局、办事处和军区机关与部队转移到“三角地区”中心地带的黄龙井塘村。

1月份，由于多次电报请示，一直得不到中共中央新的指示，中央军区还未能根本改变战略方针，下属各军区也还没有充分的分散游击的准备。于是，赣南军区指挥独立第六团与粤军优势兵力激战；中共江西省委、省苏、省军区机关部队2000余人在宁都小布地区被敌4个师围困，省苏主席刘启照、省军区司令员李赐凡等牺牲，仅省委代理书记曾山率两个团先行突围；红二十四师在地方武装配合下进攻宁都瑞金边境敌军1个团，激战两天一夜失利，红二十四师伤亡400余人；红二十四师与独立三团、独立十一团及赣南地方武装共5000多人在牛岭伏击粤军一两个营，由于指挥失当，红军损失甚重，退兵休整。

这时，项英下了决心。他要陈毅写一个全面转入游击战争的指示，以中央分局的名义发到各省委和特委。可是晚了，中央革命根据地已被敌人分割包围，交通断绝；和湘赣、湘鄂赣、赣东北、闽北等苏区的电台也叫不通了。“指示”无法下达。

1935年1月下旬，反革命大风暴终于阴云四合，国民党军四面围困，还沿贡水的于都、会昌段两头挺进，企图压缩红军于贡水东北狭小地区一举歼灭。此时是突围疏散的最后时机，早一天就能多突围一些人，项英连电中央、中革军委，请示行动方针及突围方向。直至2月5日，中央书记处才发来“万万火急”的回电，明确指示“分局应在中央苏区及其邻近苏区坚持游击战争”，“要立即改变……组织方式与斗争方式，使与游击战争的环境相适合”；同时决定“成立中央革命军事委员会中区分会，以项英、陈毅、贺昌及其他二人组织之，项为主席”。电报称“决议详情续告”。

2月4日是阴历元旦。2月7日，大年初四，苏维埃共和国演出了最后的一幕。由瞿秋白主持，中央工农剧社“火星”“战号”“红旗”三个剧团在井塘村举行了文艺会演。8日，瞿秋白还向优胜者颁发了奖品。

陈毅这时已对军事有了参与决策和指挥之权。他和项英等人考虑敌情紧张，不宜再等“续告”，急需提前行动。于是决定由项英、陈毅、贺昌等率领机关、部队迅速由井塘村经会昌白鹅，向贡水之南于都南部禾丰地区转移。同时，安排瞿秋白、何叔衡、邓子恢以及周月林（梁柏台妻子）、张亮（项英妻子）由一个警卫排护送向福建长汀地区转移。①

---

① 他们在2月24日于水口村被敌包围，何叔衡牺牲，瞿秋白被俘，仅邓子恢等数人突出重围到达永定，与张鼎丞、谭震林会合。

到禾丰后，2 月 13 日，陈毅看到了中央书记处发来的“决议详情”电报：“……放在你们及中央区全党面前的任务是坚持游击战争……应当承认中区目前环境的严重性，但应该认识中区的斗争对于全国仍然有极大的意义。”对于在游击战争中应采取的组织方式和斗争方式，决议指示：“一连人左右的游击队，应是基干队的普通方式，这种基干队在中区及其附近，应有数百支。较大地区设置精干的独立营，仅在几个更好的地区设置更精干的独立团。依此部署之后，把那些多余的独立团营，都以小游击队的形式有计划地分散行动。环境有利时则集中起来，不利时又分散下去……同时普遍发展群众的游击组，把多余弹药分给群众，最好的干部到游击队去。”“在边境及敌后有计划地部署游击战争。上犹、崇义、南山、北山、油山、兴、龙、饶、和、浦等处要加派精干部队及好的领导去。”要“加强秘密工作，使与游击战争联系起来。占领山地，灵机活动，伏击袭击，出奇制胜是游击战争的基本原则。蛮打硬干，过分损伤自己是错误的。分兵抵御是没有结果的”。必须“极大地给以地方党及游击部队以独立领导权，并培养他们这种能力”。“庞大的机关立即缩小或取消，负责人随游击队行动，得力干部分配到地方去。分局手里应有一独立团，利用蒋粤接邻，在赣南、闽西一带活动，最忌胶着一地。”

27 年后，陈毅回忆：当时他反复看了中央这份电报，心情振奋。它为中央苏区今后斗争指明了方向和方法。这样的决议，博古、李德是写不出的。他估计毛泽东可能已回到中央领导岗位。

当晚，中央分局召开紧急会议（禾丰会议），传达讨论中央指示，决定分九路向闽赣、闽西、东江、赣南、湘南、湘赣等地突围。

在 2 月中旬才下这决心，在中旬末才陆续出发，为时已晚。九路突围中，有三路是较顺利地突出去了：陈潭秋、谭震林率二十四师四个连到闽西；龚楚、石衡中、史犹生率二十四师七十一团去湘南；毛泽覃率一个连去闽西。其他六路却都遭受堵击袭击，或被打散，或遭重大杀伤，许多重要领导人英勇牺牲、被俘遭害，或从此失踪。其中有中央分局委员贺昌、梁柏台以及阮啸仙、刘伯坚、周以栗、廖昔昆、杨英、李翔梧等。

项英、陈毅、贺昌的一路是最后离开的。当时，还有 2000 多名重伤员留在禾丰、上坪山区，陈毅负责疏散安置。红军主力撤离后，留下的重伤员有 6000 多人分散在七八个医院中，这些医院大都驻在山区的民房、祠堂里，陈毅先已坐着担架到各处和负责同志们一起安排处理，陆续动员疏散了 4000 多人。这次，陈毅拄着拐棍亲自去向伤员作了恳切坦诚的动员，并动员组织了山区的干部和群众，要求群众分头收容伤员，带回家去，做儿子也好，做女婿也好，伤好了，多一个劳动力，也多一个报仇人。就这样，在苏区军民深厚的感情基础上，迅速地安置了这批伤员。

2 月 28 日，项英、陈毅接到中央书记处传运遵义会议决议精神的电报，表示坚决拥护。

项英、陈毅、贺昌率中央军区直属队和红二十四师的第七十团，共编为四个大队，准备向福建长汀地区突围。

3 月 9 日下午 1 时，贺昌与第二十四师师长周建屏把队伍集合在上坪村，项英决定向中央发个电报，得到批准后再走。可是，直到 3 时，电台还联系不上。这时四面是敌，到处枪声，情况危急。贺昌决定带两个大队先走，抢在天黑前渡过梅村江（今濂江），冲出包围圈。

可是他们渡过了濂江不久就遭敌伏击，部队被打散。10 日凌晨，贺昌收拢部队，行至会昌归庄，又被预伏的敌军包围，又一次被打散。贺昌身负重伤，高呼“红军万岁！”用最后一颗子弹结束了自己 29 岁的生命。

一直守在电台旁边的项英、陈毅，终于和党中央联系上了。他们把突围的部署作了报告。下午 5 时，收到了中央的回电。可惜，由于中央改用了他们所没有的另一套密码，电文无法翻译。回电内容无法知晓。项英只得命令埋掉电台，烧毁密码。此后便和中央失去联系。

他们突围刚起步就遇上倾盆大雨。天黑路滑，项英近视，陈毅腿伤，好容易下了山，立即和敌人遭遇，部队被打散，陈毅和项英也失散了。直到第二天早晨，他们才又会合，部队还剩二百多人。他们东奔西走，和敌人周旋；到晚上又遇敌人，突围不出，只得退回上坪。

敌人却把一个叛徒的口供印成传单用飞机满山遍地散发，分别悬赏五万银元活捉项英、陈毅。为了减轻部队负担，项英、陈毅决定部队由大队长带领去赣粤边。他们自己带少数警卫人员另行突围。

他们穿行在深山密林正需要熟悉道路地形的可靠群众带路的时候，忽遇头带破钢盔、面黄肌瘦的赤脚“叫花子”曾纪才。1930 年 7 月陈毅在赣粤边组建红二十二军时，曾纪才在牛颈区当中共区委书记。许多青壮年在他带领下参加了红二十二军，受到陈毅的赞扬。后来他被调回地方，在担任代英县县委书记期间，被打成“右倾机会主义分子”，撤职到红军抬担架。红军主力撤走时，他听说陈毅未走，已退到于都南部山区，就冒着生命危险，一路讨饭找了来。曾纪才熟悉去赣粤边的路，项英、陈毅由他带路，绕到王母渡渡过敌人把守很严的桃江。在中共地下组织的安排下，几经辗转，于 3 月底抵达赣粤边根据地的中心——油山，和李乐天、杨尚奎等见了面。三天后，赣南军区司令员蔡会文和赣南省少共书记陈丕显带领突围的余部也来到油山。陈毅听说赣南省委书记阮啸仙壮烈牺牲，又想到贺昌英勇殉国，心情万分激动，写下了《哭阮啸仙、贺昌同志》的诗篇。

第二节 树海红旗

赣粤边区脚踏十余县，方圆几千里，巍峨的大庾（余）岭及其山系帽子峰（北山）、梅山、油山、南山遍布境内，连绵起伏，千坑万壑。漫山密生松、柏、懈、桦、杨和连片的竹林、缠绕的藤萝，遮天盖地，形成了一望无际的树海。

从 1927 年深秋起，陈毅已是四度光临。这一次，他作为中央分局、中区分会的领导人在“国破家亡”、强敌虎视的境况下率少数兵员到此，此地无疑即将成为南方敌军注目的中心和严酷的战场。

他和项英很快就了解到红军和游击队的干部战士中存在着三种情绪：一是盲目乐观。这主要表现在赣粤边原有人员中，他们看到武装力量由几百人猛增到1400余人，特别是有项英与陈毅的直接领导，竟以为可以大干一番，把赣粤边搞成第二个中央革命根据地。二是死打硬拼的盲动主义。这主要表现在受“左”倾冒险主义影响较深的人员中。赣粤军分区参谋长向湘林常在指战员中说：中央苏区失败了，我们在这山里打埋伏可耻，不如出去拼个痛快，拼掉他几个算几个。三是悲观失望。在这部分人的心目中，这次中央苏区的失败，比1927年大革命失败还严重。他们主张消极打埋伏，躲入深山，不做群众工作，不进行战斗，等待红军主力回师和新形势的到来。

项英、陈毅一致认为：不克服这三种错误情绪，不把大家的思想引导到正确的方针政策上来，要在赣粤边坚持长期游击战争是不可能的。根据他们的指示和提议，中共赣粤边特委和军分区，于1935年4月，在大余西部的长岭，召开军政干部全体会议。参加会议的除项英、陈毅外，有蔡会文、李乐天、杨尚奎、李国兴、陈丕显、刘新潮和信康赣、南雄、大龙等县、区委书记和部队、游击队的负责人，共四五十人。

各县、区委和游击队作了汇报，接着由项英作形势报告，传达中央有关决议的精神和详细内容。接着陈毅讲话，他首先针对盲目乐观情绪指出，大发展暂时做不到，这么多机关部队突围到这里，蒋介石肯定会派正规军来抄。红军必须接受中央苏区丢掉的教训，迅速转变战略思想和斗争方式，从政治上、军事上、组织上彻底适应游击战争的需要，才能坚持下来。陈毅又针对悲观失望情绪指出：革命高潮必然要到来。因为形势的发展已出现了新的矛盾、日益增长的民族矛盾。日本帝国主义占领了东北，又在进攻华北，还要进攻全中国。一个全面的民族战争迟早要到来。陈毅为大家描绘了抗日战争爆发，红军大发展的光辉前景，预想了现在的几个人发展为几十人，几十人发展为几百人、几千人甚至几万人的队伍的局面。陈毅还富有他性格特色地预言：现在我们还不能下山，总有一天，国民党会派军乐队欢迎我们下山合作抗日的。然而，陈毅又提醒大家：前途是光明的，现实是困难的。主力红军顾不上我们，我们必须独立坚持。现在还不是最困难的时候，更困难的局面还要来到的。他也尖锐地批评了盲动主义的硬拼，说那正符合敌人消灭我们的意图。他提倡“理智的斗”。项英作了总结讲话之后，会议一致通过了坚持游击战争的方针：“依靠群众，坚持斗争，积蓄力量，创造条件，迎接新的革命高潮”，并决定在赣粤边特委下面，设立信（丰）康（南康）赣（县）、南雄、三南（全南、龙南、定南）三个县委，成立大龙中心区委，县以下根据需要组建区委、工委和支部。少共组织也要按党的系统逐步建立。

根据长岭会议确定的“统一指挥，分散行动”的原则，项英、陈毅重新调整了游击队部署。当时，赣粤边共有五个游击区：

油山游击区（江西信丰与广东南雄交界）；
北山游击区（南雄西北帽子峰周围）；
信康赣游击区（以大龙地区为中心）；
南山游击区（三南和南雄交界）；
上犹崇义游击区（赣粤湘三省交界）。

根据游击区和红军的具体情况，项英、陈毅布置了突围来的部队和各区游击队合编。合编使各自的优点很好结合，互补短长。

蔡会文带来的赣南军区第六团集结了三百余人，编为两个游击大队，由蔡会文率领去上犹、崇义；并向湘东发展，设法与龚楚带去的红七十一团及湘赣省委联系；并争取与北山游击区连成一片。

护送兵工厂来的赣南军区特务营，与信康赣游击区的四支游击队合编成信康赣游击大队，由刘符节、曾纪才、肖国稠率领。

李乐天等在组建赣粤边军分区时带来的独立营，与曾彪、叶明魁领导的油山游击队合编为油山独立大队。

原红七十一团参谋长贺敏学带来的两个连以及红七十团陆续突围来的人员，与北山游击队合编。

由黄成则任队长、张日清为政委带领一支几十人的精干队伍去三南与南山游击队取得联系，开辟游击区。

项英、陈毅、李乐天、杨尚奎、陈丕显等领导人，只带侦察班、特务班（即警卫班）及少数工作人员在北山和油山一带活动，领导赣粤边游击战争。

在战术上，陈毅提出：以保存有生力量为主，反对与优势敌人作战，反对强攻硬打，改变过去集中和正规化的作战方式，采取小规模的、分散的、群众性的活动方式，以打圈子和挺袭的游击战术，反击敌人的“清剿”。

鉴于分散活动的需要，还决定以油山为中心，建立一整套联系网——秘密交通站。

会议还根据项英提出的反对不良倾向问题，做出了反对游击主义、加强纪律教育；反对大吃大喝，建立经济预、决算制度等决议。

长岭会议是项英、陈毅认真贯彻中共中央关于“彻底改变组织方式和斗争方式”指示的果断行动，是赣粤边游击区由正规战争转入游击战争的转折点。长岭会议顺应历史、因地制宜地制定了正确的方针和策略，从思想上和组织上为坚持赣粤边游击战争奠定了坚实的基础，是赣粤边革命斗争的新起点。

项英、陈毅深知，会议的决议绝不是就这样会顺利贯彻的，尤其在革命低潮时期，更需要领导人深入下去检查指导。他们和特委领导人决定分头去各地。

陈毅带着新配给他的警卫员宋生发、潘益明（聋牯），首先来到油山游击队独立大队。干部战士纷纷向陈毅反映分区参谋长向湘林军阀主义严重：一次，在伏击中遭到敌人的突袭，他就怪担任掩护的排不得力，从排长到战士，人人打了三十大棍。一次，一个侦察员报告敌情不准确，他就判他谎报军情，枪毙了。

向湘林还搞所谓正规化，恢复了分区司令部和各科室，搞沙盘作业，每天早上吹号集合出操，晚上吹号集合点名，结果引起敌人的注意，派重兵来“剿”，搞得机关、部队天天转移。

陈毅找向湘林谈了两个半天的话，向他指出军阀残余的危害性，要他立刻转变大部队活动方式，把独立大队分成十几、二十几个人的小分队，队自为战，山自为战打游击。向湘林再次搬出他那套来争辩，还说什么“红军主力说不定明天就会打回来，我们应该集中兵力与国民党决一死战”。但是，长岭会议以后他这一套已经很少有人赏识了，中共油山区委和游击队的干部也都不同意他的主张，在陈毅的督促下，向湘林只好把他那套极左言论收起来。

陈毅又到了中共南雄县委。一调查，这里的干部和游击队，不但吃喝风严重，还乱抓乱杀。为了准备反击敌人即将到来的大规模“清剿”，南雄县委提出了“打掉敌人的帮凶”“扫除后患”，把在过去几年肃反中因证据不实而释放的所谓“AB 团分子”“社会民主党分子”“取消派”等不少人又抓了起来，有的已被拉到山里秘密杀掉了，对豪绅地主，杀得更凶。南山一家土豪的财产被没收后，全家九口人都被“斩草除根”了，在群众中造成了极不好的影响。

陈毅找来县委书记罗世珍和游击队干部，就肃反和打土豪问题作了深谈。陈毅介绍了 1931 年他在赣西南任特区委书记时，一次去于都县检查工作，县机关一百多人，只有两个炊事员不是“AB 团分子”。陈毅按照肃反委员会送来的名单一个个审问，结果真正的“AB 团分子”一个也没有。陈毅在名单上批示：“全部释放。”

在陈毅的建议下，南雄县委把下面送来准备抓的名单烧掉了。

对乱杀地主的问题，陈毅指出，地主有大、中、小之分，有开明与反动之别，不能一律推到敌人那边去。他重申长岭会议的决定：打土豪要执行政策。他又加以具体化：除罪大恶极的，不杀不足平民愤的杀其土豪本人外，土豪家里人一个不杀、不抓；中、小地主和罪恶不大的土豪一个不抓，他们的子女愿意参加革命的，我们要欢迎，要信任，不要歧视。

一天，交通员给南雄县游击队送来上百套单衣，说是委托大塘圩缝纫店胡老板做的。陈毅问给了钱没有。交通员说：“财佬的钱，我们用了就算了。他一个资本家，也不缺这 200 块银洋。”陈毅听了顿时严肃地说：“同志，这可不光是钱的问题，是党的工商业政策。我们是靠政策得人心的，在百姓中的信誉，是我们的命根子！”他亲自派陈妹子把 200 块银洋装在毛竹里给胡老板送去。胡老板后来暗地对人说：共产党游击队讲信誉，确实信得过。

在制止吃喝风方面，陈毅还以自己的模范行动影响大家。他给工作人员和游击队员讲中央革命根据地的艰苦奋斗作风，讲毛泽东、朱德吸烟头、吃开水泡饭的故事。有的人对群众送来的腌鱼、腌肉、腌菜不愿吃，想吃新鲜的。陈毅拣起一根腌菜说：“啊，生活真不错呀！我们在中央革命根据地，敌人封锁，连盐也吃不上。”说着就香喷喷地吃起来。大家也都跟着吃了。

陈毅又发现中央革命根据地来的干部和当地干部团结有问题，互相瞧不起。

外来干部说当地干部没有政策水平，当地干部说外来干部不会打游击。陈毅首先向外来干部提出要求：虚心学习当地干部打游击的经验，学习语言，学习风俗人情，使自已地方化。同时也要求当地干部向外来干部学习，互相取长补短。

一走进赣南“树海”、深山老林，不少人很不习惯。尤其是中央大机关的人，消息灵通、生活热闹惯了的，更觉枯燥乏味。于是，牢骚怪话渐多。项英组织纪律观念很强，听着生气，认为这是“不信任党的歪风邪气”，主张批判。陈毅不赞成，认为“独坐空山”，讲讲怪话也是消遣。陈毅当然不是放任大家讲怪话，他主张用生动活泼的思想工作来引导，来提高大家的认识。于是他每到一处，都给大家讲形势，讲矛盾，讲进山搭棚子住的必要性和优越性，讲我、蒋、日斗争的发展和光明的前途。他从不枯燥地说教，有时组织干部学习他从中央革命根据地带出来的《列宁主义问题》等书籍，有时结合《春秋》《左传》《三国演义》等中国历史来开讲，引人入胜而又发人深省。

在斗争极为尖锐、复杂、艰苦、残酷的时期，革命队伍内部的问题层出不穷。这时，权位高的领导人极容易犯“左”的毛病。陈毅却能从实际出发，审时度势，不怕被人认为右，而能以深入人心的思想工作引导团结广大指战员共同坚持共产党的正确路线，这是他从红四军第九次党代表大会以来政治上更趋成熟的表现。

通过长岭会议和会议精神的贯彻，长期坚持游击战争的红旗在赣南“树海”坚强地树立起来了。

第三节　反“清剿”

蒋介石获悉项英、陈毅已转移到粤赣边境，立即调动重兵，包围“清剿”。他的嫡系部队第四十六师，广东军阀余汉谋的第一军三个师、加上江西省保安团等地方武装，共集结三四万兵力。春夏之交，他们设置了三道封锁线。第一道封锁线是赣粤边东面的桃江、西面的章水、南面的浈水，严密控制所有的渡口和可徒涉的河段。第二道封锁线在大余、南雄、南康、信丰之间的公路沿线，设据点、修碉堡、驻军队，昼夜放哨巡逻。第三道封锁线是在游击根据地周围的墟镇，村庄上驻军队、筑碉堡扼守，随时出动袭击搜剿。

三道封锁线建成后，余汉谋便下令进山“清剿”。该军所到之处，成片的山村被烧毁，许多群众被屠杀，大批妇女被奸污，并强迫山里群众“出坑”，全部家口一律迁到山外赤白交界区居住，若不搬或搬后跑回，即以“通匪”枪决。搬家时一切吃的东西全部带走，若留下即以“济匪”论罪。余汉谋是个颇有思想的军阀，深知红军的生命线在于联系群众，如今用“移民并村”将居民与红军隔绝，消灭红军游击队便易如反掌。他向报界夸口三个月消灭共产党和游击队。

项英、陈毅在油山召开了县区委和游击队领导人联席会议。研究反“清剿”的方针和措施。

当时，坚持在赣粤边斗争的党政军人员，虽然统称为红军游击队，而实际工作还是各有侧重的。游击队主要是打土豪、武装消灭敌人；县、区委和交通站人员，主要是领导指挥和秘密联络；地方工作人员侧重做群众工作。因此，有的游击队领导人认为，反“清剿”主要靠武装力量，建议把党政工作人员补充到游击队去，扩大武装力量，用军事手段战胜敌人。项英不同意这样做，他认为当前反“清剿”主要靠发动群众来做。敌人重兵围困，红军游击队只能在大山里打埋伏。他提出暂时抽出一部分游击队干部去做群众工作。

在这个问题上，陈毅和项英的意见基本一致。陈毅一贯认为游击战争是群众性的战争，基本力量是群众，没有群众的拥护和参加，游击战是打不起来的。敌人实行“移民并村”，把群众一批批往山外赶，企图陷红军游击队于空山之中，被困死饿死。游击队必须组织力量发动群众反出坑，打破敌人的“隔离政策”。陈毅还认为在敌我力量悬殊、敌人凶焰很高的情况下，红军游击队避其锐气，在大山里转转圈子，尽量不和敌人正面交手是正确的。但不能只“埋伏”不出击，要组织精悍的游击分队，奔袭、奇袭敌人的后方，调出“清剿”的敌人。

据项英《三年来坚持的游击战争》和陈毅《三年游击战争回忆》记载：联席会议最后决定，坚持公开斗争与半公开斗争相结合、武装斗争与地下党的内线斗争相结合、武装斗争与群众斗争相结合、非法斗争与合法斗争相结合的方针。第一，选派部分县、区委工作人员，深入到群众中去，组织群众反出坑；第二，组织三五人为一组的“武装工作队”，深入赤白交界区，宣传和组织群众支援和参加游击战争，扩大政治影响；第三，集中部分红军游击队深入敌后，袭击敌人的据点和区、乡公所。

领导人员也作了分工，李乐天、杨尚奎、陈丕显、刘新潮等带武装工作队分赴各游击区，协助那里的党组织和游击队反“清剿”。陈毅来往于各游击区，组织和指挥游击队挺进山外打击敌人。项英全面指导反“清剿”斗争，实际上成了“特委书记”。

乌径，是（南）雄信（丰）公路上在广东省境内的一个大墟镇，是敌人认为最可靠的后方。敌人集中力量进山“清剿”后，这里只驻着一百多人的靖卫团和区公所。陈毅听到中共地下党组织的报告后，立即找来游击大队副大队长叶明魁，向他具体布置了夜袭乌径，出奇制胜的办法。叶明魁带领几十人的游击队黑夜里跳出敌人的包围圈，隐蔽急行军一百多里，天亮前赶到了乌径，神速地打进了镇公所，全歼靖卫团，打死了靖卫团总，又把红军的标语，贴遍了乌径镇。天亮时群众看到标语，纷纷传说有大队红军来到，吓得敌人赶快把进山“清剿”的一部分兵力调回乌径。

陈毅又布置油山游击队队长曾彪，巧袭了高石镇。陈毅当时的警卫员宋生发 1959 年说：高石镇是个 1000 多户的大镇。一面靠山三面环水，一座大桥为进镇的要道。镇里只留下一个排的白军驻守。一天下午，曾彪挑选了 9 名精明强干的游击队员，化装成国民党官兵，大摇大摆地从正在桥下洗澡的白军面前进到镇里，冲入敌人的指挥所，缴获 1 挺重机枪，5 支步枪，3000 多发子弹，等洗澡的白军发觉时，游击队已经过桥进山了。

紧接着，陈毅又布置了油山游击队袭击了大余县的西游仙墟和西华山钨矿局矿警队。曾彪带着十几名游击队员，打扮成挑钨砂的短工，隐蔽在矿警队驻地的树林子里。天近黄昏时，矿警队照例集合在操场上听队长训话。矿警队长刚开口讲话，曾彪"叭叭"两枪，打死了矿警队长，带着游击队员从树林里高呼"缴枪不杀"冲上操场，惊呆了的矿警慌作一团，乖乖地缴枪当了俘虏。消息传遍大余城，余汉谋没有想到会在他的军部附近出现红军游击队，只好把进山"清剿"的部队调一部分回来安定后方。

在这期间，黄成则、张日清带领的三南游击队乘虚出动，袭击了信丰的崇仙据点，捕杀了反共团总，乘胜深入到青龙山一带开展游击战争。游击队最爱打敌人的薄弱环节，打两伙敌人的接合部，有时还真能使两伙敌人在黑夜发生误会打起来。游击队把这叫做"引狗打架"。南雄县委率领游击队，在（南）雄（大）余公路上，利用两股敌人碉堡之间的空隙，在当地群众协助下，截获三辆国民党军用汽车，缴获了大量的弹药和药品。游击队还给三名司机做了工作，给他们许多宣传品带回曲江散发，搞得曲江满城风雨，说红军游击队要打曲江、韶关，吓得一些土豪劣绅四处逃奔。

这些胜利减轻了敌人对游击根据地的压力，可是组织指挥这些游击战斗的人却并不轻松。在反"清剿"斗争中，陈毅拄着根树棍，拖着条伤腿，带着两个警卫员连日整月奔波于各游击区中。有时由于事先没有联络好，时间没有算准，或者由于难以觉察到的疏忽，常常和敌人遭遇。

有一夜，他们和一连保安团遭遇上了。陈毅和警卫员急忙埋伏在路旁水沟的芦苇里，把短枪紧紧握在手中，一旦被敌人发现，就和他们拼死一战。

国民党的兵明白，他们在明处，红军游击队在暗处。搜不到还好，搜到了他们自己得先吃"黑枣"。为了应付长官，昂着头搜上两遍，便大声报告没有发现。排长骂道：我亲眼看到他们钻进去的。你们滚开。他打着电筒，雪亮的电光在陈毅身上几次掠过。陈毅瞪大眼睛，枪口一寸不离地对着敌排长，突然敌排长大叫，他搜到了一只鞋！他把芦苇一翻，正好把陈毅盖得更严了。又有人叫喊：搜到了一个挎包。打开一看，里面只有牙具和书籍。敌连长好不惊奇，说："共产党苦成这个样子，还念书呢！"

敌人撤走半个多小时，陈毅和警卫员们谁也没有出来。因为敌人为了引诱游击队出来，当官的常故意高喊口令，其实只走了一半，另一半留在原地静候。有时真的全体走了，但过二三十分钟，一个"回马枪"又包围过来。陈毅和警卫员们直藏到下半夜，才从芦苇里走出。宋生发丢了鞋的脚被芦苇茬刺破，一拐一瘸。潘聋牯丢了挎包，小嘴一直撅得老高。

敌人为了寻找游击队，常常派出便衣侦探，装扮成打猎、烧炭、砍柴和挖竹笋、采香菇的群众，窜到山里的路旁水沟边察看有没有脚印，爬到山顶上观察有没有烧饭的火烟，躲到山林草丛中窃听有没有说话声或咳嗽声。发现"情况"马上报告，调兵包围。

红军游击队也有一套对付办法：有路不走，没路就走，沟边不走，沟水里走；必经之路，脚印扫除；晚上走路，不点火把，不打电筒；煮饭做到“白天不冒烟，夜里不透光”；行军隐蔽不大声说话，不大声咳嗽。

红军游击队有时利用敌人见到蛛丝马迹就兴师动众的特点，故意制造假象。走路倒穿鞋子，留下“脚印”，让敌人跟“踪”寻找；到离驻地较远的山上点火，让敌人来“围剿”。

项英、陈毅把在反“清剿”斗争中积累的经验，概括为这样一些基本原则：不是盲目地有仗就打，而是有目的地打；要打能扩大政治影响的仗，打能发动群众的仗，打能得到物资补充的仗；不打硬仗，而是“赚钱就来，赔本不干”，以最小的牺牲换取最大的战果。在这些原则指导下，红军游击队坚持机动灵活的游击战术，时而集中，时而分散，时而活动，时而隐蔽，声东击西，神出鬼没，使敌人捉摸不定，而红军游击队处处主动；还要善于运用夜袭战术，力争做到歼灭敌人，而自己一个不亡不伤；利用地形地物打伏击战，常常打得敌人晕头转向。后来，随着游击战争的持久开展，各个游击队在游击战术的运用上，更是达到了“最精彩的阶段”。为了便于不识字的干部、战士记忆，项英、陈毅还把这些游击战术编成歌诀：

团结群众，配合行动；支配敌人，自己主动。
硬打强攻，战术最忌；优势敌人，决战要避。
敌人正面，力量集中，攻打费力，又难成功；
敌人侧翼，力量虚空，集中兵力，坚决猛攻。
驻止之敌，施行袭击；行进之敌，采用伏击。
动作突然，敌难防范；不行火战，白刃来干。
行迹飘忽，敌难追踪；死板不动，挨打最痛。
胜利要快，进攻进攻；保守主义，革命送终。

敌人的“清剿”屡遭失败，把“三个月消灭游击队”的计划展为半年，后来半年不行，又展为一年，最后改为长期“清剿”。但是，敌人给红军游击队生活上造成最大困难的“移民并村”“封坑搜山”等毒辣手段，却始终没有放弃，常常搞得红军游击队“饥肠响如鼓”，“野菜和水煮”，“大树遮身待天明”。但是，红军游击队在人民群众的支持下，渡过了一个个难关，胜利地坚持下来了。陈毅常常对游击队员说：我们的全部地盘，就是这么几个“岛子”，但是我们有着浩瀚的海洋作依托，那便是广大的人民群众。没有人民的积极支持，没有与人民群众生死与共的团结，要想坚持下来是不可能的。在共产党组织和广大党员的影响下，赣粤边区的人民在国民党的压迫、残杀面前更加坚毅，他们的斗争方式是多种多样的，对红军游击队的支持是多方面的。就拿粮食来说吧，敌人搞“移民并村”时，群众就把大米、干菜等埋起来，告诉红军游击队去取。后来，群众想

陈毅在三年游击战时期的交通员周篮嫂，此为20世纪60年代的周篮嫂

到红军游击队粮食要吃光了，非常着急，就和敌人去闹，要进山种地打柴。敌人没法只好在每月的初一、十五开禁，用武装押着群众进山打柴种地。群众就趁机把粮食、菜、盐等都带进山里，丢在路边，让游击队去取。这个办法被敌人发觉了，敌人对进山群众严加搜查，发现多带吃的东西就以“济匪”论罪。群众又想出了新的办法，他们把挑柴的竹杠子节节打通，里面装上米、盐和其他食物，进山后就把这根竹杠子丢在山上，下山时另砍一根竹杠子挑柴回去。特别是游击区的妇女，对游击队的支援，可以说达到了舍生拼死的地步。信丰上乐妇女朱叶妹，为了保护游击队脱险，英勇地献出了自己年轻的生命。1936年6月间，陈毅住在大余彭坑周篮嫂家养伤，她不但精心照料，而且在危急关头，大智大勇地掩护陈毅躲过敌人的“搜剿”。梅关黄坑张千妹，在敌人把项英、陈毅、陈丕显等人围困在梅山几十天的最困难、最危险的日子里，她多次冒着生命危险给他们传送情报，送米送菜。一次为了躲过敌人，她从山崖上抱着米袋跳下几丈深的谷底，把粮食送到了特委机关。

第四节　巩固我们的堡垒

敌人也很懂得堡垒最容易从内部攻破的道理。他们竭力利用共产党的叛徒。“北山事件”便是广东军阀陈济棠利用叛徒龚楚破坏红军游击队指挥中枢的阴谋的一部分。

龚楚原是中央军区的参谋长。1935年春，他带领红二十四师七十二团突围到湘南宜章后，遭到了粤军的袭击，叛变了革命。他向粤军献媚说：现在赣南的游击队里，官最大的是项英、陈毅，我有办法把他们搞到。于是，陈济棠就封他为少将“剿共游击司令”，给他配备了一支四十多人的卫队，要他到赣粤边来诱捕项英、陈毅。

10月中旬，龚楚把卫队伪装成“红军游击队”，窜到了北山龙西石地区。几天后和余汉谋的一支部队乒乒乓乓假打一阵子，“击溃”了“敌人”，在龙西石出了名。

中共赣粤边特委驻龙西石秘密交通员赖文泰、北山红军游击大队大队长贺敏学，特委机关后方主任何长林等，都先后同龚楚进行了接触。龚楚乘机大肆吹嘘他在湘南的“战绩”，声称他这次来是要接项英、陈毅去湘南加强领导，迫切需要见到他们。何长林告诉龚楚：项英、陈毅目前正在北山游击区，但他们行动秘密，和北山游击队不发生直接联系。要找他们，可写封信由交通员转交，请项英、陈毅到龙西石来会面。龚楚一听喜出望外，送上门比找上门更好下手。项英、陈毅，看了交通员赖文泰转来何长林等人签具的信，非常高兴，这是突围后第一次和其他游击区取得联系。但陈毅又想：龚楚是湘南游击队的主要负责人，怎么可以丢下游击队到这里来“汇报”呢？早在中央革命根据地，陈毅对龚楚就有所了解，此人一贯骄傲自大，目中无人。第三次反“围剿”中，他拒不执行彭德怀命令，使湘赣军区的部队受到很大损失，被降职当团长。今天，他怎么变得谦虚起来，要项英、陈毅去“加强领导”呢？斗争残酷，人心难测，陈毅建议项英，过一段时间再会见龚楚。

龚楚见信送走了好几天还不见项英、陈毅到来，害怕自己的卑劣行径被发觉，就决意先下手为强，把北山地区的共产党、红军游击队召集起来，一网打尽。于是，他通过何长林，在北山龙西石召集游击队和干部开会。会上他撕下画皮，说当共产党、游击队没出路，劝大家投降。大家才知上当，有些人满腔怒火，举枪就打，边打边往外冲。但是，在敌人预伏火力的封锁下五十多名游击队员和干部当场牺牲了，只有大队长贺敏学、小队长刘矮牯（外号猛张飞）等八九人带伤冲出会场，翻滚下山。何长林被逮住叛变了。

项英、陈毅得知“北山事件”后，十分震惊和悲痛。那么多干部和游击队员牺牲，这是突围到赣粤边后还没有过的。陈毅考虑：这次事件对北山游击区影响极为严重，必须立即冒生命危险前去处理，不能让恶果进一步扩大。

陈毅和项英连夜研究，决定在党内和游击队内开展阶级教育和红军优良传统教育，赞扬为革命光荣牺牲，批判为保命可耻叛变，加强说服教育，坚持官兵平等，实行经济民主，以达到巩固内部，防止叛变事件的发生。对反叛徒斗争，陈毅针对过去一些“左”的做法，提出了三条意见：第一，弄清叛变的起因，是被迫叛变还是自愿叛变。第二，弄清叛变后的罪行。如没有造成危害，一般采取宽大教育的政策。对危害大的，需要镇压时，对其家属也要给以抚恤，不能歧视。第三，群众贴“反共标语”，不算叛变。陈毅认为：国民党反动派对游击区人民的屠杀、压榨这样严重，我们要充分理解人民的苦衷。

开展政治教育的指示发出后，陈毅带着两个警卫员先行出发去帽子峰，要在叛徒龚楚和伪装红军的枪口下，迅速找到中共北山区委和游击队。

等着陈毅的是越加恶化的情况。龚楚通过何长林，把与游击队发生过关系的群众统统抓起来，刑讯杀害，使北山的共产党组织和群众，遭受很大的损失。龚楚熟悉红军活动的规律，他布置反动军队日夜搜查，把通往各地的大小道路，严密封锁，力图在十天之内捉拿到项英、陈毅，并把北山的共产党、游击队斩草除根。

去北山帽子峰的道路，陈毅和警卫员们由于经常来往，比较熟悉。但因龚楚指引敌人在大山和羊肠小道上也设了暗哨、密探，他们只能夜间在树丛中穿行。他们的衣衫不时被荆棘挂破，脚踝不时被树兜利石刺伤。第二天夜里，遇上了瓢泼大雨，三个人弯着腰，前额几乎碰着山石，一步一滑地前进。敌人、北山游击队和陈毅他们，三家都在捉迷藏，兜圈子，行踪飘忽，尽量隐蔽。所以陈毅要找到北山的同志，谈何容易。他们昼伏夜行，跋涉了十几天。由于劳累过度，加上冒雨行军，陈毅的伤口再次复发了。过去伤口复发，他就往伤口上擦些万金油，用块布包扎起来。这次他没有这样做，在找到北山区委和游击队的那天黄昏，他要警卫员打来一盆山泉水，把红肿的大腿和伤口洗了洗，就自己动手挤伤口，挤出了不少脓血。后来又叫警卫员宋生发给他挤。宋生发现他脸色变得像一张蜡纸，汗珠子直往下流，全身颤抖，怎么也不忍心用劲去挤。陈毅就叫拿根带子把伤腿横绑在树干上，他背靠另一棵树，叫宋生发再用劲挤。这样，终于把脓挤干净，还挤出了开刀时没取干净的一小块碎骨。也怪，从这以后，他的伤口渐渐地好了起来，而且再没有“反攻”。

“北山事件”对北山游击区的党组织和游击队果然影响严重。区委书记牺牲了，游击大队大队长贺敏学身中三弹，到群众家养伤去了，领导担子全落在游击大队政委刘燕富和副大队长刘甫念身上。他俩都是雇农出身，对党忠心耿耿，打仗勇敢不怕死，就是没有文化，做思想工作简单生硬。北山党组织和游击队遭到这样大的损失，他们急得暴跳如雷，带着游击队东闯西撞，要捉拿叛徒报仇，结果又招损失。他们又想跳出北山，到油山去找指挥机关，由于敌人封锁严密，也没跳出去。

革命队伍内部一些没经过严酷考验的人，悲观失望情绪更加滋长，有的不辞而别，有的留帖告别，个别人投敌叛变了。

刘燕富和刘甫念把“左”倾机会主义者在中央革命根据地搞肃反的那一套办法搬过来。为了防止逃跑，夜间放哨，他们觉得一个人靠不住，就派两个人放双岗，可以一个监视一个；后来又派三个人同时放，认为三个人中总有一个人是靠得住的。可是，这种互相监视的办法并不灵，派两个，两个一起逃，派三个，三个一起走，仅十几天时间，二百多人的游击队，只剩下一百来人了。刘甫念怒火烧心，当逃跑的人被抓回来时，就开斗争会，斗完了又怕他逃，就杀掉了。

听了汇报，陈毅气愤地指出：这种做法是十分错误的。这样做恰恰造成了内部的恐怖，疑忌，破坏了团结。有的游击队，就是采用这种方式把自己搞垮台的。要巩固内部，主要靠政治教育，靠耐心说服，靠民主，靠领导者的模范作用。为了避开敌人的搜剿，他建议区委机关和游击队上帽子峰，那里是原始森林，十分闭塞，参天的乔木下，各种藤葛荆榛纠结交错，犹如天然屏障，走几天不见太阳，敌人不敢进去搜查。项英、陈丕显等领导人也来到这里。

项英、陈毅召开了一系列大小会议，把“北山事件”的详情向大家公开，组织讨论，吸取教训，深入剖析和批判龚楚、何长林。项英、陈毅对叛徒的批判和正气凛然的革命气节教育，激起干部战士对投降变节行为的无比憎恨和坚持革命的英雄气概，纷纷表示要为死难烈士报仇，革命到底不回头。

陈毅还对游击队干部讲，革命要靠觉悟，靠自愿，不能靠强迫，不能逼着人家革命。“捆绑不能成夫妻”，捆绑也不能搞革命。

一次，陈毅到一支游击队去了解情况，队长和指导员汇报了一个战士逃跑又回来的事。这个战士叫刘燕青，是侦察班班长，过去侦察、作战很机智勇敢。自“北山事件”发生之后，他逃回家了。但没过几天，他又突然回来了。据刘燕青自己说，他离开了革命队伍，就像孩子离开母亲一样，感到无依无靠，空虚、害怕，就又冒着杀头的危险，重新回到革命队伍里来。有人不相信他的话，认为他回来可能有诈。陈毅不同意这种看法，认为刘燕青的话可信：他毕竟是一个被压迫、被剥削的贫农子弟，在共产党多年教育下，阶级觉悟提高了，一旦离开革命集体，他是会产生他所说的那种感觉的。陈毅建议，恢复他的自由，发给他武器，像过去一样信任他。

那天下午，陈毅向集中起来的游击队员讲话。他对刘燕青作了一番深刻的分析批判，刘燕青感动得流下泪来。接着陈毅说：“目前南方的游击战争非常艰苦，打死、病死、饿死随时都可能发生。身体弱的，跑不动的，不能坚持，可以自愿回家，我们发给路费。不过出去了，要站稳立场，不要叛变，不要去当反革命，不要翻脸为仇。不要不辞而别，要握手告别，后会有期。出去了，待不住，愿意回来的可以再回来。我们会像欢迎刘燕青那样欢迎你。”说到这里，陈毅站了起来，摸着自己的脸道：“你们别看我面黄肌瘦，长着满脸胡子，我是要在这个地方坚持斗争的，就是剩下我一个人还是要干，这是党给我的任务。”

陈毅这样一讲，队列中马上有人说：“你能坚持，我们为什么不能！”说话的正是陈毅的警卫员宋生发。他听了陈毅的话，情绪激动地站起来说：“同志们，老刘（陈毅的代号）在第五次反‘围剿’中，右腿受重伤，他是拄着拐棍走到这里打游击的。三天前他还在外面林子里挤伤口，挤出了足有一大钵子脓血，可他身边只有一盒万金油。就是这样的身体，他每天爬山过水，在敌人中间穿来插去。他能坚持，我们为什么不能坚持啊！”宋生发说得情真意切，泪流满面。指战员们过去不知道内情，听宋生发一说，都十分惊讶，深受感动。有几个人几乎同声说：“我们也要坚持到底，决不动摇！”陈毅高兴地说：“真正革命的同志要坚定信心。留下一点星火，定能燃遍万里江山。”

经过一段时间的紧张工作，北山游击区的党组织、游击队和指挥机关后方人员，基本上整理配备完毕。北山区恢复了元气，从根本上巩固了内部。于是，项英、陈毅他们转移到了连山。可是就在这时，油山又传来消息，那个曾经以极左面目出现的军分区参谋长向湘林叛变了。

陈毅马上赶回油山。向湘林是在负伤休养中被俘叛变的。由于应变工作抓得迅速及时，油山的党组织和游击队，没有受到多大的损失。向湘林也因此失去了国民党军的信任，最后被枪毙了。

那时候，项英、陈毅都保管着一些金子，缠在腰里。冬天衣服厚还可以掩盖，到了夏天，腰里就凸出来了，有人就在背后对他们的腰部指指点点。这在内部不很巩固的情况下，颇有谋财害命的危险。对这个问题，项英反复作过考虑，这是革命斗争的经费，分开背吧，给品质不好的人等于发了大笔路费；继续瞒下去吧，瞒不住了。陈毅说：反正大家都知道了，就给大家讲清楚。

一天，陈毅把机关人员和队伍集合起来，把金条、银元、钞票全部摆到桌子上，朝大家说："这是党的经费，党要我们保管，我们从来没有乱用过一分钱。发展党的事业，要靠这笔钱；发展部队，也要靠这笔钱。现在，形势越来越有些紧张，我们有责任通知大家，万一我们牺牲了，尸首可以不要，钱无论如何要拿走，这是党的钱，不能落入敌人手里。"

项英、陈毅建议分开背，可是大家一致主张党的经费要由最可靠的人背。他们说："我们信得过你们，你们跟我们有盐同咸，没盐同淡，党的经费还是你们保管的好！"项英、陈毅的这一举动，在干部战士中引起了很好反映，带来了新的信任和团结。后来各县、区委和游击队领导人，也把经济向大家公开，并组织经济委员会进行保管，内部得到了进一步的巩固。

第五节　新阶段

1936 年 6 月初，赣粤边区出现了一个奇特现象，粤军余汉谋第一军的部队纷纷撤走，游击区空前地平静下来。

项英、陈毅派人下山打听，才知道发生了"两广事变"。[①]

日本帝国主义吞并了中国东北四省之后，又制造了"华北事件"，侵占冀察。蒋介石却置民族危机于不顾，继续派重兵"剿共"。这就使全国抗日怒潮愈加高涨。陈济棠、李宗仁、白崇禧因势起事，打出"反蒋抗日"旗号，以争取全国响应，问鼎中原。

粤军一撤走，国民党的地方武装也缩进壳里，土豪劣绅惊恐万状，纷纷逃向赣州、韶关。

赣粤边的斗争面临一个转折点。

有些人兴高采烈，对陈济棠很是赞赏：这个"广东王"，还真有点爱国心呢！有的认为，粤军胜取长江也罢，败回广东也罢，再不会到赣粤边大山里来了，赣南是共产党的天下了。他们提出要准备恢复中央革命根据地，把政权公开。

项英、陈毅深感应该认真分析形势以统一认识、确定方针。他们虽然和中央失去联系已一年多，又整年在深山密林里转，但是对于国际国内的政治、军事形势，基本上还是心中有数的。这主要是借助于港、澳、宁、赣、粤的报刊。从帽子峰回到油山以后，陈丕显就通过地下党订到了香港和国民党的几份报刊。平时游击队出山袭敌，也都把收集书报杂志作为一项重要任务。陈毅他们从

---

① "两广事变"，又称"六一事变"。1936 年 6 月 1 日，广东陈济棠和广西李宗仁、白崇禧通电北上抗日，企图出兵联合各地方势力与蒋介石争夺中央政权。7 月，在蒋介石收买下，陈济棠部下的余汉谋及空军倒戈拥蒋，陈济棠下野，李宗仁、白崇禧与蒋介石妥协。

“一二·九”运动的报道中，分析出抗日高潮即将到来；从国民党军“追剿”长征红军的“战绩”报道中，知道中央红军已胜利到达陕北革命根据地。对这次的“两广事变”，他们也觉“虽出意料之外，却在情理之中”。

项英、陈毅在油山召开了县、区委书记、游击队长、交通站长等参加的会议，分析了两广事变的性质，提出了利用蒋系与粤系、桂系的矛盾，抓住有利时机，积极开展游击战争的方针。

陈毅指出：两广事变是民族矛盾、阶级矛盾和统治阶级内部矛盾进一步激化的产物，说明人民的抗日要求越来越深入了。整个革命形势将要进入一个新的阶段。这个新阶段的主要内容，就是“一二·九”运动提出的“停止内战，一致对外”，中国共产党提出的抗日民族统一战线将逐步形成。这个新阶段赋予红军游击队的任务，不是照旧去恢复中央革命根据地；而是要建立抗日统一战线。红军游击队不能只反蒋，而要和抗日联系起来。抗日的大旗，谁不举起来，谁就违背民意、丧失民心，被人民抛弃。

陈毅反复叮嘱大家，要正确分析掌握蒋介石与地方军阀之间、军阀与土豪之间、土豪与土豪之间的矛盾，利用这些矛盾来制定新的斗争策略。但坚持游击战的方针不能动摇，党组织与政权不能公开，否则要吃大亏。因为军阀之间今天打明天好是常事。

会议根据项英、陈毅的建议，决定以赣粤边红军游击队的名义，发表《为“两广事变”告群众书》，并提出“反对军阀战争，实行抗日战争，变军阀战争为抗日的革命战争”的口号。在这一正确的方针下，会议决定发动赣粤边党组织和红军游击队：发宣言、散传单、贴标语，广泛进行宣传活动，积极开展政治斗争；趁粤军撤离的机会，集中游击队打击保安团和地主武装，扩大游击区，发展游击队。

陈毅亲自写了《为“两广事变”告群众书》。项英审定后，大家分头抄写，连夜奔赴各地散发张贴传抄。一时间，赣、信、康、南、余和三南等县城及墟镇，都出现了这份“告群众书”和其他宣传品，起了震慑敌人，鼓舞群众的重大影响。“天天讲红军消灭了，其实人家还在，要抗日！”有的国民党政府人员也才知道共产党抗日民族统一战线的新政策。

陈毅、项英把分散的游击队作了比较大的集中。有时候一次集中一二百人枪，向保安团、铲共团、靖卫团、国民党区乡公所实行反击。他们先后攻打了大余的新城、青龙、池江、长江、留地，南雄的里栋、水口、乌径，信丰的九都、大阿、黄泥排等敌人据点，取得了重大的胜利。敌人在第二、第三道封锁线上筑的“乌龟壳”，大多数被游击队的土炸弹送上了天。

曾经逃跑又归队的北山游击队侦察班班长刘燕青，带着几个游击队员化装侦察敌情时，在地下工作人员和群众的配合下，一举攻下了敌人新城据点，缴获了一些枪支弹药，还俘虏了三个国民党士兵。陈毅亲自审问了这三个俘虏，向他们交代了共产党的俘虏政策，叫游击队发给他们每人三块银元，向他们宣布：愿意回去当兵或者回家种田都可以。三个俘虏被释放后，除一个矮个子回国民党军队当兵以外，其余两个都回家种田去了。三个月后，那个矮个子竟然带着另一个国民党士兵，挑着两箱子弹，扛着一挺机枪，前来北山游击队投诚。

随着政治斗争和武装斗争的胜利开展，项英、陈毅提出：巩固老区、发展新区，加强赤、白交界区和白区的工作，发展壮大武装力量，迎接抗日高潮。

赤、白交界区的群众受国民党反动派的摧残不亚于游击区的群众。由于红军游击队不常到那里去，地主豪绅大着胆子逼租要债，征粮抓丁。只要听说哪个村到了红军游击队，国民党军队就以“清剿”为名，到村里烧杀奸抢，无恶不作。因此，赤、白交界区的群众既恨国民党，也怕红军游击队。他们说：“游击队是‘火神’，他们一来，国民党就来烧杀。”从这个实际情况出发，陈毅指示各游击队，对赤、白交界区的工作，可以采取隐蔽和半公开的方法开展；不要光发动少数骨干搞，要发动广大群众参加；斗争的重点是抗租、抗粮、抗债、抗税、抗丁。由于这“五抗”和群众的切身利益结合得紧密，得到了群众的拥护和参加。哪里的区、乡公所和厘金税卡对抗“五抗”，游击队就去把他们敲掉。

对国民党统治的白色地区，红军游击队主要是扩大影响，争取群众。韶关附近的山村，红军游击队从来没去过，老百姓受国民党的毒化宣传影响很深。红军游击队初次去时，群众都躲到山上去了。红军游击队不仅秋毫无犯，还把群众留在家里的牛、猪、鸡等喂好，吃了粮食，按价付钱，还写感谢信。红军游击队第二次去时，一些年纪大的人不走了。第三次去，几乎所有的群众都留在村里。国民党的造谣污蔑，彻底破产。

白区有些地方缺粮严重，陈毅就指示游击队实行武装分粮。把参加分粮的群众都化装成红军游击队，利用夜间远距离袭击国民党防卫薄弱的粮库，或屯粮较多的地主，迅速地没收，迅速地分配，迅速地转移，这办法深得白区群众的欢迎。参加武装分粮的群众，后来大部分成了不脱产的游击小组成员。项英、陈毅还派人到敌人统治的城市建立地下交通站。在赣州开设了纽扣厂，在于都和大余县城分别开设了裁缝铺和糖铺，在新城开设了小百货店。

党组织建设也取得了进展，新成立了大余、小江两个中心区委、三个分区委和三十几个党支部。共青团组织，各地也纷纷建立起来。

在“两广事变”后不到两个月的时间里，游击区和红军游击队，都有了不同程度的扩大。

蒋介石以他惯用的手段分化利诱，瓦解了“两广事变”。他腾出手来，立刻调遣重兵，对赣粤边等游击区发起新的“清剿”。

这次进攻赣粤边的是蒋介石的嫡系部队四十六师。该师师长戴嗣夏被蒋介石称为“碉堡专家”。他在进攻游击区时，果然使出拿手好戏，竟让碉堡上山口、进山坑，进逼游击根据地。

1936 年 9 月，项英、陈毅召开干部会，就粉碎国民党四十六师的“清剿”研究对策，作了“九月决议”：第一，要求各级党组织和游击队，动员群众不给敌人在山里修碉堡，敌人武力强迫，就派老弱或妇女去，以延宕时间；待碉堡快筑成时，游击队夜里去把它炸掉。第二，红军游击队以大部力量向外出击，建立新的游击区，转移敌人对游击根据地的注意力。第三，游击区放手搞“两面政权”，赤、白交界区搞“黄色村庄”，以应付敌人，保护群众和游击队。

面对新形势下群众工作的需要，项英及时总结了红军游击队群众工作的经验，编写了《群众工作必读》的小册子，详尽地论述了群众工作的性质、方针和方法，指出游击战争是群众性的战争，群众工作的好坏，是检验游击队工作的尺度。这本小册子通过特委的油印厂，印发到各个游击队和基层党支部，成为大家做群众工作的指南。与此同时，陈毅也十分忙碌，调遣更多的游击队，跳出四十六师的“清剿”范围，到其空虚的后方去开展游击战争，宣传、组织抗日民族统一战线，争取群众。他和信丰、北山、信南游击队详细研究制定去河东长演坝、安远边境等地建立新的游击区的计划。接着，又和机关工作人员及县、区干部，研究如何派一些没有暴露身份的共产党员、革命群众和年纪大的开明人士等去担任保、甲长，建立“两面政权”。

对赤、白交界区“黄色村庄”的建立，陈毅除普遍布置外，还亲自出马，总结经验。黄坑位于大余县板棚下（游击区）与池江镇（白区）之间，是油山地区最大的一个坑，也是板棚下到池江镇的必经要道。黄坑的黄保长一向以保护全坑安全为名强迫群众出钱买枪支弹药，还设厂自造土炮，组织地方反动武装。国民党军队来搜山，他主动带路。国民党兵走后，他派地主武装封锁出山道路。他还威胁群众，严令报告“匪情”，否则要满门抄斩。所以黄坑的工作特别难做。于是陈毅亲自带精干游击队员，深夜潜入黄坑，叩门直入黄保长家，义正词严地历数其罪状。一使其知道已够死罪，二使其知道国民党几万大军也无法阻挡红军出入，何况小小保长。陈毅气势夺人，黄保长完全慑服。陈毅乃给他作四条规定：一不准带路搜山，二不准打锣吆喝报告，三不准盘查扣留，四要向游击队传递情报不得掺假。黄保长保证做到。自此，黄保长逐渐成为两面派，黄坑也成了“黄色村庄”。

红军游击队在发展“黄色村庄”的活动中，也曾遇到一些极端反动、顽固到底的死硬分子，红军游击队就根据群众要求坚决予以镇压。整掉了一二个最反动的保、甲长，其余的保、甲长也就规矩得多了。

“两面派”和“黄色村庄”的斗争方法，是三年游击战争中陈毅等共产党人的一个创造。这一宝贵经验，后来在抗日游击战争中在广大游击区得到更完善的运用和发展。

1935 年和 1936 年赣粤边军民在粉碎余汉谋和戴嗣夏的两次“清剿”中，虽然取得了重大的胜利，坚持了革命阵地，但也付出了惨重的血的代价。赣南军区司令员蔡会文，于 1935 年 12 月 4 日，率部在崇义县赤水仙，与余汉谋部队的教导团激战，壮烈牺牲。中共信康赣县大龙中心区委书记曾纪才，于 1936 年 2 月在信丰牛颈传达特委反“搜山”部署时，由于叛徒告密被捕。这位对党、对人民忠心耿耿、无私无畏的优秀共产党员，受尽了极残酷的拷打，几乎体无完肤，却始终坚贞不屈，严守党的机密，直到英勇就义。中共赣粤边特委书记、军分区司令员李乐天，带领5位战士去“三南”指导反“清剿”的途中，于1936年1月，在坳背村被敌人包围，李乐天不幸腿部受伤，但他沉着与粤军周旋，掩护战友突围，一连击毙了几个粤军官兵之后，从容地用最后一颗子弹结束了自己的生命，为革命英勇献身。红军游击队基层干部和战士的伤亡，工作人员和群众的遭残害，那更是“万死千伤鬼亦雄”。陈毅自己也于1936年冬天，在梅岭被国民党四十六师围困达20天之久，在丛莽间，苦虑不得脱身，写下了他那气壮山河的“绝笔”——《梅岭三章》：

断头今日意如何？
创业艰难百战多。
此去泉台招旧部，
旌旗十万斩阎罗。

南国烽烟正十年，
此头须向国门悬。
后死诸君多努力，
捷报飞来当纸钱。

投身革命即为家，
血雨腥风应有涯。
取义成仁今日事，
人间种遍自由花。

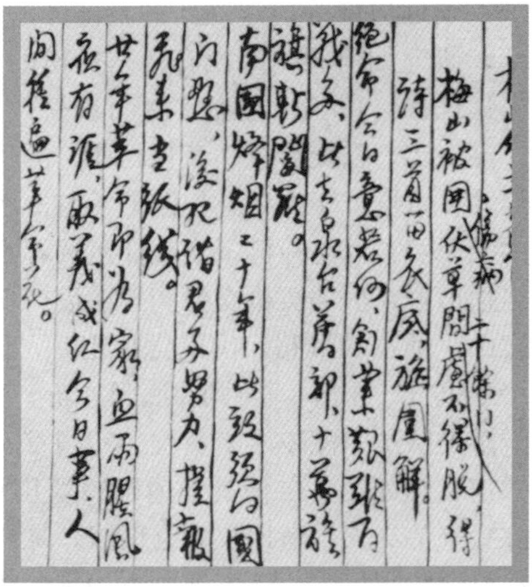

上图为陈毅的《梅岭三章》手迹；下图为梅岭隐蔽洞，陈毅在此写成《梅岭三章》

陈毅留下绝笔的当天，敌人没有进山搜查，第二天山里也很平静，这又是怎么回事呢？派人下山打听，原来发生了“西安事变”。1936 年 12 月 12 日，蒋介石在西安被爱国将领张学良、杨虎城抓起来了。国民党四十六师急急忙忙从游击区周围撤走，一些地方武装也龟缩在碉堡里不敢出来。

红军游击队员和群众满心欢喜，以为“十年积怨，一朝得偿”。可是十几天之后，国民党报纸上突然登出，蒋介石在张学良的护送下，飞回南京了。这又是怎么一回事？大家议论纷纷。

后来，项英、陈毅从香港《工商日报》上看到了有关“西安事变”的详细报道，才弄清了事情的原委。在这变幻莫测的政治风云中，项英、陈毅始终保持着清醒的头脑。项英专门写了《西安事变》的长篇文章，深刻地分析了“西安事变”发生的原因及其意义。文章说：“‘西安事变’的爆发使中国抗日民族统一战线已经成功而正式开展起来，这一形式继续开展，就要使抗日的革命高潮马上到来。……我们的任务是把这一新的局势开展到抗日战争的实现。”随后，项英、陈毅在油山召开了各游击区干部会议。陈毅在会议上分析形势时说：从中国革命形势发展看，已经到了一个新的阶段，即全国走向抗日的阶段。这个新阶段的重要标志，就是以国共两党合作抗日为主要内容的抗日民族统一战线已经形成，全国全民族性的抗日高潮很快就要到来。同时，陈毅也提醒大家，南方各省是蒋介石的后院，他决不会轻易放过南方红军游击队和革命群众。红军游击队决不能有片刻的松懈，必须积极做好思想准备，迎接新的斗争。

会议根据项英、陈毅的意见，决定在农村和城镇开展抗日救亡运动，并提出“停止内战，一致对外，国民党应停止对游击区的进攻，让游击队开赴前线抗日”的口号。在军事上，把红军游击队作适当的集中，进行整训。

果然，蒋介石被释放回南京以后，采取了“北和南剿”的方针，对陕北红军主力进行合作抗日的谈判，对南方八省的红军游击队则采取不承认主义，密令所属各地军政当局：“务必乘中央与共方谈判之机，消灭地方之武装与地方组织”，蒋介石先后调集了四十多个正规师、六十多个保安团，对南方八省红军游击队实行“搜剿”、“追剿”、“堵剿”、“驻剿”。有的游击区受到了很大的损失。如闽北军分区司令员吴先喜、独立师师长黄立贵、闽东军分区政委卢文清等，都在战斗中壮烈牺牲。

在赣粤边，蒋介石除继续以嫡系第四十六师、部分粤军进攻外，又从湖南调来新编第十师，配合“清剿”。他们再次扬言，要在三个月内消灭赣粤边红军游击队，捉住项英、陈毅。

1937 年 1 月中旬，国民党第四十六师，粤军和新编第十师，在保安团、铲共义勇队的配合下，以数以万计的兵力，向赣粤边游击区发动了“西安事变”以来的第一次大规模的进攻。进攻的重点是油山和信康赣游击区，手段是采取梳篦式的搜山战术，逐山逐坑地搜索，然后放火烧山。烧不完的乔木林，就强迫群众砍光，把美丽富饶的山林，变成光秃秃的荒山，妄图使红军游击队无法藏身，便可一举消灭。针对敌人的这一阴谋，项英、陈毅当即制定了对策。具体部署是：

油山和信康赣红军游击队大部分向游击区外出击转移；一部分留下化整为零，与不脱产的游击小组紧密结合，白天分散隐蔽，晚上集中打击敌人。北山、南山和南雄游击队积极开展活动，以牵制和分散敌人的进攻力量。

发动和组织被强迫上山砍树的群众怠工、延误敌人的进攻时间。同时派人到白区发动群众广泛开展破仓救荒斗争，游击队积极配合，打土豪，开谷仓，打击敌人的统治。

特委领导人尽量分开，用打圈子的办法与敌人周旋，抓住敌人集中的空隙，迅速转移。准备好 40 天的粮食，白天不生火，夜间做好第二天的熟食。

一切部署好后，陈毅带领两个警卫员去南雄，随南雄县委行动。项英随信康赣县委，在信丰坑口至大余新城平原一线周旋。在敌人这次进攻的两个多月中，项英曾两次遇险。

“西安事变”后敌人的第一次大规模军事进攻，油山和信康赣游击区损失不大。这是因为项英、陈毅获得情报较早，对策制定得比较正确、周密，部署得及时，各游击区的准备工作做得比较充分。而且经过两年多的反“清剿”斗争，广大游击队员和工作人员积累了丰富的对敌斗争经验，遇敌不慌，沉着应战，你打你的，我打我的，牵着敌人鼻子转。敌人无力进攻的北山、南雄、南山游击队，反而趁机积极活动，打击民团和土豪劣绅，筹得了大笔款项，缴获了不少枪支弹药，武装了一批不脱产的游击组，扩大了红军游击队的政治影响。第四十六师等国民党军队见大规模军事进攻没有收到预期的效果，项英、陈毅又不知去向，只得撤回驻地，放弃这次“清剿”，另做打算。

项英、陈毅见敌人停止了大规模的军事进攻，就又聚拢一起，于 4 月中旬，在梅岭斋坑召开“兵运”工作会议。参加会议的陈宏（又名陈海，在国民党军中做兵运工作），在离开梅岭的途中被捕叛变，供出了红军游击队在大余城开设的地下交通站“广启安糖铺”，以及他与红军游击队指挥机关的关系。国民党如获至宝，第四十六师政训处即令陈宏写了一封机密信给红军游击队的指挥机关，说共产党中央派人来了，带来了重要指示，要“负责同志”到大余城南饭店里会面。饭店里设下埋伏，人一到就逮捕。

当时驻在梅岭斋坑的项英、陈毅等人，已经两年多没和中共中央取得联系了。陈毅以“长夜无灯凝望眼”的诗句，来说明自己对党中央和毛泽东的思念。他曾对陈丕显说：“主力红军在陕甘边打了那么多胜仗，建立了陕甘宁革命根据地，我们要是能派个人到延安去就好了！”为了能取得中共中央的指示，陈毅曾用化名多次写信给鲁迅先生，想请他通过中共在上海的地下组织和党中央取得联系，但由于路途遥远，曲折太多，也没联系得上。

因此，项英、陈毅一接到大余交通站（糖铺）负责人黄亚光转来陈宏的信特别兴奋，就决定陈毅亲自去一趟，把中共中央来人或指示带回。陈毅带着梅山区委书记黄占龙，第二天上午来到大余城。他决定先到陈宏家中探明虚实、再到饭店去。他们来到陈宏家门前，正在低头洗衣服的陈宏老婆，听说有人找陈宏，头也不抬地回答："到团部去了。"陈毅和黄占龙把"团部"听成了"糖铺"，就直往驿使门外梅峰桥头的广启安糖铺走。当他们快到糖铺时，只见那里站了几个国民党兵。陈毅停住脚步，转到一家茶馆里喝茶。这时，在糖铺工作的老曾走近陈毅说："陈宏、黄亚光都叛变了，你们快走！"

陈毅和黄占龙从小路绕出大余城，各自取道回梅山。陈毅刚到梅山脚下，就撞上了一队从山上撤下来的国民党兵。

原来，陈宏按约定时间在城南饭店等游击队负责人没等到，生怕情况有变，就迫不及待地带着国民党军队，顺着山路悄悄地包抄上来，把红军游击队指挥机关的驻地——梅山斋坑包围起来。哨兵发现时已来不及回棚子报告，只好鸣枪报警。项英、杨尚奎、陈丕显和警卫员们，拿起枪冲出棚子，转到一个树木不多，但茅草很深的小山包上隐藏起来。三百多个国民党兵，在方圆不到几百米的小山包上搜了近两个小时，却没有搜到一个人。他们就放火烧山。但火刚烧起来不久，天就下了一场大雨，把火全淋灭了，再点火也点不着了。直到天近黄昏，敌人才吹集合号，排队下山。最早下山的一队，正巧被陈毅给撞上了。

陈毅等敌人走远了，才摸回斋坑那几个棚子来。棚子被敌人糟蹋得不成样子，东西全被抢光。陈毅向附近看了一下，估计藏有自己人，就高声说道："我是老刘，刚从城里回来。敌人已经走了，大家快出来吧！""我老刘的口音，你们听不出来吗？快快出来，离开这个危险的地方吧！"

陈毅的警卫员宋生发对首长的形象已经完全辨认清楚了，便从草丛里钻了出来。接着，项英、陈丕显等也从草丛里钻出来，说过了几句遇险之后得幸重逢的话，马上转移到离斋坑三十多里的一座山里隐蔽下来。

他们离开不久，敌人就开来大队人马，重新把斋坑包围起来。他们放出军犬，到处寻踪；他们打探照灯，四野照射。第二天，敌人又调来四个营的兵力。这次更加发狠，把整个梅山都包围起来，把项英、陈毅他们都包围在里头，围了几十天，把山里的野猪、山牛打得满山乱跑。陈毅、项英带着机关人员，忍饥耐困翻山越岭，在荒无人烟的大山里转来转去，鞋都磨穿了两双，也还没跳出包围圈。直到"七七"事变爆发，才得解围。

第六节　又一次战略大转变

1937 年 7 月 7 日，日本帝国主义在卢沟桥发动了全面侵华战争。中国共产党在事变的第二天，就向全国发出通电，要求"国共两党亲密合作"，"筑成民族统一战线的坚固长城"。同一天，中国工农红军将领致电蒋介石，表示决心"为国效命，与敌周旋，以达保土卫国之目的"。7 月 15 日，中共中央向国民党发出《中国共产党为公布国共合作宣言》。蒋介石在日军急剧扩大进攻，全国人民强烈要求抗战和共产党抗日民族统一战线政策的推动下，不得不改变自"九一八"事变以来的对日本侵略的不抵抗政策，于7月17日，宣布实行抗战。

这些，项英、陈毅很晚才在国民党的报纸上看到。尽管国民党报纸对共产党的抗日民族统一战线政策作了歪曲的报道，但项英、陈毅以政治家的敏锐头脑，已把握住了党的政策转变的真谛。三个月前，赣粤边许多同志认为香港《工商日报》刊登的中国共产党给国民党三中全会的电报是假的，是反动派的谣言，但项英、陈毅认为是真的，电报中提出的五项要求四项保证，是实行抗日民族统一战线所必要的。“七七”事变后蒋介石宣布抗日，项英、陈毅本想发表“停止内战，联合抗日”的宣言，主动去和国民党谈判合作抗日。然而，当时“对于国民党的估计，已有改变，但不彻底，对于国共合作早已料定在进行，但无实际材料，不敢在党内提出”，“以免在党内发生不好影响”。

7月中旬的一天，同情者送来一批香港出版的新文化书刊。陈毅仔细阅读《新学说》中介绍中国各党派关于抗日态度的文章，突然高兴地拍手：“好啦！毛泽东同志说话啦！”原来这篇文章引用了毛泽东1937年5月3日在延安召开的中国共产党全国代表会议上的报告摘要。其中讲道：中国共产党曾在致国民党三中全会电中，以停止推翻国民党政府等“四项保证”，来换取全民族所需要的和平、民主和抗战。国民党三中全会，在全国人民的压力下，不得不开始转变它过去十年的错误政策，“由内战、独裁和对日不抵抗的政策，向着和平、民主和抗日的方向转变，而开始接受抗日民族统一战线政策。”

这是项英、陈毅自1935年3月和中共中央失去联系后第一次间接得到党中央和毛泽东的重要指示，真像久旱逢甘雨，他们如饥似渴地阅读着、讨论着。项英不断地重复说：“好了，我们有材料，有根据，来正式宣布国共合作了！”

根据毛泽东的报告精神和当前形势，项英和陈毅分别起草了两份重要文件。项英起草的《中国新的革命阶段和党的路线》一文，着重分析了现阶段的主要敌人是日本帝国主义，中心任务是抗日。陈毅起草的《向赣南军政当局提出合作意见书》，主要条件是要求国民党地方当局承认共产党的合法地位和言论行动的自由；释放政治犯；解散铲共团；重新组织抗日武装；红军游击队全部集中，组成独立抗日部队；保证游击队的给养；保护游击区群众的利益等。当有人提出红军游击队不宜全部集中，集中一半，留下一半坚持游击战争时，项英反对，陈毅也反对说：“打击日本侵略者是首要任务。”“日本在进攻，共产党不去打日本，跑到一边打内战，打地主，搞几百块钱，杀个把土豪，那就没意思了。应该抗日。”“集中所有游击队编为抗日军，才能扩大影响，成为气候。出一半，留一半，东一坨，西一坨，是成不了大气候的。”

文件起草好后，赣粤边特委就在池江北部一座大山上召开了干部大会。大家经过反复地学习讨论，对由国内革命战争转变为抗日民族革命战争，由“反蒋”转变为“联蒋”的又一次战略大转变，取得了比较一致的认识；决定将赣粤边红军游击队改为抗日义勇军。8月8日，中共赣粤边特委和赣粤边抗日义勇军，正式发表《停止内战，联合抗日》宣言，表示愿与国民党地方政府谈判合作抗日。

8 月 15 日，特委又发表《告赣南民众书》，号召群众停止袭击国民党政府和部队，团结抗日。

对于宣言和告群众书，赣粤边的广大工人、农民、知识分子和开明士绅，无不热烈拥护。但是那些坚持反共的国民党地方当局和军队，却借此大造谣言，说红军游击队要“归顺”他们，并无耻地发出信件，要红军游击队负责人出来“自首”，部队下山改编为国民党军。

陈毅以书信、传单形式，严厉地斥责了国民党地方当局违反两党合作的精神，破坏抗日民族统一战线的行径；严正指出：只有承认共产党和抗日义勇军的合法地位，才能进行谈判。

经过针锋相对的斗争，再加上 8 月 13 日日寇进攻上海，直接威胁到蒋介石集团的统治地位，侵犯了英美在华利益，国民党才被迫承认南方各省共产党和红军游击队的合法地位。国民党江西省政府和有关专署，成立了“招抚委员会”。

“七七”事变爆发二十来天之后，国民党军队陆续停止了对赣粤边各地红军游击队的进攻，报纸上也刊登了一些国共合作抗日的消息。项英、陈毅在大余县报上看到了彭育英被任命为赣州专署招抚委员会副主任的消息。他们早就知道彭育英出身于士绅家庭，留学日本，有一定的民族气节。在大余县任县长以来，积极造桥、办学，开设贫民医院，做了一些有益于乡民的事。项英、陈毅决定与他先接触，于是以陈毅的名义，给彭育英发“快邮代电”，阐明共产党的抗日主张，派人送去。彭育英马上回复称，对中共项英、陈毅“历年奋斗，艰苦革命，于敬佩之余，精神大为感召，明确了解非有中共参加抗日之力量，决不能战胜日寇”，他希望红军游击队能派一负责人出山谈判，时间越快越好。

接着，国民党第四十六师、国民党大余、南康、南雄、信丰、赣县等县长，又联署发出了《告中共同志书》的“快邮代电”，说：“你们是爱国志士，多年奋斗，我们无任钦佩。现在是志士抗日救国之时，欢迎下山谈判，共商北上抗日事宜。”

陈毅提出了将南方各游击区联合起来，成为一支抗日力量，与北上红军主力南北呼应的正确主张。他被推选为中共赣粤边特委和赣南抗日义勇军的全权谈判代表。

9 月上旬，陈毅带着四五个随员，先到南雄的钟鼓岩，彭育英亲自来接回大余城。在城门口，陈毅受到各界人士的欢迎。

谈判一开始，陈毅就向大家说：“南方红军游击队归我们指挥，但现在如何处理要听我党中央的。不过南方各省的游击队要联合起来，这是肯定的。希望你们给予交通方便。”

但是，第二天国民党大余县报纸登载谈判消息时，把国共合作抗日谈判诬蔑为“油山共匪投诚”。陈毅当即向彭育英提出抗议。彭育英道歉说，这是县党部干的，国民党搞的就是这一套，是做给英、美看的。陈毅当即表示愿意找县党部谈谈。经过陈毅的说理斗争，国民党报纸作了更正，说陈毅是代表赣南共产党和抗日义勇军“下山接洽抗日合作事宜”。

大余县长彭育英对陈毅所提条件不敢做主，请陈毅到赣州，与江西省政府代表和四十六师代表谈判。

赣州各界群众，在陈毅到达前，散发和张贴了大量标语传单："欢迎共产党代表前来商谈抗战合作事宜"，"共产党一向主张全国团结，一致抗日。目前该党陈毅莅临，赣州民众热烈欢迎"。陈毅等乘坐的汽车一进站，欢迎的人群中就响起了热烈的掌声和口号声，恰如1935年3月陈毅幽默地预言的，果然有军乐队奏起了欢迎的乐曲。

来赣州谈判前，陈毅就多次说到1934年12月他安排来赣州河西做地下工作的贺怡，打算派人找到她。想不到在欢迎的人群中竟有贺怡在前列。原来贺怡得知陈毅来赣州的消息，就和王贤选、何斌等地下党干部一起，书写、张贴欢迎标语，组织群众到车站欢迎。然后贺怡赶到陈毅下榻的旅社，汇报了三年来坚持斗争的风风雨雨，陈毅十分赞叹，留她与自己一起同国民党谈判。

在赣州谈判中，陈毅重申了大余谈判的内容，提出：停止对游击区的进攻；红军游击队改为江西抗日义勇军，开赴前线抗日，但必须保持部队的独立性和共产党的领导，保持独立的建制；义勇军与八路军同等对待；保证游击区人民生命财产的安全；保证抗日自由，共产党的一切活动不得限制；释放政治犯；游击区的保甲长实行民选；不得追缴租税和租债等。

国民党谈判代表、江西省保安处参谋长熊滨提出九条，什么停止游击队的活动，停止打土豪，绝对服从政府一切命令，听候改编等。国民党四十六师代表还大放厥词，说什么"无所谓国共合作，这种说法英、美不习惯"。

陈毅当即质问他："你代表谁？代表英、美吗？要是代表英、美，就没有资格和我谈判。我们的队伍要下山，你挡不住！中国有共产党，英、美也挡不住！"

针锋相对作斗争的结果，双方达成协议：红军游击队按陈毅提出的办法，改编为"江西抗日义勇军"；部队集中后，暂照国民党保安团待遇提供给养。其他问题，只同意报省政府作最后决定，并担保可以解决。在谈判期间，陈毅多次要求公开打电报给中共中央，国民党方面却借口什么"国际关系"，加以拒绝。

1937年9月24日，陈毅又与项英一道，到南昌同国民党江西省政府进行谈判，解决了国民党军队从游击区撤退，国民党释放政治犯，在南昌建立红军游击队接洽处等六个问题。这时，项英、陈毅得知：中共中央书记处书记博古、八路军参谋长叶剑英等正在南京八路军办事处与国民党就国共合作抗日问题继续谈判。项英立即通过博古传电毛泽东、张闻天，报告了与国民党江西省当局谈判情况，这是1935年春突围以来，项英、陈毅第一次向中央报告工作。9月底，项英、陈毅在南昌发表了《告南方游击队公开信》，要求各游击队立即集中，听候改编，为抗击日本侵略，争取民族解放而战斗。

在此之前，以周恩来为首的中共中央代表团在和国民党蒋介石等人的谈判中，已多次谈及南方红军游击队的改编问题。"七七"事变后，经过两次谈判，国共双方同意集中南方游击队为一个军，但谁任军长，双方意见不一致。7月下旬，周恩来在庐山和蒋介石第二次谈判之后来到上海，会见了怀着强烈抗日救国热情、刚

坚持三年游击战争的部分领导干部与张云逸等在南昌（前排左起：张云逸、叶飞、陈毅、项英、黄道）

从澳门回上海的叶挺。这位“北伐名将”，在参与领导南昌起义和广州起义之后，流亡海外，与党失去联系，这时已不是共产党员，由他出面主持改编南方红军游击队，国民党也许能够接受。周恩来就与叶挺商量。叶挺欣然接受，并向蒋介石提出将南方红军游击队改编为新四军的建议。蒋介石同意，并于1937年9月28日，在没有跟共产党协商的情况下，任命叶挺为陆军新编第四军军长。10月12日，国民政府军事委员会正式颁布了国民革命军陆军新编第四军的番号。

这些情况，项英和陈毅当时并不清楚，直到10月上中旬，博古派员先后在吉安、大余县找到了陈毅、项英，传达了中共中央有关指示之后，才知道一些。但那时，中共中央只同意叶挺“去闽粤边（或闽浙边），指挥张鼎丞部（或刘英部），以此为基础扩大部队”。直到11月初，叶挺去延安，中共中央才同意南方各省红军游击队全部编入新四军。此时项英也到了延安，他和叶挺一起商讨了新四军的组建问题。

项英是遵照中共中央指示到延安的。12月13日，中共中央政治局听了项英所作的《三年来坚持的游击战争》长篇发言后，当即做出了《关于南方游击区工作的决议》。决议指出：

“项英同志及南方各游击区的同志在主力红军离开南方以后，在极其艰苦的条件下，长期坚持了英勇的游击战争，基本上正确地执行了党的路线，完成了党所给予他们的任务，以致能够保存各游击区在今天成为中国人民反日抗战的主要支点，使各游击队成为今天最好的抗日军队之一部。这是中国人民一个极可宝贵的胜利。”“政治局号召全党同志来学习这些同志的模范。”

14日，中共中央政治局又做出决定：撤销中共中央分局，成立中共中央东南分局（简称东南分局）和中共中央军委新四军分会（简称军分会）。项英、曾山、陈毅、方方、涂振农（涂1940年叛变）为中共东南分局委员，项英为书记，曾山为副书记。中央军委新四军分会以项英、陈毅、张鼎丞、曾山、黄道为委员，项英为主席，陈毅为副主席。

从10月到12月，陈毅在南昌、吉安等地组建了红军游击队接洽处、通讯处，和这些地方以及有关各县的国民党当局继续谈判，解决国共合作中出现的一些问题，又先后到湘赣边、赣东北等游击区，动员游击队下山改编。因为当时有些红军游击队，对抗日民族统一战线政策不理解，认为和国民党讲统一战线，就是向国民党投降；因而他们拒绝停止土地革命，拒绝下山改编。陈毅派人去动员他们下山，结果不少人被他们当做“叛徒”杀害了。中共皖浙赣省委书记关英，被弋阳磨盘山一支游击队杀了；红军十六师政委明安娄和中共鄂东南特委书记林美津，被赣东北的游击队杀了；湘南游击支队支队长曹树良，被湘赣边的游击队杀了。对此，陈毅十分痛惜和焦急，决定亲自去这些游击队，传达中共中央抗日民族统一战线精神，说服他们下山改编。

1937年11月中旬，陈毅坐着轿子来到湘赣边九龙山游击区，湘赣边游击队参谋长段焕竞和政治部主任刘培善接待了他。陈毅向他们讲解了国内形势的变化，逐条解释党的抗日民族统一战线政策和彻底战胜日军的抗日救国十大纲领，说明党中央指示要国共合作，一致对外，集中力量打日本鬼子，坚持南方八省的游击队，都要有计划有步骤地下山去。

他们听了，觉得有理。但是，一想到蒋介石连做梦都在想消灭游击队，又觉得和他合作是不可能的。特别是眼前，山下就驻着国民党军队，怎能轻易下山？不久前，中共湘赣省委还来信，说没有省委的指示，不可下山改编。于是，他们怀疑陈毅可能不是党代表，而是“叛徒”。决定把陈毅送到省委，请省委书记谭余保处理。

陈毅被送到中共湘赣临时省委住地甘子山不久，就被捆了起来，绑在省委住的竹棚子一边。省委研究对他的处理时，陈毅都听得见。他大声说：“不能杀，杀掉我，你们要犯大错误。”

第二天，陈毅被带到棚子外面一片坐满了人的树林里进行公审，他借回答问话的机会，和谭余保就抗日、恢复井冈山根据地、阶级斗争、国共合作、游击队改编等问题，展开辩论。参加公审的一部分人，被陈毅说服了，他们向谭余保建议，将陈毅关押几天，看看山下敌人的动静再作处理。因为就在两个月前，一个自称是湘鄂赣边区党委派来的交通员到了山上，谭余保热情接待了他。可是这个家伙走后不久，敌人就来剿，游击队受到了不小的损失。

在以后几天中，谭余保又和陈毅谈过几次，逐渐感到对陈毅的怀疑未必妥当。加上山下的国民党军队不但没有来剿，反而撤退了。于是，谭余保决定派一个交通员下山，到吉安去了解情况。

这时，吉安已经成立了新四军通讯处。交通员连夜带回了通讯处证明陈毅是党代表的公函和中共中央委员会告全党同志书。谭余保看了公函和中共中央文件，激动得泪珠滚滚，连声说："我鲁莽，险些误了大事。"他亲自给陈毅松绑，道歉。

陈毅却说："你是个坚决的老革命，是个好同志！"

陈毅回到南昌，听说有的同志以为国共合作就是"国共一家"，甚至提出要与国民党"合作到底"。他就及时提醒大家："我们不能麻痹，搞不好，'合作'就会变成'活捉'。"他还说："不能提'合作到底'，只能提'长期合作'。三年五年是'长期'，三个月五个月也叫'长期'。我们只有这样才能争取主动。合作是为了集中力量打倒当前主要的敌人。现在民族矛盾就是主要的，但阶级矛盾依然存在。合作抗日是有条件的，我们必须壮大自己的力量。如果没有力量，就无所谓合作。"

在这又一次大转变的历史重要时期，以王明为代表的一些中国共产党人，在共产国际影响下产生了右倾，而陈毅却始终清醒地坚持既反对"左"又反对右的两条战线斗争，这决定了他在抗日战争时期能始终站在党的正确路线的立场上，做出重大的贡献。他满怀豪情，作《国共二次合作出山口占》调寄《生查子》词一首：

十年争战后，国共合作又。
回念旧时人，潸然泪沾袖。
抗日是中心，民主能自救。
坚定勉吾侪，莫作陈独秀。

第五章　东进北上（上）

第一节　“寇能往，我亦能往”

1938 年 1 月 15 日，陆续下山的经历三年游击战争的各部队奉命集中。3 月，一、三支队先后在安徽歙县岩寺集中。4 月，二支队也抵达岩寺。长江以北的四支队也抵达皖西集中。新四军所辖共四个支队，开始休整待命开赴抗日前线。

红军游击队三年苦战，给养装备早已极度困难。新四军在江南的数千部队装备十分简陋，步枪都已陈旧，子弹每人不过几发。要开赴前线抗日，理应由国民党政府解决这些问题。但是，关于新四军的经费、弹药问题，虽经周恩来出面与国民党当局多次谈判，还是“交涉困难”（1938 年 1 月 5 日周恩来致中央电），迟迟不得解决。

鉴于这种情况，陈毅积极主张依靠自己的力量到敌后去解决。

1938 年 2 月 15 日毛泽东曾电报指示新四军的发展方向：“目前最有利于发展的地区还在江苏境内茅山。”茅山位于苏南敌后。当时的江南敌后由于 1937 年 11 月国民党大军的仓皇溃退，遗弃有大量枪支弹药。而日军兵力不足，尚未能控制广大农村，是占领抗日阵地、搜集弹药枪支、并组建游击队、发展抗日力量的好时机。陈毅认为，要及早到敌后去，军分会开会讨论，同意并委托陈毅组建一支先遣支队，先入敌后作战略侦察。

抗战初期陈毅在南昌

4 月 28 日，以第二支队副支队长粟裕为支队司令员的先遣支队组建完毕，准备出发。陈毅代表军分会和新四军军部（简称军部）首长给先遣支队作了动员。他给大家分析了江南的重要性和先遣支队任务的重要性。他指出，我们要靠三条进江南：模范的群众纪律，广泛的统一战线和胜利的战斗。随后，他先期赶到南陵，与川军交涉，为先遣支队疏通了前进道路，并随军一直目送他们过了日军的芜湖—宣城封锁线。

正如项英4月29日给毛泽东的电报中指出，国民党当局“以命令强迫”新四军，“显然是将我送出到敌区听其自灭，含有借刀杀人的用意”。他们迟迟不发给经费，不补充枪支弹药；同时，又在划给新四军游击活动的地域周围，派遣和任命了许多牵制武装。对这些，陈毅当然是洞悉的。而对共产党的抗日民族统一战线政策，对国共两党在这场战争中既联合又斗争、争夺抗日战争领导权的微妙关系，他了解和认识得更为透彻。他积极主张挺进敌后，正是为了以打击日寇的实际行动，来争取江南抗日的领导地位。这是和中共中央毛泽东的迭次电报指示的精神完全一致的。

5月4日，毛泽东致电项英，指示向敌后进军，发动广泛的游击战。项英乃决定同意陈毅率一支队立即挺进江南敌后。陈毅率一支队先由潜口赴南陵，6月1日离开南陵，3日夜通过宣（城）芜（湖）铁路封锁线，抵达苏南的高淳。6月12日，到达茅山附近的竹篑桥，召开了进入敌后的第一次干部会议，分析了情况，布置了任务，进一步统一了对进军苏南敌占区腹地开展游击战争的认识。6月15日，支队司令部进驻茅山北的宝埝镇，立即开始组织歼击日军的战斗。

在此之前的6月上旬，一支队与先遣支队于溧水的剧新桥会师。先遣支队司令员粟裕向陈毅作了整整五个小时的关于敌后情况的汇报。大家认为，根据沦陷区的黑暗和群众情绪的低沉，必须尽快地打几个胜仗，以打击日军的骄横气焰，以鼓舞民众的抗战情绪，以震慑汉奸、团结友军、树立信心、振奋士气。6月11日，国民党第三战区（简称三战区）司令长官部曾向先遣支队下达了破坏镇江—下蜀间铁道以牵制日军会攻武汉的命令。陈毅立即从一支队第二团派出两个连队加强先遣支队，同时，命令二团一、二两营靠近镇江下蜀一带活动，一面策应先遣支队，一面积极寻机歼敌。

6月17日晨，粟裕率先遣支队和一支队的两个连，完成了破袭铁道任务后，又于镇江西南的韦岗伏击了日军从镇江开往南京的车队，击毁敌汽车4辆，毙敌13名，伤敌78名，缴获日军军用品4车。这就是新四军在江南首战告捷的韦岗处女战。

诚然，韦岗伏击战是一场不大的战斗。但在江南这个特殊地区，其影响却极其广泛。国民党几十万大军接连丢了苏州、杭州、镇江、芜湖、南京，半年来，日军在江南的统治已经得到强化。国民党虽有数万之众的正规军，还有号称6万人枪的“忠义救国军”，“恐日病”正在流行，难以与日军交战。那多如牛毛的游击武装，虽然都打着抗日的旗号，有的是力不从心，有的专门“游吃”、“游劫”，更不敢主动与日军交锋。新四军说到做到，不但真敢打“萝卜头”（江南百姓给日军的绰号，因其帽顶高耸），而且旗开得胜。这就使敌、友、民众及各种社会力量都对新四军刮目相看。

韦岗的缴获：日本国旗、日军军旗、日军指挥刀、枪械、大衣、钞票、钢

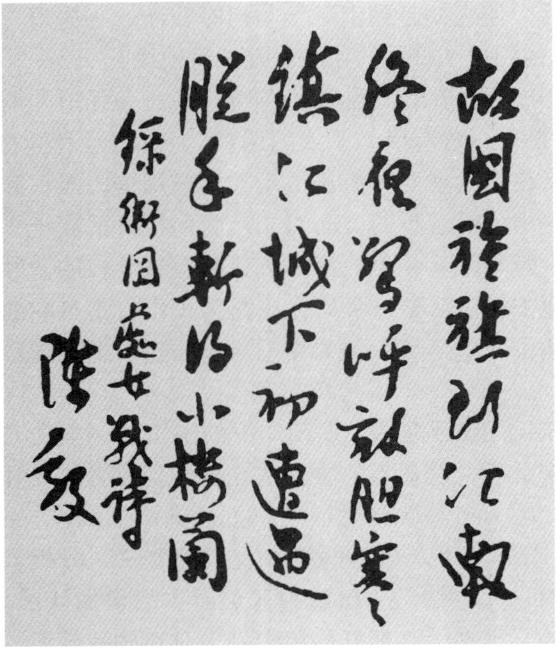

陈毅诗词《韦岗初战》手迹

盔、皮鞋、望远镜、留声机，在一座祠堂里布置了一个临时展览，群众远远近近，纷纷来看，胜利消息顿时传遍镇江、丹阳、句容……

28日，继韦岗首战之后，二团二营又在离韦岗不远的竹子岗得手，伏击了日军的一个车队，俘虏了敌华中派遣军的特务机关黎明公司的经理管明弦政南。这是新四军入江南后俘虏的第一个日本军人。7月1日，陈毅亲自布置了攻击京（南京）沪铁路新丰车站的战斗。新丰是个大据点，三层大楼，80余名日军驻守，新四军先以偷袭，将日军围困，进行激战，继而采用火攻，烈火燃烧与火力封锁，将日军全部歼灭，迫使京沪铁路一天多不能通车。8月13日，淞沪抗战一周年纪念，陈毅又指挥第二团第三营等部夜袭句容县城，摧毁了伪县政府。这是新四军在江南攻入的第一个县城。此外，一支队一、二团还进行了高资、新塘、小丹阳等战斗，都取得了震动人心的战果。新四军杀敌攻城的捷报，传遍江南，传到南京，上海，连上海租界里的外国人也为之震惊。

新四军初入江南所表现出的积极抗战精神和所取得的一个接一个胜利，极大地鼓舞了江南人民，赢得了人们的称赞和信任。新四军的装备比较差。一支队的2个团2000余人，只有2/3的人员有枪支，有的只有几颗手榴弹；枪支的质量也很差，许多是单打一（一次只能装填一发子弹）和半截子（三年游击战争时为了便于隐蔽，长枪锯成的短枪），弹药又少，更没有什么重武器。这样一支人数不多、武器破旧的武装，面对装备精良、训练有素的侵略军不但频频出击，而且次次胜利，就不能不使大家钦佩感动。江南人民从新四军身上看到了胜利的希望，地方上有抗战热情的游击武装开始向新四军靠拢，友党友军中一些有民族正义感的官兵也开始主动和陈毅联络，愿意和新四军携手抗战。当地的热血青年更是踊跃投奔新四军，其中还有从敌人的据点里逃出来的年轻姑娘。7月1日的火烧新丰车站战斗中，管文蔚领导的地方抗日武装丹阳自卫总团，派出自卫队担任了警戒及破坏敌人交通和通讯设施，队员们一听说打日军，个个踊跃。8月13日的夜袭句容战斗中，张雍冲所率领的句容地方游击武装也担任了阻击援敌和破路等任务。此后不久的8月23日，二团三营还配合国民党七十九军一部进行了胜利的珥陵河川伏击战。

项英曾提出江南抗战原则是：积小胜为大胜。事实证明，这一原则是符合江南的实际情况的。正是这一次次看来是较小的胜利，使新四军的威名很快地远播大江南北，以至国外。江南有了真正抗日的部队了！

在进入江南前的南陵会议上，陈毅曾在《新的战斗条件和新的战斗任务》的报告中，针对一部分干部的“江南特殊”思想指出：“寇能往，我亦能往。”这一系列的胜利证明：不但日军不可战胜的神话是荒谬的，江南平原水网交通发达的地区不能打游击的想法也是没有根据的。

还是在这次会议上，陈毅指出：抗日民族统一战线是战胜日寇的基本路线，取得广大群众的拥护是开展游击战争的基本条件，而我军的模范纪律、宣传和执行党的政策及不断取得战斗胜利，又是发动敌后人民抗战的中心环节。在不断取得战斗胜利的同时，新四军广大干部战士热情宣传和执行党的政策，严格遵守纪律，江南的抗日民族统一战线很快出现了可喜的局面。

陈毅对统战工作十分重视。还在挺进宝埝的途中，他就分别与土匪武装的头目许维新，国民党宝埝区区长樊玉琳，民族资本家、茅麓公司的经理纪振纲进行联络。经过三天的说服教育，首先争取到樊玉琳的完全支持，使新四军有了第一个比较安全的敌后落脚点——宝埝镇。许维新不堪日军的烧杀掳掠，曾杀死过两个下乡为非作歹的日军，表现出在敌人凌辱面前还未完全泯灭的天良。对此陈毅十分重视。挺进茅山途中，支队部曾与他们遭遇。当时，不少人主张为民除害，解决他们，也好用他们三百多人的武器装备来装备自己。陈毅坚决不同意，在说服大家之后冒雨在户外给许维新写了亲笔信，希望他能够认清大势，和新四军携手抗战。开始，许维新对新四军既不放心也瞧不起。但当他看到新四军果真是一支真心抗战又英勇善战的队伍以后，就主动找上门来，向陈毅表示愿意改邪归正，接受新四军的领导。陈毅对他毫不歧视，立即收编他的三百多人枪为一支队独立营，任命他为独立营营长，并派去一批干部。后来虽曾有些反复，但独立营的大部分官兵都被改造成真正的新四军战士，许维新本人也为民族解放事业做出了自己的贡献，最后在战斗中牺牲。

巫恒通担任过泰兴县的教育局长，抗战爆发后，回到了江南的句容老家，与胞兄巫全仁等拉起了一支不大的自卫武装，后经管文蔚介绍与陈毅取得了联系。经过陈毅的工作，他很快理解并接受了共产党的抗战主张，接受了新四军的领导。后来，以巫恒通领导的自卫武装为基础成立了新四军的新三团，巫恒通本人也参加了中国共产党。他率新三团一直在江南坚持斗争。1941 年秋的一次战斗中，他负伤被捕，在狱中绝食至死，表现出一个共产党员和民族英雄的铮铮铁骨和崇高气节。

大地主王成龙、王成凤兄弟俩有良田万亩，佃户千家，在茅山地区是一股颇大的地方势力。经过陈毅的统战，二王对日、伪、顽、共四方面都能应付，既和新四军做生意赚新四军的钱，又积极为新四军搜集情报、给新四军提供各种服务，在四方应付中私下支持新四军抗战。新四军缺粮缺款时可以先从他们的仓库账房支取，新四军征集到粮食时又可用他们的仓库储存。对他们赚新四军的钱，也曾有人提出意见。但陈毅说，不赚钱的生意是不会有人做的。只要他们是通过做正当生意赚钱，我们依然要和他们搞好团结，让他们在广泛的统一战线里发挥作用。

在所有这些统战对象中，纪振纲的势力最大，影响最大，陈毅对他花的精力也最多。纪振纲颇有来历。他投入过辛亥革命，据说还入过黎元洪的幕府。茅麓公司资金雄厚，“40 万投资，20 年经营”。在上海、南京、镇江等都有业务。陈毅甫抵茅山，就给他去了信，表示了团结抗日的诚意。

对一支只有一二千人、武器装备十分破烂的新四军队伍，纪振纲看不上眼。对蒋介石的消极抗战他是痛恨的，但对共产党倡导的积极抗战的主张，认为也只是宣传而已。他不愿意做汉奸，但也不愿意把自己苦心经营的茅麓公司断送在没有把握的抗战行动上。韦岗战斗后，又见新四军取得一连串的胜利，他的看法逐渐改变。陈毅邀请他，他乘轿子来了。晤谈之下，他对陈毅的学识风度颇为佩服。他开始相信，只要像毛泽东在《论持久战》中所说的那样坚持下去，江南抗战还是会有希望的。

陈毅多次到茅麓公司去拜访他，希望他能合作抗日，最好能公开出面参加抗战。纪振纲终于表示了愿意支持新四军的明确态度。他担心过分暴露会惹来日寇的烧杀，不肯担任新四军组织的四县抗敌自卫委员会的主任，只肯当挂名的副主任。陈毅认为，这样的人物，能争取到这程度，已经很不错了。纪振纲果然给新四军捐钱捐粮捐赠西药，还给新四军送枪支弹药。

纪振纲不久就遭到了国民党和日军的压迫，后来还被日军抓到据点里去，强迫他出面担任茅山几县的“剿匪司令”。陈毅对他的命运十分关心，多方慰勉和保护，最终他选择了抗战的道路，收起了过去“玩虎弄蛇”的做法，把整个茅麓公司的自卫队伍和武器弹药全部送给了新四军，自己避居上海，继续为新四军筹款送药。

为了结成最广泛的统一战线，陈毅凭他老共产党员的政治水平和学识、风度、口才、人品，在江南上层中做了无数细致的工作。从国民党的正规部队、政府官员，到地方上的游击队领导人、帮会刀会的首领，都建立了良好的关系。新四军在江南被大家称为“王者之师”。陈司令成了江南家喻户晓的抗战领头人。

新四军进入江南不久的 1938 年 7 月 7 日，在一支队活动地区成立了表面上是群众组织实际上是由共产党、新四军领导的抗日行政机关——镇江、句容、丹阳、金坛四县人民抗敌自卫委员会（简称四抗会），同时成立了共产党的工作委员会。四抗会及各县抗敌自卫委员会的建立，是在江南政治环境中特殊的抗日政权建设。

江南敌后抗日民主根据地的建设，一开始便是在国民党三战区和江苏省政府的敌视阻挠下进行的。抗日民族统一战线内部的矛盾是多方面的，归根到底，当然还是领导权问题。国民党在江南沦陷后，各级政府大都还坚持在当地。县有县政府，区有区政府，京镇地区也有京镇督察专员公署。在这种情况下，如果新四军再建一套抗日民主政府，就会引起严重摩擦。按国、共的协议，新四军属国民党第三战区节制，而且无权任命政府人员，如果自立政府，新四军军部和三战区的关系当然要恶化。但是国民党的政府是起不了多大作用的空架子，甚至是白吃民脂民膏妨碍发动群众抗日的拦路石。领导江南抗日的重担必须由共产党新四军来挑，必须由人民的抗日民主政权来挑。所以陈毅和第二支队副支队长粟裕他们就精心设计了“抗敌自卫委员会”的组织。四抗会成为实际上的政权机关，既管政治，又管军事，也管财政，几乎把当时茅山几县的抗日领导工作都承担起来了。

在诸多重要的工作中，四抗会的一项重要工作是开展减租减息（简称“双减”）。这是直接关系到民生的大事，是发动广大群众投入抗战行列的重要环节。陈毅对此十分重视，曾以新四军一支队支队长陈毅署名的布告来推动和实行减租减息。由于上层统战工作的成功，在新四军经常活动的地区，双减一般都开展得比较顺利。通过双减，群众的生活有了改善，抗战热情也随之高涨。各种各样的敌后抗战协会如“农抗会”“工抗会”“青抗会”“妇抗会”“儿童团”，以至“和尚抗敌协会”“道士抗敌协会”，雨后春笋般地成立和发展起来。这些抗敌协会不但帮助新四军筹粮筹款，侦察带路，救护伤员，做鞋缝衣，经常配合新四军战斗，还在地方上决定民政大事，并使一些不法士绅威风扫地。原国民党政府人员如果违背抗日宗旨，也无法立足。

为新四军输送战士也是各抗敌协会的重要工作。“吃菜要吃白菜心，当兵要当新四军”就是那时流行起来的歌谣。除了各种各样的游击武装主动投奔新四军外，游击区内广大青年踊跃参加新四军是最使国民党当局感到害怕的。

为了达到“画地为牢”、“借刀杀人”的阴险目的，国民党当局曾打着“统一政令”“统一军令”旗号，给新四军规定了许多条条框框，饬令只准打仗不得干预地方行政事务。扩军、双减和“越界”都被视为违反“军令”“政令”的行为。三战区还曾派特务部长亲到茅山视察，搜寻陈毅的“违令”事实。

面对着强大的日本侵略军，背后又有国民党反共顽固派的掣肘和破坏，陈毅领导江南抗战的责任是很重大的。因而，他除了亲自抓统战工作和政权工作以外，主要的精力还是用以对江南抗日游击战争不断进行全面深入的研究。他把红军时期游击战争的丰富经验，毛泽东的人民战争的战略战术，和江南的敌我情况紧密联系起来，在一系列重大的问题上都有精辟的见解和正确的措施。这在他抗战初期的文章如《茅山一年》中有充分的阐述。

江南游击区必须更加深入地发动群众。茅山，乍一听满以为是林莽茂密的山区，实际上部队一到，“吃惊的是茅山完全是一个童山”，山上只有茅草，游击队无法隐蔽。在平原水网、交通发达、人口稠密、敌军较多的江南地区，更加要依靠“人山”——群众。陈毅运用和发展了红军时期的群众工作经验，他的做法是：布置广大干部战士调查研究社会情况；部队模范地执行纪律；胜利的抗日战斗；广泛的宣传工作；成立各种抗日群众组织进行抗日活动和组训；用主佃协商、“让租让息”来解决民生问题和阶级合作共同对日的问题；武装群众。陈毅有南方三年游击战争中对待赤、白交界区群众的经验，他很能体谅游击区群众“敌人到来没有应付办法，受到摧残后无任何救济”的苦衷，因而对他们“不得已的与敌人妥协”采用争取其转变成为“两面派”进而走向抗战的办法。群众因为新四军的活动而受到日军摧残，新四军就主动组织救济。在这种热爱群众、宣传群众、组织群众、武装群众的方针指引下，江南人民从一开始的同情新四军进到支援新四军作战，甚至发展到带枪上阵、配合作战的水平。

江南游击区必须团结和整理地方武装。江南地区国民党遗弃枪支甚多，“司令如毛”，是相当巨大的抗日力量。陈毅把他们细分为十大类：“（一）国军派遣的游击兵团；（二）地方拥兵自卫土皇帝式的武装；（三）抗日分子，如文化人前进青年集合成的；（四）帮会首领号召成立的，徒子徒孙一大堆，加上绿林成分；（五）地方县、区政府的常备部队；（六）两面派武装；（七）反正的部队；（八）含封建迷信的武装，如大刀会、红枪会之类；（九）含党派性的或党派领导的武装；（十）散在民间未成军的武装。”陈毅除了对投敌的、不可救药的部队坚决予以消灭外，对这些地方武装都保持其地方性和独立性，扶助其发展；帮助他们整理纪律，洗刷坏分子；调解他们之间的内争，杯酒化仇为友，共同抗日；帮助他们训练干部和部队。最有意思的一条，是能领导他们在战斗中锻炼，作战时分给他们较轻松的、易获战果的任务，绝不令其打硬仗置之于险地，这样来给予最实际的训练，提高其抗日信心，增强其对新四军的信赖。这最能使地方武装得到鼓舞。对于素质好的部队，还派得力干部帮助其逐渐“党化”。后来，不少地方武装能够和日伪军独立作战，有的更发展为共产党所领导的正规军。

江南游击区必须认真而敏锐地研究敌人的战术。陈毅分析：江南地区是在敌人心腹区域；是在敌人包围分割之中；敌人兵力大、运输快、指挥统一；敌我长期相持。因而更需要密切注视敌军的动向。陈毅还掌握着日本国民以及日本军队的一个民族特点：模仿能力强，变化灵活。新四军战术上有什么长处，日军往往很快能应付。因而新四军必须注意学习敌军的长处，敌变我变。新四军善于夜战；日军的夜战很快也有进步，由白天的多路合击变为黑夜奔袭，专走小路，突然包围。新四军的侦察、警戒、情报、敌伪军工作便进一步加强。新四军重视白刃格斗；日军的刺杀练得更精熟，腰上还围着不易刺透的帆布护肚。新四军就利用日军刺杀时不顶上子弹的弱点搞“格斗射击”，出刺刀的同时击发子弹，使日军大吃其亏。新四军利用日伪军同守一幢建筑、同走一条路的情况，首先把伪军打乱，波及日军；日军后来就和伪军分守不同的碉楼。新四军便采用以一部兵力监视日军碉堡，大部兵力先迅速解决伪军，然后集中全力总攻日军的部署。夜袭延陵全歼日伪军便是一例。新四军集小胜为大胜，专打小据点；日军便撤退许多小据点，守备交通要道及大中据点，加强扫荡奔袭。新四军江南部队在陈毅指挥下，对于友军、群众及部队本身希望新四军打大中据点的要求沉着不为所动，坚持集小胜为大胜的方针，发动广大群众和地方武装积极参战，在反扫荡中采取伏击奇袭手段消灭敌人。后来的贺甲战斗（延陵大捷）便是典型的战例。

此外，像游击区行政系统问题、游击区敌我政治争夺的问题、敌伪军工作问题，等等，陈毅都带领部队和地方干部进行了深入的研究。

特别是对国民党三战区给予新四军的刁难，陈毅既坚持原则，又能作灵活的处理。如减租减息、扩军等关系到江南抗战成败的大问题，陈毅是决不让步的，但在做法上又实事求是，因地制宜。他接受了邓子恢提出的“让租让息”的建议，使江南的双减比较温和地进行。在扩大武装方面，他也指示在边缘区采用组织冬防队等一些地方群众色彩更浓的办法。

新四军在江南的积极进攻，直接威胁着南京、镇江等日军的战略据点，威胁着京沪铁路、京杭国道等交通命脉。这迫使侵华日军不得不调整部署，抽调兵力增防江南。以南京为中心的日军增加到一个师团，以镇江为中心的日军增加到一个旅团，以芜湖为中心的日军增加到一个师团，另外还增加了从满洲调来的伪军5000人。

从1938年8月下旬开始，日军连续向江南新四军发动进攻。8月22日至24日，日军分八路合击小丹阳；9月10日，五路进攻宝埝；9月12日，三路进攻蒋墅桥；9月15日，分两路进攻上兴镇和上沛埠；10月7日，分两路进攻新王庄、北镇、火烧茅山；10月24日，五路进攻句容以北地区；11月10日，又进攻蒋墅桥；11月30日，五路合击延陵……

面对敌人的疯狂进攻，新四军一面机动阻击，一面深入敌后，不断消灭敌人，打击日军的要害。如小丹阳战斗，日军抽调第十八旅团两个联队及其他部队，计步兵4000余人，骑兵500余人，配备重炮10余门，轻炮数十门，并以轰炸机、装甲车掩护。新四军第二支队第三团机动游击，一部利用有利地形，歼击日军，主力变内线为外线，分兵袭击当涂、陶吴等城镇，还以精锐部队奔袭南京近郊，夺取雨花台制高点，向中华门内外日、伪军事目标射击。同时，一支队积极配合，动员群众和地方部队破击京沪、京杭、镇句、溧武等公路，还派部队突袭南京东郊麒麟门。战斗三日夜，日伪军死伤50余人，狼狈收兵，新四军无一阵亡。

1938年下半年，江南新四军对日伪作战200余次，杀伤日伪军3000余人。

新四军的胜利，必然招来日军的报复，招来国民党顽固派的嫉恨。新四军面临着“前门有虎后门有狼”的三角斗争。因此，陈毅一方面坚决在茅山地区打击日军，另一方面便更积极地执行“东进北上”的战略方针，以扩展抗日游击战争的战场。

第二节　面对“牢笼”和“陷阱”

国民党当局划定给江南新四军活动的区域，只是京沪铁路以南，东西不过百余公里、南北只有五六十公里的一块狭长地带。划定的区域内交通相当发达，日寇据点越筑越多，给新四军回旋的余地十分有限，给新四军的游击活动造成很大困难。显然，这是国民党当局的“画地为牢”，如不冲破“牢笼”，势必会使江南新四军在日寇和国民党军的夹攻下越来越处于不利的境地。

毛泽东早在1938年5月4日给项英的指示信中，就曾明确指出：“在茅山根据地大体建立起来之后，还应准备分兵一部进入苏州、镇江、吴淞三角地区去，再分一部渡江进入江北地区。”文字很简短，陈毅却从中领会到一个重要的战略意图：即从长江南北两面向东向敌占区发展，夹江而阵，正好扼住华中日军运输兵员、供应品和掠夺品的咽喉，对扼制日军有很大作用。陈毅在创建茅山根据地的同时，就已开始筹划向东向北分兵发展的具体行动。

江南司令多如毛，茅山周围不下三五百个，京沪沿线及其以东地区也不下三五百个。这些司令手下，多则几百人枪，少则几十人枪，都是可资利用的力量。在分兵向东向北发展上，陈毅也同样先做好这些地方武装的工作，争取让他们做开路先锋。

京沪铁路以东以北地区除了号称有六万人枪的国民党特务武装忠义救国军（简称“忠救”）和省保安旅的一部驻军外，在那几百个大小的司令中，力量比较大也比较靠近茅山根据地的，主要有丹阳北部的管文蔚和江阴西乡的梅光迪、东乡的朱松寿等。管文蔚在大革命时期曾参加中国共产党。他抗日热情高，领导的丹阳自卫总团规模大，自卫团几乎遍及丹北的所有区、乡，武器也多，也有一定的战斗力。梅光迪和朱松寿据说历史上也曾和共产党有过联系。朱松寿的部队曾被忠救解决过一次，但他想抗日，又悄悄地重新拉起一些人来。梅光迪的部队有三五百人枪，听说已有中共上海地下组织的干部在工作。

陈毅首先联系上的是管文蔚。在火烧新丰车站的战斗中，他们进行了有效的配合。7月上旬，陈毅就到延陵，和管文蔚作了长谈，给他宣讲了中国共产党在抗日战争时期的方针政策，并指示自卫团要逐渐向江边发展，伺机过江。陈毅又派支队参谋长胡发坚和政治部主任刘炎到丹阳自卫总团作了视察，随后于9月中旬，派了二十几名党政军干部到自卫总团工作，把自卫总团改编为丹阳挺进纵队（简称“挺纵”），开始了全面的党化。陈毅又派惠浴宇等到挺纵工作，准备随挺纵到苏北，加强和统一中共苏北地方党的工作。挺纵发展迅速，部队的素质有了

陈毅（中）与管文蔚（右三）等合影

很大提高，并很快把丹北根据地扩大到长江边。10 月 8 日，挺纵第一次进驻长江中的扬中。但陈毅迅速发现，盘踞扬中与日军勾结的伪化顽军并未就歼，显然正在密谋反扑，消灭挺纵。陈毅急令撤回，顽军果然多路反扑，结果扑空。1939 年 1 月，挺纵第二次进击，解放了扬中。这一次由于彻底解决了伪化顽军保安九旅的贾长富团，扬中得以巩固。挺纵一部并进驻长江以北的大桥、嘶马地区，开展抗日游击和群众工作。这样，新四军北上江北的跳板就架起来了。[①]

梅光迪处在忠救、保安旅和新四军的三面争取之中，有些摇摆。梅光迪部队所踞的位置十分重要，是新四军跨出茅山向东路发展的重要落脚点，陈毅曾两次派二团参谋长王必成率部进入东路，在寻找中共上海党组织派出人员的同时争取与梅部联络。1938 年 11 月，上海党组织派往梅部工作的何克希奉命到茅山向陈毅作了详细汇报。据何克希、叶飞等后来回忆，从那以后，梅光迪和朱松寿根据陈毅的决策，率所部到了茅山，由陈毅亲自主持对他们进行了短期整训，提高了军政素质。年底，陈毅把梅、朱两部编为江南人民抗日义勇军（简称“江抗”），并派支队参谋长胡发坚去江抗全面负责，江抗随即开回东路（指沪宁铁路以东的常州、江阴、无锡、常熟、苏州、太仓一带地区）。于是，向东发展的第一步也已有了比较具体和有效的布置。

扬中解放后，在管文蔚的陪同下，陈毅视察了这块江中跳板。扬中四面环水，人口物产均多，建设巩固好了，不但是向北发展的重要通道，也是部队休整的理想基地。陈毅还指示：扬中不但要成为军事上的跳板，还要成为政治上的跳板，成为给苏北广大群众及绅商各界展示的范例。为此，陈毅特别给挺纵重申了群众纪律，批评了一些过“左”的行为。他给管文蔚详细交代：扬中地处要冲，商贩特别多，往来于苏北、上海等地，影响很广。必须注意执行好共产党的政策；又吩咐要尽量把扬中各界代表人物吸收进抗日的民主政权中来，千万不要把他们排斥在外。所有这些，对苏北各界的影响都会十分巨大。

向东向北发展的蓝图已经十分醒目。只要茅山再发展一些，就可以分派主力跨出茅山，向东路和苏北挺进抗日了。

然而，此时国民党第三战区突然来了命令，让一支队去接替国民党军一〇八师，担任芜湖以东水阳一线的阵地防御。

水阳是水网地区。让一支只有一个多团、没有重武器的部队去接替一个正规师的防务，显然是置之于死地的陷阱。三战区见多种办法都无法限制住新四军的抗日范围，丹阳挺纵又占领了扬中，于是定出了这个把一支队送到日军炮火下守备水网阵地的毒计。

事出突然，大家一时都感为难。按国、共协议，三战区有权向新四军下命令。这种情况下，不去接防，就是“抗命”；而去接防，无异送死；如果准备翻脸“摩擦”，不但力量悬殊，且也“理”不在我。陈毅思考再三，决定亲自去找

---

① 管文蔚：《陈毅在大江南北》，江苏人民出版社 1981 年版，第 52 页。

三战区前敌副总指挥，节制江南各作战部队的国民党中将冷欣说理。

对这个命令的要害，冷欣当然更清楚。但他也清楚，如果陈毅据理力争，却也不好对付。因为，这命令并不符合国、共两党谈判之初所商定的让新四军到敌后担任“游击任务”的精神。

陈毅果然据理力争，摆了大量事实，充分阐明新四军深入敌后以来卓有成效地开展抗日游击战争，并迭受蒋介石、顾祝同电令嘉奖；批驳了诬蔑新四军“游而不击”“保存实力”等不实之词；也申述了敌后斗争的种种物质困难，凿凿有据。冷欣组织一批官员谋士和陈毅舌战，核查具体事实，对照各种条文，谈判长达三昼夜，但事实胜于雄辩。冷欣不得不承认，克扣新四军的经费、被装弹药兵员补充不及时而且数量也极小，确是事实。他也不得不承认，如果这些问题不另想办法解决，新四军在敌后无法生存。而同时，他也只得在一桩桩的事实面前承认，在如此困难的条件下，江南新四军的抗日游击活动是战绩卓著的。因而，命令陈毅所部放弃敌后游击而以劣势装备作阵地防御是不用其长而用其短。当陈毅步步紧逼，最后提出两党协议精神并声称要报中央解决时，他只好表示收回成命。此番斗争，陈毅在 1941 年 5 月 17 日所作的《在华中局高干会议上的报告》中作了叙述。

1938 年 10 月 25 日，武汉失守。日本政府加紧了对国民党的诱降活动。同年 12 月 18 日，汪精卫投敌。这样，日军便更加重视江南腹地的“治安”。日军对江南新四军的报复“扫荡”也就更加频繁，更加严酷了。江南茅山的心腹地带，在一支队初到时只在交通沿线较大的镇上有日军据点，到这时三五里就有一个据点。据点之密集，犹如古代比武打拳用的梅花桩。1939 年 1 月上旬，日军又六路进攻二支队三团。三团占据山地杀伤敌人，同时派部队袭击敌侧后，迫其回窜，又在其回窜途中给以伏击，并乘胜攻克小丹阳、陶吴，镇压了汉奸。1 月中旬，二支队奇袭芜湖近郊的官陡门，八分钟解决了战斗。一支队也在不断粉碎日军“扫荡”的同时，主动袭击敌人。1939 年 2 月 4 日，袭击丹阳城西门，突入城内，歼敌伪 50 余名。2 月 6 日，王必成率领二团，攻克东湾据点，全歼守敌日伪军 50 余名。2 月 18 日，即农历除夕之夜，在陈毅亲自布置下，段焕竞率领二团一营长途奔袭延陵。按预定计划，由一连占领简渎河东北地区，监视大庙内日军；二、三连突袭河西南的 2 个大碉堡里的伪军，悉数将其俘获。随即全营向日军发起总攻，用长竹竿捆绑集束手榴弹炸开围墙枪眼，攻入庙院，逐屋激战，最后用火攻歼灭了顽抗的日军，攻克延陵。此战全歼日军川野中队 1 个分队和伪军 100 余名，还生俘日军 1 名。

但是，在敌、顽的夹击中，还必须有更有力的措施，才能使江南新四军获得斗争的主动权，使东进北上的战略意图得以实现。

在这个问题上，部队内部有一些不同的意见。有的人认为陈毅在江南敌后行动过火，开展双减，解放扬中，发展武装，刺激了友军友党，是什么“人、枪、款主义”。陈毅感到，根据敌后的实际，根据中共中央一再强调的“独立自主”

精神，新四军应该制定一个更明确、更具体的冲破敌、顽夹击的方针了。恰于这时，陈毅得到通知：中共中央军委副主席周恩来即将到皖南军部视察工作。

1939 年 2 月 23 日，陈毅与项英等在新四军军部所在地泾县云岭附近的章家渡迎接周恩来。

1939 年春在新四军军部（左起：陈毅、粟裕、傅秋涛、周恩来、朱克靖、叶挺）

周恩来当时在国共合作中担任国民政府军事委员会政治部副部长。这一次，他以政治部副部长的身份来三战区视察工作，借此机会专程来新四军传达和贯彻中共六届六中全会精神。

扩大的中共六届六中全会，批评了以王明为代表的统一战线问题上迁就主义的错误，再次强调了中国共产党及其领导的军队必须“独立自主”地宣传抗日，发动群众，扩大武装，建立、巩固和发展抗日根据地的精神。会议还指出，华中是目前全国最好发展的区域。根据华中的实际情况，会议决定：撤销长江局，成立中原局，以刘少奇（当时化名胡服）为书记；东南分局改为东南局，仍以项英为书记；以便更有力地开展华中和江南敌后的抗日工作。

周恩来到皖南，进一步与东南局及军分会的领导人，商讨六中全会精神的贯彻和新四军的发展方针。

新四军应向何处发展？曾有人认为，江南的情况特殊，敌、伪、顽的力量过于强大，平原水网又给部队的行动带来许多困难，不如向南，向闽浙一带发展，那儿是老区，群众基础好，又多高山密林，地理环境也十分有利，为部队的大发展提供了许多江南所没有的条件。陈毅则认为在日军并未侵占浙赣闽广大地区时向南、向闽浙一带国民党统治区发展，必然会造成政治上被动。他深感中央关于新四军向北发展的方针是正确的。武汉失守后，蒋介石政府在对内对外政策上的严重变化，国民党的五届五中全会上制定的“溶共”、“防共”、“限共”、“反共”

政策在江南已经逐步表现出来的现实，都使他看到全国性的反共高潮将难避免，新四军必须更积极地向东向北冲出三战区所设置的牢笼。

周恩来和项英、陈毅都作了长谈，并广泛听取了各支队负责人和其他一些干部的意见。他肯定了陈毅在江南的发展是符合六届六中全会的精神的。他指出，1938 年 10 月 25 日日军攻占武汉后，抗战的相持阶段已经到来。他说，我们现在的方针是正面战场必须使日寇不再深入，而要做到这一点，敌后战场就必须开展更广泛更深入的游击战争。他说，五台山和江南，一个牵制敌人主力五六万,一个牵制敌人主力三四万，全国如果有十几个、二十个这样的地区，就可以使日军疲于奔命了。在这相持阶段中，我们还要发展壮大，准备将来的反攻和决战。而这，势必就要牵涉到与国民党的关系。中国共产党的六届六中全会所做出的华中是目前最好发展的区域的指示，是有深刻含义的。由于日本政府在攻占武汉后改变了侵华方针，把对国民党政府以军事进攻为主的方针，改变为以政治诱降为主、军事进攻为辅。这就会使国民党政权在日本政府的新政策中强化历来的限共防共的政策。国民党五中全会上制定的反共政策，就是这一政策发展的必然结果。随着这一政策的继续发展，国共两党的矛盾必然继续深化。抓紧时机发展华中，既是壮大共产党、新四军抗战力量的需要，也是为一旦国共间发生不测事件时机动回旋的需要。八路军和新四军在华中携手，将会促使整个国共合作持久和顺利。

1940 年春，陈毅与张茜结为伉俪

在东南局和军分会负责人的会议上，经过了整整两天的讨论，根据中央巩固华北，发展华中的精神，在周恩来的启发下，大家终于商定新四军今后发展的战略方针是：向南巩固，向东作战，向北发展。

陈毅这次皖南之行收获很大，不仅在大局上得到了英明的方针，而且在个人生活上得到了张茜的一张照片。对于这位武汉参军的军部服务团的主要演员，陈毅心向往之非止一日了。

第三节　东进东路　北上江北

回到茅山，陈毅立即着手部署东进北上。

此时，江南斗争局面也在不断发展变化。正如项英 1939 年 4 月 12 日给中央的报告所说，“随一支队对东湾据点的进攻和延陵据点攻击的胜利，使敌梅花桩据点动摇……一些小据点陆续放弃，集中大兵力到必要的据点去”，而加紧了对新四军各部的多路机动的跟踪“扫荡”。一支队二团一部在袭击日军后，被日军跟踪包围，在上下会发生激战，二团的政治主任肖国生壮烈牺牲。在东路，由于梅光迪所辖的一些大刀会等地方势力在顽固派进逼的形势下发生动摇，领导江抗的一支队参谋长胡发坚，到处奔波处理，在一次处理紧急情况时被走火的流弹击中牺牲，致使江抗的工作更加困难。陈毅与支队其他领导人研究后，决定先分兵“向东作战”。

此时江南的一、二支队有二、四、六 3 个主力团。初进江南时一支队有一、二 2 个团，二支队有三、四 2 个团，共 4 个主力团。由于多方面的原因，主要为了加强皖南，军部从 1938 年 10 月开始就将一、三两团陆续调回皖南，将三支队的第六团（缺 1 个营）开赴茅山，归陈毅领导。从 1939 年深秋开始，六团已在茅山活动半年时间，多次打击日军。陈毅决定让六团打过京沪铁路，以江抗二路的番号到东路去抗日。同时，组建一个新六团。

1939 年 5 月下旬，老六团已进行了动员教育和短期整训，以段焕竞为团长的新六团也同时组建完毕，报告军部后，只待军部回电同意。但是，就在预定出发的前夕，军部发来了停止东进的电令。

停止东进，主要是担心六团到日军顽军众多的东路去会被消灭；其次是越出了原定新四军游击的范围，可能刺激三战区，影响统一战线。

的确，东路完全是平原水网地区，河宽水深；公路、铁路、航道交叉连接，主要交通线都控制在日军和忠义救国军手里，在那儿开展游击活动十分困难。新四军去到那里，稍有不慎就会吃大亏。再者，周恩来来皖南后，蒋介石急忙派陈诚和白崇禧赶到三战区，与顾祝同得出了“叶项乃瓮中之鳖。手到擒来；陈粟如海滨之鱼，稍纵即逝”的结论，决定进一步限制江南，对付陈毅、粟裕。六团东进抗日可能使三战区恼火。

同样敏感到整个局势的变化，陈毅却更感到必须坚定地抓紧执行“向南巩固、向东作战、向北发展”的方针。接到军部的电报后，他经过反复思考，把六团团长叶飞找来当面商量。

叶飞也同意东进的主意，向陈毅表示，军事上他可以保证：部队不会被消灭。叶飞的态度进一步坚定陈毅的决心，在十分慎重地考虑后，决定六团按时于翌日拂晓东进。一面电告军部请予追认。

六团东进后，在叶飞的率领下，放手发展，打击日军，很快打出了声威，并收缴了大量武器弹药，其中轻机枪特别多，既调拨给军部，还补充给六团加强了部队的战斗力。三战区很快就发现江抗已经不是原来的江抗，可能是陈毅把茅山的主力派过去了，便让冷欣几次向陈毅追查。但冷欣并没有抓到确凿的证据，乃提出请陈毅派人去东路联系。陈毅提出：派人可以，但必须带电台；人少了还不行，起码得去一个营，等等。冷欣生怕新四军打着合法的旗号进一步“越界”，连忙拒绝。六团东进的事也便只好不了了之。

六团东进后不到三个月，人枪就翻了好几倍，由东进时的不到500人发展到了5000人，枪支弹药和经费还源源不断地往茅山和军部输送。在苏州到上海的敌寇心腹地区，六团不断打击日军，进行了攻占浒墅关，截断京沪铁路，火烧上海虹桥飞机场等惊动中外舆论的胜利战斗。分兵东进北上的第一个大步骤完全成功了。

派遣六团东进之后，陈毅匆匆赶到挺纵，在管文蔚等陪同下，视察了长江北岸，研究了向北发展的方针。

当时的苏北，除了日军和伪军任援道的江浙绥靖军一部占据各水陆要冲外，国民党系统的军队主要是江苏省代理主席、鲁苏战区副总司令（总司令于学忠，驻山东）兼二十四集团军总司令韩德勤的七万人，和苏鲁皖边区游击总指挥部正副总指挥李明扬、李长江的三万人。韩德勤（人称省韩）的主力是李守维的第八十九军和翁达的独立第六旅；以及何克谦、张少华等的十个保安旅。李明扬、李长江（人称"两李"）辖下主要是十来个游击纵队。此外，孔祥熙、宋子文系统的税警总团，也有四个团的武装。苏北的这些国民党武装，名义上都归韩德勤指挥，实际上因为地盘、税收、供应等问题互相间意见纷纷，更因为有大鱼吃小鱼的争斗，两李和税警总团及韩德勤的矛盾都很深。他们当中，韩德勤是国民党内的实权派，是苏北的主要反共顽固势力。韩德勤既不积极抗日，日军一般也不向他们进攻，韩德勤乃以主要精力搜刮民财和摧残抗日的民主力量。1939年，韩德勤先后出动正规军包围突袭东海抗日武装——八路军独立第三团，杀伤该团团长以下数百人；围攻高邮湖北的抗日游击队，惨杀游击队领导人陶容以下数百人。韩德勤连不是共产党的游击队也并吞残杀。敢于抗击日军的陈文部队发展到三千多人，被韩德勤派主力八十九军突然包围，狠打一个星期，全部缴械或杀害，团长陈文也遭谋杀。显然，韩德勤是在苏北发展抗日进步力量的绊脚石。两李的几个纵队中，有比较反动的，也有比较倾向于抗日和进步的，一方面他们不愿事事受制于韩德勤，一方面，目前表现出对"挺纵"北渡长江的部队尚能容纳。因此，两李可算作是苏北的中间力量。这样一分析，陈毅感到"向北发展"的具体方针清晰起来。他给挺纵领导提出的发展苏北的方针是：灭敌、联李、反韩（一作"抗日、联李、孤韩"）。

新四军在长江下游的战略是江南、江北部队都沿江在敌占区向东推进，控制华中日军的咽喉。两李的部队分驻在泰州一线，正处在新四军到江北向东发展的大路旁。同两李的关系搞好了，还可以使两李成为挺纵和由兴化一线南进的韩德勤部队的缓冲。因此，陈毅决定亲赴泰州会见两李。1939年7月中旬，陈毅一进泰州。

两李中，决策的是李明扬。李明扬并非蒋介石嫡系，但在北伐时期就担任第三军的副军长，在国民党内是有较深资历的人物。韩德勤排斥他，但又不可能随心所欲地指挥他。李明扬老谋深算，对新四军的态度基本上是既不得罪也不靠近。挺纵在扬中消灭贾长富团他并不反对。他暗地希望能借新四军的力量多少为自己扫除一些荆棘，牵制一下韩德勤的力量。但他自己又不愿意得罪韩德勤。新四军支持挺纵北渡的意图，他是清楚的。他的手下有个别纵队司令倾向新四军、个别支队司令可能是共产党员，他也略知一二，但是他装作不知，让他们与新四军暗中来往。总的来说，李明扬当时是企图两不得罪而从新四军与韩德勤的矛盾中得些好处。

基于这样一种立场，两李对陈毅的首次拜访，礼仪上做得还体面，李长江出迎，李明扬主宴；对实际问题却是避而不谈。对李明扬这样的人物，陈毅是深所了解的。事实上，也不可能希望他经过一次晤谈就和新四军携起手来共同发展苏北抗战事业。对两李来说，韩德勤兵力雄厚，而且曾任国民政府军事委员会办公厅主任，是蒋介石、顾祝同的亲信，可以直接“告御状”。触怒了省韩，吃亏的首先就是自己。陈毅并不强求两李。初访两李，目的就是建立高层的联系，以便继续争取。

此时，全国局势正急速地变化着。国民党张荫梧部袭击冀中八路军后方机关，残杀八路军干部战士 400 人。杨森部包围新四军湖南平江通讯处，残杀了新四军干部涂正坤等制造了“平江惨案”。全国反共高潮的端倪已经越来越明显。这使陈毅更急于打开苏北抗战局面。

陈毅准备“二进泰州”，进一步联络两李。恰于此时，出现了一个争取和团结两李的良机，李明扬致函陈毅，请新四军帮助从三战区运送一大批弹药到江北。

李明扬请陈毅帮助运输子弹，既是与韩德勤矛盾的结果，也是陈毅“一进泰州”的结果。这批子弹，来之不易，是李明扬通过私人关系要来的。李明扬无力运输，韩德勤曾帮助运输过一小批。但是，不知被谁中途调包，运到的子弹全都不能用，李明扬只好通过辖下的那个共产党员支队司令陈玉生转求陈毅。从位在浙皖交界的三战区弹药库运到江北，要穿过整个苏南地区，要通过公路、运河、铁路、长江等多道日军封锁线，除了新四军是办不好这件事的。陈毅接信，十分高兴，立即找二支队负责人、副司令员粟裕商议。

为了打击日军的需要，1939 年 8 月，一、二支队开始合并指挥（于这年的 11 月 7 日正式成立了江南指挥部，以陈毅、粟裕为正副指挥）。陈、粟商量后，决定派四团副团长张道庸（后改名陶勇）和政治处主任卢胜率四团的一个加强营，负责与陈玉生支队一部一同押送子弹并趁机渡江北上。为了遮掩三战区的耳目，部队到江北与管文蔚挺进纵队的梅嘉生支队合编，改名为苏皖支队。

11 月中旬，帮助两李押送弹药的任务顺利完成了。李明扬大为欣喜，觉得新四军既有能力，又有诚意（既然帮运子弹，决不会来攻打），与新四军的关系立即亲近起来。这自然是统战两李最好的机会，陈毅准备抓紧时间“二进泰州”。可是就在这时，江抗在东路出现了亟待解决的问题：从事“曲线救国”的国民党忠义救国军已经和他们摆开了决战的架势。

江抗在东路所遇到的紧张局面，自然是由于江抗的发展直接影响到了忠救搜刮民财的地盘，而忠救的阻挠破坏又直接影响到了江抗抗日活动。在忠救偷袭中，六团副团长、英勇善战的吴琨不幸牺牲。因此矛盾愈来愈尖锐；更重要的，还是来自重庆的策动。

对新四军的东进北上，蒋介石早已十分重视。很清楚，八路军南下，新四军北上，一旦携起手来，发展苏北，那对他来说后果将是不可想象的。苏北是打开华中抗日局面的关键所在。新四军占领扬中，跨江北上已是大患；江抗如果也来个掉头向北，由江阴北渡进入靖江、泰兴、南通地区，那就更危险了。因此，这年9月间，他把韩德勤急急召去重庆述职，面授机宜，饬令他务必严密注意新四军的动向，并正式任命他为江苏省政府主席，授予军政全权，便于处理苏北事务。同时，饬令顾祝同，务必将江抗等部堵截在江南。顾祝同则把忠救一部集结在长江沿岸，务求堵住江抗，不使渡江北上；另一部配合六十三师积极寻衅，企图在决战中危害江抗。陈毅接到叶飞的电报之时，忠救已多次和江抗交火，在无锡和江阴的交界处西胶山一带摆开了决战阵势，一触即发。

就当时江抗的战斗力说，和忠救摩擦一下也不致失利。但是，（一）这一来势必进一步恶化本来就已十分紧张了的江南统战关系，有可能被反共顽固派用为借口，扩大事端，有损于国共合作大局；（二）江抗处于孤立无援的境地，大规模摩擦必然要严重消耗自己的力量；（三）现在国民党既已注意到新四军的北上意图，则冲破国民党的封锁、堵截、限制，向江北发展，已时不我待。而“向北发展”，争取华中，是大方向，是关系整个抗战前途的大局，为局部摩擦影响这个大局更不可取。因此，陈毅连电叶飞，要避免和忠救决战。

老六团东进之初，陈毅交给他们的任务就是：发展人、枪、款，开辟抗日游击根据地。半年间，人、枪、款已大大发展，东路抗日游击根据地也已初步开创出来。如今，为了向北发展争取华中，陈毅决定实行战略转兵；把江抗的主力撤出江南的东路，转用到苏北去，这是争取苏北、争取华中的战略性措施。

为此，陈毅赶到江抗，和叶飞等作了详谈，给干部们作了动员。11月下旬，江抗经江阴安全撤至扬中，与管文蔚部合编为新四军挺进纵队，开始整训，准备北渡。这就在东进北上的斗争中又一次争得了主动。

江抗到了扬中，苏皖支队（简称“苏支”）已在长江北岸的大桥、吴家桥一带集结。两只向北发展的有力的拳头都准备好了。陈毅于是“二进泰州”，会见两李。

这一次和两李会晤，“所谈甚好”。项英报中央说：通过秘密晤谈，陈毅和两李商定，“以第四团张道庸部北进与罗支周团取得联系”，以江抗二路即叶飞部和管文蔚部一个团“与两李部队配合，向启东、海门、如皋、东台挺进”。罗支周团即罗炳辉第五支队的周骏鸣第八团，此时正活动在淮南，沿长江北岸逐步向东发展。取得两李谅解后，张道庸就率苏支西入扬州、天长、六合、仪征地区活动，与罗炳辉支队呼应。管文蔚、叶飞则率主力进入江北的大桥、吴家桥一线，准备与两李部队配合向东发展。同时，派一个团回到东路坚持。到此，“向北发展”已形成十分有利的战略展开了。

此时，国民党顽固派的反共投降活动正在紧锣密鼓地展开。国民党五届六中全会确定从政治限共为主的方针，进而实行军事限共为主的方针。不久，国民党甘肃省主席朱绍良策划了袭击八路军的“陇东事件”；山西省主席阎锡山制造了以 6 个军的兵力进攻抗日决死队、杀害共产党员和革命群众 5000 多人的“晋西事件”；国民党九十七军朱怀冰等部进攻八路军总部所在地太行山区等；掀起了第一次全国性的反共高潮。与此相呼应，在新四军活动的地区，继“平江惨案”之后，8 月，顽固派又制造了“竹沟惨案”；11 月，在茅山制造了杀害新四军二团独立营营长马烽、吞并独立营 300 多人枪的“镇江惨案”。一时间，乌云翻滚，山雨欲来。

为了应付全国性的突然事变，12 月 19 日，陈毅亲自主持，在茅山地区的建昌圩召开了中共苏皖区第一次代表大会，进一步健全了党组织的建设。会议后成立了苏皖区党委，以吴仲超、谭启龙为正副书记，下面分设苏皖特委、苏南特委和苏北特委，从党的建设上开辟了一个与军事布置一致的足跨大江南北的局面。

对新四军的处境，中共中央十分关切。12 月 26 日，中央在对时局的指示中强调指出：顾、韩兵力在冬季反攻名义下，从江南、江北两面包围新四军，各地必须在一切地方准备对付突然事变。为此 1940 年 1 月，项英主持召开了东南局和军分会的联席会议。

联席会议决定：南方在发生突然事变时应有一支军队坚持作核心，来团结与领导南方各省武装与群众的斗争。同意江南大力争取和发展苏北，但要求在不影响争取苏北的条件下，由江南加强皖南力量。这样，在国民党大举进攻皖南军部时，项英主张先打破其进攻，随即向浙闽发展。项英以此报告中央。

对于争取和发展苏北，陈毅当然同意。苏北的重要性已越来越明显。1939 年 11 月刘少奇从延安赶回中原局。与中原局其他领导干部研究后，刘少奇指出：“应集中最大的力量”向江苏北部发展，应把苏北作为“突击方向”，并于 12 月 19 日电中央提出正式建议。刘少奇的建议为中央所接受，使陈毅的目标更为明确。然而从后来陈毅发给中央及项英的电报看，陈毅对于“长征闽浙”和由苏南加强皖南，都是有异议的，相反，他的主张是皖南军部率主力到苏南，迅速增强苏南力量，而后向苏北及浙西发展。

中央书记处接到项英 1 月 14 日的报告后，于 1 月 19 日复电指示项英：新四军向北发展的方针六中全会早已共同商定，后来周恩来到新四军又商得向南巩固、向东作战、向北发展的一致意见，华中是目前在我国最好发展的区域，我们主张大大地发展华中力量。“今后全国形势的发展，即使全国发生大事变后新四军能否向南发展，向皖浙赣大活动，抑或应过江向北，要看今后的形势来决定。”“江南陈毅同志应努力向苏北发展。”

中央的指示鼓舞了陈毅。他凭借着自己和项英个人关系亲密，到军部必同室而卧的有利条件，力劝项英将军部和皖南主力移到江南敌后去。

摆在项英面前的局势是现实的。向南发展的时机确实还没有到来，中央的意向基本上还是向北发展；皖南军部周围有国民党的七师之众，泾县云岭确实在虎狼窝内。从这一点看，江南敌后的条件就不同。在那儿，国民党军队不敢去，即便去了，也是少量的，摩擦起来，新四军完全有把握取胜。而发展苏北，项英和陈毅一致，认为两李确是中间派，大可联合，苏支、挺纵又已巩固好了前进阵地，今后也大有发展前途。陈毅还说苏南力量壮大了可以向浙西和苏北东部发展，这对项英也有触动，如果能在苏浙皖打开局面，当然是一个大事业。经过陈的再三动员之后，项英答应：军部和皖南主力可以东移，与江南部队连成一片。

第四节　断然的抉择

陈毅回江南指挥部后立即进行紧张的准备，迎接皖南主力东移和布置江南主力继续北渡，此时江南江北都急需增兵！

江北部队已站住了脚跟，开始抗日游击，并准备东进敌后。江南抗日的形势也令人振奋。敌我双方的战斗已越打越大。1939 年 11 月 8 日，王必成率二团两个营和段焕竞率新六团一部，加上“四抗会”领导的樊玉琳、巫恒通、孔庆哲的地方武装，和日军在延陵附近的贺甲村展开了一场持续二十几个小时的战斗。这是一场恶战，日军固守祠堂大屋，增援的日军又很快赶到，突入祠堂。新四军三餐未吃，淋雨受冻，但斗志坚强，进行艰苦的攻坚战，还与善于拼刺刀的日军进行了白刃格斗，终于将日军全部歼灭。这次被称为“延陵大捷”的战斗，歼灭了日军武村大队长以下 170 余名。这是一次与以前江南新四军所打得完全不同的战斗。过去新四军打的是游击战，这一次打的是正规战，是运动攻坚战。过去对抗的时间都很短，这一次却相持了整整一天一夜。这标志着江南新四军的成长，也更响地给日本侵略者敲响了警钟，以致日军又向茅山腹地大规模增兵。与此同时，国共的矛盾也已越来越紧张。在三战区的怂恿下，国民党镇江县县长庄梅芳率常备队残杀了延陵大捷中的新四军伤病员，制造了又一次“镇江惨案”。新四军根据“人不犯我，我不犯人，人若犯我，我必犯人”的自卫原则，镇压了这个反动县长。三战区随即派一个正规团（团长钟钟山）楔入茅山，蓄意寻衅；三战区第二游击区副总指挥冷欣又率三师之众紧紧围逼。因此，除了将兵力作适当调整，以便顺利迎接皖南主力外，陈毅还派出一个由作战科长吴肃率领的侦察组，在军部东移的线路上从军事和政治角度进行详尽的调查和勘察，并制定出整套应付突然袭击的方案，务求军部东移万无一失。

决定了军部东移的意向后，开初项英对坐镇江南，指挥向北向东发展的兴趣也很大。陈毅回江南后，为了配合陈毅的行动，项英把三支队副司令谭震林也派到江南来，布置他到东路发展，以使东路和茅山、苏北成一有力的鼎足而立的局面。但是，随着全国第一次反共高潮被打退，反共高潮的重心逐渐南移，华中的反共风云日紧，江南形势更是紧张，军部东移江南的决心又动摇起来。军部有大机关，有电台，有医院，有工厂，有家属，有图书馆，有服务团，在搬动过程中如遭敌顽袭击，后果很难设想。1940 年 3 月，军部派袁国平到苏南，借传达中共中央 2 月 1 日发布的《关于目前时局与党的任务的决定》之机，同时向陈毅进行解释。

军部突然改变主意以及决策的犹疑不定，使陈毅大为失望。中央 2 月 1 日的决定明确强调发展人民抗日力量以争取时局好转，克服时局逆转。军部东移，江南主力向北展开，正是十分有力的一着。中央军委根据中央2月1日决定的精神指示：八路军、新四军当前在敌后的战略任务，是将整个华北直至皖南、江南打成一片，使之成为民主的抗日根据地。并再次指示："陈毅猛烈发展苏北。"军部改变主意，实在使陈毅焦急。

陈毅给袁国平解释：军部过来，这边去接，两头对开，最多一天半时间就可以会合。他认为，南边有顾祝同、冷欣，北边有李品仙、韩德勤，这四个摩擦专家硬要摩擦，新四军回避不了。待到顽固派"摩"上头来再考虑行动，无论北上东移都容易使自己陷于被动局面。目前军部东移，顾祝同来袭击，也并不可怕；军部过来，这边去接，两头对进，最多一天半时间就可以会合。

袁国平再没有理由可以说服陈毅。只好承认陈毅的看法和中央的指示是一致的。中央也已批评了军部，只是他们保留看法。

一听说中央批评了，军部却没有及时告诉他，陈毅非常恼火，作为中央军委新四军分会唯一的副主席，这么一个关系到新四军发展方向、生死成败的大问题都不能及时知道，确实太不应该了。

陈毅十分严肃地告诉袁国平，请他回皖南报告军分会和东南局，他的电台要和中央直接联系。

由于军部的态度突然变化，陈毅重新调整部署，准备在必要时以江南现有力量独立向北发展。

苏北情况发生了急剧的变化。韩德勤集中了以主力独六旅为骨干的八个团的部队向新四军淮南路东根据地的中心半塔集大举进攻。此时淮南路东的主力部队以及苏皖支队均在津浦路西，邓子恢及党政军机关在半塔集总共只有不足一个团的兵力，固守待援，压力沉重。在刘少奇的紧急要求下，陈毅急令叶飞亲率挺纵四个主力营驰援，江北的前进基地大桥、吴家桥地区只剩一个主力营了。

而两李方面，关系也告紧张。陈毅后来总结苏北统战工作经验时提及：由于"大作两李部下的争取……引起两李反感"，而新四军五支队又在湖西误伤了两李部下，于是"省韩即进行挑拨，甚至用武力"。陈毅知悉后急写密信给两李解释和做出保证，"结果，两李有谅解，又申明不受省韩利用，我们才能调叶飞西开增援"。但如果两李在韩德勤进一步挑拨下乘虚大举向吴家桥进攻，一个营无法守卫，"跳板"将跌落江心。

于是陈毅在惠浴宇陪同下三进泰州。此行是冒生命危险的，也确实发生了危险。他们进泰州时被韩德勤派驻的特务认出，急报韩方。陈毅与两李在筵席上晤谈时，韩德勤的参谋长已带卫士排从兴化赶到两李的司令部。陈毅请李明扬去应付，自己和惠浴宇、李长江匆匆终席，然后连夜出泰州回部。这次晤谈由于陈毅不虑谋害，坦然亲访，使两李对新四军的怀疑大为减轻。挺纵主力在淮南一个多月之久，两李对吴家桥根据地没有侵犯。

挺纵到半塔集外围时，淮南主力及苏皖支队亦从路西赶回，乃合力将韩军歼逐。此战以少量部队固守据点一星期，消耗围攻之顽军，待强大主力赶到，大量杀伤了顽军，如果预先有准备，可望将进攻的顽军基本歼灭。这就创造了一种固守预设阵地，消耗疲困顽军，并充分暴露顽方破坏团结罪行，然后以大部队迂回合围歼敌的战例，而为后来郭村、黄桥战斗所发展运用。

半塔集战斗大胜，但国共关系仍越来越紧张。3 月 28 日，蒋介石发布“密令”，责成各军“剿办”苏、鲁、皖、豫边的八路军、新四军，内有着“韩（指韩德勤）兼副总司令……先肃清运河以东”的新四军各部，尔后与“李（指安徽省主席李品仙）兼总司令部队协力”，将新四军“压迫大江以南或一举剿灭之”，“务截断南北”八路军、新四军之“联系”，蒋介石还密示机宜：“或将其向倭寇较多之地区压迫。”就是说，要造成与日军共同夹击新四军的态势。

此时，陈毅面临的最大问题就是在国民党军队多方面压迫袭击的形势下，向何处集中主力以求打开局面。国民党三战区向新四军军部施加压力，要求将叶飞、张道庸两部（即挺纵与苏支）以至新四军的四支队五支队全部调到江南，以实现蒋介石的截断八路军、新四军南北联系，使新四军陷于皖南苏南狭窄地区的意图。项英则向中央提出调叶飞部或叶、张二部回皖南。中原局书记刘少奇亟望打开华中局面，急需有强将强兵（此时中央已将长江以北的新四军部队划归中原局指挥，但叶、张等苏北部队暂时仍归项、陈指挥）。刘少奇在半塔集一战中看到叶飞部装备整齐、战斗骁勇，叶飞智勇兼备，就很想留叶飞部在淮南，受中原局节制。（张道庸部实际上已在淮南。）陈毅则认为应先集中主力打开苏南局面，猛烈扩大人枪，随后向苏北东部与浙西发展。因而他建议把叶飞部调回苏南，还建议新四军军部率皖南主力也向东移，和苏南联结，共同发展。究竟将主力集结到哪里，项英、刘少奇、陈毅和中共中央从 4 月初起一直到 5 月底，将近两个月一直在电报上讨论。将四、五支队南调，大家都反对；但是叶飞部调往何处就各有所见。

军部与皖南主力移向苏南的事，更为重要也更为复杂。陈毅在 1 月到 6 月的五个月中，先后对项英当面谏劝、发电催请、电请中央力促、派干部带信……做了许多工作。

4 月 9 日，中央军委指示项英：如顽军大举进攻皖南、苏南，军部与皖南部队向陈毅靠拢为有利。4 月 10 日，项英立即复电中央，表示：军部北上江北和东移苏南都困难，他决心还击顽军的进攻。在这段时间内，项英一方面和中央密切电报联系，要求把叶飞部或叶、张两部南调，另一方面和国民党三战区谈判。袁国平在与三战区谈判中试探提出新四军军部率部东移苏南的问题，三战区顾祝同竟表示同意。项英即在 4 月 18 日向中央表示：军部和皖南主力可移苏南郎溪一带与陈毅靠拢。但事后未见行动。

陈毅一直无法直接向中央表达自己的意见，他急切地盼望中央与军部同意他与中央直接通电报。

4 月 21 日，电报通了，陈毅即与粟裕及江南指挥部参谋长罗忠毅、中共苏皖区委书记邓仲铭四人联名向中央直接发出第一份电报，建议：把皖南军部及主力移到苏南，“集中力量发展苏南”，向“淞、沪、杭”并“浙西”发展以及“渡江至海门、启东”。但同时，陈毅等也建议把叶、张二部调回苏南。

因中共中央和刘少奇坚持发展苏北，陈毅于4月24日又电中央表示完全同意中央坚持华中发展苏北的计划，叶飞部不调江南开回苏北。5月4日，中央发电表示同意。叶飞部乃于5月中旬回到大桥、吴家桥地区。

5月2日，陈、粟再次致电中央建议把皖南主力集中苏南，并指出：历史上多次长征损失均大，皖南部队不宜于顽军进攻时长征闽浙。

1940年5月4日是个重要的日子。这一天，中央同意陈毅意见令叶飞部开回苏北，还再次表示同意新四军军部及皖南主力东移苏南，指出一、二、三支队主力的发展方向应是在苏南苏北广大敌后，尤其是长江以北地区。这一天，毛泽东拟稿，由中央政治局向东南局、军分会、项英、陈毅，发出《放手发展抗日力量，抵抗反共顽固派的进攻》的极为重要的指示，即“五四指示”。（为区别于1938年的“五四指示”，或称第二个“五四指示”。）

“五四指示”说：“在一切敌后地区和战争区域……我们均能够发展，均应该发展。这种发展的方针，中央曾多次给你们指出来了。所谓发展，就是不受国民党的限制，超越国民党所能允许的范围，不要别人委任，不靠上级发饷，独立自主地放手地扩大军队，坚决地建立根据地，在这种根据地上独立自主地发动群众，建立共产党领导的抗日统一战线的政权，向一切敌人占领区域发展。例如在江苏境内，应不顾顾祝同、冷欣、韩德勤等反共分子的批评、限制和压迫，西起南京，东至海边，南至杭州，北至徐州，尽可能迅速地并有步骤有计划地将一切可能控制的区域控制在我们手中……”“中央前要你们在今年一年内，在江浙两省敌后地区扩大抗日武装至10万人枪和迅速建立政权等项，不知你们具体布置如何？过去已经失去了时机，若再失去今年的时机，将来就会更困难了。”

“五四指示”批评了“江南特殊”和统一于国民党的政令军令的错误观点，也指出了以为一旦发生重大摩擦，则国共合作就不可能的想法是不对的。“共产党在全国范围内愈发展，则克服投降危险争取时局好转的可能性愈增加，我党在全国的文章就愈好做。”中央并明确规定“此指示，在皖南由项英同志传达，在苏南由陈毅同志传达……对于全党全军的工作布置，则由项英同志按照中央方针统筹办理”。

陈毅在5月17日、19日、27日，又三次报中央和项英，促请军部及皖南主力速移苏南。中央也于5月26日致电项英、陈毅并刘少奇、张云逸，表示同意陈毅5月17日电所说的新部署，再次明确指示：“皖南军部以速移苏南为宜。”

在商讨皖南军部和主力速移苏南的同时，刘少奇主张八路军南下部队向东南和四、五支队及陈毅所部一同解决苏北问题。从1939年12月起他就致电中央明确华中“大有发展希望的地方是在江苏北部”，要以此为“我们的突击方向”。

中央支持刘少奇的主张。从1940年3月14日至3月31日，中央军委、中央书记处、毛泽东多次致电朱德、彭德怀、刘少奇、项英及华北、中原、东南等中央局、山东分局，指出国民党顽固派武装摩擦中心将移到华中，华中是敌、顽、我必争之地，华中发展方向是向东，催促八路军南下增援。4月1日，中央军委致电上述各负责人及各中央局，提出“八路军以 4 万至 5 万人分三期南下华中的计划”，南下的最后一个目的地是“苏北扬州附近”。5 月 5 日，毛泽东、王稼祥（中央军委委员、总政治部主任）致电彭雪枫、黄克诚、陈光、罗荣桓、彭德怀、刘少奇，指出“华中是我最重要的生命线”，整个苏北皖东淮北为我必争之地，统须在一年以内造成民主的抗日根据地。要求黄克诚部和彭（雪枫）吴（芝圃）支队应趁目前时机南下。

陈毅认为，有了八路军南下部队的增援，苏北皖北的力量就足够了，陈毅所部八个团已有四个团在苏北，江南兵力薄弱，请求从苏北调两个团到江南以应付顽军压迫。5 月 26 日，中央书记处电告陈毅：四个团的“主力仍应留在苏北发展但可酌抽一部加强苏南”。

然而“酌抽一部”也无法做到，彭、黄二部因陇海路一带斗争需要和日军阻拦，未能按中央计划及时南下。苏北兵力仍然单薄。刘少奇致电中央说：“叶飞部队甚为孤立，有被韩军消灭之危险。”

叶飞部队（即挺纵）在苏北抗日战绩卓著。1940 年 2 月初，日伪军“扫荡”扬州、泰州地区，两李部队望风而逃。日军在阴历大年三十拂晓大雪中袭击挺纵一团，却被一团打得血染雪野，抢尸而逃。挺纵出击直追至扬州附近，一路缴获很多枪支弹药。如果不是韩德勤围攻半塔集，挺纵远道增援，抗日的战果一定更大。5 月份挺纵回来，又遇日军“扫荡”，挺纵激战，毙伤日军二百余人，日军烧尸一夜。但是，前有日军、后有韩军，与两李的关系也在恶化，挺纵处境的确险恶。八路军却一时来不了。

陈毅只能把加强苏南兵力的希望寄托在军部东移上。经过叶挺、袁国平与顾祝同的最后谈判，在取得顾祝同正式认可后，项英于 5 月 28 日、29 日连电向中央作了报告。两个电报均表示要东移郎溪地域与苏南打成一片，还具体说定军部率两个团移苏南，皖南留一个团及指挥机关一部。

此时，苏北情况已十分紧张，韩德勤正挑唆两李向叶飞部发动大举进攻，韩并答应以保安第三旅配合。战端一开，叶飞部孤军作战，而苏北国民党部队就将逐步形成韩德勤亟望的反共大联合。同时，江南冷欣的部队正向陈毅部步步进逼。而军部东移仍未见行动。6 月 4 日，陈毅请中央再次电促项英。

6 月 12 日，项英却报中央并告陈毅，说顽方正积极作军事准备，布置与增调军队，很可能在军部东移时借词进攻。东移路经地带在两河之间，作战极不利。所以目前只能待机移动。很明显，东移的事又“黄”了。

6 月 10 日陈毅已向中央报告：冷欣部队对我江南指挥部形成大包围，苏南我力量不足不能突破，决心北移，到京沪线大举肃清敌伪势力，然后决定今后动向。接到项英 12 日电报后，陈毅终于明白了：八路军南下苏北既不是短期内能实现，军部东移苏南也十分渺茫。陈毅下决心了。6 月 15 日，他向中央和项英、刘少奇发出电报：“目前只有集中苏北攻击韩或者集中苏南打冷欣两个途径。一切应付已到穷尽之时，再不决定必致苏北苏南两方受损。”既然陈毅在苏北的部队无法南调，

“在你们未指示前我决心布置移往苏北。到苏北后，皖南军部方面宜速部署。”

陈毅的这一断然的抉择十分重要，它对此后打开苏北抗战局面，争取整个华中带有决定性的意义。

陈毅发此电的时候，北移的全部工作实际上都已准备就绪。为缓和一下紧张局势，也为了放松一下冷欣的警惕，以便各部能尽量在没有顽固派的纠缠下及时开动，陈毅专门派粟裕率战地服务团的演剧队前去冷欣的第二游击区副总指挥部作了一次慰问演出，并特地让新婚的妻子张茜也一起去，同时还派作战科长吴肃前去进行一次联络。茅山这儿的布置，留下了新三团和新四团两个团的主力，并成立了一个新的江南指挥部，留在江南的各后方机关和医院等，分批搬入茅山腹地，也都已经妥当。对根据地的群众，已分别作了说明。北移的路线已经勘定，并已派罗忠毅到江边准备渡江工具。6 月 15 日电报发出，各部即已按指定路线开始行动了。

冷欣突然发现江南主力有渡江北上意图，大为惊惶。蒋介石曾亲自布置要把陈毅主力陷死在江南，冷欣怎敢怠慢。茅山腹地本已楔进了一个正规团，这时冷欣又命令连夜再调一个团，匆匆赶来堵截。

陈毅得报，命令新六团配合新四团坚决予以还击，肃清前进道路。6 月 18 日，反顽战斗在茅山脚下的西塔山附近打响。

在此之前，段焕竞率领的新六团已于这个月的上旬遭到过冷欣派来的钟钟山团的暗算。团长钟钟山深悉蒋介石利用日军消灭新四军的奥秘，在六团的抗日游击活动中，他们秘密跟随，故意引诱日军发现目标，致使新六团被多路日军包围，损失严重，团长段焕竞也身负重伤。这一次，钟钟山又想故伎重演，战斗打响后，他故意往日军据点方向撤退，企图引动日军出击。新四军早已看透他的用心，紧追不放，不让他们有抽身溜走的可能。结果，两个团被新四军歼灭了一部分，和日军“误会”了一场又伤亡了一大批，只好匆忙逃出茅山腹地，再也不敢向茅山附近来了。这一仗为此后的茅山根据地的坚持创造了有利的条件。

顽军一方面自己动手堵截，一方面还招引日军出动阻击。陈毅率部抵茅山北麓后，挥戈一转，东入水网地区，避开了正面日军的截击。

可是这时，江北来了急电，两李已派十倍于挺纵的兵力包围了挺纵驻地郭村，局势千钧一发。陈毅接报大惊。原先，陈毅认为尽管两李的态度有变，但还是可以争取的，“灭敌，联李，反韩”的方针还是适用的。能否争取两李严守中立，甚至争取到偏向新四军这边来，关系到争取苏北的大局。如今却突然逆转，马上要化友为仇。陈毅立即决定轻舟简从，星夜先行。

第六章　东进北上（下）

第一节　从郭村到泰州

1940年6月28日夜，陈毅由扬中渡过长江，便打算连夜赶去郭村，制止两李部队的进攻。但是苏北迎接人员惠浴宇等告诉陈毅，两李部队十多个支队（相当于团）已于28日凌晨开始，在保三旅从北面配合之下，包围并猛攻郭村。

陈毅只得退据长江中的新老洲，立即写信给粟裕，“速派主力部队，克服一切困难，渡江支援”，又写信给两李，劝说他们悬崖勒马，停火言和。陈毅未带电台，只能派人徒步送信。他十分焦急。此次由郭村冲突引起的苏北局势的急剧变化是违背他的意愿的。

不久以前，陈毅曾电报指示挺纵：苏北形势的特点是我在敌、顽、两李三方包围之中，我力量较弱尚未准备，如遭到三面进攻则必然失败，目前应积极与两李亲善。

陈毅在6月下旬还曾三次急电叶飞，要他避免与两李作战，必要时可退回大桥地区或扬中。但叶飞坚持要在郭村迎击两李及韩军的进攻。

陈毅的忧虑是深刻的。

首先是军事上极为不利，很危险。

挺纵原在郭村有两个团和一个教导队，6月下旬，李长江企图将所属原由中共党员拉起来的陈玉生支队予以武力解决，挺纵为援救陈玉生支队，派出一个团去靖江接应，郭村只剩主力一团及教导队。而两李部队加保三旅可调集十四五个团（支队），兵力悬殊。这之前，陈毅已急令苏皖支队星夜赶往郭村，力量可望得到有效增强。但如果战斗持久，弹药消耗过多，韩军主力再来参战，则郭村仍有失守的危险，江北的两部主力要遭到巨大损失。

这时候，苏南的主力正在北移，到达了铁路、长江一带日寇重兵封锁地区，江南冷欣部队追逼于后。一旦江北主力溃败，长江北岸为韩军及两李所控制，江南主力便无法渡江，甚至会在长江和沪宁路之间遭受日、顽夹击，背水血战。

果如此，新四军东进江南敌后的全部主力将遭受难以弥补的重创，将是对革命的犯罪！

政治上的后果也很不良。

两李既和新四军血刃相见，不论胜负，他们很可能都投入顽固阵营。韩德勤梦想已久的苏北反共大联合便得以实现。新四军要在苏北再度发展就更为困难。

这将严重妨碍共产党争取华中的战略任务的完成。事关人民在抗日战争中的生命线，陈毅怎能不焦急万分！

但是军事斗争却因革命的主观因素而发生着有利的变化。

叶飞等挺纵负责人决心在郭村坚守是确有根据的。他们根据实际情况，看到坚守比退却为有利。增援半塔集的实践是主要依据：半塔集新四军以不足一个团的并非精锐主力的部队，抗击包括韩军主力部队独立六旅在内的七个团的进攻，尚且能够坚守一个星期。郭村新四军有一个精锐主力团和一个教导队，而且地形较好，有较充分把握抗御战斗力不及韩军主力的两李部队，等待援兵到后合力歼击。果然，挺纵打得英勇顽强，在苏皖支队接替北线防御之后，挺纵一团还主动出击，以两个主力营横扫，消灭两李部队三个团部，打下宜陵。

陈毅事先并不完全了解的诸多因素助成了郭村保卫战的胜利：

苏皖支队接到陈毅急电后，从运河及邵伯湖以西迅速出发克服地理及日军封锁等重重困难，日夜兼程二百余里，及时地完成了增援任务。

在两李部队做政治工作的青年女共产党员郑少仪，主动查明了两李部队进攻的部署及发起攻击的时间，冒生命危险星夜将情报送到郭村。

在两李部队建制下的由共产党员王澄、姚力等领导的五支队四大队掉转枪口协同挺纵作战；陈玉生支队也在挺纵四团接应下一同回师逼近两李部队侧后。

于是，两李部队在三次总攻失败之后，被迫全线退却至塘头一线。保三旅在苏皖支队反击下也北逃十余里。郭村解围。

陈毅于 7 月 3 日进郭村。

陈毅在欢迎大会上热情表扬了挺纵和苏皖支队的英勇顽强。陈毅面临着新的决策。

当时，“很多同志就主张固守郭村再讲”（陈毅《郭村战斗总结》），实际上还是准备韩军主力联合李军来攻，固守以等待八路军及四、五支队增援，以击破韩、李主力。有人则认为“战斗开始，统战结束”，同两李只能一直打下去，可以直捣泰州。也有人主张还应争取两李中立，立即停战言和。

当时两李部队士气低落，但如与韩主力联合作战，仍有较大的实力。而韩军主力第八十九军等部队“正向该处集中”。如果新四军和两李继续武装对峙，僵持下去，韩、李联合发动更大规模进攻的可能性会越来越大，于新四军甚为不利。但如果新四军刚获解围便请和，两李反会强硬要挟，结果仍会造成韩、李勾结，再次爆发战斗。当时八路军，新四军四、五支队及江南部队都未及赶到可以投入战役配合的位置。面对韩、李联合进攻，挺纵和苏皖支队只能独立作战。即使江南增援部队到达，陈毅也认为把韩德勤和两李逼到一处打是不策略的。

陈毅对领导干部说：战役和战术上的胜利，不等于战略上的胜利。我们要实现发展苏北的战略目标，非打败韩德勤的进攻不可，要打败韩德勤，非争取两李等部队中立不可。现在我们和两李打了一仗，但是两李与韩德勤的矛盾还存在，还可以把他们争取过来。如何争取呢？一不做二不休，既打了，就要打出威风。在郭村胜利很好的基础上再加一层，再歼灭他一些部队，坚决打下塘头。塘头大米多，税收富，塘头还控制着我们东进要经过的两条大河。打他，是让他知道反共摩擦要吃大亏，使他们今后不敢轻视，可是绝对不准打进泰州。你一进泰州他就跑到韩德勤那里去了。我们有力量拿下泰州而不要，才见得我们是真心团结。

陈毅的决策得到大家一致赞成。7 月 4 日挺纵攻克塘头；苏皖支队打迂回，部队直打到距泰州城七里之面粉厂，但不进泰州。李长江已准备弃城东逃，李明扬在兴化韩德勤处进退维谷，得知新四军在可以轻取泰州的情况下临城不入，乃大喜过望。复经陈毅致书争取，两李政治态度有所变化。陈毅电告中共中央："虽省韩派兵并接济两李饷弹，鼓励两李再打，两李已觉悟不受其利用，认清我们不攻击泰州符合中央七七宣言。"

对两李的谈判又一次体现了陈毅统战工作的原则性和灵活性。新四军和平条件宽厚：送还全部两千余名战俘及大部枪支，并归还原属两李防区的郭村、塘头等地；只要求两李让路助其东进。两李最初很是感奋。但在 7 月中旬，韩德勤以主力部队四个团、保安旅三个团进至泰州及其附近，给两李以实兵支持，两李又强硬起来，做出联韩攻陈的姿态，要求陈玉生、王澄等部队"返部归建"。对此，陈毅当然绝不让步。

对于可能发生的韩、李联合进攻，陈毅一方面和刘少奇一起向中共中央呼吁八路军等部队的迅速开拔增援，一方面"作独立应战的布置"。粟裕已率江南主力于 7 月 8 日到达苏北，因而苏北全军连同陈、王等部队在内已可编成 9 个团。但同时，陈毅还是力争"求得局部和缓"。他了解两李对于和新四军再次开战，对于过分依靠韩，实际上都有顾虑，因此只要争取得当，完全可以扭转。

陈毅、粟裕经慎重研究，向两李投下一着高棋：表示在全军东进以后，将把每月能收税 5 万元的吴家桥一带根据地让给两李。

此举，有的干部不明其中奥妙，有的则认为"过于慷慨"、"右了"。其实，这一着棋在政治上军事上均有学问，足见陈毅军事指挥水平之高，主要高在与政治运筹密切结合，因而能高度集中兵力并能决定性地影响客军的行止。让出吴家桥地区就可以不再分兵驻守，这是为了集中全部兵力。因为陈毅、粟裕已决定东进黄桥，到那边后，没有两李部队作为缓冲，韩军主力必直接来攻，逼迫决战，因而陈、粟的兵力，绝不能分散。而且陈、粟的用兵，总是把立足点放在用自己的兵力独立应战的基点上，是否保留吴家桥根据地，是有不同意见的。有的人认为要击破韩军，主要依靠远道驰援，吴家桥地区是新四军四、五支队东援的必经之路，放弃了就与五支队隔离了一段路，不能策应渡运河东援的部队。陈、粟的决心放弃吴家桥，正可说明他们即在此时已看到八路军与四、五支队远道驰援的困难，更多地把胜利的希望放在集中本身全力，独立歼顽敌的基点上。这一军事思想，对于后来的黄桥决战，至关重要。新四军不"分兵把守"吴家桥，而将后方与伤员委托两李保护，无异请两李帮助看家，大有利于新四军集中全力对韩决战。

在政治上更能中立两李。新四军只求东进抗日，老根据地也可让与两李。两李不但增加收入，更重要的是把新四军送走了，送往黄桥方向抗日去了。两李与新四军之间从此再不比邻，再无冲突，又何苦跟韩德勤一起向新四军进攻呢？

两李欣然同意协助新四军东进黄桥。

第二节　东进黄桥

陈毅、粟裕率部到达苏北后，得到刘少奇的大力支持。五年以后，陈毅在中国共产党第七次全国代表大会上所作的长篇发言中诚挚地说：

“刘少奇（胡服）同志代表中央南下，到华中执行毛主席的主张时……做了两件主要的事情，对全局解决了重大的问题。一件事是进行了反摩擦，号召新四军及全党进行了自卫战争，打退了国民党的进攻……这是一个重大的关键。”

就是在华中的战略突击方向上，也是刘少奇坚决主张首先向东发展，突击苏北，才帮助中央下此决心，这也是苏北问题得以顺利解决的重要保证。

向东发展，陈毅、粟裕决心东进黄桥。

黄桥地区是泰县、泰兴、靖江、如皋等县的中心点，以此为中枢建立根据地，东可向南通、海门敌占区挺进，北可与八路军对进打成一片。控制了这一带，还可与江南部队策应。周围数县，物产丰富，人口稠密，税收充盈，新四军得此基地，抗战事业便可大大发展，远胜在两李肘腋之下狭窄难伸的大桥——吴家桥地区。

黄桥地区周围日军兵力较薄，也无国民党正规军。盘踞黄桥的保四旅是土匪游杂，勾结日伪，残害人民，群众绅商都盼望将其歼逐。黄桥地区的中共党组织在土地革命时期曾领导农民参加过红十四军的暴动。抗战开始后，共产党又派人建立和发展了组织，群众条件好。

更重要的是，留在泰州以西，新四军与韩德勤之间隔着两李，韩德勤将不断策动和裹胁两李与新四军摩擦，实现其用杂牌军打新四军、坐收渔利的阴谋；黄桥地区与韩军控制的海安、姜埝（即姜堰）一线正面相对，省韩只能亲自出兵来攻，新四军反摩擦便可不损伤中间势力了。

7 月 14 日，陈毅电报报告军部转中共中央及重庆周恩来处：决定整顿一星期即向东挺进，以黄桥为中心建立根据地。

当时，遵照中央军委指示，新四军江南指挥部改称新四军苏北指挥部，由陈毅任指挥兼政治委员，粟裕任副指挥。部队整编为三个纵队九个团。一纵以叶飞为司令员兼政委，下辖一、四、五团；二纵以王必成为司令员，刘培善为政委，下辖二、六、九团；三纵以陶勇为司令员，刘先胜为政委，下辖三、七、八团。新四军东进部队的主力已高度集中于苏北，陈毅长久以来念念不忘的中共中央的意图——沿江向敌后发展直到海边，有实现的条件了。

1940年7月25日，陈毅率部东进。

经过两李防区时，两李部队如约让路，朝天鸣枪。然后，两李向韩德勤作假报告："在缪湾一带发生激战"，新四军"伤亡惨重，一部绕道东去"。

韩德勤得到驻黄桥保四旅旅长何克谦的报告，"新四军一千余人"、"自宣家堡东侵"，即令黄桥保四旅和曲塘税警总团"各派精锐部队一大部迅即前往包围而歼灭之"。

税警总团不同于保安旅，它是宋子文财政部系统的部队，共有四个团，曲塘驻有总团部及两个团。韩德勤觊觎它粮饷丰足，1939年冬曾将总团长陈泰运软禁在兴化，企图收买其部下，控制其部队。陈泰运在黄逸峰[1]等帮助下逃回，和韩德勤矛盾加深。

对于陈泰运，陈毅早有分析：他是黄埔一期毕业生，是军统核心组织"复兴社"的成员；其部队连以上军官都是军校生，这部队应是顽固派的武装了。然而它与韩德勤的矛盾，却使它可以争取为中间势力。因而，对于税警总团的拦袭，陈毅仅布置将其击溃。结果仍歼其一个营。陈毅当即命令遣返其全部被俘官兵，并送还枪支。

对于与日、伪军勾结的何克谦就不同了。新四军唯恐他不来袭击。他既打我，我就打他，迂回包抄，追击突破。28日一夜激战，歼其主力2000人，促使其两个团反正。29日凌晨，黄桥解放。

28日夜间前方激战，陈毅和叶飞却在老叶庄挥扇谈心（一纵已完成打击陈泰运之战）。陈毅进一步了解了刘少奇所设想的战法，很感兴趣。首先是坚守一点，削弱疲劳来进攻的顽军，以利大部队迂回包围。陈毅以军事家的眼光分析：这具有正规战性质，对于打了三年游击战争和两年多抗日游击战争的新四军来说是带有战略转变性的发展。打日军，目前主要地还是游击战；打顽固派，就需要用正规战，以兵团运动战为主了。要学会打硬仗。其次是先守备，造舆论，而后夹击歼顽，有利于争取军政双胜。陈毅也指出这战法的不足，即在抗日根据地高度分散，指挥不够统一，日伪顽阻隔牵制的情况下，远道驰援未必可靠。叶飞对此也有了经验：郭村战斗打到第五天，八路军及五支队均未及出动，使他当时紧张至极。陈毅还搞清楚了，叶飞之所以在郭村久住不走，原是准备韩德勤来打的，那就可以实践一下上述的战法。陈毅则向叶飞进一步说明了对两李的统战工作在苏北全局中的重要性。

彻夜谈心是很有必要的，相互间增进了解，从此陈毅和叶飞之间的革命情谊更加深挚了。

7月30日，毛、朱、王致电胡、陈、彭、黄、叶、项，表示同意胡服（刘少奇）对苏北战略问题的意见和陈毅争取两李的策略。这样，要开拓华中抗战的

---

① 黄逸峰是早期共产党员，被康生等无理开除。此时任蒋介石为主、李济深为副的战地党政委员会设计委员，经叶剑英同意来苏北组织抗日武装。

局面，苏北以及皖北、皖东的八路军、新四军就应首先集力对付反共顽固派韩德勤，准备在他大举进犯时一举驱逐或歼灭之。这样，陈毅让出郭村、吴家桥等地，与两李协议，东进黄桥，便在原则上得到中共中央的正式肯定。

8 月 2 日，刘少奇以中共中央代表、中原局书记的身份致电陈毅并报毛、朱、王："苏北各部队（按：包括八路军南下部队及渡河东援时的四、五支队）将来由你担任战役上的统一指挥。"

第三节　孤立韩德勤

一进黄桥，陈毅感到自己简直像当了"小国之君"，百废待兴，一切工作都要按照建立抗日民主根据地的要求迅速展开。但他在繁忙中没有忘记亲自抓主要的环节：孤立韩德勤。

工作是千头万绪，都要他参加。

中共苏北（后改称苏中）区党委成立，陈毅兼书记，陈丕显任副书记。苏北指挥部派出干部、民运队和服务团，协同地方党组织发动群众。指挥部和区党委派了泰县、如皋、靖江、泰兴等五县的县长，积极筹建苏北临时行政委员会。成立苏北军政干校。出版石印的《抗敌报》（苏北版）。建立税卡。扩大新兵。部队清剿何克谦匪部的散兵游勇。群众工作活跃，农、工、青、妇等抗日组织纷纷成立。黄桥成立军民联合办事处，陈同生兼主任。由各县县长布告，明令实行减租减息……

最重要的还是抗日。新四军到黄桥不久，就侦察和布置打日军据点。陈毅在 7 月 14 日给中央的电报中就说："东进黄桥应求得抗日战斗的大小胜利。"果然，新四军连续攻克残害人民很凶恶的孤山、西来镇两个日、伪军据点。接着又粉碎了日、伪军两次报复"扫荡"。长期眼看韩军"见鬼子就逃，见百姓就抄"的群众，奔走相告："新四军过江来为的是打鬼子！"民心更加振奋。

韩德勤急忙下令，秘密地调北部的主力部队南下，准备打新四军。

陈毅这时却常到著名士绅朱履先家去下棋。为什么？他要把苏北的广大中间势力争取到新四军一边来。

他深知，韩德勤虽然反动，毕竟是国民党中央执行委员、省主席；新四军为了抗日，他来进攻，就不得不歼逐其主力，也就不能不预先考虑到全国的影响。苏北的资产阶级和地主阶级是国民党的主要社会基础——江浙财团的一部分；在自卫反击决战歼韩的时刻，苏北地方上有发言地位的、与重庆要人关系密切的人物替谁说话，使谁孤立，关系重大！而拥有武装的中间势力能否严守中立或有助于我，不中途变卦背后插刀，更是胜负存亡之所系！对于中间武装，除了新四军直接联络争取外，事先造成强大的社会舆论，使他们对于不执行蒋介石、顾祝同、韩德勤的反动命令感到理直气壮，也很重要。

陈毅一到黄桥，当晚就邀集民众绅商千余人在黄桥中学举行军民联欢大会。

陈毅在大会上说明新四军的抗日战绩和团结抗日的宗旨。陈毅满腔热血，肝胆照人，高屋建瓴，口若悬河，使许多对共产党不甚了解的人为之动容。

陈毅立足黄桥，与苏北绅商学各界广泛结交。当过江苏省省长的海安韩国钧，在孙中山时期当过中将师团长的黄桥朱履先等人，都是在江苏、在国内有影响威望的人物。陈毅和他们书信往来，诗联酬答，棋酒谈心，不断地宣传共产党、毛泽东主席有关统一战线和持久战的主张，使他们感到共产党真心团结抗战，八路军、新四军英勇善战，从而增强了抗战胜利信心，愿意为苏北国、共合作共同抗日而奔走呼吁。朱履先对陈毅说："自从你们来了，我才真正看到了中国的前途，看到了光明！"①

即使对韩德勤本人，陈毅也采取"合作未到绝望时期，绝不放弃合作"（陈毅给谈判代表朱克靖信中语）的态度。陈毅、粟裕亲自接待省韩派来的代表，并在两李方面代表的参加下，划定了双方部队驻止的地域。

陈毅深知，省韩同意临时划定防区，只是韩军主力南调未及到位担心新四军北进的缓兵之计。新四军向韩方提出的承认苏北沿江地区归新四军负责抗敌，承认中共委派的县长，撤销在苏北限制"异军"的办法，召开军民代表会议等要求，每一条都在削弱韩德勤独霸苏北、反共害民之权，他决不会让步接受。中共正在进行的建立行政委员会，减租减息，更不是韩德勤所能容忍。韩德勤是一定要来进攻的。粟裕运用其军事学识和多方面的情报数据，于 8 月 15 日报告中共中央和叶、项、胡，判断韩军有在半月内向新四军进攻的可能。陈、粟"决以全力对付"，并盼刘少奇派部队增援。陈毅报毛、朱的电报阐述更为清楚。陈毅此时所考虑的战法和刘少奇的战法一脉相承。"这些条件均是韩不能够承认的，必致向我进攻，乘其进攻而一举解决苏北问题。"陈毅还看到："因我对两李中立摆法及省韩危殆，各保安旅团及中间地方势力均纷纷来代表联络，因此可开展统一战线，取得各方联合反韩，使我乘机囊括苏北而避免武力独吞，可对全国合作无大妨碍。"这一点也是陈毅在苏北问题上始终如一的指导思想，即夺取军政双胜不仅在于造成歼韩的政治理由，还要和中间势力长期合作，在共产党的领导下以新四军为主干建立苏北抗日民主根据地，发展巩固抗日民族统一战线，这才是有广泛社会基础的民族革命战争领导权。对于兵力的调动与布置，陈毅向中共中央和刘少奇建议八路军和新四军五支队迅速推进到运河以东。陈毅又表示："另一方面，我们亦积极准备单独解决决战任务。"

在军政双胜和独立决战这两方面陈毅的考虑又进了一步。

果然，韩德勤于 8 月 23 日在东台鲁苏战区副总部召集高级军事会议，历时三日，决定动员二十余个团，举行大规模的摩擦战争。同时，开始了粮食封锁，不准海安、泰州一线以北大米产区的粮食南运，使黄桥地区新四军更增困难。

中共中央、中原局和苏北指挥部都认为这是一举解决苏北问题之良机。刘少

① 黄逸峰 1981 年 3 月谈话。

奇电陈毅“现决以九个团参加（各团战斗力均比江苏任何一个部队要强些）由苏北全部南下配合你们解决韩之主力”。陈毅因而决心在韩军大举进攻时，指挥所部节节退守，延长防御战斗时间，公布韩的罪状，再配合增援部队共同歼灭韩军主力。

但是在作战过程中，发生了两个重要情况：

一是韩军不多。原定韩军之右翼是两李和陈泰运的部队，“接受命令而未执行”；韩军主力部队到得也不整齐。总兵力不过七个团。

二是增援暂不能来。9月4日，中共中央电令八路军停止南进。日寇对淮南路东大举“扫荡”，已向平桥急进的五支队两个团也停止前进，调回淮南抗敌。

据粟裕、叶飞等回忆，当时认为韩军兵力不多，完全有把握将其歼灭。争论只在于“退却终点”应在何处。

9月5日，保一旅侵占营溪，一一七师打到古溪北面，开始猛攻，炮弹在古溪镇上到处爆炸。

陈毅要求撤出古溪，再退十里，以诱敌深入，便于迂回包围。但各纵司令员和粟裕都主张不必再退，即行出击，认为有把握歼灭当面韩军。陈毅勉强同意。9月6日凌晨，一纵按预订计划出击营溪，击溃保一旅两个团，俘虏数百人（因保一旅是可争取的中间势力，人枪旋即发还）。接着，二、三纵从正面出击，一纵自营溪迂回企图围歼一一七师及独立六旅等韩军主力。但韩军此次进攻，因兵力不厚，具有“侦察性质”，见新四军势盛，即以一部兵力以强大火力掩护，主力迅速缩回曲塘、海安。新四军俘获不多。少退了十里，诱敌不深，迂回未成。这个教训在嗣后的黄桥决战中却发挥了良好作用。

在营溪、古溪战斗结束后的一段时间内，形势对陈毅是比较严峻的。韩德勤终于发现新四军力量相当强大，不集中尽可能大的军力不能取胜。于是他缩据水网地区暂不出击，实行“堡垒推进”方针，并厉行粮食封锁，企图造成新四军供应困难，与民争食，并逐步压缩新四军于狭小地区，勾引日军合击。日、顽勾结或默契的趋向已在韩军进攻黄桥、日军同时“扫荡”路东的事实中窥见端倪（刘少奇电报中指出）。所以新四军若不能迅速打破封锁和堡垒，处境会日益恶化。

然而陈毅看到：粮食封锁在给新四军造成物质困难的同时却在政治上造成有利条件。保九旅在姜埝一带查封粮运，没收敲诈，甚于土匪。韩军军官们更搜刮粮食，私运日伪据点资敌发财。而南线的绅商民众，身受粮食缺乏物价暴涨之苦，对韩甚为不满。

陈毅与指挥部定下了文武两手。

“文”的是以反对粮食封锁为中心制造舆论。陈毅向各方中间势力写信，说明韩军进攻与封锁的真相。当时，粮食封锁“饿了老百姓，肥了韩德勤，难了新四军，帮了日本兵”之说，口口相传。工、农、绅、商、学各界奔走呼吁，李明扬、韩国钧都答应帮助调停。韩国钧回信陈毅说：“征引及宋、明不亡于外寇，而亡于内部，痛心之言，闻之泪下！粮食问题，各地亦在恐慌之列……此事诚须妥筹也。”在陈毅等人的邀请之下，各县的著名人士纷纷来到黄桥。他们对韩德勤的内战政策和苛捐重税深表不满，对粮食禁运强烈反对，对保九旅的强抢重罚尤为切齿。

两李及陈泰运亦从内线探知，省韩令保九旅驻姜埝，也在于隔断曲塘陈泰运和泰州两李之联系，并和泰州西北的保三旅一起从东、西两面监视两李。两李和陈泰运都视保九旅为“肉中刺”。[①]

陈毅掌握了绅商民众和中间武装的意向，及决心用“武”的一手攻克姜埝，解决保九旅，打开粮源。

姜埝工事强固，有碉堡 36 座，有土城大河、电网地雷阵。9 月 12 日新四军彻夜攻击，多方设法，终于在天明之前用自行车内胎裹马刀柄斩开电网，“勇敢队”冲入姜埝占领一部阵地。13 日晚发起总攻。王必成、陶勇指挥灵活，部队直插保九旅旅部，然后向外打，1000 多顽军就歼，姜埝解放，粮食封锁突破。新四军的枪械弹药粮秣被服得到补充，作战能力进一步提高。

姜埝战斗后，陈毅发电报告中共中央：蒋介石“再三严令韩坚决打到底”，并分别电令两李及税警团应与韩合作。韩德勤亲自到宝应县曹甸镇去动员八十九军军长李守维，要他不要像上次营溪、古溪战斗那样舍不得本钱，要拿出两个师来决战并亲自指挥。陈毅、粟裕估计，这一次省韩除留一二个旅在北线守备外，将倾巢出犯。若能歼灭，搬掉拦路石，打开苏北抗战局面的问题就基本上解决了。

然而全国的大局使陈毅的任务更加复杂艰难。

当时，国民党顽固派发动第一次反共高潮遭到失败，在全国的其他地方对共产党暂作缓和。对新四军三路进攻也有变化：因陈、粟主力撤到了江北，苏南顽军对新四军的攻势相对减弱；在淮南则是新四军有意缓和；只有苏北韩德勤是当时唯一奉密令要坚决打到底的。就全局来说有必要维护这种全国性的暂时缓和。在这样的形势下要通过决战来歼逐韩军，对陈、粟来说就有三个很高的要求：

一是必须准备在八路军及四、五支队无法及时增援时，在战役上完全依靠自身的力量来进行决战。9 月毛、朱、王有电报：“在苏北防御战条件及地理远隔条件下，八路军、新四军只能作战略配合，不可能希望他们作战役配合。两军各部均应准备独立作战。各部均不向韩进攻，而于韩向我进攻时各个击破之。”这指示和陈毅一贯来“以独立作战为原则”是一致的。问题尖锐地集中在独立作战的目标是“击破”还是“歼灭”？陈毅当然求歼灭，仅仅击破，韩军仍会卷土重来。但是以 7000 余人一战求歼韩军主力一二万人，谈何容易！中共中央没有提出这样的要求。刘少奇一直殷切希望能在八路军和四、五支队的战略和战役的配合下“解决”韩军主力；但刘少奇后来权衡了全局的影响和远道增援的困难，乃向陈、粟提出：“目前你们的作战方针还应是独立打破重围，求得以速决为原则。……在胜利后即以比较谦虚的态度言和，冲突可暂时停止。”显然，中共中央与刘少奇的考虑是：能够增援和配合，则应“解决”即歼灭韩军主力，一举基

① 黄逸峰 1981 年 3 月谈话。

本上解决苏北问题；在不能有效地增援和配合的情况下要独立作战，则大体上只能击破或打破重围，然后言和暂停冲突。独立作战和歼韩主力是不可得兼的。然而陈毅却想独立歼韩。陈毅只希望八路军作战略配合。他在报中共中央的电报中说："积极向兴化盐城推进即可援助我们。"陈毅所部则"做充分准备，吸引省韩南下，选择适当时间和地点上以大力歼灭之。我们自己是有把握的"。这是在军事上给自己提出的很高的要求。

二是因此而必须确实保证中间势力武装严守中立，不会中途变卦背后插刀，新四军才能最大程度地集中仅有的七千余兵力专力对韩。营溪战斗打了保一旅后新四军迅速送还人枪，在中间武装中影响很好，各保安旅、团均有人来联络。但是攻克姜埝后，新四军又和两李及陈泰运紧相比邻，易生摩擦；加上攻坚得手，新四军战斗力之强不免增加中间武装的疑忌。在韩军大举进攻而新四军全力相搏岌岌可危的情况下两李等是否会趁火打劫突然袭击，致使新四军不支溃败，是十分严重的问题。这还将成为陈毅的统战工作是否正确的验证。绝对需要使两李等部始终严守中立。这是在政治上也是在军事上给自己提出的又一很高的要求。

三是必须使苏北的绅学各界在战争责任问题上帮新四军说话，谴责韩德勤。这样才能减少国民党顽固派搞反共分裂的借口至最低限度。新四军打破封锁虽然符合绅民的愿望，但攻克姜埝形式上总是主动攻击，有些中间人士总觉得在桌面上说不响。要使中间势力敢于公开地联名或以个人名义向全国以及国民党最高当局为新四军说话，使作战时新四军在政治上军事上更有利，使战后共产党更能领导苏北抗战，这是陈毅向自己提出的第三个很高的要求。

陈毅与朱克靖、黄逸峰、季方、钟期光、管文蔚、惠浴宇、陈同生、叶胥朝、季恺等都充分发挥了联络、宣传、组织的作用。周围八县的代表人物更多地来到黄桥，会商结果，联名给苏北各军事长官、全国政界著名人士并蒋介石发了三道电函。

这三道函电，都是韩国钧领衔，由黄逸峰、胡显伯、黄辟尘、朱履先、季方等15人或28人签署。第三个电函末尾有"或派要员莅办，挽救危局"。意思明显：韩德勤不行，请另换"要员"吧。陈毅报告中共中央：他已和李明扬约定，在大战爆发时由李明扬致电蒋介石，"指斥韩顽处置失当要求重庆撤去韩另委贤能"。

大家商定，由全国战地党政委员会中将设计委员黄逸峰等出面，在姜埝召开军民代表会议。韩国钧、李明扬、陈泰运都将派代表参加。

韩德勤也在紧张准备。他召开旅以上军官参加的军事会议。并要两李、陈泰运都派要员参加。会上进一步明确"先南后北"方针。两位亲信的中将：李守维和独六旅旅长翁达表现坚决，决心一星期把陈毅赶落长江，然后挥师北上解决黄克诚。为了威吓和驱策南线各部队以真面目进攻黄桥，韩德勤将不听调度、可能投共的原共产党叛徒保二旅旅长张翼执行枪决。此次进攻黄桥的韩军主力有4至5个旅及炮兵部队，加上各保安旅以及两李、陈泰运的部队共26个团3万余人，要把孤悬江北的陈毅所部"一鼓而荡平之"。

韩德勤自诩精于谋略，他还向亲信布置了两条密计。一是组织若干部队佯攻姜埝，诱新四军分重兵在姜埝守备，韩军主力却从海安、曲塘出击，直取黄桥。此计实现，确能使陈毅手足无措。二是要求陈毅退出姜埝作为和平的先决条件。他明知姜埝富庶，新四军流血打下急需依靠它解决给养与寒衣，决不肯让。新四军推托不让，他便有了进攻的借口，中间势力也会觉得他并非师出无名。

9 月 27 日将在姜埝召开军民代表会议，与会代表已舟车云集。9 月 26 日韩德勤通过韩国钧和李明扬向陈毅转来电报："新四军如有合作诚意，应先退出姜埝"，则一切都好商量，否则就要加以讨伐。

据黄逸峰 1981 年 3 月谈：中间人士闻讯气愤而又担心，明知省韩是故意要挟，要价"未免太高"；又担心新四军不肯割爱，使省韩貌似有理，放胆进攻，则和平无望。

殊不知陈毅早就料到韩德勤会如此煎逼，也早已得到韩军"作战计划佯攻姜埝而以主力由海安攻黄桥"的情报，他向中央毛、朱、王报告："我们为取得政治优势暴露韩之真面目争取中间派合作，决心将姜埝让给两李，全力集结黄桥附近。"这一"决心"是达到上述三个很高要求的妙着：第一，军事上高度集中兵力，才能打歼灭战；第二，姜埝让与两李，使他们"从事实上感觉新四军发展不仅与他无损且能得利"，就会在决战中保持比较可靠的中立；第三，新四军让出姜埝，韩德勤还会进攻，就能暴露其真面目，使他在中间势力面前完全孤立。

陈毅在军民代表会议上慷慨陈词：宣告新四军顾全大局，同意退出姜埝。绅商各界同声赞叹。朱履先的发言最有代表性："如果你们退出姜埝，省韩还来进攻，则是欺人太甚，万分无理。不但欺骗了你们，也欺骗了我们，省韩必遭苏北人民之共弃！"

两李得陈毅通知，喜出望外，即派一纵队前往姜埝接防。陈泰运方面，陈毅也让黄逸峰去联络，并赠送百多条步枪，几挺轻机枪。陈毅进一步向他们指出：省韩如果战胜了新四军，回过头来就会收拾他们。据黄逸峰说：李、陈都向陈毅作了决不参战并提供情况的保证。

韩德勤却以为自己的威胁非常成功，足证新四军实力不足，"匪胆已寒"，乃出尔反尔，公然打电报下命令，要新四军立即退出姜埝，经黄桥开回江南。各界代表"闻讯大哗"，方知"根本歼灭新四军乃其既定的不可动摇之政策"。

陈毅令部队按原方案在 9 月 30 日撤出姜埝。同时，他写了一封信致韩国钧，经黄辟尘等过目后送去海安。这封信充满爱国爱民的义愤，激动人心。黄辟尘、卢止庵、吴云山等代表也分别致函韩国钧、李明扬："陈指挥为顾全大局，爱护地方，已退出姜埝。"他们自己在韩德勤的顽固态度面前"能尽智竭"，"惟有返家候命"了。韩国钧闻知详细后不禁叹道："贼子无信，天必殛之！"很想当江苏省主席的李明扬还真给蒋介石打了电报："苏北局势日非，措置未免有失当之处。恳即派大员来苏坐镇，力求改善，挽救危局，否则将不堪闻问矣！"

第四节　独立歼韩

政治上孤立省韩的部署圆满完成了，决定性的问题还在于：军事上如何在八路军和四、五支队的战略配合下，完全以自己的力量，不仅粉碎韩军的进攻，还要歼灭韩军的主力。

根据侦察和统战所得情报，韩德勤进攻的部署如下：

右路军是两李和陈泰运部队。韩德勤令其向黄桥西侧进攻，并从右侧掩护在中路进攻的韩军主力。事先，省韩多次向国民党军委会告状，使之得出了“李明扬不服韩之指挥，坐观成败”的严重考语，同时，韩又给两李10万元拉拢。战时，省韩还将派专员在两李及陈泰运的指挥部联络监视。所以这右路军的中立也并非完全可靠，万一变脸，1.2万人的兵力压上来，当然是严重的威胁。

左路军由第一、五、六、九、十共5个保安旅的大部组成，任务是攻击黄桥东南。

进攻军的主力全在中路。中路军又分三路。第八十九军的三十三师为左翼，攻击黄桥东面。军长李守维亲率一一七师大部及军独立团、炮兵团等为中坚，由营溪南下，攻击黄桥东北。装备精良的主力独立第六旅为右翼，攻黄桥北面。这中路共有兵力1.3万人以上，中路的三支人马在黄桥附近将基本上连成一片，离黄桥20里时相隔也不过十余里。新四军若集中兵力攻击其一路，另一路很快可以增援，很难围歼，相反会使新四军迂回部队陷入腹背受敌的被动地位。

如果全部进攻力量26个团3万余人齐头并进，黄桥新四军更穷于应付。

同时，日寇也加强了长江封锁。沿江驻守的顽军也劫走船只，不让新四军“逃往江南”。

这是抗战开始以来全国规模最大的一次反摩擦作战。

作战方针是独立歼韩。实现这方针的作战方案却非常难以制订。

一种考虑是固守黄桥，等待增援；或固守黄桥，击溃进攻之敌。击溃不是歼灭，只是打退。固守的结果，双方消耗都很大，这对新四军来说还是得不偿失。更严重的是新四军消耗过大，战斗日期延长，黄桥将出现危局：原本中立的两李、陈泰运部队和原本不积极进攻的保安旅、团将乘机或被迫向黄桥进攻。甚至如刘少奇所提醒的“敌‘扫荡’配合韩”。这都可能造成不堪设想的后果。实践证明，虽然中共中央、中原局和八路军黄克诚部到10月1日前后都决心增援陈毅，八路军并于10月5日出动，但在八路军所不习惯的河川地区战斗前进，速度受限。在韩军主力已于10月6日被全歼于黄桥的情况下，八路军经过多次战斗方于10月10日抵达盐城以南的白驹一带，离黄桥地区尚远。如果黄桥新四军采取固守方案，危险极大。

另一种方案是分派一部分主力东进，吸引韩军分兵追击。新四军主力也不守备黄桥，求得在运动中歼顽主力一部，迫使韩顽撤退。这方案分散了新四军主力，不能大量歼灭韩军主力，战役一开始即放弃黄桥，进行无后方作战，必然影响民心士气，对支持战争亦很不利。

陈毅、粟裕与钟期光、叶飞、王必成、陶勇等反复勘察和研究，制订了以黄桥为轴心，诱敌深入，各个击破，并以独六旅为首歼对象的作战计划。

以黄桥为轴心，可在扼守黄桥过程中大量吸引和消耗韩军主力；更便于在黄桥及其翼侧关照全局，围绕此轴心机动地转用兵力，逐个地分割围歼韩军。

吸取营溪战斗的教训，决心最大程度地诱敌深入，将韩军直放到黄桥附近，以便切实包围。

至关重要的是选准独六旅为首歼对象：

独六旅为韩军中路右翼，再右即为右路军两李部队。两李可以被迟滞，使独六旅的右侧完全暴露，便于新四军主力埋伏于其开进道路之西面，举行突袭。在正规防御战中采取游击运动战的伏击突袭，可以取得出敌意料的巨大优势，利于战斗速决。而速决，对于这次战役的初战来说，特别重要：韩军其主力增援不及，新四军可以及时转兵进行连续的歼灭战。独六旅是装备精良的主力，韩德勤绝想不到新四军会打强敌，新四军便能出奇制胜。打掉独六旅这样的主力，使韩军大为削弱，韩军士气也会大受影响。打掉独六旅这样的主力，可以进一步吓住两李、陈泰运等中间势力中的不稳定分子。打破了中路军的右翼，中路军中坚的翼侧暴露，缺口大开，便于新四军向东穿插，对其中坚或左翼再次进行迂回包围，连续作战。

这样，在兵力部署上，就采取了更加出敌不意的高着：决定以 3/4 的兵力即一纵、二纵的近 6000 人作为机动突击力量；仅以 1/4 的兵力即三纵不足 2000 人坚守黄桥。

在局部兵力运用上还有不寻常的做法：向东北阻击韩军中路中坚的二纵部队，不是以一般分队而是以战斗力强、经验丰富的分队进行游击性的阻滞，不断袭扰、反扑，尽量拉开它与左、右两翼的距离，这就便于新四军突然袭击，围歼独六旅。三纵在守备黄桥的兵力单薄的条件下还保留了多层的预备队，不断反突击，多次向镇外出击，直至最后配合一、二纵大举出击。

作战方案是周密的，但战争中的意外情况太多，战役的责任极为沉重，一向潇洒豁达的陈毅此次作战毫不轻松。他把自己的公文箱挑子也“轻装”了，把最珍爱的书籍、日记、诗稿藏到指挥部所在地严徐庄严博士家书橱的古书后面去，准备在黄桥保卫战失利时打游击。他继续谋划：把留在江南的两个主力营都调过来，而且照会两李：“敝军两个团即将过江通过贵军防区”；他把朱克靖、黄逸峰等派到两李指挥部和各中间势力部队去掌握动向；他发动朱履先、胡显伯等再次致电重庆请蒋介石命令省韩将其部队调去打日军，这次的电报征得空前众多的 245 位人士签名。

由于八路军和四、五支队有力配合，韩军的几个旅被牵制在北线。刘少奇报告中央：黄克诚部主力决心于 4 日开始行动南下阜宁，并继续向盐城前进。10 月 3 日，中共中央向重庆国民党当局提出“韩不攻陈，黄不攻韩；韩若攻陈，黄必攻韩”。10 月 5 日，中原局向南下八路军及四、五支队发出《为配合陈毅部消灭顽韩的政治动员令》。四、五支队三个团东进，将控制运河继续向兴化前进。这种积极的动作，有可能将战略配合逐步发展为战役配合。

但是，在黄桥战场，因为是在内线作战中完全靠自身力量实行外线包围歼敌，就必须速决。而不能为等待增援而冒被围困在黄桥，以致日军、中间势力都来下手的极大风险。

10 月 3 日，大雨二日后放晴，一度受阻于雨的韩军正式开进。新四军节节阻击袭扰。中路的左翼三十三师最早抵达黄桥以东，3 日中午，开始炮击黄桥外围，下午，开始前哨作战。

10 月 4 日凌晨，三十三师从东面猛攻黄桥，午前 11 时第一次总攻被三纵击退，在黄桥城防工事外围百米一带对峙至午后 1 时，顽军后撤换防，准备第二次总攻。

新四军首战求歼的部队独六旅却于 4 日下午 2 时许方由古溪出发经高桥向黄桥作一路纵队“旅次行军”。陈毅待其先头部队进至离黄桥五六里处，其后尾已脱离可以依托守备的高桥镇，即令预伏在大路西侧的一、二纵队出击，从西向东横扫，将其截为数段，加以包围隔断。二纵嗣后即向分界镇迂回前进。一纵继续分割围歼独六旅，从午后 4 时至黄昏，将其逐部解决，旅长翁达中将自杀。一纵 3000 人围歼了独六旅 3000 人。

李守维亲率的中路中坚一一七师的三四九旅医遭新四军的阻击钳制，距离尚远，无法解独六旅之围。李守维判明新四军主力正用于围歼独六旅，黄桥守军必少，乃令三十三师死力猛攻。三十三师战斗力颇强，一部突进了黄桥东门。此时黄桥如果失守，即使消灭了独六旅，新四军三个纵队仍将被八十九军分割，整个战局仍可能迅速恶化。陈毅、粟裕立刻命令陶勇的主力第三团反击。这时正好传来消息，江南的老四团第三营已渡江，离黄桥二十余里，部队闻讯振奋，陶勇挥起马刀，率部反击，将顽军悉数歼逐。

独六旅就歼后，二纵已绕至顽中路左翼三十三师之侧后，并于 4 日午夜 12 时进占分界镇；一纵由高桥经八字桥插向东南，到达李守维指挥部所在地野屋基的侧后；三纵又于 5 日凌晨 2 时以两个营一度从黄桥出击。至此，新四军三个纵队第一线五千余兵力三面围堵八十九军一万之众的态势初步形成。

5 日上午，在一一七师主力到达黄桥外围后，李守维下令以强大炮兵火力掩护三十三师及一一七师同时猛攻黄桥，战斗一度十分激烈。但三十三师受二纵牵制，不敢倾力向前。此次总攻终被击退。而一纵随即向野屋基一带发起进攻，二纵也加强攻击。八十九军方知自身将陷于不保。

八十九军不愧是主力，抵抗与反扑相当顽强。陈毅报中央和叶、项的电报中说：“空前恶战”，“攀登屋顶顽固抵抗拼刺刀七八次”，“我一、二、三、四、九各团进攻凶猛，刺死敌官兵在千名左右，敌胆始寒”。

5 日午夜，三十三师在二、三纵夹击下被击溃，大部被歼，余部向八十九军军部及一一七师靠拢混合。用两李部队的副总指挥、军统分子卢印泉向重庆及三战区报告中的话来简述："……三十三师有一部败退，波及军部危急。（李守维）仓促间未加部署，下令全军退却。结果伏兵四起，纪律不好，人民蜂起追杀，全军覆没。"

八十九军军长李守维中将在黑夜突围时被乱兵拥入河中淹死。

新四军不顾疲劳，当即展开追击，于 6 日下午包围解决了麇集营溪的独六旅残部、一一七师余部共 3000 余人。新四军遂于 7 日黄昏占领海安。随后，又连下富安、安丰、东台，于 10 月 10 日与南下增援的八路军胜利会师于盐城以南白驹镇北的桥头。

此役，韩军主力第八十九军及独立第六旅被歼 12 个团，连同保安旅团被歼一部，共歼顽军 1.1 万余人。

刘少奇对南下八路军及四、五支队的政治动员令中说这次决战"有伟大的决定的意义"。黄桥战役胜利后，刘少奇 10 月 8 日报告中共中央说："在敌寇汉奸与顽固派的夹击中，我党在华中工作已取得决定的胜利，打开了苏皖广大敌后地区建立抗日民主根据地的局面。"

第五节　军政全胜

大胜以后，陈毅面临着两大具体问题：一是要不要进攻兴化，歼逐省韩；二是如何对待中间势力。

韩德勤从东台逃入兴化水网地区，他在兴化周围尚有三十三师的一个旅和保安部队共一万余人。他一面增修工事，一面托韩国钧、李明扬等向陈毅求和。

这时，如果仅仅着眼于建设华中的大根据地，似应以彻底解决韩部为有利，衅由彼发，师出有名，反正是已经决裂了的，再决裂一下亦不是大问题。在把省韩赶离江苏后，共产党、新四军就可成立苏中和苏北两个行政公署，将来还可召集六个根据地（加淮南、淮北之路东、路西）的党、政、军、民代表大会成立苏皖行政委员会。但是还必须估计韩顽尚有相当力量，会死守兴化最后阵地，新四军疲劳、地形不熟、不惯水战，攻兴化不一定有胜利把握。陈毅多次发电报告情况，请示中共中央和新四军军部关于是战是和的方针。当时苏北各方代表云集于陈毅的指挥部，探询新四军的意图。蒋介石、顾祝同则利用两李、陈泰运对新四军的恐惧心理，胁诱他们与韩合作，共同对付新四军。陈毅认为急攻兴化，固然可能立即消灭韩部，但要付出重大军事代价；更重要的是会促成李、陈与韩的联合，各保安旅、团会被迫投降日军当汉奸。黄桥战役新四军忍让自卫，取得广大中间势力的同情；决战胜利，又和八路军会师，军政力量均已占压倒优势，苏北人民已公认共产党的领导。如急攻兴化，政治上反为不利。

中共中央根据全国形势，电报指示：应该考虑韩德勤与蒋介石、顾祝同的关系，暂时不宜采取彻底消灭的政策而使国共关系严重恶化；应对韩顽施加军事政治压力，扩大抗日根据地，迫使他接受和平条件，特别是促使重庆政府命令顾祝同、李品仙停止进攻皖南、苏南、皖东抗日根据地。

中共中央同意刘少奇的建议，由陈毅统一苏北军事指挥。

陈毅根据中共中央和中原局的指示，在八路军、新四军继续向兴化推进的同时，通过李明扬等向韩德勤提出五项和平意见：撤除对皖南等地新四军的包围；新四军停攻兴化；韩放弃反共方针，分区抗敌；改善政治；召开各方合作会议。

韩德勤表示原则上同意，并托李明扬带回三项意见。后来，韩、李分别把新四军的要求电告了蒋介石。

与此同时，陈毅与黄克诚10月21日在盐城会见，乃下令八路军、新四军停止进攻兴化，原地固守。

要不要歼逐省韩的问题暂且如此解决，而中间势力的问题却又复杂起来。

韩德勤的三项意见中，有开各方合作会议由民众代表韩国钧召集，地点在泰州。这已露出了拉拢李明扬的端倪。地点在泰州，即会议将实际上以李明扬为主人。陈毅报中央：李明扬于10月24日到海安拜会陈毅、韩国钧。李明扬表现积极，同意先保留韩德勤，分区抗敌；省韩如不改变反共的方针，则共同反韩。李等可在苏北建立新的国民党集团与共产党合作。李明扬还同意会议地点改在曲塘。会议时间为10月30日。

陈毅深知中间势力的特性。他们以自己的利益为依归，有不可避免的两面性。李明扬过去借助新四军抗韩，如今韩顽军政俱败，他很想取韩自代，却要“自上而下”进行，不敢自动驱韩。李、陈等对新四军、八路军的大发展有恐惧，他们的政治动向值得时刻注意。

果然，陈毅从韩国钧处得知了内情。陈毅11月初报中央并叶、项、胡：“省韩、明扬似对韩国钧微露要我让出东台之意见。”陈毅看透：让出东台，便是使新四军不能和八路军打成一片，仍然被限制在靖、泰、通、如地区，掌握不了苏北全局的抗日领导权。陈毅一面向韩国钧表示“坚拒”，一面深入了解，很快得悉李明扬、陈泰运又想联合韩德勤向新四军索取东台，又要把和平会议改在泰州开，“将韩国钧老头子弄到泰州去，以群众代表名义要求新四军让出东台”。

这是民族革命战争在苏北的领导权谁属的大问题，陈毅当然坚决斗争。据陈毅于会后给中共中央的电报：在附近十二县的代表纷纷来到曲塘的时候，陈毅偕管文蔚等“按期到了曲塘，即揭破其奸计，同时劝韩国钧不要受他们利用，指责李明扬无信义及韩德勤不派代表来证明其无诚意”，“到会军民代表均在我影响之下”，“尤其是韩国钧更义愤韩李无诚意，一致电责李明扬”，“李明扬不得已亲来曲塘，因省方代表不敢来，乃改开谈话会决定临时办法四条，基本改造苏北办法八项”，“明扬、国钧及到会代表均同意”。韩国钧以84岁高龄认真主持了这次会议，并要求到会代表一一在和议文件与通电上签名。他还要求李明扬当众起稿，写成《韩国钧、李明扬等呈国府电文》《韩国钧、李明扬等呈韩主席电文》。

通过这次会议，苏北的中间势力又团结在中国共产党周围，韩顽进一步被孤立。陈毅把会议经过详细报告了毛、朱、王、叶、项并胡、黄，中共中央复电表示“你处理的办法很对”。

几天前，陈毅已给中共中央发去《关于苏北统战工作的经过与主要经验》的报告，系统地总结汇报了自 1939 年挺进苏北开始与两李等中间势力既联合又斗争的整个过程。毛、朱、王向全军转发了陈毅的报告，并说：“中央及军委完全同意陈毅同志的统战方针及统战工作，为使各部队团以上干部深切研究统战策略，破除其狭隘而不开展，顾小利而忘大义，称英雄而少办法的观点，特将陈毅报告转告你们作具体教育材料。”

此时，由季方、季刚（国民党南通行政专员）兄弟出面，邀请新四军派两个团进入如皋、南通、海门、启东地区。新四军与那里的国民党保安旅、团及游击武装万余人，都逐个以和平手段解决了抗日合作问题。在共产党领导下，在季氏兄弟主持下，该地区的军事、政治、经济各方面都稳定地逐步地转上新的轨道，广大群众和绅商都很满意。

11 月初，刘少奇呈报中共中央：为统一华中军事指挥起见，提议中央任命陈毅为新四军、八路军在华中各部队的总指挥，并参加中共中原局为委员。如叶挺到华中，即由叶挺任总指挥，陈毅为副总指挥。中央书记处复电，同意叶挺过江后，以叶挺为华中新四军、八路军总指挥，陈毅为副总指挥，在叶挺未过江前，由陈毅代总指挥。并决定胡服为政治委员，叶、陈、胡统一指挥所有陇海路以南之新四军、八路军。

11 月 7 日，华中总指挥部在东台成立。23 日，移驻盐城。

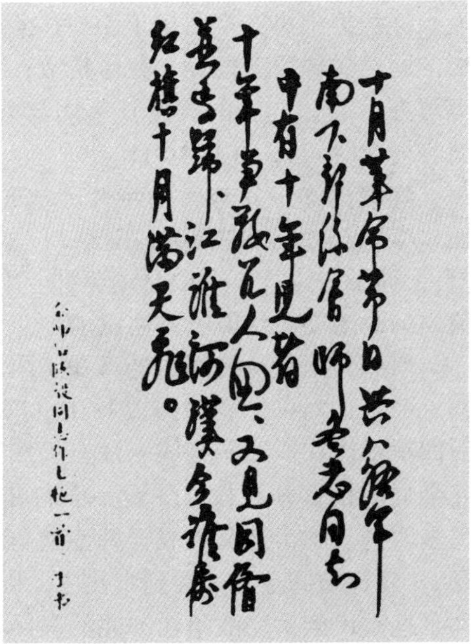

黄桥决战后 1940 年 11 月 7 日，陈毅与中原局书记刘少奇及八路军南下领导人黄克诚等会见时所作的七绝诗手迹

12 月上旬，苏北第一次临时参政会在海安召开，到有泰县、泰兴、江都、靖江、南通、如皋、海门、启东、崇明、兴化、东台等县各界代表二百余人。大会选举黄逸峰为议长，朱履先、朱克靖为副议长，国民党靖江县党部书记长盛仁栋也当选为大会主席团成员。会上，无论国民党员、共产党员、无党派民主人士、工、农、青、妇、绅、商、学、军，均毫无限制地自由发言，实现了政治权利的平等和真正的民主自由。大会通过了陈毅的政治报告。刘少奇在闭幕时代表中共中央讲话，受到热烈欢迎。

至此，中国共产党确立了苏北的领导权。反顽为了抗日的目的达到了，苏北抗日的形势很快改观，由原来国民党的占地盘不抗日一变而为新四军、地方武装和民兵自卫队积极主动地打击日军，胜利越来越大。就在原为韩德勤部队盘踞而不抗日的苏中地区，1941 年，新四军和地方武装、民兵，对日伪作战就达 520 余次。1941 年 11 月，一旅一团在临近黄桥的高明庄截击日军，毙伤日军 80 余人。1942 年 6 月，三旅七团在斜桥战斗中全歼日军警备队长以下 70 余人，生俘日军 3 人，首次缴获日本 92 步兵炮。9 月，七团又在粟裕亲临指挥下于谢家渡伏击敌人，击毙日军南浦旅团五二大队大队长保田中佐以下 110 余人，生俘日军 3 人。1944 年 3 月的车桥战役，一旅一团和三旅七团在粟裕统一指挥下协同作战，取得攻坚打援的双重胜利，歼灭日军一个大队，击毙大队长三泽大佐以下日军 460 余人，生俘日军山本一三中尉以下 24 人，毙俘伪军 500 余人，一举扫除了日、伪据点 13 处。1943 年 4 月开始的南通、如皋、海门、启东的反“清乡”斗争，广大干部、民兵“区不离区、乡不离乡”，展开了最广泛的群众性的抗日斗争，彻底粉碎了日军控制苏中沿江地区的图谋，广大农村和集镇始终是抗日民主根据地。

第七章　陈代军长（上）

第一节　临危受命

自华中新四军、八路军总指挥部和中共中央中原局进驻以后，盐城已成为中共领导华中敌后抗战的“司令台”。1941年元旦期间，陈毅在文庙大成殿下回顾三年来的斗争历程，展望未来，以洋洋洒洒的两万余字，著文向社会各方回答了“现在苏北应该做些什么”的问题。元旦这天，他检阅了总指挥部直属队的队列，接着出席了盐城县参议会的成立大会，晚上他作为“兼校长”，又出席了抗日军政大学第五分校的开学典礼。这时他所专心考虑的，是如何使华中抗日队伍和根据地的建设进一步适应新形势的需要，因为总指挥部及其所属部队均处在日、伪军和国民党反共顽固派的夹击之中；自从两个月前国民党发出“何白皓电”开始，第二次反共高潮便正式掀起。蒋介石已经派遣李仙洲、汤恩伯、李品仙率部向华中、山东的新四军、八路军进逼。中共中央除令江南新四军部队迅速北移，并从华北派遣八路军一部南下以加强华中兵力外，号召所有华中与山东的党与军队必须动员起来，为坚持抗日根据地，打破顽固派的进攻而奋斗。中共中央特别强调：“军事指挥在总指挥（叶挺）未到江北以前，统一于副总指挥陈毅、政治委员刘少奇的指挥之下”，“各部须完全服从他们的命令，不得违误。山东分局划归中原局管辖，中原局统一领导山东与华中……”

陈毅与刘少奇政委等重任在肩，夜以继日地部署工作，并且商定在1月12日开始举行一次旅级以上干部会议。数日后，发现日军在盐城附近据点大量增兵。敌、顽夹击的形势已在眼前。陈毅为落实东北方向的防务，于1月7日前往八路军第五纵队第一支队。

但当他于11日下午返回总指挥部时，盐城已遭日本飞机轰炸，文庙、抗大宿舍及仓库等多处中弹。其时，“皖南事变”已经发生，国民党军正在皖南围攻奉命转移途中的新四军。陈毅等深为日、蒋双方反共的配合默契而气愤。

机要科收到叶挺军长的电报，内中说：

“本军五昼夜不停与五六倍之敌激战于重围，计划又告失望。现将士疲劳过度，只好固守一拼，惟士气尚高。……今事已至此，只好拼一死以赎其过。”

陈毅与刘少奇等紧急商定对皖南军部的救援之策。其中主要意见是：

“……请求朱（瑞）陈（光）罗（荣桓）准备包围沈鸿烈（国民党山东省政府主席），我们准备包围韩德勤，以与国民党交换。”

三天后，中共中央复示同意：“限10天内准备完毕，待命攻击。山东由朱、陈、罗负责，苏北由刘、陈负责，以答复蒋介石对我皖南一万人之聚歼计划。如皖南部队被蒋介石消灭，我应坚决彻底干净全部地消灭韩德勤、沈鸿烈，彻底解决华中问题。”

高干会议如期在城郊举行，大家对皖南情况至为关切。13日皖南电讯中断，军部下落不明，与会者无不万分焦急。15日传闻皖南已经失败，叶挺军长等已被国民党扣押，许多人听了失声痛哭。陈毅也有揪心的痛苦，但在局势发生重大变故的时候，如何驾驭形势，高级领导人亟须作理智的思考。

刘少奇认为，在抗日的前提下，中共方面的基本指导方针应该是在政治上取攻势，而在军事上则宜取守势。陈毅表示赞同。他认为，现在是蒋介石已经下手了，但还要看发展，现在必须加紧准备力量以应付更大的事变，还须解决好部队人员中的急躁冲动和悲观失望情绪。

高干会议于15日结束后，又分别做了些工作，17日各返原防。总指挥部则陆续由文庙迁至盐城南郊的熊氏宗祠。陈、刘电报中共中央：“军部问题发生后，我们已开过干部会，注意悲观泄气情绪之克服。”拟“在苏北成立新四军军部，并以陈毅代军长”。

其时，国民党已于17日发布了反革命命令，诬蔑新四军为“叛军”，取消番号，并将军长叶挺交付军事法庭审判。这就把第二次反共高潮推向顶峰。

中共中央军委针锋相对，于1月20日与22日先后发布命令和发言人谈话，任命陈毅为新四军代理军长，张云逸为副军长，刘少奇为政治委员，赖传珠为参谋长，邓子恢为政治部主任。并强烈谴责了中国亲日派的罪行。

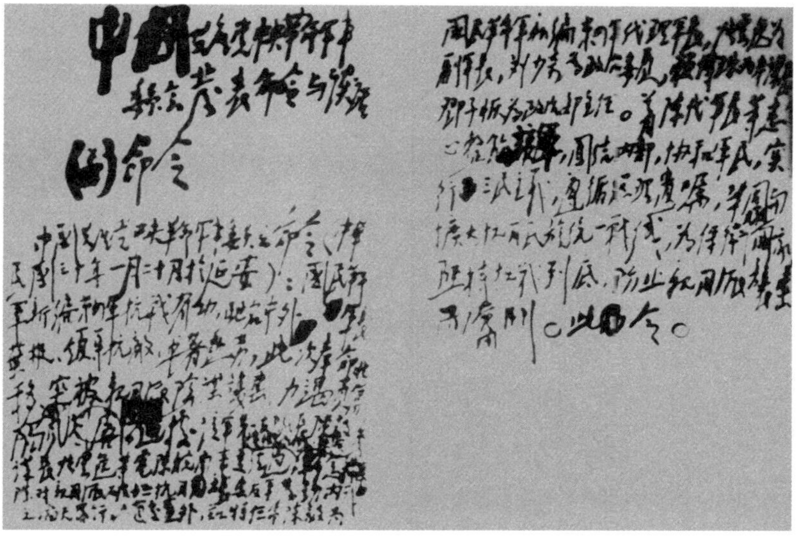

毛泽东起草的中央军委命令，任命陈毅为新四军代理军长

总指挥部和中共中央中原局经过了几天紧张的准备，于 1 月 25 日下午在盐城“游艺园”举行了庆祝新军部成立大会，发布了新军部领导人就职通电。① 陈毅随即发表《论皖南事变及新四军的态度》的长文。

陈毅已一再在失败的条件下临危受命，力挽狂澜，收拾残局，重整旗鼓。1927 年秋冬和朱德把南昌起义军带出危境是第一次；1934 年到 1937 年和项英坚持南方游击战争是第二次。现在他和刘少奇一起力挽危局是第三次了。

陈毅记得在 1 月上旬，中央曾经给他和刘少奇发来一个很秘密的电报，明确指出：应把这次反共高潮看作我们奠定华中基础的机会，如同上次反共高潮奠定了华北基础。虽然华中的斗争是长时间的斗争，不到蒋介石遇到了更多更大困难，他是决不放手的，但我们奠定基础的可能性是存在的。陈毅十分赞同在国民党反共顽固派大举进攻时采取这种进攻战略和相应的步骤。

新军部成立后，最重要的工作之一便是整编部队，布阵华中，统一指挥。1 月 26 日是庚辰年除夕，当夜陈毅与刘少奇向中央军委报告了新四军部队整编方案。对此，中央军委同刘、陈作了多次商议、调整，最后决定新四军编为七个师和一个独立旅，军部直属抗日军政大学第五分校及特务团共约九万人。

陈毅与刘少奇等遵照中央军委的指示和华中地区的实际需要，提出了新四军今后的任务是坚持华中敌后抗战，阻止反共军的进攻，迅速加强根据地各项建设，积聚力量，准备与敌伪军和反共军进行长期斗争。一俟条件成熟即向西向南发展。各师的具体任务是：第三师坚持苏北，建设巩固的根据地，建立强大的地方武装，以便主力机动作战；第四师分别在淮河南北，巩固津浦路东，坚持津浦路西，加强对西防御，随时准备迎击反共军的进攻；第五师独立坚持鄂豫皖阵地，并以一部沿江而下，打通与第七师的联系；第七师发展皖中，坚持皖南敌后游击战争，积极打通与第二、第五、第六师的联系；第六师坚持苏南，阻止反共军北渡。这样便统一形成了新四军在华中的战略布局。

中共中央书记处于是年 3 月 27 日通过：中原局（5 月，改为华中局）由刘少奇、饶漱石、曾山、陈毅四人组织；军事委员会新四军分会由刘少奇、陈毅、邓子恢、赖传珠、饶漱石五人组织。

新四军创建已三年多，此时从组织上、指挥上完全统一起来。以后，陈毅总结皖南军部失败的教训，认为端正建军路线是根本任务，要求把新四军由游击兵团建设成为中国共产党所领导的正规兵团而斗争。

第二节　反投降，反“扫荡”

国民党发动第二次反共高潮，日军兴奋异常，加紧向华中各根据地“扫荡”，

---

① 中共中央已于 1 月 23 日在延安代新四军领导人起草并发表了一则《新四军将领就职通电》，次日，又发表了《新四军将领声讨亲日派通电》，但这通电盐城 25 日尚未收到，故陈毅等又发了一则通电。

并叫嚣要“完成皖南事变未竟之功”。1941 年 1 月，便将原驻防镇江地区的独立第十二混成旅团（简称第十二旅团）调到苏中沿江和运河沿线，侵占了黄桥等重要市镇，同时又和汉奸汪精卫一起加紧引诱泰州地区的国民党苏鲁皖游击总指挥部副总指挥李长江率部投降。准备李部投降后，立即大举进攻海安、东台、盐城等地，歼灭新四军军部和新四军苏北主力。刘少奇、陈毅认为，要坚持华中抗战，保卫华中抗日根据地，必须坚决打击投降势力，粉碎敌伪“扫荡”。

第一步是反投降。陈毅电报指示粟裕和苏北指挥部：一方面加强对两李的统战，尽可能制止投降；另一方面，要集中七八个团，注意隐蔽，准备反“扫荡”和随时消灭投降卖国的部队。

陈毅并于 1 月 28 日亲自南下赴东台。一是代表中原局和新四军领导人出席苏北临时行政公署的成立大会。二是要和粟裕研究反投降的具体部署。

陈毅所乘的汽船行至刘庄附近，突然起火。风势很大，越烧越旺。陈毅跳入彻骨的河水中，指挥灭火，并将不会游泳的警卫员、炊事员救援上岸。救火声惊动了附近的第二纵队医院，院领导将陈毅等接到医院，换了棉衣，送来感冒药。陈毅说：“把药片留给病号吧。”只喝了一碗姜汤。

第二天，管文蔚派船把他接到东台。他在苏北临时行政公署成立大会上发表了演说。大会刚毕，便收到刘少奇发来的急电，说是日军因其侵华战略需要，以五个师团大举向河南进攻，国民党顽固派 20 万反共军进攻华中的部署已被打乱。望速返盐城，共商大计。

陈毅阅电后，即前去二里桥苏北指挥部和粟裕对反投降部署作了研究。2 月 8 日即返抵军部。

中央除了刘已电告的指示之外，还有一份指明目前华中指导中心应着重考虑三个基本战略区的战略方针，这三个战略区是鄂豫陕边，江南根据地（包括苏南、皖南、浙东及闽浙赣边四个地区），鲁苏战区。而鲁苏战区是用以支持其他两大根据地的基本根据地，是要陈毅着重建设的。

刘少奇认为，既然国民党当局已将新四军番号取消，我们正好用新四军的名义在华中大闹一下。对于投敌的部队，我们应立即集中力量，首先解决之。陈毅完全同意。

大雪下了一昼夜，四野积雪盈尺。2 月 12 日晨，陈毅踏着积雪到码头，乘汽船再赴东台。

14 日，大雪初霁。陈毅和粟裕等在火盆边查阅泰州一带地图，分析着各方动向，讨逆战役的计划逐渐成熟。

2 月 17 日，接获军部急电：李长江已公开投敌，野心很大，海安、东台及兴化均在其阴谋计划之内。刘少奇指出：此贼不除，后患甚多，望集全力迅速解决之。

苏北指挥部在海安以西之邓家庄举行讨逆战役誓师动员大会，陈毅对营以上干部作了战斗动员。这时正式颁发了军长、政委签发的《讨伐李逆长江命令》，任命新四军苏北指挥官粟裕为讨逆总指挥，叶飞为副总指挥，刘炎为政治委员，命令他们速率所部歼灭李逆。

18日黄昏，部队沿海安到扬州的公路向西出击。第二纵队司令王必成首先率部攻克姜埝，叶飞、陶勇分率第一、第三纵队迂回包围泰州，进展神速。20日晨便突入了李长江总部，李逆翻墙率百余人仓皇逃走，2个支队战场反正。此役共歼李伪军5000余人，缴获了大批军用物资，其中有大宗的黄色炸药。

考虑到泰州重地为日军所必争，粟裕在给李逆以歼灭性打击后，于21日下令撤出东返。

3月11日，到达根据地之新河边，陈毅准备返回军部，临行前，应粟裕之请向部队作一次形势报告。他清醒地指出："整个华中形势，在敌伪联合围攻之下，我们均只能占据乡间作长期坚持，只有在坚持长期斗争中，始能巩固自己的阵地，城镇之得失不足虑。苏北工作应转入农村作持久的布置，立即在苏北（即苏中）党政军中传达，把工作中心转入农村。"后来"盐城大扫荡"的实践，证明陈毅这番话是很有预见的。

讨逆的胜利引起了延安和重庆的巨大反响。毛泽东主席曾在2月24日致电在重庆的周恩来，通报说：李长江叛变，陈毅率新四军讨伐，哿（20）日占领泰州，俘获人枪数千，李率数百人西逃，逆部有两个支队反正。望广为宣传。

为了讨逆，陈毅远离军部两个月，一旦回来，万机待理，但他念念不忘的一件大事是对形势任务的认识和如何有预见地把握在新形势下战略策略的转变问题。因此，他于3月17日又特地给粟裕、刘炎写信，着重指出：

南部工作反摩擦已总结，应特别强调抗日，在人民中进行民族教育，将毛泽东同志的《论持久战》《抗日游击战争的战略问题》在人民中间作普遍宣传，在学校中作为课本，务使人民家喻户晓。地方群众工作应列为党政军的工作中心。军队派赴地方民运工作的同志，即应拨归地方党指挥。要说服部队同志拨枪拨人归地方党去建立根据地并不蚀本，只有将地方工作深入，根据地建立，部队才能有更深厚的巩固与扩大的基础……

这个指示，将华中抗战应由城镇转入农村的新形势、新特点进一步指出来了。

讨逆战役胜利后，陈毅判定日军必将疯狂报复，因而下指示、发文件、写文章、作报告，总是强调加紧反"扫荡"的准备，指示反"扫荡"的方针与作战原则。6月11日，他又在华中局第七次会议上强调："盐城随时都须准备反扫荡。"他又在6月下旬发表《论"扫荡"与反"扫荡"》一文，告诉大家："敌寇对苏北，从本月初即开始调兵遣将，计划大规模'扫荡'行动。"他号召苏北军民"要密切注视敌寇初步'扫荡'的企图，一切做充分准备"。

7月上旬，日军已令其第十五、第十七师团和第十一旅团各一部，接替其第十二旅团在长江北岸和运河沿线各据点的守备任务，然后以第十二旅团全部和伪军第一集团军等部共1.7万余人，拟从东台、兴化、射阳一线进攻盐城新四军军部。在陈毅、刘少奇的主持下，确定了反"扫荡"的部署。要求第一师与第三师密切配合，南北策应，以粉碎敌人的"扫荡"。

为了保障军部和华中局等领导机关的安全，逐步向城外秘密疏散。这时，盐城的“摊子”就显得太大了。

陈毅和刘少奇把抗大五分校副校长、盐城卫戍司令洪学智找来，向他传达了反“扫荡”的计划之后，交给他一部电台，并将卫生部、财经委员会等4000余人，外加抗大五分校2000人，合计6000多人，要他带往盐东县盘湾、龙王庙一带疏散。他俩考虑到一些高级知识分子和国际友人的安全，先用汽船将德国记者希伯、奥地利医生罗生特等转移，又将在鲁迅艺术学院执教的许幸之等人接回来，要他们随军部行动。

7月10日上午7时，雨过天晴。刘少奇、陈毅带领一部分机关工作人员登船出发，傍晚在湖垛东北约10里的北左庄宿营。随即同全军各部通报情况，开始办公。接着又将希伯等人送往第三师，并在新河庙及高作等地成立联络站。

1941年陈毅与刘少奇、奥地利医生罗生特在苏北盐城

7月20日，日、伪军分别由东台、兴化、射阳、陈家洋向盐城猛扑。日、伪曾在南京夸称：“要以闪击战打击陈毅将军即今重建的新四军军部及其主力。”

在北左庄的陈毅检查了参谋处与各方的情况之后，找来了卫生部筹备卫生学校的负责人崔义田。原来卫生学校在盐东县海神庙筹备时，即计划于7月20日开学，并请陈军长前去讲话。现在由于准备反“扫荡”，卫生学校已于头一天（19日）由海神庙迁到了高作镇的一座大庙里，仍准备按时开学。但因敌情严重，都认为陈毅军长不会到校讲话了。

崔义田见陈毅就问：“军长，你还能到卫校去讲话吗？”陈毅笑答：“崔大夫，我们一面要打仗，一面也要工作啊！”于是两人立即上马，下午两点钟，在卫校师生的热烈掌声中登上了讲台。

陈毅讲话，先分析了形势，讲了这次粉碎敌人大“扫荡”的计划和必胜条件，使大家都感到鼓舞。说到业务，陈毅幽默地讲了个小故事。他说，过去有个会看相的阴阳先生，想找一位大夫治病，他跑遍了全城医寓，看到每位大夫的招牌上都拥挤着无数冤魂，不敢入内，好不容易才找到一块一个冤魂也没有的招牌，心想这位大夫的医术一定很高明，在他手下从未冤死一个人。后来进去询问，才知这个医寓刚才开张，而他自己又是就诊的第一个病人……讲到这里，全场都大笑了，都明白了，陈毅勉励大家都不要鄙薄技术工作，要钻研业务，发扬救死扶伤的革命人道主义精神，全心全意为伤病员服务，否则在我们的手下也会出现“冤魂”的。

由于军部来电话催促，陈毅很快结束了讲话。临行应邀为卫校题词。他写道：“医学是自然科学与社会科学中间的桥梁，对人的治疗，药物方面是属于自然科学，而精神安慰和救护方面必须借助于革命的社会科学。新四军医务工作同志与一般医生不同之点在此。”

日军于 7 月 22 日占领盐城。又利用雨后河水暴涨的机会，调来许多特制的装甲汽艇在飞机配合下四处搜寻，陆地上则投入一部分骑兵和大量步兵。陈毅和刘少奇则率轻便机关和敌人“捉迷藏”。军部暂驻的北左庄是在西塘河东岸，四周都是小河沟，像一个小岛，敌人的装甲汽艇一遍又一遍地在周围巡逻，也没有发现这里的秘密。

刘少奇、陈毅等考虑到，在日、伪大“扫荡”的同时，顽固派势将乘人之危而向我侧后进犯，因电示邓子恢、彭雪枫组织临时指挥部，即移皖东北统一指挥皖东北和淮宝部队。

电报发出后，军部向西北方向转移，到达仁家桥宿营。这时传来消息，鲁迅艺术学院（包括“新安旅行团”一部分）和抗大五分校转移至北秦庄，遭到日军袭击，作家邱东平，戏剧家许晴等十余人牺牲。刘少奇、陈毅闻讯，立即派参谋金冶化了装前去处理善后。

25 日拂晓，军部抵达硕家集与第三师会合，29 日陈毅、刘少奇到达陈家集西北之岔头，向第三师交代，现在军部及庞大的后方都拥集于附近一带，遇敌扫荡，必受损失，必须争取时间分散转移。为此要求三师部队在东沟以北行动，以吸引敌人，转移敌人视线。但是，仅仅过了三天，三师指挥部突然发现韩德勤派出六个团以上兵力进攻益林，三师处于日、韩夹击之中，遂放弃益林，主力转移。日军占领益林。军直属队转移到殷家桥时，又发现阜宁城的日军南开，发生了遭遇战，军法处和医院陷入险境。幸亏这时天下大雨，日军行动受阻，军法处、医院等由曹家移至岔头，转危为安，但供给部的许多物资却损失了，三师后方亦略受损失。

刘、陈考虑到情况复杂，为了保证在严重情况下指挥不能间断，决定两人分开行动。刘少奇由军参谋长陪同，亲率一个连及直属队转至东北方向活动，以便安稳地指导整个华中工作。陈毅富有游击战争经验，便留下继续处理后方物资等的善后工作。31 日晨 5 时，刘少奇等一行便由北路马出发，沿黄河堤向大高庄方向而去。

陈毅正在忙于处理后方，忽然接到第一师发来的电报，说他们围攻泰兴城，继续作战，缴获甚多。陈毅深知，一师为了配合盐阜区反扫荡，当日、伪部署进攻盐城时，便发动了攻势作战，围攻和袭击了泰兴、靖江、如皋、南通地区十几个日、伪军据点，正当日军向盐城“扫荡”时，又进一步发动攻势，围攻泰州、泰兴城和姜埝，攻克天星桥、孤山、黄桥、季家市、加力、古溪等重要据点，对盐城至东台的敌占交通线，不断进行袭击和破坏。这使“扫荡”盐城的日伪军南北不能兼顾，不得不于 8 月初将大部从盐城、阜宁地区南撤，转向苏中进行报复“扫荡”。三师主力一部随即收复了东沟、益林。陈毅十分欢喜，立即向刘少奇报捷。

刘少奇正在大高庄召集各部首长会议，研究将后方医院分散隐蔽问题，收到陈毅来电，大喜，立即宣布散会，并电告陈毅速到张家码头会合，以便商决大计。

陈毅冒着大雨而行，到达张家码头已雨过天晴。刘少奇将他们商量的一个反攻计划交给他看，决定第二天到洲门的北路马村开会讨论。

他们到达黄河岸边这个贫穷的小村时，已有许多人住下了，不仅有接回来的那些知识分子，以后连那位著名的“外国婆子”史沫特莱也在这里。在这里讨论的反攻计划是集中力量在盐城地区发动进攻以牵制向苏中地区扫荡的敌人。根据反攻计划三师的两个团、第二旅、军部特务团和抗大，分别袭击湖垛、上冈、伍佑、刘庄、冈门、南洋岸的日、伪军，颇有斩获。如第二旅等部攻克盐城东南之裕华镇，全歼日军两个小队，伪军近 600 人，其中日军被击毙 70 余，生俘 7 人。继而又攻克秦南仓等据点。这一切，造成了盐阜地区敌人的极大恐慌，被迫又将“扫荡”苏中之兵力北调，以保持其占领地区。日、伪军对苏北发动的一次空前大“扫荡”就这样被粉碎了。在一个多月的斗争中，新四军共作战 130 余次，毙、伤、俘日、伪军 3800 余人，击沉、击伤汽艇 13 艘。

第三节 强攻程道口

1941 年春，国民党汤恩伯集团侵占了新四军第四师所在的豫皖苏边区后，妄图继续侵犯苏北根据地。韩德勤为接应汤部东进，于 7 月间日军扫荡盐阜地区时，以保安第三纵队两个团侵占了泗阳西北的程道口，并以第一一七师、第三十三师各一部先后侵占淮阴、涟水间的大兴庄、张官荡地区，继续沿六塘河向西扩张，企图以程道口为中心，控制运河两岸，再向两边扩张，东接曹甸、车桥，西抵津浦铁路，构成一条横贯淮北、淮海根据地的东西走廊，为汤恩伯创造东进苏北的有利条件。刘少奇指出：如不即令淮海全党全军全民以极大的决心来挽救这种危险形势，就“有使华中全局受严重之危险之可能”。为此，华中局和军分会研究确定以陈毅为首组织一个前方指挥部（简称“前指”），前去解决这个问题。

9 月 27 日上午，刘少奇以及参谋长和司令部的几位科长都来到陈毅的房间里商定前指的组织问题。前指除作战、侦察、教育等科长或副科长、参谋外，还配属一部电台和两个机要员，由特务团派一个营作警卫工作。华中局和军部还电告皖东、皖东北各地：军长此行将代表华中局指导各地党政工作。

28 日下午 3 时，陈毅一行由侉周出发，前来军部汇报工作的四师政治部主任肖望东同行，到了盐河岸一个叫做侉儿沟的村边待渡。这是地下交通线必经的一个“渡口”，警卫营先已放好警戒，先遣人员在盐河的东西两岸拉了一根绳索，借来一个平底的大木桶用以代替渡船，每次可坐三四个人，拉着绳子往返过渡。

“船”到河心，陈毅轻声地对肖望东说：“等我们把程道口的顽固派打掉，我们就可以通行无阻，用不着这样夜间偷渡了。”他打了个手势，说：“程道口是顽固派插在我们心中的一根钉子，不拔掉怎么行呢！”肖望东说：“顽固派在那里集结了将近一个师的兵力，工事也很坚固，听说日本鬼子开了装甲车去用炮轰过，也没有轰开……”陈毅说：“是啊，不战则已，战则必胜！我给他准备的兵力，超过他三倍多，非消灭他不可！”

29日，前指同淮海区的部队取得了联系。第二天，技术侦察部门破译了一份电报，其中说：“陈匪已窜入淮海区活动。”陈毅一惊，然后哈哈大笑，说：“好呀，顽固派在教育我们了：要提高警惕性，否则我们就要受损失，就会打败仗喽！”随即布置了加强保密防奸工作。

陈毅用了两天的时间，同独立旅和第十旅的领导人商讨了攻打程道口、消灭王光夏的问题，特电请刘少奇从七旅增派一个团前来淮海区参战。军部乃派七旅十九团赶到。

十九团来到田圩子，陈毅亲往看望。开过团、营干部会议，就由团长胡炳云陪同向全团三千多人讲话。

陈毅首先讲了形势任务，然后便历数了十九团的光荣历史。他从南昌起义的教育团，讲到长征路上红一军团红二师的突击团，讲到进入华中敌后的“胡大队”，赞扬十九团是一支英雄的部队，也是华中敌后战场上我军的骨干和主力之一。他殷切地期望着全团同志在即将进行的战役中为党为人民再立新功。

当天晚上，陈毅同大家一起观看了八路军一一五师的慰问团的演出，第二天，才返回区党委向军政干部会议作总结。

10月12日这天，陈毅给刘少奇等发去一个电报，其中说：胡（炳云）团已会面。此间军政会议总结了工作。淮海区原来25个区，现只有11个区，而且完整的只有8个地区，地主逃跑，财政困难，顽、匪、伪向我中心地区推进，地区日益缩小，而顽、伪、匪的力量则日渐壮大。许多顽县长单身北来活动，近来拥有数百人积极向我区推进。连日均指出地方工作过左倾向及统战中错误，对敌、伪、顽各种进攻姿势不能以灵活方式去回答，在战略战术上未能积极采用针锋相对的进攻政策，党、政、军配合不好，意志及政策不统一。连日讨论，一般在了解方面有进步，今后要特别提倡党、政、军一元化。

陈毅的这份电报，引起了刘少奇等华中局领导人的震动。14日回电要陈毅向淮海区党、政、军领导人明确指出这种危险形势及其成因。如不引起严格注意，立即改正，不但我们主力不能发展与保证安全，似亦可能引起失败。

华中局表示完全同意陈毅对淮海区在政策上过“左”的批评，现在首先要向淮海区的党部与军队立即布置阻止与粉碎顽韩之企图，立即不顾一切牺牲与疲劳，首先控制史家集、程道口、仰化集、老陈圩一带及运河两岸，无论如何要阻止姜云清三十三师到达程道口建立据点的企图，并进一步将盐河北岸的顽军赶到盐河南岸消灭其一部。

为此，华中局通令有关各区：军长在淮海区时期，一切军事行动部署及举动由军长决定；必要时可再从阜宁抽一个团到淮海；四师在运河南岸部队必须积极配合完成此一任务，并完全执行军长的统一指挥。

陈毅当然掂量得出华中局给予他的支持的分量，一是将政治委员的附署权交给了军长一人全权掌握；二是对于当时部分干部中那种盲目自满、甚至骄横不服从命令以必要的制约。

经几昼夜的紧张准备，对程道口的攻击方案终于制定了。

程道口是六塘河与运河最接近处的一个小镇，在六塘河东北岸，历来是一个重要通道口，居民大都姓程，但也称“陈道口”。顽固派韩德勤的保安第七旅旅长兼第三纵队司令王光夏，在春夏间占据程道口后，强拉了 1000 多民夫，经 50 天经营，在毕家滩以南的岸边建立了三个土围寨（在六塘河南的张圩子也建了一个），中间一个为主，东、西两个较小。当时的情报资料这样记载：围寨是内外两层，外围墙高 6 尺，宽 6 尺，东、西、北三面宽 8 尺，3 丈远一个炮楼，内围墙东、西、北三面高 1.5 丈，宽两丈，外壕深、宽各 1.5 丈，围墙里脚修了暗堡，射击孔比地平面略高，外面不容易看见，人称“地乌龟”。围墙之外有 1 层铁丝网。外壕之外，还有 3 层铁丝网，用粗铁丝编织，攀在树上和七八尺高的很粗的木桩上。外壕的外沿下壁还有掩蔽部。

兵力配备有王光夏 900 人的保安第五团，500 人的保安第六团，以及 400 多人的泗阳县常备队、骑兵连，配有迫击炮 2 门，重机枪 2 挺，轻机枪 12 挺，步马枪近 800 支，还有土炮 200 门，储备的粮食够两个月用，火药堆放了几间屋子，外壕下还有蓄水池。

陈毅确定攻击部队于 14 日开始运动，15 日开始土工作业，至 17 日夜完成，19 日夜开始总攻；以十九团攻西围寨，独立旅第一团攻东围寨，两面得手后，向心攻大围寨。一切确定，陈毅随独立旅旅部行动。

旅指挥所设在刘庄，陈毅及机要人员则住离刘庄四五百米的小李庄。

19 日那天，四师师长彭雪枫带着胜利的喜悦来见陈毅。因为当天上午他在洋河镇以南消灭了王光夏的第二支队，俘虏了支队长李守宽及其副官长以下一百余人。

独立旅的旅长梁兴初，政委罗华生都到前面去了，留下政治部主任刘兴元在陈毅身边。陈毅对彭雪枫说：“这次作战，必须制订战场纪律。”随即口述了若干条款，由刘兴元记录，交彭雪枫整理。彭雪枫把它整理为《消灭王光夏战斗时奖惩军律》，共三条十款。这三条是：“奋勇先登者奖”；“活捉王光夏者重赏”；“临阵退缩者罚”。陈毅说好，立即颁布。

20 日晚攻击开始，陈毅在碉堡射击孔里注视着西围寨，但见火光冲天，杀声阵阵。数小时后，胡炳云打来电话，报告攻进了西围寨。陈毅立即大声呼喊：“传令嘉奖！”然后又打电话查问东围寨方面的情况。谁知那边第一道铁丝网还

陈毅与新四军第二、四师部分领导干部在一起

没突破。陈毅很快查明打东围寨的那个团的团长虚报情况，下令撤职查办。即令独立旅的梁旅长、罗政委亲自到前面去处理。

两位旅领导立即带了警卫分队，赶赴前沿。陈毅随即也招呼了声“走，到前面看看！”参谋、警卫人员阻拦不得，便一同前去。

陈毅看了敌人西围寨的防守情况，颇为十九团勇士们的英勇善战所感动。返回指挥所后，下令东围寨停止攻击，加强准备，组织好火力，明晚再攻。然后又调来军部炮兵连，将炮口直对围寨寨门。21 日晚开始总攻，炮兵首先发言，东围寨突破，大围寨随后也瓦解。陈毅再次下令：“严密搜查，活捉王光夏！”

战斗胜利结束了，然而王光夏却已化了装钻地道逃走了。

23 日，陈毅将战斗初步总结报刘少奇等及三师时，指出：“八路部队基础好，战斗作风亦佳，只需要：一、政策领导，二、战术教育加强，可为华中各军之冠。”

程道口战役结束后，陈毅对各参战部队作了讲评，对淮海、皖东方面的防务作了部署，然后前往四师、二师巡视，直到 1942 年 1 月 9 日才返回军部。此时，他的新居已安排在侉周村以北数里的停翅港。屋边湖中的小岛，传说是个祥瑞之地，是凤凰停翅歇息的地方。

第四节　捉放韩德勤

1941 年秋盐阜区第一次反“扫荡”结束后，刘少奇和陈毅曾报告中共中央：“利用水网以建立相当巩固根据地已不可能，因此，在苏北建立华中总的战略根据地之任务，现在无法达到。”数日后，又向中共中央报告：向东发展的任务已完结："目前是巩固已得阵地，……我华中今后发展方向应转向西，以皖东为基础，沿长江两岸逐渐向西发展。……军部与华中局秘密移至皖东工作为好。"对此，中央于8月17日复示："领导机关在最困难时移至皖东是可以的，必要的。"此议经过将近一年半的时间，终因确悉日军将在1943年初对盐阜区发动大"扫荡"，才于1942年底落实下来。

12月25日晨，军部和华中局机关及直属队分为三个梯队开始秘密向淮南移动，1943年1月10日，安全到达目的地——洪泽湖南岸盱眙县黄花塘。黄花塘本是第二师驻地。听说华中局和军部要来，二师师部便迁移到天长县的大刘郢一带去了。

由于长途跋涉，边行军边工作，陈毅痔疮发作。到达黄花塘的第二天，华中局便决定送他到第二师大刘郢医院治疗。到3月上中旬，他两次被接回军部部署淮北的反"扫荡"和反顽战役。3月18日，四师俘虏了入侵的韩德勤，请求军长亲去处理。

早在1940年12月，国共关系趋于缓和，黄克诚部便和东北军一一二师霍守义部恢复了通讯联系。元月7日，韩德勤也暗遣其特务营长到黄克诚部要求在阜宁县益林镇设立商业机构。陈毅等指示黄致书韩氏，表示积极而诚恳的态度，以争取打开苏北地方谈判局面进而影响全国之合作局面。黄克诚照办了。24日，韩德勤派了三个代表来到三师，说他们得到敌伪即将"扫荡"曹甸、车桥的情报，此次想先取得新四军的谅解，如果敌人"扫荡"，韩部可以转移到新四军的防区。于是，双方商拟了临时协约：在日军"扫荡"时，新四军当配合韩部作战，牵制敌人；韩总部及省府机关在困难时，可向新四军规定的地区转移，但对地方抗日民主政府、群众团体不加侵害，并予保护，"扫荡"过后即返原防；敌"扫荡"新四军时，韩方应原地不动。

1943年2月13日，日、伪军万余人开始从宝应、兴化等地向淮安以东之韩驻地区"扫荡"，至17日，韩部各据点被攻占，韩军大部被歼，残部均向北突围至新四军防区涟水以东一带。此后，敌人即转向新四军盐阜中心区扫荡。

当日军开始向韩部扫荡时，新四军实践诺言，积极向日、伪军出击。2月13日由于新四军之出扰，使日、伪军转向新四军防区之建阳、高作、东沟、益林进犯；16日，新四军在风谷村东之张家庄将日军独立第十二旅团五十一大队主力击溃，击毙其大队长石井中佐。23日苏中一师七团进攻掘港西南之曹家埠，将伪军一个营全部歼灭，并击退来援之日军；同日，特务团进击马塘之孙家窑，将敌据点彻底摧毁。24日晚四师九旅一部强袭洋河镇，全歼该镇日伪军，毙日军30名，俘伪队长以下40余人，烧死70余人；另一部进袭淮安南部地区，也颇有斩获。在淮泗区，二师十四团曾攻入淮阴城内，给敌人以重大杀伤，等等。

在新四军的掩护下，韩方溃散的部队大部脱离险境，并退入淮阴、涟水、苏家咀之间新四军防区休整，新四军还在粮草、经费方面予以接济，博得韩部广大官兵的感激。伤亡了1000余人的一一二师在霍师长的率领下经淮北过津浦路西，受到淮北根据地军民的慰劳，使他们愉快地退出了苏北反共阵地。

然而在蒋介石的统一部署下，韩德勤恩将仇报，不去向日军收复失地，反而乘日军转兵向新四军大举“扫荡”之机，突然侵入淮北抗日民主根据地，一面派队接应国民党第三十一集团军王仲廉部东进反共，一面向西占领里仁集、程道口地区，完全违反了黄、韩协定。而且不听劝告，于3月中旬亲率黄桥战役后重新组建的第八十九军和独立第六旅的余部以及王光夏的保安第三纵队等部，在林公渡等地偷渡运河，侵入淮北中心区的金锁镇、界头集、山子头一带，扣留麻杨区区长，将区队全部缴械，公然叫嚣要在洪泽湖畔建立新的反共基地。

为驱逐韩德勤，粉碎王仲廉之东进反共，陈毅等电令四师主力及二师五旅、三师七旅及淮海分区部队，全部归四师彭雪枫师长、邓子恢政委统一指挥，于16日开始运动，17日晚发起攻击。并且明确规定，如在俘虏中有韩德勤，便给予空隙让他逃走。18日14时，攻击王光夏部队的山子头战斗结束，王光夏被击毙。

查询俘虏时，有个军官说他不认识谁是韩德勤，可是当部队要把这个军官作为一般的俘虏释放时，他怕放出后安全无保障，忽又主动招认自己是省主席韩德勤，要求会见彭雪枫和邓子恢。于是作战部队把他送到师部。在师部，韩表现很悲哀，吞火柴头，绝食，要写遗嘱，表示要“杀身成仁”。

四师政治部主任吴芝圃与他谈话。他痛哭流涕，倾吐了到苏北五年来的许多衷曲。19日晨，彭雪枫同他谈话后，便复食，并求见军首长；21日上午10时，更提出条件请转报军首长。

陈毅等研究了四师发来的电报后，乃致电中共中央，说明韩德勤的力量已歼灭殆尽。彭、邓近日与韩会谈，韩站在其本身利益上，已愿与我私合，韩本人估计，若能迅速与我谅解，则仍能保持其省主席地位。韩为其本身利益，可能与我靠近，不积极策动蒋派部队东进。因部队小，东进便无用；部队大，则不可能东进。即令东进，韩将因控制不住而自危。韩此时最忧虑者，即为期日久问题扩大，本人虽能自由，其前途终被牺牲。我们主张与韩成立协定，进行私合，应迅速释放。如韩背约再行反共，彼力量既小，又在我掌握中，易于制服。同时王仲廉等东进决心必更动摇，蒋虽坚持也无能为力，故我们主张与韩成立妥协，释韩要快。

电报发后，陈毅便夜渡洪泽湖，到达四师师部。他听取了彭、邓的详尽的汇报后说：韩德勤被俘，最怕杀他，其后见我不杀，则力谋保持其江苏省主席地位，故多方哀求央说。此点可以利用。因此，可以答应他在今明两日内在我控制下先行恢复电台。这样，一面便于侦察重庆态度，一面因韩未下台，则重庆方面就不便以汤恩伯取代之，而汤因未得江苏省主席位置就不愿用自己的主力东进。这样对我更为有利。韩在我掌握之中，文章更好做。陈毅的见解，彭、邓表示完全赞同，便去落实。

于是，陈毅向华中局和中共中央作了如下内容的汇报：韩求我以巩固其地位之动机露骨而明显。我们已恢复其电台先与顾祝同通报，并将其真情告顾。第一、二两电已发出，尚未得复电。据军部通报，汤恩伯已将韩被俘消息报蒋，重庆反共集团正酝酿两种江苏地盘之斗争，一是与我党之争，一个是抢主席之争。

据此，我们建议，应在蒋对韩决心未下之前，自动送韩出境，其好处可以进一步利用反共派内部冲突，使蒋感到棘手，或可改善何、顾、韩等对我之关系，对华中反共实力最大之汤以打击，维持着汤恩伯、韩德勤、李品仙三派的冲突，在华中对我亦有利，同时更可能使国民党军人及士绅阶层对我有好感。假如再不释放韩，将来释韩，徒增恶感。且蒋也不至于即将韩之主席撤掉，因有何、顾等之说情。且根据与我摩擦之孙启人等，于释放回去后即行复职，预料蒋似以韩在苏北敌后坚持，前年兴化之恢复，韩曾要求将省政府移苏南，蒋未准。因此，日内即送韩到王仲廉部中去似为上策，只着重对蒋、韩等采取分化争取，则不必附带释韩条件，更可表示我态度。如何，请示，以速为妙。

可是，饶漱石等却发来电报说："我们主张暂不释韩。"陈毅不得不重申速释韩的理由。

3 月 29 日，中共中央书记处复示：同意陈毅所提办法处理韩问题，如陈估计韩留苏北比较有利，韩去路西反而不利时，即可使韩留苏北。但不论如何，均必须与韩订立一个密约方不上当，对王仲廉须先礼后兵，不须急打！31 日，刘少奇又电告陈毅：29 日何应钦与周恩来、林彪谈话，提出韩德勤被俘事。周答，韩违约到运河西，并向我进攻，捕杀我人员，致引起冲突，不料累及韩本人，后即发还人、枪，礼送韩出境，国民党方面对此事虽已模糊知道，但尚无向我提出稍微严重的交涉与条件的表示。你们让韩德勤与顾通电，此事可能向重庆方面敷衍过去，汤恩伯已令王仲廉主力开回路西，留一部在路东收容韩散兵。

陈毅认为一切条件均已成熟，遂于当天约韩谈话。韩一见陈甚喜，欣然出迎，并愿共同摄影，成立文件以示互信，然后滔滔不绝地检讨了自黄桥战役、曹甸战役直至山子头被俘的许多问题。陈毅也以民族大义和具体事实予以开导和批评，然后双方议论了一些事项。韩留其参谋长代表其副总部，彭雪枫代表新四军会商，成立协定，议定事项，分交陈、韩核准，再由陈、韩交换一封信，以示同意，即付实施。

4 月 1 日，韩来回拜，陈毅与彭雪枫、邓子恢设宴为他饯行。宴后，四师备了牛车将韩送归，韩留其参谋长接受俘获之人枪等事。韩提出借钱，陈答应送给 8 万，并送还了他的手表、皮包和手枪。韩德勤愉快上路。就在当天，韩的代表吕汉劲和彭雪枫签订了《新四军陈毅军长与韩德勤会谈备忘录十条》。

于是，陈、邓、彭联名将对韩处置情况及协议等具报中共中央和华中局，其中特别提出，从国共双方大局及韩德勤的表现出发，仍本友好合作态度，进行政治争取，一面提高警惕，不被麻痹，作有力控制，则可能争取韩为有利时局之一员。对其立足地，拟划众兴以东、淮阴属来翁集以西、老张集八集以南、运河盐河以北地区给韩，以衔接到曹甸原防，但不能危害我之战略利益。

电文中还说，韩在苏北计五年，最初辖有一个军、三个师、十个常备旅、十个保安旅，迄今总崩溃，转而求我，不能不是反共专家的切身教训。只有力量可以制服反共，也是一个证明。今后韩或积极寻我报复，或转而带一些觉悟，听韩

释放韩德勤（左前为陈毅，右为韩德勤）

自择。力量与政治争取必须双管齐下。

在这次捉放韩德勤的斗争中，陈毅历史地分析了韩的实力变化情况，全面地考察了国民党顽固派内部的矛盾，果断地做出决定。实践证明陈毅的决断是正确的。不久以后，韩德勤把他的副总部和江苏省府搬到了安徽阜阳，而蒋介石的反共大军未敢东进。

第五节 “黄花塘事件”

陈毅从 1941 年 9 月 28 日离开军部去淮海、经皖东到淮南，直到 1942 年 1 月 9 日才回到军部。此行达 103 天，现在凯旋了，但人也病倒了。由于公务浩繁，睡了一天又得起床工作。1 月 13 日晚上开会，由陈毅报告淮海区及四师、二师的情形，到零点才结束。

就在这天，中共中央又有电报通知：“中央决定少奇同志回延安参加七次大会。少奇同志来时，由饶漱石同志代理中原局书记并代理新四军政委，望少奇同志即将工作交代，携带电台，动身回延。何日可启程，望告。”

这项通知已经是第二次了。华中局乃回电中央：“倘七大会期仍未最后确定或大会于短期内事实上仍不能举行，则我们仍主张少奇同志不急返延安而留在华中领导工作。倘大会已确定举行，则少奇同志须于华中局扩大会后于 2 月底或 3 月初始能动身。”

中共华中局第一次扩大会议于 1942 年 1 月 20 日在阜宁县单家港举行，历时一个半月。陈毅作了军事建设方面的总结报告。刘少奇在 3 月 4 日所作的大会总结报告中最后说：

“……中央有电报来，调我回延安，以后华中局书记由饶漱石来代理，军分会由军长代理，我恐怕不久就要动身。跟同志们工作很久，这次会议是总结了工作，同时也即是办交代。饶漱石同志、陈军长是党内很好的领导者，我走了没有问题，在饶漱石同志、陈军长领导下，许多同志一定能团结一致，努力工作。”

刘少奇于 1942 年 3 月 19 日在干部、群众的热烈欢送下离开了华中。

1942 年 5 月，华中局与军分会决定，由饶漱石带工作组到淮南去检查二师的工作。在 5 月 10 日饶动身前，陈、饶致电各师及各区党委：饶灰日赴二师及路东地区巡视工作，预计 3 月后方能返部，华中局书记兼政委职务由陈代理。华中的党、政、军领导工作，便集中于陈毅一身。

他除了大力指挥华中全区夏收、反“扫荡”（反“清剿”）的斗争外，在他的工作日志上还有许多许多项目。区党委工作，军区工作，党校、抗大的工作，后勤卫生工作等，他都亲自安排，召开或出席会议，讲话、上课、写文章。高级领导干部的调配他尤为重视，通过华中局决定，派何克希到浙东，肖望东到二师，吴芝圃为四师主任；将六师划归一师领导，仨命谭震林为一师政委，……特别中央和军委总政关于整顿三风的决定到达以后，他立即主持研究贯彻，以后又多次讲课、贯彻动员，把这项工作作为中心工作来抓。除此之外，还做了一些很有意义的专项工作。6 月初，他收到了刘少奇从山东寄来的刘在华中的一些讲话稿，希望先在华中出版。陈毅照办，并在 6 月 10 日给刘回信，说：“大文《论党内斗争》业已收读，即在《真理》第 8 期发表，另印单行本。我们拟定将你历年所作关系党内的文章印一合集，题为《刘少奇论党》，作为干部精读的文件，这个命名对不对？请告，或由你另想一个名字，在 7 月初即付印。”

在这种情况下，各项工作，井然有序，广大干战，各得其所。而他自己的许多事情却比较潦草了。

5 月 25 日，他的妻子张茜在侉周村生了个男孩。中年得子，陈毅十分高兴，抽空前去探望。他先向张茜慰问了一番，然后抱起孩子，看了看同张茜商量：孩子在侉周村生的，小名就叫“小侉”。然后，轻轻放下，便告别了张茜，转身出门。这样简慢的探视把陪同他的奥地利医生罗生特激怒了：“你们中国人是怎么搞的！没有感情！就这样走了？！”另一位陪同者崔义田对罗生特笑笑，说：“不走又怎么样？”

9 月 19 日饶漱石从淮南回来了。暂时代理华中局书记和政治委员的陈毅便交代了工作。但是，对比前后两位代理书记的议论开始了；刘少奇离开华中后代理华中局书记的不是陈毅而是饶漱石，许多干部本来就有议论，现在又议论起来；干部们称赞陈毅的比较多。陈毅虽也听到一些，却未予重视。饶漱石却感到压力。《中共中央关于统一抗日根据地党的领导及调整各组织间关系的决定》（1942 年 9 月 1 日）也给了饶漱石新的触动：中央提出了要实行党政军民一元化领导，今后华中局书记的地位将更重要，但是他代书记已半年整，至今“代”字还在头上。将来正式的书记谁当还是问题。陈毅资格老、能力强，又有黄桥决战等打开华中局面的军事建树，随时都可能被中央任命为书记。饶漱石忐忑不安。

整风运动深入开展，这本来是学习马克思主义、整顿思想作风大好时机，饶漱石却觉得是排挤陈毅的机会。饶漱石知道陈毅在1929年红四军“七大”时主持会议选掉了毛泽东的前委书记的历史关节，也知道陈毅心直口快曾对有的干部随便谈过这些至今使他难受的往事。这些事既可证明陈毅早就“反对毛主席”，又可证明陈毅排挤党代表、取代书记是由来已久。饶漱石也知道干部们对他这个代政委兼政治部主任意见不少，有的还很强烈。他就故意暂时离开军部，让陈毅主持整风，动员干部们对领导提意见。他口头上说是自己学习了毛主席的《关于农村调查》以后很受启发，要联系实际，做毛主席的好学生，因而到40里外的大刘郢农村去调查研究；实际上是有意要造成陈毅发动干部批评攻击政治委员的印象。他临走，还布置干部：整风中意见激烈尖锐时，马上通知他。

陈毅按照原定计划，在8月13日召集直属队领导人及司令部科长、政治部部长的会议，检查工作，向领导提意见。座谈会在参谋处作战室进行。陈毅动员之后，大家就发言，各抒己见，互相启发，发言越来越热烈，越来越深入，并且越来越集中。政治部的干部纷纷讲新四军的政治工作如何受到削弱，其焦点果然集中到兼政治部主任饶漱石的身上。由于时间不够了，而大家发言的劲头却越来越大，陈毅不得不宣布第二天继续谈。陈毅并指定政治部秘书长将大家意见加以汇总，整理成若干问题，以便今后报中央军委研究解决。

第二天的会议更加热烈，许多人的言辞是相当尖锐而激烈的。

8月18日下午，饶漱石突然回来了。政治部秘书长把他根据大家发言整理的材料送请审阅，饶说：“早知道了，不用看了！”秘书长深感诧异，饶代政委在农村搞调查，机关开会提的意见怎么会“早知道了”呢！？

由此开始，饶漱石几乎每天都以相当多的时间找华中局和军部各方面的负责干部谈话。谈话中总是要说到陈毅“反毛主席”，说到陈毅一贯反对政治委员排挤书记企图取而代之，并紧密联系此次整风中动员干部们集中批评政治委员的“事实”。这就使一些负责干部听了误以为饶漱石是受中央之命来清算陈毅的老账新账的，都不免对陈毅心存戒惧，使陈毅孤立起来。用陈毅自己的话说，当时他那里是“鬼都不上门”。

经过一段时间的准备之后，饶漱石直接与陈毅摊牌了。他二人一连几个晚上争论到深夜甚至拂晓，使住在隔壁的秘书都不敢入睡。

10月16日下午，军分会举行会议，先由陈毅作自我批评，然后大家提意见。这事实上是由饶漱石煽动策划的一场对陈毅的斗争会。

接着，饶漱石便写了一份长达1500字的电报，报给毛泽东、刘少奇。这份电报首先挑拨毛泽东、刘少奇和陈毅的关系，接着歪曲和捏造一系列的事实，如说陈毅“以检讨军直工作为名召集二十余名部、科长会议来公开批评政治部、华中局及我个人”等。电报的结尾是“但望中央速决定物色才德兼全的军事政治负责干部来帮助我们”。并说自己在德的方面“可保证无愧”。（饶在11年后承认这是要中央把陈毅调走。）饶漱石估计仅仅由他个人发电报给中共中央负责人，还不够有力，便蒙蔽和鼓动一些干部联名向中共中央打电报批评陈毅。

陈毅一贯富于自我批评精神，他向中共中央负责人发电报报告了事情的经过，并着重检讨了自己随便说话等错误和缺点。但结尾是力求团结的："漱石、汉年和我三人之间，思想业已打通，可保证继续顺畅为党努力工作。"

陈毅的报告，很快得到了毛泽东主席的回复：

陈毅同志，并告饶：

（一）来电已悉。此次事件是不好的，但是可以讲通，可以改正的。

（二）我们希望陈来延安参加七大。前次你们来电要求以一人来延，那时我们不知你们间不和情形，现既有此种情形，而其基本原因，因为许多党内问题没有讲通。如陈来延安参加七大，并在此留住半年左右，明了党的新作风及应做重新估计的许多党内历史上重大问题，例如四中全会是错误的，四中全会至遵义会议期间王明宗派的新立三主义，1938 年武汉长江中央局时期王明宗派的新陈独秀主义以及其他问题等，如对此问题充分明了，则一切不和均将冰释，并对党有极大利益。……陈来延期间内职务由云逸暂行代理，七大后仍回华中，并传达七大方针。

以上提议请考虑见复。

毛泽东

1943 年 11 月 8 日

第八章　陈代军长（下）

第一节　迢迢延安路

陈毅接到毛泽东的电报，立即交代工作，打点行装，准备走路。

他的妻子张茜才在 9 月 28 日生下第二个男孩，取名“丹淮”。他把妻儿三人托付供给部长宋裕和、卫生部长崔义田照顾，一些老战友如陈丕显等也赠钱赠物相助。11 月 25 日早饭后陈毅便踏上旅途。

陈毅轻装简从，只带两个警卫员。军部派作战参谋和炊事员各一护送，规定送到四师即回。陈毅心情沉重，作《赴延安留别华中诸同志》赠别诗一首。（在他后来手书中还有第三、第六两段，该两段原文是：“西去路漫漫，风物仔细看。不知霜露重，应悔着衣单。”“众星何灿烂，北斗住延安。大海有波涛，飞上清凉山。”）

1943 年，陈毅与张茜在住所前

陈毅一行五人。先过洪泽湖到四师，副军长张云逸在那里迎送，谈了谈心。然后就到新行圩子九旅驻地。旅长韦国清十分热情，把住房让给军长，自己在隔壁房间里搭个床。

华中局交通局局长曾浪波前来与陈毅联系。陈毅一行将由他和他的妻子叶彬护送经各根据地去延安。曾浪波原叫曾昌明，是位老资格的红色交通员。这年春天，他就奉命主持开辟华中至延安的交通线。为了安全起见，要求陈毅化装为资本家，韦国清随即叫人把没收汉奸的一副貂皮拿出，为军长赶制一件蓝色碎花缎面裘袍，称陈毅为“张老板”或“当家的”“掌柜的”，一切料理妥善，便派了个骑兵排护送，在夜色中登程。

这一段行程先后由邳睢铜地委、分区负责人康志强、赵汇川，运河支队负责人纪华、邵剑秋和童邱龙等迎接和护送。到临城（现薛城）、沙沟之间津浦铁路东侧的茶棚村同铁道游击队取得了联系。

著名的铁道游击队是鲁南军区独立支队的第二大队，大队长刘金山、副大队长王志胜一同前来迎接。因为时间已是夜里 11 点多钟了，下半夜还要赶过铁路，便请陈毅一行在草棚子里休息。

深夜 3 时，刘金山请陈毅一行上路，并且说绝对安全。这茶棚附近是一块小根据地，群众基础坚实。工作全布置好了，已经向伪军提出警告，铁路沿线放了两里路的警戒，碉堡上的伪军哨兵全换成了化了装的铁道游击队员。陈毅说好，立即扬鞭上路。

到铁路东侧，吊桥放了下来，陈毅一行便从吊桥上越过护路沟，再上铁路。陈毅下了骡背，蹲下看看铁轨。再走到一座炮楼前，用手码一码墙壁的厚度，感慨地说："你们看，不就这么两块砖头吗？他欺负我们没有炮，等我们有了炮，他还能嚣张吗？"然后又从一座炮楼一步一步跨向另一座炮楼，然后说："两座炮楼之间的距离是四五百米呀！"原来他是在步测距离，看样子是在考虑解决重要交通线的问题。估计敌人的装甲巡逻车快来了。这才下了铁路，从已经打开的闸门中向西出去。

在路西，迎接他的是鲁南军区独立支队的副政委杨广立和警卫人员。他们一同到了微山湖边的葫芦头，上了当地称为"小溜子"的小木船，便向芦柴丛中的一个鸭墩驶去，在鸭墩旁上了一只大木船，这是微山湖大队为陈毅一行准备的"招待所"。

在谈到湖上的斗争生活时，陈毅听说他们在敌人的封锁下，供应困难，有时只能用茅草根和湖藕充饥，陈毅给予安慰和鼓励。又问起群众的生活情况，杨广立说，这里大半群众是湖上的渔民，由于天旱，许多区域已经干涸，湖水浅，没有大鱼，渔民打鱼就更困难了。

陈毅说：这是一个带根本性的问题，渔民在湖上不能维持生活，就要离开湖区，他们走了，我们的游击队就会失去依靠。一定要想办法解决湖区渔民的生活困难，水浅了，没有鱼打，他们到陆地上什么也不会，就得饿肚子。因此，要教会渔民种粮食、种麦子，不能光吃草子，要想办法把渔民的生活改善。

陈毅的一席话，给湖区带来了很大影响。事后独立支队和地方党政机关作了认真的研究，在湖区发动了大生产运动。开春以后，发动群众在湖边上开荒生产，党、政、军机关支援犁耙、耕牛和种子，教渔民种麦，再困难的就给予救济，租用渔民的船，都给代价，改变了湖区的局面。

后来谈到湖上野鸭群。杨广立说，这里野鸭真多，沿湖居民，很多都以鸭绒做冬衣，又轻又暖。陈毅问，能不能搞到一些，我带到延安去，给几位中央首长各做一条被子。杨广立说，能办到，我马上安排。到陈毅离开时，都办到了。

陈毅一行在微山湖上安渡了三昼夜，继续西行。湖水干涸，不能行船，便由杨广立带短枪队送陈毅一行去湖西。

踏进湖西，要经过沛县、丰县与曹县南部地区，那边是一望无垠的原野，又是日、伪、顽割据区域，各种力量犬牙交错，斗争尖锐残酷，特别有一处三角地带，日军正在对打击他的力量举行报复“扫荡”。经共同商量后，陈毅决定以急行军的办法，以一夜一百五六十里的速度通过这三角地带。陈毅骑着牲口，右腿盘在马鞍上。警卫员知道，他右胯骨负过重伤，可能伤口发炎了。但陈毅不管这些，迅速前进和八路军鲁西二分区的骑兵排胜利会合，并不顾休息，立即沿着当地军民开挖的交通壕向新的目的地前进。

1943 年底，他们到达安阳附近。这是平汉路的要点，敌人封锁很严。据说刘少奇一行返延安时到达这里，是武装部队硬打过去的，付出了很大代价。交通站的负责人建议，通过伪军中的统战关系，化装混过去。于是陈毅化装成大绅士，坐上轿子，由穿了伪军服装的人抬着；两个警卫员也化装成伪军保护；曾浪波化装成商人，坐黄包车；叶彬骑毛驴，扮成回娘家的妇女。他们分成三路，由化装成伪军的秘密武装交通人员在后面掩护，随时准备战斗。下午 1 时，正是过往行人最多的时候，他们在人群中穿过了安阳，越过了平汉铁路。

过路后，沿着清漳河边北行。1944 年元旦以后，陈毅一行平安到达八路军前方总指挥部所在地——晋冀鲁豫解放区的中心左权县的麻田，和邓小平、滕代远等会合。受到了热烈的欢迎。

中央得悉陈毅已到麻田，发来电报，因为“七大”还不能马上召开，要他不用急于赶路，在太行了解一下整风经验。正好陈毅痔疮发作，行动不便，也就在这里暂住下来。

接着，陈毅便把华北的整风经验电告华中。一周以后，收到了华中局及新四军军部发来的关于华中党校及军直整风情况的电报，陈毅阅后，即于 21 日回电。

陈毅要读中央文件，邓小平给予了很大帮助，许多文件使他耳目一新。他觉得自己在华中时，虽然也是华中局委员、新四军代军长、军分会代理书记，许多文件是他应该读到却并未读到的，现在是补课。他如饥似渴地阅读着，思考着，对太行领导同志倍感亲切。不久，他以雄浑笔墨写了《过太行山书怀》。

1 月 25 日是甲申年春节，陈毅有幸领略了太行军民节日的盛况和精神。

过了将近十天，邓小平交给陈毅一份毛泽东发来的电报：“望动身来延，沿途请小平注意安全部署。”

护送陈毅的曾浪波夫妇到太行后，先一步赴延安去了，所以交通安全问题，全由邓、滕负责，他们专门给陈毅选配了好马，再派部队护送。准备工作是相当充分的，可是天公不作美，刚离开太行总部，大雪纷飞，路途迷茫。陈毅等一行不得不在一个偏僻的山村留住，吟诗遣怀。

他们好不容易到达曲里，二分区司令员曾绍山将交通队副队长王立刚找来交代任务：一定要把陈军长安全护送到吕梁军区。

陈毅挽留王立刚共进午餐。王立刚向陈毅介绍交通沿线情况：这一带都是山，冰天雪地，路不好走。

果然，当他们行进到太谷县境南山根据地的水晶坡时，真像到了一个冰晶世界，大家不得不下马敲冰赤手攀登，真是“雪涛冰柱鸟难过，水晶坡上蚁旋磨”。好容易才上了山顶。他们歇了歇气，再走 17 里，到达长畛村。到这里，意味着将过第四条铁路封锁线——同蒲路了。

长畛村是太行二分区交通队——同蒲支队的驻地。陈毅赴吕梁，便由队长杨毓贤和二中队长雷立德带一支 10 人小分队护送。由于道路狭窄，冰雪覆盖，又要通过封锁线，故须留下牲口，一律步行。

陈毅的鞋子也走破了，杨毓贤看见，立即脱下自己脚上的鞋子同陈毅换穿，陈毅推辞不掉，只好连声道谢。过了许多山庄窝铺，攀登了 35 里山路，天色已晚。忽见前方灯火闪烁，颇有些奇幻景象。陈毅一想：今天是 1944 年 2 月 8 日，正好是元宵节，近前一看，果真家家户户张灯结彩。乃进村休息。

次日，从日军安在凤山和箭方岩这两个据点之间穿过去，进入了敌占区；这便渐近汾河了。

汾河是二分区跳入吕梁山的一个要隘。汾河桥在西社村以西。为了防备敌人在桥头可能有伏兵，交通队要先去侦察情况，选择过河时间。这样，2 月 10 日便把陈毅一行送到夏家堡隐蔽起来。

2 月 11 日黄昏，杨毓贤带大家进发，在迷茫的雾霭中，迅速踏过用高粱秸铺垫的桥面，跨过了汾河，然后跨过从太原到临汾的公路。一口气，踏进了吕梁山口。

这里已是晋绥地区，八分区的交通队已在山口等候多时了。陈毅告别了杨队长，继续向西北前进。

陈毅完全没有想到吕梁山比太行山更加林壑幽深，冰坚雪厚，气候更加寒冷，有人冻坏了脚，只得以牛车代步。但延安已近，黄河在望了。

3 月初，他们胜利地渡过黄河，再向西南行，3 月 7 日便抵达了革命圣地延安。

陈毅此行近百日，行程数千里，吟得诗词十余首，可谓一大收获。

第二节　会见毛泽东

陈毅到达延安，受到毛泽东等中共中央领导人的热情欢迎。其中许多领导人，自 1934 年在中央根据地分别之后，已经将近十年不见了，而在十年之后的今天，革命事业已有很大发展，陈毅感触极深，作《延安宝塔歌》一首以抒怀。但他一见到毛泽东，除要系统汇报华中抗战形势外，还有满腹委屈，急需倾诉，那当然是“黄花塘事件”问题。

1954 年 2 月 16 日，陈毅在关于饶漱石问题的座谈会上说：当时毛泽东却给他浇了浇冷水，对他说：“如果你谈三年游击战争的经验，谈华中抗战的经验，那很好，我可以召集一个会议，请你谈三天三夜。至于与小饶的问题，我看还是不要提，一句话也不要提。关于这件事，华中曾经有个电报发到中央来。这电报在，如果你要看，我可以给你看，但是我看还是暂时不要看为好。”

陈毅说：“那我就不看，华中的事也就不谈。”

毛泽东说："我欢迎你这个态度。"

虽然如此，起初陈毅心中仍然扭着一个疙瘩，颇为沉闷。毛泽东又给他讲了许多党史问题。陈毅乃静下心来，开始给中共中央和中央军委写一份《1938年至1943年的华中工作总结报告》。一进入对敌斗争的回顾，陈毅立刻精神振奋，思潮汹涌，这总结报告于4月底完成。在《结束语》中，他自豪地写道：

"在华中6年工作的结果，使我党在华中敌后广大农村中确立了普遍的巩固的军政优势。由零星分散的小块地区逐渐衔接几个大片，由零星的武装建立大的集团部队，经过了反顽、反'扫荡'、反'清乡'的艰苦锻炼，一般维持着向前发展的形势。"而日军是逐渐削弱，"配合国内外条件，这一削弱更是日益增长。"国民党虽有"正统"的优势，"但在敌后由于他们的反动政策自取溃灭"。所以陈毅充满信心"坚持抗战，过渡新时代，迎接胜利"。

在写作中，陈毅心情有所好转，对华中工作系念殊深。

善于知人的毛泽东自然心中有数。3月15日那天，他对陈毅说："经过一个多礼拜的考虑，我以为你的基本态度是好的。你现在可以给华中发一个电报，向他们作一个自我批评。我也同时发一个电报去讲一讲，这个问题就打一个结，你看如何？"

陈毅诚恳地说："这样好，我照办。"

于是，陈毅向饶漱石和华中局、军分委各同志发了个电报。电报在热忱地叙述了到延安后毛主席等对他的巨大教育帮助后，说："我自己对于如何团结前进的问题上，我的某些认识上和处理方式常有不正确的地方。由于自己有遇事揣测，自己又常重感情，重细节，不正面解决问题，对人对事不够严正等等陈腐作风，这样于彼此协合工作以大的妨碍……我自惭最近一年来在华中的工作尚未能尽我最大的努力。这就是我到中央后所获得的教训。"结尾，他表示"七大后再回华中工作"。

毛泽东阅后，也起草了一份电稿，于3月15日一同发往华中。

毛泽东的电报说："关于陈、饶二同志间的争论问题，仅属于工作关系性质。在陈动身前，两同志已当面谈清，现已不成问题。中央完全相信，在陈、饶二同志及华中局、军分委各同志的领导下，必能协和一致，执行中央路线争取战争胜利。关于内战时期在闽西区域的争论，属于若干个别问题的性质，并非总路线的争论，而且早已正确地解决了。关于抗战时期皖南、苏南的工作，陈毅同志是执行中央路线的，不能与项英同志一概而论。无论在内战时期与抗战时期，陈毅同志都是有功劳的，未犯路线错误的。如有同志对以上两点不明了时，请漱石同志加以解释。"

饶漱石收到电报后，在第二天上午以他个人的名义给毛泽东回电，整个电文所反映他的基本态度是"顶"。电文主要一段如下：

"陈和我的争论，既非属于重大路线，也非简单属于工作关系性质，而是由于陈同志在思想意识、组织观念仍有个别毛病。他对统一战线，对文化干部，对某些组织原则，仍存有个别右的观点。对过去历史问题，存有若干成见，且有时运用很坏的旧作风，这些陈同志来电有隐约说到，所以我去电欢迎。但似乎尚欠清明，故详告与你，以便你给他帮助。”

他还告诉毛泽东，他另外给陈毅复电了。饶漱石对毛泽东的电报尚且如此“顶”，对陈毅电报的复电就可想而知了。

陈毅正患感冒，看到饶回复他的电文，顿时怒火中烧，提起笔来就给毛泽东写了封信，马上派人送去。

毛泽东看过陈毅的信，决定给他降降温，让他通通气，4 月 9 日便回信一封，给予开导：

“……来信已悉，并抄送少奇同志阅看。凡事忍耐，多想自己缺点，增益其所不能，照顾大局，只要不妨大的原则，多多原谅人家。忍耐最难，但做一个政治家，必须锻炼忍耐。这点意见，请你考虑。”

4 月 10 日，毛泽东又找陈毅去面谈。对此，陈毅 1954 年还记得很清晰：

陈毅如实地汇报了这两天的病情和心绪，毛泽东劝他说：你现在在延安，你又不能回去，横直搞不清楚。这个事情容易解决，将来你回去是可以解决的，主要是人家对你有误会，你有什么办法？越解释，误会越大。

陈毅表示：本来我的气很大，你这样一讲，我也没有什么意见了。

毛泽东愉快地笑了，问陈毅对于《学习和时局》那篇文章有什么意见。

陈毅说：“我曾提了一个意见，并对弼时的意思亦认为有考虑的必要。”

毛泽东说：“好，还有什么意见随时告诉我。”

陈毅知道这段时间毛泽东正忙于改定《学习与时局》这篇文章，便告辞退出。但毛泽东的劝导，使他又有茅塞顿开之感。他结合阅读毛泽东送来的向他征求意见的《学习与时局》来检查自己的思想路线等问题，经过一昼夜的反复思考，他又给毛泽东写信，在论述经验主义问题之后，写下了这么一段话：

“我个人说来多年含茹于经验主义的原野之上，今后多从打开脑筋重新认识自己去着手，由己及人，变更过去及人而不由己的办法。”这大概是 4 月 10 日同毛泽东谈话之后的回声吧。就在这天，4 月 12 日，毛泽东在高干会上作《学习与时局》的报告了。毛泽东提出：如果我们既放下了包袱，又开动了机器，既是轻装，又会思索，那我们就会胜利。陈毅听了很受鼓舞，更加自觉、自励。

中共中央为着进行“七大”的准备工作，于 5 月中旬在杨家岭召开六届七中全会第一次会议。在议定的各项准备工作中，陈毅被选定为军事报告的起草人。陈毅在愉快地领受了这项任务之后，积极收集材料，经常往返于他的住处杨家岭和军委总部所在地王家坪之间。

陈毅与毛泽东的接触越来越多了。毛泽东也经常找他商量一些工作。如 8 月 10 日要接见美军驻延安观察组的成员，通知陈毅参加，以后美国总统特使赫尔利来延安谈判，也让陈毅出些主意。9 月间陈毅比较空。毛泽东批准他到医院割治他的“十年宿疾”；贺子珍的妹妹贺怡在延安养病，毛泽东特地要陈毅去看她；陈毅对于一些问题，也主动向毛泽东反映或提意见。如刘伯承秘密来到延安，有的大的活动未通知他参加，陈毅立即反映，毛泽东便马上批示解决；红七军的同志要想集中谈些问题，陈毅也向毛泽东提出，结果开了座谈会，大家心情舒畅。在这频繁的接触中，陈毅收获很大，思想上也产生了新的飞跃。

这年的 11 月，王震、王首道将带领三五九旅进军华南，毛泽东给他们讲话，陈毅听了启发很大。12 月 1 日，他在给毛泽东的一封信中说：

“在几年整风弄清路线原则之分歧后，作大度的自我批评，讲团结对外，这足以教育一切人，主张印发全党（指毛的讲话记录）。华中的团结亦只有走此道路。回想几年华中工作，被我打击屈服的高级干部，至少也在一打以上，只有自己批评去打通思想而团结对外才是于党于己的有益办法。去冬在华中，我不了解这点，所以满腔愤愤不平之气。赴延留别诗中说：‘知我二三子，情深更何言。去去莫复道，松柏耐岁寒。’这仍包袱很重，自以为残菊傲霜。春间到延，……你要我于华中近事取得教训，略略纾解愤懑。……近来与许多人谈话，广泛阅读文件，似乎更感觉以前所见不免皮相，才知道处理许多问题。疏虞之处甚多，别人的批评反对，其中事出有因，查实无据者有之，而自己过与不及两种毛病则所在多有，那种‘寡人之于国也尽心焉耳已’的自己条条做到的态度，实在要不得。”

这似乎是陈毅经过整风运动之后的一纸自我鉴定，他派人送给毛泽东主席之后，毛立即阅看，越看越高兴，看完便回信，鼓励与希望的火热的感情溢于言表：

“陈毅同志：

你的思想一通百通，无挂无碍，从此到处是坦途了。随时准备坚持真理，又随时准备修正错误，没有什么行不通的。每一个根据地及他处，只要有几十个领导骨干打通了这个关节，一切问题就可迎刃而解。整个党在政治上现在是日渐成熟了，看各地电报就可以明了。”

整个党在政治上日渐成熟，而陈毅也是成熟的党之中的成熟的一分子。15 年前，他在闽西同毛泽东等的交往和在上海同周恩来等的讨论中，曾获得了他思想上的一次飞跃。15 年后在延安，他又在毛泽东为首的中共中央的帮助下，获得了第二次飞跃。一年以后，陈毅回到华东，有人问及他对毛泽东的印象，他说：毛泽东进步太大了，我是望尘莫及。

第三节　外交战线初露锋芒

从 1944 年 8 月起，毛泽东要陈毅参加一些外事活动。

中国共产党领导中国人民坚持抗日战争的光辉业绩，引起了大洋彼岸有识之士的重视，促成了和中国共产党取得联系的要求。1943 年 6 月，中缅印战区美军总司令史迪威将军总部的政治顾问戴维斯就向美国国务院建议在延安设立领事馆并向中国共产党地区派遣军事代表团。1944 年 1 月，戴维斯再次向罗斯福总统助理霍普金斯提出立即派一个政治和军事观察团到中国共产党地区的建议，并认为这件事通过寻常的外交途径不能解决，应由总统直接提出请求。中共中央于 1944 年 1 月 9 日给驻重庆的中共代表团董必武以指示：如史迪威总部愿意建立电台联络延安，我们可给予协助。然而，美国最初的一切要求和建议，都遭到蒋介石的拒绝，直到 1944 年 4 月，日军对蒋发动进攻，河南及湘、桂国民党军大溃退，罗斯福为了稳定局势，派遣其副总统华莱士率领国务院中国司司长范宣德、驻国民党政府的政治顾问拉铁摩尔到重庆。在 6 月 23 日的会谈中，蒋介石被迫同意派“美军观察组”到延安。

中共中央认为，这是中共在国际间统一战线的开展，是中国人民外交工作的开始。以后毛泽东也说：放手与美军合作，处处表示诚恳欢迎，是我党既定政策。因此，当 1944 年 7 月 22 日美军观察组第一批人员由 52 岁的包瑞德上校率领飞抵延安时，毛泽东特地于 26 日晚间设宴表示热烈欢迎。

晚宴时坐在毛泽东左、右手的，一位是包瑞德，还有一位是专门负责收集政治情报的美国驻华大使馆二等秘书兼史迪威总部政治顾问谢伟思。谢伟思在席间对毛泽东说：“我有许多话题愿在你闲暇时和你交谈，虽然其中没有一件可以称得上是公事的。”毛泽东很自然地笑了一笑，说：“等我安顿完以后，我们会有机会交换意见的。”

毛泽东把这一切告诉了陈毅，并指示他参加接待美军观察组的工作。8 月 10 日，陈毅奉命和美军观察组会见。包瑞德有过这样的忆述：“8 月 10 日，后来在共产

在延安的几位四川籍领导人会见出生在四川的两位美国人（左起：杨尚昆、陈毅、惠特西尔、朱德、谢伟思、吴玉章、聂荣臻）

党统治中国大陆成了共产党政府的外交部长的陈毅将军给我谈了新四军的事。”“约翰·谢伟思告诉我，当陈还是一个四川成都的小孩时，他曾经在基督教青年会里上过学。约翰的父亲当时在那里办事。陈将军不但公开抨击国民党，而且在几杯白干下肚以后，还在一定意义上一般地排外，有时也特别指出美国的不是之处。”

陈毅和包瑞德会见时，谢伟思也在座。这位在成都生长的美国籍四川老乡，对陈毅很有兴趣，几天之后，便登门拜访了。两人一下谈了三个小时。事后，陈毅写信向毛泽东汇报，信中提到：

谢伟思问：“到了反攻时期，国民党军队进入新四军地区，他们是一定要打的。你们怎么办？”

陈毅答：“以国民党在日军进攻之前招架不住的现状来看，他们的军队是绝难实行反攻的，这是一；第二，如果在盟军配合之下进行反攻，一定需要调整一下全国国共关系和在华中与新四军的关系。如果没有新的调整，国民党军队进入解放区，我军有各种理由拒绝他。很简单的理由就是他后来不承认我们。”

谢：“即使有个调整，但恐怕国民党将来还会食言又打你们。我是很知道国民党的反动做法的。”

陈：“如果国民党又食言向我们进攻，我新四军单独的力量可以制止其反动行为。”

谢：“有把握吗？”

陈毅举出各种理由，说：“有的。”

谢点头表示赞同，然后又问：“国民党在反攻未到来之前会不会垮台？”

陈毅很快掂量出这个问题的分量，它代表了美方的心理，其目的在于明了中共对蒋介石的态度，从而查明中共及其军队对远东问题、战后问题的态度。这反映他们对中共是有顾忌的。为了泯灭他们这种顾虑，陈毅说：我们是坚持抗战、实行民主，要求战后和平的中国、和平的世界为目标的。陈毅特别强调了抗战几年来，中共顾全大局、相忍为国的风度。谢伟思听了这些，表示很赞成。但陈毅估计到在美国人士中有不少以为中共力量有限，才不得不如此迁就国民党。为了打破这种心理，陈毅说：“无论国民党如何反动，改变不了中国民主和平的发展方向。我党有力量打破逆流！敌后连大地主、大资本家、地方军人对我军都很同情。”

谢伟思很感动地说：“我一定要到华中去看一看。你们的办法和成绩很好！”他见陈毅表示欢迎，便告诉陈毅：这次他来是想商量用空降办法是否可到华中。他认为，走陆路要四个多月，太慢。

陈：“空降完全可以做。”

谢：“夜间降落最好。”

陈：“如果夜间能降落，则更无大困难。”

谢：“好！我回去跟包武官商量后，即可向史迪威提议办，并且一面通知国民党。”

谢伟思告别后，包瑞德又提请陈毅把上次谈话中约定的两个文件（指《苏北事件真相》和《皖南事变真相》）写出来。陈毅连夜赶写好，并且写了一封给包瑞德的信，一并送请毛泽东审阅。

在他将信送出的当天，便收到了毛泽东的回信：

“各件均好。略有增改，请再酌。

……

各件重抄送去后，请留副本交李富春转秘书处保存，将来有用。”

陈毅看完信，又查对了文件。上面不仅有毛泽东的增改，还有周恩来的笔迹。陈毅深深感到毛泽东的精细和中央领导人工作之高效，自愧粗疏。

毛泽东于23日约见了谢伟思。这次谈话竟长达六个小时。谢伟思在毛泽东面谈之后的8月27日，向史迪威总部作了报告。其中提到：“许多迹象表明，共产党认为不久的将来他们对未来的行动将做出重大决定。现在大多数重要领导人正聚集在延安，其中不仅有党中央和军队的领导人，而且有基层的野战部队的领导人。这些人包括……新四军代理军长陈毅……”

9月12日，陈毅又到王家坪去和包瑞德、谢伟思交谈。在返回杨家岭的路上，已血染马鞍，痔疮再次发作。经毛泽东批准，到和平医院割治。

手术后，陈毅趴在床上给毛泽东写信：“……归来第二天即开刀，经过良好。现在已是开刀后第4日，刀口已开始愈合了，再躺几天即可起床，10日内外可出院。和平医院技术很不错。”

陈毅病愈出院时，正赶上准备接待美国总统罗斯福私人代表、前来中国调停各方关系的赫尔利少将。

赫尔利到达重庆不久，要求和中共代表见面。中央派了董必武、林伯渠于10月中下旬与之会谈了三次，赫尔利通报了他奉派来华的意图、工作步骤及与蒋介石会商的有关情况。

中共中央十分重视双方的会谈，不断进行分析研究。10月19日，毛泽东主席曾经做过这样的判断：9月下半月至10月上旬，蒋介石对罗斯福、丘吉尔的压力硬抗了几个星期。在此期间对我方亦表示强硬。但在双十演说中出了一通气之后，又软下来，对美国软，对我方亦随着软些。邵力子召集的国共及中间三方会谈，决定派五参政员来延及要求延安停止骂蒋等，即其表现。蒋最怕指名批评他，美国亦怕我们不要蒋，故在许蒋存在的条件下，可以做出一些有利于我们的交易来。根据这个判断，美国总统特使在延安受到欢迎。

中共中央于11月8日至10日的三天时间内由毛泽东、朱德、周恩来出面与赫尔利举行了四次谈判。谈判桌是一个激烈的政治斗争战场，陈毅从谈判的工作人员如陈家康他们那里得知，尽管那位满胸勋表的赫尔利将军是一位外交谈判老手，但在毛泽东的有理有利有节的斗争艺术之前，总是有些被动。

实际上，岂止是被动，赫尔利在谈判中还写下了一个可能当时他自己还未意识到的、有利于中国人民而有违于蒋介石的意旨的条文。

经过谈判达成了《中国国民政府、中国国民党与中国共产党协定》。其第二条说："现在的国民政府应改组为包含所有抗日党派和无党无派政治人物的代表的联合国民政府，并颁布及实行用以改革军事政治经济文化的新民主政策。同时军事委员会应改组为所有抗日军队代表所组成的联合军事委员会。"在 11 月 9 日晚上中共七中全会审议这协定草案时，政治经验丰富、目光犀利的周恩来指出了在这一条中的问题：蒋介石是顽强坚持由共产党及其他方面的代表"参加"其国民政府的；现在赫尔利竟同意写上改组为联合政府和联合军事委员会，是把"中共参加政府"和"成立联合政府"混而为一了，这很不利于蒋介石继续主宰国民政府的企图。周恩来估计蒋介石必定会对协定提出修改。

七中全会一致同意这个协定，并授权毛泽东代表中国共产党在这个协定上签字，陈毅竭诚拥护。

11 月 10 日 12 时 45 分，毛泽东、赫尔利分别代表中共和美方在王家坪的签字仪式上签了字。毛泽东对赫尔利说："我今天还不能和赫尔利将军同去重庆，我们决定派周恩来和你同去。因为估计对于许多细节，蒋先生会有意见，周同志在那里可以和赫尔利将军一道帮助谈判。"赫尔利表示完全同意，并积极要求毛泽东写一封信给罗斯福总统，由他负责转交。这样，下午 2 时，一切办妥，赫尔利和周恩来便上了飞机，飞往重庆。包瑞德上校同行。

果然不出周恩来所料，当赫、周同蒋会见时，蒋介石拒绝在毛泽东和赫尔利都已经签了字的《协定》上签字，而提出了一个《抗战建国政策》，即所谓蒋之"对策"（对案）三条。其内容当然是旧调重弹。孙科在重庆向中共献策："用蒋现有的形式，放进中共的内容。"周恩来为便于中共中央多方面考虑，试拟了一个"复案"，并附《备忘录》三条，报请中央审示。

毛泽东收到"复案"后，即批转中共中央领导人及陈毅等有关负责人研究，提出意见。

陈毅看了"复案"，又一次查阅了此次毛、赫谈判记录，他作了多方面的思考。首先他认为，第一个前途是争取蒋介石在毛、赫已签字的协定上签字。但即使这样做了，仍然挽救不了蒋介石统治的西南大局，因为签字仅增加美国对蒋介石的幻想、帮助他骗骗人。就是说，蒋介石的整个封建腐朽的法西斯机构并不会因签订了一个协议而能改善。蒋介石签字以后，共产党能在其内阁中加入一两个阁员，这在蒋介石方面来看，已被认为是大大的出手和让步了。可是，仅有共产党的一两个阁员也不能挽救西南大局。更重要的是抗战全局。而抗战全局的中心已转移到敌后和我共产党方面。这方面是蒸蒸日上，并不依赖那个协定而有所裨益。试想，如果仅有周恩来、林伯渠、董必武入阁，对于无可救药的蒋政权确实只能起到"奔丧"甚至"殉葬"的作用。要使协定对于国民党西南大局起一定的挽救作用，就需要来一个革命性的办法：在几个要害部门起用国民党进步人士和大批共产党员。而这一点，蒋介石是决不肯做的，美国压力再强也不能达到目的。

第二个前途是照蒋现在提出的"对策"办，这只能和缓一下国共之间的紧张空气。而国民党全部腐烂的机构原封不动。这个办法只会更促进其腐烂，加速日寇的进攻。蒋介石为什么要这样做呢？因为他要控制中共的发展，历史的教训对他是起作用的。他鉴于大革命和西安事变后两次控制不住中共的发展，这一回他是更恐慌、动摇、害怕了。他是宁愿走反动的绝路也不会按照中共的意愿办事的。

陈毅从宏观上分析蒋介石的意向，他不会走赫、毛、蒋合作的第一条路，他现时要走的是第二条路。

至于美国，陈毅认为，他目前的企图不过是全部着眼于他的军事利益，其全部政治见解仍是保持蒋的统治体系。美国是认为我们的军事力量必须动用，赫、毛、蒋协定只不过是动用我们军事力量的一个工具，并无诚意要蒋改革政治。陈毅记起了在延安第三次谈判时赫、毛的一段对话：

赫："如蒋问：'接受五要点，是否就不要我在政府里面了？'对这问题，请毛主席告我如何回答？"

毛："仍要他在政府里面。"

赫："我要再证实一下：你是否和他合作，要他当政府主席？"

毛："要他当政府主席。"

赫："很好！"

由此可以看出，赫与毛谈话着重于高兴我们还愿意要蒋介石，而不高兴我们所作改革政策的本质批评，这十分明显。陈毅反复深思，完全判明赫尔利所代表的美方的意思：赫、毛、蒋签字是第一步，第二步国共双方会面，第三步把每月两万吨物资让美国航空队先动用，以其残汤剩水分一点给我们，叫做"公平分配"。接着就大批撤胡宗南军队南下（这一点于我有利），同时要我在敌后反攻。所以美方的意思仍是以极廉的代价而达到大量花费中国、特别是花费我们力量的目的。这是美帝国主义玩弄得极其精巧的商业手法，这是他们的传统，口惠而实不至，惯会牺牲别人替自己打仗，而外表十分漂亮。陈毅认为，在这种情况下，如蒋介石走第一条签字的路，反而于我不利；采取蒋介石不签字我们就拖下去的办法，反而于我有利。

在这种情势下，如果不理赫、蒋，自己组织民族解放委员会，会给人以口实，不利于争取大多数。还有一个好办法就是"就汤下面"。这是掌握时局中心的办法。

陈毅认为自己已经把这个问题想透了。赶紧给毛泽东写起信来。他先从中国的历史故事说起。他记起明朝末年多尔衮致史可法书提到："本朝天下取之于闯献，非取之于明朝。"同时又替吊死在煤山的崇祯发丧，这一着十分厉害，瓦解了当时的反满阵线，清以 200 余万人口、40 万军队征服了中国，其重要原因之一在此。我党抗战以来，亦是本着取之于敌寇的办法，使国民党"哑子吃黄连，有苦说不出"，这非常对。过去蒋介石利用剿共去"就汤下面"，搞掉各省军阀，也非常成功。因此，目前为照顾美国以及英国，照顾中间层，照顾国民党大多数党员及其军队，仍不宜吃急酒，抛开他们搞我们民族解放委员会。"这样拖下去，等待蒋帮的变化，等候德国垮台后苏联的出征远东，而我争取一二年的大发展，水到渠成，把我党推上全国大舞台，实有如水就下，沛然莫御之妙用。”

陈毅在十行笺上书写，一连写了13张，总算搁了笔。立即派人送给毛泽东。

毛泽东一看用旧报纸糊制的信封装着厚厚一叠信纸，拆开就看。他聚精会神地一连看了7页，看到信上提出的目前需要的行动时，习惯地拿起毛笔，边看边圈点起来：

“……因此目前要周、董回车”（圈）。“再派一人回去”（圈）。“五个原则暂作悬案”（圈）。“同时我不入阁”（圈）。“忍耐等待”（点），“直到他断气送终”（圈）。“最好能打通交通”（点），“送一批人去两广、湘、赣”（点），“则较之入阁其利十倍”（圈）。……

毛泽东悬笔凝神，细读着陈毅总结性的话：“以上我的意见：肯定蒋无望，蒋不愿自救，美救亦无望。我们照顾各方以逐渐去取得全国，吃急酒不好，拖好。我们以大力急求解决的姿态，达到拖死蒋，招美依我，而我取得全局的中心地位。”

毛泽东句断了最后一个圈，再在信封下写了一个“存”字，重重地在“存”字的左下角打了一个弯钩以示重要，便交秘书处存档。

陈毅很快收到毛泽东的回信：

“来示读悉，启示极多，十分感谢！

今日已电渝不交复案，周、董均回，拖一时期，再议下着。至于基本方针，如你所说那样，除此再无二道。”

第四节　准备反攻

由于恶劣气候的影响，周恩来在重庆等了几天才飞回延安，包瑞德同行。包瑞德此时作为赫尔利的代表，力图说服毛、周接受国民党的三条“对案”。毛、周表示对赫尔利出尔反尔的态度难以理解，并且告诉他：“赫尔利将军说，如果我们让步，我们将获得世界的赞许。但是，如果我们让委员长绑住手脚，世界的赞许对我们没有一点用处。”毛泽东还告诉包瑞德：“由于蒋介石已拒绝成立联合政府，我们决心不再让步，我们已决心采取一个决定性的步骤。我们正向我们控制的各地区的国民参政会建议，组成代表所有这些地区的‘联合委员会’。我们将寻求国民政府承认这个团体，但是我们并不指望得到这种承认。这个委员会的组成，将是组成一个独立政府的初步的步骤。”

于是，成立解放委员会的问题便提到中央全会的议事中心来了。12月9日主席团召集了一次中央全会对此作专门议论，一连两个晚上，会议都由毛泽东亲自主持。毛泽东号召大家多从反面考察问题，这样就能更全面地照顾到问题的各个侧面。

前些时候还不主张“吃急酒”的陈毅，一下变成了主张建立解放委员会的“激进派”。他写信给毛泽东陈述了以下意见：

“成立解放区联合会，我认为不是战略的国共合作抗日统战方针的改变——

这仍不能变，但应承认是策略上的一个面目翻新的大的跃进。这是中国抗日民主运动的一个里程碑，一个新阶段。这标志着由国共平衡向共强国弱的大角度的转变，这个转变，目前时机业已成熟，不宜迟误，即是它已有足够的物质基础——假若不成立，仍就停顿在旧的口号组织形式上，可能落后于形势，于加强自己组织反攻大有妨害。”

陈毅为了避免“吃急酒”，他又提出了相应的各个方面的工作配合。

但是，由于抗日战争大反攻的形势已经日益迫近，中共“七大”准备召开，经历了17年斗争的中共第六届中央委员会即将完成它的历史使命。主席团经过多次研究，决定把成立解放区联合会及国共谈判的问题放一放，待“七大”开了再议，陈毅的几番动议也暂时存档。这时，已是一年将尽、岁序更新之时，中共中央于1944年12月25日发出了《关于目前的形势与任务的指示》，在其14条重要指示中，有两条似已回答了陈毅给毛泽东的信：

“（十一）最近八个月，中国形势起了一个大变化。国共力量对比，已由过去多年的国强共弱，达到现在的国共几乎平衡，并正在走向共强国弱的地位。我党现在已确实成了抗日救国的决定因素。”这一条似已同意陈毅的分析。

“（十二）许多人赞成组织中国解放区联合会（不称政府），以便加强解放区工作，影响大后方及沦陷区人民，促进民主的联合政府之建立，但时机尚须考虑。”这一条告诉陈毅“暂缓”。

“指示”还特别提到：“各地应按照自己的特点部署工作，特别注意发展生产、城市工作及扩大解放区三方面……如果在数年之后，我们能达到一百万至一百五十万有纪律有训练的军队，而又有充足的粮食及日用品供养这个军队，中国的命运就可由我们掌握了。”这是准备大反攻的根本物质条件，特别是军队的建设，更是中心，更需要扎实的工作。

陈毅对中央这个指示极感亲切。事实上自从他来到延安以后，中央军委仍要他和刘少奇继续负责指导华中新四军的斗争，有时还应邀参加军委的会议和工作。他在加强部队建设、军队整训，尤其是准备战略大反攻方面从不吝惜耗费心血。他起草了许多函电，其中或以中共中央的名义，或以中央军委的名义，或以毛、刘、陈的名义，或以刘、陈的名义下发。

1944年6月间，他曾奉命和刘伯承、聂荣臻一起对毛泽东起草的一份《关于整训部队的指示》提意见，接着毛泽东修改后，再次请他们提意见。毛泽东的来信说：

“陈、刘、聂三同志：

此件根据你们意见已补充了，虽长三千字，但较充实些。唯其中民兵、干部、训练方法等项，具体办法是否恰当，请再一阅，提出意见，凡不大妥者均请指明，以便修改。”

这件中央指示，几经修改，于1944年7月1日颁布，成为中共建军史上一个重要文献。当时为了使这一普遍性的指示更能适合华中新四军的特点，陈毅又受毛泽东和刘少奇的委托，以毛、刘、陈的名义，起草了一份电报给华中新四军的领导人张云逸、饶漱石和赖传珠，要求“华中部队整训应着重练兵、带兵、养兵、用兵四大项，而以练兵为中心”。要“打破常规，采用兵教兵、官教兵、兵教官群众运动练兵方法”。“练兵内容，着重提高战斗技术，着重把投弹、射击、刺杀、土工作业四大基本技术练好”。同时要加强旅、团、营级干部的“战术学、兵器学、筑城学、地形学、管理教育（带兵、练兵、养兵等军事行政事项）五大项的学习”。

在战略布局的指导上，陈毅也下了大功夫，如 1944 年 6 月 23 日，他和刘少奇仔细分析了华中、华南的斗争形势，给张云逸、饶漱石和新四军第五师的李先念、郑位三提出了准备发展河南的任务。指示说：“河南战役现暂告一段落，敌寇一面作局部东退，似在诱胡宗南出关，寻求再度歼灭，一面则积极修复平汉路，图确实占领。但目前敌全盘战局重心在攻略粤汉路，长沙陷落，衡阳亦将不守，敌由广、韶向北进行夹击亦计日可待。因此，使我五师的战略地位和作用益形增高，五师今后发展方向应该确定向河南发展，完成绾毂中原的战略任务。这一任务完成，使我华中、华北、陕北呵成一气，便解决了我党我军颠扑不破的战略地位。”要求五师“以待机姿势作各种发展的准备”。这样的指示，概略地但也准确地体现了当时中共中央和中央军委的战略方针。

1944 年下半年美军观察组到达延安以后，中共中央对于配合美军在中国东南沿海登陆以打击日军的任务提到议事日程上来了。在这种形势下，新四军向江南发展并控制海岸线的任务突出了。9 月 27 日，陈毅为中共中央起草了一件《关于开展苏浙皖地区工作给华中局的指示》。指出“敌寇目前已进占衢县、丽水、温州等地，其目的在控制浙江海岸线以预防盟军登陆。我军为了准备反攻，造成配合盟军条件，对苏浙皖地区工作应有新发展的部署，特别是浙江的工作应视为主要发展方向”。因而提出了任务：巩固苏南现有地区，并向太湖西、南岸发展，沿京杭国道入天目山，造成越过钱塘江与浙东打通联系的战略形势，浙东则向南延伸，向天台山进军直抵浙闽边，控制海岸线。

三个月后的 12 月 26 日，陈毅便和刘少奇一起，对整个发展江南的问题，提出了全盘部署的意见，更全面地反映了当时他们的战略思想及其准备大反攻的胆略与计谋。

陈毅和刘少奇认为，为了准备中国共产党在反攻时期能确实占领芜湖、南京、上海、杭州各大城市，目前必须大力着手采取各种方式发展江南苏、浙、皖、闽、赣地区的工作，包括赣江以东、大海以西广大地区，南面应包括浙西天目山京赣路沿线及打通武夷山曾镜冰、龙跃两处，西面应加强黄山山脉及赣东北地区，以便将来能确保在宁、沪、杭三大城市中的人民之完全胜利。关于西面争取平汉沿线和武汉及大别山的任务，中央准备以入赣部队及新四军五师划为一个新的战略单位，但目前军部与五师的关系不变。

为了争取江南及苏、浙、皖、闽、赣地区，新四军部队开始分批南下，粟裕率三个团为第一批，叶飞准备率第二批，嗣后看情形可能再从二、三师派第三批去。派去的部队每团均留下三分之一的底子番号，在原地继续发展。

如反攻开始，新四军全军主力除防御李品仙的以外，均南渡长江去保证在江南发展，诸如破敌、收京、入沪、配合盟军登陆等任务，目前应从此种战略的可能情况出发，一面能使新四军逐渐南调，一面能使现在江北的各地方兵团逐渐加强和提高，使之适合全部担任江北重大的配合任务的需要。新四军今后的工作都应兼顾大举南进和加强现地的双重任务。

华中局与新四军军部应预有准备，于将来适当时期率队进入江南去主持全局，而江北现地应于军部南移后能成立一个能独立工作的大单位，负责江北工作。这个江北军区要能担负起华中战略后方的重大任务，如出干部、出兵、出军需品、出粮秣资财等，以保证前线动用无缺。

因此，现在应开始考虑江北大军区的人选，将来这个单位仍是华中局下面一个极其重要的战略单位，下面的各军区、专区、县区均应以就地取材为原则，尽先任命与当地人民有联系的苏皖干部去担任领导工作；许多外地干部，应大量调赴江南工作。在其他各地的地方工作方面，均应提拔当地干部，不仅作政权工作，而且就其可能去担任党和军队的重要工作。

陈毅和刘少奇这些意见，要求华中局、新四军的领导人张云逸、饶漱石、赖传珠等详加考察，电告中央，再作执行的决定。但实际上一些符合变化中的情况的事项都实行了。当1944—1945年的岁序更新之时，华中前线传到延安的第一个捷报便是粟裕率部南进，已飞渡长江，到达太湖西岸的长兴县仰峰岕同新四军第十六旅胜利会师，接着成立了新四军苏浙军区。

其后，新四军各部在中央军委的战略指导下积极作战：苏浙军区以两次反顽战役的胜利开辟了浙西北广大地区；一师举行了三垛河伏击战，歼日、伪军1800余人；四师发动春季攻势，克泗阳县城及其周围据点20余处，歼日、伪军3000余人；三师发动阜宁战役，攻克阜宁县城及其周围据点22处，歼日、伪军2400余人；二师、三师第七旅和独立旅及七师一部发起津浦路西反顽战役，歼进犯顽军3900余人；……这一切胜利和地方武装的作战胜利，热烈地迎接并庆贺了中国共产党第七次全国代表大会于1945年4月23日在延安的胜利开幕。

第五节　延安盛会

1944年5月，扩大的中共六届七中全会第一次会议做出一个重要决定，以毛泽东、朱德、刘少奇、周恩来、任弼时五人组成主席团，以毛泽东为主席团主席。全会期间，由主席团处理日常工作，书记处和政治局停止行使职权。由于七中全会一直开到1945年4月，所以主席团工作了11个月之久。在这次会议上，通过了刘少奇提出的以原政治局主席毛泽东为中央委员会主席的议案；毛泽东代表中央政治局向全会作工作报告；初步提出“七大”的六项基本议程；决定由任弼时主持起草《关于若干历史问题的决议》。这些决定，陈毅都是赞成的。

为把“七大”开好，中央成立了一个筹备委员会，陈毅为委员之一。陈毅的工作主要是起草《建军报告》。“六大”是在1928年6月至7月间举行的，“七大”在1945年举行，两次大会之间经历17个年头。在这17年中，军事方面的建树是极其辉煌的，经验是非常丰富的，把这17年的斗争经历和经验写出来，是一部具有特殊意义和价值的建军史。陈毅参加了许多地区的、专题的历史座谈会，查阅了大量档案及文献资料，结合他的亲身经历和耳闻目睹，完全证实了这个问题：在中国共产党建军的每一个阶段上，无论在统论纲领上，无论在细论条目功夫上，件件般般皆可发现毛泽东神工斧凿的痕迹。当这支军队在胜利的时候，有毛泽东在一道为之决策，为之指示方向，如何力戒矜骄，如何发展胜利。当这支军队遭到空前失败的时候，仍然有毛泽东在一道同生死共患难，靠他掌舵，化险为夷，转败为胜，又重新进入康庄大道。共产党与军队和毛泽东之间，存在着血肉的联系。

这些并非陈毅的最新发现，因为他从1928年4月井冈山会师开始，便对毛泽东其人及其思想行为进行从实践到理论的注意和研究了。他们共同实践、探索，多次讨论和论述，一直到在中央决定成立的三人委员会对红四军经验的反复深入的研究中，陈毅对毛泽东本人及其所代表的政治路线和军事路线的认识产生了飞跃，从而能有力地协助毛泽东完成了古田会议决议的制订，形成了建党建军的最初纲领。然而不久以后，他们分开了。尤其是1934年10月以后直到抗日战争爆发，很长时间是音信杳无，直到陈毅下了山，才通音信。陈毅得悉遵义会议以后党的领导机关的变化，以后更获知以毛泽东为首的中共中央所制订的一系列方针政策，陈毅总是认真研究，坚决迅速地贯彻，对于毛泽东的著作，总是爱不忍释。例如1942年夏天，他重读毛泽东所著的《新民主主义论》之后，写下了如下的心得：

“关于正确思想方法问题，对待西欧新学术问题，对待中华民族的传统问题，中国学术思想的改革问题，中国革命建国的理论实践问题，这些问题是几十年的新旧争论不决的问题。……其实质是思想方法上的唯心论与唯物论之争，是中国革命实践的争论，其政治上阶级属性，是包括封建阶级、资产阶级、无产阶级三大阶级的政治经济利益的确切反映。”陈毅把这些复杂的思想斗争归纳为四种类型：第一种是“完全保守封建传统的闭关主义，主张排斥欧化，拒绝任何些微的改革，这就是封建主义的代表”。第二种倾向是“全盘承受欧化，出主入奴的买办资产阶级倾向”，换句话说是资产阶级的买办性在思想学术界的反映。第三种是“新旧调和维持现状的小资产阶级的倾向，依违两可于新旧争论之间”。第四种是“实事求是追求真理正确吸收外国经验，正确运用民族传统，正确联系理论实践，根据人民大众要求彻底进行改革的革命类型，这是中国无产阶级后来居上的主张”。它从“五四”时代才开始正式走上政治文化舞台，而以李大钊、鲁迅、毛泽东等为最优秀的代表。在“五四”时代毛泽东在湖南主办《湘江评论》时，即一面反对当时最时髦的洋八股和守旧的顽固派而主张实事求是彻底革命，而后在大革命以前即提出马列主义的中国化问题，与党内舶来品教条主义对抗。大革命失败后，毛泽东领导秋收暴动辗转游击于湘赣粤闽四省之间，进行苏维埃与红军建设，进行实地的中国社会的调查，主张以科学头脑、科学方法对待马列主义中国化问题，主张世界革命思想一般理论与中国革命的具体实践相结合，有了更具体完整的创获，正确的思想体系开始创立。最后，是在抗战之后发表了《新民主主义论》，乃是一百年中国学术思想上及社会实践问题上，其中新旧争论的最正确的解决。陈毅满怀激情地写道："这是一本马列主义的新创获的著作，也是一本马列主义的古典著作。这是中国共产党以及中华民族理论战线上的光荣代表。"

那时陈毅在华中敌后日、伪、顽的夹击中是那样孜孜以求地学习与研究毛泽东思想，而现在，他是着重地研究与论述毛泽东军事思想了。

陈毅在中共"七大"上发言

陈毅指出："中国在近六十年来的历史上，没有中国民族自己适用的军事学。也没有出现过具备中国民族军事创造能力的军事家。"如果说有所谓的军事学，"那只是中国统治阶级的奴役人民的军事学。如果说中国有所谓军事家，那就是大批出现了外战外行、内战内行的反革命的军事家。""从中国出现了中国共产党之日起，于是使整个的中国军事史改换了新的面貌。中国共产党人根据辩证唯物论和历史唯物论来分析中国政治经济条件，分析中国历史，估计军事上对战双方的生产力和技术水准，提出整套建立革命新军的方法。随着大革命与内战的实践，经过毛泽东同志的天才创造，遂有了伟大的光辉的成就，真正代表中华民族、代表中国人民的独立的革命军事学乃得出现。毛泽东军事学派之出现一洗几十年军事界抄袭外国的耻辱，不能不算是伟大中华民族历史上一件快事。"这里所提出的毛泽东军事学派，以后才改为"毛泽东军事思想"。

陈毅解释说："毛泽东军事学派是在反对新旧教条主义的斗争中创立起来，其特点是实事求是的方法去研究中国战争的实际，去发现和掌握中国革命军事的总规律。它有别于一般军事学，也有别于一般革命军事学。""假如历来的军事学派一般是以研究相等的敌对军力的胜负问题"，"而毛泽东军事学派则在回答实力悬殊的军力胜负问题；假如历来军事家在研究两个国家间的，或两个统治阶级间的战争胜负问题，而我们的军事学派则在回答被压迫人民去如何能战胜强大的统治者和侵略者问题。换句话说，研究革命人民及其军队如何能以少胜多，以小敌大，以弱胜强，便是我们革命军事学派的本质"。

在这里，陈毅已经把"我们"、"我们的军事学派"、"我们的革命军事学派"

作为“毛泽东军事学派”的代词了。

陈毅进一步论述：“因此历来军事学派只就军事本身如技术武器战法等问题着眼去加以研究。他们也涉及到政治经济文化各条件，但从来不曾把它放在适当的角度上面。而我们的军事学派则不仅就军事本身去研究，我们是把军事当成社会现象的总体一部分去加以研究。我们不孤立地去研究所谓纯粹的军事问题。我们承认军事受政治的支配，承认军事是推行政治的工具。更承认战端一开军事胜利又掉转头来成为决定政治胜负成败的唯一关键。这样造成我们军事学派不仅善于使用军事力量，而且善于使用政治力量，更善于两者的密切配合。不仅善于指挥军队打仗，更善于指挥人民作战，更善于使两者力量相加去完成共同的战争任务。不仅善于动员和使用我方的军民，而且善于使自己的动员侵入敌方营垒，瓦解敌军使敌方内溃。不仅善于作武装斗争，而且善于使用各种非武装斗争与武装斗争相结合。”这样“便把旧军事学的狭隘范围冲破，把军事学范围扩充放在革命政策的主要部门上加以考察，提出了完整的中国革命军事政策……这个军事政策包括对敌对友的综合研究，包括就政治经济文化与军事的诸关系的全盘考察，包括军队人民政府党部的关系的正确决定，包括军队本身诸事项的确立，这便是中国革命军事学的重大特点”。

陈毅以“中国人民在历史上的武装斗争的优良传统”“我党建军的目的是为人民大众服务”“论创造军队”“论内战”“论抗战”“论毛泽东军事学派”“驱逐日本帝国主义出中国”等七大部分，以洋洋 5.7 万余言草成了这个《建军报告》。但在 3 月份主席团召集会议讨论这个草稿的时候，也许某些部分触到了一些人的伤心处，因而有人潸然落泪，有人唏嘘，毛泽东说：军事报告就讨论到这里吧，宣布散会。会后另组织人起草了《论解放区战场》。陈毅的草稿虽然搁置了，但它是早期提出“毛泽东军事学派”这个命题并作系统研究的成果，仍然相当深刻地反映了陈毅对毛泽东思想的认识和某些精深的见解。

中共“七大”代表从各地云集延安，华中和新四军代表团成立了。在 3 月 16 日的成立会上，公推陈毅与张鼎丞分任正、副主任。华中的名额是 112 人，要同华中局商量确定，也还有不少事情要办。而陈毅，根据大会筹备会的安排，将由他代表华中和新四军的党员在大会上发言，他起草了一个发言稿，交华中代表团讨论通过后，作为书面发言。另外，他又起草了一个讲稿，于 5 月 1 日下午在大会上发了言。他发言的次序是在周恩来、彭德怀之后。

“七大”会期历时 50 天（4 月 23 日—6 月 11 日），陈毅是 15 位主席团委员之一，后被选为第七届中央委员会委员。

7 月 30 日，陈毅电告饶、张：“华中干部百余名及新调南来工作者约 600 均准备于 8 月初东来，估计 10 月初可到军部，我亦定 8 月初动身回来，请令路西淮北四师注意打通陇海路北的联系工作，以便通行。”陈毅的家小还在淮南，公务私情，陈毅已是归心似箭了。

第九章　大战华东

第一节　胜利果实属于谁

1945 年 8 月 25 日上午。延安东关机场。一架美国军用飞机，轰然腾空，开始了一次非同寻常的航行。美军飞机在中国从未一次载运过这么多中国共产党的重要人物：舱内挤挤挨挨坐着的，是陈毅以及刘伯承、邓小平、薄一波、陈赓、林彪、肖劲光、滕代远等 20 名中共的高级干部。

在不足一个月的时间里，远东和世界局势发生了重大转折，鉴于苏联于 8 月 8 日对日宣战，毛泽东主席亦于 8 月 9 日在延安发出《对日寇的最后一战》的战斗号令。所有中国解放区的军民都行动起来，"猛烈地扩大解放区，缩小沦陷区"，向一切不愿投降的侵略者及其走狗实行广泛的进攻。8 月 12 日，中共中央对华中的斗争作了新的部署。为具体落实中央的这一部署，陈毅又为中央军委起草了对中共中央华中局和新四军五师地区的如下指示：在江南方面，立即有计划分路发动进攻，占领吴兴、长兴、宜兴、溧阳、溧水、郎溪、广德、金坛、句容、高淳诸城镇，太湖西岸各地及浙西敌区各县；对京沪沿线苏州、无锡、武进、镇江、丹阳等城，可相机占领，不可能时即不要去，能占领时亦不宜作久住之计，而主要的是去占领各该县的农村市镇。

在江北方面，应将津浦路以东、长江以北、陇海以南、运河两岸这一整块地区打成一片，占领所有城市，解放所有地区，打定长期巩固根据地的基础。军部在运河沿线，选择适当指挥位置。

中共中央为加强军事工作的领导，中央政治局于 8 月 23 日的扩大会议决定，组成以毛泽东为首的新的中共中央革命军事委员会，陈毅为十二委员之一。

对于陈毅的工作，中共中央也作过审慎的研究。因为当时迅速从日伪手中收复东北是全党的一项突出重要的任务，主持东北军事工作有两个人选：一是陈毅，一是林彪，中央考虑华中更需要陈毅，便由毛泽东主席和他谈话。陈毅考虑到同饶漱石的关系问题，坦诚地说：回华中去恐怕没有事做，不起作用。毛泽东说，怎么不起作用，只要你坐在那里就起作用。于是陈毅答应下来了，并请中央放心。当他飞往太行的第二天，中共中央便发了个电报给华中局：

"陈毅同志昨日飞抵太行，转赴华中。陈态度很好，一切问题均谈通。分工：

饶为书记及政委，陈为军长及副书记，其余不变。”

飞机把他们送到晋东南黎城县长凝机场后，便飞返延安了。陈毅要从太行赴华中，还有数百里跋涉，恰好一起从延安飞来的冀鲁豫军区司令员杨得志也要回军区，便由他组织护送。9月下旬，到达濮阳。

9月19日，中共中央根据国民党军行动而提出的总战略方针——“向北发展，向南防御”，决定从山东调兵数万，迅速开赴东北，新四军江南主力北撤，一部进入山东。9月26日，陈毅收到中共中央9月23日的来电，要他不要去华中，“取捷径直到山东”接替山东军区司令员兼政委罗荣桓的工作，以便罗率部去东北。

陈毅穿一身粗布军装，由冀鲁豫军区安排，一程接一程地护送前行。当他们时而骑牲口，时而步行，风尘仆仆地长途跋涉时，他们的对手——国民党军将领们也正穿着美式呢料军服，乘着美式吉普，还有美国飞机、军舰，同他夺路抢行。据报，国民党先头部队九个师已开进徐州，后续十个军的兵力也正在或准备向津浦线南段开进，双方都在争分夺秒地前进。

10月3日，陈毅一行终于东渡微山湖，抵达微山湖东岸的夏镇（现微山县所在地）。来迎接他的人正是1943年送他西渡微山湖的鲁南军区独立支队副政委杨广立，这个支队已经编为第八师二十四团了，两人相见，倍感亲切。陈毅说，他带有党中央、毛主席的重要指示，要迅速赶到山东分局，设法立即送他过铁路。陈毅向干部们传达了“七大”精神，当即启程。陈毅一行在临城和沙沟之间过了津浦铁路。陈毅发现这条贯穿南北的钢铁大动脉还完整通畅，而十几万国民党军和日伪军正从徐州方面沿着它节节逼向北线，阻遏他们已到了刻不容缓的时候。陈毅向杨广立交代，立即组织部队、民兵破路，一天都不能等，埋地雷、翻车厢、扒铁轨、挖枕木、割电线、砍电杆，发动沿线群众一起干，谁搞的就归谁扛回家，破坏桥梁、路基成功的，还可张榜由公家定价奖赏。

过了铁路，第二天上午就赶到峄县（今峄城）。在第八师师部传达了中央指示和“七大”精神后，当晚便乘吉普车赶到山东军区所在地临沂，和在那里迎候的罗荣桓亲切会合。

罗荣桓移交工作以后，就要迅速带部队到东北去了。罗荣桓走后，陈毅将面对一个什么样的局面呢？

首先，山东主力部队将以绝大多数开赴东北，包括八路军山东军区第一、二、三、七师全部，第五、六师的主力，18个警备团和基干团，部分军政干部共约6万人，只留下第四、第八两个师。与此同时新四军三师3万余人，也由黄克诚师长率领北调出关。陈毅所能指挥使用的山东野战部队，实际只有5万，加上警备旅和区县武装，以及华中方向新四军9个旅，整个华东总兵力也才40万人。兵力不强这是第一难。

第二难，是华东局面复杂，敌情严重。蒋介石还都南京，苏鲁解放区将成为直接威胁国民党南京政权的“大患”，成为蒋介石调兵北运的“大障”，必先除之而后快。而陈毅所辖部队，力量相当分散，有刚从华中调来山东的，有刚从地方武装上升为主力部队的，有在某一地区活动发展多年不愿远离“老家”的……也有干部过去对陈毅并不熟悉而个性很强，不那么“听招呼”的……要在这种情况下将各个方面的力量归统起来，形成一个强大的、集中协调的，可以实施机动作战的野战大兵团，来对付装备、兵力占绝对优势的敌人，绝不是轻而易举的事。

与罗荣桓司令的工作交接，在一片紧张和匆忙的气氛中进行。陈毅为此在临沂停留了十多天。这期间，津浦路线上的敌情日益紧迫。可以说从延安到临沂，从最高统帅部直到鲁中南各级指挥员，此刻都意识到全局最关重要的目标，正是在津浦铁路线上。

津浦路的蒋军行动很快：9 月 30 日，徐州的国民党第十二军、骑二军及伪军吴化文部开始北进，10 月 1 日抵临城（今薛城），3 日在山东第八师及警备八旅尚未赶到的情况下进占了滕县。6 日到达兖州。9 日，与山东第四师先头一部遭遇后，蒋军主力取道铁路以西继续北进，11 日，其先头部队利用山东军区部队主力尚未调转、破路不够彻底之机，已进抵济南，后续部队正准备源源跟上。照此下去，只要 20 天，国民党大批主力就能顺利通过津浦线到达平津地区。据此，军委指示陈、罗、黎（山东军区副政治委员黎玉）等人：“目前山东与华中的中心任务（除出兵东北外）就是截断津浦路，阻止顽军北上，并力求消灭北上顽军之一部或大部。”

为有力实施这一作战意图，决定成立津浦前线指挥所，由陈毅亲往前线实施统一指挥。10 月 15 日，也即由延安抵达山东的第十二天，陈毅偕黎玉等人率前线指挥所进驻邹县香城，组织抗战胜利以来第一个集中大兵团作战的战役。

陈毅在香城召开了团以上干部会议，传达中共“七大”精神，并作反内战的动员。他以简明通俗的语句表达了自卫作战的理由和决心：“此山是我开，此树是我栽，谁敢来摘果，把枪缴下来！”

当时兵力的部署安排是这样的：自北向南，以渤海军区武装控制并破袭济南以北铁路，使到达济南的国民党两个军不能继续北进；以山东第三、第四师及鲁中警备三旅进攻泰安、兖州之间日伪军；以山东八师及鲁南警备八旅进攻邹县至临城间日伪军；以鲁南警备九旅进迫徐州、临城、枣庄以钳制敌人。总之，在济南至徐州沿线，共集中了 20 个团的主力。指挥所根据当时敌人情况，决定采取轮番使用兵力的战法，使部队在长途行军后的连续作战中，仍能保持有力的突击力量。

10 月 18 日，山东军区第八师主力首先发起战斗，以奔袭手段从邹县东、西门连续爆破成功，全歼守城伪军 2500 余和日军 200 余人。接着又迫使邹县南侧日军 300 人投降，控制了邹县以南 80 余里铁路，山东第三、第四师则攻克大汶口，控制了南北铁路 20 余里。至此，国民党徐济间交通再度被切断。

10 月下旬，国民党徐州绥署以第十九集团军率第九十七军及骑八师进至临城，另以第五路军吴化文部在日军掩护下自滕县向北，以伪山东特务旅自兖州向南，企图南北对进，首先打通兖州、滕县间交通。

此时的陈毅，手中兵力未集齐，而山东主力第三、第四两师又很快要渡海北上，他分析当时敌情；敌主力也尚未到达，而吴化文第五路军脱离工事完全处于运动之中，攻歼较有把握。因此，指挥部决心以山东主力第八师，加上新四军刚入鲁的部队第九旅、第五旅，以伏击手段歼灭吴化文部。

11 月 3 日午后 1 时，当吴化文部以日军打头阵，运动至伏击圈内时，各路伏兵按预定计划分路出击，仅经两小时激战，即将敌大部歼灭，吴化文单人匹马逃走。此役俘敌军、师长以下四千余人，控制铁路一百余里。

捷报声中，阔别一年多的张茜从淮阴、临沂来到香城。陈毅去看望新四军二纵司令员罗炳辉时，和张茜并马前往，一路欢声。11 日，中共中央给陈毅发来电报说："庆祝你们歼灭吴化文胜利！准备战胜必然要来的大举进攻，集中部队向铁路南北扩展。"当日，警备八旅又歼灭从两下店北犯的日伪军。

当夜，山东八师主力奉陈毅命令沿津浦路西侧南下，进迫临城，其二十三团向临城以西的柏山守敌发起了进攻。一营三连班长陈金合在临城援敌眼看逼近，敌堡未攻克，守敌将无法全歼的紧急情况下，毅然摘下帽子摔给连长作为诀别，冲到敌碉堡前拉响了一枚特大型快速手雷，瞬间火光冲天，敌堡摧毁。陈金合却已粉身碎骨，以自己宝贵的生命换取了战斗的最后胜利。陈毅听到消息，深为感动，给以极高的评价说："陈金合是实际战争的领导者，是彻头彻尾的共产主义英雄！"一个学习陈金合的热潮很快形成。

为进一步扩大对津浦线的占领，指挥部又决定以原有主力加上刚由淮南北进的新四军四旅、十九旅，分别先后攻克了临城外围的沙沟、官庄等据点，使敌人缩踞在临城固守。临城工事坚固，且有炮兵、航空兵支援。陈毅据此情况决定包围临城突然撤兵，以第八师攻滕县，以第九旅攻小窑、陶庄。

八师的滕县攻坚战打得十分出色。先打外围，全歼蒋军新二师，俘师长以下 2000 余人，缴获山炮 2 门。滕县城内守军共约 9000 人。战斗于 18 日黄昏发起，刚成立 12 天的山炮连首战以 17 发炮弹便命中 15 发，有效压制了敌火力。突击部队连续爆破，冲入城内。经两夜一日激战，仅以 400 人伤亡，歼灭了数量上与己相等，而火力优于己方的敌军，共俘旅长以下 7600 人，击毙师长以下 1000 余人，缴 6 门山炮及其他弹药物资甚多，获得全胜。然而在战斗中，亲临阵前观察敌情地形的八师师长兼政治委员王麓水，却不幸中弹牺牲。其后，陈毅和黎玉到八师视察，沉痛地参加了在城西举行的追悼会。与此同时，第九旅也胜利攻克了小窑、陶庄两地。

津浦前线作战胜利，使陈毅所部控制了津浦路共 260 里长和临枣路 40 里长的铁路线，歼灭了大量蒋、日、伪军，使国民党迅速打通津浦路的企图终告失败，同时，也改善了山东部队的作战阵地及装备，掩护了主力的调配集中。在这一时期，华中野战军也完成了北调、集中和整编任务，并攻克了盐城、高邮等地，改善了作战条件，也锻炼提高了部队。总结回顾这一时期作战经验，陈毅深深感到"解决从游击战转到运动战的许多实际问题，强调兵种协同、步炮、攻守协同十分重要"。据此，他抽调部队进行临时整训，指示团以上干部学习毛泽东所著《中国革命战争的战略问题》，同时要新四军部队认真组织学习八路军部队的爆破攻坚技术。这些都显示了陈毅在从分散游击战转向大兵团运动战的初期，对部队的适应与转换能力的提高，已给予极大的重视。这是自红军诞生以来，人民解放军的一个历史性大转变。而在取得初步胜利的同时，也暴露了许多问题和弱点，如何克服它们，将是今后一时期陈毅面临的重要问题之一。

1946 年 1 月 7 日，中共中央军委决定成立山东野战军（简称“山野”），并以新四军军部兼山东军区，陈毅任山东军区和山东野战军司令员，张云逸为军区副司令员、黎玉为军区副政委兼野战军政委。同时明令规定，以粟裕为司令员，谭震林为政委的华中野战军，在战略行动上归陈毅指挥。

从当时全国战场看，国民党军在津浦线受阻、被歼的同时，又在上党、邯郸两战役中丧失 6.5 万人，这更加暴露出其战争准备尚未就绪的弱点，加之国内“反内战，要民主”的呼声高涨，国际舆论也有压力，因此蒋介石请出了美国人，出面“调停”国共争端，解救自己的不利处境。至此，国民党方面不得不在关内暂停军事上的冒险进攻，和中国共产党签订了停战协定。双方共同宣布，于 1946 年 1 月 13 日实施全面停战。

然而，谁能相信这就是永久的和平呢？陈毅司令员告诫部属：和平谈判是高级领导人的事，你们部队的责任就是准备打仗。

第二节　从和谈走向战争

1946 年 1 月 28 日，一架飞机飞至临沂上空，投下北平军事调处执行部的一道军令，要求仍交火的国、共双方停止冲突脱离接触。陈毅研究后亲拟回电，表示遵照执行，但“我地区被我包围之敌伪城市仍应由我受降，此乃我敌后抗战八年应得权利”。2 月 2 日，济南执行小组美方雷克上校又飞来临沂，与陈毅会晤两天。陈毅首先揭露国民党进攻事实，而后又做其些克制让步；据事实讲道理纵横天下申明自己的立场主张，又不失幽默风趣；终与雷克达成几项口头协定。在回去的飞机上，雷克对同行人说：“像陈毅将军这样有才能的中国军事将领，我还是第一次见到。”这以后，雷克上校以及徐州执行小组美方代表哈里斯上校及驻青岛美军司令克莱门将军等，数次去临沂拜访陈毅。克莱门在谈话中劝共产党妥协以占政府一席位置，因为顾祝同在徐州就有 30 万军队，共产党无力对抗。陈毅回答：他只要用 5 万兵力就能进占我这个临沂，但十个师进来容易，如果要出去一个师也难出去。”美国西点军校出身的克莱门将军瞠目以对，陈毅侃侃而谈，从军事辩证法，美国独立战争直谈到解放区的煎饼大葱，充分利用此机会分析形势，阐明真相。给克莱门留下极深印象。通过各种接触，陈毅在美军军官及许多民主人士中，争取了大量同情者。

3 月 1 日春寒料峭，陈毅接中央指示，登上一架专门来临沂接他的飞机，到达济南，在这里迎接了从北平来济南视察的“军事三人小组”张治中、周恩来、

1946 年 3 月 2 日，陈毅前往迎接由北平飞抵济南的“军事三人小组”（行举手礼者，左起：马歇尔、周恩来、陈毅）

马歇尔。军调济南执行小组向三代表汇报山东各地国、共冲突的调处情况后，周恩来有凭有据地讲了国方将伪军加委使之摇身变为国军的问题，还揭露国方急于恢复交通实质是利用其运兵向解放区进攻的真相，态度严肃而又克制，发言有理有节。而陈毅在济南则与王耀武、何思源等国民党军政官员作了些个别接触。他与王耀武来去常常同乘一辆卧车，言谈之中，王耀武向陈毅称赞说，你们共产党有三大长处——善学习研究学问；与人民关系好；能作战。他并且表示国内战乱已多年，自己作为军人，也是愿和平不愿打的。陈毅听后心里自然明白，王耀武的话里有些真情，有些苦衷，但也有故作姿态之处。

当日下午，陈毅又随张、周、马歇尔三人飞抵徐州。在这里，主要是谈判苏北淮阴地区国共两方粟裕部与顾祝同部摩擦的问题。第二天上午与马歇尔的会谈，周恩来特介绍陈毅代表自己出面。面对这位声势煊赫的美国五星上将，陈毅身着新四军自制的棉布军装，神态从容自信，不卑不亢。他列举事实，申述理由，正式提出，有必要向新四军所在的苏中地区增派一个新的小组去实地考察，以制止当地国民党军队的挑衅进攻等问题。又坦率指出：此次在徐州举行的宴会中，共方代表人员的席位被有意压低了，陈毅对此种轻慢无礼的态度表示遗憾。马歇尔听罢，同意考虑向苏中增派三人小组的事，又召进美方一位上校，询问昨日宴会的座席安排问题。上校答，是徐州国民党方面安排的。马歇尔倒也坦率，立即为此事向陈毅表示了歉意。顾祝同开始时是对共方代表极倨傲的，经陈毅这番堂堂正正的交涉，美国人又说了话，他态度上便也有些改变。后来与陈毅谈话中，还表示赞同陈毅所说的“和平巨流不可阻挡”的观点。在谈判斗争中，陈毅既善于做对方个人的争取工作，又总是清醒地正视对方的总的政策，既交了朋友，又坚持原则。

在这一停战阶段中，陈毅明确地认识到，是和是战，最终不是取决于共产党，而是取决于国民党。因此，陈毅一方面参与和指导华东地区停战谈判斗争，另一方面又始终抓紧着部队整编、练兵，解放区实行“耕者有其田”的土改运动等项工作。对于“和平民主新阶段”的到来，部队上上下下有许多混乱思想，对战争在短期内再度爆发的可能性普遍估计不足，所以从 2 月份起布置和开展了“百日军政大练兵运动”。5 月 1 日，又在“百日练兵”的基础上，颁发了以军事训练为主的第二期练兵指示，进一步提高战术、技术水平。以后，国民党的战争企图逐步暴露，对解放区蚕食活动日益加紧。陈毅及华东党政军领导人，乃进一步加强战备动员，批判和平麻痹及各种享乐腐化思想和个人主义打算，加强和扩组野战部队，并要求地方加紧进行土地改革工作，军队要积极拥护与支持土改。这样，使情况有所改观。

与此同时，国民党逐步调齐了兵马。首先是将其远离前线的部分主力秘密运送到解放区边缘的战略要地来。就华东地区来说，1 月份停战令生效时，国民党全部兵力是 17 个正规军 47 个师，但到 6 月份，又秘密增调 7 个军 19 个师，在华东解放区及其周围布下的兵力达 23 个军 66 个师，约 52 万人之众。其南线军队进行了整编：以从 100 万日军手中接收的以及美国援助的武器加强了装备；进一步加强和改编伪军，组织大批“还乡团”；其间向山东、苏皖解放区的蚕食进攻已达 977 次，侵占解放区城镇村庄 400 余座。总之，进攻部署已接近完成，大战有一触即发之势。

面对这种情势，共产党军队显然不能作无止境忍让而不反击。但向何处反击能在政治军事上取得有理有利地位？陈毅颇费思量。在中央军委具体筹划下，他组织山野部队，抓住国民党向华中四分区（淮南津浦路西地区）开始动手的时机，在山东选定人心痛恨的伪军为作战对象，发起了讨逆战役。

6 月 7 日晚，山野各主力兵团奉令同时分别向德州、泰安、大汶口、枣庄、周村及胶济路东段的高密、胶县、即墨等据点的伪军发起了突击。到 16 日，预定攻击的据点除大汶口外，全部夺取。被派到德州指挥伪军的国民党中将司令王继祥以及各据点 3 万余伪军被俘获，同时毙伤伪军 3500 余人。这些“钉子”一拔，就拆除了国民党进攻山东解放区的跳板，同时也策应了中原、苏皖解放区的斗争。由于打的是伪军，“师出有名”，国民党无话可说，政治上首先赢了一着。继而战役取得全胜后，又“适可而止”。立即收兵转入整训，使紧张局势及时得到缓和。这是一个将军事与政治斗争紧密结合运用得极为成功的范例。

6 月 26 日，蒋介石在完成了各项战争准备之后，彻底撕下和平面具，下令包围中原 5 万解放军半年之久的 25 个师“吃掉”该部。以此为标志，延续五个多月的停战局面终告结束，全国大规模内战就此展开。蒋介石自恃有优势兵力和装备，有美国经援和军援，扬言要在三个月至半年内消灭共产党。蒋介石对华东的如意算盘，是实行由南向北的逐步压缩，先将解放军华中主力赶过陇海路北，再会同胶济线南下的国民党军将其聚歼于鲁中地区，以解除其宁沪杭中心地带的“心腹之患”。

战云滚滚，大军压境。中央军委 6 月 22 日来电指示作战方针：“山东区以徐州为主要作战方向，主要着重调动徐州之敌于野战之中歼灭之。”这一计划核心是着重向南，首先给予向华中解放区进攻的敌人以有力打击。然后华中、山东主力分由淮河南、北进击津浦线，配合晋冀鲁豫野战军造成对徐州合围形势，以调动敌方在运动中予以歼灭。这样，就可以甩开向北的蒋军而插到国民党区域取得人力物力，取得战局上的主动。陈毅次日即复电中央，完全同意这一南下作战方针，并对山东野战军作了部署。

但苏中方向的粟裕、谭震林向中央和陈毅力陈在苏中内线歼敌的有利条件和兵出淮南的不利条件，不主张一开始便将苏中主力调去淮南、淮北。就指挥关系而言，粟、谭所率的华中野战军在战略行动上归陈毅指挥，但它归华中分局领导属华中军区建制。因此在指挥关系的协调上，陈毅也颇费思量。

6 月 27 日，陈毅一面向中央作了报告，一面向粟、谭发电，望能从华中野战军抽 16 个团兵力投入淮南作战，但接到粟裕回电，“建议只抽 8 至 11 个团去淮南参战，主力仍留苏中作战”。并列举数条理由表明主力暂缓西调先在苏中打几仗的必要性。为了深入研究问题，陈毅于第二天（28 日）亲自到陇海线上的新安镇附近，与华中局领导人张鼎丞、邓子恢会面商讨。经反复商询斟酌，中共中央终于复示允许华中野战军暂缓西调。7 月 4 日，中央军委根据政治局势及敌情变化进一步明确指示：“胶济、徐州、豫北、豫东、苏北之顽可能同时向我进攻，果如此，我先在内线打几个胜仗再转到外线，在政治上更为有利。”

7 月初，新四军副军长罗炳辉在出征前因脑溢血突然去世。而大敌当前，只能将悲痛化为力量，陈毅将罗副军长的追悼会变成了一次激励士气的誓师会。他在致辞中说：“革命的自卫战争必定胜利！我们每个人要抱定决心：打了胜仗开庆功会，打了败仗开批判会，打死了开追悼会！”这三句表达了必胜决心的壮语，很快在部队指战员中流传。

7 月中旬，蒋军向淮北、淮南、苏中、鲁南解放区发起了大规模进攻，其中以淮北为主要方向。5 个整编师 12 个旅的兵力，自徐州以南分三路向东推进。陈毅决心以少数兵力牵制敌中路和右路兵团，而以主力歼灭位置最突出的左路兵团（整编第二十八、五十七师各两个旅）。然而，正当山野部队向其左路兵团接近时，其中路整编第六十九师之第六十旅、九十二旅进到了朝阳集、渔沟地区与左路兵团取齐，继而六十旅向左路靠拢而九十二旅显得突出孤立了。他令二纵、九纵、二十旅共计 13 个团的兵力，攻歼朝阳集、渔沟地区的敌九十二旅，并在运动中攻歼向南增援的六十旅。

朝阳集战斗从7月27日凌晨开始，前后经历两昼夜，歼灭了蒋军九十二旅全部，六十旅一部，共五千余人，至此蒋军东进的中路兵团基本被击退了。这一仗在指挥部署上依据了中央军委“集中优势兵力，各个歼灭敌人”的作战原则，因而以较小的伤亡代价，取得了山东野战军在解放战争开始后的第一个歼灭战的胜利，使华中全军受到很大鼓舞。陈毅同样受到很大鼓舞，因而作七律诗一首以示庆祝。当此捷报于7月30日传到山东临沂刘家庄时，张茜又生了一个男孩，可谓“双喜临门”。以后为孩子命名“小鲁”。

与此同时，华中主力在苏中地区也面临着4倍于己之敌的进攻。7月13日至15日，粟裕以先发制人手段集中15个团兵力，首先攻击了宣家堡、泰兴，歼敌三千余人，打响了头一炮。继而在如皋东南歼敌万余。以后连续作战，七战七捷。然而在淮南方向，敌自中旬起以精锐兵团“五大主力”中的两个：第五军、整编七十四师，以及第七军一部，分路向津浦路东地区进攻；路东各部实施反突击，未能得手而一再后退，到月底撤离该区，整个淮南解放区失陷。

回顾从和平转入战争的第一个月作战，陈毅所部虽有苏中及朝阳集的胜利，但也显露出某些不能适应全面内战与新阶段大兵团正规作战的弱点与问题，陈毅没有理由对未来战局作过于乐观的估计。

第三节　艰苦备至的转折

大雨倾盆，连日不停，部队冒雨涉水，步履艰难。

陈毅于7月25日率山野指挥部南越陇海路到达淮北。一副异常的景象摆在面前，正如他在给华东局和中共中央的报告中所说：“到处一片汪洋，每夜部队只能走20里至30里，榴弹遭水湿即不能用，部队特别疲劳，病员增多，敌驻扎之村落即沟深水满，不好突击。”在这么困难的条件下怎么办呢？陈毅表示：“现华中全境，苏中敌气已颓，淮南、淮北敌气正旺，我决心在淮北打一、二次好仗”，以“改变局势”。但到月底，敌情发生变化，沿陇海线两侧继续进攻的蒋军主力已增加到15个团，而陈毅手头的21个团的兵力对他们“只能击溃不能歼灭”，便打算“以主力向灵（璧）、泗（县）找桂顽求战，拟先消灭其两个团即转而进击津浦路宿蚌段”。

野战军司令部参谋处有许多意见认为在水大、部队疲困条件下攻城，打桂系均不妥。而参谋长则坚决主张歼泗县桂系两个团。在此激烈争议而需要司令员拍板的时候，陈毅不顾“沟深水满，不好突击”的情况，误信军分区领导干部所说“泗城外濠水深不过膝”的虚言，没有采纳参谋处大多数人的意见，而支持了参谋长的意见。接着华中分局的邓子恢、张鼎丞也来电建议应打蒋军不打桂系，陈毅与参谋长也回绝了，表明自己在事前已经作过慎重考虑，其理由是：“蒋军计8个整旅紧靠在一起，离徐州不到40里，彼此间隔不到10里、20里不等，增援多而快，只能击溃不能歼灭。此次（在朝阳集）打九十二旅，我九个团打两天两夜始结束战斗，故无法下决心去打北线蒋军，但蒋军再向东进，则有打的机会。现桂系四个团，分布在灵璧、泗县、五河三处，其增援均在七八十里以外，打定可能全歼，历来打桂系均用相等兵力，故奏效不大，此次改变是能奏效的。已定5日夜攻泗城不再变。”于是报告中央军委：“当前之敌一为桂系，一为蒋五军，一为薛岳部九十九旅、六十旅，均系硬货。”“我决心消灭桂系在泗县之两个团，并调动其援队，逐次消灭其二三个团。”

8月3日，军委复示：“凡只能击溃不能歼灭之仗不要打。只要主力在手总有机会歼敌，过于急躁之意见并不恰当。”军委复示的基本精神似在于慎重而反对急躁。对于泗县的攻击，陈毅并未改变决心。从当时志在必得的情况来看，对于攻击失利的可能是缺乏思想准备的。

守泗县的敌军为桂系第七军的一七二师，兵员老，当兵时间平均在七年以上；善守，是他们的特点。这次山野主力19个团南下攻它，以多胜少，应当是有把握的，然而当时正值暴雨季节，本来河多沟深的泗县地区一片泽国。部队在齐胸的积水中艰难行进，炮车无法跟上，弹药大多受潮失效，部队相当疲劳，并且由于部署变更仓促，既未能组织各方面攻击部队之间的协同动作，致使担任主攻的八师负担过重，又未能进行周详的战术侦察，因此担任攻城突击任务的八师感觉把握不大。然而陈毅考虑战机不可失，要赶在敌七军部署调整未完与五军未到淮北之前干掉一七二师主力。

8月7日午夜时分，八师以五个营兵力发起攻城，连续爆破勇猛冲击，不到10分钟即突破大北门和西北门攻入城内。但继而守军组织顽强反扑，攻击部队准备不足，未能及时发展打通两突破口联系，又无有力预备队和炮火支援。天亮后，守军以猛烈炮火卡断城内外联系，先对突入西北门的两营疯狂连续冲击，八师部队无工事依托，伤亡甚重，阵地失去，伤亡和溺水者甚多。敌又集中炮火、飞机、步兵打击攻入大北门的两个营，该两营反复拼杀顽强守住。是夜八师投入预备队三个营接替，仍因力量不足难以发展，形成对峙局面。同时九纵在城东的攻击未奏效，二纵因河水阻隔既不能攻西门又无法增援大北门。陈毅于深夜2时接到八师报告，甚焦虑，派参谋长赶去师里处置，同时发电询问具体战况。

9日，五河敌人来援，被第七师击退，而更多敌人正准备向淮北运动。城内八师战士与敌拼杀竟日，血流遍地，河水为之染红，但战斗仍在僵持消耗状态。8月9日夜，指挥部下令八师停止攻击，全部主力撤至睢宁以西地区休整待机。

曾被称为“陈军长袖子里的小老虎”的八师，从未打过这样的“窝囊仗”！虽歼灭敌人3000余，但八师亦付出2000余人伤亡代价，而说到底城未攻下，使山野西击津浦线的计划受挫，八师士气受挫。悲愤、消沉、牢骚埋怨的话很多。战士说：“上级老说要集中兵力，临到打起来却要敌人两个打我们一个！”此话确实有理。此次参战总兵力共22个团，但用于攻城的部队仅6个团，而这6个团在攻城时还分去将近一半力量打外围据点，因此战役上的优势变为战术上的劣势。这是一个值得作战指挥者深刻记取的教训。然而，这种消极埋怨的情绪如果蔓延发展下去，将对下一步作战产生更加不利的影响。陈毅得知后于10月4日给八师领导写了一封信。

信中说："3月来未打好，不是部队不好，不是师旅团不行，不是野战军参谋处不行，主要是我这个统帅犯两个错误……我应以统帅身份担负一切，向指战员承认这个错误。"他坦诚自责，肯定八师"始终是很好的头等兵团，纪律为各军之冠"，同时也作自我分析说："在艰难困苦的日子里，我从来不抱怨部属，不抱怨同事，不推拒责任，因而不丧失信心……，我从来不向敌人低头，但对自己同志我常常自我批评很愿意低头；胜利时如此，不利时也如此，即失败时亦如此。"信中同时也分析了有利的局势，指出胜利的前途。八师领导读到这样的一封信，受到极大感动与鼓舞。他们动员上上下下，认真总结了泗县失利的教训。在城市攻坚的组织指挥、战术技术、协同配合方面得到很大的提高。后来由第八师扩建的华东野战军第三纵队，成为第一等的城市攻坚部队，在洛阳、开封都取得了辉煌的成绩。

通过总结，陈毅与指挥部人员也得到提高。在陈毅主持的总结检讨会上，各纵队（师）的领导干部及参谋人员提出许多宝贵的意见。如参谋主任王德反映：津浦前线作战，每次战前都开会充分研究，布置好协同配合；此次作战事前未召集各纵（师）首长开会，未进行具体组织准备，造成总的部署有兵用不上，主攻部队兵力分散无预备队。陈毅对大家中肯的意见坦诚同意。陈毅这种勇于承担责任的精神，对大家起了表率的作用，对司令部参谋人员激励尤大。

泗县战斗后蒋军乘势推进淮北，又于9月上旬，开始准备向淮阴、临沂两个方向进攻，造成了陈毅一方进一步的被动。

淮北失利的同时，华中的粟、谭主力却在一个半月中七战七捷，歼灭了国民党6个整旅共5万多人，严重挫折了敌人锐气，振奋了解放区民心士气，并成为中共中央得出"蒋军必败"判断的实践根据之一。他看来，战争初期各地主力在熟悉地区的内线先寻机歼灭分路进攻的敌人是正确的，过早集中成大兵团未必妥当。但当敌军逐渐深入，战斗规模逐渐增大时，陈毅又深感两支野战军在几个战略方向上分别应敌，难于集中力量统一指挥以致不能聚歼大敌的焦虑苦恼。9月初，中央考虑到敌人在控制陇海线之后，山东与华中的联系将被切断，拟派徐向前来山东负责鲁南前线指挥之责，而陈毅负责淮海前线并统筹鲁南、苏中、胶济各前线。作为一名战区指挥员，他当然明白中央这一考虑的全部含义，故在第二天起连电表示欢迎徐向前来鲁主持。但是等了20多天，徐向前没有来。而陈毅对战局的焦虑有增无减。当时，蒋介石限令15天之内攻下苏北各重镇将新四军赶出华中，将重兵隐蔽指向华中解放区首府淮阴。陈毅急调华中野战军第九纵队、第五旅、第十三旅北上，在淮阴以西的运河南岸阻敌，不料敌主力突然南移直扑淮阴，以桂系七军纠缠山野主力，同时以其主力突破华野九纵防御而逼近淮阴城郊。南线华野主力奉命放弃攻海安，驰援淮阴一时难以赶到。国民党重兵自9月10日起以飞机炮火配合向淮阴发起猛烈攻击，遭到顽强抵抗，激战至17

日，敌出动数十架次飞机狂轰滥炸，地面冲击五次均被击退，但战况愈见危急。陈毅当日给粟裕电报中甚至有“五内如焚，力图挽救”之词，可见其焦灼之甚。然而至19日拂晓，蒋军头等主力七十四师乘淮阴守军正在调整部署的空隙，以一营兵力轻装从五旅、九纵接合部偷袭入淮阴南门，撕开缺口，敌内外夹击涌入城内，淮阴失守。22日，淮安也被敌占。

此役，新四军在极为被动的情况下撤出华中战略要点淮阴，使作战回旋余地更小，交通、财政上困难增重，群众也加深了动摇心理，使整个华中的局势愈趋严重。然而，华中野战军的主力终于北调，实现了陈毅久存未果的愿望，使华中、山东两大主力合并，形成强大作战力量。正如陈毅于淮阴危急之际发给粟、谭、张、邓的电报中所说：“今后力求会师改变局面。”

纵观战争爆发初期7、8、9三个月作战情况，面对以优势兵力大举进攻的敌军，华东全军虽退出了某些城镇、地区，打了一些得不偿失的消耗仗，但同时也取得了歼敌八万的巨大胜利。更重要的是部队在作战中得到极大锻炼，改善了装备，逐步实现了野战兵团的集中统一，逐步完成艰难的战略转变，准备更大规模地歼敌作战。9月23日，中央军委更明确指示：“山野、华野两军集中行动，两个指挥部亦应合一。提议陈毅为司令员兼政委，粟裕为副司令员，谭震林为副政委”。

在此之后的10、11两个月中，华东战区敌我双方都在为即将到来的更大规模的作战准备条件。蒋军采取“避实就虚”方针，在各方向轮番进攻，乘隙攻占了涟水等城市。解放军多次向敌出击或实施反突击，共歼敌2万余人。特别是10月中进行的第一次涟水保卫战，歼蒋军七十四师等部8000人以上，有效地掩护了华中后方向山东转移，使华野部队及时穿上棉衣、补足了弹药，为下一步集中主要力量歼灭敌人作了准备。

这阶段，两大野战军会合，虽分布在盐城至临沂南北三百余公里战线上，指挥部需兼顾各方而不能作更高度的集中，但陈毅与华野粟、谭之间仍保持了密切协同、互相尊重的亲密关系，正如中央电报所说：“在陈领导下，大政方针共同决定，战役指挥交粟负责。”

从10月底至11月初，陈毅在涟水西北的陈师庵等地先后召开了多次干部会议，针对当前的战局和两支野战军统一作战指挥的意义作了透彻的讲解，总结了三个月来的作战经验，号召全军干部战士进一步学习中央军委和毛泽东主席所制定的关于集中优势兵力，各个歼灭敌人等作战原则，树立高度集中统一的思想，团结一致，积极完成作战和建军任务。这些会议，对于提高华东全军干部，特别是高级干部认清当时的形势，领会中央军委制定的战略方针，正确理解保存地方与歼灭敌人有生力量的相互关系，以及增进军内外的团结等，都起到了极为重要的作用。

第四节　宿北、鲁南大捷

11月15日，南京城吹吹打打，演出一幕“国民代表大会”开场的闹剧。这表明国民党蒋介石已完全背叛了人民民主而实行独裁专制，彻底撕毁了“政协决议”和1月13日的停战令，长达一年之久的和平谈判破裂了，失败了。于是，毛泽东于11月21日在延安枣园邀集刘少奇和刚从南京返回延安才两天的周恩来会商，一同对比分析了此时与抗战初期国民党和共产党力量的变化，认为一年的谈判教育了全国广大人民，使他们看清了国民党蒋介石是发动内战的罪魁祸首，从而使共产党赢得了人心。结合着战场上的胜利，“蒋军必败”的论断，于是定下决心：争取三至五年打倒蒋介石（暂不对外公布）。这就赋予解放战争以阶级决战的伟大意义。中共中央随即在当天举行的会议上作了传达。毛泽东提出的宏伟纲领是一年内线，两年外线，三到五年打到南方去。但是，要打倒蒋介石，必须首先取决于军事上的胜利，取决于打大歼灭战，整旅整师地消灭国民党正规军中的中央嫡系。

陈毅日夜筹划大歼灭战。他判断，国民党开伪“国大”，必有军事行动相配合。事情果然如此。

此时蒋军在华东的兵力已增至25个整编师（军）68个旅，国民党统帅部便在“国大”开幕四天之后，拟定了一个重兵四路大规模进攻苏北、鲁南的作战计划：以第一绥区司令官李默庵指挥整编第六十五师、八十三师、二十五师等五个旅兵力由东台向盐城、阜宁方向进攻；以徐州绥署副主任李延年指挥整编第七十四师、二十八师共五个旅兵力由淮阴攻涟水；以徐州绥署副主任吴奇伟指挥整编第十一师、六十九师共六个半旅兵力由宿迁进攻沭阳和新安镇；以第三绥区司令官兼整编第三十三军军长冯治安和整编第二十六师师长马励武指挥整编第五十九、七十七、二十六、五十一师及第一快速纵队共九个旅兵力由台儿庄、枣庄地区进攻临沂、郯城。他们判断，山野、华野主力分置南、北两翼而中间空虚，因此特别加强了由宿迁出动的这一路，作为重点。四路进攻统于12月中旬发起。

陈毅在12月6日就得到情报，初步判明了敌进攻意图之后，拟了四种作战对策的电报，向中共中央请示，并提出自己意见以歼击进攻沭阳的这一路为最好。第二天他又电告粟、谭：并要粟裕北来会面，共同商议作战部署。其时，粟裕已在盐城以南之伍佑指挥华中主力追击向南溃逃之敌八十三师的战斗中获胜，遂遵命北来。12日，陈毅便同粟裕、谭震林、张鼎丞、邓子恢等华中领导人周密研究了敌军动态。他们进一步判断：四路中，宿迁一路最强而我防御最弱，故这一路可能较它路大胆突进，造成我主力南北对进歼灭它的机会。由宿迁进攻新安镇的整编第六十九师又分左、右两纵队，陈、粟决心首先集中主要兵力割裂、围歼敌左路纵队的预三旅、四十一旅，尔后乘胜歼敌右路纵队六十旅。以一部袭扰、阻击由宿迁进攻沭阳的整编第十一师。全战役预定七至十天结束。

这是一盘妙棋。其基本精神，是在于以解放军主力打击敌较薄弱的翼侧，逼敌回缩，乘敌混乱之际割裂其左路予以歼灭，然后再调头打它的右路，这就保证自身在兵力优势不大（1.9∶1）的情况下，能以较多兵力在连续战斗中各个击破。这是解放战争中陈、粟第一次共同指挥大型战役，一个能压阵做主，一个善运筹

1946年，陈毅（右）与粟裕的合影

布兵，两人配合默契、相得益彰。而山东、华中两野战军指战员也久已憋足了劲要打个好仗，情绪高涨“嗷嗷叫”。

12月15日，中央军委来电，认为陈、粟“决心部署甚好”。陈、粟即令一纵、八师、七师及九纵一部，分别对晓店子至嶂山镇一线发起猛烈进攻。当夜9时，八师开始向敌人线形布势的腰部制高点——峰山发起了勇猛冲击。守敌凭借山顶工事顽强抵抗，八师攻击经夜，三次突击均告失利。眼看天将拂晓，在这关键时刻，二十三团营教导员张明下了最后决心，亲自组织带领突击队第四次冲击，终于占领了有关全局的战场制高点峰山，使敌阵脚大乱。与此同时，一纵自八师右侧向井儿头敌十一师攻击，其先头第三旅两个团曾一度攻到十一师师部驻地曹家集以西，歼灭一个工兵营和骑兵营大部，并打到曹家集土围，距其师部仅二三百米的地方，使其师部一时混乱不堪，无法增援六十九师。16日天亮后，敌发现其左纵队处境不利，乃拼死攻夺峰山，激战一天。下午5时陈毅接到战报，“敌猛攻竟日不逞，并被歼一部”。当晚，乃令一纵主力分两路勇猛东插，将宿沭公路上的十一师、晓店子地区的预三旅、罗庄地区的六十旅割断为三截。十一师拼力向预三旅靠拢援救，后者也想冲出包围，但被击退。17日晚，八师对晓店子守敌发起了猛烈冲击，发挥攻坚特长，迅速突入并激战至深夜12时，终于将预三旅全数歼灭。同时，一纵、七师也各歼六十旅一部，敌旅长率2000人第二天从李圩突围，也终未逃脱覆没命运，为七师、一纵全歼。

一直守在指挥所电话机旁边的陈毅、粟裕，开始将注意力转向踞守人和圩的敌六十九师师部，18日拂晓九纵及九旅一部发起第一次总攻，未能奏效。陈、粟命令：应不顾任何牺牲在今夜12时前将该敌解决。10时半再次发起总攻，迅速突入，整编六十九师中将师长戴之奇率残部踞守东北角顽抗，至凌晨4时，终被消灭。19日上午，敌四十一旅旅部及一个团从苗庄突围，又遭歼灭。至此，持续了四昼夜的宿北战役胜利结束，敌六十九师三个半旅及工兵第五团等部2.1万余人为解放军全部歼灭。

宿北奏捷，中央军委于18日和20日两次电贺，“庆祝宿沭前线歼敌2万以上的大胜利，于大局有利，甚好甚慰，望对一切有功将士传令嘉奖。”陈毅较系统地将宿北战役及以后的主要工作向中央做出报告。

陈毅写道：“宿北战斗，戴之奇三青团中委自杀，临死呼口号‘国民党万岁’，黄保德六十旅旅长亦自杀，魏人鉴、黄继陶突围时被击毙，师参谋长下落不明，副师长饶少伟、副参谋长秉伊均俘。……六十九师全部东进计2.1万余。”此次俘虏“计在1.6万以上，战场遗尸1000余具，故突围不多，敌方消息收容甚少，家属纷纷到徐州哭诉”。接着，陈毅陈述了此战的经验和今后的打算。他写道：“由于要尽量保持华中盐阜地区，我未能贯彻集中大兵力的主张，数月来用于钳制的兵力太大，今后当可多用兵去突击（由于华中城镇沦陷，包袱放下）。”

其时已是1947年元旦。惯于漏夜工作的毛泽东主席收到陈毅的电报，立即阅看，边看边圈点，电报中说：“山东部队常不安心南下作战，华中部队亦不肯入鲁作战，数月来的矛盾由于战局演变现已解决，今后可集中从鲁南向南打，部队编制、番号均须统一。一面作战，一面正商讨整编办法。苏中七战七捷以及最近的胜仗，缴获多而大，但由于本位主义打埋伏，抛散浪费太多，今后确定以战养战的思想，如何严格处理分配胜利品，始能持久。现部队使用炮兵，使用俘虏，防空防炮均有进步，打二十六师则未克服反坦克的困难，故又提出以战教战，打一仗进一步的思想。”毛泽东看到这些电文，兴奋异常，在给陈毅回电时说：“以战养战，打一仗进一步口号甚好。你们应以宿东战役为例，力争打大歼灭战，即每战全部彻底歼敌三至四个旅……”毛泽东还关切地写道：“打马励武是否准备完毕？”“我们希望此次作战能获宿东同样战果。”

毛泽东所说的宿东战役或者宿沭战役，以后统称为“宿北战役”。而所说的打马励武，即鲁南战役的第一阶段，就在毛泽东电报发出的当晚，对马励武整编第二十六师的作战便开始了。

这一次作战是出敌意料的。因为国民党徐州绥署主任薛岳指挥25个半旅和1个快速纵队分四路向苏北和鲁南解放区进攻时，是从北、西、南三面形成半包围状态。宿北战役实施中间突破，是歼击了半包围圈上西北一路敌人，但这有力一击，并未能迫使敌人改变整个进攻意图，敌人只要稍作调整，仍然可以恢复原来的半包围态势。而在各路敌人中，鲁南一路是4个整编师、8个旅和1个快速纵队。他威胁着山东解放区的首府——鲁南重镇临沂，企图楔入粮食基地沂河平原，深入鲁南解放区腹地，切断苏北、鲁南解放区的联系，从而达到对苏北，鲁南各个击破的目的。所以，当宿北战役尚未结束之时，中央军委便有指示：宿北战役结束以后的第二步作战，宜集中主力歼灭鲁南之敌，并相机收复枣庄、峄县、台儿庄，使鲁南获得巩固，然后无顾虑地向南发展。

骄傲的敌人在其第六十九师被歼后，并未调整部署。马励武虽有孤军突出之感，但自恃手中有第一快速纵队的坦克开路，天上有飞机掩护，仍然保持进攻态势，只是暂时就地筑工事防守，伺机继续向临沂方向进攻。其时，敌军的部署是：在临沂西南地区，整编第二十六师配备在最东边，第一快速纵队位于二十六师两个旅之间；整编五十一师配备在西边枣庄地区，距二十六师 30 公里；整编三十三军配备在南边，和二十六师也相距 30 公里。其中整编第二十六师为国民党军中央嫡系，又有第一快速纵队配属，战斗力较强。对于这 3 部敌人，是按照惯例先打弱敌后打强敌，还是倒转来先打强敌后打弱敌呢？对此，中央军委有指示：第一仗似以打二十六师为宜。因该师系鲁南主力，该师被歼，全局好转，若先打第三十三军冯治安部恐一时不能解决鲁南问题。陈毅等权衡了敌我力量和利害，认为集中 27 个团的兵力首先消灭马励武部是完全可以取胜的，决定先打第二十六师。

许多准备工作是在由陇海路南到陇海路北的行进过程中进行的。在部队接近集结地域时，陈毅主持召集了师以上干部会议，传达了中央军委关于鲁南战役的指示，副司令员粟裕在会上介绍了敌情，宣布了野战军的战役决心，进行了具体的作战部署。陈毅特别向到会的各部队首长强调了集中统一的重要性，要求山东野战军和华中野战军加强团结，互相学习，密切协同，主动支援。这个会议开得很好，对以后战役的胜利起了重要作用。

为了便于指挥，将突击部队分为左、右两个纵队，右纵队担任攻占敌防御区左翼各山地要点，切断敌向峄县、枣庄的退路，阻击敌方来自峄、枣的增援，得手后，攻击向城，割裂第二十六师两个旅之间的联系，并歼其四十四旅，然后配合左纵队围歼第二十六师师部及第一快速纵队。左纵队担任歼灭第一六九旅及第一快速纵队的任务，并切断第二十六师与第三十三军的联系。地方武装则分别予以保障和配合。

战役于 1 月 2 日夜 10 时发起，由于行动突然，敌人在事前未能发觉，因而进展顺利。到 4 日晨，第二十六师师部及两个旅的大部已被歼灭，其残部和第一快速纵队也被包围于陈家桥、作字沟狭小地区。

第一快速纵队（简称快纵）是美蒋合建、由美军装备训练、蒋介石的儿子蒋纬国苦心经营的“国军精华”。它的编成，包括步兵第八十旅、战车第一团第一营、搜索营、工兵营、汽车团、中央直属榴弹炮兵第五团及第四团一个营，拥有坦克数十辆和汽车数百辆，而当时华东部队中的绝大多数干部战士不仅没有打过坦克，而且也没有看见过坦克。在宿北战役之前的台峄线作战中，陈毅便发现和敌坦克交手的部队打坦克的办法少，有恐惧心理。战后，他亲自调查总结打坦克的经验，提出“反坦克最有效是破路，锯大树作障碍并利用爆炸。我手榴弹、地雷爆炸力小，山炮、迫击炮命中率不大，机关枪能穿甲者效力最好。”曾一度掀起反坦克与土工作业的热潮，但由于时间短，没有实物可供演练，效果是不能估计过高的。

可是这回实战，很得“天时”了。当 1 月 4 日上午正准备攻击快纵时，天气由阴转雨，雨雪交加，寒风刺骨，道路泥泞，这就容易把敌人的重装备陷住了。敌人为了挽救失败，仍然派了飞机穿过低压的云层给予地面部队以支援，不过他所规定的空投联络信号和标志被陈、粟指挥部的报话机收听到了，也照样布置了空投场，使敌人的部分救援物资投送到了解放军手上。快纵见空中和地面增援无望，于10时左右开始突围。陈、粟立即指令左、右纵队各部队乘机突击，将其八十旅大部歼灭。未被歼灭的敌坦克、汽车、炮队和步兵混杂一起，沿下湖、漏汁湖之线向峄县方向夺路溃逃，但主要逃路和桥梁已被解放区军民破坏，并埋了雷、挖了沟，加上洼地泥泞，车辆、火炮陷下不能动弹。解放军指战员不顾坦克、大炮和各种火器的拦阻射击，奋勇冲入敌阵，拼刺刀，炸坦克，用秫秸、稻草烧坦克，甚至爬上坦克用铁锹、铁镐砸天线、砸折光镜，几个小时便把这支装甲部队打瘫。到下午3时，整编第二十六师和第一快速纵队共三万人全部覆灭。中将师长马励武还在峄县过年，只有钻隙逃跑的七辆坦克给他报了信。

鲁南战役的第一阶段胜利结束了。粟裕立即带领司令部的几位参谋人员赶赴现场察看，总结经验。接着，陈毅也偕张鼎丞、张云逸等巡视战场。一些被俘的坦克兵说："我们在印度、缅甸打了三年，一直是向前冲，美国人对我们也看得起，想不到今天会败得这样惨！"陈毅听了哈哈大笑，乘兴赋诗一首："快速纵队走如飞，印缅归来自鼓吹。鲁南泥泞行不得，坦克都成废铁堆。"他们来到一辆刚缴获的美制坦克车前，陈毅纵身登上坦克，在高高的炮塔顶上坐下，一脚踏着炮身，和同行人员合影留念。

鲁南战役第一阶段结束后，按原定方案，第二阶段是乘胜寻歼整编第三十三军，但此时该军见第二十六师和快纵被歼，已于1月5日全部退缩到运河以南。另外，敌六十四、二十、十一等三个整编师已在向战区行动。陈毅与粟裕商定，第二阶段同时攻取峄县、枣庄，以便巩固鲁南。在他们拟订的作战方案报请中央军委批准后，陈毅坐镇野战军指挥部，粟裕则率一个轻便指挥所于1月9日拂晓

陈毅（后排左二）登上鲁南战役中缴获的坦克（坦克前：左为张鼎丞，右为张云逸）

到达峄、枣前线指挥作战。

攻击峄县的战斗从 1 月 9 日晚间发起，到 11 日凌晨已将七千守敌全歼，前一阶段逃到峄县的七辆坦克全部缴获，中将师长马励武也被生擒。第二天，陈毅在野战军指挥部接见了他。

在围攻峄县的同时，另一部则对枣庄发起了攻击。枣庄是现代化矿区，打枣庄是一场城市攻坚战，比较紧张，进展也比较迟缓。后经调整部署，充分准备之后，于 19 日下午发起总攻，在强大炮兵火力支援下，各部连续爆破，共打开 5 个突破口，突入市区展开巷战。至 20 日下午 1 时，全歼守敌整编五十一师师部及两个团，活捉了中将师长周毓英。至此，整个鲁南战役胜利结束。

在全战役过程中，鲁南党、政、军、民各级组织积极配合作战，努力支前，全战役共动员民工 60 万人，显示了根据地人民的强大威力，从而保证了战役的空前大捷。华东野战军在共产党的领导和地方政府、人民群众的支援下，以 8000 余人的伤亡代价，赢得了歼敌 5.3 万余人的胜利，主要缴获有坦克 24 辆、榴弹炮、野炮、山炮 89 门，汽车 474 辆。

第五节　莱芜战役

1 月下旬，华东全军进行了统一整编。正式成立华东军区、华东野战军（简称华野）和中共华东野战军前线委员会（简称前委），陈毅被任命为军区司令员、野战军司令员兼政治委员，并担任前委书记（军区政治委员饶漱石、副司令员张云逸、副政治委员黎玉，野战军副司令员粟裕，副政治委员谭震林）。野战军直辖第一、二、三、四、六、七、八、九、十等 9 个步兵纵队和 1 个特种兵纵队。原华中野战军第十三旅（即中原突围之皮定均旅）改为独立师，归第一纵队建制。步兵纵队按三三制的编制辖师、团、营等建制单位，特纵辖骑兵团、野、榴炮团及工兵、坦克分队，鲁南战役的大量缴获，为特纵的创建准备了必要的物质条件。野战军共约 27 万人。华东军区下辖鲁南、鲁中、胶东、渤海、苏北（由第十二纵队兼）、苏中（由第十一纵队兼）等军区和滨海军分区、东江纵队（后改番号为两广纵队），共约 30 万人。

在整编的同时，野战军在临沂附近召开了干部会议，传达中共中央和毛泽东主席的一系列指示。陈毅代表前委作了《一面打仗，一面建设》的报告。

陈毅首先指出了华东野战军和山东战场的特点和承担的任务。他说："华东野战军是山东、华中部队的汇合，（华东）是解放区兵力最大集中的地方，是解放区爱国自卫战争主要战线之一，又是美蒋集中大军进攻的主要方向。特别是今后，山东地区的战争将成为中国人民与美蒋恶势力的决战场所之一，因此我们的任务很大，担子很重。"他又提到华东全军的战绩，指出半年来总共歼敌 26 个旅以上，特别是宿北、鲁南两个战役，歼灭敌人 3 个整编师和 1 个快速纵队，这个胜利，对美蒋打击最重，影响最大，与全国解放区各兵团的伟大战绩配合起来，使我军必胜，蒋军必

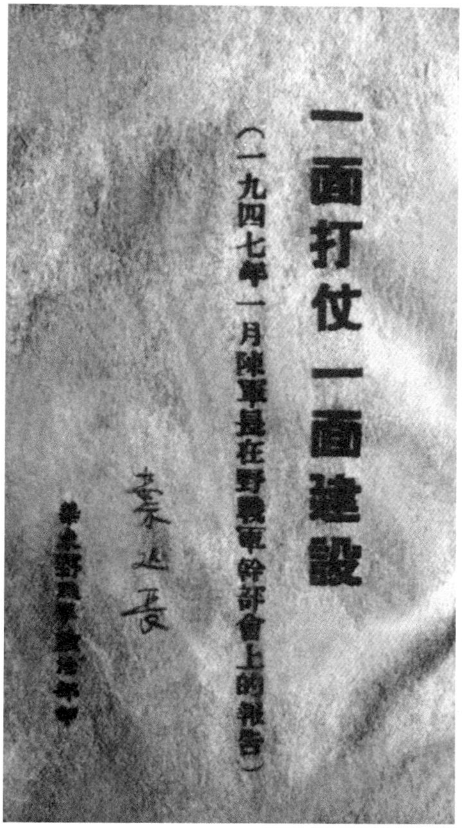

陈毅报告讲稿《一面打仗，一面建设》

败的形势更清楚明显，连国民党的反动报纸和南京首脑部的人员也无法否认战局不利于美蒋的事实。陈毅更激昂慷慨地说：“这一次自卫战争，要使历史上未完成的民主斗争任务，在这一次最后完成。我全体同志能亲自参与这个伟大的斗争，并且在斗争中担负重大任务是最光荣的，这是至高无上的革命幸福。”

由此，他从坚持人民军队建军路线的高度，针对当时部队中存在的某些不良倾向，号召全军要加强军队内部及军政、军民之间的团结，强调要树立整体观念，统一意志，统一行动，统一组织，统一制度；为了保障今后大规模作战的实施，一定要加强党的领导，加强政治工作，打破由于过去历史条件造成的山头主义、本位主义和游击主义；为了保持和发扬人民军队的本质和发挥内线作战的优势，一定要加强群众观念和群众工作，遵守纪律，支持和配合好农村的土改斗争；实行以战养战，夺取敌人武器以武装自己，明确树立兵员、武器、弹药等主要取之于敌的思想，要爱护装备物资，反对“破坏专家”；实行以战教战，打一仗进一步，从不断战斗中总结经验，学习新知识、新技术，使全军能掌握各种新兵器，能进行更复杂的战斗，能进行更大规模的会战；要爱护新战士，争取新解放战士，加强团结以争取伟大胜利。

陈毅这个报告，既贯彻了中央军委的建军方针和一系列指示精神，也在一定程度上反映了他的建军思想和认识。

在短期休整中的工作是很多的，陈毅抓得很紧，中央也有指示：利用敌人大举进攻前夜全军休整，多一天好一天。休整即是胜利。可是，鲁南战役在 1 月 20 日结束，国民党军在 1 月 31 日便发动进攻了。

原来国民党军在苏北、鲁南连遭惨败，蒋介石认为薛岳指挥不力，便派其参谋总长陈诚前往徐州指挥。陈诚与薛岳会商后，仍留薛在徐州，他自己进驻陇海路东段的新安镇指挥。他们发觉华东解放军在鲁南战役之后，主力集结在临沂地区休整，而临沂是山东解放区的首府，共军必将固守，共军在连续作战之后“伤亡惨重，续战能力不强”。因此，陈诚急忙制订了一个“鲁南会战”计划，企图迫使华东野战军在临沂附近决战，以军事上的胜利来影响即将举行的苏、美、英三外长会议。其部署是：整编第十九军军长欧震指挥8个整编师20个旅组成主要突击集团，自台儿庄至城头一线分三路进犯临沂：其右路为黄百韬指挥的6个旅，中路为李天霞指挥的7个旅，左路为胡琏指挥的7个旅；以第二绥区副司令李仙洲指挥第十二、四十六、七十三等3个军9个师为辅助突击集团，由胶济路南下，直捣山东解放区在莱芜、新泰、蒙阴的后方基地，形成南北夹击的态势。他们不仅集中了华东战场上所能集中的全部机动兵力，而且出动了大批飞机对临沂等地狂轰滥炸；还从豫北、冀南抽调王敬久集团4个整编师集结于鲁西南地区，以阻止晋冀鲁豫野战军东援或华东野战军西撤。陈诚严令所属各部："党国成败，全看鲁南一役，只许成功，不许失败。"

1月31日，陇海路东段的敌军采取"集中兵力，稳扎稳打，齐头并进，避免突出"的战法，以平均每日前进6公里左右的速度向北推进。同时，第二绥区司令官王耀武、副司令官李仙洲由济南赶赴博山，于2月1日召集高级军官会议，布置进攻。其先头部队于2月4日到达莱芜。一年前被迫从伪军反正的郝鹏举在这种形势下于1月27日率部叛变投蒋，被国民党部署在白塔埠、房山街地区担任进攻临沂的冀侧掩护任务。

面对此种情势，陈毅曾主持过多次研究，制定过诱歼南线敌军突出冒进的一路于临沂附近的方案，但敌人进军始终保持着齐头并进，华野未能实现预定的战役计划。2月4日中央军委又发来电报，指明：敌愈深入愈好，我愈打得迟愈好，只要不求急效，并准备于必要时放弃临沂，则我必能胜利；目前敌人策略是诱我早日出击，将我扭打消耗后再稳固地占领临沂，你们切不可上当。这些指示给华野前委负责人以很大启示，陈毅深深感到毛泽东主席以空间换取时间，集中兵力歼灭敌人有生力量的战略思想的英明。因为敌人逼我在临沂地区决战，我有了必要时放弃临沂的准备，作战的回旋余地就大得多了。思路敏捷的陈毅很快提出了一个重要的设想：既然南线敌人重兵密集，战机难寻，而北线敌人孤军深入，威胁我后方，我们何不改变原定作战方针，置南线重兵集团于不顾，而以主力北上，以绝对优势兵力，歼灭北线之敌。他要求粟裕对此作深入周密的思考。

粟裕觉得司令员这个设想十分高明。他又作了进一步的对比和分析，首先他对比了南、北两路敌人的不同情况，认为南线敌人有六十多个团，我也仅有六十多个团，在兵力上不能占有优势，不能对敌人实施分割包围；而北线敌军兵力小，战斗力相对弱些，内部派系矛盾多，如我将主力隐蔽北上，可以对其形成绝对优势，有把握予以歼灭。敌人既认定我必固守临沂，我军突然北上，定可出其不意。这样，我就可置敌在南线强大兵团于无用武之地，既可避免不利决战，又可在北线歼敌一大坨，粉碎敌之南北夹击意图，解除我后方威胁。

北线的敌人如发现我主力北上，可能回缩使我扑空，但即令如此，我还可乘势进击胶济路，打通鲁中、胶东、渤海三区联系，然后休整部队，以逸待劳，从容迎击南线北进之敌。而且我军还可采取种种佯动措施，迷惑敌人，只要能争取到几天时间，北线之敌便难逃被歼的命运。

粟裕又考虑了多种不利情况及处置方法，其中包括来自敌方的和我方的，以及后勤支前方面的，都向陈毅一一陈述。陈毅每听他说完一个问题，就说一声“对头”。等他全部说完，更非常高兴地一连说了几个“对头”。然后又同谭震林及其他前委委员商量，都得到了完全的支持。

2 月 5 日午时，陈毅签发了报请中央军委审查的三个作战方案：第一，以第二纵队进击白塔埠、房山街之郝鹏举部，诱右路敌东援或待中、左路敌放胆北进，然后视机歼其一路；第二，如敌仍密集不分，则以一部监视敌人，主力集结临沂以北休整待机；第三，如敌仍不北进，即转兵北上，求歼李仙洲集团。2 月 6 日，讨郝战斗发起，战至 7 日黄昏，全歼郝总部及其两个师，生俘郝鹏举。但此时南面的敌人不但未前进反而略向后缩，北线的李仙洲集团部则继续南下。

正在讨郝作战时，军委回电，同意第三方案，并指出为执行此方案，对外应装作打南面之敌模样，使李仙洲集团放手南进，然后秘密移动全军，求歼李集团，并攻占胶济路。

其时，华野指挥部驻在临沂东南 45 里的新集子，当夜即开始向北转移，8 日晚宿营于原军部驻地独树头，9 日到半程，10 日到徐北家庄，一路反复商量，到此时陈毅终于最后下定了决心：留下第二、第三纵队，由参谋长陈士榘指挥，伪装全军模样，在南面采取宽正面的防御，节节阻击敌人。主力隐蔽北上，求歼李仙洲集团，同时布置地方武装进逼兖州，并在运河上架桥，在黄河边找船，造成华野将从泰安、兖州间西渡黄河的假象，以迷惑敌人，在当夜，令主力分三路隐蔽北上。

陈毅兴趣来了，他写了一首新诗，题名《决胜之歌》，请文工团的作曲家迅速谱曲在第二、第三纵队的连队教唱。署名陈毅作词，把词曲油印发到前线的战壕里去，使敌人发现这歌曲，更相信华野主力将在临沂地区决战。

陈毅也乘车北上了。他在坦埠附近进入山区。一天晚上，他到了新泰县的太公峪村住下。鲁中军区第二分区司令员封振武来见，陈毅对他说：“看来这一仗就要在你们地区打喽，这必然给这一带的群众增加负担，你们二分区三个团，你带一个团随华野指挥部行动，另外两个团到指定地区活动，随时听从调动。”他在地图上划定了活动地区之后，又说：“你们二分区除了配合主力部队作战外，还要有个思想准备，必要时抽调补充主力，这个问题我已经给鲁中军区打过招呼了。另外你们还要准备足够的民兵、向导和担架，做到随叫随到。”封振武说：“请首长放心，保证完成任务。”谈话完了，陈毅送他到指挥部门前，突然问道：“听说这家房东是你的亲戚？”封振武颇为惊异，答道：“是的，这是我爱人的娘家。”“哦，看来我同你封振武结下缘分了，把指挥部设到你老婆家里了！”说完哈哈大笑起来。

过了不久，陈毅又把封振武找去当面交代任务，要他立即率领分区三个团沿着泰（安）、新（泰）公路，经徂徕山昼夜不停地向泰安方向运动。若是白天行军，要注意部队防空，要保持同野战军指挥部的通信联系。这次行动的目的是什么？为什么白天行军？白天行军不是容易暴露吗？封振武不便多问，便去执行命令，当他率领三个团向泰安方向挺进时，一些兄弟部队也正按照野战军指挥部的命令向兖州佯动，并在运河上架桥，这时他才恍然大悟：原来是在制造华野即将西渡黄河的假象以迷惑敌人，掩护全军主力隐蔽地向莱芜地区开进。

过了几天，指挥部又派人把封振武带到了指挥部新的驻地。机关人员刚吃过晚饭，正准备行军。陈毅立即对他说："现在情况很急，我们马上要转移，大部队走后，李仙洲指挥的四十六军（即整编第四十六师）可能乘机由莱芜南犯，占领新泰、蒙阴两县，现决定由你率分区三个团阻击敌四十六军，迟滞其行动，使他不能那样快进占两县，你们能抗击五到七天最好。"封振武对此颇有难色：二分区的三个团都是新建不久，装备也差，能抗击四十六军 2.3 万人一个星期吗？陈毅看出了他的顾虑，便说："当年诸葛亮大摆空城计，身边只有两个老兵和一个琴童，迷惑了握有重兵的司马懿，你现在有三个团的兵力还不能同敌人周旋一番吗？你这个阻击战打得越好，越有利于我们大部队调整部署。"然后说："详细情况请粟裕司令给你说吧！"

粟裕把封振武带到地图前，向他讲明情况并交代这个仗的具体打法，对他说："这次给你的任务很艰巨，但也有许多有利条件，完成任务不成问题。首先，敌人这个部队同他的上级有矛盾，对南犯蒙阴不甚积极，正处在进退两难之际。另外，你们可以打出主力部队的番号，虚张声势，迷惑他们。陈军长不是教你唱空城计吗？就是要造成敌人的错觉。古时不是有个孙膑战庞涓的故事吗？孙膑用每日减灶的办法诱庞涓上当，你这次不妨以增灶的办法，使敌人摸不清我们的虚实……"封振武的思想大开了窍，信心百倍地执行任务去了。

对于李集团的行动，陈毅和粟裕等是极其关注的，早就派出侦察人员到北线活动。2 月 10 日，据报在蒙阴前面抓到了国民党一个姓李的"高级特务"。送来一看，这人竟是派到敌整编第四十六师去同该师师长韩练成联络的敌工科长杨斯德。原来经过中共南京办事处的工作，解放军早与韩师长取得了联系，并派了杨斯德和刘贯一两人到该部联络。这次是韩师长托杨斯德来通报情况的。此后，刘贯一也受托来汇报过。陈毅曾嘱刘贯一转告韩练成：第一，希望他努力民主事业。第二，中共中央和陈毅本人对他是信任的。第三，彼此之间的联系不便向下面讲，因而发生摸哨之类的事在所难免，不要见怪。

在这期间，陈毅的作战方案步步实现。自从主力于 2 月 10 日北上后，留下的第二、三纵队打着全军各纵队的番号在临沂外围阻击敌人，颇有一番准备"决战"的表演。坚持了五昼夜之后才后撤。敌人于 15 日进占临沂后，鼓吹"大捷"，宣称"在临沂外围歼共军 16 个旅"。第二绥区司令官王耀武却从航空侦察中发现大量解放军部队在向北行动，对进占临沂的"捷报"产生怀疑，判断华野系放弃临沂掉头北上，赶紧在 16 日命令李集团缩回莱芜、颜庄地区。但蒋介石、陈诚却相信了他部属制造的"捷报"，又得共军在运河上架桥，有西渡模样的情报，认为共军"东临大海、西际湖山、局促一隅，流窜非易"。"似将在东阿、范县间渡黄河"，因此严令李集团再度南进，确保新泰、莱芜，并派部队向蒙阴、大汶口侧击“陈匪”。同时又令第十一师、第六十四师等部西开临城，沿津浦路北上兜堵“奸匪”。

19日这天，蒋介石在南京“军官训练团”作《剿匪战役之检讨与我军今后之改进》的演说时，大放厥词。他说：“现在关内的匪军约可分为五部……此五部中，就我的观察，以陈毅一部最为顽强，训练最精，诡计最多，肃清最为困难。但自国军收复苏北攻克临沂以后，陈毅已失其老巢，就再不能发生过去一样大的作用了。”然而就在此时——2月19日，陈毅率领的主力已在莱芜东西地区形成了对其李集团的包围态势。直到这时，敌人才判明了华野的真实动向，赶忙命令李集团再向莱芜收缩，并令第七十三军的七十七师自博山南下归建。但要摆脱被歼命运，为时已晚。针对敌情，华野指挥部确定了攻击部署。

部署完毕，已是2月20日，陈毅又接见从敌整编第四十六师归来的刘贯一，陈毅将作战步骤告诉他之后，要他掌握在攻歼李总部时不让韩去增援；为了求得此次战役的彻底胜利，要他二人继续留在韩部积极活动，动摇韩部军心，并要防备对方在紧急情况下可能翻脸而产生的危险，要机动灵活，沉着应战；要刘立即返回颜庄韩部，等到晚间10点半炮响时，再把我们的决心和布置大体告韩，但不能过早泄露秘密，否则会对战役增加很大困难。最后陈毅深情地同刘握手，对他说：“我代表党中央和华东局向你们二位同志表示党对你们的态度，党对同志们是非常爱护和关心的，为了完成这一光荣任务，需要你们两位同志去担当。要留下你们两个人继续在那边同两万三千敌人斗争。”这使刘贯一十分激动，他说：“党和上级耐心地教育了我好几年，我虽然质量不高，但是在任何情况下决不能向敌人屈服，请上级放心！杨科长的质量比我高的多，他也决不能向敌人低头，亦请首长放心！”这样，他们告别了。

这时，莱芜城东北方向发生了战斗，作战室向陈毅报告，这天早晨，敌第七十七师由博山南下，午后到达莱芜城东北之和庄、不动（地名）地区，预伏在该地区南北一线山地的第八、第九两纵队主力立即发起突然攻击，战斗进展顺利。陈毅十分高兴，对粟裕说：我们前后改变了三次作战方案，总算把李仙洲抓住了。当晚10时半即下令全线发起进攻。

21日晨，已报到首战告捷：敌七十七师已被全歼，攻城部队已占领莱芜以西以北的各要点，包围了敌人粮弹囤集点吐丝口镇，并攻占了锦阳关，只是未能切断敌整编第四十六师与七十三军之联系。22日上午，第四十六师缩进莱芜城，指挥部立即将第一、二、七纵队和第四、八纵队分别组成东西两个突击兵团，如敌固守莱芜，则从东、西两面实施强攻；如敌向北突围，则以第六纵队一部位于吐丝口以南坚决堵击，而以东、西两突击兵团合击突围之敌于莱芜、吐丝口之间地区。

李总部率两个军缩集于小小莱芜城，满城是兵，军心动荡，李仙洲束手无策。22日，王耀武令其迅速向北突围，退保济南和胶济路，指挥部查明这一情况，立即在莱芜、吐丝口之间布置了一个口袋阵以迎敌。23日晨，第四十六师师长韩练成毅然接受刘贯一、杨斯德的劝告，放弃了指挥，脱离了部队，隐藏在城内。韩的行动使敌军产生了混乱，敌人开始拥出城门向北行动，先头在吐丝口以南遭到顽强抗击，前进受阻，到中午，敌后尾脱离莱芜城。华野立即占领该城、断其后路。下午 1 时前后，华野部队从四面八方向敌人猛攻，穿插分割，坚决消灭负隅顽抗的敌人。到下午 5 时，战斗结束，活捉了李仙洲。第七十三军军长韩浚率一千余人窜入吐丝口，纠合新三十六师残部向博山方向逃窜，在青石关被第九纵队全歼，韩浚也被活捉。一个被俘的团长感慨万千，他说："就是捉五万只鸭子，也得费点工夫啊！"陈毅考虑到韩练成将军还须留在国民党军中工作，便让他带了卫队等一百余人从莱芜东南山区"逃出共军的天罗地网"，向青岛方向而去。

战役结束的当天下午，蒋介石便带着俞济时从南京飞到济南，把王耀武骂了一顿："你们只是在莱芜这个战役里就损失了两个军和一个师，损失了这样多的轻、重武器，增加了敌人的力量，这仗以后就更不好打了！"

失去了临沂"老巢"的陈毅此时却和粟裕、谭震林一起愉快地报告中央军委："莱芜战役已于梗午结束……残敌正肃清中。此役共歼顽敌计 17 个步兵团加 24 个直属营 5 万余人，另击溃暂十二师等部 4 个团之援队，详细战果以后续报。""俟明晚全部情况明了，即派十纵、九纵向博山及胶济线推进，首先攻击铁道一段，我军大部争取三五日休整再全力奔北。"

电报发了，便开晚饭。野司一位测绘员在他的日记中写道："晚饭后，军长夫妇在广场上开汽车，粟带着家小爬山打枪，谭坐军长的车子，张参（按：指副参谋长张元寿）在观看，和我们一群群真是象征着胜利后的自由愉快。"

28 日，陈毅等遂率华野司令部移驻淄川东南之大矿地。

第六节　"孟良崮上鬼神号"

指挥部住进了大矿地附近的蒲家庄。据说这里是《聊斋志异》的作者蒲松龄的故乡，陈毅称心地说："我们的干部会就拿到这里来开。"

陈毅在前委会上提议，莱芜战役的总结报告由副司令员粟裕来作。这个会在 3 月 8 日进行。粟裕表示谦虚，把他的报告叫做《莱芜战役初步总结的报告》，用了"初步"二字。陈毅便腾出手来，同华东局、华东军区、山东省政府的领导人全面安排工作。

从 3 月 8 日的总结会开始，一系列的会议便开起来了。休整工作很繁重。

3 月 13 日，华东局、军区、野战军的领导人联名向中共中央和毛泽东主席报告了部队休整计划。其中说："我们在前指集议，传达和讨论中央时局和任务指示，开了师及纵队干部会议，商定部队休整到 3 月底，项目是：深入中央指示的讨论，如何去完成今年作战新任务，并整顿纪律和军事操习，并续开参谋会议、政工会议，陈、粟、谭并抽空时间到各纵队去研究和帮助工作，饶、黎、张、舒抽时到渤海、胶东布置工作，同时利用此时而把八、九、十等三个纵队的编制成立。另外如能休整至 3 月底，可从渤海补入一万新兵，4 月初，胶东亦有

华东军区几位主要领导人（左起：饶漱石、陈毅、谭震林、刘瑞龙、粟裕）合影

一万新兵陆续补充。从渤海运粮一亿至二亿斤到路南供应，同时从渤海、胶东、鲁中抽五个地方团把各纵队均补足九个团。以上各事办妥后，4月份即寻敌作战，执行新的作战任务。此时如南面或津浦线之敌保持比较分散状态，即连续在一个月内歼二至三个军是比较有保证的。”

此后，陈毅即往下奔跑，看练兵，作报告。当时在他身边工作的一位科长记述：陈毅“在部队教育中特别强调要提高政治素质，要重视政治思想工作，同时，他也指示：在现代化战争中，战争的规模越来越大，军事技术条件越来越重要，武器装备日新月异，我们要学会使用新的武器、学会新的作战方法。”

此时，全国革命形势正发生着巨大变化。经过八个月的战争，国民党虽然侵占了解放区105座城市，却被歼灭了71万军队，不仅在军事上遭到严重失败，而且在政治上和经济上也遭到惨败，并陷入了严重危机。蒋介石在4月15日出席南京军官训练团开学典礼讲话时说：“今天我还要告诉大家：过去这一年中，政府为了要在政治外交上和共产党斗争，我们精神上所忍受的痛苦和无形的耻辱，较之前方作战牺牲几十万士兵有形损失，其令人悲愤的程度，尤有过之！”他一方面加紧镇压其统治区域的人民革命运动，一方面驱逐中共驻南京、重庆等地的谈判代表，下令进攻延安，并在3月15日召开的国民党三中全会上宣布“国共破裂，决心作战到底”。由于战线过长、兵力不足，已经无力继续其对解放区的全面进攻，被迫采用重点进攻的方针，将其进攻的主要兵力集中在陕北和山东两个战场，而对其他战场取守势。

为了对山东解放区实施重点进攻，莱芜战役后，便撤销了徐州、郑州两个绥署，以其陆军总司令顾祝同坐镇徐州，组成“陆军总司令部徐州指挥所”，统一指挥原徐州、郑州两个绥署的部队，又将王敬久兵团由冀鲁豫战场调到山东，使进攻山东的总兵力达到24个整编师，60个旅，45万余人。3月底，国民党军对山东的重点进攻正式开始。

已到南线的陈毅和张鼎丞、邓子恢一起致电粟、谭，并报告中共中央和毛主席：提议华野在胶济路之休整，如已可以告一段落，则请考虑新行动。如敌五军等部4月初已到济南南线，集中力量修复津浦路，而济南之敌又拟重占胶济线，则我军可考虑向临沂、东海、新安之间突击。

次日，粟、谭与参谋长陈士榘回报：拟以第二、七、八纵队8.2万人伸入郯城、马头、新安镇，到新安镇后向西扩张占领运河线，继而渡运河西进，威胁津浦南段之势，诱敌七十四、八十三两师南缓，尔后再看情况而定。以主力第一、三、四、六、九纵队集结于蒙阴东南、临沂西北地区待机歼灭南线之七十四、八十三两师，或歼灭由泗水向东南增援之十一师，或歼灭大汶口向东进犯之第五军，以上部署于4月1日开始运动，14日左右才能打响。

4月1日、2日，野指及部队开始南下，一般行动都不惊扰群众，不找向导，自带粮食。出乎意料的是华野的行动及企图，4月3日即为敌发觉。指挥部移至坦埠附近，仅三天即遭蒋机轰炸。

孟良崮战役前夕，陈毅等在沂水县西王庄（左起：张茜、陈毅、刘瑞龙、陈士榘）

被炸以后，指挥部移至坦埠东北之西王庄，张茜担任了警卫排的政治指导员。事件调查的结果是，一个补充到连队的“解放战士”是一个反动的敌军排长，他在摸清了些情况之后逃回国民党部队告了密，险些出了大问题。既然此次行动已暴露，乃改变决心，北上寻找战机。为了创造战机，陈毅提出了“耍龙灯”的办法，在运动和作战中调动敌人来回奔走。

4月中旬，敌人全线发起进攻。陈、粟随即于20日拟定了泰蒙战役计划，预定第一步以三个纵队攻歼泰安守敌整编第七十二师，吸引援敌而歼灭之。经两昼夜激战，于26日攻克泰安，歼守敌七十二师（欠一个旅），活捉师长杨文泉。但敌人不援，打援计划未能实现。陈、粟又以第一、三、六纵队沿津浦路两侧南下，出击宁阳，威胁敌补给基地兖州，以调动敌第五军等部西援，野战军主力则主动放弃新泰、蒙阴，转到临沂、蒙阴公路以东，待机歼敌。28日，敌军先头进占蒙阴。陈、粟乘其第一兵团主力分散配置于临蒙公路、立足未稳之机，于29日以四个纵队突击桃墟、青驼寺段。但敌十分警觉，一经接触即退踞公路以南山区，仅歼敌第八十三师一个半团。以后又两次出现战机，或因主力转运不及，或因敌援迫近，均未成功。整个泰蒙战役，以歼敌2.8万余人胜利告终。

在这一个月的"耍龙灯"的高度机动中，诱使敌人往返行军1000公里以上。敌军哀叹，进入山东一个月未和解放军主力发生过战斗，只是每日行军，感到疲惫、惶惑。解放军指战员不少因没打到个痛快仗，顺口溜传出来了："陈司令的电报嗒嗒嗒，小兵们的脚板啪啪啪。"为了进一步调动与分散敌人，陈、粟决定以第一、六纵队南下鲁南，第七纵队开赴苏北。

5月6日，中央军委电示："今日收到你们2日电，得悉青驼寺歼敌3000，但因一纵远去宁阳，来不及集中兵力打七十四师等部，失去一歼敌机会。目前形势敌方要急，我方并不要急，基于青驼寺教训，尤不宜分兵，不但一、六纵不宜过早分出，即现七纵亦似宜暂留滨海地区一个月左右作为钳制之用。一个月后，看情况再行南下。因此，5、6两个月，你们除以七纵位于滨海外，其余全部集中莱芜、沂水地区休整待机，待敌人前进或发生别的变化，然后相机歼击。一不要性急，二不要分兵，只要主力在手，总有歼敌机会。"看来中央估计，3月初赋予华东全军在今后10个月内需歼敌40至50个旅的任务，会使下面产生急躁情绪，这样的指示一来，就给了战区指挥员以更大的机动余地，更好地考虑从实际情况出发了。但防止急躁问题，却引起了陈毅的极大注意。在他授意下，野战军政治部于5月10日发布了《华东野战军关于待机作战中的政治工作指示》。

4月28日，陈诚发出《对当前作战之指示》，其中说："奸匪总兵力号称86万，民兵除外，其中实力较强者，不过陈毅（22万）、刘伯承（14万）两股约36万，如将其主力分别击溃，不难乘势收复整个华北，控制关内交通与东北围剿主力会合，再求彻底肃清残部。"因此，当华野主力主动向北转移后，敌人乘机侵占了莱芜、蒙阴寨、河阳等地。5月10日，战机出现了：汤恩伯兵团的第七军和整编第四十八师从河阳出动，有进犯沂水模样。该敌位于汤兵团之右翼，比较暴露，陈、粟、谭决定首歼该敌，并视机打援。当夜23时，便给各纵队下达了指示，规定了5月12日拂晓前各部必须进入的地区。11日，各部紧张地行动起来。傍晚，野司前梯队开始出发，向沂水方向行动。就在天黑的时候，技术侦察部门收到了汤恩伯给他所属各部发的一道命令，要他所辖各部于5月11日开始先行攻略坦埠。其中以整七十四、整二五师为攻击部队，归第四纵队黄司令（百韬）统一指挥，除以一部控制孟良崮、北桃圩要点外，主力11日攻略三角山、水塘崮、杨家寨、黄鹿寨、黄斗顶山、芦家山坡、凤凰山各高地，12 日攻略坦埠南而确保之；整六十五师仍巩固蒙阴防务。

这显然是一份十分重要的电报。从前线部队接触到的实际敌情来看，这份电报是可靠的。而且第一纵队报告他们已同敌人有了接触。

粟裕在接获这份电报之后，结合各方情报判断：虽然敌军行动尚未完全明朗，但敌人新的全线进攻却是肯定的了。敌军此次进攻的目的，一是实行中间突破，一举击中华野在坦埠地区的指挥中心，然后聚而歼之；二是估计华野不敢迎战，那就可以将华野压至胶东一隅或赶过黄河。这样就带来了有利战机。因为在此以前，敌军密集靠拢，行动谨慎，一打就缩，很难捕捉，此时敌军已开始全线进攻，并实施中央突破，华野即应改变先打七军、四十八师的计划，以反突破来对付敌人的突破，迅速就近调集几个强有力的纵队，以“猛虎掏心”的办法，从敌战斗队形的中央楔入，割裂七十四师与其左右邻的联系，将其彻底消灭。粟裕拿定主意以后，便向陈毅讲述了自己的看法和根据。陈毅听得非常认真，并在个别关键之处，作点强调和补充。当他听完粟裕的意见后，便十分肯定地说：“好，我们就是要有从百万军中取上将首级的气概！”然后把帽子摘下往桌上一摔：“不走了！”立即定下了战役决心。

但在此时，不仅各纵队均已开始向沂水方向行动，而且指挥部的前梯队已经走了，后梯队均已整装待发。由于保守机密，电台和无线电话停止使用，就连架设的有线电话线均已收起，只好由参谋处长夏光把指挥部现有的参谋人员动员起来，有

1947 年 5 月孟良崮战役前夕，陈毅（左一）与粟裕（左二）等视察炮兵阵地

的骑摩托车，有的骑自行车，有的骑马，有的跑步前进，分头通知第一、四、八、九纵队和特种兵纵队的领导人立即前来野司接受新任务，各部队就地停止待命，并向已离开野司到南线去的谭震林传达，请他就近向第二、七纵队传达和部署。

在各纵队首长参加的作战会议上，粟裕作了战役部署。以第一、四、六、八、九等五个纵队担任围歼任务，以第二、三、七、十共四个纵队担任阻援任务，然后周密地规定了各纵队的任务和动作，要求特种兵纵队集结待命。

陈毅完全支持粟裕的部署，并且强调说：集中优势兵力，先打分散孤立之敌，是毛主席一贯的军事思想。在敌人强大兵团展开进攻时，通常是打击敌人侧翼有利，但是当敌人连续遭到这种打击而防范严密、特别谨慎，同时中央之敌却比较疏忽大意、转进冒尖，而我军又在其附近隐蔽集结了相当兵力的情况下，采取一面抗住援敌，一面集中优势兵力猛攻中央之敌的战术，同样可以达到战役目的。这次围歼七十四师，就是这种打法，叫做百万军中取上将首级。

作战会议开得很成功，很快取得了一致认识，并决定战役从 13 日黄昏发起。

就在此时，一连收到中央军委两个电报。其中指出：敌人已进犯，可选择好打的，歼灭其一两个军，“究打何路为好，由你们当机决策，立付实施，我们不遥制”。13 日，陈、粟发电报向中央报告了围歼敌七十四师的决心和计划：

“一、七十四师 11 日开始向坦埠进攻，八十三师在青驼寺以北跟进，二十五师在蒙阴东南为其左翼部队，桂顽则在临沂东北汤头、葛沟。二、我们今晚集结一、四与八、九纵向七十四师出击，于明晨完成包围。战斗约需两三天，待歼灭七十四师后再视机扩张战果。”

歼灭七十四师的决定传达下去，军心振奋，连队流行过的顺口溜改词了：“陈司令的电报啪啪啪，咱们的飞毛腿嚓嚓嚓！”

敌七十四师 5 月 11 日并未行动。12 日晨，才由重山、艾山间渡过汶河，占领了黄鹿寨、佛山、三角山、马牧池等地，与华野九纵一部激战于马山、迈逼山、大箭一线。13 日下午 4 时，该敌攻占了马山等地，准备于 14 日攻占坦埠，敌二十五、八十三两师则分别进到旧寨、依汶庄地区。

华野以第九、四两纵队正面抗击七十四师的进攻，每一纵队则于 13 日晚开始，以小部攻击敌二十五师，主力则乘机从该师与七十四师的接合部向纵深猛插，然后进攻并占领蛤蟆崮、天马山、界牌等要点，另以一部逼近蒙阴城，构筑了阻击敌整编六十五师的强固阵地；八纵则从七十四师与八十三师的接合部插入，攻占桃花山、磊石山、鼻子山等要点；第六纵队于 12 日中午由鲁南地区兼程北上，于 15 日拂晓在第一纵队协同下攻占了垛庄，切断了七十四师的退路；八纵也攻占了万泉山。三个纵队迅速打通联系后，便封闭了对七十四师的合围口；并构成了阻绝第二十五、八十三师对外的坚强防御。

敌七十四师于 14 日上午发觉有被包围的危险时，便仓促收缩南撤，企图退向垛庄；接着发现垛庄已失，便缩踞孟良崮、芦山地区。

七十四师被包围后，蒋介石认为该师战斗力强，处于易守难攻的高地，临近有强大的增援兵力，正是与陈毅决战的好时机，便一面命令七十四师师长张灵甫坚决固守，吸住共军，一面急令新泰之十一师，蒙阴之六十五师，桃墟之二十五师，青驼寺之八十三师，河阳之第七军和四十八师火速向七十四师靠拢，又急令莱芜之第五军南下，鲁南之六十四师和第二十师赶向垛庄和青驼寺，楼德之第九师赶向蒙阴增援，企图内外夹击，决一死战。这样，虽然陈、粟主力以五个主力纵队包围了七十四师，而敌军却以十个整编师或军包围了陈、粟主力。一场恶战在所难免，谁胜谁负尚待决战，而援敌急进，时间却是异常紧迫的。

陈毅与粟裕商定，在 15 日下午发起总攻。为了便于密切观察和指挥作战，粟裕率领少数参谋、机要人员组成的前线指挥所，由坦埠西移，到艾山脚下的张林村附近的一个“千人洞”指挥作战。

这时的关键问题在于：能否迅速围歼七十四师，能否阻绝敌军的多路增援。陈毅自恃有毛泽东精深的战略战术指导，有百炼成钢的华野部队的英勇善战，有数十万地方武装和民兵、群众的支援，再有粟裕这样精明的助手配合，他是信心百倍的。他当即发出了“歼灭七十四师，活捉张灵甫”的口号。广大指战员立下了“攻上孟良崮，活捉张灵甫”，“消灭七十四师立大功，红旗插上最高峰”的誓言，各级指挥员到第一线指挥，一场剧烈的阵地攻坚战展开了。

总攻令下达后，陈毅诗兴勃发。这给了身边一位参谋一则日记的内容：今天已将七十四师压缩在孟良崮山地，正集中一、四、六、八、九纵于今晚总攻孟良崮、陈毅司令员在作战室随笔：

孟良崮上鬼神号，七十四师无地逃。
蒋贼专横嗟命薄，美帝侵略徒空劳。
华东战场捉笼鸟，沂蒙山区似虎牢。
原野麦黄家家足，人民军队胆气豪！①

战士们在彻夜鏖战，争夺山头，陈毅坐镇指挥部，也是通宵达旦。他一会儿拿起电话要一纵：“叶飞吗？党中央、毛主席又来了指示，说不要贪多，首先歼灭七十四师。现在敌人的 10 个整编师围在我们四周，先后打响。当前你们的主要任务是协同兄弟纵队把七十四师这个轴心敲掉。这样，敌人就没有巴望了。我们也就免得两面作战了。如果拖延下去，情况的逆转是可以预料的。”一会儿又给九纵打电话：“许司令吗？现在各路援敌节节逼近，打援阻援的部队打得很艰苦，很顽强。聚歼七十四师，成败在此一举，我们能争得的时间已经不多了，你们要尽快把孟良崮拿下来！”

各位纵队司令都有钢铁般的回答，然后立即把这种意志用电话向师长们下达。

陈毅赶到前指和粟裕会合，粟裕和一位纵队司令通电话，谈到调整指挥关系

① 这首诗，战后陈毅将它修改为七律两首。

强攻孟良崮

问题，通话发生“故障”，粟裕说：“军长在这里，军长同你讲话。”陈毅当然明白遇到老资格了，接过话筒说：“粟司令的意见就是我们的意见，你们照办。”话筒里也就平静了。

围歼战是异常惨烈的。敌人缩集于孟良崮、芦山及其附近山地，依托岩石，居高临下，不断发起反击。敌人真的用上“人海战术”了，成群结队地往下打。每一个山头、高地、要点，往往要经过多次的反复争夺，不仅刺刀见红，甚至枪托也砸上了脑浆，到处血染岩石，尸体成堆。敌人粮尽水绝，空投补给又大部落到解放军手上，数以万计敌军已陷入极端饥渴难支的困境。

16日上午，陈、粟再次下令发起攻击，强大的炮火首先发出了火力，向敌人盘踞的山头、高地猛轰，接着步兵在猛烈的炮火掩护下冲击，越战越勇，只进不退。下午，便攻占了所有高地，敌人的官兵有的打起了白旗，统统投降缴械。骄横的张灵甫等也被击毙，各路解放军健儿会师孟良崮、芦山顶峰，欢呼声震撼山岳。

在收拢部队、清点战果时，侦得有敌人电台活动，似有残敌隐匿。其时，黑云盖天，山雨欲来，能见度极低，严密搜索的部队在孟良崮与雕窝之间发现了数千敌人。粟裕即令第四、八、九纵队出动兜剿。至下午5时全部肃清。至此，七十四师彻底歼灭。粟裕打电话来向陈毅报告以上情况，陈毅在电话里兴奋地说：“我在电话里向全体将士祝酒致敬！”说完，如释重负般地坐下来，长叹了一声：“嗨呀，这三昼夜算是熬过来了。以后我的儿子，再不能叫他去带兵打仗！”他这话引出了满屋笑声。笑声未止，电闪雷鸣，一场暴雨倾盆而下。

现在又转到蒋介石出台发表感想了。5月19日，他跑到南京军官训练团对第二期全体学员讲《对于匪军战术的研究与军队作战的要素》，他说："七十四师这次在鲁中攻击匪军根据地坦埠……整个失败，这是我军剿匪以来最可痛心、最可惋惜的一件事。" 5月30日，陈、粟、谭、陈报告中央军委并刘、邓：

"（一）据最后调查证实，七十四师师长张灵甫、副师长蔡仁杰、五八旅旅长卢醒，确于16日下午2时解决战斗时，被我六纵特团副团长何风山当场所击毙。当特团何副团长走近张灵甫等藏身之石洞，据师部副官出面介绍为张灵甫等人。现尚在俘官处可证。

"（二）另查出五十一旅旅长陈传钧、副旅长皮宣猷、五十七旅旅长陈嘘云、参谋长魏振钺、副参谋长李运良、五十八旅副旅长贺翊章、师新闻处副处长赵建功均被俘，现在野战俘官处生活。"

6月9日，孟良崮战役中放下武器的敌第七十四师将校举行时事座谈会，陈毅和到会者会见，一一握手并致慰问。当将校们谈到七十四师失败的原因时，陈毅说："历来国民党军失败均归咎国防部，归咎陈诚，我在此替陈诚分辩几句。其实陈诚本人也很难做主，一切都有蒋介石老头子紧紧控制着。" 谈到蒋军失败的原因，陈毅说："蒋介石自北伐中期叛变人民，走上法西斯独裁专政的道路。蒋介石的这一条反人民的错误的政治路线，必然产生错误的战略路线。在蒋介石独裁媚外的政策与战略的双重错误下，国民党军队之遭受失败是必然的。例如贵军在抗战中的战功表现很好，战斗力亦堪为国民党军队之冠。可是一到内战战场，仍然逃不脱被歼的命运。各位应深深研究其中的原因。" 陈毅又说："对于各位此来，我应负责照料大家、爱护大家。贵师长张灵甫、副师长蔡仁杰之牺牲，毫无意义，应该惋惜。各位留在解放区内好好研究问题，重新认识问题，各位应视为平生最大幸事。我们能帮助你们的地方，一定尽量帮助你们，绝不为难。" 散会后，陈毅与他们共进晚餐。

第七节　在战略大转变关头

孟良崮战役的胜利，迫使重点进攻山东的国民党军暂时转入守势。5月22日，中央军委发来电报，指出"歼灭七十四师付出代价较多，但意义极大，证明在现地区作战，只要不性急，不分兵，是能够用各个击破方法打破敌人进攻，取得决定胜利。在现地区作战，是于我最为有利，于敌最为不利。现在全国各战场除山东外均已采取攻势，但这一切攻势的意义，均是帮助主要战场山东打破敌人进攻，蒋管区日益扩大的人民斗争其作用也是如此，刘、邓下月出击作用也是如此。而山东方面的作战方法是集中全部主力于济南、临沂、海州之线以北地区，准备用六七个月时间（5月起），六七万人伤亡，各个歼灭该线之敌。该线击破之日，即是全面大胜之时，尔后一切作战均将较为顺利。"

这一指示，似乎已在相当程度上改变了中央军委原订的战略方针。陈毅曾经阅过中共中央1947年1月24日一份电报，其中说："我们已令刘、邓缩短内线作战时间至4月底为止，准备5月开始（包括休整时间在内）向中原出动，转变为外线作战。华东方面亦请按此计划办理，努力争取于‘五一’以前在内线解决蒋军主力，并完成外线作战的一切准备条件（弹药、新兵、干部、经费等）。”中共中央的这项安排，后来尽管蒋军将山东作为重点进攻的地域之一，也未作改变。5月8日，中央军委曾有过这样一份电报，提出了刘邓大军南渡黄河，进击冀鲁豫、豫皖苏，进而进击中原的战略计划，要求华野在6月10日前集结全力（27个旅）寻求与创造歼敌机会，并准备于6月10日以后配合刘邓大军大举出击。而中央5月22日的新精神则以山东战场为全国战场的轴心，华东野战军坚持现地作战的意义和任务显然都加重了。

为了贯彻军委这一重要指示，陈毅召集了前委会议作了认真的研究，并于5月28日至6月2日在沂水县西北的坡庄召开了团以上干部会议传达讨论。陈毅在29日晚上作了军事问题的报告。他根据当时战局特点，针对部队思想情况，全面地讲形势和任务问题。他着重指出：敌人集重兵于山东，虽然加重了华东军民的负担，却为其他战场实施反攻作战提供了很大便利，目前除山东和陕北外，各战略区均已转入反攻。国民党已面临崩溃的前夜。但就山东局部情况来看，敌人正积极准备大举进攻，仍图寻我主力作战，我们还须准备打恶战。因此，我们必须继续强调统一集中，巩固内部团结，坚决服从领导，执行命令，戒骄戒躁，坚持山东战场，分批歼灭敌人主力，彻底粉碎敌人的重点进攻，争取战局转变，并为本身反攻创造条件。为达此目的，必须认真研究中央的指示，深入学习和执行毛主席关于运动战、歼灭战的方针，认清战局，提高胜利信心，强调全局观念，提高对全局的革命责任感。陈毅的报告在军事问题及建军工作部分都结合对孟良崮战役进行总结，一些干部听后，将其基本精神扼要地在笔记本上写下三句话：不急躁，不分兵，坚持山东基地歼敌。

国民党方面也在加紧准备进攻。蒋介石在南京军官训练团第三期研究班说：“我自张师长（灵甫）殉职以后，立刻命令前方（沂蒙山区）部队停止进攻，同时召集各将领来彻底检讨，彻底研究，彻底改正我们部队的作风和习惯，重新决定我们的战略战术。必须等到我们全军一番起死回生的改造之后，乃能作进一步的打算。”蒋介石赌咒发誓似的说：“沂蒙山区之战，是我们革命军人生死存亡所关的一战，挽回颓势，把握胜利，就要从这一战开始。我决定把全副精神用在这个战场上。”

蒋介石为了“起死回生”，起用日本战犯冈村宁次为顾问，提出了“并进不如重叠，分进不如合进，以三四个师重叠交互前进”的指导方针，重新编组进攻兵团。将进攻军队主力9个整编师共25个旅调集在莱芜至蒙阴不及100里的正面上，摆成方阵，于6月25日再次向鲁中山区发动进攻。26日午后，蒋机把悦庄、南麻一带炸成一片烟海。

鉴于蒋军兵力集中，一时难以分割歼击，陈毅与粟裕、谭震林于28日、29日商定了各路派兵挺入敌后的方针，并于29日命令陈士榘、唐亮率三、八、十纵队转赴莱芜、泰安、大汶口之线，执行歼击八一五军或十二军一部或大部之任务；命令陶勇纵队由临蒙线西进歼冯治安之一个团，尔后或向西北或向西或向南，视情况决定。当晚，以上各部都已行动。

第二天，收到了中央军委29日12时发来的一份电报，提出了新形势下的作战方针，希望陈、粟、谭提出意见，以便决策。军委的电报说："蒋军毫无出路，被迫采取胡宗南在陕北之战术，集中九个师于不及百里之正面向我推进。此种战术除避免歼灭及骚扰居民外，毫无作用，而其缺点则是两翼及后路异常空虚，给我以放手歼击之机会。你们应以两至三个纵队出鲁南，先攻费县、再攻邹、滕、临、枣，纵横进击，完全机动，每次以歼敌一个旅为目的。以歼敌为主，不以断其接济为主。临蒙段无须控制，空费兵力。此外，你们还要以适当时机，以两个纵队经吐丝口攻占泰安，扫荡泰安以西、以南各地，亦以往来机动歼敌有生力量为目的。正面留四个纵队监视该敌，使外出两路易于得手。以上方针，是因为敌正面既然绝对集中兵力，我军便不应再继续采取集中兵力方针，而应改取分路出击其远后方之方针，其外出两路兵力，或以两个纵队出鲁南，以三个纵队出鲁西亦可。"陈毅等当即进行了研究。很明显：军委这个新方案改变了过去要求华野不分兵、坚持内战歼敌的方针，陈、粟、谭觉得，中央军委的这个改变，在电报上只提到根据于山东当时的敌情的变化，而在全局上看，刘邓大军必将出击，未来的战局必有新的重大变化。当时，由于敌情严重，华野已在分兵，陈、粟、谭未再根据当时情况研究并制订一个新的方案上报军委，而是按照军委的意见执行，由陈、粟、谭"率二、六、七、九四个纵队在沂水东里店以东地区待机"。陈毅和粟、谭于30日一面将以上部署报告军委，并预计"如我西进部队各路均达成歼击敌军之任务，敌局势必变，集中东进之十个师必被迫分散回援或集中回援，届时我们手中四个纵队似有良好出击机会"。一面将"军委指示""转各出发部队依照执行"。

但是，在华野分兵后，陈毅接到中央军委7月2日来电，除指出陈、粟、谭6月30日的分兵部署甚好外，还要求陈士榘、唐亮率领的三个纵队在打泰安得手后，"收复肥城、东阿、平阴、宁阳、汶上、济宁，与刘、邓直接联系后，并应准备出鲁西与刘、邓协同打陇海路，出淮河开展新局面"。"我军必须在七天或十天内，以神速的动作，攻取泰安南北及其西方、西南方地区，打开与刘、邓会师之道路"。此后，中央军委又决定叶飞、陶勇两个纵队也向鲁西南挺进。这样，陈、粟、谭在6月底实行的这次分兵，便成为华野部队执行外线出击任务的开始。而当刘邓大军开始向大别山跃进以后，中央军委在11日电示：总的意图，将战争引向国民党区域，使我内线获得喘息机会，以利持久。显然，全国主要战场已由山东转向中原，战略重心已由内线转到了外线。当此解放战争由战略防御转入战略进攻的重要关头，陈毅既要领导华东全军打破敌人的重点进攻，又要配合刘邓大军挺进中原，还需准备自己不失时机地转入战略进攻。在这严重时刻，又一个雨季到来了，陈毅将在第二个雨季中赢得解放战争的又一个考验。

当6月30日华野三路分兵之时，刘邓大军依据中央军委总的战略计划，强渡黄河，对鲁西南地区之敌展开猛烈进攻，连续歼敌获胜。7月7日，华野第

一、四纵队全歼费县守敌一个旅，击溃援敌另一个旅。同日，第三、八、十纵队向津浦路大万德、大汶口段实施进攻，守敌大部逃窜。9日，第一纵队又收复峄县、枣庄，迫敌第三绥区各部退守运河沿线。由于刘邓大军的攻势异常猛烈，华野第一、四纵队逼近津浦路，第三、八、十纵队于13日渡过汶河，向宁阳、曲阜前进，严重威胁蒋军后方基地兖州、徐州等地。鲁中的敌人在占领沂水、东里店后停止向东进犯，改变部署，调第五军等七个整编师自13日开始陆续后撤西援，企图配合其后方各点守敌，先夹击华野转入反攻的五个纵队于鲁南及兖州、曲阜地区，然后再救援鲁西南。鲁中山区的大量敌军调走了，仅留下第十一、六十四、二十五、九等四个整编师。蒋军企图以“重点进攻”战略在鲁中山区击破华野主力的计划遂告破产，一个极为有利的形势展现出来。陈毅在胜利形势的鼓舞下，与粟、谭商定，遵照中央军委指示，命令各部继续向敌展开猛烈进攻。其结果，正如后来陈毅所说：“因雨季没有打好仗。打敌十一师（7月17日至21日在南麻），五天五夜只消灭一个团，（7月24日至30日）在临朐五天五夜只消灭两个营，打费县消灭一个旅，打泰安敌人逃跑了。7月打八仗只有三仗打好。”

华野指挥部从临朐前线撤出后，辗转经益都到达陈家。8月4日这天，粟裕起草了关于南麻、临朐战役的初步总结的电报报告中央军委，引咎自责。陈毅对此甚感不安。他始终认为，几仗未打好，彼此有责，不能由粟裕一人承担责任。其时，陈、粟、谭已经研究确定，由谭震林组织一个指挥机构率领第二、第七纵队前去胶东休整。出发前，谭震林挤出时间给粟裕写了一封信，谈了自己对这次战役的看法，请陈毅转交。陈毅当着谭震林的面将信看了一遍，准备三人一起把问题谈通。但由于指挥部即将移动，未能安排出时间。当夜，野战军指挥部经由临淄西关、索镇到达郭店。陈、粟在处理其他紧急公务之后，作了彻夜长谈。8月6日，陈毅写了份“指人译”的电稿，报告中央军委和华东局：

（一）……最近粟、我共谈，粟态度可佩，昨夜长谈，对今后共同工作很有好处。

（二）我认为我党廿多年来创造杰出军事家并不多。最近粟裕、陈赓等先后脱颖而出，前程远大，将与彭（德怀）、刘（伯承）、林（彪）并肩迈进，这是我党与人民的伟大收获。两仗未全胜，彼此共同有责，不足为病。谭、我本此观点，互相研究教训，粟亦同意。……

（三）我本挽三人共谈，谭因东行，故谭未参加。谭临行遗书，此书临别我看了一遍，对粟有帮助，……我们对战役指导部署历来由粟负责。过去常胜者以此。最近几仗，事前我亦无预见，事中亦无匡救，事后应共同负责，故力取教训以便再战。军事上一二失利实难避免，虚心接受必为更大胜利之基础……

这份电报，当时的译电员特别注明“错字尚多”，以后已不能订正。但就是这样，作为一支野战军的统帅，陈毅那种为党和人民革命事业的赤诚，那种深明事理、知人克己的恢宏气度却跃然纸上。

陈毅是如何“力取教训以便再战”的呢？后来他曾说：“一年来战争出现这样的规律：‘此起彼落’。先打几个胜仗，又碰了钉子，又打了几个胜仗。”“我党二十余年的历史也是胜败的反复，胜利了便轻敌，种下栽跟斗的因素，失败又是胜利的因素。领导上主要是在栽跟斗之后，如何领导爬起来。”

在陈毅发报的当天，收到了中共中央和中央军委于 8 月 5 日合署发给陈、粟、谭、华东局并告刘、邓的电报，指示：“陈率六、九纵应迅速转至东面，与谭及二、七纵会合，从背面钳制敌人，不使敌达到驱我过黄河目的。但目前你们有五个纵队已到运河以西，正好协助刘、邓执行出击计划……你们速派粟裕西去统一指挥五纵，将全军供给重心经渤海转至鲁西南，争取在鲁西南立足，协助刘、邓作战，否则有被敌驱过黄河危险，你们必须严重对付此种情况。”

要粟裕到西面去指挥华野五个纵队的事，中央军委在两天前已经说过一次了。当时，粟裕向陈毅提过以下意见：（一）华野今后主要作战方向和指挥重心是在外线，请陈司令一同去以加强领导。（二）为进一步集中兵力造成战役上的优势，建议增调第六纵队到西线。（三）留山东内线的第二、七、九纵队组成东兵团，由谭震林、许世友指挥。陈毅表示同意，将上述意见联名报告了军委。中央军委于 8 月 6 日做出决定：陈、粟率华野机关及第六纵队、特种兵纵队赴鲁西南，统一指挥华野第一、三、四、六、八、十纵队、特种兵纵队，及配合华野作战的晋冀鲁豫第十一纵队，统称西兵团。内线成立东兵团。于是，陈、粟决定北渡黄河，经惠民、禹城、聊城转赴鲁西南。

8 月 11 日，华野指挥部在泮庄渡口渡过黄河。第二天上午，为了防空，指挥部在一座比较隐蔽的公路桥下开会。天气炎热，大家不停地摇扇子。参谋处长夏光似有所感，提起毛笔在自己白色的纸扇面上题写了八个字：“黄河已过，君心甘否？！”陈毅伸手把夏光的纸扇接了过去，想了一想，也提起笔来，在旁边写了首五言诗：“昨夜过黄河，风大浪又恶……”接着就写如何乘风破浪，夺取胜利，以“高粱玉米熟”来煞了尾。陈毅的题诗被粟裕发现，又把扇子拿过去，在背面也题了一首诗，在笑声中互相激励，以求合力完成战略大转变。（遗憾的是，这把扇子在 20 年后的“文化大革命”中被作为“四旧”扫掉了。）

到了惠民，野直大部继续向聊城前进，指挥部则率电台暂留惠民督促物资弹药兵源迅速西运，以便西兵团迅速得到补充。

陈毅在惠民心情并不平静。他已经收到了刘、邓 8 月 8 日申时发来的电报说：“顷，我们决心转至外线。”对其行动，军委于 8 月 10 日颇为称赞：“在敌主力东进郓城、西迫鄄城情况下，我在郓、巨作战已不适宜，即北撤亦来不及，只有南进才利机动，刘、邓决心完全正确。”刘、邓的提前出动，加快了陈、粟运筹 9 月出击的步伐。

外线出击困难固然增加许多，但是敌人误以为“山东共军已溃不成军，不堪再战”，骄狂起来，已有新的战机可寻，粟裕经过反复思考，计划了两个歼敌方案。陈毅认为这一仗关系重大，应力求全胜，必须慎重，要他先向陈士榘、唐亮征求意见。交代以后，陈毅抽空前去渤海，料理一下后方的工作。百忙中，他特别惦记着第十纵队的事。该纵队在郓城地区同国民党第五军打了几天后，退过黄河到东平湖西一块狭窄地区休整，突遭敌军袭击，背水一战，颇有损失，现已开到张秋镇一带整理。陈毅觉得应该赶紧到那边去看看，做些“领导爬起来”的工作。

沙土集战役中，华野的机枪阵地

29日晚饭后，陈毅上了吉普车，向西南驶去。他坐在驾驶员的旁边，把帽檐转到后脑勺上，开始一支接着一支地抽烟，看来是在为到十纵队去讲话打腹稿。陈毅到了十纵队后，先和领导人谈话，30日下午便给全纵队营以上干部讲形势任务，说明大家正处在由内线作战到外线作战的过渡阶段，任务很重，困难不少，前途光明。他对大家作了许多安慰和鼓励，也严厉地批评了不冷静，不沉着而造成挫折的问题，对大家的教育和鼓励很大。陈毅本想更深入地解决一些问题，但到9月1日上午，野战军指挥部要他赶回去，他知道事情重要，已经做好的午饭也不吃了，说走就走。

毛泽东主席在30日这天亲自给陈、粟发来了一份“绝密”电报，电文中说：“目前中心环节是在陇海南北积极行动，歼击及抓住五军、五十七师，攻占一切薄弱据点，直接援助刘、邓。……现在欧震、张淦、罗广文、张轸、王敬久、夏威各部均向刘、邓压迫甚紧，刘、邓有不能在大别山立脚之势，务望严令陈、唐积极歼敌，你们立即渡河，并全力贯注配合刘、邓。”陈毅记得毛泽东曾在上个月底发过一份极秘密的电报给刘、邓并华东，说明“陕北甚困难”，已经反映了中共中央领导人的严重处境。但从现在这个电文中他更感受到了毛泽东十分焦急的心情。于是审时度势，下定决心，对粟裕说：“采取第二方案，争取早打。”正好粟裕也是这样想的，还在陈毅回指挥部之前已作了许多准备和安排，“西字第一号命令”已经下达，各参战部队已经在做行动准备。

9月3日晚，陈毅、粟裕率野战军直属队、第六、第十纵队南渡黄河。9月5日在郓城及其附近集结，并与第一、第三纵队会合。至此，华野第一、三、四、六、八、十纵队、特纵及晋冀鲁豫第十一纵队均已集结于沙土集南北地区，完成了第二方案规定的战役布局。

6日晚上，指挥部召集了纵队领导干部会议，陈毅主持，让大家充分发表意见。粟裕更反复说明早打的好处和取胜的条件。他强调地说：只有打，才能有力地配合刘、邓，才能扭转现在的被动局面，部队才能得到补充和休整，打好了，鲁西南根据地就能重建起来。经过民主讨论，大家统一了思想，并且一致同意首先歼灭五十七师。

真是一环紧扣一环，会议开过，9月7日，五十七师便积极北犯，与第五军之间拉开了20公里的空隙。战机已到，陈毅、粟裕遂下令攻击。当天晚上便对五十七师形成了合围。经8日一天激战，沙土集外围敌据点几乎全部肃清，夜晚6时，发起总攻，军政攻势一齐展开。9日凌晨3时，便将敌五十七师全部歼灭，计毙伤2000余人，生俘中将师长段霖茂以下7500余人。缴获了大批武器弹药。

早晨，陈、粟报告中央及各方：“我军于虞日开始于郓城南，举行钳制五军、歼灭五十七师的作战。经一日两夜战斗，已全歼五十七师于沙土集，仅有少数向东突围，正追击中。此役经10日来与五军纠缠，始吸引五十七师落网。同时，打垮刘汝明两个旅的数次增援，及五军整6日的不断进攻。我军士气甚旺，决迅速转移攻势，予五军以歼灭性打击。”

11日，收到中央回电：郓城沙土集歼灭五十七师全部之大胜利，对于整个南线战局之发展有极大意义，并向西兵团全军将士致庆贺慰问之忱。

战略大转变对于华东全军带有相当大的突然性。分兵、外线出击、雨季行军作战，造成了很严重的困难和被动。陈毅、粟裕坚决地“领导爬起来”，终于扭转了战局，向深广的敌后大举进军，在扭转反革命车轮，推进革命车轮的历史性转折中，显示了中国共产党领导的这支华东野战军的英雄本色。

第十章　传檄到中原

第一节　四千里路风尘雪

在沙土集战斗之前，1947 年 8 月 24 日，毛泽东就已致电陈毅、粟裕，把他们所率领的华东野战军西兵团（包括一、三、四、六、八、十、特纵七个纵队以及中原野战军的第十一纵队）的作战范围规定为“黄河以南、淮河以北、运河以西、平汉以东”。在庆贺沙土集大胜利的电报上，中共中央更明确地指示要求陈、粟率部“在黄河淮河运河平汉之间创造巩固根据地”，以“协助刘邓、陈谢创造鄂豫皖与鄂豫陕两大根据地，协助饶、黎、谭保卫山东根据地，协助苏中苏北恢复根据地”。中央认为这是一个“伟大任务”，“你们处在上述四大根据地之中间地带，你们的胜利有重大的战略意义”。

接着在 9 月 22 日的电报上，中央又在组织建制和领导关系上重新作了区分：陈、粟西兵团改为晋冀鲁豫野战军，（归）晋冀鲁豫中央局领导。现辖之第一、第三、第四、第六、第八、第十纵队外，王秉璋纵队（即中野第十一纵队）划归陈、粟辖。

陈、粟、张（云逸）、邓（子恢）同志为晋冀鲁豫中央局委员。邓小平仍为中原局书记兼晋冀鲁豫中央局书记，薄一波为晋冀鲁豫中央局第一副书记并代理书记，陈毅为该局第二副书记。陈、粟代表该局指导黄河以南、运河以西、平汉以东、淮河以北之党政军民工作，以利直接支援前线；张、邓代表该局指导渤海地区工作（渤海暂时划归晋冀鲁豫领导）。

晋冀鲁豫中央局负责统筹刘邓、陈粟两野战军及陈谢兵团的后勤供给。目前除供应刘邓、陈谢两军不放松外，应将供应陈粟野战军工作放在紧要地位。

华东野战东兵团改为华东野战兵团，由许（世友）谭（震林）指导，受华东局直接领导。辖第二、七、九、十三纵队。

但是中央这个电报所作的规定后来有一部分并没有实行。渤海地区没有暂归晋冀鲁豫。10 月 16、21、24 日，陈、粟报中央并邯郸局、华东局的三个电报依然自称“华野”。

当然，规定的任务是很好执行了的。

首先，是扫灭敌人保安团队，扫除国民党反动政权。陈毅十六七年前就有在中

陈粟大军南越陇海路，创建豫皖苏解放区

央苏区内扫除白色堡垒的经验，深知在豫皖苏新区消灭反动地主武装，在挺进初期来说，甚至比歼灭敌人正规军还重要。陈毅、粟裕用善于运动战的华野一、四、六纵以及第三、第八纵队分区横扫，长途奔袭，有时一夜行军一百多里，突袭一个县城。可怜保安团队怎能抵挡天外飞来的头等主力军，不到一个月，华野在陇海路南连下十余城，豫皖苏地区各县国民党地方团队三万多，被消灭了三分之一。进入12月，这三万多地方团队，基本上都被扫灭。各级国民党的政权也就土崩瓦解。

其次，是较普遍地发动了群众，宣传了土改，分配浮财，并在原来的蒋管区建立了部分人民政权。陈毅原以为豫皖苏地区是抗战中期新四军第四师反摩擦反扫荡失利而放弃的地区，群众受了敌顽的摧残当较难发动，不料大军一到，群众热情欢迎，而且踊跃参军。虽然当时因为基层政权匆匆建立，干部人数又少，新来乍到，开展土地改革为时实在过早，因而中共豫皖苏区党委领导的土改工作只能是大轰大嗡。部队与地方执行的“开仓济贫”往往打击面过大，侵犯了中农与工商业者的利益。但是，军队和地方协力工作，毕竟给广大群众以获得土地的希望，为建设根据地和准备大战役的战场打下了基础。野战军因匆忙分兵外线出击雨季行军而疲病减员，此时也得到大批兵员物资的补充，恢复了体力，并减轻了老解放区的负担。这些，为嗣后的一系列胜利的战役增添了有利因素。

第三，是加强了组织建设，调整了关系，更有力地支援了战争。陈、粟率部到豫皖苏不久，即明确“以实行土改和建设财粮为中心任务”，并抽派刘瑞龙、杨一辰、向明等重要党政财经干部到豫皖苏工作，加强和建立了以吴芝圃、张国华为首的豫皖苏区党委、政府和军区。到11月初已建立了25个县政府、6个专员公署。把陇海路南20至30里一带地区划归路北的冀鲁豫统管，以求统一陇海路的破袭与开辟。特别是与薄一波为首的邯郸（晋冀鲁豫）局建立了关系，使陈粟大军得到强大的支援。从此，陈粟大军的补充除大量取给于敌方外，炮弹、医药仍主要取给于山东，而粮食、兵员、民工、被服与经费，主要来自晋冀鲁豫。

陈毅于1947年11月上旬离开华野司令部（当时陇海铁路的大破击已布置好，即将全线展开）去邯郸，就是去和薄一波等商讨大军的供应的。

1947年11月上旬到1948年1月上旬，整两个月的时间，陈毅一直在途中，乘坐着七十四师已故师长张灵甫的黑皮篷黑喷漆的军用吉普，后面还挂了个拖斗（内铺卧具，夜间行车时可睡觉），带着一辆工作人员警卫人员乘坐的大卡车，在黄河南北简陋公路的尘灰中颠簸。他们从九女集启程，经华野指挥部的后方机关驻地朝城，再经阳谷、聊城、惠民，16日听康生汇报山东情况，18日重新上路，经临清、威县、永年到邯郸市。出邯郸进入山区，于11月24日黄昏到达晋冀鲁豫中央局所在地冶陶。薄一波等热情接待，打着马灯亲自郊迎。商谈时，陈毅考虑到晋冀鲁豫要供给刘邓、陈谢、陈粟，有时还要供应西北野战军，困难很大，因而代表野战军提出的清单数字不是"狮子大开口"。薄一波也对华野的需要很重视，答应得爽快，于是彼此满意。在冶陶停留时，朱德、刘少奇得知陈毅已到邯郸，打电话要陈毅去西柏坡汇报华东野战军情况。陈毅乃于12月初离邯郸局去中共中央工作委员会（简称"中工委"）。陈毅汇报后，刘少奇、朱德告诉他，中共中央在陕北杨家沟召开十二月会议，早就准备让他去参加，现又来电报邀他即去。于是陈毅遣回了自己的车子。改乘中工委提供的汽车出发，经五台，到代县，然后过雁门关出长城，越管涔山，再入长城，经神池、兴县到黄河。这一段崎岖山路，正逢大雪，一再受阻，多日无法前进，有时改骑马匹，有时还得下马爬山。待到过黄河，经佳县、米脂到达杨家沟时，已是1948年1月7日了，中央十二月

1947年11月下旬的陈毅与晋冀鲁豫区领导人合影（左起：薄一波、宋任穷、陈毅、滕代远）

会议已在12月28日结束。这时中共中央西北局的高干会议（亦即西北野战军前委扩大会）正在召开。1月10日，陈毅应邀向高干会作了华东部队情况的报告。

这一路，陈毅的心情比较复杂，主要是振奋，却也有疑虑。

于全国的战局，他满怀信心，认为胜利在望。11月9日他在给华东随营学校作反攻形势的讲话时，具体分析了各战场的情况，做出判断："照这个趋势下去，战争会很快解决，很快结束；不会到十年、五年，而只要一年、两年至多三年。"这表明，在他到陕北见到毛泽东，听毛泽东谈全国胜利之前，他已经有了正确的预计。

就在这种胜利在望的心情中，他到处被欢迎作报告：邯郸局、晋察冀、晋绥、西北局……他当时"身价"相当高。两年多前中共第七次代表大会上，他作为新四军代军长，他的报告就排在毛、刘、朱、周、彭（德怀，代表八路军）之后，居第六位。这次一路行来，他又是胜军之将——解放战争第一年战果最大的华东野战军的司令员，当然大可言勇了。

他的报告确实与众不同，丰富、深刻而生动。这主要是因为他有20年的实际战争经验和军事理论思考。1927年起他就先后伴随毛泽东、朱德进行史无前例的无产阶级的军事实践和军事理论的探讨。从主力红军的游击性运动战，直到此时的大量歼灭敌人的运动战和攻坚战；从井冈山的军事方针的争论，直到1945年他为朱德起草军事报告提出"毛泽东军事学派"的观念：陈毅确有第一等的优越条件来理论联系亲身实践地谈毛泽东军事思想。

所以陈毅在外地的第一个报告，便是在邯郸局谈毛泽东军事思想。那天是1947年11月25日，听众是土地会议的参加者，听众中还有陈毅的老战友贺怡。陈毅古今中外，引证历史，分析现实，抓住集中优势兵力打歼灭战这个核心，从战略战役战术技术战勤等各方面论证了毛泽东军事思想的学习和运用的伟大意义。如此着重地提出"毛主席的军事思想"、"毛主席的军事学"、"毛主席有关战争理论的问题"，并给予比较系统的阐述，当时是不多见的。

陈毅此后所作的报告都是有关华东野战军自卫战争一年来的情况。陈毅报告中总结得最好的是在战争初期如何"抛出空间，换取时间"，执行诱敌深入，集中绝对优势兵力歼灭敌人有生力量的战略方针。他的论点是唯物辩证的。既要反对保守地方不愿集中的地方主义，又要反对不顾地方坚持的高度集中主义。在集中的进度与程度上，也是既不集中过晚过少，又不宜集中过早过多，要做到兼顾主力歼敌与地方坚持。对于解放区的城市，则是既反对拼命死守，又反对不战就逃，以利消灭敌人，保存自己，并掩护地方撤退和主力集中。在过分性急要求决战的问题上，则既强调战争的长期性，反对拼命主义的决战，又强调每次歼灭战都是部分的决战。执行此方针最要反对的是逃跑主义，因为逃跑主义者还有理论：蒋占区不能坚持，蒋介石比日军有社会基础。所以陈毅与华东领导者们既从行政上阻止逃跑，组织和督促撤逃者回原地坚持斗争，又分析了反动派在共产党的斗争揭露与自身的横行暴虐之下已失去了包括大部分地主富农在内的民心。对毛泽东的歼灭战战略方针的运用执行能作如此全面的分析，只有陈毅、粟裕这样的负战争重任的实践家和战略家才能做到。

此外，陈毅在他的几个报告中有三个很值得注意的要点：一是战役组织实施中采取以强劲主力对敌重兵集团实行纵深楔入，分割包围，并钻隙挖心，打掉其指挥部的战法；二是指出我军战略的先进与战术技术的落后；三是反复强调既要支援战争又要爱护民力，要科学地组织后勤工作。这在山东作战时陈毅就已有联系战略全局的讲话。此次在邯郸，他从薄一波和地方干部那里更多地了解到华北解放区的沉重负担，因而每次报告都要讲到。

这样豪情激越，纵目中华的陈毅，还能有所疑虑吗？陈毅 1947 年一路北上，所见所闻所遇是不能不令人惊动的，以至他在 1948 年元旦到晋绥，觉得有必要把使他惊动和警惕的情况和问题用电报告诉粟裕、陈士榘、唐亮，以免犯右倾的错误。这就是 1948 年 1 月陈毅“对华野部队（粟陈唐）整党的建议”。“建议”中说：“……土地会议后整党放在第一位。整党以来短短的二三个月很快发现在我各级党委内纯良分子甚少，一般为地主富农分子所窃据，或直接间接为地主富农所掌握，至少是地主富农思想处于统治地位。在晋冀鲁豫……一般估计该区 50 万党员至少 20 万应清洗。”

陈毅 1 月的“建议”，显然是受到了当时的一些地区“搬石头”的影响，因而提出的建议就过分强调出身成分，过分强调“组织解决和纪律制裁”。陈、粟部队 1948 年 1、2 月份的“贫雇农当家”等过“左”的做法，和陈毅这份“建议”不会没有关系。这和 1948 年 4 月华野一兵团高干会议反军阀主义开展批评与自我批评，“大会对各种不良倾向作了严格批判，但没有伤一个人，没有处分一个同志”（陈毅总结），恰好成为鲜明的对照。而陈毅 4 月主持高干会议之所以和 1 月判然不同，正是 1948 年 1 月上旬到了杨家沟，受到了中央十二月会议反“左”的启迪，并与毛泽东、周恩来一起“评衡左右费思量”的结果。

陈毅一路的生活也不自在。在雁门关虽有晋绥军区副司令员周士第带一个团前来迎接，但这还是在“村村点火，户户冒烟”的时候，广大地方干部正在被“搬石头”。1948 年 6 月陈毅在宝丰向中原干部传达时回忆说：“有些地方土改整党过左，几个县政府被解散，县长县书记都押起来，以致有几个县饭都吃不到。因为县政府揭了底，打垮了，没有人负责。”“今天是贫雇（农）当权，成立主席团时，选出了一个火夫，一个马夫，一个奶妈。那些部长、厅长、委员、科长都傻了眼。会场里贴着‘贫农席’、‘雇农席’、‘王八蛋席’，入会场时，贫农入贫农席，雇农入雇农席，有些人既非贫农，又非雇农，无处去坐，他们就讲‘你为什么不坐，你们还客气，要整党，要革命，就是革你的命。你们回去把你们所有的表、笔、皮袍，全部集中大礼堂，我们要分浮财！’并且强迫他们去坐‘王八蛋席’。更恶劣的是当奶妈的也不带孩子了，反过来说：‘你给我弄饭吃，现在你要为人民服务’。火夫也不做饭了，‘你们厅长来给我做饭’。马夫也不喂马了，这是彻底的翻身。”

陈毅就是在这样的政治气氛与生活环境中行路的。当时正逢大雪，“雪拥兰关马不前”，陈毅行行止止，除了惕然地写了给粟、陈、唐关于华东部队整党工作的建议之外，又写了《大雪过雁门关》、《神池岢岚道中》：“昨日过雁门，今日越管涔。冽风吹裘薄，积雪照夜明。”

在海拔2400米以上的管涔山区的雪夜，冽风吹得皮大衣也薄如罗缟倒是真的。然而“左”的冰雪能否照明，却属疑问。真正使陈毅心明眼亮、胸襟一畅的，还是杨家沟的晴空。

第二节 “小住杨沟一月长”

陈毅到达杨家沟时，十二月会议已结束了一个星期。中央办公厅安排陈毅住在小招待所。这是一幢平房，紧靠毛泽东、周恩来两家住的那个院子，从雕花门楼出入来往很方便。

毛泽东当即把十二月会议的全部文件和记录交给他看。其中主要的当然是毛泽东所作的报告《目前形势和我们的任务》。陈毅吞读之下，顿觉心胸开朗，急欲一吐肺腑之言。

中央办公厅为替陈毅“接风洗尘”，特地通过贺龙的部队从黄河东边搞了鱼来。有肉有鱼，在当时的陕北算是盛筵了。毛、周、任、彭、贺都出席奉陪。谁料一到席前，陈毅突然大笑道：“这里都是王八蛋席啊！没有一个贫雇农！”众皆愕然。陈毅乃将一路所遇的“左”的现象如实道来。陈毅后来在宝丰向中原干部传达时说：“我到陕北会见毛主席和中央许多同志时，那时他们正在作这个决议（纠正‘左’倾机会主义的决议，后以任弼时讲话形式发表），我也起了一点作用——把沿途所见报告了一番……作了一次新闻记者。”

陈毅“小住杨沟”最有意义的事是和毛泽东促膝长谈，在和毛泽东无拘无束的畅谈中，深入领会十二月会议的精神实质、背景奥妙。陈毅自己已经能够预见一两年、最多三年取得解放全国的胜利，因而与毛泽东大有共同语言。但是听毛泽东详细谈来，却又不能不佩服这位领袖所虑之深，所谋之远。

中国共产党历史上，除了“左”倾盲动、发昏做梦，从来没有说过已可夺取全国胜利，只说局部的胜利。即使在日寇投降之日，毛泽东也是“一则以喜，一则以惧”，正视着强大的国内敌人，不提全国胜利。即使在1946年11月21日，毛、周、刘做出了全国人心向我及“蒋军必败”的判断，做出了可以争取在3至5年之内打倒蒋介石的历史性判断，也还是作了最困难打15年的准备。只有到如今，战争第一年的内线歼灭战方针完全成功，战争第二年的外线出击，把战争负担加到蒋介石身上的战略也已肯定成功，才宣布将要夺得全国胜利。这就显出这一判断的充分有把握和极为慎重。这才是全局驾驭者的风度。

从外线出击以来，一直到1948年元旦在晋绥作长篇报告，陈毅一直在讲反攻，为反攻的真实性和胜利辩护。而毛泽东12月25日的报告开宗明义的最先两句，却是“中国人民的革命战争，现在已经达到了一个转折点。这即是中国人民解放军已经打退了美国走狗蒋介石的数百万反动军队的进攻，并使自己转入了进攻”。“反攻”与“进攻”，一字之差，一般人读来不会注意，陈毅却眼前一亮，立刻想起关于“自卫原则”：“人不犯我，我不犯人，人若犯我，我必犯人”的讨论。当年有的同志主张改为“我必自卫”。毛泽东说“不，一定要‘犯人’”。如今，反攻还可以理解为打到自卫战争爆发前的位置，进攻就不再有限度了。毛泽东交谈中幽默地表示：去年8、9月中央只说反攻，反不过去还可以退回来。现在刘、邓和你们反出去站住了，不会被赶回来了，我们才决心说：进攻。

胜利在望，毛泽东却仍然慎重，即使在党内也只是讲“准备在几年内取得全国的胜利”，具体一点，则估计五年，从1946年7月算起的五年。这主要是为了防止产生速胜论，防止对困难和意外事件估计不足，骄傲轻敌盲动而造成不必要的损失和曲折。仅此一端，也使陈毅感到毛泽东毕竟比自己老练沉稳，因而反倒能使人对胜利信心更足。

对陈毅启示最大的是毛泽东从战略谈胜利的战争理论，陈毅惊叹说“这是古今中外没有人讲过的”。这一内容，后来成为陈毅在宝丰向中原的县团以上干部传达的极为精彩的主要部分。这军事理论的具体阐明，还解决了陈毅他们的一个疑问。陈毅在宝丰传达时说：“我们（华野司令部及六纵）在渤海曾要求一个礼拜的时间做些准备工作，中央不准，连电要我们赶快过河。到聊城后，我们要求停三天，解决给养问题弹药问题，并安置一下伤病员，中央急电催我们过河……当时真是火烧屁股追得紧。现在我们才懂得了这是事关战争成败。”

陈毅他们在山东和豫皖苏时还有一个疑问：为什么中央在1947年夏秋来电常常表扬西北野战军？连同“火烧屁股”催过黄河一起看来，好像中央对华野领导颇有不满，特意抬西北压华东似的。这次陈毅到杨家沟，正好西北野战军召开高干（团以上干部）会议。毛泽东就让陈毅去参加，并作华东野战军情况的报告。陈毅看了前几天的几个报告，先后出席了10次会议，他在西北野战军会议上的报告就和以前的报告有所不同。陈毅真诚地说了西北野战军艰苦奋斗的许多优点，并说“我参加了这次会议，对我帮助也很大”。陈毅回华野后，在4月5日的濮阳团以上干部会议上说：“西北野战军是作战条件最苦的一个野战军，麦面有一年多没有吃到了，小米也很难吃到，主要是吃黑豆，过去是喂马的马料，有时还要吃野菜吃糠。……他们每打一仗每门山炮只准打5发炮弹，迫击炮每门只能配5发到15发炮弹（华东每门山炮过去300发炮弹，每门迫击炮200发，外线出击后炮弹少了。山炮每门150发，迫击炮100发，就感觉不能打仗了），他们听了我的报告，说你们这样大的家务，给我们可以打一年。……西北野战军最苦，特别他们人数不多，炮弹很少，可是面对的敌人只是比华东战场中原战场少一些，一共30多个旅。这次在宜川战役一下歼灭敌人5个旅，创造了西北战场的空前大捷，而且在两年战争中在全国战场也是不多见的大捷。值得我们学习。”

陈毅所说的这些话，对于打仗虽好但纪律不太好、浪费严重而且“身在福中不知福”的华野一兵团来说，针对性无疑是很强的。

从1948年1月18日开始，毛泽东召集了一月中央会议，经常参加开会的有毛泽东、周恩来、任弼时、彭德怀、贺龙、陆定一。在1月18日下午，会议原则通过了毛泽东起草的中央一月决定，发中工委征求意见，准备修改后半公开发表（即《毛泽东选集》第四卷中《关于目前党的政策中的几个重要问题》）。

1月19日下午3时开始，陈毅向会议汇报华东野战军的情况，共讲九个问题，全面而详尽。经过1月20日11时开始的会议，1月21日下午4时开始的会议，才汇报完毕。九个问题为：（一）到山东时期问题；（二）和平时期；（三）执行中央战略方针及经验；（四）战役经验；（五）战术与战斗技术；（六）政治工作；（七）供给卫生工作；（八）部队现状；（九）部队需要解决的问题。

这次汇报的基本内容和一路所作报告相似。但是陈毅有机会把许多问题特别是人事问题摆到中央的桌面上，说明底细，沟通意见，是很大的收获。陈毅的一系列观点和做法，都得到了中央的肯定和理解。

有一个极端机密的战略问题却是不能在会议上谈的，即使是在这样的内层会议上；而只能由极少几个直接有关的，要决策和执行的高级负责人来研究。摆在陈毅面前的，正是一个事关战争全局而又应由他和粟裕全力承担的大问题——向江南作战略跃进的问题。这无疑是毛泽东电召陈毅到陕北，需要面谈的最重要的绝密问题之一。

派野战军主力纵队跃进到江南的方案，最早形成在电文中为1947年7月23日毛泽东亲自为中央拟发的电报，那是作为整个战略反攻全盘计划的一翼加以布置的。这电报命令刘、邓即日南下建立大别山根据地，并预示陈赓兵团8月下旬出豫西建立鄂豫陕根据地，陈（士榘）、唐（亮）来往陇海南北机动。而叶（飞）、陶（勇）两纵出闽浙赣：第一步至鲁西南，第二步至皖西建立临时根据地，第三步相机渡江至皖南建立第二临时根据地，第四步至闽浙赣根据地。电报还规定：两广纵队受叶、陶指挥随行，还考虑组织中共中央东南分局，由邓子恢、张鼎丞、曾山前往主持。

陈、粟对这方案是认真对待的。他们在1947年9月17日向中央报告华野西兵团状况时，在电文中：“如中央最近期内，准备以一、四、六纵队向长江以南出动时，则拟将一、四纵开（黄）河北整补1个月，待机南下，执行新任务。如无此必要，则拟将两纵分到西南方面，执行游击任务，自求整补。”

中央收到此电后五天，经研究，由军委副主席、总参谋长周恩来亲拟复电：“……半年内，不拟派一、四纵去江南……”

半年以后又将如何呢？1947年10月15日毛泽东在给陈、粟的电报中指示：“战局可能发展得快，6个月内（10月至3月）你们各纵在河淮之间作战……6个月后（约在明年4月）你们需准备以一个或两个纵队出皖浙赣（不是去浙赣）边区，那时拟以刘、邓方面派一个、两个纵队，出湘鄂赣边区。”“哪些可以实行，哪些与情况不符，不能实行，表示你们具体意见。”

11月20日，陈、粟向中央军委发报，如实汇报了部队进入豫皖苏情况：部队南下后，脱离后方，无休息整顿，连续作战，艰苦疲劳，情绪受影响。打了几个胜仗后逐渐好转。但部队水土不服，患南方疾病多，且缺乏药物治疗，伤病员安置无安全保障等困难，严重存在，从而影响指战员决心与信心。有的部队风闻要南渡长江，也有不安心现地工作的。

毛泽东在8天后复电粟裕，并转告（预计已首途去邯郸的）陈毅："……在明年8月以前，不准备派主力部队渡江，各部均要在现地安心工作与作战，仅准备在明年8月以后，派一部分部队渡江南进，究派何部，临时决定。"

正当此时，刘、邓已直捣长江边的望江地区，控制长江北岸300余里。蒋介石害怕解放军渡江，立即宣布从九江至汉口各口岸同时戒严，派海军总司令桂永清，亲率军舰至九江组织护航。又令国防部长白崇禧立即成立"国防部九江指挥部"，统揽豫、皖、赣、湘、鄂五省军政大权，搞"总体战"，并指挥33个旅，加紧对大别山的"围剿"，以防解放军渡江，并争夺大别山，保住中原。

战略进攻形势很好，但斗争尖锐。中原有国民党五军、十八军等蒋系头等主力，七军、四十八军等桂系精悍主力，逐鹿甚难。此时，似乎急需派一精锐兵团再次向长江以南作战略跃进，牵动和改变全国战局。

此次一路去陕北，陈毅已得到毛泽东电示"8月以后派一部分部队渡江南进"，便在他所到之处的报告中一再说到"今年到一定时期，我们组织强大的兵团渡江过长江"，"秋天大进军到长江以南"（陈毅在晋绥的报告）；甚至带着些理想色彩地说："今年秋天能组织100万兵力渡过长江，今年就能结束战争"（陈毅在晋冀鲁豫军区的报告）。

可见，陈毅是热烈主张把解放战争第三年（1948年7月中旬起）上半年战略重点放在跃进江南的行动上的。

这样，陈毅在毛泽东与他密商这重大问题时，当然会由衷地赞成渡江跃进的方针。

1948年1月27日，中央军委给粟裕发出电报指示：

"关于由你统率叶、王、陶三纵渡江南进执行宽大机动任务问题，我们与陈毅同志研究有三个方案"，在具体地叙述了三个方案的渡江地点、时间并作了分析之后，电报说："以上三案各有优劣，请你熟筹见复。至于你率三纵渡江以后势将迫使敌人改变部署可能吸引敌20至30个旅回防江南。你们以七八万人之兵力去江南，先在湖南、江西两省周旋半年至一年之久，沿途兜圈子，应使休息时间多于行军作战时间，以跃进方式分几个阶段到达闽浙赣，使敌人完全处于被动应付地位防不胜防疲于奔命。渡江地点似以钜砂、宜昌附近，宜都、江陵附近，石首、监利附近，此地渡口进入湘西为较宜。由洪湖、沔阳地区渡江至鄂南，敌似更不及料，亦可考虑。

此事只先由前委几个同志及叶、王、陶作极机密讨论，不让他人知道。"

这个电报发出后，陈毅原打算在2月1日离杨家沟东返，但粟裕的复电在1

月 31 日就出乎预料之快地来到了，于是陈毅又留几天参加研究和布置。

粟裕的电报说已与陈、唐详细研究，并把叶、王、陶三个纵队的现状详细作了报告，感到无论在兵员补充、干部选配、物资装备等均很不足，特别是部队的整党整军、思想工作方面都还很差，均需时间，所以最近即行出动比较困难。因此建议两个方案：一是即将叶、王、陶纵调到陇海路附近继续休整一个半月，到 3 月下旬出动；二是叶、王、陶纵仍照目前部署南下参加一二个战役，3 月中旬起休整一个半月或两个月，到 5 月中旬出动。

粟裕还建议：将目前在中原的三支野战军由刘、邓统一指挥，采取忽集忽散（要有突然性）的战法，于三个地区寻机歼敌，争取在短期内打几个歼灭战，取得较大胜利。如果我军再能在数量及技术上对敌人取得优势，则战局的发展可以急转直下，也将推进政治局势的迅速变化。①

对于渡江路线，粟裕提出两个方案：

一是由武汉以西渡江，好处是江面狭小，易于渡过，易于阻击蒋军兵舰，缺点是到闽浙赣远，一路去要减员一半。

二是从湖口当涂之间甚或南京至江阴之间采取宽正面的分路与分梯队的偷渡，缺点是江面宽防御严，好处是江南江北我群众基础好，叶、王、陶纵的干部熟悉，渡江后主力向浙赣沿线及闽赣腹地挺进亦可调动敌人。

中央军委接电后就和陈毅一起深入研究。显然，从调动中原敌军主力去江南的意图考虑，向蒋介石的要害地区出击是最有效的。整整一天半后，中央军委 2 月 1 日午夜复电粟，并致刘、邓及饶、邓（子恢）：

“1 月 31 日午电悉。

“1．完全同意第一方案叶、王、陶三纵队即开陇海线附近再休整一个半月下旬出动。三万新兵中以两万补充叶、王、陶三纵。渡江路线争取走湖口当涂间及南京江阴之间。渡江方法采宽正面分路及分梯队偷渡。望加紧布置水上及两岸工作。

“2．三、八、十、十一等四纵集中配合刘邓、陈谢两军，由刘、邓统一指挥采忽集忽分战法机动歼敌……”

电报并说：“陈（毅）日内动身东返。”

为了及时调动敌人，减轻大别山的负担，毛泽东还和陈毅联名给华东局发去一个电报：“现在南线最紧，战场仍在大别山。”要华东局考虑：许世友仍留山东，由韦国清率部南下苏北，开辟一个重要战场，调动敌在大别山的部分兵力东移。

1948 年 2 月 2 日，中央办公厅为陈毅饯行。

当时，毛泽东亲笔写了一个手令面交陈毅。手令内容是任命陈毅为东南野战军司令员兼政治委员，粟裕为东南野战军副司令员兼副政治委员，又兼东南野战军第一兵团司令员兼政治委员，叶飞为东南野战军第一兵团副司令员兼副政治委员（第二兵团领导干部名单另定）。粟裕为中共中央东南分局书记，金明为副书记。

---

① 粟裕在探讨渡江问题时插入这样一段，正好表明他对战略重点应放在“歼敌主力于长江以北”的倾向。

这样，渡江跃进的战略方针和方案就正式确定下来。

毛泽东显然对陈毅在思想、路线、方针、政策方面的表现很感满意，故委派陈毅在归途中有向中共中央后方委员会（简称“中央后委”）、晋察冀、中工委、华东局、邯郸（晋冀鲁豫）局传达中央十二月会议及一月会议的精神的任务。毛泽东特意说明：十二月会议反“左”，中央不打算以中央文件形式发表，而是以任弼时讲话形式发表，这是为了保护土改的积极性，不致造成泼冷水。但党内的传达仍很重要。

毛泽东还说：“这些日子我们已经谈得很多了，你们作战是可以放心的，从山东转入外线前的几个仗没有打好，不伤大体。别的没有什么大问题，今后要讲究政策，整顿纪律，各级干部要重视政策，不要胡来。回去代我问候同志们好，问候华东部队全体指战员好！”

2 月 4 日，陈毅东返。

陈毅在杨家沟整整住了一个月，“小住杨沟一月长，评衡‘左’右费思量。”收获很大。

陈毅经过中央后委，作了几天停留。“我过三交，参加后委会议，传达了中央的指示，有王明、谢（觉哉）吴（玉章）老、赵林参加。他们中后委同意毛主席和中央的意见和指示。……对贸易、过左、贯彻土改等问题，已根据中央会议精神有新的部署……”这是陈毅到达晋察冀后在 2 月 21 日给中央写的报告。下文就是他参与协调内部关系的一些情况和进展，以及他“经过调查后”提出的意见。他的意见还能为一些领导干部所接受。据陪同邓颖超在三交的周恩来的卫士长成元功说：幸亏陈毅来传达了中央指示，不然许多搞土改的干部继续挨整，就被打得一塌糊涂了。

陈毅路过兴县时，更是喜气洋洋。同样是晋绥军区副司令员周士第带部队来接，但地方的气氛不同了。“左”的寒气开始消退，干部们和群众一同活跃起来。当时正届阴历戊子年春节（大年初一是 2 月 10 日）。当地有过年娶亲、一场酒筵办两件事的风俗，沿途处处挂灯结彩、唢呐笙箫。

第三节　大动作

陈毅本当一处一处去传达。但是中共中央工委决定在 3 月召开重要会议，陈毅便可在会上一并传达。这次会议是个大动作。华东、晋察冀、晋冀鲁豫三个中央局的负责人饶漱石、聂荣臻、薄一波，以及滕代远、廖鲁言、黄敬、蔡树藩、康生等都参加。已到邯郸休养的李先念就代表中原局到会。中工委刘少奇、朱德、董必武、柯庆施等出席。这次会议要研究晋察冀和晋冀鲁豫两大战略区合并为华北区，准备成立华北人民政府，这将是中华人民共和国政府的雏形；还要讨论中国社会各阶级分析的草案，这更是带有政纲性质的文件。会议意义重大。

陈毅给会议带来中央十二月会议、一月会议的精神和毛泽东的许多重要指示，非常及时。3月2日，会议的第一天，在刘少奇主持下，陈毅作了详尽的传达。

陈毅的传达既集中突出地讲透了两个主要问题，胜利与反“左”；又讲得全面妥当。这正是“评衡左右费思量”的结果，更反映他此时和毛泽东的思想更为一致。陈毅说：1947年9月土地会议决定整顿队伍，通过土地法大纲及其后的轰轰烈烈的运动，正是中国革命的主流。这样一整，面目为之一新，彻底地反掉了右，必须依靠这一主流正派，才能达到革命的胜利。中央无论如何支持这一主流。但主流东向中引起三个浪花。一是侵犯中农，二是对中小资产阶级采取冒险，三是踢开三三制（指不再要党外人士参加政权）。晋绥蔡家崖共90多户定了21户地主、富农，而且不让中农参加农代会。毛泽东说：“这在我看来真是惊心动魄！”我们只有两个朋友——中小资产阶级及中农，对中农如此，这就是根本“左”的表现。土改整党是主流向东，保障胜利。但是三个浪花不堵就会泛滥，妨碍主流的前进。陈毅特别强调了毛泽东的名言，我们不怕美援，只怕“左援”。对于蒋政权，美援已被证明是无法挽救其灭亡的；但是如果我们自己一任“左”的错误泛滥，失去民心，那倒是对蒋介石最有力的援助。

从陈毅的传达中，还可听到毛泽东和陈毅研究新区土改的声音，从而透露了毛泽东的根据不同地区，采取不同土改办法的思想；在新区可先实行减租减息。“过去我们的减租减息是争取了地、富的左翼，中立了地、富之一部，打击了地、富之右翼。减租减息之妙即在于此。这一经验即应拿到新区中去应用，一定有成绩。”后来，在1948年5月25日正式发布的《中共中央关于1948年土地改革工作和整党工作的指示》中，就向全党明确了新解放区先不搞土地改革而先实行减租减息的政策。全国解放后，这一政策便普遍适用于大半个中国。

陈毅在关于军事问题的传达中谈了四个问题。耐人寻味的是这四个问题都是他自己和华东野战军其他领导人已经提出或开始解决的：

第一是今后作战中对于几个军的集团进攻及对于重点设防的城市如何打。陈毅在去陕北一路的四个报告中都介绍了华野打破敌重兵集团进攻的经验。在给中央的汇报中也作了分析。

第二是军队在营以上各级成立党委，恢复古田会议的党的领导制度，实行党委统一领导下的首长分工负责制。陈毅在西北野战军高干会议的报告中就介绍了华野“最近我们恢复了党委会”的经验。

第三是加强政治工作，进行土改政策、城市政策、军事政策教育，加强部队政策观念和纪律性，担负起战斗队兼工作队的任务。

第四是后勤工作建设，需要有战争观念与群众观点之结合，亦即支前与生产之结合。

后两个问题也是陈毅几个月来反复演讲和汇报的。从这里可以看出，陈毅向中央汇报的情况、经验和问题，已经交融汇合到中央军委的指导思想中去了。

这一次在中工委召开的三月会议上的传达是向全党的很大一部分阐述中央有关全国胜利的政治纲领。同样的内容将更详细生动地传达到解放战争最前线的中原。担负这样的使命发挥这样的作用，在陈毅一生中也是极少有的。

中工委会议从 3 月 2 日到 3 月 27 日。陈毅于 4 月初回到已在黄河北岸濮阳的华东野战军司令部。这时，一个重要会议已在濮阳召开。

这个会议正式称为中共华东野战军前委扩大会，但也称为一、四、六纵队高干会议，一兵团高干会议。“从 3 月起至 5 月底止”，包括兵团纵队联席会议 24 天，各纵队与师的联席会议 12 天，在陈毅作了初步总结后大家又在团以上干部会上分头讨论政策，直到 5 月 29 日正式通过陈毅起草的《华野前委扩大会对第一兵团部队工作展开反军阀主义倾向的决议》。

这在华东野战军也是一个前所未有的大动作。这是华野一兵团一次划时代的思想整顿。

一、四、六纵队解放战争以来连打大胜仗，缴获大，俘虏多，受表扬歌颂多。部队的战士大部分已是解放成分，而各级指挥员的骄傲自满有所发展。部队行军相遇互问，“哪一部分？”“七战七捷！”“天下第一团！”加以对纪律问题疏忽，战斗频繁，没有时间整顿干部思想，部队中破坏纪律、山头主义、宗派主义、本位主义、贪污浪费的倾向愈趋严重。一、四纵队从鲁南突围后雨季跋涉鲁西南，某些村子群众骂有的部队是“三子部队”（一到宿营地就抢房子、打枣子、抓鸡子）。陈毅报告形容地方控告信“如雪片飞来”。陈毅 1948 年 1 月从晋绥写给华野的整党工作的建议也指出整顿思想整顿纪律，过去虽一再进行“仅仅涉及皮毛”、“未达到根本纠正”，因而建议“以 2 个月亖 3 个月进行整党工作”。

中央军委对此也极为关切，特别因为一兵团即将南渡长江进行无后方作战，政策纪律执行得好坏，关系部队生死存亡。军委 1948 年 3 月 12 日指示华野一兵团各纵队应严格整饬纪律。“必须进行一番普遍深入的教育，严格整饬，做出决定，使各级领导干部及各级党委直到支部认识此问题的严重性，必须负起责任，教育和领导全体指战员保证出动后不仅在作战上而且在执行党的一切政策上树立人民解放军的模范。”

陈毅 1 月写建议时，受当时地方上整党工作的影响，强调的是“进行挖根工作”，“集中力量打击地富思想及其代表分子”，“月组织解决和纪律制裁”。而 3 月份开始整训和开会时，却已明确主题是反对军阀主义倾向，“使用自我批评的武器”，“把政治民主运动发展了一步”。这充分说明这次会议的方针正确，而且具有很高的建军思想水平。

中国共产党内很少有人像陈毅那么清楚：人民军队建军之初就和军阀主义的影响作深刻的斗争。在中国，资产阶级军事路线，准确地说就是封建买办资产阶级的军阀主义路线。在中共中央的正确领导下，当前部队中并没有军阀主义倾向的代表人物，但是军阀主义倾向的影响却在军民、军地、官兵、上下级、同级、军政以及前后方等关系中或多或少地普遍存在。抓住反对军阀主义倾向来整顿军队的共产党组织，是抓对了。而由陈毅来传达这次到中央的有关情况和意见（4 月 5 日），并作内容丰富的总结，起草决议，也是最为适当和有效的。

陈毅的总结中最值得注意的是他对军队中党委领导的论述。从红四军“七大”开始到中央“九月来信”，到古田会议决议，关于党在军队中的领导体制和领导作风，陈毅和毛泽东、周恩来、朱德、李立三等反复争论、探讨，互补短长，而以毛泽东的思想为主形成了古田会议决议。陈毅竭诚拥护党对军队的绝对领导以及党委集体领导下的首长分工负责，他此后曾一再宣传论述。但古田会议决议并没有特别注意防止党内家长制的严重化。经过红四方面军及新四军的历史教训，陈毅对于党委书记的地位、作用和作风有了更深入具体的认识。他在这次总结中（在华东野战军普遍恢复了党委领导的情况下），用三千多字的篇幅来全面地、充满辩证精神地分析了党委领导（决议中也写了近千字）。特别是对党委书记，他写了“不要认为非通过我的意见不可，那样就会变成党内家长制”。“不要什么事都要照自己的意见办，更不要以为不照自己意见办事就是反党”。他同时也充分论述了党委内部“自觉培养一个中心”的重要性和党委书记坚持自己的正确的原则性意见并善于吸收意见的重要性。才从毛泽东那里回来的陈毅，态度鲜明地提出“党内家长制”的问题，正好说明当时以毛泽东为中心的党中央，其政治生活是正常的。的确，在处理粟裕对渡江战略的不同意见时，毛泽东充分表现了最高水平的军事民主。

在举行前委扩大会的同时，粟裕个人采取了一个大动作，一个最终把 1948 年的南线作战重点从渡江跃进完全转为“歼敌主力于长江以北”的大动作。

中央军委对一兵团渡长江跃进江南的战略行动是十分重视的。1948 年 2 月下旬，决定一兵团开赴黄河以北濮阳地区休整补充两三个月，以免在黄河以南鲁西南地区休整要受国民党主力整编第五师等部的袭扰，并决定晋冀鲁豫十一纵和华野十纵掩护后方拨给的大量新战士到达后留在平汉路以东机动作战，以掩护一兵团整训。这样，粟裕才能率一兵团在濮阳地区热火朝天地作各种准备，华野前委才得以从 3 月到 5 月召开前委扩大会反对军阀主义倾向，进行空前的思想整顿。

4 月 4 日，中央军委直接发电报给东南分局的领导人粟裕、金明、叶飞，要求一、四、六纵队休整到 5 月 15 日为止，5 月 15 日以后，部队出动南下。中央军委并且指示中野：“你们新行动方向是豫西南、鄂西、豫西北及整个汉水流域，歼灭分散之敌，调动平汉线以东之敌向平汉线以西，以利粟兵团行动。”

毛泽东是非常钟爱渡江跃进的战略计划的，且有军事理论的分析。后来陈毅在 5 月 14 日向华野干部传达毛泽东对时局与工作方针的报告时曾阐明：毛泽东的战略先是内线歼敌，再就是转入外线作战。毛泽东认为，“转入外线又有两个方式，一为北伐军方式，背靠后方，逐步前进；一为跃进方式的前进，超越敌人。有阵地的前进是很合理想的，但依据我军性格，应采取跃进式的。这是由于我军依靠农村，装备不如敌，攻坚条件不好，与有帝国主义援助的敌人作战等条件决定的。应承认跃进是主要办法，要避开自己短处，发挥自己长处。”

的确，毛泽东的这种跃进方式，在刘邓大军千里跃进大别山的战略壮举中获得了伟大的成功。以此为主要的一击，使全国解放区的形势大大改观，各战场的胜利大大发展，以致扭转了蒋介石的反革命的车轮，使之走向灭亡。1948 年的渡江跃进，则预期必将促使蒋介石统治迅速走向崩溃。

这样有理论阐明有实践依据的布置周详的重大战略决策，由中共中央和中央军委的主席亲自主持，并经和陈毅、粟裕反复商议，最后同意了粟裕自己提出的具体实施方案的战略行动，还可能对之持异议吗？

然而粟裕在两个月中逐渐对渡江跃进的利害做出了一系列新的分析判断。

这主要在于他对部队与作战无比熟悉。这是长期持续对部队实行全局性实兵指挥的粟裕过人的优长。一兵团的三个纵队，和华野其他主力一样，经过近两年胜利的解放战争，已逐渐成为火力装备不下于蒋军头等主力的部队。今后要攻克敌重点设防的城市，必须有这种部队，在野战中，与迅速构成防御阵地的蒋军作战，也需要强大火力才能迅速有效地大量歼敌，并需要大兵团协同作战才能歼灭旅、师以至兵团建制的敌军（而解放战争作战基本经验正是只有成建制地歼灭敌军主力，才是决定战争胜负的第一要旨）。这样的部队和作战，对战争的贡献极大，而消耗粮食、弹药、兵员及其他战争物资也极大。这些虽可以部分地取给于敌方敌区，事实上也确实做到了，但其大部还是需要取给于解放区的后方。刘邓、陈粟、陈谢三军，目前实际上是半后方作战，还是在相当大的程度上依靠晋冀鲁豫和山东的支援，才能逐鹿中原，争取在统一指挥协同作战中打大歼灭战。粟裕 1948 年 1 月 31 日复中央电中的有关段落，充分说明他对于三军配合打几个大歼灭战是有信心有把握的。

粟裕还有二十多年的作战经历，积聚的经验教训很丰富。他担任参谋长的红十军团的覆灭，他担任司令员兼政委的苏浙军区部队天目山作战的绝粮，以及刘、邓跃进大别山几乎丢弃全部重装备，使他明白十余万人跃进长江以南作完全没有后方的作战，必然会丢弃全部重装备；减员一半（伤亡、伤员无法收容与归队、逃亡失散）；火力减弱与伤员、弹药的极大困难使指挥员难以捕捉战机和坚持歼敌；粮食严重困难和“与民争食”使大部队（不是小游击队）难以立足。

粟裕了解敌人。解放军以一个兵团渡江，蒋介石不会调整编第五师、整编第十一师等机械化重装备的主力部队，放弃重武器到江南水网地区寻解放军作战，也不会让战斗力很强的广西部队第七军、第四十八军回江南，以免“放虎归山”。如此，则调动中原敌军到江南的意图只可能做到调动若干二三等部队，于大局没有决定作用。

陈毅传达中说到，中央的意图是“变江南为中原，变中原为华北，胜利就来了”。粟裕却感到若不能在中原先打几个歼灭战，大量消灭敌主力，就急忙跃进江南，则江南在无后方的半游击性作战中，未必能迅速变成半后方大兵团作战的中原，而中原敌人能够重点防御、机动增援，在解放军分兵江南主力削弱的情况下，也不大可能迅速变成巩固的华北。跃进大别山和中原，确实是避我之短扬我之长。而跃进江南，对一兵团这样一个于重装备运用已很熟练，围歼敌人能力很强的部队来说，却反是丢弃其所长。把跃进江南，边打边走，要付出的 5 万人的损失用在中原作战，完全可能消灭蒋军好几个整编师。减轻老解放区负担，避免后方崩溃的战略任务既已由于出击中原而完成，就没有必要放弃集中主力在中原歼敌的机会而急于跃进江南。

在扩大会的间隙，粟裕把自己的想法向陈毅作了汇报。

陈毅大感意外。这种改变中央战略方针而牵动全局的意见，其严重性是显而易见的。亲身参与这一战略方案的制定并和毛泽东的军事性格相当一致的陈毅一时难以接受。但是，一次次促膝交谈使陈毅进入深思。以善下快棋著称的陈毅，几天之内，常常举棋不定，心不在“马”。

陈毅的军事想象力虽丰富，他却也有很具体的实践经验，足以体会粟裕的深思。1940 年 5 月 2 日他不是早就和粟裕联名致电中央反对项英“长征闽浙”、并列举了好几个无后方的长征作战损失严重的历史事实吗？1947 年 7 月华野匆促分兵，雨季行军作战，远离后方的几个纵队每纵损失数千人至万余人，内线作战的纵队却因兵力不足而南麻、临朐均未得手，这些事实更在眼前。而集中 2 个以上的战略单位的兵力，在强有力的统一指挥下，能较前成倍地歼灭敌军，不是在 1946 年秋天起就在陈毅力主之下以宿北、鲁南、莱芜、孟良崮的辉煌胜利作了证明吗？

陈毅是个善于坚持自己意见也善于放弃自己意见以服从事实服从真理的人。他开始被说服，并欣赏起粟裕的这种置个人得失于不顾、大胆直陈的勇气来。陈毅明确表示：粟裕的建议很重要，他鼓励粟裕向党中央和毛主席报告。

粟裕的思虑特别周密。他首先向刘、邓报告，他深知刘、邓意见及其支持的重要性。4 月 16 日，他以长近 1300 字的电报把意见陈述给刘、邓。“请钧座予指正”。

4 月 18 日，粟裕又以个人名义向“中工委并请转中央军委”发出电报，电报首先说明经陈毅等“鼓励勇气”，才“斗胆直呈”。电文长近 3000 字，除上述意见外，更增加了对淮河到长江间派出数路强有力的游击兵团，对江南苏浙皖赣闽及湘黔派出多路坚强的远殖游击队等具体意见。同时，还说明“我们对南渡准备仍积极进行，决不松懈”。

同日，如所期望的，刘、邓发电报给军委及陈、粟，表示：“照现在的情况看来，我们担心的是过江很少把握。”“如果过江与自身准备尚不充分，则以迟出几个月为好（先派多支小部队去）”，“如果粟部迟出，加入中原作战，争取在半后方作战情况下多歼灭些敌人，而后再出，亦属稳妥，亦可打开中原战局。”

刘、邓十分敏锐，在两天后，召集陈士榘、唐亮、陈赓等商讨作战时，进一步明确：敌目前在淮河以北机动作战者为 9 个师，而我方野战部队为 20 万人，如果粟兵团加入中原作战则为 28 万人，实力可大大超过敌人。如能寻机歼敌两三个师，即可完全掌握主动。

毛泽东 1948 年 4 月 13 日深夜，到达晋察冀军区所在地——河北省阜平县城南庄。

还在东行途中，毛泽东已电告中工委，要通知陈毅、粟裕到中央来研究战略行动问题。

毛泽东收到粟裕的电报后，亲自拟电文："为商量行动问题"，请陈、粟于4月25日至4月31日数日内，同来平山中工委开会。4月21日发出此电。

陈毅当时正主持华野一兵团高干会议反军阀主义倾向，要作报告，并组织下一步的政策讨论。事关华野全部队，不能无人主持，故陈、粟于4月22日急电中央，请求由粟裕于4月24日作完报告后即北来，陈毅不北上。

但是中央军委于同日（22日）电陈、粟："请你们两人提前于卯感（4月27日）赶到中工委会晤。"

于是，陈毅、粟裕于23日电复中央："拟于明晚及后天白天作一天半报告，传达中央指示及政策，并布置分组讨论，使会议不间断。我们两人于有（25日）晚即动身北来。"

陈毅并不知道此次毛泽东一定要他去，还因为要调动他的工作。他也不知道中原对他的"企图"。

早在1948年2月，刘、邓鉴于中原广大地区的财政经济问题严重，如豫皖苏地区，"至今毫无建树，也没有干部，对今后大军供应已无办法。而沙河北岸已有灾民200余万。"国民党的"法币"不断贬值，而解放区发行的钞票与"法币"的比值还不断下降，农民损失惨重。部队的供给纷乱，浪费严重。如不迅速纠正，"则军队供应与人民生活均将产生严重危机。"因此，刘、邓希望中共中央调一位对土地改革与财经工作富有经验的大员到中原。"建议邓子恢同志统一主持中原各区、首先是三部分野战军的财经事宜。"并于4月2日再度报中央并致

陈毅与出席阜平城南庄会议的部分领导人留影（左起：薄一波、蔡树藩、李先念、粟裕、彭真、朱德、陈毅、聂荣臻）

陈、粟："仍切望子恢同志来加强中原局领导，主持地方工作和财经工作。"

在得知毛泽东已到阜平，陈毅已回华野，特别是他们自己同意了粟裕率部迟出留中原作战的建议后，刘、邓来了一相应的大动作：发电中央请调陈毅到中原工作。刘、邓称：中原局辖区甚大，领导力量极嫌薄弱，三部分野战军在 20 万人以上，如粟裕迟出，则达 30 万。军区武装约为 20 万人，亦须统一指挥及供应。因此，建议:(一)以陈毅同志为中原局第一副书记。(二)组织中原军区。刘、邓对陈毅到中原后的军职，提出三个方案：(一)以陈毅为中原军区副司令员兼中原野战军司令员；(二)陈毅为军区与野战军第二政委；(三)陈毅作军区第二政委兼野战军政委。刘、邓还建议："不管哪种形式，陈毅同志华野职务不变。"

在此电报中，刘、邓还表示：小平必以极大精力主持党政，刘、陈主持军事，子恢能来任第二副书记颇好，主持运购，对许多困难问题更易解决。

毛泽东接到电报后立即批示："朱、刘、周与陈、粟、薄(一波)、李(先念)商复。"中央也电告刘、邓："陈、粟二人日内可到阜平和我们会商行动问题及你们提出的中原机构组织问题。"

毛泽东、周恩来、刘少奇、朱德：任弼时会合一起，中央会议有许多重大问题要研究。如关于召开人民代表大会并成立临时中央政府问题，关于在今年冬季召开二中全会问题……华野一兵团的行动问题也列在议程。讨论时，陈、粟、薄、李参加。

敢于实事求是地提出与中央战略行动方案不同意见的将领是大智大勇的，而善于实事求是地采纳部属不同意见的最高统帅更是大智大勇的。毛泽东采纳了粟裕的意见，正说明当时党内军内的高度民主。这是革命战争得以迅速胜利的重要保证。

会议在倾听粟裕的意见后，决定：华野应继续依托中原、华东两解放区，会同中野作战；同意一兵团在整训结束以后 4 到 8 个月内，暂不向江南作战略机动，先加入中原作战，以便集中力量，歼灭敌人，粉碎敌人在中原的防御体系。5 月 5 日，中央把这一决定电告了刘、邓和华东局。在讨论的过程中，刘、邓向中央表示支持粟裕意见的 4 月 18 日电当然也起了作用。后来，彭德怀曾在 5 月 21 日电毛泽东对全军各战场的作战提出建议，其中指出：从目前情况看，粟裕部按原计划渡江问题值得考虑。不如先不渡江，而集中五六个纵队出中原作战以求打开豫鄂皖局面。

经过后来战役的实践，证明"歼敌主力于长江以北"是更有利的。而渡江也就成为"百万雄师"从江阴到武汉全线渡江了。

关于陈毅调中原的问题，中共中央也已开始研究。在征求意见的过程中，粟裕向毛泽东力陈"华东离不开陈军长"。刘、邓则在 5 月 5 日又一次致电中央：中原局面太大，情况复杂。现在中原局的能力实难胜任……因此再作如下建议：

(一)请彭真同志任第一书记，陈毅、小平分任第二、第三书记。

(二)陈毅兼军区第二司令员兼野战军司令员。

(三)粟裕如暂留中原，则兼军区副司令员及野战军副司令员。

正是此时，中央会议已基本确定了中原的干部配备。等到会议结束，5 月 9 日，中央、军委才给刘、邓复示，慰勉有加：

"在中央会议上，陈、粟、先念关于中原情况均有详细报告。一年来，你们率先深入敌区，展开全国进攻的胜利局势，虽部队本身稍有削弱，但艰苦任务的坚决执行，我们正以你们为模范，要求全党全军均向蒋管区，将战争引向更深远的敌后……会议详情，托陈毅同志面告。陈毅大约于辰哿（5 月 20 日）开完一、四、六纵队团以上干部会后，即将偕同子恢经太岳转往豫西与你们会晤……"

同日，中共中央发出《华北、中原两解放区的辖区和人选》的通电。其中对中原的决定如下：

"除华中解放区现辖境地外，凡陇海以南，长江以北，直到川陕边区均属中原解放区。中原中央局以邓小平为第一书记，陈毅为第二书记，邓子恢为第三书记。以刘伯承、邓小平、陈毅、邓子恢、李先念、宋任穷、粟裕、李雪峰、陈赓、张际春、谢富治、刘子久 12 位同志为委员。

"刘伯承为中原军区及中原野战军司令员，邓小平为政委，陈毅为军区及野战军第一副司令员，李先念为军区及野战军第二副司令员。陈毅仍兼华东野战军司令员及政委……"

这是一个很大的动作。从此，南线形成一个指挥中心，中原、华东两大野战军的协同配合进入新的更高的水平。

4、5 月间接连发生的大动作反映着全党全军争取全国胜利的蓬勃生气和巨大努力。

第四节 "军委代表"

新任的中原局第二书记、中原军区和中原野战军第一副司令员陈毅和华东军区、华东野战军代司令员兼代政委粟裕，于 1948 年 5 月 11 日陪同来华东野战军视察工作的朱德总司令到达濮阳。到濮阳的第二天，陈毅就把华野消灭整编七十四师缴获的该师师长张灵甫的勃朗宁手枪和铝合金制折叠桌椅奉赠给总司令（这套桌椅朱德一直保存，直到 1976 年 6 月他逝世前 20 天，才亲自批示捐赠给平山西柏坡革命博物馆展出）。

朱德在濮阳期间，听取了一纵司令员叶飞、六纵司令员王必成、特纵司令员陈锐霆的汇报，并与一兵团的师以上干部逐个谈了话，还先后出席了一兵团直属队的欢迎会、一兵团的团以上干部欢迎大会和一兵团连、排、班及士兵代表会议，都作了讲话和报告。

在团以上干部会上，陈毅作了《向朱总司令员学习》的讲话。朱德作了部队建设和作战问题的报告。报告中最突出的内容是"钓大鱼打五军"。当时华野一兵团最强的对手之一是整编第五师（习惯称为第五军），朱德教导部队用"钓鱼战术"即把钓竿摆来摆去迂回曲折地摆布强敌，使其疲劳而围歼之。

5月18日朱德离濮阳。5月21日，中央军委电促陈毅尽可能迅速和邓子恢及大批干部去中原。但军委随即又来电告陈毅：军委后勤部长杨立三要来濮阳协助精简整顿华野庞大的后方机构，要陈毅、邓子恢等杨立三到达，共同研究好处理方案后，再行西去。

华野后方的问题确实相当复杂，潴集了七万人。其中地富分子、贪污腐化分子、怕死避战分子为数不少。陈毅在杨家沟、西柏坡都作为重要问题向中央作了汇报，自己也初步布置了整顿工作。杨立三于5月25日到达。陈毅、邓子恢和杨立三研究了整顿精简方案，建议杨立三同粟裕到朝城去具体安排。

杨立三临行，陈毅托他把缴获的交直流电两用的收音机一台带去中央送给"恩来、小超"，并附一信说："此美国新出品、许昌战斗缴获品，你们有电灯，利用其开动起来十分好，两夫妇可以在屋内跳舞。"也就是在这信内，却写着："明日即西去，毫无企图留部队之意，并望将来能随军入川。"此信是陈毅5月29日亲笔，"临行清理"在华野的"行李"，铝合金桌椅给了朱德，收音机送与恩来，这轻装"西去"的调子颇有某种抒情意味。

此信周恩来阅后，特意亲笔批转毛、刘、朱、任传阅。他们都圈阅了，不知是谁还在"毫无企图留部队之意"这一句的旁边用毛笔画粗杠一道以示值得重视。

陈毅、邓子恢一行，带着数名随员和精干的警卫部队，乘坐吉普车、救护车和几辆大卡车，在5月30日黄昏出发，经馆陶渡口，过邯郸，越太行山。刘、邓对陈毅、邓子恢的到来非常重视，早已派陈赓率警卫部队专程到太行山南部的晋城迎候。过黄河，到洛阳，又有中野各纵队的负责人齐集到此迎接，并陪同陈毅、邓子恢看了当地著名的豫剧。陈赓还陪同陈毅视察了二十多天前陈谢兵团和华野三、八纵队解放洛阳时战斗最激烈的地区，汇报了对洛阳进行步炮协同攻坚作战的经验。

陈赓的介绍使陈毅对攻坚作战的弹药消耗，特别是炮弹消耗的巨大数字印象更加深刻。陈毅强烈地联想到那没有桥、没有大型渡船、只有人力绞渡的卫河馆陶渡口，在那里他们受阻，陈毅渡过河去，而邓子恢因身体不好乘坐的救护车却迟迟不能过渡。陈毅更强烈地联想到险峻的太行山中那狭窄、崎岖而破烂的公路和公路下时常可见的汽车残骸，这可是华北大后方为前线运输弹药、粮食、被服等的主要交通干线之一啊！按照三部分野战军统一指挥打大歼灭战的战略意图，今后的战役将动辄一二十万人，现在的这种后勤运输条件怎能适应！更多更复杂的后方支前的问题，他从山东起就思考、实践，取得了经验，经过豫皖苏、邯郸、阜平、杨家沟、西柏坡的宣讲、汇报、探讨，如今在陈毅头脑中得到了解决。他充分认识这里主要是"战争经济学"的问题，即在战争中如何兼顾人民生产需要和军队作战需要的战略性问题，在战争中如何讲求经济核算和价值规律的问题，他连夜找曾在日本留学的邓子恢商讨，结果是英雄所见略同。他俩从半夜直谈到凌晨，陈毅决心给中央写一个意见书。非常工于计算的邓子恢赞同："你来起草，我也签名。"

陈毅开始起草电报，题为《支前与生产结合经验介绍》，报中央军委并致华北局。

陈毅从运输问题入手，因为这是耗费民力最大的事。过去军队装备差、人数少，又是分散游击。而今起了基本变化，有些野战军的装备并不亚于精锐蒋军，战争又是高度集中，几十万人在一地作战，粮弹消耗、缴获及伤员之多，史所罕见。但解放军缺乏火车、汽车及交通干线，即使有一部分，也损坏严重，效率很低。军运主要靠马车、牛车、独轮车以至驴驮、担挑，伤员靠担架。解放战争初期是动员临时民夫，但战役连续，常常头一个战役的民夫复员，而后一个战役的民夫未及赶上，造成催逼争吵，影响团结，影响战争。后采用半年为期的常用民夫制，于作战需要较好，耗费民力却更大。名为半年，集中开进、复员回乡，路途中即耗费两个月。一辆小车载粮二百斤，路途远时，推车拉车的人吃粮和送粮不相上下。北方农民不习惯抬担架，一副担架要八个人轮两班抬。再加战争需要急如星火，地方政府只好预作准备，一批民工未回，另一批已集中，有的地区甚至集中几千几万民工待命。由于大批劳力离乡或冻结，严重妨碍生产，出现了毁大车、杀牲口以避出差的现象。陈毅在电报中概述了这些情况，写道："劳民伤财，妨碍生产，莫此为甚，至今思之，极为痛心。"

"主要是部队没有自己的辎重兵编制所致。"因而陈毅在 1947 年夏秋间，即令华野所有部队试行运输兵和担架兵的编制，随队行动，随时调用，熟练本职，必要时可用于作战。如无特殊情况，部队基本上可不再调民工到一、二线使用，相当地节省了民力。这在战争的总成本核算中是很划得来的。陈毅写道："因此，我们建议军委，严令部队建立此种辎重兵编制。"

华东部队在陈毅、邓子恢等的主持下，为减轻人民负担，鼓励群众的积极性，改善军运、军需的质量，已经突破了军事需要无偿征调的框框，试行了运送弹药、伤员、包制军鞋等均用付给报酬的办法，效果很好。过去摊派得来的"拥军鞋"三天就破的现象大为减少。故陈毅建议军委"将此包干制与军鞋定购制普遍施用于各解放区"。

在最易于"竭泽而渔"、厉行"军事共产主义"的阶级大决战时期，陈毅、邓子恢能尊重生产力和价值规律，提倡经济核算，这是难能可贵和发人深省的。

陈毅还建议充分利用缴获的汽车，培训驾驶员。"一辆十轮大卡车相当于三百辆牛车的运输量"，修整公路，分段设公路局，建汽油站、电话站，并及早建立炼油厂，等等。

这份电报，实际上是我军现代化后勤建设的倡议书。发报日期是 1948 年 6 月 12 日。署名：陈毅、邓子恢。

中央和军委于 6 月 24 日联名电复陈毅、邓子恢："……关于支前勤务中建立担架辎重兵编制，采用按劳记工包运制，按件计工定购制及统一管理汽车和公路等建议，甚好。""我们正在计议实施计划，议定后当通令实行。"

在华北的徐向前阅后致电军委："……野战部队组织辎重部队，担架部队很需要，既可省民力，又便于管理。”

不久，全军遵照军委指示，都开始建立辎重部队和担架队；邯郸到洛阳的公路等运输命脉，也组建、修筑，逐步改善。

陈毅、邓子恢一行，于 1948 年 6 月 14 日下午，到达河南省宝丰县西北商酒务地区皂角树村。这是当时中原军区的驻地。刘伯承、邓小平亲自到村外热烈欢迎。陈毅与刘、邓自从 1945 年 8 月 25 日由延安飞抵山西黎城随即分道以来，虽然电报联系、作战配合十分密切，却近两年没有会面。阔别重逢，百事兴隆，他们昼夜畅谈。6 月 17 日起，就由陈毅向中原野战军机关和附近驻军的团以上干部传达中共中央和毛泽东自 1947 年 12 月以来的一系列指示和方针政策。刘、邓给予陈毅最充分的时间，刘伯承介绍陈毅时称他是“军委代表”。此次传达连续进行了整整三天，为近年来陈毅作报告时间最长的一次，报告的内容也最全面、丰富、深刻和生动。传中央之檄，刘、邓给了陈毅发挥其记忆力、理解力、雄辩力的最佳条件。这次传达，对中原广大干部思想和工作的提高是很有裨益的。

陈毅的传达报告中，讲得最为透彻、最有军事理论深度的是和中原野战军关系最密切的外线作战问题。

毛泽东是从战略高度透视这个问题的：“缴获多少这是战役问题、战术问题。自然我们党若不能缴获俘虏大批敌人、马匹、武器，便不能壮大自己。可是，如果死看这一点，就以为满足不去解决战略问题，也是要失败的。战略是能否在战争中掌握主动，是把战争引向什么方向。”

陈毅红军时期就深通毛泽东的战略思想。诱敌深入，放敌人到苏区内部来打，绝不只是布阵伏兵的战役问题，而是人民战争性质的战略问题。敌军强过我军，我军必须加上苏区群众的力量，才能压倒敌人的优势。解放战争第一年也是如此，蒋军在数量、装备、技术上优胜于我，我军采取内线作战，使蒋军陷入人民战争的大海，我军以空间换取敌军的有生力量，掌握着主动，削弱了蒋军，壮大了自己。

但是蒋介石这个人懂得战略。蒋介石的战略方针是无论如何把战争摆到解放区。他懂得把战争引向何方主要是个吃饭问题也就是经济问题。蒋介石把他的蒋管区看守起来不受战争影响，或出得很少；把我们一百多万军队，他的二三百万军队一起堆到解放区，加上民夫，双方五六百万人，吃它三年五载，不愁解放区不垮。你能俘虏他的兵。可是俘虏也要吃你的。小米没有了，棉花没有了，壮丁也没有了。毛主席讲：假使我们不出击，刘、邓在鲁西南打了那样的胜仗，仍旧撤到黄河北休整补充，当然不会有跃进大别山的损失。可是人家就要继续过河。刘、邓不出击，山东的部队也不能够出来。敌人仍在你解放区打，一直打到现在（指 1947 年 12 月底），我们的解放区一定要垮。西北首先要垮台，逼迫我西北的野战军退过黄河。不是敌人厉害，而是没有饭吃。山东也一定不能坚持。关内解放区一垮，就只剩东北了。毛主席讲：“如果照去年八、九月西北和山东的情形，战争能否支持，任何人没有把握。”所以去年七、八月无论如何要转入战略进攻。当时敌人的兵团都摆在黄河边，屁股后面很宽。我们一进攻，敌人被迫来一个大转身，但是来不及，蒋介石手忙脚乱。这对老解放区是一个极大的帮助。军事上转变了战局，政治上稳定了人心，经济上也具有积极的意义，敌人退了，地方安定下来，老百姓都回来开始生产。战争形势就大变了。

陈毅用他从山东到陕北的亲身经历讲述了中国共产党当时的经济危机。最大的问题是经济问题，毛主席当时说：战争的负担放在我们身上，战争一定失败；由蒋介石担负，蒋介石就必然失败。毛主席在给刘、邓的指示中说：蒋介石的反革命战略方针是要把全国战争的负担加到解放区身上，达到彻底破坏解放区的反革命计划。我们的战略就是要尽量破坏蒋介石的战略方针，把战争引向蒋管区，使蒋介石担负全部战争负担，达到解放战争的胜利。这是战略上的胜利，再加上战术上战役上的胜利，我们一定能打胜。如果不考虑战争消耗，不考虑几百万人的吃饭穿衣，就不是战略家——这是古今中外没有人讲过的。毛主席讲了这句话。

陈毅还传达了毛泽东所说有了解放战争第二年战略进攻的伟大胜利才敢讲夺取全国胜利，这是对刘邓大军千里跃进所作的高度评价。陈毅还说：跃进大别山取得的在新区如何建设解放区的全面经验，直到中原局的“六六指示”，对于下一步的战略行动和在全国各地争取作战和建设的胜利，是无价之宝。

在这样高瞻远瞩的战略宏图前面，外线出击的三部分野战军所受的损失就有“一本万利”之感。“我们丢了的是几门大炮，得到的却是整个中国。”有的干部诙谐地说。

这样，陈毅所传达的胜利的前景和第三年的方针：“军队向前进，生产长一寸，加强纪律性”的精神①以及一系列的政策策略，就更显得有理有据，可信可行。

第五节　团结战斗

陈毅一到中原，就加入了解放战争南线的协调和指挥的中枢，和刘、邓一起，在中央军委的统一指挥下组织华东、中原两大野战军协同作战。

5月31日，粟裕率一兵团渡黄河南下。此时，华野的三、八、十纵也逐渐向东靠拢。以歼灭整编第五师为主要目标的大战役正在企划。

为配合华野作战，刘、邓已在6月13日向中野部队下达了襄（阳）樊（城）战役的基本命令。此战展开，必能调动张轸、胡琏两个兵团往西。

粟裕根据敌情变化，筹划了“攻其必救”的豫东战役。即以攻克河南省会开封，迫使五军或其他部队救援再加歼灭。粟裕报军委并刘、陈、邓。军委同意。刘、陈、邓亦同意，并指示战役第一步以歼开封之敌为主，乃决定停止襄樊作战，组织中野主力牵制南面敌人。

华野攻克开封后，继续转兵睢杞以围歼区寿年兵团。蒋介石急令各方增援，除邱清泉的整编第五师、黄百韬的整编第二十五师和胡琏的整编第十八军等主力

---

① 1948年5月14日，陈毅、粟裕致中共华东局，中原局的电报中，曾传达了这三条方针。

驰援，企图以7个兵团之众向华野合击，在豫东决战以“肃清中原”。粟裕切望中野阻击北上之敌。

刘、陈原拟在中野四纵驻地召开团以上干部会，接电后即与邓商定：停开干部会，立即出动6个纵队配合歼灭区兵团。以一部监视十八军，并主动攻击北进之吴兵团。刘、陈、邓并于6月29日组成前进指挥所亲赴前线指挥。

此战确有决战性质。一兵团不渡江而集中兵力歼敌重兵于三大铁路之间四方驰援之地。能否办到，在此一举。而增援敌军有五大主力之二的整编第五师和整编第十一师；还有黄百韬部与桂军，亦属悍将强兵。

华野第三、八、十纵阻击敌邱清泉兵团十分顽强。中野部队对吴绍周兵团进攻，给予重大杀伤，迫使张轸急调十八军折向西平与吴兵团靠拢。接着，中野又于7月5日突然将前进中的胡、吴两兵团割裂，并将吴兵团的一个师和胡兵团的三个师分割于商水地区，有效地迟滞了敌人。直到粟裕来电报告已歼灭区寿年兵团，部队并已北移，刘、陈、邓才率前指返回宝丰。

刘、陈、邓在一起，对中原地区全军的战力了解更全面。豫东激战之时，刘、陈、邓判断可能是打襄樊的更好时机，乃留下主力第六纵队，并作了与桐柏军区部队及陕南第十二旅共同攻取襄樊的部署。就在华野歼灭区寿年兵团部的7月2日，乘蒋军几个野战兵团陷于豫东之际，突然攻占老河口，既而攻击襄樊。7月16日，战役胜利结束，全歼敌2万余人，活捉国民党特务头子、十五绥靖区中将司令官康泽。

豫东与襄樊两战役，不到一个月共歼敌12万余人，坚固设防的大城市再次攻破，成为中原战局转变的关键。两大野战军在一个团结战斗的指挥中枢统一协调下直接配合作战，其优越性和潜力明显可见。只有如此，才能歼灭敌重兵集团。

但是，两大野战军直接配合作战，也不都是凯歌和颂歌。和中野干部们坦荡相处、融洽无间的陈毅，可以听到“不见外”的反映。中野干部谈到华野部队总的来说印象是很好。然而也有一些具体意见。除了说华野西兵团个别部队“骄横”之外，有两点意见特别引起陈毅注意：

一是华野负责人（以“军事观察家”名义）对豫东战役的评论中，对于中野部队在南线牵制胡琏、吴绍周两兵团，在西线牵制郑州敌人的作用未具体提到，显得对中野的作用认识不足。

二是华野参谋长陈士榘在和陈赓一起指挥了洛阳战斗后在中野营以上干部会总结经验之时，很好地强调了火力的配系，但据反映过分夸大了炮火作用。这就会影响部队依赖炮火，炮弹少就信心不足，同时会造成不知节省炮弹的毛病。

陈士榘谈用炮一事，颇有戏剧性。陈士榘对于炮特别有战斗感情。他1939年曾向彭德怀借一门炮25发炮弹，结果打了三炮解决问题。一发炮弹打到山上敌人堆中，敌人跑了，占了阵地。追到城根，敌人又跑了，进城缴了几百发炮弹还给彭。1943年用炮百米抵近日军碉堡打，一炮就把碉堡打哑了。战后他亲自去里边看，碉堡完整，三个爬在枪眼上射击的敌人，下肢还在，上身全掀到后墙去了。这次打洛阳他掌握着那么多炮，又是和善于连续爆破、城市攻坚的部队配合，真是兵家一大快事。最后他把山炮、105 榴弹炮都推到前面抵近射击，这次洛阳攻坚用兵不多，发展顺利，步炮协同作用甚大。陈士榘作总结报告时，却忽略了一个问题：中原野战军坚决执行中央赋予的伟大战略任务，冲破层层强敌在道道大河上的封锁拦袭，不得不把重武器埋弃在大雨泥泞之中。对于合同战术家刘伯承，这是多么痛心的事！中野指战员目前还在为此焦虑呢！没有足够的炮火掩护，中野作战增加困难、增加伤亡。有的战斗经验差的部队，还因此影响胜利信心。所以那次陈士榘讲完，天已黑了，刘伯承还叫大家不要走。刘伯承接着报告，批评了部队里光靠大炮的心理，强调了过去作战中摔了多少手榴弹。

所以陈毅注意这些问题，并不仅仅是为了具体宣传报道、战术技术，而主要是重视感情，珍爱阶级战友的革命情谊。

陈毅于 1948 年 7 月 24 日电粟、陈（士榘）并报中央，在肯定成绩和良好反映的同时，鲜明地批评了这些情况，“在雨季整训中希望注意上述问题的检讨”。

粟、陈（士榘）、唐（亮）很快于 7 月 28 日电复“陈军长，并报军委”，表示“完全接受并进行检讨”。并向刘、邓以及各兄弟部队表示歉意。陈士榘也表示“讲后当时自己也有体会”，“是有毛病的”。并且步炮协同在华野来说“缺点甚至错误是很多的，希望各方多加指示”。粟、陈、唐还具体地分析了步炮协同的不少值得注意的问题，作了研究和解释。

陈毅的这种在野战军之间开展批评的做法，只有处于他的地位才能顺理成章地做好，也只有他这种光明磊落的人物才能做好。这样做了，对于防止骄傲，增强团结，深入研究战术均有好处。特别是对华野领导，他们是在敌军云集、军委考虑“目前打很大规模的歼灭战主客观条件都不成熟故须避免”的指示下（军委 1948 年 6 月 22 日电）主动提出歼灭区寿年兵团方案的，更需要适时提醒：千万要戒骄戒躁。

陈毅到中原，当然远不止“传檄”，也远不止协调，而是有大量工作要做的。首先，5 月 21 日中央催他“尽可能迅速偕同子恢及大批干部去豫西和刘、邓会面”，就是要他们“建立中原军区及中原局经常工作”的。

原来刘邓大军千里跃进大别山，斗争尖锐艰苦，后来又分兵作战，再后会合豫西，军情紧急，游动不定，中原局及中原军区的机构及经常工作都来不及建设。此次粟裕原准备南下，华北与山东集中了 1.4 万干部，本拟渡江南下，沿途建立地委县委分区武装的。现今一分为二，粟裕带 7000 人到豫皖苏和淮南，陈毅、邓子恢带 7000 人到中原局和中原军区。中原幅员辽阔，人口 4500 万，要从上而下建立地方与军区的各级党组织、建立地方武装，7000 人远远不够，何况经过精简，后来实有的只剩 4700 人。中原局领导研究决定成立两所培训干部的学校：一是中原军政大学，由刘伯承任校长兼政委，培养军队干部；一是中原大学，由陈毅任筹备委员会主任。

这个中原大学也很有水平。河南省会开封解放，河南省的一些高等学府如河南大学、中原工学院、焦作工学院及开封部分学校的进步师生便在蒋军尚未重占开封之时投奔解放区。到达豫西的有300余人，其中包括河南大学文学院院长兼历史系主任嵇文甫、经济系主任王毅斋、教授罗继武等。接待他们，做他们的工作，投笔从戎的刘、陈、邓当然都是工作的能手。

7月份是忙碌的。陈毅回到宝丰，就接待这批学界朋友，还给大家作了《来解放区的学习与工作问题》的报告。那4700多干部从黄河北走了两个月终于到达。他们中不少人思想问题复杂，有的是被作为“地富分子”清出来的，包袱更重。陈毅是“带”他们同来的，义不容辞，现身说法，在中原局欢迎外来干部大会上以中原局第二书记兼外来干部的意味深长的身份给他们讲话。

7月份还有另一种团结工作。襄樊战斗俘虏的国民党十五绥靖区副司令写信一纸，迳称“伯承、仲弘兄”，要求见面，参谋们不知“仲弘”是谁，陈毅说“是鄙人”，接过一看，正是川军老友、成都同学郭勋祺。于是刘、陈两次宴请，郭勋祺表示愧悔，晤谈甚为相得。这是布置川军联络工作的好渠道，陈毅当然也要花些精力，直到送郭勋祺登上归途。

7月份忙碌，8月份陈毅的担子更重了，因为第一书记邓小平于7月25日启程去河北平山，向中央汇报中原详细情况和经验，参加中央政治局九月会议。中原局的日常工作，就由第二书记陈毅来主持。8月1日至8日，陈毅、刘伯承、邓子恢、张际春等组织领导了中原局暨中原军区县团以上干部的整风整党运动；由陈毅向到会干部传达了中共中央和毛泽东主席自1947年12月以来的一系列的方针、政策和指示，还谈了中原新区建设诸问题。陈毅还专门向军队干部作了《部队党在整训中的任务》的报告。会议结束时，陈毅作了总结性发言。

陈毅还有他军事工作方面的具体分工，主管中原军区的工作。中原军区新建不久，各级机构不全，人员缺乏，而要担负起广大中原维护政权、发展地方武装、剿灭匪特、扩充新兵等任务。鄂豫皖三省地主武装和散匪很多，河南尤甚。陈毅是共产党最老的省军区司令之一，对付反动匪特是行家。中原野战军司令部驻皂角树村，为了防空，刘、陈、邓住在村边上，屋后便是旷野，当然设有哨兵。没想到这一哨岗还两次黑夜遭袭击，抢枪支，第三次竟枪击哨兵，打碎膝盖骨。当时陈毅已到，亲自调查，限令七天破案。在军民协同下，第四天即将首恶捉获，判处枪决。自此当地即告平靖。

方城县县长被匪特绑到南阳杀害。陈毅立即和刘伯承研究决定，令二纵对方城一带的土顽进剿。二纵彻底消灭了保安旅及敌第九师一部，当地政情很快好转。

陈毅用很大精力组建和加强各地的军区地方部队。鄂豫、皖西、豫皖苏、豫西、江汉、桐柏、陕南等各军区都进行了组建和整顿。军区地方部队迅速发展，对中原解放区的开拓与巩固起了很大作用。

9月12日陈毅写给毛泽东的中原综合报告，原该由邓小平写。“小平7月北去，我们托其面达”。7月份的报告没有写。此次9月份的综合报告，就汇报了5、6、7、8四个月中原的情况和政策转变。陈毅代替邓小平主持中原局日常工作。虽然繁忙，但事情是顺利的。因为经过中央十二月会议的贯彻，全解放区的“左”的偏向日益纠正。中原局在中央指示下，总结进入新区以来的工作，得到了许多新的收获。特别是邓小平主持写成的《六六指示》，明确了新区暂不搞土改，而是实行减租减息和合理负担等新政策，使工作的局面明显好转。许多个广阔无敌的中心区在中原大地上出现了。豫西 20 县无敌踪；豫皖苏的恢复尤为重要，因为这是津浦、陇海、平汉三大干线之间的中心地区，又靠近蒋介石军事主干所在的徐州、蚌埠、南京之线，是我军进行大战役用武之地。一年前的打土豪、分浮财，开仓放粮，走马点火，以粮换菜等做法，无论在大别山或在豫皖苏都严重影响了生产，而现在农民已纷纷回来买牲口，积极生产；知识分子开始接近共产党，逃亡地主也开始回家。豫皖一带，历来军阀混战，兵匪如毛，抗战时“水旱蝗汤（恩伯）”，民不聊生。群众反映：20 年来从未如此安定。

陈毅在报告中对今后的工作方针，野战军状况，地方建设，财经、文教等工作，都作了分析，指出了问题，提出了解决办法。

报告结尾概括的话则是一个共产党的领导干部兼军事家在伟大决战前夕最切中时局的判断：“中原局面，已具备了初步根据地，正走向足以应付大规模作战的条件。”

8 月 16 日，刘、陈接到中央军委来电：“9 月华野攻济打援是一次严重作战，需要你们有力的配合”。其所以严重，是粟裕计划，既攻城，又打援。历来兵家多攻城阻援，或围城打援。攻城打援则须用不足总兵力一半来攻克城市，而以超过一半的兵力来歼灭援军。何况所“攻”的是王耀武统兵 10 万固守的坚城；而要“打”的援敌是五大主力之一第五军为骨干的 17 万国民党正规军。

刘、陈积极寻觅战机，陈兵宛（南阳）确（确山）之线，准备以六个纵队出击，致使中原南部的国民党军不敢行动。

在豫东大捷的声威之下，以五军为主力的邱清泉兵团，竟连日在陇海路商丘一带逡巡不前，眼望着北方津浦路两侧华野的 8 个打援纵队，不敢贸进击。济南战役于 9 月 16 日至 24 日以实现“打开济南府，活捉王耀武”，全歼守敌 10 万的大胜结束。

在济南战地，粟裕与张震等研究下一步的行动方向。9 月 24 日，粟裕报中央军委、华东局、中原局：建议进行淮海战役。

军委和刘、陈都很快复电同意。后来，毛泽东所拟《关于淮海战役的作战方针》中非常符合实际情况地指出：“你们第一个作战，应以歼灭黄（百韬）兵团于新安镇、运河之线为目标。”但此时的方案，还是“小淮海战役”的方案，目标只是两淮与海州一带之敌。

而两大野战军密切配合的指挥机构的组成，两大野战军负责人求歼更大重兵集团早日解放全国的战略意愿，以及他们之间的信任和友爱，都在促成“大淮海”。

军委 10 月 11 日在《关于淮海战役的作战方针》中指示的“望刘伯承、陈毅、邓小平即速部署攻击郑徐线，牵制孙元良兵团”初步为组成更大战役准备了条件。而刘、陈、邓（邓当时已回中原）协同打大仗的态度更积极。他们决定的部署是：刘伯承坐镇豫西，指挥中野二、六纵队和地方武装在江汉、桐柏等地区分散歼敌，以牵制吸引黄维、张淦等兵团尽可能远离东线战场，并以陕南部队伪装主力，以使敌人误认为刘伯承率中野主力仍在豫西；陈毅、邓小平则率中野一、三、四、九等四个纵队，并有豫西、豫皖苏部队及华北十四纵配合，东进直指郑州，这种宽广近2000里的战略与战役的积极配合，实属罕见！

有了这样的基础，中央军委才可能在10月22日的电报中指出：目前态势极好，白崇禧所属的黄维、张淦两兵团已被中野第二、第六、第十纵队吸引到桐山区，在相当时间内不可能进到黄泛区以威胁徐州地区我军的行动。这样，就有利于我中野主力在攻夺郑州以后，以一部，或大部或全部向东行动……，以主力在邱、李两兵团大量向东增援黄百韬的时候，举行徐蚌作战，“相机攻取宿县、蚌埠”，坚决、彻底、干净、全部地破毁津浦路，使敌人交通断绝，陷敌刘峙（按：徐州“剿总”）全军于孤立地位。

中央的这一指示，显然已含有辽沈战役的“关门打狗”的意图，但能否肯定，能否实现，还要看两大野战军的主观努力。

10月22日，郑州守敌一万余弃城北窜，为中野全歼。陈、邓报军委：待打下开封后，即“出商丘或直出徐蚌……协同华野作战”。24日，开封守敌东逃。陈、邓于解放开封后，率四个纵队向商邱继而向永城、亳州、涡阳机动位置集结。

10月31日，华野发动淮海战役的准备工作已就绪，粟裕向中央军委、陈邓、华东局和中原局作了报告，并提出：“此次战役规模甚大，请陈军长、邓政委统一指挥。”中央军委决定，本战役由陈、邓统一指挥。陈、邓复电：“本作战我们当负责指挥，惟因通讯工具太弱，故请军委对粟、谭方向多直接指挥。”显然，上下关系融洽，处置恰当。

11月3日，刘伯承、邓子恢、李达向军委和陈、邓建议首先截断徐、宿间铁路线、造成我军会攻徐州的态势。粟裕、张震等也在11月7日、8日报军委、陈、邓等，建议：在战役第一阶段即破坏徐蚌段，“抑留敌人于徐州及其周围”，以便在江北大量歼敌主力。

毛泽东于11月9日电复粟裕、张震并告陈邓、华东局、中原局：“应极力争取在徐州附近歼灭敌人主力，勿使南窜。华东、华北、中原三方面，应用全力保证我军供给。”

军委统帅部和南线三个指挥部：陈、邓，刘、邓、李，粟、谭、张，目标一致，“大淮海战役”的格局形成了。

截断徐蚌的具体责任落到陈、邓肩上。中央军委、毛泽东从1月9日至11日，连续在六个电报中强调要占领宿县、截断徐蚌。其中10日2时和3时连发两电给陈、邓：“你们务须不顾一切，集中四个纵队全力攻取宿县”，“你们应集全力（包括三、广两纵）攻取宿县……断敌退路，愈快愈好，至要至盼。”

刘伯承、粟裕的建议中，都没有提出“攻取宿县”。宿县是津浦线上敌军主要兵站，堆积大量弹药物资，有重兵坚城和铁甲列车、装甲车守卫，并不比省会易打，铁路沿线敌增援又便，故而最初都未把攻取宿县作为主要目标。

接受军委任务后，陈毅即与华野联系调拨重炮及炮弹。有华野力量可以就近调用，陈毅对此战信心特强。在敌人缩守城内、中野三纵总攻前夕，陈毅主动给攻城指挥员打电话予以炮兵支援，送去出人意料之多的大炮与炮弹，主攻方向东门便又增加榴弹炮六门。

11 月 15 日，宿县全部解放。

毛泽东对于此战评价甚高，在 11 月 23 日“庆祝你们歼灭黄百韬兵团十个师的伟大胜利”的电文中，说“在战役发起前，我们已估计到第一阶段可能消灭敌人 18 个师，但对隔断徐、蚌，使徐敌完全孤立这一点，那时我们尚不敢作这种估计。这种形势的造成，主观上是因为我华东、中原两大野战军会合并攻占宿县”。

两大野战军会合的威力在淮海战役第二阶段歼灭强大的黄维兵团时表现得更为明显。有恃无恐，调动及时，先是中野顽强阻击黄维兵团，有力地保障了华野最后消灭黄百韬；继而中野有华野作依托，大无畏地以几乎相等的兵力包围 12 万现代化装备包括头等主力第十八军在内的黄维兵团。

战役第二阶段以围歼黄维兵团为主要目标，这是刘、陈、邓组成的淮海战役总前委的决策而经中央军委批准的。

在此之前，攻克宿县之次日，11 月 16 日，中央军委判定当前的淮海战役已成为南线的战略决战。“此战胜利，不但长江以北局面大定，即全国局面亦可基本上解决。”故而电令“由刘伯承、陈毅、邓小平、粟裕、谭震林五同志组成一个总前委……由刘伯承、陈毅、邓小平为常委，临机处置一切。小平同志为总前委书记”。

常委“临机处置”的第一件大事，便是决心围歼黄维兵团。当时，中央军委曾考虑，华野在歼灭黄百韬兵团之后，继续诱歼邱清泉、李弥兵团一部。但刘、

淮海战役总前委（左起：粟裕、邓小平、刘伯承、陈毅、谭震林）

陈、邓考虑到华野主力血战歼灭黄百韬兵团后，疲劳伤亡，不宜续歼比黄百韬兵团更强的邱、李两兵团，邱、李两部又畏歼不肯分兵轻进。南战场的黄维在刘汝明、李延年等部的策应下急进，若不及时围歼任其进抵津浦与刘、李会合，便成大患。而此时黄维劳师远征，孤军突进，正是歼击良机。至于兵力火器的对比，陈毅对重武器不足的中野敢于围歼人数与己接近的美制机械化强敌，是很感动和钦佩的。他心里也有底。既然邓小平一再表明“破釜沉舟”，不怕“倾家荡产”，哪怕中野部队打光，也要取得淮海战役的胜利，那么他陈毅“腰缠万贯”，只要中野需要，他当然要人有人，要炮有炮。经过多次磋商，最后中央军委定下了战役第二阶段歼灭黄维兵团的任务。

战场也有喜剧。在中野围歼黄维兵团的后期，各纵队伤亡颇多，敌人凭“汽车城”等坚固阵地顽抗时，华野继派出第七纵队之后，又派第三、第十三纵队和鲁中南纵队及特种兵纵队的两个炮团加入歼黄作战，而带队的指挥员又是善于用炮爱好谈炮的陈士榘。

围歼黄维期间陈毅有两个重要指示。一个是给华野司令部转华野特纵司令员陈锐霆的：“中野为了跃进大别山把重武器丢了。这次打黄维，一定要把华野主要的炮兵全部拉上去，保证战斗胜利。”并要陈锐霆亲去南坪集联系。另一个指示是：“黄维兵团的全部装备都给中野。”陈士榘在包围圈的东边，指挥中野六纵、华野三纵等主力参加总攻。迫击炮以上的火炮齐袭，榴弹炮二十多门，炮火打死三千多敌人。黄维兵团最后试图分散突围全部就歼时，陈士榘、陈锐霆都接到陈毅指示：黄维兵团的东西华野部队一律不准拿，华野各纵队战斗结束后即时归建。于是陈锐霆这位原定负责打扫战场的华野战地司令只得“两袖清风”而回。

毛泽东后来说，淮海战役打得好。好比一锅夹生饭，还没有完全煮熟，硬被你们一口一口地吃下去了。

其所以能如此，主因之一是统一团结。

第六节　总前委继续指挥

还在围歼黄维时的 12 月 12 日，军委来电指示：在黄维兵团歼灭后，开一次总前委会议，商讨战役结束后的休整计划，下一步作战计划及将来渡江作战计划。

因为此时徐州的杜聿明集团邱、李、孙三个兵团向西南突围被华野追击包围在永城之野，孙元良兵团已被歼，邱清泉、李弥两兵团疯狂突击未能破围，已成瓮中之鳖。蒋介石调白崇禧的部队救援，白迟迟不应。淮海全胜已成定局，下一步是渡江作战了。

军委将渡江作战方针的初步意见提交总前委讨论。此电报机密度极高，只发刘、陈、邓，并责成小平在开会时给粟、谭一阅，阅后焚毁。

中央的方针中最突出的一点是：华野、中野同时休整，同时举行渡江作战，“渡江以后，华野、中野协力经营东南，包括皖南、苏南，浙江、福建两省，江西一部。”

12 月 15 日，黄维兵团就歼。17 日，军委电示：“拟请伯承、陈毅二同志偕来中央一商。”当日晚，刘、陈、邓驱车去华野指挥所。淮海总前委第一次举行全体会议，议题却是渡江。

19 日，刘、陈北上，到达中共中央所在地平山西柏坡村已是 1948 年底，刘、陈参加了 1948 年 1 月 6 日至 8 日的中央政治局会议。

自此两会起，陈毅主要精力便集中用于渡江作战，尤其因为粟裕全力从事淮海实战指挥两个多月，积劳致病，陈毅经中央同意，返回华东。而且淮海全胜，中原大定，今后中野也将在华东作战，陈毅成为“主人”，更增忙碌。

陈毅从中央南返，1 月 22 日在徐州附近与粟裕会面，同去贾汪参加华野前委扩大会。25 日陈毅为前委扩大会作了总结报告。26 日即赶往商丘会见邓小平。

陈、邓决定立即召开高干会议。从 1 月 29 日（农历元旦）下午起，以三天时间由陈毅传达中央政治局会议精神与毛泽东主席指示，组织讨论，并做出决议上报中央。在此期间，根据中央军委命令，中野改编为第二野战军，下辖第三、第四、第五兵团共九个军和一个特种兵纵队。部队发展到 28 万。华野改编为第三野战军，陈毅仍为司令员兼政委，粟裕为副司令员兼第二副政委，谭震林为第一副政委，下辖第七、第八、第九、第十兵团，共 15 个军一个特种兵纵队，58 万人。

陈、邓在高干会议后，又在 2 月 8 日召开总前委会议，中原局的负责人都参加，具体研究了渡江的问题、渡江的部署，拟采取五个兵团从江阴扬中、南京东西、芜湖东西、铜陵贵池、安庆东西，一线展开、同期渡江的战法。中野的另两个兵团以一个军进至黄梅宿松望江段佯动，五个军作为总预备队紧随最先突破部队渡江钳制。这种一线展开同期渡江的部署后来没有很大变化，为以后《京沪杭战役实施纲要》奠定了基础。渡江时间初定 3 月底，雨季未来，春汛未发。但时间问题后来几经变化，颇有学问。

2 月 11 日，中共中央决定刘伯承、邓小平、张际春、陈赓参加华东局为委员。此时，刘伯承由石家庄到了商丘，刘、陈、邓会商后，陈毅于 13 日赴徐州，再次召开三野前委扩大会。接着，按中央指示，华东局、华东军区机构也移驻徐州，和总前委、三野前委在一起布置南进渡江。刘、邓、饶、粟、谭等也来到徐州。

三野前委扩大会于 2 月 18 日开始。19 日，陈毅作了党的新区政策的报告。当晚，他和谭震林召集了军以上干部会议，制订了第三野战军渡江作战预备命令。

3 月 5 日，中共七届二中全会在西柏坡开幕。刘伯承因刚从中央回二野，便留在商丘主持渡江准备工作。粟裕因病在济南住院。陈毅便与邓、谭、饶等出席。毛泽东在大会上的报告，实际上是一部人民中国的建国大纲。其中特别是中国共产党的工作重心由乡村移到城市的论断，使陈毅感慨万端。讨论中他慨然表示：“我的意见自己准备搞城市。”而且选定了当时中国和亚洲最大的城市——上海。其实，此时毛泽东主席已个别征求过他的意见，担任上海市市长如何？他还提出意见，主要的一条是希望中央像当年全党抢东北一样重视接管上海。

二中全会闭会的次日，中央召集了安排人事的座谈会。邓小平受中央委托，提出经过酝酿的华东人事安排。

中共中央华东局：以邓小平、刘伯承、饶漱石、陈毅、康生、张鼎丞、曾山、张云逸、谭震林、粟裕、张际春、宋任穷、陈赓、刘晓、刘长胜、曾镜冰、舒同等 17 人为委员。邓小平为第一书记，饶漱石为第二书记，陈毅为第三书记。

中共上海市委：由饶漱石、陈毅、刘晓、刘长胜、曾山、刘少文、陈赓、潘汉年、宋时轮、郭化若、李士英等 11 人为委员，饶为书记。

上海市政府：市长陈毅、副市长曾山、潘汉年及一位非党人士（后为盛丕华）。

华东军区：司令员刘伯承、陈毅、粟裕，政委邓小平、饶漱石、谭震林。

尽管作了种种组织安排，然而渡江作战以及陈毅曾在抗战胜利后一再提及的“收京入沪”，还是要由总前委这个无私无畏统一团结的班子来继续指挥。这一着毛泽东是看准了的。

固然根据各方面的情报判断，美国在解放军渡江时出大兵干涉的可能性不大，但也不能不防。二、三两大野战军并肩直插东南，就含有准备在必要时与头号帝国主义迎头冲撞之意。这就必须指挥者既有胆略又能把渡江战役组织指挥得周密灵活，使军队强渡天堑的损失尽可能小，而渡江后消灭的敌军尽可能多。越能如此，则南中国解放越快，人民遭害越少，美国出兵的可能性也就越小。

陈、邓、谭在西柏坡期间，毛泽东又专门同他们一起研究了渡江作战问题，定下了 4 月 10 日为发起时间。

3 月 21 日起，三野前指、总前委、华东局和华东军区的人员便分批乘火车南下，进驻蚌埠南郊孙家圩子。总前委的《京沪杭战役实施纲要》便在这大半是土墙茅舍的西孙家圩诞生。

总前委在此召开了扩大会议。会议初步确定的基本内容是：第二、第三野战军全部于 4 月 15 日开始渡江。二野的第三、四、五兵团为西突击集团，由刘伯承、张际春、李达指挥，在湖口至枞阳之间渡江；三野之七、九兵团为中突击集团，由谭震林指挥，在枞阳以东至和县金河口之间渡江；三野之八、十兵团为东突击集团，由粟裕、张震指挥，在金河口至江阴之间渡江。渡江成功后，中、东两路统归粟裕指挥。这次战役的关键在于中、东两路渡江后迅速东西对进，对南京、镇江、芜湖地区的大量守敌进行钳形合围。会议还强调，也要考虑到敌人固守江防，或在我渡江收缩集结兵力以攻击我一路的可能，作发生严重战斗的准备。渡江影响国际视听及动向，力求稳健是必要的。

参谋处将会议纪要整理成《京沪杭战役实施纲要》，经邓、陈审阅并由邓小平修改定稿，于 4 月 1 日送中央，4 月 3 日被批准。

4 月 1 日，邓、陈率新组成的精干指挥部去合肥东南瑶岗村。各突击集团指挥部也分赴桐城、无为、泰州。

但是，渡江的日期，以及对南京政府的态度却颇费斟酌，这些问题，在指挥中枢的陈毅是有责任多作考虑的。

不久之后，由于在北平举行的和平谈判有进展，国民党有签字的可能，如能签字，则战斗渡江可成为和平渡江，意义很大。但中央军委估计渡江时间必将因此而推迟半个月至一个月，即从总前委拟定的 4 月 15 日推迟到 4 月底至 5 月初。中央军委电询总前委：这样推迟，有何不利？

渡江时机，这正是陈毅着重要掌握好的主要环节之一。他立即搜集各方意见。并亲自做调查。意见都相当严峻：

二野：长江水势 4 月末 5 月初将加速上涨，南风大起，雨多流急浪大。目前粮食已成困难。

三野：4 月下旬起开始雨季，江水日涨，现有船只三分之二为内河船，江中行驶困难，雨季稻田放水，部队展开不易。粮草困难。

总前委本身调查的结果是：5 月的水比 7、8 月还大，两岸湖区均被淹，长江水面极宽，渡江将发生极大困难。现百万大军拥挤江边，过久推迟，将不得不后撤以就粮草。签字之事。亦应设想敌人翻脸。

于是，总前委建议先打过江，然后争取和平接收。

中央军委在坚持政治斗争必需，又充分考虑渡江客观情况之下，于 4 月 15 日电示总前委："依谈判情况，我军须决定推迟一星期渡江，即由 15 日渡江推迟 22 日渡江。""假定政治上有必要，还须准备再推迟 7 天时间。"

军委在电文中还提到："你们下达推迟渡江的命令时，不要说是为了谈判，而要说是为了友军尚未完成渡江准备工作，以免松懈士气。"

邓、陈却有不同态度。他们以总前委名义给两个野战军和各兵团党委作了指示。完全不回避"为了谈判"，而是正面说清楚渡江与谈判的关系。这是一篇充分相信干部并致力提高觉悟的好文章。确是邓小平、陈毅的风格。

"此次我军推迟一星期渡江，完全是政治上和军事上所必须采取的步骤。但因此也容易产生松懈战斗意志和迷失方向的危险。因此你们必须在师以上干部中说明下列诸点：

"（一）和平谈判颇有进展，有可能在最近签订协定。此种协定实际上就是国民党的投降，故于全局和人民有利。

"（二）我们渡江，应站在政治上最有利的地位的基础上进行渡江，就是说，如果谈判破裂，责在对方；如果协定签字对方不执行或拖延执行时间，其责任亦在对方。我们在谈判结束（破裂或成立协定）之后渡江，则是理直气壮的，而且当我们在政治上做到这一步时，敌人内部将更加瓦解，好战分子内部更加孤立混乱，不仅争取了主和派，还可能分化一部分主战派。全国人民必更拥护我们，届时无论和平渡江或者战斗渡江都更有利。

"（三）要估计到现在国民党军队大部分还握在蒋介石死党手上，即使签了协定，他们都还有继续抵抗的可能，所以我们一切应从战斗渡江出发。而且因为敌人必然利用此时间加强其沿江军事准备，故我们亦应利用此时间更充分地进行军事准备。如果放松了自己的战斗准备，那不仅错误，而且是危险的。

“（四）如果政治上需要时，还可能再一次推迟几天。所以在部队中要一面防止急性病，一面防止战斗意志的松懈。

“（五）大家最担心季节和江水问题，中央对此亦极重视。计算时间。本（4）月底以前，江水尚不致有大变化。

“（六）时间推迟的另一大问题是粮食、柴草、油、盐，各兵团必须具体计算，拟出办法，望告我们以凭解决。

“（七）在延长渡江的时间内，中心工作仍应放在加强战斗准备，但亦可利用此时间传达二中全会决议。此点请各党委自行斟酌决定。”

这电文是 4 月 12 日下达并报军委的。军委于 4 月 14 日复示说：“总前委 4 月 12 日指示电甚好。请二野、三野照此指示向师以上干部着重说明推迟渡江时间的理由，加强战斗准备工作，并多筹粮草油盐。”

渡江时间，又经过多次反复商量，军委终于在 4 月 18 日 9 时做出了决定：“完全同意总前委的整个部署，即二野、三野各兵团于 4 月 20 日开始攻击，22 日实行总攻，一气打到底。”

渡江战役的许多部队是在 4 月 21 日晚启渡的。那是在国民党于 20 日晚拒绝在协定上签字之后。但是，这里还有个陈毅经手的插曲。有些部队的任务是 20 日晚先开始攻击，21 日才大举渡江。4 月 18 日，陈毅接到九兵团政委郭化若给总前委的电报：“昨夜宋（时轮）到前方（临江坝附近之神塘河）和聂（凤智）成（钧）及各师研究后，拟于 20 日夜与打黑沙洲（按：是江心的敌前哨阵地）同时全部渡江，如此较有把握。因如果先一天打黑沙洲，则更引起敌之注意，次晚渡江更不易取得突然性。”

四小时后，邓、陈以总前委名义复示：“只要有可能就可以这样做。总之，整个战役从 20 日晚开始后就一直打下去，能先过江就该先过江，不必等齐。因为全长一千余公里的战线上完全等齐是不可能的。但你们仍应审慎考虑，防止下面轻敌。”

实事求是，积极而稳妥。总前委负责人机断同意，中突击集团七、九兵团的二十四军、二十七军（附九九师）、二十五军同于 4 月 20 日晚 8 时南渡长江。

第十一章　新上海市长

1949年，无论对中国历史或是对陈毅个人，都是非同寻常的转折之年。积22年的牺牲奋斗，人民终于取得了全国政权。陈毅本人，则从百战沙场走向十里洋场，成为大上海的一市之长。将军战则善胜矣，治民理财之道通否？共产党在马上得了天下，治天下能否久长？——这样的议论和担心，善意的也好，恶意的也罢，都须由实践做出回答。

4月27日，南京解放的第四天，当陈毅偕同邓小平踏着满地狼藉的纸张进入"总统办公室"的时候，就已强烈意识到新的艰巨使命将落在自己的肩头。在战争年代，他站在中国革命的最前线：和朱德一起带领南昌起义部队上井冈山；在红四军参加制订无产阶级建军路线；和项英一起坚持三年游击战争；抗日东进开辟大江南北；在华东、中原战场进行"收京入沪"的战争。如今，他又将站在经济建设、反帝与团结改造资产阶级的最前线！

"进上海可能打胜仗，也可能打败仗。共产党员要意识到这一点才是聪明的。"5月10日陈毅在丹阳对接管干部说。结果究竟如何？从北平中共中央到香港人士，从华盛顿到莫斯科，都把关切的目光投向当时中国最大的城市——上海。

第一节　务求军政全胜

淮海战役炮声未停，中共中央就已将注意力转向渡江解放宁、沪、杭问题了。陈毅在丹阳告诉接管干部们：毛主席在中共七届二中全会期间说，进入上海，中国革命要过一大难关。

难在何处？陈毅后来解释：当时担心两大危险：一是我们打上海，美国出兵干涉；二是我们接管搞不好，进城后停工停电，大混乱，上海变成一座"死城"。两种假设中只要有一种竟成事实，便会使国内国际局势受到牵动。对于第一种危险，陈毅于1月25日在贾汪举行的中共华东野战军前委扩大会议上说："要警惕美国人干涉，可是我们决不向它示弱。要打就打，没有什么了不起！"就在陈毅一行观览总统府的当日，军委电告：昨日泊于上海的几艘美舰及海军陆战队已撤至吴淞口外，两艘英舰也随之撤出。当然，这并不能排除解放上海的作战发生僵持时美军介入的可能。所以作战本身要力求势如破竹。

更严重的是第二种危险。我军渡江后，由于战线推进太快，铁路运输跟不上，接管上海的干部到不齐，更要紧的是入城政策纪律教育来不及深入进行，如果就这样稀里哗啦开进去，非乱套不可。中共中央已有“慎重、缓进”的方针，总前委研究再三，于4月30日向中央军委提出：“我党我军未作适当准备仓促进入大城市必然陷于非常被动的地位。”“我们考虑以尽可能推迟半月到一月入上海为好。”5月3日，中央军委复电：同意推迟攻击。其时，陈毅已由南京到达丹阳——接管上海的巨大准备工作将在这里全面部署。

小小丹阳城突然热闹起来。成千的干部从解放区、从北平、香港日夜兼程地赶来，投入接管上海的集中整训。上海中共地下党领导人刘晓来了，未来的上海文化局长夏衍来了。潘汉年、许涤新也从香港取道北平匆匆赶来，带来了少奇、恩来的重要指示……这支接管大军的总指挥正是未来的上海市军事管制委员会的主任、市长——陈毅。

确定上海市长人选是件大事。3月，中共中央进驻北平之前，毛泽东同志曾就陈毅任上海市长之事，征求过民主人士黄炎培、陈叔通等几位老先生的意见，他们对陈毅将军之名早有所知，柳亚子先生在1945年就曾赋诗赞陈毅曰：“兼资文武此全才。”以“儒将”出长上海，他们一致赞成。陈毅自到丹阳起，便正式进入“市长”角色，首先是汇集、研究大量情况和材料。

所有有关上海的年鉴，经济、政治、文化、社会概况，包括缴获的、地下党调查的、上海来人报告的，汇成关于上海的二百多种小册子，陈毅自己看，也交给干部战士们读，再依据中共中央的方针政策，确定接管的具体方针步骤。比如，上海的官僚资产如何接管？外商企业如何对待？民族资本家的厂子如何使其开工？国民党政府机构如何处理？都须详细研究，仅财经接管纵队的汇报陈毅就听了两天两夜，对其中“两白一黑”（指米、棉、煤）的运输供应任务的艰巨紧急印象特深。

入城政策的前奏是入城纪律。陈毅严格地强调两条：一是市区作战不许用重武器，二是部队入城后一律不得进入民宅。“不入民宅”这一条，三个月前在贾汪时陈毅就曾说：“历来军队入了城，往市民家里一住，干好事的不多。我们部队进去住哪里？要考虑。”一日，陈毅抱着几本古书找到城市政策组曹漫之，说史书上有过军队“不入民宅”的记载，查一查。后来《入城守则》草案便列上了这一条。对此，有些干部想不通，说遇到下雨、有病号怎么办？陈毅坚持说：“这一条一定要无条件执行，说不入民宅，就是不准入，天王老子也不行！这是我们人民解放军送给上海人民的‘见面礼’！”总前委讨论了《入城守则》草案，一致肯定“不入民宅”的规定完全必要。据说，毛泽东曾赞扬：很好很好很好很好。

5月10日，在丹阳的一座大庙里，陈毅军容整肃打着绑腿，向数百名端坐在背包上的接管干部，作了一次入城纪律报告。首先抓了两件在丹阳发生的“小事”批评：一是有军人没票硬要进戏院看戏，二是有人擅自拿师范学院一个灯泡。小事不小。“为什么无票非要进去看戏？是不是老子革命几十年，进戏院还没有资格？（笑声）这个思想作怪，进上海非吃败仗不可！”纪律，一定要严！——事实证明这正是人民军队的胜利之本。

几千名接管干部，几十万大军，经过二十多天的集训和准备，一切就绪。陈毅以豪迈的声音宣布：“今天世界上没有任何力量可以阻止我们接管上海了！”

上海战役，是陈毅生平所遇的一次最特殊的战役。20 多万守敌，有蒋介石亲临督阵，要拼死固守 6 个月以待“美军援助”。市区内外遍布 3000 座美式碉堡，4000 个钢筋水泥永备工事，1 万多野战卫星工事，2 万多颗地雷，汤恩伯称此阵地“比斯大林格勒还强固 33%”。在此情况下要攻占上海，同时又要严格保存市区建筑、工厂、电力、交通等设施的完好，就绝非易事了。有人将此形容为“瓷器店里打老鼠”，甚为确切。对此，总前委已确定这样一条原则：尽量将市区守敌调至外围歼灭，以避免在市区大打。然而，钓“鱼”出域，敌人岂会乖乖就范？

5 月 12 日，三野第九、第十两个兵团，向沪市外围守敌发起了攻击。13 日，月浦守敌凭借坚固工事，拼死争夺，双方伤亡枕藉，中央社大吹“国军胜利”，然而陈毅对军、师指挥员们说：“敌人这些防御工事帮了我们的忙啊，他自恃有本钱固守，才可能将市区部队调出来增援外围，我们是将计就计。”果然，随着解放军在月浦等地步步推进、在浦东直逼高桥，汤恩伯终于沉不住气，将驻守市区的第七十五军调到浦东，被解放军逐口吃掉了。解放军在外围的钳形攻势，又迫使大量敌军缩守于吴淞口两侧地区以保其出海逃生之路。上海市区的国民党军大减，为攻取市区造成了有利态势。

23 日，解放军下令发起全线总攻，向市区突击，有关各军军长接到了陈毅打来的电话：“你们马上要攻打市区了，一定要军攻全胜，一定要把人民的损失减少到最低限度！”

24 日午夜 1 时，三路猛插市区的部队，胜利会合在跑马厅广场，苏州河以南的市区全部解决了战斗。

然而，25 日上午，解放军向苏州河北的突击受阻，桥头上牺牲了不少战士，指战员纷纷要求开炮，部队领导坚决制止了开炮的打算，并制定了一个较大迂回和黑夜偷渡相结合的方案。与此同时，经中共上海地下组织联系，解放军与北岸守敌淞沪警备副司令刘昌义接触。刘表示愿意谈判。

25 日夜晚，大雨滂沱之中，陈毅等乘车由丹阳进抵南翔镇。午夜 1 时，陈毅答复二十七军与刘昌义谈判情况的报告说：接受刘昌义投诚。限刘部于 26 日上午 4 时前集中在江湾指定地点待命。刘昌义接此电照办不误。解放军很快开入苏州河以北地区。

战斗并未最后解决。26 日下午，固守在闸北电厂的国民党青年军二三〇师还在负隅顽抗。硬打怕破坏了电厂水厂；开展政治攻势，又找不到线索。陈毅问明这个师是川军，是副师长许照在指挥。陈毅有了把握：“那好，你们查查陆军大学教授蒋子英的下落，他当过许照的教官，让他出面劝许照投降。”蒋子英的电话号码很快查出。接电话的蒋子英做梦也没想到共产党人对情况如此熟悉，连声表示：“我照办！立即照办！”

5月27日上午9时，上海全部解放！历时15天的上海战役，歼敌15.3万，城市完好无损。

枪声停息后的第一个清晨，当市民们打开家门时，惊奇地发现马路两边湿漉漉的地上，睡满了身穿黄布军装的解放军战士。英勇攻取了大上海的胜利之师却睡马路，这旷古未有的景象强烈震动了上海市民群众。

新生的上海市，电灯是亮的，自来水未停，电话畅通，工厂学校保护完好，这奇迹也应归功于党的另一支队伍——上海8000中共地下党员和广大进步群众。有他们冒着生命危险护厂护校、策反敌军、散发传单、输送情报……上海才得以完整地回到人民手中。26日晚，邓小平率大批接管干部离丹阳向上海开进。同时，陈毅和华东局其他领导人在圣约翰大学，与中共地下党负责人胜利会合。陈毅与刘长胜、张承宗紧紧握手，动情地说：“辛苦了！辛苦了！你们立了大功！我们在外面真担心你们的安全啊！”刘长胜这个长期在敌特追捕下顽强斗争的老战士，1945年日寇投降时曾一度被中共中央公开任命为上海市市长，后来内战爆发，他和刘晓一起继续坚持艰苦的地下斗争，直至今朝。此时眼泪不禁夺眶而出。

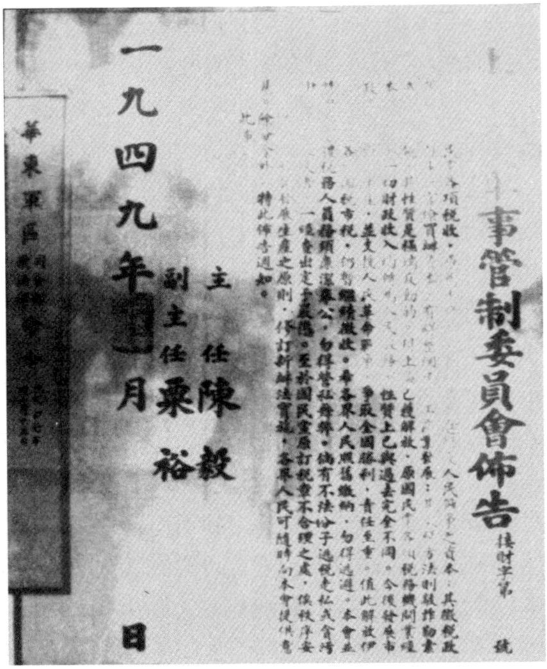

上海市军事管制委员会布告

28日下午2时正，陈毅率领军管会所属军事、政治、财经、文教各接管委员会的主要干部，走上了市府大厦的黑色大理石阶梯，正式接管市政府。一面鲜艳的红绸大旗在楼顶飘扬，国民党代理市长赵祖康正心情忐忑地等候着新市长的到来。

对国民党政府机构的接管，中国共产党的原则是：按照系统、全部接收、调查研究、逐步改造。陈毅领会这是一项宽大、稳妥又利于团结的方针。他在市长办公桌前落了座，宣赵祖康进来，问：“军管会命令你执行得如何？”“条条照办了。”“档案、资产呢？”“完整无损，可一一查点。”问完后，陈毅起身与赵祖康握手：“赵先生，请坐。”气氛便放松起来。赵祖康原是个著名的道路与市政工程专家，任上海工务局长，后与中共地下党发生了联系。23日夜枪声渐近，国民党代理市长陈良逃跑前将市长大印丢给了他。当了四天“代理代理市长”的赵祖康，此时乃向陈毅请求回交通大学教书。陈毅觉察了他内心的不安，开诚相见地说：“不要有其他想法。你留下来是对的，国家需要人才，你可以发挥自己的专长。我们想请你继续担任工务局长的职务。我相信我们一定能很好合作的。”赵祖康惊异不已，又感动万分。

陈毅来到会议室，又向二百多旧市府工作人员讲了话：“诸位老市府的朋友们，这次解放军的胜利，不是共产党一党的胜利，是人民的胜利。希望大家各安职守，办理移交，并听候人民政府量才录用。”讲话博得发自内心的掌声。当天，“上海市人民政府”的大门牌挂了出去。新市长正式上任了。

国民党前任留给陈毅的，是个什么样的上海呢？

解放前夕上海工业已陷入半解体状态。1.2 万多家工厂中，只有 30%维持开工，机器业工厂停工 80%以上，面粉业由于北运通路不畅，产量只是内战爆发前的十分之一。占上海工业产值 74%的轻纺工业，缺原料无销路，陷于半瘫痪状态。

与此同时，人民政府接管的大米、面粉仅够全市吃半个月，而储煤只够全市烧 7 天！治安情况也不容乐观，流散在上海的蒋军官兵近 2 万人，国民党还留下 8 个特务组织 3 万多人，加上惯匪、流氓作乱，社会秩序很不安定。而目前汇聚在上海的难民、乞丐、小偷、妓女、游民，总数达 60 万！当时一起听汇报的邓小平不禁深叹一口气道：“这些都是我们陈市长的‘子民’哟！”

陈毅及华东局、上海市委一致认为，当务之急首先是稳定人心，尽快恢复生产。上海的纺织厂纱锭 229 万，占全国 40%，贸易额占全国的一半。上海工厂的烟囱若不冒烟，全国经济就将垮掉一半；上海市场一混乱，全国财经就会失去控制。陈毅认准一条，即按中共七届二中全会期间毛主席向华东局、向陈毅交代的接管方针办：集中力量反对帝国主义、官僚资本主义，团结民族资产阶级，团结各党派，稳步前进。在接管初期日理万机，寝不安枕的紧张状况下，陈毅正是从这个大前提出发，接二连三亲自会见各界各方代表，进行政治“亮相”，政策交底。

83 万产业工人大军是建设新上海的主力。新市长参加的第一个集会，就是上海工人纪念“五卅”运动的大会。陈毅走上讲台第一句话便说：“上海的工人老大哥、老大姐们，我们是归队来了！首先，让我代表人民解放军和人民政府，向保护大上海的人民群众，致以热忱的感谢！”说完他向台下两千多工人代表深深地、毕恭毕敬地鞠了一躬。顷刻间掌声和夹着呜咽的欢呼声轰然而起。新市长作为工人阶级一员出现，令人感奋。在这次会见中，陈毅提醒大家严重的斗争刚刚开始：“不要以为解放了，今后就是一帆风顺，大吉大利，帝国主义从此老实，老天爷从此不闹灾荒，我们自己也从此不犯错误。那不可能。前途光明，但道路还会是曲折的。还要准备勒紧裤带，甚至要准备流血牺牲！”

共产党是工人阶级的政党，对资本家及其资产又将如何处置呢？许多人拭目以待。全市私营企业产值占全市工业产值 76%，较大的工商资本家及其代理人 1.7 万余人。他们数量集中，国内外经济联系广，政治影响大。解放前夕，他们有的因国民党搜刮太甚而濒于破产，有的抽金外逃，有的停产观望。6 月 2 日下午，他们拿着有陈毅署名的请帖出席“产业界人士座谈会”时，心里都有些扑扑跳。威震淮海战场的陈毅将军，会不会没收他们的厂店资财，革他们的命？

中国银行大楼四楼大厅里，九十多位上海最知名的产业界人士初次见到了身穿褪色布军装，脚蹬布鞋线袜的陈市长。他开讲便说“工商界的朋友们”——“朋友”二字一出，会场气氛便有所松动。陈毅说：“反动统治和帝国主义侵略中国的历史已告结束，新的伟大建设任务已经开始。我们的工商政策早已有言在先，就是 16 个字：公私兼顾、劳资两利、发展生产、繁荣经济。人民政府愿与产业界共同协商，帮助你们解决困难，你们有话尽可对我们谈，我们暂时办不到的也会说明理由。让我们共同努力，尽早把生产恢复起来。”资本家们字字听得真切，又惊又喜。会后，拥有申新系统 9 个纱厂的荣毅仁先生兴冲冲回到家里，对满屋等候消息的人宣布：“明天就开工！”

接下来的是文化界人士座谈会。作为文化中心的上海，人才荟萃，情况复杂，中共中央特任命陈毅在担任军管会主任之外亲自兼任文化接管委员会主任，可见上海文化地位之重要。开座谈会，请哪些人来？陈毅亲自参与研究制定名单：“所有在上海的文化知识界代表人物，都要请到。当前最重要的事是团结。解放区来的和地下党的、党内的和党外的，都要团结。在不团结这个问题上，我们党过去是吃过大亏的，现在胜利了，更要特别注意。”名单最后增至 160 多人。

6 月 5 日那天，陈毅与知名科学家、文学艺术家们推心置腹，侃侃而谈，他说到自己并非天生的共产党人，而是地主出身，信过孔夫子，又信过“德先生、赛先生”，[①] 经过多次碰壁、消沉、摸索，才选择了革命道路等。这种勇敢诚恳的自我解剖，实在是人们闻所未闻，并为之感佩至深的。有人说这次座谈会之后，上海文化界就形成了“陈毅热”，可见其影响之大。

上任头十天里，陈毅每天都要参加“大会”。陈毅有请必到，每到必讲，讲必痛快淋漓，鲜明生动有力，在宣传群众，稳定局面方面，起了难以估量的重要作用。

第二节　反投机、反封锁、反轰炸

人民政府执政未满十天，一个严重危机——通货膨胀便步步逼近了。这原是国民党留下的祸害。1948 年蒋经国坐镇上海，严令市民交兑金银外汇，连普通女工的银耳环也不能幸免，结果收走黄金 100 多万两，美钞 3000 万元，白银无数，而把巨额的一钱不值的金圆券塞到市民手中，物价何能不飞涨？当年夏季一张大饼已涨到 3 万元，人民不堪其苦！人民政府为扭转这一局面，一入城便以 10 万元金圆券兑换 1 元人民币的比价收兑金圆券，市民纷纷争换人民币。但由于市民吃够了钞票贬值之苦，一拿到人民币又去调换银元，换大米，银元贩子乘机兴风作浪哄抬价格，结果原本 1 块银元值 100 元人民币，一星期就涨到 1400 元。物价飞涨，工厂难以经营，许多产业资本便转化为投机资本，反过来更加剧通货膨胀。如此不消一个月，人民币就会被赶出上海，共产党就会立不住脚。

---

① 取英语“民主”与“科学”的第一声发音，这里指民主与科学。

陈毅深知局势的紧迫。上海物价一失控，天津、北平和江浙几省都受影响，每天有电报来告急催问。陈毅与华东局财委斟酌再三，决定还是“先礼后兵”。

6月5日，财委向上海市场抛出10万银元，以使价格回跌。同时，报刊、电台开展宣传，陈毅也严正警告投机奸商“赶快洗手不干，否则勿谓言之不预”。然而，投机者并不罢手，他们资力雄厚，10万银元被一吸而空。6月7日，银元继续涨到1800元。陈毅决定采取最后解决手段：查封大投机商操纵银元市场的活动中心——证券交易所。6月7日晚的中共华东局会议，邓小平主持，对行动方案作了最后研究，赞成陈毅的意见：干掉它！报告中央后，毛泽东主席亲自回电话表示赞同。

6月10日上午10时，两营部队和400名便衣公安人员分五路出动，突然包围了八层高的证券大楼，向正在楼内进行投机交易和其他活动的2000多人宣布了命令：立即停止一切买卖，不许进出，禁止打电话与外界联系，原地等候讯问搜查。各组工作人员迅速进入各房间搜查。在“厚生证券号”经纪人的办公室里，光操纵行情的电话就有25部，夹墙里还搜出几十块黄金。大楼里的清理盘查工作持续了两天一夜，许多正当商人经盘查后先后释放，最后只将250名投机主犯扣押带走。这期间，大楼外观者如堵，市民莫不拍手称快曰：“大亨鼠坍台了！”“共产党到底厉害！”

这场干净漂亮的突击战，霎时传遍上海，震动全国。第二天，银元“袁头”从2000元猛泻到1200元，大米跌价一成。第三天米价再跌一成，食油跌价一成半！——可以想见提着米袋，拎着油瓶的市民们见此情景会何等喜悦。

“银元之战”，成了人民政府与上海旧经济势力交锋中取胜的第一个回合。

一波未平，一波又起。帝国主义势力也在酝酿新的动作。6月17日，陈毅在市政府一次政务会议上提醒说：“帝国主义对失败并不甘心。他们知道上海困难，没有原料，也缺乏粮食，因为火车船只都不够。没有棉花上海二百多万纱锭就不能开工，认为我们非依靠他们不可，竟提出我们的新政协是否要他们参加！我们置之不理。要注意，他们到处钻空子，肯定还会从各方面整我们！”

六天之后，即6月23日，蒋介石对我实行海上封锁。他们利用尚未解放的舟山群岛控制了东海门户。这一来，各国商船开往上海的航道便被完全切断了。

进口的柴油、汽油立即断绝了主要来源。印度和美国的原棉、南洋的橡胶及许多已买到手的工业原料，搁在各国港口运不进来，私营纱厂存棉量只够十余天消耗，停工的纱厂从5家发展到100多家，正泰橡胶厂这样的大厂也要求停业。杨树浦发电厂是烧柴油的，油源一断，上海将大部停电。另一方面，外销产品又堆积在码头上运不出去。这样下去，正如陈毅所说：“工厂要关门，工人要失业，物价要高涨，市场要冷落，税收要减少，生活要困难。”怎么办？

工商界许多人惊慌了，有人准备跑香港、台湾。这时有个老牌帝国主义国家，说可以用他们的商船帮我们运棉花到上海，但要由他们的军舰护航到吴淞口。工商界有人心动，跑来告诉陈毅，陈毅几乎不假思索地一口回绝了。陈毅说："这是利用我们的困难，想打开我们的缺口。他们过去攻打广州虎门，炮轰四川万县、南京下关，中国老百姓死了成千上万，他又想到我们海域来干什么？中国海域让外国军舰自由出入，还不是出让主权？这扇门决不能开，不能接受这种变相的侵略！"

陈毅及中国共产党人将这一切，看成是摆脱帝国主义控制奴役，争取新中国独立自主地位的一场严重斗争。

反封锁斗争全面展开了。陈毅主持华东局和上海市委首先制定了"反封锁六大方针，五大任务"，报中央批准后向全市人民公布进行大动员。与此同时，数管齐下，采取对应措施：

其一，协助工商业复工复业，渡过困难。缺资金的给贷款，缺原料的贷原料。永安纱厂总经理郭棣活有300多万斤棉花及1万纱锭的瑞士纺机搁在国外出产地运不来，陈毅专门关照银行、铁路、贸易各部门通力协助，甚至专派车皮去香港拉运，千方百计，终于将原棉和纺机全部运到上海。又如，成品纱布运不出去滞销，20支纱每件市价只11万（低于成本），国家就以12万元收购。私营工商业真正感受到国家的扶持。

其二，开展整编节约运动，大力减少开支。陈毅说："要靠我们党员干部自己首先紧缩，拿出二万五千里长征的精神来克服困难。"他首先身体力行，在国民党特务伺机刺杀他的紧张情况下，坚决地将自己的警卫人员从16名减为6名。同时，7月初起，他带头在机关食堂改吃大灶，所有高级军政干部无一例外。领导干部这样与人民同甘苦，自然振奋了群众的斗争热情。7月份解放军指战员省下20万石军粮，运来上海支援反封锁斗争，上海各界群众很受鼓舞。

其三，发挥工人阶级积极性创造性，节约原料，试用代用品。上海电厂烧油，每月要"吃"3万吨。上海市委和陈毅积极支持工人进行锅炉大改装，以煤代油，终于将99.7%的燃料改为煤炭，仅此一项每月就节约大量外汇。耗用汽油最多的公交公司，也研究改用煤气动力牵引汽车。其间有一位朝鲜籍技术员金官奎，因忘我工作患脑溢血猝然病逝，陈毅非常痛惜，亲自交代要开隆重的追悼会并送了花圈。不久，改装获得成功，许多因缺油停驶的汽车都挂上了煤气发生炉，昂昂然奔驰在上海马路上。

其四，妥善处理经济萎缩造成的10万失业工人。政府发救济米，组织他们修海塘"以工代赈"。同时号召在业工人捐献每月工资的1%用做救济。工人阶级表现了顾大局的政治觉悟。

反封锁斗争的结果，纺织业7月中旬只有4成开工，到11月达九成以上，私营纱厂产量增加了75%。机器工业原开工20%，由于解放区日益扩大来了大批定货，增到60%。上海工业终于从萧条困难中挣扎出来，走上了复苏。这个胜利的意义何在呢？陈毅说："帝国主义曾轻蔑地说，共产党人只会管农村，管城市一无人才，二无效率。上海就是共产党的坟墓，共产党下了'海'就会淹死……事实证明我们一定能学会泅水，游到彼岸！"

陈毅市长检阅驻沪人民解放军

7 月 6 日，上海几十万军民举行了纪念“七七”抗战并庆祝上海解放的盛大游行。陈毅军服整齐登台检阅。当游行进行到一半时，一美国人驾车擅自闯入游行队伍，阻断队伍行进，态度蛮横地抗拒交通警干涉，引起群众公愤。陈毅果断下令道：“拘留起来再讲！不管美国人英国人，在中国违反了中国的法令，就可以制裁他！”这位美国原驻上海总领事馆副总领事终于被拘留，老老实实向中方人员交上一份“道歉书”。消息公诸报端，立刻引起轰动。中国这头东方睡狮苏醒了，不可欺侮了。上海市民拍手称快：“过去美国吉普压死人只有对天哭，现在美国领事犯了法也要办他，人民政府有志气！”

当然，维护主权与民族尊严并非盲目排外。早在进上海前，陈毅就向接管干部们强调过这一点：对守法外侨，我们要保护，对外商企业，依中央方针区别对待，逐步接管，时间上有先后，方法上有没收、代营代管、对价转让等几种。对于电、水、公共交通及有利国计民生的工商业，要发动中国职工团结外籍职员继续生产经营。这就使接管稳妥有序，斗争有理有利有节。

但对跑马厅、跑狗场这些洋老板办的赌博营业又不一样了，禁止其营业，又不没收，只征高额地价税款。不到一年，英国老板吃不消了，请求将跑马厅产权无偿交给人民政府。陈毅亲自参与设计规划，将它北边建成芳草如茵的人民公园，南边建成人民广场。同样，后来跑狗场变成文化广场，法国夜总会建成文化俱乐部，哈同花园建成了上海展览馆。一个个外国资本家设立的吸血窟和淫乐场，先后回到人民手中，化腐朽为新生。

从夏天到冬天，经历了反封锁斗争，经历了三次物价大波动的考验，上海经济日渐走向康复发展之路。然而，华盛顿和台北却传来切齿之声。

1950 年 2 月 6 日中午，蒋机分四批袭入上海上空，投下六七十枚重磅炸弹，千百间密集的民房烟火冲天，500 多无辜居民被炸死。然而轰炸的中心目标显然还是美商杨树浦发电厂，这个供应着上海 80%电力的心脏部门被反复轰炸，遭到毁灭性打击，机器炸坏，工人死伤甚多，造成全市性停电。

陈毅立即在市府召开紧急会议，布置抢修、抢救和各种应急措施，调整防空火力部署，并即刻将情况报告中央。毛泽东主席和周恩来总理此刻远在莫斯科。北京和莫斯科都密切关注着上海的安危。

夜幕降临，到处漆黑一片。交通阻塞，工厂停工，坏人趁机抢劫造谣，人心惶惶，抢购囤积的活动遍及全市。然而从市长办公室里，却接连发出一道道镇定果断的指令：通知各区，限三小时内将一切照明和发电设备都动员出来使用；组织全市驻军和警察，今晚轮流上街严密警戒；立即把现有高射火力调到法商电力公司去作重点保护。

陈毅在办公室工作了一夜，守着汽油灯起草了一份给中央的正式报告："……14 万瓩电力今晚全停……我们正集中力量应付目前上海空前的困难。"

天亮后，他披了一件黑色大氅，不顾劝阻，冒着刺耳的空袭警报声，乘敞篷吉普驶往杨树浦发电厂。眼前一片瓦砾，管道断裂，钢梁曲扭，整夜未睡的工人们正在清理废墟，见市长亲临现场慰问，流泪说："我们晓得，现在发电第一！"陈毅与工人、技术人员一起，沿着炸歪的梯子爬到数丈高的锅炉顶，察看输送带破坏程度，计算恢复部分发电最快需用多久。空袭警报响了，市长和大家一起蹲到防空壕里继续研究。"争取 48 小时恢复部分发电，行不行？"陈毅最后问。"行！"工人们拍胸膛保证；"他们有本事炸，我们就有本事修！"

当日下午，陈毅召集一系列紧急会议布置反轰炸，又赶去沪东医院看望受伤工人。晚上，历时五天的上海工人代表大会闭幕，1500 多工人代表分好几处聚餐。秘书长见街上一片漆黑，劝市长去一两处看望一下就行。陈毅却说："今天这么个时候，我都要一个个跑到，见见大家。"结果每个聚餐的场子都跑到了，在明亮的汽灯下向工人们祝酒："反轰炸斗争一定胜利——他们有本事炸，我们就有本事修！"

这一夜，是上海工人阶级团结战斗之夜。满眼血丝的电厂工人在机房抢修；外厂工人赶来清理废墟；刚下夜班的女工冒雨前来缝制防空沙包的麻袋；凌晨 4 时又赶到 100 多个强壮的码头工人，人人扛起 200 多斤重的沙包一趟趟地小跑。锅炉终于修好，可煤炭输送带还未修复，发电一分钟也不能延误！工人们挨个爬上高梯，硬是用双手传递将一筐筐煤块送到几丈高的炉顶加料口。

电灯亮了！千盏万盏，在黎明的阴雨之中闪烁。陈毅看着手表，这是 2 月 8 日上午 7 点 5 分。这就是说，工人们只用了 42 小时，比预定时间提前了 6 小时恢复了发电！

反轰炸取得初胜，陈毅却不能松口气。尚有 70%的电力未恢复呢！

上海工商界在轰炸前认购公债相当踊跃。炸弹一扔，刚刚恢复起来的生产遭受了打击，恐美病又流行。2 月 9 日晚上，陈毅特地召集工商界知名人士开会，直

1950年2月6日，陈毅视察被国民党空军轰炸后的杨树浦发电厂

率地说："你们没有理由给美帝国主义、国民党的几架飞机吓破了胆嘛，否则就中了他们计了。你们应赶快与厂里工人商量恢复生产。发电厂由我们负责恢复。困难当然多得很，要靠团结协作来解决。"他最后充满信任地说："我们的产业家们，解放以来有很可观的进步，我们不能妄自菲薄，要和全市人民一起奋斗！"

政治大动员在上海各界追悼"二六"轰炸死难同胞的大会上达到了高潮。陈毅以激愤昂扬的演讲，号召600万上海人民"在美蒋轰炸中经得起考验，更勇敢地站立起来！"这以后认购公债掀起了新热潮，工商界仅棉纺业就超额认购82万份，申新系统认购60万份。南洋橡胶厂生产大士鞋时水箱断水，工人们硬从井里一桶桶拎水传上去保证生产。因缺电，厂里一周只开三个夜工，工人们自觉赶做抢做，产量反比以往开全工时增加25%。

2月14日，毛泽东与斯大林签署了《中苏友好互助同盟条约》。斯大林立即给予中国方面有力的防空支援，华东防空军高炮部队也迅速建成。

自3月14日至5月11日，解放军驻上海的防空部队先后四次抗击入侵之敌，击落美制蒋机五架，迫使其减少了对上海地区的骚扰。

然而，"二六"轰炸造成的灾害仍未结束。旧历年关将近，物资缺乏，人心浮动，谣言乱传，从大投机商到普通市民出于种种动机，又一次掀起抢购风。人们认定春节后初五开"红盘"的日子，物价必定狂涨。经历了前三次物价波动的锻炼，陈毅与财经干部们已练出几"招"。节前陈毅就忙于同财委制订方案，请求中央火速大量调拨物资，组织水陆运输……直忙至春节过完。

大年初五一开市，投机商们来势汹汹张开大口，国营公司供多少货他吞多少，专等货源告绝价格飞涨。不料此番国营公司供货源源不断，价格纹丝不动，仅仅几天，投机商们钱囊见底，仓库堆满，国营公司物资依然充足。初九陈毅接到财委报告："大老板们吃不下了，想朝外吐了，价格开始下跌。""好！"陈毅说："让那些屡教不改的投机商破点财，吃点苦头！这对工商界大老板们也有教益，让他们放弃投机心理，安心搞好生产。"

上海第四次物价上涨之风很快以私营银钱业倒闭一半、投机商行倒闭十分之一为代价，偃旗息鼓了。如果说打击银元投机用的是行政强制手段，那么这回完全是用经济斗争手段。从"二六"以来一直少眠缺寐的陈毅，至此方睡了一个好觉。

第三节　团结各方，除旧布新

上海的接管顺利完成，中央表示满意。陈毅有何体会？——"我个人对市政工作也没有把握，只能稳步前进，量力而行，采取宽大的接管方针，团结多数人在我们周围。"

"团结多数人在我们周围"，这是中共领导中国革命的胜利之本，是陈毅对上海工作最突出的贡献之一，然而将其付诸实行，谈何容易！首先就遇到和民族资产阶级的微妙关系。8月，正是敌人封锁、物价波动、劳资纠纷迭起的困难阶段，上海工商界代表人物荣毅仁和刘靖基两人提出要请陈毅市长去家里吃饭。去不去？陈毅请干部们讨论，有人主张去，有人担心影响不好怕犯错误。陈毅笑道："吃饭也是做工作嘛，我看可以去。怕犯错误把自己手脚捆起来，我才不干！"结果，陈毅不仅带了刘晓等领导干部同去，还将张茜和孩子们也带去。他有用意：要与布尔乔亚[①]们"交朋友"。

中共与中国民族资产阶级之间建立的这种"朋友"关系，是以毛泽东为代表的中国共产党人基于中国国情的重要创造。七届二中全会决议又提出："在革命胜利以后一个相当长的时期内，还需要尽可能地利用城乡私人资本主义工业的积极性。"这正是陈毅"交朋友"的理论依据。他看出荣毅仁请吃饭，是"投石问路"。当时荣氏企业处境很不妙：在国民党搜刮下企业损失惨重；海口封锁原料涨价；企业大部资金被家族成员抽出带走；工人不断要求资方发放欠薪……政府会真心帮助他解决这些困难吗？他有疑问。

陈毅摇着一把大葵扇欣然赴宴，拉家常问情况，亲切坦率，谈笑风生，虽未讲政治道理，但疏通了彼此间的感情，影响很大。

工商界一大难题是劳资纠纷，6、7两月发生两千余起。陈毅说："解决这问题好比救火，不能用纸去包火，要从起火根源上去控制这火。"这就是指资本家多年虐待、剥削工人所造成的阶级对立。比如工人要求废除"抄身制"，纱厂经理想不通，说"这样纱厂还不被偷光"。陈毅不强令不压服，亲自登门谈心，从自己在法国当工人的体会谈起。说：老板把工人当奴隶，工资太少无法养家，工厂赚了钱对工人毫无好处，他为什么不朝外拿？现在中国不同了，工人做了主人，有觉悟，你用我们的办法试试看，废除抄身制，有困难多与工人商量着办，

---

① 英语"资产阶级"的译音。

相信能办好。中肯的劝导起了作用，不久各纱厂都取消了“抄身制”，工人们热烈庆祝。经理们后来惊异地发现，车间里每公斤棉花的出纱率倒比以前提高了。他们受了一次教育。

另一方面，也要做说服工人的工作，顾及资方实际困难，不要逼得资方关厂。有一回某厂女工索要欠薪包围了总经理家，陈毅亲自布置专人前往处理，劝回女工，并研究给该厂以低息贷款以维持生产。其后成立了“劳资协商委员会”，逐步建立工人与企业主的新型关系。

看到人民政府真心扶持私营企业发展生产，看到陈市长常请企业家到办公室去征询意见商讨政策，长期在竞争吞噬的浪涛中挣扎的民族资本家们看到了出路和希望。消息传出，一些出走香港、欧美的企业家萌生了回归之念。10 月初，著名的化工企业大资本家吴蕴初从美国回来了，陈毅热情欢迎。见面那天看到这位昔日“味精大王”已脱去西服换上了新做的蓝色棉制服，陈毅欣然道：“吴蕴老，过两天厂里工人要开会欢迎你回来，你就穿这身新衣裳去吧，这才叫面目一新呢！”请吃饭时，吴蕴初惭愧地提及当年曾任伪“国大代表”一事，陈毅爽朗地说：“那有什么了不起呢，过去在四大家族统治下，你们要发展民族工商业，不能不多方面应付。你们都是组织工业生产很有学识很有经验的人，政府殷切希望你们回来做出更大的贡献！”

不久，前国民党招商局局长、企业遍及半个中国的大资本家刘鸿生也从香港回到了上海。

人回来了，但民族资本家与共产党这对朋友之间，从经济利益、经营方式到意识形态，都矛盾重重、格格不入。陈毅是他们的“诤友”，团结中又有斗争，扶持中又有限制。如 1949 年 7、8 月大米紧张，投机商大抢大囤，一些工商业家也借款抢购，米价涨到 6.5 万元[①]一石，陈毅请来中财委陈云给工商界谈经济形势，明确宣布“政府将从东北等地调 1.2 亿斤大米到上海”，劝大家不要投机倒把。然而投机者仍不信，11 月初涨到 30 万元一石。结果中央统调的粮食果真潮水般运到，每日抛售近 1000 万斤，米价大跌，囤米者只得压价卖出，全市投机米商蚀本一半以上，卷入投机的工商业家也损失惨重。他们领教了国营经济力量的强大，知道跟人民政府“要滑头”是要吃苦头的。当然，陈毅将他们思想改造过程形象地比之为“荡秋千”，这不过是完成了第一次摆动而已。

上海是个鱼龙混杂、无奇不有的大千世界，接管中常遇到些难办人物：如清末民初的老政客；与汪伪政权有牵连的多重身份人物；有名的宗教家、交际花、洋行买办等。陈毅听汇报后指示：“这些人一不去台湾，二不去香港，三不去美国，这表明他们还是有爱国心的，只要没有具体反共行动，都应该用。学有专长的还可以重用。出了问题我来负责就是！”

市府办公室女秘书朱青是上海人，抗战时期参加了新四军，因为父亲曾是国

---

① 新人民币 1 元折合老人民币 1 万元。

民党官员，此次进上海一直未回家。陈毅知道了说：“你是共产党员，为什么你不相信你能影响你的亲属，反而怕人家影响你呢？”朱青回家去了。她哥哥在公用局当技术人员，一天她见小侄子唱“共产党我们永远跟着你走”却被哥哥一巴掌打去骂道：“饭碗都要打脱哉，还唱啥‘跟你走’！”朱青觉得哥哥思想太落后，不料陈毅听罢此事说：“他讲得不错呀，没有饭吃了还怎么叫人家跟你走？”原来机构精简，她哥哥怕丢饭碗。陈毅对朱青说：“人家讲怪话，说明我们在工作上有漏洞有缺点。”几天后在会议上，他专门强调了要保留学有专长的旧人员问题。

1949 年 9 月，陈毅赴北京出席中国人民政治协商会议第一届全会，又在天安门城楼上参加了 10 月 1 日新中国成立的开国大典。怀仁堂里各阶层各民族代表共商国家大事，天安门广场万众欢腾共庆祖国新生，这些富有历史开创意义的场景更使陈毅感到“团结大多数人在我们周围”的重要。毛泽东主席在政协会议上讲过一句话：“不可使‘一人向隅，举座为之不欢’。”陈毅印象很深，回上海引用过多次，要使“举座皆欢，人人心情舒畅”。

当然，对这一思想也有些干部不能理解。陈毅去京开会原住北京饭店，听说傅作义先生没住处，便立刻腾房子给他，自己住进中南海一所尚未修缮的旧平房。许多干部听说后议论纷纷，联系到国家给民主人士、起义将领、工商业家以甚高的职位待遇，也有怨言：“早革命不如晚革命，晚革命不如不革命，不革命不如反革命”等。陈毅批评道：“把共产党员的水平降低了去羡慕党外人士，是倒退的可耻的。你一定要住洋楼，可以，我马上给你开张条子去住上海大厦，可是对不起，你的党籍要开除！”

有段时间，起义将领吴化文住在上海，山东群众派代表来沪请愿，要杀吴化文以惩其过去残害山东人民之罪行。陈毅得知后明确指示：“坚决说服这些群众回去。吴化文听从我们党的劝告而起义，否则解放济南我们要多牺牲几万人。他有功，杀了他只能使我们党失信于天下，这对人民有什么好处？”群众代表被劝走了，而吴化文等人则受到了强烈的震动和教育。

上海市文史馆、参事室，原先安排了三十多人。陈毅说：“太少了，人数加个零。”扩大十倍，上哪找人呢？向下要，各区统战部迟迟报不上来，这个不合条件，那个历史有问题。陈毅最后发了火：“你们这些人，连蒋介石都不如，蒋介石还把段祺瑞一家养起来呢！怎么会没有人？上海三教九流、遗老遗少，国民党的军政人员多的是，一人每月给八九十或一百多元生活费，我们养得起的。每月组织他们学习两次，来受你的教育，有什么不划算？我看这样做有个最大的好处——可以减少一些反革命！”

这些，都说明陈毅在贯彻统一战线政策时具备的魄力和勇气。只有决心解放全人类的共产党人，才敢于并且能够这样广泛地团结人，组成浩浩荡荡的队伍去完成伟大的事业。

这种团结并非一味迁就。在涉及重大政治原则时他能立场鲜明地做工作。有次座谈会上一位老先生反映别人讲共产党“上层好，中间少，下面糟”，他立即指出：

“我们对朋友的话总是虚心听的，但这三句话我不接受。”他举事实谈道理，讲了“上层”与“下层”的辩证关系，使听者心悦诚服，也提高了党外朋友的思想水平。

“不要对什么都采取绞杀态度。在剧团、影剧院等的整顿改造问题上，有些人批评夏衍手软，是很不妥当的。”这是陈毅在一次部队文艺干部会议上的讲话中指出的。上海是个文化都市，有几百家戏院、书场以及其他游艺场所，直接间接以此为生的人大约有 30 万。有人主张停演旧戏，搞接管关闭，而埋怨夏衍手软。陈毅说：“如果现在就把什么都反掉，痛快是痛快，却会使 30 万人没有饭吃，人家就会到市政府来请愿，打破你的脑壳！（笑声）把什么都反掉，是容易的，从实际情况出发逐步地改，就不容易。”

上海文化事业得到中央特别重视和关注，早在于伶从香港转经北平去丹阳时，周恩来总理就亲自找他谈过上海文化界接管问题：“不要看上人家大光明电影院，不要接管，不要抢过来。主要是人，把人都团结起来就好办了。”陈毅正是贯彻了这一意图，对之采取“保存下来，逐步改造”的方针。

旧上海有个交响乐团，军管会成立后有人提出解散它，“花钱养这么个洋玩意儿没用”，陈毅却指示保留：“交响音乐是全世界共同的艺术财富嘛，上海这样的城市应有一个自己的乐团。”老乐团楼下是个嘈杂的菜场，不利排练，在陈毅关心催促之下终于搬进一所幽静的花园楼房。青年音乐家黄贻钧作为乐团的第一个中国指挥登台演出，陈毅热情支持祝贺。甚至在一次为中共的党代会演出时，有的人听不懂交响乐而中途离场，陈毅下令锁上剧场门不许退席，告诫大家要尊重演员的艺术劳动——艺术家们闻此何能不感奋呢！自 1881 年建团以来从未演奏过中国乐曲的交响乐团，第一次演奏了《新四军军歌》和《秧歌舞曲》。

当时上海民乐界的第一把琵琶，当数早年留学美国的卫仲乐先生，人说他性格怪僻，陈毅却与他相处甚洽，周瑟秦筝，胡笳羌管，陈毅似乎都有兴趣。知音难得，卫仲乐找到陈毅这样一位知音，终生引以为幸。而陈毅正有心要成为各种艺术家、文化人的“知音”。他很明确：上海文化界千富万富，最珍贵的财富还是人才。著名学者们，有的比陈毅年长数十，有的当时对共产主义并无信仰，诸如沈尹默、张元济、熊佛西等，陈毅都与他们交了朋友，既从他们身上汲取知识智慧，又从生活、工作上给予关心，与此同时引导他们不断弃旧图新，自觉自愿改造某些旧的观念。

在推进上海新文化事业的发展上，陈毅是不遗余力的。苏北籍工人平民爱看的淮剧受冷落，他亲自提倡扶持。新成立的上海电影制片厂想搞中国第一部彩色片，苏联专家摇头，大家仍决心上《梁山伯与祝英台》。陈毅大力支持，灯光设备不够，下令将防空部队探照灯调来，但必须每晚拉回以防空袭。胶片洗印发生困难，一位年轻大学生发奋研究，反复试验，终于成功。请陈毅去看，只见银幕上花红叶绿，彩蝶双飞！陈毅热烈鼓掌，不胜高兴，晚餐时端起杯子亲自跑去向这位青年碰杯：“谢谢你，小万同志！帮助我们解决大问题了！”这种对于发展繁荣文化事业的满腔热忱，自然变成了对广大文艺工作者的召唤、激励和推动。

光色变幻的霓虹灯在闪烁。赌场、按摩院之多，上海为全国之冠。更有大小妓院几百处。有个干部入城后数过，从四马路走到爱多亚路（今延安路），街上共有764个妓女！上海流氓更多，聚赌抽头、拐卖人口、贩卖毒品、偷盗、绑票等，都和流氓集团有关。公安局报告的材料说：接管上海的头20多天里已发生重大抢劫案50多起，捕获匪徒500余人，此外还有重大盗窃案、纵火案、伪造人民币案、冒充人民解放军奸杀外侨案……

这就是陈毅所面对的旧上海。解放了，但繁衍在这土地上的毒菌还在散播腐臭。

流氓帮会是旧上海一大黑暗势力。下层各行各业都有“霸”。扛码头的有“码头霸”、偷钱包的有“扒窃霸”，还有“菜场霸”“人力车霸”“粪霸”……这些流氓集团以青帮、洪帮为主，成了上海底层社会的实际控制者。对此，中共华东局在进城前早有准备，通过潘汉年与逃去香港的帮会头子杜月笙谈妥，接管后他们不动，我们不杀其上层。入城后，陈毅又亲自派干部找到留在上海的黄金荣，要他按政府法令办事，并管束门徒，不得再为非作歹。80岁的黄金荣唯唯从命，并将手下所有大小头目的花名册呈交给军管会。后来，一批罪恶深重、民愤极大而又继续作恶的流氓恶霸如“江北大亨”“码头春宝”等被先后正法，刑场周围几千群众放鞭炮庆贺。不出两年，盘踞上海半个世纪以上的黑社会势力，便基本肃清。

妓女，解放时登记在册的近2000人，未登记的暗娼就不计其数。妓院封闭了，街头暗娼却难禁绝，有个晚上甚至拉客拉到陈毅警卫员头上了。再三研究，陈毅同意民政局、公安局送来的方案：派便衣上街“钓鱼”，“钓”到一个送上车一个。结果几天下来，漕河泾妇女教养所里就收容了近4000个妓女。入所第一件事是逐个为她们全面体检，结果发现70%以上都患有性病。一笔不小的外汇费用报到陈毅面前，治梅毒用的青霉素当时全靠进口。美蒋封锁，要从香港转口，价钱更高。陈毅说：“不管花多少钱，也要治好她们的病。别的地方可以省，这笔钱不能省。”他又说：“对她们这些人，我们有几条：一是给治病，二是治好了给职业，三是参加工作以后各单位要照顾她们的婚姻问题。”这些多少年被任意买卖、蹂躏、遭人鄙弃的女性，第一次得到了真正的同情和关切，许多人感动得哭了。

尽管教养所里的新生活很多人一时难以适应，怨伙食差，嫌劳动累，尽管一度有坏人造谣“政府要把妓女送到西伯利亚去”引起惶乱，但新的享有人的尊严的劳动生活，毕竟逐渐吸引了她们。她们有的学会了技术，转去纱厂当女工；有的到苏北安家落户；有的后来还当了干部。短短的一两年内，上海街头的妓女硬是绝了迹。这不能不使西方世界为之惊叹折服。

上海的棚户区“滚地龙”是有名的。沪西有个“药水弄”，陈毅亲自去看过了，还同破衣垢面的居民们谈了话，又请专管城市修建的工务局长赵祖康去看。赵局长看后不禁叹息：这里四周烟囱喷灰吐雾，化学品气味冲天，猪棚似的小屋七歪八斜，没有路灯、自来水，也没有道路、垃圾箱，死老鼠、烂菜帮泡在脏水沟里……陈毅在赵祖康面前摊开市区地图。市府已布置专人作了全面调查。陈毅指着一大片密麻麻标明的黑圆点说："像药水弄这样的棚户区，全市大大小小300多处，再加上几万户零星棚户，居民近百万。就是说每6个上海人中，就有1个住在这样的地狱之中！"他和赵祖康及干部们反复讨论，在目前经济困难的情况下，先解决棚户区吃水、用电及厕所问题，以后再逐步改造。

赵局长亲自带领扛着标杆的测量队来到了药水弄，改善棚户区的工程在上海全面展开。填坑修路，铺设水管、下水道，植树装灯，建立公共厕所……四年之内，全市有180多处像药水弄一样的较大棚户区，由国家投资进行了改建。1952年，第一个工人住宅区——曹杨新村拔地而起。新楼成群，绿荫夹道，还有学校和商店，这在上海在全国都是第一个。陈市长曾多次去新村看望工人家庭，并亲自布置继续建造。

上海在变！没有了烟馆赌场，没有了舞女妓女，青、洪帮销声匿迹，社会风气日益健康向上，人们亲眼看到了化腐朽为新生的奇迹。

波兰一家报纸说："解放了的上海，再也不是'世界污水沟'了。"印度《实业报》主编拉吉积绍·辛格来上海参观，漫步街头与市民们谈话，回去后写了专稿《上海的奇迹》，其中赞叹道："新的人民政府管理下的上海，是东方的骄傲！"

陈毅的女儿是1950年在越变越清净的上海降生的。连生了三个儿子，"男声齐唱"，未免单调，第四个终于是女儿，姗姗来迟，小名就叫姗姗。姗姗能凭窗远望时，她爸爸治理的上海是美丽的。

第四节　利用，限制，改造

与资产阶级又联合又斗争，是中国革命的一大特点。党内路线错误的发生，或是"左"倾或是右倾，都直接间接地体现在与资产阶级关系问题上。因此就可以理解为什么建国后每当国内经济战线发生大的矛盾斗争时，陈毅作为资产阶级最集中的上海市的市长，总处在"风口浪尖"之上。

1950年3月，为彻底扭转十多年来通货膨胀失控的局面，中央实行财经统一，物价开始稳定并有大幅度下降。物价一降，人们便不慌买东西，通货膨胀促成的虚假购买力消失了，产品滞销，企业家蚀本严重；数月前认购的公债反倒升值，增加了缴款的困难；加上国家加紧税收，资方负担加重，严重的危机开始威胁上海。2月份关厂53家，关店349家，劳资纠纷592起。工人店员发不到工资无力支付孩子们的学费，预计3月份开学后全市私立中小学将有30%要停办……陈毅知道国家经过25年战争，经济已百孔千疮，收公债纳税款涉及国家全局利益不得动摇，可是——

税务局长报告：补税增税的款子收不上来，资本家赖账的、哭穷的、自杀的、假自杀的都有。大企业家刘鸿生来信诉说：公债买了十几万份，现要交款，还要纳税、补税、发工资，存货卖不动，资金没法周转……干脆把全部企业交给国家算了，办不下去了。陈毅接见问需贷款多少能维持？答曰：200多亿。陈毅应允加以考虑。但其他成千上万企业的困难怎么办？不断有厂店倒闭。资本家被索薪的工人包围，有的资本家就煽动："我的钱都交税买公债给政府拿去了，你们找政府去要好了。"有的店关门停业，门外写"关店大拍卖，为了交公债"。有的职工拿不到工资就分厂分店，甚至发生了抢糕饼铺、游行请愿、撕毁领袖像的事件。

这时，中共上海市委统战部开会要派人去京参加全国统战会议，陈毅特地赶来嘱咐道："资本家交税买公债是完全应当的。国家财政收入要平衡，这是人民最高利益，决不能含糊。但是挤牛奶不可以把牛挤死。现在是阶级关系紧张。你们去北京开会，就要反映这方面的真实情况。"

然而，上海的局势使陈毅感到还有必要由他亲自向中共中央和毛泽东主席报告要求减缓税收公债。他思虑再三，对报告怎样写心中仍感无把握。忧虑何在？三个月后在中共七届三中全会上他说明了当时自己的心情：

"最近，就是 2 月轰炸、3 月搞公债税收，这段时间最紧张。……这个紧张主要是跟民族资产阶级的关系和民主党派的关系，同时发展到跟工人学生的关系。究竟是共产？还是搞社会主义？还是坚持共同纲领？这是一个很大的政治问题。我们过去收税比较轻，多照顾，进步比较慢，量力而行，究竟是正确的还是不正确的？我们发生了动摇。是不是代表资产阶级呢？照一照镜子并不十分像，搞得很恍惚，精神搞得很不安。"

但作为一个经历了 30 年斗争锻炼的马列主义者，陈毅最终还是认定："讲真话，天不会塌。"3 月 12 日，他亲笔起草并以个人名义向毛泽东主席并中共中央发出了第一份反映上海困难情况的报告，数据翔实，预言"3、4、5 三个月尚有可能更严重的停闭"，并建议"上海负担 5000 亿元税收任务必须完成，但步骤上应作详细考虑"。具体包括：交公债限期延至 4 月底；税收责成本年完成，不必每月逼催逼交；不得已时政府应负担部分失业救济；对私人资本资金周转和定购方面应考虑必要扶助。

电报发出，中共上海市委、华东局又连续召开工商界人士座谈会，陈毅与谭震林等一起出席，听资本家"踊跃诉苦"。他们认为资方所提出的要求政府给以代纺代织和改进税收具体方法的意见，应适当考虑。3 月 24 日，陈毅将上述情况和意见第二次电告中共中央。同时，他开始将注意力转到税收问题的争论分歧上来。

3 月份上海税额增至 5000 亿，但实收税款竟达 5800 亿，超额 16%，显然用力太猛。在陈毅召集的华东财委和市府总党组干事会的联席会议上，个别税务负责干部主张"查账重罚"、"鸡蛋里挑骨头"。甚至说："什么政策不政策，把资本家搞光了也没关系，迟早我们还是要把这些企业收过来嘛！"陈毅对此进行严厉尖锐的批评："强征苛索，挤垮人家，这不叫社会主义，叫做'左'倾幼稚病！过去民族资产阶级和我们党合作抗日、合作反蒋，现在人家不跑掉，合作恢复经济，凭什么挤垮人家？"他愤然道："这叫做过河拆桥，叫做不要朋友，不要人家拥护。政治上很不利，经济也会造成很大破坏，马上会鸡飞狗跳，社会大乱！"他最后意味深长地指出："有人反右很勇敢，就是不敢反'左'，引号中的左，为什么不可以反对呢？我党历史上立三路线和第一次王明路线的‘左’倾，不是使我们党吃过很大的亏吗！我认为：只敢反右不敢反‘左’，并不是一个好的共产党员。”这番话的意义绝不止于税收问题，而是体现了陈毅坚持实事求是思想路线的勇气和政治上的成熟。再加上“讲真话，天不会塌”，敢于向中央直言的精神，这就是建国后的陈毅正气磅礴的政治襟怀。

4月4日，陈毅发出了有关上海经济问题的第三封电函，向中共中央报告党内统一认识的情况。与此同时，毛泽东向全党全国发出了调整公私关系的号召，其中指出：“我们不应该搞得那样紧张，应该放手，应该缓进，把局势缓和下来，这样才能团结大多数来对付帝国主义、官僚资本主义和封建反革命分子的进攻。”陈毅报告中的意见终于得到了中共中央的肯定和支持。因此，当4月15日上海市各界代表会开幕时，虽然已出现300个厂长、经理逃去香港，13万工人失业的严重局面，但陈毅成竹在胸，会前向中共中央、毛泽东主席报告（第四封电函）说：“多年来的毒到目前已到迸发的时候，其困难和紧张是自然的。我们力争转得好一些，力争痛苦少一些。本你的指示精神去办，可以办得下去的。”在代表会上，陈毅正面说各阶层的困难痛苦，比他们自己说得更洞见肺腑。然后再给大家摆细账，讲物价为何能稳定，又讲全国经济大改组中，根除毒疮，必要忍受“一刀之苦”的道理，使人诚服感动。他又深入到小组讨论中去，让大家发牢骚、吐怨气，然后再做解释说服工作，最后使其统一到毛泽东的三句话上：“有困难，有希望，有办法。”此会对扭转消极情绪，缓和紧张局势起了极大作用。会议情况及经验陈毅在第五封电报里向中央作了汇报，毛阅后亲批：“此报转发子恢、小平、德怀诸同志，请加注意。”

5月1日，刘少奇在讲话中专门谈到对上海应特别加以照顾，强调调整公私关系。中财委立即采取一系列“松动”措施：公债尾欠缓交，工业原料补税缓办，私营纺织业进口原棉予以免税优待。在“七大城市工商局长会议”上，又决定扩大对私营企业加工定货和产品收购。5月10日，陈毅向中共中央发出第六封电报，汇报3、4月情况和处理经验，同时请求依据实际情况将6月份上海征税额从4000亿减为3000亿。毛泽东亲笔拟写复电曰：“5月10日报告收到，甚好甚慰。所取方针是正确的。”减税问题“待研究后由陈、薄答复”。并告陈毅6月中旬召开政协全国委员会，讨论调整工商业问题。“你不是全国委员会委员，但有些问题须事先和你商量，请于6月1日来中央一次。”这表明毛泽东主席在决定全国工商业政策时，高度重视陈毅在上海取得的成功经验。这也是对陈毅前后6封电函所包含的求实精神和坦诚作风给予的高度评价。

至此，严重局面已基本渡过了。减税得到同意。5月份国家给上海私营纺织厂的加工数比3月扩大100多倍达6万匹，商业申请开业复业的已有40多家，估计6月份要复业的将接近300家。因此，陈毅5月下旬应主席之召去北京时，痛痛快快剃光了头发，看上去容光焕发。

入城执政的时间一长，干部队伍中出现了腐化变质现象；随着经济形势的好转，资本家当中也滋长了违法投机、偷工减料、偷税漏税以牟取暴利的行为。为了制止和打击这两者，中共中央决定在全国开展“三反”和“五反”运动。

1951年12月陈毅在南京领导了华东军区的“三反”运动。初期，中共中央决定在党内和干部中展开“反贪污、反浪费、反官僚主义”运动时，军区步调较稳，“老虎”抓得不多，受到上级的批评，限期扭转，结果发动群众揭发，一下打出大小“老虎”2万余个，数字相当惊人。陈毅在听取汇报时，对这一战果，不免产生怀疑。后来很快查明绝大多数是“逼供信”造成，乃纠正。其间那些长期压制群众批评，追求生活享受的干部，受到激烈批判，得到应有的教益，但也有相当部分是错打错批的。陈毅自己也向下属干部们作了认真的自我检讨报告，列举自己住房维修，被人借名义贪污等问题，后经群众核实检查，未发现他有任何经济问题。张茜住院时，因衬衣袜子上皆有补丁，谁也看不出她是市长夫人，护士竟将社会上关于陈毅的私生活的传闻讲给张茜听，闹了大笑话。可见陈毅及其家人生活的俭朴。

“三反”运动进入后期，陈毅报告中央说：“我们认为目前已到了应该正面提出纠正逼口供和随便‘搬石头’[①]等‘左’的倾向的时候。”很快对运动中受处分过重、材料不实的人员进行甄别和清理，在干部大会上还亲自向一位受到错误处理的干部作检讨，并当场向他深鞠一躬，表示道歉。

1952年2月中旬，陈毅奉毛泽东之命去上海，领导上海的“三反”及后来为打退资产阶级在经济领域猖狂进攻而开展的“五反”运动。

1950年渡过困难之后，国内市场活跃，抗美援朝又带来大量订货，上海工业品销路大增。1951年中上海资本家赢纯利6.5万亿，获得国民党统治22年中从未有过的高额利润和一定的政治地位。这时他们中的一部分人对自己的历史地位和作用估计过高，对国家的态度起了变化，政治上要同工人阶级平起平坐，经济利润要与国营企业“平分秋色”；并且由于自产自销赢利已大大超过国家加工定货“工缴”数，便千方百计抗拒加工定货；或采取偷工减料，以假冒真的办法，甚至于制造志愿军所用军需品时，加入了污染带菌的低劣敷料和失效的药品，残害了战士生命！1951年11月间，许涤新去北京参加统战工作汇报会，临行前陈毅指示他向总理汇报这些阶级矛盾尖锐化的情况及他认为有必要予以还击的看法。总理在听汇报后说：“陈毅同志对上海阶级斗争的看法，是正确的。他对这个大问题，抓得很及时。我们必须紧紧抓住毛主席关于民族资产阶级两面性的科学分析。上海资产阶级既然翘了尾巴，那就应该狠狠地给予批判，进行斗争。统战工作就是团结和斗争的结合。”[②]不久，在毛主席指示和中央领导之下，轰轰烈烈的“反对行贿、反对偷税漏税、反对盗骗国家财产、反对偷工减料和反对盗窃

---

① “搬石头”，就是把对运动不“积极”的领导干部当做妨碍运动进展的“石头”，调离运动领导岗位。

② 许涤新：《兼资文武此全才——忆陈总领导上海工作片断》，见《人民的忠诚战士》，上海人民出版社1979年版，第485页。

经济情报”的“五反”运动在全国展开。资产阶级最集中之地的上海，自然是全国“五反”斗争的主战场。

1952年2月20日，首先召开工代会。陈毅讲话，发动工人起来揭发斗争。会上控诉了大康药房老板王康年骗取志愿军款子3亿元搞投机，将失效药品供应前线的禽兽罪行。此后，仅全市店员写的检举信就达24万多件。3月25日，陈毅在全市广播大会上宣布“五反”运动正式开始，声色俱厉地告诫资本家老实交代自己罪行，选择自己道路，并宣布全市16.34万工商户，将按实际表现被分为守法户、基本守法户、半守法半违法户、严重违法户和完全违法户五类。

运动大规模展开后，陈毅与中央专派来上海指导运动的薄一波每日听取汇报，将情况拟电报告中央，并不断与毛、周电话联系。陈毅提出一个“两路分兵”的方案，即：将全市303户最有代表性的上层资本家集中起来交代揭发，与群众揭发不见面，“背靠背”，带有保护性质。另一路2000重点户和2万小户则放在区里、厂里，由工人面对面进行揭发斗争。这着棋有高度政策策略水平，中央很快批准。

集中到和平大厦的303户资本家，开始多抱有“笃定过关”，抗拒交代的态度，但经严厉批评，退回“坦白书”重填，以及将工人揭发批判实况的广播接过来听“隔壁戏”，他们的防线步步崩溃了。有人起初交代赃款数为1亿，几天后便“挤”出60亿。刘鸿生所属各企业最后交代600亿，心想共产党无非是朝他们要钱而已。然而他们又错了。尽管在运动“白热化”阶段群众中出现了过火斗争，无限加码的现象，但陈毅一直注意掌握政策：“弦要拉紧才能发音，但拉得过紧就会断。”经过一个月斗争，资本家基本上交代过关，全市“五毒”款数达10万亿。5月初，中央关于对工商户处理的基本原则下发，运动进入退赃定案阶段。有干部主张资本家承认应退赔的“五毒”款数额越大的就定得越重，依此办理则303户中大部将被划为违法户，陈毅不同意。据许涤新回忆，陈毅说：“资本大，加工定货数量大，五毒退赔的数字也必然大。但决不能因此把大中型资本家都划成严重违法和完全违法户。划分五类户也要辩证地看问题，要看情节是否极其恶劣。单纯看退赔数字去划分，不利于党团结多数、孤立少数的策略。”这就提高了干部们的政策水平，基本上准确恰当地划分了5类户。一些退赔数百亿的大户如刘鸿生、荣毅仁、刘靖基等，都定为“守法户”。资本家们称这场斗争是“武戏文唱”。至于退赔数，陈毅在5月3日“五反”处理工作会议上说：“承认多少退多少，不退就斗，这对国家对工人阶级不利。”结果刘鸿生自认的600亿核减定案为200多亿，刘靖基则核定几十亿，只占他自认数的十分之一！他们大感意外，受到教育，表示今后要老老实实从事正当生产，在工人阶级领导下改造自己。

上海“五反”做到了“反而不乱”，取得很大胜利，中共中央非常满意。

总之，整个资产阶级来了一次洗心革面的改造，其过程虽然充满痛苦，但其结果却是推动他们向新生道路上迈进了一步。接下来1953年，上海工商界来了个健康的大发展——几十个行业全都得了“满堂红”——即消除亏损，全部获得创纪录的赢利。工商界人士因此称之为“难忘的1953年”。

1953年秋，经济战线的社会主义改造问题加快提到了中国共产党全党面前。10月5日，陈毅给上海党员干部作报告时说：中央负责同志提出，国家资本主义就是和平转入社会主义。解决民族资产阶级问题是用不流血的和平方法，与他们一道进入社会主义。具体地说，就是实行公私合营，使国营经济占优势，限制剥削，并最终取消剥削。这是党中央力图使中国革命由新民主主义迅速转为社会主义的一次大变革。陈毅在北京参加了一系列讨论贯彻中共过渡时期总路线的会议之后回到上海，向党内外干部群众作广泛深入的传达。上海的第一步任务，是先搞100工人以上的600家私营大厂的公私合营工作，实行加工定货，统购包销，利润分配“四马分肥”（即利润收入35%交税，30%公积金，15%工人福利，20%—25%为资方“定息”）。然而，资本家们对此疑惧很多。

10月10日，陈毅召开华东各地工商界、民主党派代表人士座谈会，指出：“有人对社会主义改造有误解，怕公家把工厂、商店拿了去，把你一脚踢开。这不是社会主义，而是帝国主义。”“国家要工业化，要建设141个大型工厂，不搞国家资本主义不行，这是全国人民最高利益，是大仁政。你那个私营厂小摊摊也要照顾，使你生活有保障，这是小仁政。我希望在座的朋友们，要把眼光放远一点，不要只打小算盘，只图维护现状。国家资本主义不搞则已，搞起来一定有声有色！”然而1953年，公私合营的具体办法中央还未拟定，主要是宣传、说服、协商、讨论，再由点到面逐步推广。陈毅说：“步骤稳健，准备充分，根据自愿原则。”他特别强调：“马、恩、列、斯和毛主席都说，社会主义再好，人家不愿意，不要去强迫，否则就要失败。”

1954年是全国大规模开展公私合营的第一年，扩展合营企业产值23万亿元，超额34%完成原定任务。这一年陈毅主要在北京参与处理高饶事件。接着，在上海主持华东局扩大会议进一步解决饶漱石的问题，并在南京、济南等地向华东军区和山东分局的干部进行传达。9月间，被任命为副总理，仍兼上海市市长。他对上海市的大政方针和重要建设、重要会议仍一如既往地关心、参加。上海市的干部群众也一如既往地把他看作自己的市长。但他对资本主义工商业的社会主义改造所做的工作已是全国规模的了。直到1955年12月初，陈毅才再次回到上海，参加市一届三次人代大会，同时准备将上海工商业社会主义改造运动推向最后完成的高潮。

陈毅首先听取各方情况汇报，又召开两天的干部大会统一思想，批评了那种认为对资产阶级不能和平改造只能没收、挤垮以消灭之的“左”倾思想。他说：资产阶级经过斗争使之变为自食其力的劳动人民，这在马、恩、列著作中确实没有过，但马列主义首先要从实际出发不是教条。日本片山哲先生到荣毅仁家想不到还有沙发、花园，觉得中国和平改造资产阶级确是创举，解决了世界上未解决的重大问题。之后，陈毅又接连两天召开工商界人士座谈会，充分听取他们对公私合营的意见要求。经过充分准备，12月17日晚，陈毅向人代大会作关于公私合营的动员报告，全市160多万人收听了广播，有的资本家不仅自己做笔记，还要亲属子女一起听。在连续5个小时的报告中，他生动有力地讲明了社会主义改造的意义和前景，指出资产阶级改造为劳动者、技术人员、国家干部，将得到人们的尊重。他最后回顾中国百年来政治腐败没有工业力量的历史，号召说："今天我们要实现社会主义工业化，就是实现了我们祖先百年来的梦想。大家要争取主动，赶上这个大时代！"

百万听众中有人感动得流泪，华大正记老板听后就开了家庭会，主动将积蓄的100两黄金投入合营企业。全市申请合营的数字大增，七天工夫便有9462户要求合营，比过去一年中申请的数字还多！至1956年1月4日止，上海全部完成了公私合营的社会主义改造。

陈毅曾说："解放五六年来的上海经济发展史，就是一部马列主义政治经济学教科书。"陈毅付出无数心血汗水读完了它，并且写上不少他自己实践所得的章节字句。

第五节 华东军区司令员

南京、上海解放之时，陈毅作为华东军区暨第三野战军的司令员，指挥着102万人的军队。入城后陈毅肩负上海市长重任的同时，仍以另一肩担负司令员工作。在人民军队的现代化建设问题上，在抗美援朝、巩固边海防建设事业中，皆有他的辛劳和贡献。

1950年6月，当上海刚从"二六"轰炸和严重经济困难中恢复过来时，朝鲜半岛局势紧张起来。6月27日杜鲁门宣布美国全面干预朝鲜战争，上海立即有波动，三天内黄金便由每两120万元涨至135万元。某私人银行前经理说："台湾已在大庆祝了，蒋介石可能反攻大陆，有钱不妨多顶房子，台湾人一回来房钱要涨。"7月7日，从北京开完中共七届三中全会回来的陈毅，在华东局扩大会议传达全会精神时，特别强调了和平建设时期军队战斗意志不能松懈。9月15、16两日，美军终于在260艘军舰、500多架飞机掩护下，以7万余人的部队在朝鲜仁川登陆。美国侵略者来势汹汹，迅速向北推进，战火即将烧到鸭绿江边。面对这种局面，中共中央、毛泽东主席开始作组织志愿军入朝参战的考虑，除了和在京领导人研究外，又请各大军区负责人去京商议。

陈毅动身前，中共华东局连续召开了几次会议。关于出兵问题，有的意见是不宜出兵参战，因中国刚解放，东北刚建设，出兵就要惹火烧身。陈毅考虑却不同，到北京向毛泽东汇报各方意见时，鲜明表示自己主张出兵，并说：我如今虽担负地方工作，但只要前线需要，一声令下我马上可以穿上军装去朝鲜作战！

10月8日，毛泽东主席发布了中国人民志愿军入朝作战的动员令。10月19日，志愿军跨过鸭绿江。10月25日，抗美援朝战争开始。

以上海的地位，理所当然地要在经济上物资上对抗美援朝战争负起重大的支援责任。陈毅及时召集上海各界代表会议，说明中国出兵参战的意义。“大老板”们惶惶不安，认为惹了美国人不得了，放颗原子弹上海要完蛋。陈毅针对恐美、崇美心理，举三年解放战争时美国全力供养蒋打内战为例说：其实那就是和美帝在打，结果他们一败涂地，充分说明美帝国主义是只纸老虎。他以大无畏的语言，号召各界各业群众支援前线志愿军将士作战。上海很快掀起声势浩大的抗美援朝群众运动。市民踊跃捐款捐物，青年学生纷纷报名参军参干，外科专家组成的医疗手术总队奔赴前线……企业家吴蕴初正在复旦大学读书的唯一爱女吴志莲也去参了军。他给女儿信中说：“吾岂能以舐犊之爱，忘却了保家卫国之义，故对你作热烈的鼓励和赞美。”这一行动立即得到陈毅赞许：“吴蕴老这是爱国热情的表现。送子参军在翻身农民是常见的事，但对一个著名工商业者来说就很难能可贵了。”他在华东各省市广播大会上号召：“我们全华东每一个人都要问问自己，为抗美援朝运动做了些什么？”

更重要的当然是部队的战争准备。据当时华东军区副参谋长王德的记录：毛泽东发来电报指示：陈（毅）返宁主持军区工作；华东以美蒋登陆为假想作基础，来部署一切工作；王建安、郭化若负责淞沪警备；福建剿匪限六个月完成。

陈毅坚决而镇定，他在1950年11月初就在上海召开了华东军区的高干会议。据王德记录，陈毅在会上说：“情况发展：第一看志愿军出动后的影响，达到‘以斗争争取和平’（敌我目前均有不愿立即大打因素）；第二可能美军陆续增兵朝鲜，寻求报复或在中国内地另开一个缺口，但也不是马上大战；还需经相当长期准备。决定于朝鲜战争的胜利迅速发展。”所以“领导上要全面长远考虑打算，实施上要有步骤，过早过迟都不利；目前最主要还是‘加紧剿匪肃特’，巩固后方，完成土改”。这样，会议对于政治动员、思想教育、战备练兵（包括陆海空联合训练）、省军区工作、后勤工作、剿匪、肃特、支援土改、建设民兵等一系列工作都作了周密安排。对上海，一方面做必要的疏散准备，一方面又不“成为行动”，“要预防惊慌混乱。华东局不能动。”城市主要是加强防空。总之，陈毅要求既防止麻痹，又防止过分敏感，要求沉着冷静，不过早，不过迟，有部署地有次序地进入运动。对于华东军区的这些布置，毛泽东在电报中说：“我们认为是正确的，请即照此执行。”

陈毅的这种态度，保证了华东军区和上海市既不惶乱失措又有高昂的斗志和踏实的行动。

不久，上海人民和全国上下一起，掀起了捐款买飞机大炮的运动，当时以捐人民币15亿（即后来新人民币15万）为战斗机1架。企业家刘鸿生一人就认捐了10架。至1951年12月止，上海各界人民捐献飞机达450多架，相当6800多亿人民币，超过了原定计划的35%以上。

1951年7月10日，被中朝两国人民打得焦头烂额的美帝国主义，不得不坐到谈判桌边来。在这样的胜利面前，刘鸿生禁不住落泪了：“我现在才相信毛主席、陈市长的话，美帝国主义确是一只纸老虎。”

在抗美援朝的同时，镇压反革命运动也全面展开了。上海镇压反革命、肃清特务的工作，原是饶漱石抓的，进展很慢，受到中共中央的批评。现在，陈毅来管了。前线在打仗，蒋军又在台湾蠢蠢欲动，国民党遗留和派遣的大批反革命分子、特务分子作患于内部，造成种种祸害。暗杀、爆炸、纵火、盗窃情报事件不断发生。陈毅 1951 年初就指出："现在一批死心塌地的反革命分子闹得太厉害，要坚决镇压。"4 月份他视察福建归来，毛泽东主席给中共上海市委发来电报："在上海这样的大城市，在春季处决三五百人，压低敌焰，伸张民气，是很必要的。"陈毅根据这个指示，立即充分发动群众检举揭发，向敌人张开了天罗地网。

4 月 27 日夜，全市实施了一次突击搜捕。搜捕行动由居民区治安人员和基本群众带路，由公安人员、解放军战士组成小组，分赴各马路各里弄，深夜突袭预先侦查监视好的对象。陈毅事先特别交代不要惊动市民，并亲自乘吉普车来回巡视。至清晨 4 时，全部结束，果然邻里不惊。这一夜逮捕了 10058 名反革命分子。逮捕名单是由群众检举、公安局审核，再经基本群众讨论，上下几经查实才确定下来的。天亮时，陈毅打电话询问犯人连夜审查情况，公安局副局长说只有 7 人属可抓可放之列，陈立即指示将 7 人释放回家。紧接着他召集了政协、人代会和政府委员联席会议，公布进行镇反搜捕情况，讲明政府的方针政策，指出"对坏人的宽容，就是对好人的残忍"。得到各界拥护赞同。这以后，根据毛泽东"可抓可不抓者坚决不抓；可杀可不杀者坚决不杀"的指示精神，将一些血债累累民愤极大的反革命分子、匪首、特务、恶霸一一正法，还有一大批分别轻重判处了徒刑。对坏人的坚决镇压，使市民称快，保证了社会秩序的安定和经济生活的顺利进行。

自从 1949 年 7 月华东军区和三野合并以后，司令部由上海迁至南京。陈毅任华东军区司令员、军区党委书记，频频往返于沪宁之间，兼顾上海市和华东军区两方面工作。

全国进入了和平建设时期，而抗美援朝战争正在激烈进行，军队仍有艰苦的作战任务，并且面临新的课题：解放沿海岛屿、剿匪、组织志愿军轮批入朝作战，巩固东南沿海防务，整编复员，建设海、空军及其他现代化兵种等，但陈毅认为最重要的是提高干部的军事理论和文化科学水平，以建成一支高度革命化现代化正规化的强大国防军。因此，当刘伯承领受了中国人民解放军第一所军事学院的组建工作来到南京以后，得到了陈毅及华东军区毫无保留的热情支持。刘院长要干部给干部，要房子随便挑。他俩亲密的战斗友谊始于 25 年前的顺泸起义至中原而高度成熟，现在又配合默契，协力建军。军事学院成立之日，陈毅受中央军委的委托，在成立大会上致训词，并将一面军旗授给刘伯承院长。1951 年 6 月，他们选择与朝鲜地形相类似的临淮关地区，共同检阅了一次由坦克兵、炮兵、空降兵、工兵等诸兵种合成的步兵师河川进攻战演习，探讨了现代合同战术的指挥与实施。

为检查福建沿海的海防备战工作，1951 年 3 月，陈毅率军区工作组到福建视察。15日狂风大雨之夜，陈毅亲率工作组分头突击抽查了一个三人观察所、一个炮连阵地及一个步兵连防御阵地，结果成绩优良、令人欣慰。然而陈毅却病倒了。他略事休息，又带病观看了二十五军一个营的村落防御和山地进攻演习，对司令部，各级指挥及单兵动作，都作仔细观察和评定。如此一路抱病而行，每到一处还与党外人士谈话，介绍朝鲜战局，全国土改、镇反情形，并听取他们意见。民主人士皆反应热烈："没想到陈司令员这样坦白诚恳，国家大事都向我们交底，确拿我们当自己人看待。"在集美，他还专程拜访了著名爱国人士陈嘉庚先生，支持并研讨了修筑厦门海堤使之与大陆通联，以及修筑鹰厦铁路两项大建设工程。此行经过深入细致的实地考察，对福建军政工作推动很大，不仅传达了中央22个月来各项重要指示，而且检查落实了海防、剿匪、肃反诸项任务。其中仅工作组实地帮助后勤部门审核构筑海防工事开支一项，就从2000亿元核减为1300亿元，节省700亿元经费。

1951年6月18日，陈毅（左）与刘伯承审定步兵师河川进攻战演习方案

1953年12月，陈毅再次来到北京，参加全国军事系统高干会议，总结全军四年来工作及决定今后建军上一些重大问题。陈毅在发言中着重检查了华东军区四年工作的缺点方面，并驳斥了那种认为人民解放军曾以劣势装备打败美蒋，因此学习苏联现代化军事经验技术无甚必要的说法。他不仅讲到要积极学习苏军的先进经验，还强调"学习苏联必须结合实际，逐步地学"。陈毅指出：我军多年来以夺取敌武器装备自己，故能达到与敌装备接近或悬殊不大，同时由于指挥英明，战役战术上形成了以多胜少以优胜劣局面，才将敌打倒。而世界自然科学界每一进展，都必然在一定程度上引起军队武器与战术的改变。和平时期无法缴获外军新式武器，而某些远程武器根本无法缴获，所以必须大力发展国防科研、国防工业，学习现代化作战的理论和战术技术。

第十二章　到中央工作

第一节　“事久见人心”

就是在全国军事系统党的高干会议时，1953年12月，陈毅的人生旅途发生了重大的变化——十多年来一直在明里暗里“整’陈毅，破坏他和华东同志、中央同志关系的饶漱石，其野心家、阴谋家、伪君子的真面目终于被揭露了。陈毅与中共中央主要领导人之间的人为障碍排除了。

陈毅到达北京的第四天，就被毛泽东找到西郊玉泉山新建的别墅去谈话。

陈毅与毛泽东的来往，相对来说是比较随便的。陈毅常向熟人谈起1949年中华人民共和国成立前夕的一件事。那次他到北京参加全国新政治协商会议，当晚去看望毛泽东。毛泽东见面就说：“对不起啊，我没来接你。”陈毅很感意外，他从来没有过要毛泽东亲自去接他的念头，便问“怎会有这么个问题呀？”

毛泽东说明，他亲自到火车站去迎接过宋庆龄、张澜、李济深、程潜，没有顾得上去接党内的一些老同志。

陈毅哈哈大笑。毛泽东也笑了。

不过这次玉泉山谈话，一向直爽的陈毅却没有一开始就说真话。因为毛泽东在询问了华东执行总路线的情况，谈了农业互助合作运动和国家领导体制以后，忽然向陈毅问起他所了解的饶漱石的情况来。饶漱石长期与陈毅对立，近年来陈毅更发现他的许多问题；但是此人当时已调来中共中央组织部任部长，他和中央主要负责人之间当前的关系如何陈毅全不知情。延安时毛泽东为维护团结制止他谈饶漱石的情景犹在眼前，因而陈毅觉得不宜直捅出来，便按在一般情况下尽量说同级干部优点的习惯，说了几句。却见毛泽东表情淡漠。陈毅告辞出来，遇到中央机关的一位主要负责人。陈毅因为心有疑问，便对他说起此事。那位负责人说：“主席问你，是为了听你说真实情况！”陈毅深有触动，当即回到毛泽东房里，向他说明自己的思想过程。据陈毅的《流水日记》载，他把自己所接触所怀疑的饶漱石的言行和盘托出。

从后来陈毅在华东局扩大会上揭发的许多事实来看，最使陈毅反感的是饶漱石近年来常在陈毅耳边说刘少奇的坏话，说他自己很早就拥护毛主席。他看到刘少奇不行了，就想表明他不是刘少奇培养的。陈毅当然清楚，刘少奇离开新四军回中央，由饶漱石接替刘少奇代理了华中局书记、新四军政治委员，使他从此掌了华东大权。现在他竟把矛头对准刘少奇，实在使陈毅寒心！

陈毅倾吐真情以后，毛泽东点头欣赏，并把已经掌握了的高岗、饶漱石阴谋活动的情况告诉了陈毅。高、饶先后在中央财经会议和组织会议上发难，攻击刘少奇、周恩来，分裂中央，直至通过私下活动要由高岗任中共中央的总书记或副主席，并改换总理人选。

几天后的一个晚上，毛泽东又找陈毅去谈话。这次专谈高、饶问题。其中主要的是华东军政委员会主席的任命问题。1949 年 10 月，各大区都由大军区的司令员担任大区军政委员会主席，毛泽东两次说华东军政委员会主席由陈毅担任，陈毅觉得自己是大军区司令员又是上海市市长，够忙了，推辞说让饶漱石当，毛泽东吩咐让华东局同志们讨论。饶漱石得知此事后对陈毅说，你不担任我担任，根本没有提到华东局会议上讨论，就用华东局名义报中央以他为军政委员会主席。饶漱石到北京，毛泽东问起此事，饶漱石撒谎说：华东局几个同志都不同意陈毅担任，只好由我来担任。这样才骗取毛泽东的批准。他又是华东局书记，又是军政委员会主席，就显得比所有的大区司令员、政治委员高一头了。

毛泽东风趣而深刻地告诫陈毅："不要伤风"，不要失去灵敏的嗅觉，要警惕非法活动。毛泽东还说："你推让，是不对的。谦逊并非在任何情况下都是好的。野心家就不让。让给他就使党受损失。"

后来，陈毅又和彭德怀、刘伯承、贺龙、叶剑英等一起，应召到毛泽东处专门讨论高、饶问题；并列席 1 月 12 日的中央政治局会议，讨论通过了《增强党内团结的决定》。

毛泽东把对高、饶的斗争布置妥当，便出京休养去了。2 月 6 日，中共七届四中全会开幕，刘少奇受中央和毛泽东主席委托向全会作了政治报告。陈毅也经过认真准备作了题为《为增强党的团结和巩固与提高党中央的威信而斗争》的发言。他谈了对围绕高饶事件展开的这场党内斗争的认识，提出不仅仅处分几个人，而要达到弄清思想的目的。同时，也坦诚磊落地作了自我解剖。

刘少奇亲自到陈毅住处，诚挚地向陈毅道歉：过去我看错了人，信任了饶漱石，使你受委屈了。这使陈毅十分感动和振奋。据宋时轮、张爱萍等回忆，陈毅当时在同华东将领一起用餐时报告了这个动人的消息。

中央书记处分别召开了高岗、饶漱石问题的座谈会。饶漱石问题的座谈会由邓小平、陈毅、谭震林主持。66 位中央及大区的领导人发了言。

3 月 4 日，陈毅又与周恩来一起，在中南海怀仁堂，向二千余高级、中级干部传达了七届四中全会的精神。

饶漱石整陈毅，是借陈毅在红四军时两次接替毛泽东为前委书记的历史事实作为口实的。陈毅在揭发饶漱石时，联系到红军、新四军、华东野战军以及华东军政委员会时期的实际，揭露饶漱石一贯以来造谣作假、挑拨离间、玩弄阴谋诡的种种事实；同时，也诚恳地作自我批评。陈毅的报告长达七小时，生动坦白，留给大家深刻的印象。

至此，压抑、纠缠陈毅十多年的公案大白于全党了。

1954 年 3 月 14 日，毛泽东南巡中将路过太湖之滨的无锡。当时，陈毅正在济南出席山东分局的会议，闻讯即赶赴无锡迎候。当日，把毛泽东迎至太湖疗养院。次日，毛泽东即邀陈毅去谈话。此次谈话，气氛格外融和。他们聊到阶级斗争，生产关系与生产力，假象与本质等。据陈毅日记载，有一句话特别触动陈毅，这是毛泽东说的“伸手岂止高饶”。毛泽东说，只是目前不必如此提出，以免有扩大化的嫌疑。

陈毅自己是不向党不向人民“伸手”的。他调动工作，从不带自己的“亲信”；党分配他工作，他从不讨价还价；华东军政委员会主席，他还推辞，结果被饶漱石“伸手”抢了去。但是陈毅仍然觉得应该警惕，特别是自己现在出头翻身的时候。从毛泽东的这句话看来，党内斗争的风浪，今后还将大有起伏呢！

因而，陈毅在“仲春”和张茜回到南京故居“旧筑”的时候，其心情既感奋又审慎。他写了四首“感事书怀”的诗，其中到处可见自我反省自我约束的句子：“慎之又再慎，谦逊以自束。后车善择途，前车一再覆。”“心情承见问，春来冬尽，克奏朕功。向大泽深山，擒伏蛇龙。回溯廿年纠葛，知早有伏迹藏踪。须牢记，无情历史，利己必凶终。”“幸得长期培育，每愧过失多。晚节自珍惜，日月走如梭。”特别是第四首七古，标题直接就是《手莫伸》，其词句涵义更为显豁，可说完全是对毛泽东“伸手岂止高饶”的回答和信誓，其政治态度十分明朗。

在这时期，陈毅还做了一件大有利于坚持正确政治方向的事。解放军全军在学习苏军经验时，有些人认为不必再强调中国共产党对军队的绝对领导，可以取消政治委员，实行单一首长制。在强调正规化时，表现出削弱军队政治工作的倾向。于是，1953 年 12 月召开的军事系统高干会议上展开了讨论，会后，中共中央决定修改中国人民解放军政治工作条例，以加强党的领导和政治工作。毛泽东指定由陈毅、谭政与罗荣桓一道主持修改工作。陈毅从 1927 年开始就是工农革命军的政治工作建设者之一，参加过古田会议决议的制订，对这些问题体会至深。当时，在东交民巷开会讨论，陈毅作了内容丰富的讲话，特别是对党委统一领导下的首长分工负责制的由来和发展，讲得尤为深透。后由姜思毅等先起草了“总则”。“总则”由陈毅、谭政审定，由罗荣桓上送毛泽东主席。毛主席交给陈伯达修改，陈伯达却出了错，把“中国共产党在中国人民解放军中的政治工作是我军的生命线”给划掉了。毛泽东又亲笔改了回来。在陈、罗、谭主持下，《中国人民解放军政治工作条例（草案）》的修改很快完成。1954 年 4 月 15 日经中共中央和中央军委批准，正式颁布实行。

4 月 1 日，华东局扩大会议开幕。谭震林主持会议，首先由陈毅传达四中全会的精神。陈毅的发言一上来就很有特色：首先传达的真是四中全会的“精神”。他密切联系阶级斗争和思想改造的实际来讲党内斗争的规律，以便同志们正确地深刻地理解四中全会的内容。

陈毅发言的第一个题目就是“要运用阶级斗争一定会反映和影响到党内的原理来学习与传达四中全会的内容”。他说：“按照事物相互斗争、相互渗透、相互转化为其对立物的原理，我们可以从资产阶级队伍中分化出一部分人来，同样的，资产阶级也可以从我们队伍中分化出一些人来作为他们的代理人。”

在这个题目之下，他联系思想认识回答了一系列的问题：“历史久、功劳大，为什么会反党？”“与帝国主义、资产阶级有无组织联系？是不是他们派进来的？”“斗争是不是过火？”“高、饶都集中反对中央某几个领导人，这些领导同志是否也有缺点？”“高、饶问题是一种社会现象的反映，他们是代表一部分人的，因此他们的反党思想是有其一定的市场和基础的。”“联系本身进行检讨，要有分析，要正确掌握界限，”“‘知人不易、知己亦难’，不要迷信别人，也不要迷信自己。”对这些问题，陈毅都作了辩证的、实事求是的分析，并指出主导的方面。

陈毅发言的第二个内容是“根据四中全会精神，来谈一谈我自己的问题”。而后，4月10日、11日，他才作对高、饶反党联盟揭发批判的长篇报告。这样的传达报告，给大家的启发就更大了。

4月26日，毛泽东在中南海颐年堂召开的会议上谈到三反、五反、高饶联盟，从马克思主义理论的高度来分析了这些运动和事件，指出都属于社会主义改造过程中阶级力量的重新组合和改造；新旧社会制度交替，必有一部分人拥护旧制度，反对新制度。毛泽东这次又在较大的范围内提出“伸手岂止高饶”。这些谈话对陈毅的触动颇大，引起他的思考：自己在七届四中全会上的发言，在华东局扩大会议上的发言，与毛泽东的讲话对照起来，就显得肤浅，不敢说已从理论上说明了问题。

毛泽东深谋远虑、精细过人，对于他要任用的人尤其注意。他不但看了陈毅在中央全会上的发言，而且认真地阅读了陈毅在华东局扩大会议上的发言。

在6月8日夜颐年堂的中央会议上，毛泽东当着众多的党中央委员和政治局委员说到陈毅的发言和报告，大加赞许。他说华东局扩大会陈毅的发言，已能概括，有点理论了，只是其中有一点尚须与他谈一谈。又说四中全会的陈毅发言他也看了，认为很好。

陈毅有志于学习和运用革命理论，为时久矣。早在留法勤工俭学时期便已开始接触和研究马克思主义的基本原理。二十多岁在北京的时候便已开始在报上与资产阶级文艺思想论战。三年游击战争那么艰险的环境，他还在研读列宁的书《社会民主党在民主革命中的两个策略》，因而在民主革命的领导权问题上有充分的自觉。1929年他代表中共中央起草的给红四军前委的指示信，更是自觉地探讨中国革命的理论问题。他在华东局扩大会上的发言中说自己“对理论有兴趣，也可作些理论研究工作，但钻得不深”。现在听了毛泽东的评价，更觉于心不安，在日记上写道：“入党三十一年矣，进步仅此，有何可以自负之处。”

6月22日，毛泽东邀请陈毅到玉泉山别墅，共进晚餐，谈论工作。毛泽东谈到山东、福建问题，反党阴谋案件问题，同意陈毅在山东检查工作的方针。这一次谈话气氛亲切，话题广泛，《聊斋志异》中《席方平》《公孙大娘》的妙处也谈到了。行前毛泽东说了两句具有总结意义的谚语："路遥知马力，事久见人心。"在高饶联盟彻底查清后向陈毅说这两句话，含义当然是深长的。陈毅说他近日内要回华东，毛泽东约他离京前再谈谈。

6 月 26 日中午，毛泽东电邀陈毅同他一起去玉泉山别墅。刚刚落座，毛泽东便兴致很好地拿出 4 月 1 日陈毅在华东局扩大会上发言的记录稿来，称赞此文言之有据，概括正确，有理论味，同时也指点几处欠妥帖之处。毛泽东说全文赞成，只提个别意见，希望今后多搞理论工作。

陈毅当即表示接受毛泽东的修改建议，并说学理论多年有志于此，当勉力去做。陈毅琢磨着毛泽东的话，试探着要求最好派他去马列学院工作。

毛泽东显然早已胸有成竹，直截了当地说："不，不要去搞学院工作，希望今冬与震林同来中央工作。"

6 月 27 日，陈毅离京南下，心情很是激动。整整 24 年了。1930 年，古田会议后不久，陈毅便离开毛泽东、朱德领导的红四军，此后一直在"下面"，在省区、在大区工作。如今要到中央，要回到毛泽东身边工作了。陈毅眼前展开一片广阔的前景。

第二节　国务院常务副总理

早在 1952 年夏，中共中央为加强统一集中领导，就决定逐步缩小各大行政区，并集中一部分负责干部到中央工作。当时陈毅在给毛主席的信中表示完全拥护中央这一决定，并提出："我想仍留南京做部队工作并就近协助华东和上海。在将来必要时调我到北京工作我亦愿意。"

现在这样的时机成熟了。中共中央已经有了内定。1954 年 9 月 3 日，陈毅作为上海市选出的人民代表到北京出席了第一届全国人民代表大会。9 月 27 日，人代大会隆重选出了国家主席，产生了国务院总理。陈毅被任命为国务院副总理、国防委员会副主席。又根据中央政治局的决定，任中共中央军事委员会委员。

9 月 29 日，由周恩来总理主持国务院常务委员会，研究总理和几位副总理的分工，会上做出决议，陈毅为国务院常务副总理。（华东局于 10 月 19 日致电中央，建议仍由陈毅兼任上海市长。中央 10 月 28 日复电同意。）

陈毅后来在 1958 年 4 月 17 日全国外事工作会议上说："我调到中央就是准备做外交工作的。"但是，外交战线和外事口任务繁重，情况复杂，不是一下子能担起来的。于是陈毅一面"见习"外交工作：出访外国、出席国际会议、接待外宾、参加外交部党组会议……，一面就担当起常务副总理的责任。在 10 月 31 日的国务院常委会上，还确定兼管科学院、政法、文化，也参加国防。常务副总理以"常务"为专业，协助周恩来总理处理国务院的日常公务，已经够忙了，还要分工兼管几个专务，真是百事丛集。后来又兼管国务院"八办"的工作，还得和资本主义工商业家打交道，抓公私合营的复杂工作。

好在陈毅斗志旺盛，精力充沛，头脑灵活，所以即使是对他不太熟悉的工作，也能及时地做出正确的处理。

1954年10月28日他访问东德回来，一方面亲自参加撰写整理《关于德国问题的材料》《出国见闻》等出国考察报告；一方面就投入国务院的工作。其中突出的一件事就是第三次全国民政会议于11月22日在北京召开。此时，刘少奇、周恩来等党和国家领导人在广州休假，陈毅是国务院分管政法的，内务部长当然在会前要把准备好的会议文件送给他审阅，这就使他遇上麻烦了。

内务部负责人汇报：这次会议以讨论政权建设为中心。主要是第一届全国人民代表大会通过公布了宪法后，如何贯彻地方各级人民代表大会和地方各级人民委员会组织法，有待在会上统一认识。因为虽然有了地方各级人民代表大会，有了地方各级人民委员会，有了这样的权力机关、执行机关，许多地方的党委和政府常常不注意发挥其民主议政和执政的作用，甚至会议也不按时召开；重要工作，常由党委（或政府）召开三级干部会或一揽子会去布置、讨论和贯彻。有些地方的人民代表大会和人民委员会就起不了多大的作用。还有，农业生产合作社纷纷建立以后，和乡政权的关系弄不清楚，对乡政权运用不够好。有的人误认为“互助合作发展了，乡政权就失去作用”；甚至发生过农业生产合作社侵占乡政府的房子，取下乡政府的牌子，把乡政府房子改为托儿所等情况。民政部门的任务，过去常偏重于优抚、救灾和社会救济的工作，对于事关人民民主的政权建设倒不够重视。

所以，这次会议，内务部提出的《1954年民政工作总结和1955年工作任务》的主要文件和闭幕词稿子中，都强调了“民主建政”，以抓政权建设为民政部门的主要任务。①

内务部负责人说明，中共中央的政法领导小组也是这样指示的。

陈毅一贯重视民主，1929年他在《关于朱毛红军的党务概况报告》中写到“群众割据”，就写下了“群众……自行管理区域的大小事件”，而反对群众“成了红军的老百姓”。对于政府工作、群众工作中采用军队的一套工作方式，他也是有感受的。内务部提出来的问题又确是存在的，因而，陈毅没有发现什么问题，同意了会议的方针和文件。遗憾的是中央主要负责人都不在京，无法请示报告。会议开到两周的时候，内务部作了会议情况报告。

陈毅对会议情况表示认可。但过后一想，对于“民主建政”的提法和会上争论的一些问题发生了怀疑。因为中央从来说巩固人民民主专政，没有提出过“民主建政”。而且按内务部文件的倾向，民主建政就该民政部门来管，民政部门主要的工作就是搞政权建设了，政府的一个部门来管政权建设这样的大事，妥当吗？

陈毅觉察到有问题，立刻向董必武、彭真等“老政法”请教，得到的回答是在全国第一、第二次民政会议上这些问题就有争论。据说有的干部还主张内务部

---

① 陈毅：《在第三次全国民政会议上的发言》1954年12月26日。

有权召集省主席、县长会议，要管县长的委派等。陈毅越加感到问题不简单。

问题提出来了，要解决却颇费思量。内务部长期管民政工作，再加上有党的政法领导小组的指导，自己刚刚走马上任，就能比别人高明？会期过半，临时改变会议指导方针和议程必然造成思想混乱，又怎么解决？但怎样才是正确的指导思想，一定要明确解决。陈毅出席会议，和与会代表们交换意见，心里渐渐地有点数了。

这时正好毛泽东、周恩来休假结束，回到北京。陈毅在 12 月 17 日向周恩来汇报了这次民政会议的情况和自己的想法，得到了明确的支持。周恩来指示："民主建政"的口号是不正确的，内务部应主要管优抚救济工作。要把问题摆开，彻底搞清楚。

陈毅又向毛泽东汇报，毛泽东说得更透彻了。毛泽东说：宪法公布以后，内务部还想要管建政；救灾、优抚那么重要的工作不去管，很不好，这个问题要讲清楚。"民主建政"是资产阶级的口号。政府是权力机关（按：指人民代表大会）的儿子，它凭什么去建政呢？中央有些部门搞了好几年，究竟该管些什么事他自己也不清楚，糊里糊涂的。现在你搞这个工作，我要告诉你这一点。

毛泽东的批评很尖锐。陈毅在 1955 年 3 月 3 日国务院第六次会议上回忆这段对话时说："这个指示首先对我是当头一棒：我到国务院来是副总理，我也要考虑到底干什么。我听了这个指示也搞得很紧张，对我有很大启示。"

无情的现实是：第三次全国民政会议已告结束，各地代表要打道回府了。

一个大胆的、没有先例的决定做出了：代表们暂不离京，会议重开。

陈毅立即召集部长、副部长以及其他有关的领导干部们做工作，开座谈会。根据毛主席、周总理的指示反复作了说明。接着又分别召集各地代表连续开小型座谈会。一连几天，内务部和各地代表们围绕民政部门的任务反复讨论，开展了批评和自我批评，澄清了混乱思想，重新商定了 1955 年的工作方针。

1954 年 12 月 26 日，陈毅在第三次全国民政工作会议上发言，对这一场争论作了总结。

最重要的问题是政权建设是谁的事。陈毅在发言中说："大家要知道政权建设工作从根本上说，这是全国人民在党中央和各级党委领导下来进行的事，是全国人民代表大会和地方各级人民代表大会的事，是中央人民政府和地方各级人民政府的事；这样的事绝非民政系统所能包办得了的，而且根本就不应该由它来领导办理。"民政部门在政权建设方面是要做工作的，那只是在党委和政府领导下了解情况，研究问题，提出建议；而应把优抚、救灾、社会救济等事关亿万人民利益的工作作为自己的主要任务。

陈毅还从理论上对"民主建政"的口号进行批判，资产阶级的政权理论只提民主，不提专政，是为了用"民主"来掩盖其资产阶级专政的实质；我们是无产阶级和人民大众对少数反动分子的专政，是正义的，是人民民主专政。"因此我们主张取消'民主建政'的错误口号，回到'巩固人民民主专政'的正确口号。"

陈毅十分注意辩证法，两点论。他在透彻批判的同时，也充分肯定 1954 年民政系统很大的成绩；也指出有些地方对按期召开人民代表大会和人民委员会，运用政权去领导各项建设，认识不足，做得不好，甚至不按照法律规定办事，轻视召开人民代表大会和人民委员会的作用，是应该批评和加以提醒的。民政部门在这些方面提出建议，促请党委和政府注意，是应该的。

显然，这样的解决，符合中共中央当时的大政方针，符合毛泽东主席的想法，也符合公布不久的宪法的规定。

陈毅在紧张地主持着民政会议转轨的同时，还得分出许多时间来参加在北京召开的两个全国性会议的掌握和筹备。这两个会都是要“吵架”的会议。一个是1954年12月5日到1955年1月8日的全国扩展公私合营工业计划会议，另一个是1954年12月30日到1955年1月5日的私营工商业问题座谈会。这两次会都涉及中国革命和建设所特有的朋友——民族资本家们。本来，国务院分工不该陈毅来管，可是中央指定他召集。

这显然是因为他从1949年5月以来一直在上海这个资产阶级最密集的城市，一直在与资产阶级交朋友、作斗争的第一线，积累了丰富的经验。这显然也是中央对他在上海创造性地执行私营工商业改造政策和统一战线政策的成就的充分肯定。的确，比起处理“民主建政”来，陈毅在私营工商业问题上有把握得多了。

不过，这毕竟不是上海一个局部，而是全国的私营工商业社会主义改造，全国资本主义的利用、限制、改造的大问题。

全国扩展公私合营工业计划会议当然是为了讨论怎样扩展公私合营工业的，就是说1955年要把多少私营工厂变成公私合营工厂，1956、1957年又怎么样，怎么组织领导？可是会议开始后，各地代表，特别是上海、天津、沈阳等地的代表反映一大堆问题。最集中突出的反映是现存的私营工厂生产发生严重困难，一些主管工业和原材料的部门有只管国营，不管私营，只管企业合营，不管生产安排的倾向，定货任务不给私营厂，像第一机械工业部60万部水泵的生产任务全分配给了国营厂，私营厂一部也捞不到。私营厂接不到定货，搞不到原材料，就要停产，发不出工资，有些工人就向党委请愿。

还有就是改造资本主义企业和资产阶级分子工作中的急躁、简单态度。本来改造应是逐步进行的，有的干部却抛开“逐步”，而想“一步”完成改造；有的企业一搞公私合营，马上搞一长制，把私方搁在一边；有的只愿意接收资本家的企业，不愿意安排教育资本家的人。资本家说怪话：“干部昼夜忙，资本家晒太阳。”“公方是直达快车，私方是虚设一站。”“房子越住越小，汽车越坐越大。”

还有就是搞公私合营工作的、到合营厂当公方代表的干部中，有不少人学习不够，质量不高，并且不安心工作，说是“到156项建设单位工作的是优秀干部，搞公私合营工作的是‘生锈’干部”。许多地方甚至没有专管公私合营工厂和干部的部门。

这种种情况，特别是生产没有统一安排、公私未能兼顾的情况，如不迅速切实地解决，公私合营的工作难以扩展，计划当然难以制订。

陈毅当然很理解这些情况，而且敢于向中共中央如实反映这情况，他是不怕按中共中央的路线政策去关心和照顾资本主义工业和资产阶级分子的。

陈毅很快在一次政治局会议上提出问题；陈云听后便约“八办”的干部去谈；因为这些问题牵涉面太大，陈云又约陈毅及“八办”许涤新等一起向周恩来详细汇报。

问题展开了，得到毛泽东、周恩来的关心，陈毅指出了几个倾向，特别认为“目前批评一下不统一安排是十分必要的。”周恩来完全同意陈毅的意见，并指出：我们的主要缺点，是在处理私营工商业及资产阶级的问题时，既不研究情况，又不同人家协商，也不估计后果，就片面处理。

毛泽东指示说：公私合营就是去解决矛盾的，把私方利益纳入公方之中。私营工业有很大的积极性和消极性，把它和公方拉在一起，加以调整，发挥它最大限度的积极作用，消除它最大限度的破坏性，达到解决矛盾。很明显这个工作乃是总路线的很重要的部分。在工业中，原料和订单（生产任务）分配不公，给私营太少，是不对的。私营有困难要照顾他们，要统筹兼顾，要调整公私关系。毛泽东还指示陈毅召集资本家开座谈会。

陈毅更把会议中出现的各种问题及时向直接领导这次会议的陈云报告。陈云在 12 月 31 日于中南海怀仁堂向会议作了《解决私营工业生产中的困难》的报告，对会议的顺利进展起了很大作用。

1955 年 1 月 7 日，陈毅代表中共中央给会议作了总结报告。总结报告强调了统一安排，统筹兼顾，还强调了既抓合营工业的企业改造，又抓资产阶级分子的教育改造。总结报告贯彻了毛泽东、周恩来的指示，吸收了大家讨论的成果，对一系列问题作了正确的回答，并确定了 1955 年的扩展合营计划和 1955 年到 1957 年的扩展合营计划。

根据毛泽东、周恩来的指示，陈毅邀请全国政协的工商界委员 63 人，和各有关部门负责人及出席扩展合营工业计划会议的代表一起举行“私营工商业问题座谈会”。会议在一周内开了四次。开始，有些工商界委员“摸不清行市”，抱定“哑巴进庙，光叩头，不开口”的态度。陈毅在会议上鼓励启发，在会外通过工商联、民主建国会进行酝酿，并与黄炎培、陈叔通、李烛尘等工商界上层代表人物交谈。结果“发言者由迟疑而踊跃，最后两次会议上则大有争先恐后之势”。最后由陈云作了有关调整工商业公私关系方针政策的报告，还说国营厂要“吐”出一部分任务来照顾私营厂；由曾山、吴波、许涤新等回答问题；陈毅也多次发言，并在会上向党内干部指出一定要重视协商。这样，工商界代表普遍情绪高涨，对共产党更加信任，而且提出资方也要作自我批评，说“收获超过想象”。

1955 年 3 月 14 日，陈毅向中共中央呈送了《关于全国扩展公私合营工业计划会议的报告》和《关于召开私营工商业问题座谈会的报告》。中共中央在 3 月 17 日将这两个报告批转全国，“即希认真研究组织贯彻”。中共中央对于报告中所强调的“努力做好改造资本主义工业和资产阶级分子的双重改造”给予特别重视，指示：“目前的情况是重视对企业改造而忽视对资产阶级分子的改造，这是必须纠正的，两者应同时抓紧才好。”陈毅在召开私营工商业问题座谈会的报告中写道：“组织工商界代表人物就有关问题进行讨论，反映他们的意见和要求，并同他们进行充分协商，就是将阶级斗争引向公开、合法的斗争。只有积极地领导和掌握这种公开、合法的斗争并适当处理他们的合理要求，批判他们的不合理要求，才有利于制止和堵塞各种隐蔽、非法的斗争，并克服他们对社会主义改造的反抗与破坏。”这一经验的取得无疑对全国社会主义改造和阶级关系处理有重要意义。中共中央在批示中说：“这是一个正确运用政协这一统一战线组织来处理国内阶级关系的范例。”

1955 年 3、4 月陈毅主要的任务是外事，陪同周恩来总理出席万隆亚非会议，这在下一章《外交风云》中将系统地叙述。但这里先提一件“内事”：筹备出国时，周恩来突发急性阑尾炎，住进北京医院，政治局即在北京医院开紧急会议，批准进行手术。3 月 15 日晨，邓小平通知：因周恩来刚刚动了手术，决定他不出席中共中央将于 3 月 21 日召开的全国代表会议，如 4 月中旬不能出席亚非会议，拟由陈毅率团出席。陈毅痛感“中枢负责人健康关系甚大，替人最难，并急切难于接手”。陈毅为此极其认真地做了一番准备，为他后来在万隆做周恩来的主要助手打好了基础。

从印度尼西亚回来以后，5 月 10 日，周恩来召集陈云、习仲勋和陈毅三位副总理再次研究分工问题，确定陈毅分管国务院第一、第二办公室、民族事务和科学卫生工作。

对于科学，陈毅是深知其重要性的。他十五六岁的时候，曾经是“科学救国”的信奉者。后来接受了革命理论，知道了救国须主要靠革命，但要使祖国富强，科学还是极重要的工作。尤其是人民共和国建立以后，科学的作用更加伟大。陈毅曾大声疾呼：“我们过去要有一支军队，现在搞建设需要科学研究。”

一到国务院，他就分管科学院和科学技术。在军内，他也受命兼管国防科学技术。1955 年 9 月 27 日，他被授予中华人民共和国元帅军衔。陈毅元帅当时要关心的正是用现代化的科学技术改进人民解放军的装备和战术技术。1955 年国庆节，陈毅和老帅们一起，穿上元帅礼服佩戴一级八一勋章、一级独立自由勋章、一级解放勋章登上天安门城楼。陆海空军的方阵和百万群众的海洋使党政军领导人十分激动。毛泽东感叹：这一事实证明中国人民已完成组织起来的任务，今后的任务是如何把自己装备起来。陈毅大有同感。他在当天的日记中写道：毛主席“此一概括，甚为正确，工业农业的发展，社会主义工业化，即解决装备之唯一途径”。

他对科学技术的关心正是为了“装备”中国人民和军队。他对原子能的研究和开发特别重视，积极着手从和平利用原子能，建造原子反应堆做起，从科研、选矿到基础设施的建设，都付出了大量心血，这为后来原子弹、氢弹的研究制造，为核反应堆、核电站的建设，都起到了奠基的作用。

1956 年 2 月，陈毅就任全国科学规划委员会主任，李富春、郭沫若、薄一波、李四光为副主任。这是党内领导科学研究的最高机构，受到中共中央的特殊关怀，有事可以直接向毛泽东主席和周恩来总理请示报告。

科学规划委员会在这个阶段着手抓科研机构、科研队伍的建设和全国12年科学技术发展远景规划的编制工作。这部40万字的科学技术发展远景规划是个大工程。编制过程中，百家争鸣，气氛极为热烈。最后博采各家之长，集思广益，搞成了一个既具远见又比较切合实际的规划，成为指导科学研究工作的纲领性文献。由于党和国家对科技的重视，这时的科研机构由解放初期的40多个发展到380多个，研究人员已由那时的几百人增加到9000多人。

陈毅对科学的重视特别表现在他对科学工作人员的尊重。他多次深入科学院各部检查工作，登门拜访科学家。张劲夫被任命为科学院党委书记，来见陈毅，说自己未干过科学工作，不知该怎么办。陈毅告诉他：这很简单，你若是当部长，司长来看你。你当科学院的领导，就该你去看所长，看科学家。他自己，就是用这种当小学生、当勤务员的精神来团结改造知识分子，来为科学研究服务、撑腰的，直到1962年他在广州会议上为“资产阶级知识分子”行“脱帽礼”。

1956年9月，在中共八届一中全会上，陈毅当选为中央政治局委员。这时，由陈毅来主管外交已进一步明确了。在10月28日召开的科学规划会议上，宣布了根据中共中央指示将科学工作交由聂荣臻主管的决定。

第三节 第一部“农民宪法”

1955年7月31日，毛泽东在怀仁堂中共中央召集的省、市委和自治区党委书记会议上作了《关于农业合作化问题》的报告，掀起了中国农村的社会主义改造的高潮。一时间，“小脚女人”的形象比喻传遍大江南北、长城内外。

8月1日，继续在怀仁堂开会，邓子恢对农村工作作了自我批评。各地代表踊跃发言后，毛泽东作了结论，鼓励领导好农业合作化运动，要求全面规划，大胆发展。

1955年下半年到1956年春，农业合作化成为全党全国的主要工作。9月7日政治局开会讨论，同日毛泽东为中共中央起草党内指示信。9月11日，陈毅这位并不分工管农业的副总理也应召去毛泽东处开会，农业合作化是主要议题之一。10月4日至11日，中共七届六中全会主要讨论农业合作化问题，通过《关于农业合作化问题的决议》。毛泽东作了题为《农业合作化的一场辩论和当前的阶级斗争》的总结性发言。陈毅在会上的发言和中共中央、毛泽东的指导思想完全一致。11月24日，毛泽东在全国省市委工作会的闭幕会上的讲话，指出当前的问题是思想落后于实际。陈毅听了这个讲话很受鼓舞，“觉得社会主义的全面胜利已在掌握中一样”，在他的日记上表示“要把这股情绪变为实际行动，一步步把工作做好”。

陈毅这种积极热情的政治态度很为毛泽东所看重。所以当“农业十七条”征求了意见以后，需要大大充实、修改和审定修正稿的时候，毛泽东指定陈毅参加。

一般人只认为陈毅的“业务”是打仗、部队党政工作、统战工作、外交，很少把陈毅同农业、同农业生产关系的变革联系起来。陈毅是“洋”的不是“土”的。其实，知陈毅者，毛泽东也。毛泽东知道陈毅干过“土改”、在土地问题上有正确见解，由来已久。

陈毅留过洋，但也种过田。在湘南起义之前就在赣西南山区领导南昌起义余部帮助农民劳动，做群众工作，打土豪，恢复农会。1928年1月湘南起义后，他又在郴州一带领导农民插标分田。特别是1930年起，陈毅作为红二十二军军长、中共赣西南特区委书记，从事土地革命颇有经验。至今保存的毛泽东1930年11月8日所写《东塘调查》和1930年11月15日所写《分青和出租问题》中多处说到陈毅。《东塘调查》中有：“7月15日南路扩大会，陈毅提出八个纲领，如马上分田插禾，抽多补少”；“陈毅开了九天会，决定了详细的土地法”。《分青和出租问题》中写道：“1930年11月15日，江西省行动委员会在吉安开了一次扩大会，到会的人除省委常委外，有……各县的苏维埃主席及二十二军陈毅同志，我代表总前委参加这次会。这次会的特点是讨论了‘分青’和‘租田’两个问题。”

可以说，从1928年到1956年，陈毅在农业问题上的意见和做法历来都是和毛泽东一致的。陈毅在中共七届六中全会上发言，对毛泽东《关于农业合作化问题》的报告给予高度评价：“我认为其中具有特别重大意义的贡献，是理论上的贡献。”对陈毅的发言稿，毛泽东仔细阅看过，至今可以看到这份为毛泽东阅过的稿本上留有他亲笔的圈点竖杠。

毛泽东在12月21日亲自为中共中央起草了关于征询农业十七条意见的通知。意见汇集后，毛泽东先期到达杭州，并对附近农村情况进行调查。陈毅参加完上海市人代大会，于1955年的最后一天到达杭州。

陈毅一到杭州就看望毛泽东，谈了一个多小时，并共进晚餐。元旦上午，陈毅听取中共浙江省委书记江华的汇报。下午，中共安徽省委书记曾希圣和中共江苏省委书记刘顺元到达，陈毅同他们交谈了两省的情况。晚上，同去毛泽东住处交谈。

1月2日起开始农业发展纲要的修改工作。

资料很多，这纲要的资料来源于对1200个乡的调查，又从中选了120个乡深入了解，完全由毛泽东亲自组织，并有几个乡是毛泽东亲自去的，找社长或劳动模范谈了话，察看了棉田、稻田等。

修改工作一直进行到1月5日上午，陈毅还与省委书记们继续研究了条文，完成了最后的准备工作。

1956年1月5日上午，在毛泽东主持下，全国各省委、市委和自治区党委书记会议开幕。会议对修改的条文进行审议，又提出了许多增删修改的意见。当夜，陈毅同廖鲁言等改定了这个《1956年到1967年全国农业发展纲要（草案修正稿）》，当即付印。到1月9日会议结束时，农业发展纲要已形成为四十条的大文章，并正式作为草案准备提交中共中央政治局审议通过。

在回北京的途中，陈毅陪同毛泽东在上海、南京、天津等地作短暂停留，在南京参观了陵园星光农业合作社和尧化门农业合作社，在天津参观了王顶堤高级农业合作社。

1 月 17 日，毛泽东召集政治局会议，讨论通过了全国农业发展纲要草案。紧接着，毛泽东又邀陈毅到中南海游泳池商谈进一步修订和向党外征求意见的问题，并面托彭真、陈毅办理。

1 月 23 日，中共中央政治局向 5 亿农民和有关战线提出《1956 年到 1967 年全国农业发展纲要（草案修正稿）》。

1 月 26 日，陈毅在中央机关干部大会上作了《关于全国农业发展纲要草案的报告》。

陈毅非常赞成毛泽东把农业发展纲要称为"农民宪法"，称为 5 万万农民实现社会主义的纲领。他曾多次向科学家和民主人士作报告，充满热情地介绍这部新中国第一部农民宪法。他的报告结合中国这个农业大国 3000 年的历史说明根本解决粮食问题和农村改造问题的极大必要性；结合中国革命进程论述了在广大农村社会主义战胜资本主义的伟大意义。他还说：我"个人发表一狂妄的言论：这是全世界范围内社会主义与资本主义决定胜负的一仗。我国这样大，温带气候，广大的劳动力，民族的优良传统，这样一个国家实现了社会主义，世界范围内社会主义的胜利是肯定的。"当然，陈毅不忘辩证法。他也专门指出："有人认为愈快愈好。今天是初级合作社，明天就变为高级社，来个国营农场"。可惜这个警告并未能抑制住"左"的浪潮。

第四节　"汉藏一家叙别情"

陈毅从杭州回到北京以后，就忙于参加中共中央召开的知识分子会议和向党外征求对农业发展纲要四十条的意见等工作。可是他既然分工兼管民族事务，有一件大事又临头了：西藏自治区筹备委员会将于 4 月份在拉萨成立，民族事务委员会党组送来请示报告，建议组织中央代表团前去祝贺和访问。

陈毅在 1956 年 1 月 21 日将这报告转呈中共中央：此事请中央作一原则上的批示，以便开始筹备工作。

中共中央在 1 月 24 日就作了批复：一、所拟计划原则同意，并应即按此做好准备。二、拟请陈毅同志任团长，请陈毅同志提出代表团的具体名单。三、各项具体工作由陈毅同志主持和指导。

在陈毅与汪锋、张经武等的酝酿计划下，这个代表团规格很高，声势浩大，足以显示伟大祖国对西藏的重视和关怀。2 月 7 日中共中央同意陈毅与民族事务委员会的意见，正式发出《关于庆祝西藏自治区筹备委员会成立和去西藏进行访问组织中央代表团的几项问题的通知》。

按照通知的规定，一个考虑周到的中央代表团名单很快提出，并迅速得到批准，中央统战部、民族事务委员会、全国总工会、青年团中央、全国妇联、教育部、粮食部、佛教协会、总政治部等都有负责干部参加；各民主党派的代表更是知名度很高的人物如朱蕴山、费孝通、黄琪翔等。特别有意义的是代表团成员共由 17 个民族组成。随团工作的有翻译组、新闻记者组、电影摄制组、卫生组、电影放映队；还带了一个包括歌舞团、京剧团、杂技团在内的文艺工作队。代表团正式成员 57 人，加上工作人员、文艺队员和长途跋涉必不可少的司机（汽车三百辆）、炊事员、警卫人员，总人数达 800 余人。

那时候飞机尚未通航，他们只能乘火车到兰州，然后换乘汽车到青海省西宁市，再从西宁经新近建成的青藏公路入藏。从兰州到西藏的拉萨、日喀则，全程 2200 公里，途中将经过日月山、小唐古拉山、唐古拉山，平均高度在海拔 4500 米以上，荒漠雪山、风砂雪霰。所以代表团对人选的身体条件要求很严，心脏病、肺气肿一律淘汰。陈毅是高血压，组织上特地让张茜同行。

自然条件的困难还是次要的，政治上的困难更使代表团，特别是团长，感到肩头负担的沉重。西藏民族长期处在与外界基本隔绝的状态。广大藏民群众以至僧俗官员对汉人的看法还是清朝政府、北洋军阀政府、国民党政府时期的印象：官府压迫，汉商剥削。西藏和平解放后全国的大批干部和解放军虽然留给他们较好的印象，但是也带去物价上涨。共产党不信教，共产党还要搞民主改革，分田、分地、分牛羊，喇嘛和贵族当然有人不会高兴。民族的、宗教的、阶级的矛盾都是客观存在。帝国主义和外国反动势力一直把西藏当做他们的殖民地或“附属国”，人民解放军和平进驻西藏是他们很大的挫折，他们当然还要挑拨离间、造谣生事，以至煽动叛乱。西藏和平解放以来，中央还没有派代表团到西藏去过，这次派这么大的一个高规格代表团去，必然会引起西藏的轰动和注视。所以，代表团的一言一行，都事关重大。当然，此次去西藏也有好条件：达赖、班禅都到过北京，西藏的上层集团大多数人对中央的政策已有了进一步的了解；运粮入藏、降低物价进一步得到了群众的拥护；青藏、康藏公路的通车和贸易、生产的开展，给西藏的工作以相当巩固的物质基础；西藏封建上层有一部分人看到民主改革是大势所趋，开始考虑改革的问题，群众中要求改革的觉悟也在提高。

代表团团长陈毅连日思考和研究着此行的方针和任务。

这时西藏参观团正在北京。2 月 12 日，毛泽东主席接见了西藏参观团，陈毅等人陪同接见。接见完毕，毛泽东让陈毅等人留下，交代此次赴藏应注意的事项，说了一番令陈毅深深折服的话。

毛泽东说：并非只有中国重视西藏，西藏的问题会引起全世界的注视。西藏只有改革才有前途，但可以有别于内地的做法，采用赎买的办法。此次赴藏应该把中央坚持改革、民族团结的政策带去，处处说通道理，做好事，不强加于人。在谈到达赖想明年出访印度时，他说：达赖喇嘛是西藏一位宗教领袖，也是国家领导工作人员，他的行动是自由的，可以让他明年去印度。在谈到印度驻中国大使想取道西藏回国时，他说：印度大使离任返国或返任来京，需要经过西藏，可予批准。这次谈话气度恢宏，对陈毅明确西藏之行的方针任务启发甚大。

3月12日，陈毅向中共中央提交了关于中央代表团去西藏工作方针、任务的请示。任务是：庆祝西藏自治区筹备委员会的成立，宣传中央的民族政策，扩大党和政府在西藏地方的政治影响，进一步密切中央和西藏地方的联系，增进国内各民族相互间的关系，加强汉、藏民族和藏族内部的团结，帮助西藏工委解决一些工作中的重要问题。总的方针是：广泛接触、谦虚谨慎、加强团结、促进进步。中央批准了这一请示。

3月14日，毛泽东主席召见陈毅、汪锋、张经武交代赴藏任务和应注意问题。陈毅第二天向代表团全体人员传达时说：毛主席说西藏民族和汉族的隔阂不是一天两天就能消除的，我们在精神上应该准备等它十年二十年。这次去西藏主要是庆祝西藏自治区筹委会的成立，而不是去做更多的事。我们主要地反对大汉族主义。反对了大汉族主义，才能说服各民族放弃地方民族主义。这点不能颠倒过来。这次去的任务不要多，希望不要大，对于土地改革、稳定物价、妇女工作等，要看情形去做，步子不要太快。

3月15日，周恩来总理接见代表团全体人员时，强调的也是反对大汉族主义。

陈毅对于反对大汉族主义态度十分明朗。中央代表团3月16日上路，在郑州、西安小停，到兰州做换车准备。3月28日陈毅在兰州给代表团全体人员讲话时，引人注目地讲到大汉族主义问题。代表团专门制定了《工作人员守则》和《宣传大纲》，这个《宣传大纲》却只讲汉族帮助少数民族，没有讲兄弟民族对祖国的贡献。在小组讨论时兄弟民族代表提出了意见。陈毅在讲话中说："我以代表团团长、国务院工作人员的立场说宣传大纲的提法是不科学的，不符合事实的，是大汉族主义的。因而是错误的，应予纠正。"他并且讲述了西藏、新疆、内蒙古以及全国各兄弟民族对祖国的具体贡献。陈毅还讲：大家不要以改造者自居，否则"他们可能把我们当成钦差大臣。""毛主席说，我们不要像一股水冲进拉萨使他们害怕。分清主客，去祝贺的，不作别的。七八百人，汽车三百多辆，水一样流到，不要把他们冲倒了。大家要做到'客听主安排'。"

当然，陈毅决不会因为反对大汉族主义就要大家谨小慎微，多握手少开口。他指出：对问题和困难不回避，有一是一，有二是二，要坦诚相见。"最近（西）康南有两千人的武装冲突。如有人问到可以讲，说农民不纳租，喇嘛去镇压，杀我们干部，打起来了，我们派兵去解决，但是争取和平解决。""讲道理什么问题都能解决的。"陈毅希望大家积极宣传，"否则，人家会说中央派了七八百个哑巴和尚到了拉萨。"

4月3日晨，代表团从西宁出发，这真是古今罕见的一个访问团。其罕见倒不在于规格高：在北京火车站曾有邓小平、贺龙等中央党政军负责人和各界群众六百余人的欢送。其罕见恰在于行旅的规模庞大。八百余人的队伍为何用三百多辆大小汽车？原来正如周恩来所说："这次去西藏自己能携带的尽可能带去，尽量少麻烦他们。"汽车上装的不但有足够的吃、穿、用、住（帐篷）所需各物，还带了大量的礼物，准备馈赠给从达赖、班禅僧俗官员起到大小喇嘛、群众代表的藏族同胞。再加上文艺队伍五光十色，这队伍的盛况只有唐文成公主入藏的大队才能媲美。

如此热闹的队伍走的却尽是地广人稀的高原，最大的特色是“雪峰为伴”。头昏、恶心者甚多，许多人不得不用氧气袋。陈毅一路虽也有高山反应，但兴致甚好，遇有特别壮丽的山景，常停车摄影。休息时遇有沿途难得一见的牧民、矿工、农垦人员，也要和他们热情交谈，了解情况。过了温泉抵达德庆宗，已是一片桃红柳绿、鸟语花香。一路平安无事故，当团长的满心欣慰，写《乘车过雪峰》七言一首：

昆仑雪峰送我行，唐古雪峰笑相迎。
唐古雪峰再相送，旭角雪峰又来迎。
七日七夜雪峰伴，不苦风砂乐晶莹。
同人举酒喜相贺，轻车已过最高层。
明日拉萨会亲友，汉藏一家叙别情。

4月17日，浩浩荡荡的汽车长龙游进拉萨。陈毅在日记中写道：“十二时进入拉萨，有六万余人欢迎，空前盛况也。达赖、班禅率官员至接官亭迎接，即在亭内会谈并发表欢迎词，旋与余驱车检阅仪仗队，旋即告辞起驾回宫。另有官员陪余通过欢迎行列，到接待亭小坐，由藏员献哈达。旋出席群众大会，向数万人发表讲演，旋驱车通过群众行列。”

日记上还写了西藏官员4月16日对达赖、班禅是不是出席群众大会“发生激烈争论”。陈毅让张国华去调停，同意达赖、班禅不出席群众大会，“始妥协作罢”。陈毅感叹：“按余出访外国时的礼节安排，并无如此紧张程度，西藏改革宜缓宜有耐心。”整个的欢迎仪式充分体现了尊重西藏民族的诚意。

4月22日，西藏自治区筹备委员会成立大会开幕。达赖喇嘛致开幕词。陈毅代表中共中央、中央人民政府和毛泽东主席向达赖、班禅额尔德尼和西藏人民致以热烈的祝贺。陈毅在讲话中充分肯定了西藏和平解放以来汉、藏人民互敬互助取得的多方面的进步。陈毅还称赞达赖与班禅恢复了友好关系，实现了西藏内部的团结。指出今后西藏的主要工作就是进一步实现“团结、进步和更加发展”的方针。对于今后的改革问题，陈毅指出：改革是肯定的，《关于和平解放西藏办法的协议》中已有明确规定。但中央一向主张依据本民族的志愿来做，只有西藏民族的领袖和人民有了一致的要求和决心的时候，西藏地方的改革才可以进行。今后也应如此。陈毅还强调了培养足够数量的本民族干部的重要性，并预祝“在祖国各兄弟民族的互相帮助下，经过必要的改革，在几十年之内，西藏民族将以一个有高度发展的经济和文化的民族出现在祖国大家庭内，对社会主义祖国做出更大的贡献”。

参加这次大会的，有西藏各地区、各阶层、各教派和各群众团体的代表。大

西藏自治区筹备委员会成立大会会场

会上，还有中央代表团32位代表分别代表各兄弟民族、各民主党派、各人民团体和党政各部门致贺词。会议期间，西藏各方面的代表踊跃发言，围绕着西藏解放以来的工作，筹委会组织简则和主要干部人选等问题认真讨论。陈毅与中央代表团成员也积极参加讨论，随时解答各种疑问。持别是对代表们最关心的民主改革和康南发生的武装冲突详细地说明了真相，说明了政策。陈毅与代表团成员进一步强调了中央对于西藏改革“只许改好，不许改坏”的精神以及与内地的重大区别。西藏改革不采取开斗争会的方式，实行改革的结果，将使各阶层人民的生活都能逐渐提高。国家将采取适当的方式，保障贵族和喇嘛的政治地位和生活水平不致降低，坚决贯彻保护宗教和喇嘛寺庙的政策。达赖、班禅在各自的报告中对改革问题也做了必要的说明。出席大会的代表们在最后的大会发言中纷纷表示拥护中央的政策，要为将来实行改革创造条件。

大会通过民主协商选出自治区筹委会的领导人。一致通过了筹委会组织简则的决议，还通过了达赖、班禅额尔德尼、张国华、王其梅所作报告的决议。这次大会是圆满成功的。班禅额尔德尼在闭幕词中高度评价了这一成果。

大会后，中央代表团即分成几个分团在拉萨和到各地访问。陈毅率总团部行动。陈毅先后拜会了达赖与班禅，并接受他们的回拜，和他们分别进行诚恳亲切的交谈。陈毅等领导人还在拉萨分别接见了阿沛·阿旺晋美、噶丹寺的总法台噶丹赤巴和达赖的副经师赤江活佛、西藏地方政府助理噶伦夏苏和代理噶伦噶章、西藏地方政府首席噶伦索康·旺清格勒，以及噶夏、堪厅、昌都三方面三品以上的官员，还分别接见了白教噶玛巴、花教萨加法王、江孜敏珠林等活佛，昌都解放委员会副主任邦达多吉、委员松松、阿曲以及洛隆宗寺堪布等人。

中央代表团进藏期间，中央决定调拨大批粮食帮助西藏，4 月份可运到 3000 万斤，5 月份预计可运到 5000 万斤。代表团来时，还特意把许多农作物的优良品种随车带来。这是赠送给西藏自治区筹备委员会成立大会的寓意很深的礼物。陈毅以中央代表团团长身份亲自把其中一小部分精品送到达赖与班禅的手上。布施、礼物、纪念品，演出、慰问、参观，代表团到处受到热情的欢迎。

5 月 10 日，陈毅率总团部一行离拉萨赴日喀则访问。当晚至旭各拉山附近宿营。因所处位置在海拔 4800 米以上，高山反应强烈，同行中有两人难以忍受而折返拉萨。在翻越 5000 多米的旭各拉山时，陈毅也脸色苍白，可是他却让停车观景。只见远远近近，群峰洁白玉立，唯有 6000 米高的旭各拉山峰，反倒全无冰雪，露着黑褐色的巨岩，嵯峨雄奇。陈毅艰难地喘着气，流连不去。医生劝他快下山，他却说:“如此奇景，人生难得第二回啊！”陈毅就是以“难得第二回”的精神，克服高山反应的痛苦，坚决前往日喀则的。

陈毅代表中共中央向西藏自治区筹备委员会赠送粮食种子

5 月 12 日中午抵达日喀则，受到先期返回的班禅大师的热情欢迎，并参加万余人的欢迎大会。一连几天，陈毅一行在达赖、班禅派出的僧俗官员的陪同下，分别到寺院、医院、学校、居民新村、军营参观和慰问，还看了骑射表演。几十名日喀则郊区农民闻讯赶来向中央代表团敬献哈达和鸡蛋。

5 月 18 日，陈毅在日喀则接见了堪布会议厅四品以上官员。和在拉萨一样，陈毅在讲话中强调西藏民族内部团结的重要性，强调噶厦、堪厅、昌都三方面要紧密团结。说过去帝国主义和反动政府就是惯用离间的毒辣手段，以达到他们控制和奴役的目的。中共中央和中央人民政府希望西藏民族内部团结，希望大家帮助两位大师做好工作。

陈毅一行动身来日喀则时，有人在背后说：陈毅要到日喀则说悄悄话去了。

事实却是陈毅与总团部的一切活动都开诚布公，和拉萨一个样。

陈毅一行离日喀则东返，此行印象美好。前路却逢磨难，引日记两则为证：

“5月19日，班禅大师来寓送别，同车渡年楚河，到雅鲁藏布江与年楚河会流处。群众万余人已集会欢送久等了。余在帐篷内与班禅建议，要与达赖、张国华三人如何保持团结和统一领导，并引毛主席对此问题所提供的各项原则与经验。班禅再次表示感谢我们的提示和指教。在送别大会上，班禅发言，依依不舍。余答词引李白诗：‘请君试问东流水，别意与之谁短长。’意即东流之雅鲁藏布江不及我们团结为人民服务的情长和义重也。”

“5月20日，上午8时半启行。昨夜头痛甚剧，启行后亦然。翻过东拉后，天大雪，翻旭角，风雪交加，愈来愈甚。下山到羊八井大草原，天开始晴，雨雪亦止。但头痛，体疲，坐卧不宁，为此行2月来最难过的遭遇。”

拉萨各界是在5月30日举行欢送大会的。此次访问“功德圆满”。至今西藏人士言谈及此，还很怀念陈毅。有的人还说，从古以来，进入西藏的汉人，只有两个是家喻户晓、口口相传的，一个是文成公主，一个就是陈毅。

飞机通航了。中央为确保安全，特派空军副参谋长张廷发专程到西宁布置，要西藏当雄机场现有四架飞机中先试飞两架到西宁，严格检查。

飞机小，装载不了许多人。各分团分别经青藏、康藏公路返回。6月4日，陈毅与西藏噶厦官员、中共西藏工委和西藏军区领导人一一告别，在当雄机场起飞东返。

第五节　向知识分子行“脱帽礼”

1958年2月以后，陈毅的主要任务就是外交了。可是在中国人的印象中，这位陈老总在“广州会议”的讲话是他长期分管或兼管的科学文化的“施政”演说，是他对知识分子政策的“万言书”。

问题还得从头说起。

分管科学与文化，就是分管知识分子。国务院分工陈毅管这一门是很对的。

要管知识分子，自己就得热爱知识、尊重知识。陈毅对知识的追求是如饥如渴的。战争年代他的行囊或大或小，多半是书。当上海市长，他“微服”上街逛旧书店；对于善本古籍，只要有文史价值，不论内容“红黄蓝白黑”，都下令图书馆、博物院妥为收藏保存或影印出版。调中央工作后，古籍书画较多的北京琉璃厂更是常去的地方。有病住院，在他是乐事，可以大量读书。1955年1月，他牙病住院11天，除了每天送来的文件报纸不能不看外，他通读了杜甫集、《白氏长庆集》、冯至的《杜甫传》，还有罗曼·罗兰的《约翰·克里斯多夫》。他不仅阅读，还在书上评点，在日记上写读后感。像对李白、杜甫、白居易，有的专家偏爱一个偏恶另一个到偏激的程度。陈毅写道：他们都“在一定程度上反映人民要求，这便构成中国文学上的优良传统”，“其价值应放在不同尺度上去估价，不可乐此恶彼”。

由于他知识丰富，而且能作胸襟宽阔、目光精微的分析评价，许多知识分子就愿意接近他，希望和他交朋友。陈毅在科学、文化界的朋友不仅量多，而且质高；不但是知友，而且是净友。著名学者、商务印书馆的老板张元济，年龄比陈毅大 34 岁，陈毅与他也成为“忘年交”。1950 年，张老 83 岁了，因商务印书馆经济困难，发不出工资了，来向陈毅市长要贷款。陈毅却给他深谈改善经营管理之道，谈得老先生豁然开朗，钱也不要了，回去就搞整顿。从此友谊更深，每年逢张老生日，陈毅必送筵席上门祝寿，调任副总理后也不忘记，直到 1959 年张老 92 岁仙逝。

陈毅副总理既然分管科学、文化，对共产党的科学、文化政策和知识分子政策的制定，其作用是很切实的，他能在自己力所能及的范围内提供意见或参与修改文件。

陈毅应召于 1955 年 12 月底赴杭州在毛泽东领导下参与农业发展纲要的修订工作时，他的文件包里还装着中央关于知识分子问题的指示的征求意见稿。同样也是急件，因为知识分子问题会议在 1 月中旬就要召开，他也得把修改意见正式写出来送中央。陈毅就双管齐下，交替进行。到 1956 年 1 月 4 日，终于研究确定，陈毅给周恩来写信报告。信上说：“这几天搞十七条条文的修改补充，故把对中央关于知识分子指示意见一事办迟了。现各同志已提了一些意见，特送上供参考，”“我昨夜又把中央指示读了一遍，觉得该指示颇为全面。各同志的意见均已提到，只是应否对某几点着重多说一些的问题。”

陈毅认为需要多说一些的问题主要就是一个：知识分子改造与资产阶级分子改造的区别。他写道：“……知识分子的改造与资产阶级分子的改造各有其难易。资产阶级改造在某几点上反较高级知识分子较为容易。即是说思想体系和作风的改造较之企业的物质改造当然是更困难，更应是长期的。”“还应说精神与思想改造当然更要讲究方法，”“……把知识分子与资产阶级两种改造略作比较加一小段，我认为有必要。”

陈毅还转达了毛泽东几次与他们谈话中“约略谈到的意见”：“一、认为中央关于知识分子文件不如工商改造指示明确。二、许多问题应提得恰如其分，免翘尾巴。三、认为曾希圣提的对中层知识分子的关心和处理也应写到指示中。”

北返途中，毛泽东与修订农业发展纲要的原班人马讨论了关于知识分子问题的指示。回到北京，陈毅到家就接到周总理的通知，要他参加修改关于知识分子问题的报告，他随即去参加修改。日记中记着，他直到深夜 1 时半才回家。

因此，周恩来 1956 年 1 月 14 日在中共中央召开的关于知识分子问题会议上的报告，也包括陈毅意见在内。

正如陈毅所说，关于知识分子问题的指示和周恩来的关于知识分子问题的报告是“颇为全面”的。对知识分子充分发挥其力量，不断提高其政治觉悟，大规模扩大其队伍，尽可能迅速地提高其业务水平，都讲到了。报告强调了知识分子在各条

1949 年 10 月，陈毅（右三）在清华大学与吴晗（右一）、周培源（右二）等知名学者合影

战线上的重要作用，也强调了“党中央认为：对于旧时代的知识分子必须帮助他们进行自我改造，使他们抛弃地主阶级和资产阶级的思想，接受工人阶级的思想”。报告特别指出：“目前在知识分子问题上的主要倾向是宗派主义，但是同时也存在着麻痹迁就的倾向。”还具体规定，“必须保证他们至少有六分之五的工作日用在自己的业务上，其余的时间可以用在政治学习、必要的会议和社会活动方面”。指示和报告都是符合当时知识分子队伍基本需要的，对知识分子的队伍中先进、中间、落后和极少数敌对的情况也有明确的分析，并没有像在实践中特别是在反右的“拔白旗”以后那样给广大知识分子一律扣上资产阶级知识分子的帽子。

所以这次关于知识分子问题的指示和报告，与随后不久毛泽东在《论十大关系》讲话中提出的“百花齐放、百家争鸣”的方针，鼓舞了广大的知识分子，激发起他们加强自身思想改造、学习马列主义和钻研业务的热情。

1957 年的反右派斗争陈毅没有参加。因为他在 1956 年秋季因疲劳过度，在出席印度驻华大使的宴会中突发脑贫血晕倒；经查还有高血压、动脉硬化、心肌硬化等病，休养长达一年多未能视事。

然而作为副总理的陈毅即使能够“视事”又有何用呢？反右扩大化之风刮起后，不可阻挡。陈毅的好友不止一个被划为右派。陈毅的成都老同学、勤工俭学同去法国、同被押回的金满城，在人民文学出版社工作，也被打成右派。陈毅所能做到的，只是照常和他来往，并汇集大包材料，让他撰写有关留法勤工俭学的书稿，使他得到些慰藉而已。

当然，既然管科学、管文化，在具体工作上陈毅还是有权照顾各种人才，促进各种业务的。他对中国围棋（以及象棋）的发展所作的贡献便是突出事例之一。他多次召集棋艺界讲话，传达中共中央的关怀和国务院的规定。他告诉大家：贺老总同意了，钱由他出，编制上划归体委管理．待遇可按大学教授、讲师的标准，可以自办棋类刊物，出棋谱、出个人专辑，光明、文汇、新民等报刊可登载棋谱和比赛情况。在他的鼓励和支持下，新中国第一部《围棋名谱精选》很快问世。陈毅的题词说明他的见地：

纹枰对坐，从容谈兵。
研究棋艺，推陈出新。
棋虽小道，品类最尊。
中国绝艺，源远根深。
继承发扬，专赖后昆。
敬待能者，夺取冠军。

后来，他又把围棋融合进中日友谊的暖流中去，确实推动了两国棋艺的发展和人民的友好。日本棋院先后授予他名誉七段、名誉八段。

对于多种体育、文艺活动，他都很关心，而且积极使他们成为外交工作的开路先锋，东方歌舞团便是他很重视的"文艺大使"。

运动一个接着一个，"大跃进"和人民公社运动又来了。陈毅的头脑一度发热膨胀，也跟着说了一些冒进的话，但当外交部院子里也筑起了小高炉冒烟炼铁的时候，他的头脑很快清醒起来。外交部不办外交！花大工夫去炼报废的铁疙瘩！尤其是全国不讲科学，把真正的科学家耻笑为扯革命后腿的资产阶级知识分子，使陈毅感触殊深。

有人认为陈毅敢于作广州会议上的讲话是因为1962年1月毛泽东已在七千人大会上作了自我批评。那是有根据的，因为陈毅广州会议上的讲话鲜明地引用了毛泽东在七千人大会上的话："你们要相信过去三年有时候我们是做蠢事呀！我们是很蠢的呀！"陈毅还明白地说："我参加了中央七千人的扩大会，我才敢讲。"但是也应看到，在这之前，陈毅对党在思想战线上的"左"倾早有感受，也早有批评。在1961年3月22日，在中南海紫光阁召开的戏曲编导工作座谈会上（这会正是他建议召集的），他出语惊人："我看到有些文章把古人骂得一塌糊涂，把李清照完全否定了。李清照当然有她的局限性，她不可能超过那个时代去解决问题。""有篇文章讲陶渊明，为什么当时不去和九江、鄱阳湖的起义军结合，却坐在那里喝酒，因此认为陶渊明的诗一无是处。""不仅历史上的人物都有缺点，就是我们这个时代的人，也都有缺点。毛主席从来没讲过他没有缺点。""我们今天不要把毛主席神化。凡是把毛主席神化的人是别有用意的。""不仅过去的时代有局限性，我们这个时代也有局限性。封建阶级有局限性，资产阶级有局限性，无产阶级也有局限性。我们只能尽量做我们这一代所能够做到的事，不是说一切事情我们都能做。""今天，在农业方面，有人想很快就跳到共产主义，刮共产风，犯了错误……就是毛主席也不能超过今天时代去解决问题，否则就要犯错误。"

1962年3月2日，全国科学家座谈会和全国话剧、歌剧、儿童剧创作座谈会同时在广州召开。周恩来给两会的报告中重申了他认为中国知识分子的绝大多数已是劳动人民的知识分子的论断。小组会上科学家、剧作家倾诉了几年来遭受“左”倾思潮迫害的痛苦：被“拔白旗”点名批判，乃至开除党籍遣送劳改的人数，竟占了与会代表的大部分！

陈毅又惊又怒，他是共产党员，党教导他既要反右也要反“左”，在“左”倾思潮依然猖獗的年代他不能不挺身战斗。

“工人、农民、知识分子，是我们国家劳动人民中间三个组成部分，他们是主人翁。不能够经过了十二年的改造、考验，还把资产阶级知识分子这顶帽子戴在所有知识分子的头上，因为那样做不合乎实际情况。”“你们是人民的科学家、社会主义的科学家、无产阶级的科学家，是革命的知识分子，应该取消资产阶级知识分子的帽子。今天，我给你们行‘脱帽礼’！”

说到此，陈毅站起，向全场知识分子深深地鞠了一躬。当然是掌声雷动。陈毅继续说：

“十二年的改造，十二年的考验，尤其是这几年严重的自然灾害带来的考验，还是不抱怨，还是愿意跟着我们走，还是对共产党不丧失信心，这至少可以看出一个人的心！”

“十年八年还不能考验一个人，十年八年十二年还不能鉴别一个人，共产党也太没有眼光了！……今天我们团结的人不是多了，而是太少了！科学家是我们的国宝！真正有几个能替我们解决问题的人，一个抵几百个！……愚昧是个很大的敌人。帝国主义是个敌人，封建势力是个敌人，愚昧——几万万人没有知识、没有科学知识，也是很大的敌人。”

陈毅讲话很大的特色是态度明朗，这次他更是毫不含糊地提出一个尖锐的问题，那便是在“有些党的领导机关”和知识分子之间“产生了矛盾，伤了感情，伤了和气”。“这里面有个是非，总有一方面对一方面不对。只有弄明哪一方面主要是对的，哪一方面是错了，才能够团结起来。如果来一个两边都对，或两边都不对，各打五十大板，不能解决问题。”显然，“经过了十二年的改造、考验，还把资产阶级知识分子这顶帽子戴在所有知识分子的头上”，是有些党的领导机关不对，“因为那样做不合乎实际情况。”而且，“有很多事情做得太粗暴、太生硬”。明确地说“有些党的领导机关”是“错了”，而“对的”却是知识分子，这是惊人的。

陈毅讲话还更深一层触及矛盾的实质，那就是某些党政领导干部缺乏民主作风。陈毅认识到问题很严重，很危险。他说：“我是心所谓危，不敢不言。我垂涕而道：这个作风不改，危险得很！……严重到大家不写文章，严重到大家不讲话，严重到大家只能讲好，这不是好的兆头。将来只能养成一片颂扬之声……危险得很呵！”弄得科学家们见你吹亩产一万斤，也不敢说话；见你的大水库不合科学原理将来要造成灾难，也不敢提批评意见。如果为了人民利益鼓起勇气提了批评，“一批评就是反党，一批评就是反社会主义，就是资产阶级知识分子”。陈毅说："我们共产党就是有点民主，自己能够谦虚，能够团结人，大家愿意加入共产党，舍死忘生的来进行战斗，这样才打败了反动派。假使有今天这种情况，共产党还能够胜利吗？"

关于领导作风和领导方法的问题，陈毅在这次讲话中说到了"无为而治"。这四个字后来成了陈毅的一大罪状。这里特地把他的部分原话长文引用：

"在井冈山的时候……一个战斗的布置，我们大家参加，军事指挥员：军长、师长、团长，有时营长、连长都参加，我们（党代表）也参加。战斗一发生了，毛主席就说：'我们走，你跟我来。让他们（军事指挥员）去指挥。我们在那里很麻烦，弄得指挥员很难下决心。你在那里，他要征求你同意，不征求你同意，独断专行，将来要受批评，打了败仗，说他目无党代表。要征求你的同意呢，商量来商量去，丧失时机。让他一个人在那里，当机立断，马上就进攻，或者是撤退，或者迂回，或者把预备力使用上去。避免多头指挥。实际上我们也没有实际作战的指挥经验，我们只抓作战计划，定下来就行了，以后就让他们有经验的人去搞。'——唉，我很长知识呵！因为我这个人，恰恰就是什么都要干涉，也是仿佛有那么个精神：把革命的一切都要包办完的。很多指挥员最恼火我。经毛主席这么一搞，把我这脑筋就搞得通了一点，以后我就好办了。所以有很多事情，看来是可以无为而治的。什么事情都去领导一番，反而会领导坏了，有些不去领导，反而好一些。要懂得，领导有领导成功的，也有领导失败的。有把握领导成功的就去领导，没有把握就不去领导，就让有经验的去搞，自己'坐享其成'。……党委领导业务，也是要通过党的专家来领导，和专家合作，取得他们的帮助来实现领导。毛主席讲过，共产党员不懂自然科学，怎么办呢？通过专家，委托他们来领导。或者帮助专家提高政治，吸收他们入了党，通过他们来领导。"

显然，陈毅所主张的完全不是放弃领导。相反，他对怎样实现领导有很正确的严格要求。他以军队的一个班作比喻："人民解放军的班长，打仗冲锋，班长是第一个……其余的人跟了来，这个领导，是带头。分东西班长最后分，……吃饭，人家装满了，班长才去装了来，什么领导？你要讲领导，就是要带头，吃苦在前，享乐在后。……所以现在领导这两个字，要加以正确的解释。讲党领导一切，主要是路线、方针、政策……至于专业问题，最好不要乱干涉。"

陈毅这篇讲话的主要内容，是在改善党对科学文艺、对知识分子的领导。如果所有党的领导机关，都能像陈毅所说的这样来领导，那就必然能团结广大的知识分子以及工农兵群众，心情舒畅、斗志昂扬地跟着党的正确路线走。

文艺工作者听着这样的讲话，怎能不欢欣鼓舞！笑声、掌声……当年的记录稿注明，在陈毅这篇三万余言的讲话中，会场里响起六十多次掌声和笑声。

但是，"党内"有人不满意了。据说中共上海市委第一书记柯庆施下了指示，不许传达陈毅的讲话。怕什么？怕"翘尾巴"。普通的党员干部也有的说，要不是看见文件上写明陈毅，还以为是"右派分子"的讲话呢！

就是这样的一个陈毅，"二月逆流"中成为"黑司令"是理所当然的。

第十三章　外交风云

第一节　历史选择了他

1954年10月1日，天安门城楼红灯高悬，嘉宾满座，共赏节日焰火。陈毅副总理坐在位子上若有所思，等待与毛泽东主席、周恩来总理谈话的机会。后天他将率中国党政代表团出访德意志民主共和国，须请示与商谈。更重要的是以此行作为开端，他的阵地将逐渐转移到外交战线上来了，这是他一生中又一次重要的转折。

正式获知这一决定是在五天前。第一届全国人代大会投票选出了国家最高领导人。当晚，邓小平在勤政殿告陈毅准备出访东德，他慨然应命，并得知此后他的工作将转向外交方面。当夜他在日记中写道："我之工作转到政府方面和外交方面，已完全解决了。瞻念前途，实有绠短汲深之惧。"

说"绠短汲深"，似乎并不符合实际。陈毅早已表现出外交的才华。早年勤工俭学时作为留法学生代表与中国驻法公使的谈判、抗争；1927年底在韶关教堂大门口与法国神甫的洽谈；1945年向毛泽东提出的关于和美蒋关系的重要意见；1946年停战时期和美军代表的折冲周旋：都表现出他在这方面的卓越才华。他在统一战线工作中的成就更是全党范例之一。他的"惧"是对自己严格要求的表现，用他自己的话说："我这个人干外交恐怕不行。""我这个陈毅，有时候说话很有破坏性，有时候好感情用事，感情一上来说话就冲口而出，不管轻重的。在我们内部，对同志有什么伤害……可以对同志解释，……在外交上这么一来可就砸锅了。"

但是毛泽东认为"临事而惧"正是优点。

毛泽东与外宾应酬过后，陈毅便上前请示，问德国之行有何交代。毛泽东说，望你对整个德国的情形作一番考察研究。

在毛泽东的谈话中，陈毅敏锐地感到毛泽东对"整个德国"的重视含有战略思想发展的新因素。因为早在1946年，毛泽东即提出了"中间地带"的理论，采取了三分世界的方法，把欧洲国家也列在应该争取的"中间地带"。这是陈毅所熟知的。后来由于国际斗争形势的需要，使中国共产党接受了"两大阵营"的理论，采取了"一边倒"的政策。现在毛泽东对"整个德国"有浓厚兴趣，陈毅理解了这一交代的重要意义——要了解西欧国家，争取西欧国家。

10月5日，陈毅率代表团抵柏林，开始对德意志民主共和国的访问并参加其国庆5周年庆典。在访问期间，陈毅花大量的时间综合了解德国情况特别是联邦德国情况。工业恢复程度、科学技术水平、产品竞争能力，与美国、西欧各国的经济联系及矛盾，一直到诸如移民、战俘、外国驻军、知识阶层的情况，他都一一摘记、分析，有时还邀请来自联邦德国的教授、艺术家、工人代表谈话，进行了缜密细致的科学的考察。

回到北京的当晚，风尘仆仆的陈毅便向周恩来总理作了访问情况的汇报。其中特别谈到德国战后经济恢复的经验，认为值得中国重视和借鉴。接着，陈毅又起草了关于德国情况的报告，对东、西德状况和未来发展趋势作了分析，受到中央的好评。

当时的国际舞台上，以苏联为首的社会主义阵营同以美国为首的帝国主义阵营严重对立，亚非拉民族独立解放运动方兴未艾，新中国外交旗帜鲜明地反对美国侵略政策和战争政策，加强同社会主义阵营的团结，发展与亚非拉民族独立国家和其他国家的联系，从而在国际斗争中越来越大地发挥自己的作用。陈毅，正是在这样的时刻开始他的外事活动，获得宝贵经验的。

真正使陈毅领略外交斗争的复杂性和“艺术性”的，是随周恩来总理出席第一次亚非会议（即万隆会议）的经历。周恩来是中国代表团团长和首席代表，陈毅是团员、代表，是总理最重要的副手。这次会议是由南亚五国总理发起，在中国积极推动、支持下召开的。与会29个亚非国家，代表着14.4亿人民，第一次在没有西方大国参与操纵的情况下召开国际会议，显示了空前的力量，也引起了帝国主义者及各国反动分子的惊慌和忌恨。

1955年4月7日，周恩来总理兼外长率领中国代表团启程离京抵达昆明。而先期启程的中国部分工作人员乘坐的“克什米尔公主”号客机在从香港飞往万隆途中爆炸坠海，八名中国代表团工作人员及新闻记者、三名外国人员及部分印度机组人员遇难！——这就是震惊世界的“克什米尔公主”号事件。事后查明是美蒋特务机关收买香港机场一职工，在机上安放了定时炸弹所致。人们愤慨而担心：周恩来是否还能按期到会？

公安部长罗瑞卿再三劝周、陈缓行，毛泽东主席在杭州也为代表团的安全极为焦虑不安，然而周恩来总理与陈毅几经商议，仍决定按原计划如期出发。4月16日，专机经停仰光，次日终于安全飞抵万隆。这一行动不仅表现了中国领导人个人的无畏，更显示了人民中国对于亚非团结反帝事业的重视。

大会发言一开始，就有人对中国发出阵阵指责非难，有人端出了“共产主义就是新殖民主义”的论点……言辞偏激刺耳，会场充满火药味。19日上午某国代表在发言中甚至表示怀疑中国在边境成立民族自治州是为了向邻国搞“渗入”、“颠覆”。会场气氛极度紧张，简直一触即爆。下午紧接着要发言的周恩来将作何说？中国若不反驳岂不当众示弱，若据理力争又会一发而不可收拾。面对会议产生分裂走上歧路的危险，周恩来决定将原来准备的发言稿改用书面散发，在4月19日中午短暂的休会时间内，和陈毅等深入研究，决定坚持并更加明确地表述

1955 年 4 月，陈毅（左）与周恩来在万隆第一次亚非会议上

求同存异的方针，并亲自起草了一个补充发言稿。下午开会时，只见周恩来与旁边的陈毅交谈了几句，站起身来，走上讲坛，以诚恳、大度的姿态发言说：

“中国代表团是来求团结而不是来吵架的。本来，对于美国一手造成的台湾地区的紧张局势，我们很可以在这里提出，请求会议加以讨论。……中国在联合国所受的不公正待遇，也可以在这里提出批评。但是我们并没有这样做。因为这样一来，就很容易使我们的会议陷入对这些问题的争论而得不到解决。……我们的会议应该求同存异。”……

发言一完，会场沸腾了，各国代表纷纷拥上前向中国总理表示祝贺、钦佩、感谢，完全扭转了会议的紧张局面。

顾全大局的克制，谋求团结的诚意，求同存异的耐性，再加上恰如其分的揭露和反击，这一切为会议排除障碍获得成功打开了道路。也使周恩来受到各国代表的普遍景仰和尊重。陈毅后来向人说：“这是马列主义外交的典范，是给我们代表团学习得最多的一点。”他易动感情的性格确实受到了一次磨炼。在代表团中，他以“学生”和“练习生”自喻，处处突出总理的作用，而实际上他是周恩来不可缺少的副手，尤其在会场内外与各国代表积极接触，广交朋友这一点上，做了出色的贡献。他和印度尼西亚外交部长、国防部长多次交流经验，向缅甸工业部长介绍中国自力更生建设工业的计划。尽管意识形态各异，但共同的愿望和目标使彼此了解和接近了。菲律宾代表罗慕洛称赞中国代表团的态度和周恩来的演说是“出色的、和解的，表现了民主精神”。巴基斯坦阿里总理说：“我是带着成见来的，但想不到周恩来总理这样尊重别人的意见。现在成见消除了。只有伟大的中国才能派出这样伟大的代表团！”

正是本着这样的精神，会议终于达成了团结反帝的决议和闻名于世的“万隆会议十项原则”——它是在由中国总理首先提出，并与印、缅总理共同倡导的和平共处五项原则基础上扩充发展而成的。万隆会议第一次表达了亚非人民争取解放团结的巨大力量，敲响了为自由独立而战的战鼓。

万隆归来之后，陈毅开始参加外交部各次党组会议，为接手外长工作做准备。他专管、分管的工作又多，终年日夜忙碌。

1956年6月中，陈毅由西藏回京便参加中共“八大”的准备工作，7月南下参加中共上海市代表大会。9月“八大”召开，加上国务院工作，外事活动，不胜繁忙。10月1日起，他陪同来访的印尼总统苏加诺从北京出发，经沈阳、杭州、广州直送到昆明。回到北京，又赶上波、匈事件发生，中央彻夜研究，他每日参与研讨并逐件贯彻执行。11月1日，就在他即将随周恩来总理对印度等国进行重要访问的前两天，突然在印度驻华大使的宴会上晕倒，他因此不得不休息了一年多，但仍出席许多重要外事活动。1957年5月，苏联最高苏维埃主席伏罗希洛夫来访，周恩来总理在宴席上向客人介绍说：“这是陈毅同志，最近从华东调进中央，今后准备由他主持外交工作。”陈毅忙接道：“不，我是来辅助周总理工作的。”毛泽东主席又加了一句：“他是多年同我一道工作很好的同志。”——这绝非“外交辞令”，而是毛泽东、周恩来对陈毅的高度信任和赞赏。

1958年2月11日，新华社正式公布了任命陈毅为副总理兼外交部部长的消息。

第二节 独立自主 反帝反霸

陈毅就任外长三天，便首次以新身份随周恩来总理对朝鲜民主主义人民共和国作友好访问，并安排中国人民志愿军在年内全部撤回中国。

中国主动提出撤军，意义非同寻常。中国已证明是个有力量应别国政府请求向该国派出志愿军进行有效援助的国家，而仗一打完，便无条件撤回，不在别国领土上留驻一兵一卒。不图谋己利，不支配别人。这在当今世界上能有几个大国做得到呢？外电评论中国政府由于这一行动，“而在亚洲冷战中大胆地掌握了主动，并使美国陷入难堪的境地”。

非但撤军，而且要撤得漂亮。2月17日，陈毅随周恩来来到中国人民志愿军总部，作了一番意味深长的发言：

“我们任何时候，任何地点，不要去充恩人，以为我有恩于你，你就要给我磕头。……‘人有德于公子，公子不可忘也；公子有德于人，愿公子忘之。’……现在我们有的同志以为这样那样的东西是我带来的，要拿走。不行！要严格执行志愿军首长的命令。回国去国家可以给你们置一点。世界上什么东西最值钱？最值钱的是这个鲜血凝成的友谊！”

朝鲜战争结束了，然而美军还留在“三八线”以南，第七舰队还在台湾海峡游弋。刚上任的陈毅外长将以何种姿态来着手处理中美关系？他和他的对手、70岁的美国国务卿杜勒斯先生，将如何抗衡？

在独立自主这重大问题上，中国共产党人的立场从来是坚定的。解放初上海有人主张“中国应该做美苏之间的桥梁”，陈毅做了坚决批评，并告之毛泽东。毛泽东道：“这话的意思就是要中国人脑壳着地，背拱起来，让美国人从中国人背上走到苏联去，让苏联人从中国人背上走到美国去。我们难道能这么干吗？”陈毅后来对人说：“主席挖苦得好，谁愿意干谁可以去干，我这个外交部长是不干的！巴黎和会上克里蒙梭逼着顾维钧签字的时代已经过去了！”

杜勒斯先生和他所代表的政治经济势力却还怀恋着那个时代。1950年他在联合国安理会曾向出席安理会讨论中国控诉美国侵略案的一位中国特派代表的助理人员说：“我与中国是有历史关系的。”此话很确切。他外祖父约翰·沃森·福斯特当过美国国务卿，卸任后来华，甲午海战后以“大清帝国顾问”身份，与李鸿章一起去日本，签订了割让台湾、向日本赔款两亿两白银的《马关条约》。1907年老福斯特又带着小杜勒斯，作为“大清帝国政府”的代表参加海牙和平会议。杜勒斯从此步入外交界。1952年，即将就任国务卿的杜勒斯还道：“美国应明白申明我们的决心，决不让大陆中国继续由中国共产党控制。”他上任后策划的三次“战争边缘”行动都直接间接地针对新中国。1958年夏末，他又第四次将美国带到了战争边缘……

8月8日，美国海军参谋长伯克扬言，美国海军正密切注视着台湾地区局势，随时准备进行像7月15日在黎巴嫩那样的登陆。与此同时，台湾当局叫嚷要“反攻大陆”，并加强了从金门、马祖对大陆进行的骚扰和破坏活动。

8月23日晚，陈毅身着白色西服赴罗马尼亚驻华使馆宴会，致词时一反常例地丢开讲稿，作了一段即兴讲话，揭露美国军队以“保卫供水系统”为名驻兵古巴，又为“休息和避暑”进驻新加坡的行径：“我们中国也派一支军队去外国，找一个地方‘避暑’行不行？如果这种道理能成立，那么美国不是在任何时候都可以把它的军队派到任何国家去吗？同样任何国家不也可以在任何时候把军队派到美国去吗？”

有人为他激烈的措辞担忧。然而他们不知个中原委：就在宴会开始前两小时，人民解放军福建前线部队万炮齐发，对金门国民党军发起了猛烈轰击。陈毅对有关同志这样说：“帝国主义搞紧张，我们就搞缓和；他再搞紧张，我再搞缓和；如果他还硬要搞紧张，那我们就比他更紧张！——最经不起紧张的还是帝国主义。”炮击金门，是为了反击国民党部队的骚扰，为了反对美国搞“两个中国”的阴谋，也为了配合当时阿拉伯人民反对美国侵略的斗争，调动美国兵力。

果然，金门炮声一响，美国手忙脚乱，调集100多艘舰只、200多架飞机到台湾海峡地区，叫嚣要“轰炸大陆的基地”。9月4日，美国总统艾森豪威尔授权杜勒斯发表声明，威胁要把美国在台湾海峡的侵略范围扩大到金门、马祖等中国沿海岛屿。9月9日杜勒斯在记者招待会上做出威风凛凛不惜一战的姿态。18日又在联大发言，要求在台湾海峡实行“停火”，甚至要求中国撤减驻福建前线的部队。

9月4日，中国政府正式宣布本国领海的宽度为12海里，未经中国政府许可，一切外国飞机和军用船舶不得进入中国的领海和领海上空。9月6日，周恩来总理发表了《关于台湾海峡地区局势的声明》，重申解放台、澎、金、马是中国的主权，任何外国不得干涉。9月8日，毛泽东主席在最高国务会议上发表了著名的“绞索”战略的谈话，指出：台湾、黎巴嫩以及所有美国在外国的军事基地，都是套在美帝国主义脖子上的绞索。毛泽东义正词严地谴责了美国侵略中国的行为，同时重申了中国通过谈判和平解决争端的愿望。

由于美国在台湾海峡的军事冒险遭到中国的有力反对，它的盟国很感不安，美国人民也纷纷表示不满，杜勒斯9月9日在记者招待会上表示愿意恢复同中国的大使级华沙会谈。但是会谈在9月15日复会后，美方在会上又要求在台湾海峡立即“停火”，以保护它在台湾的“盟友”。

陈毅组织了对“停火”谬论的反击。9月20日，陈毅外长发表声明：“消除台湾海峡紧张局势的关键，不是什么停火问题，而是美国军队撤出台湾地区的问题。中美之间没有打仗，根本谈不上什么‘停火’。”“中国人民不论用何种方式解放自己的领土，都是中国人民自己的事情。”华沙中美大使级会谈的中国代表王炳南大使也按此精神进行了驳斥，并提出和平解决争端的积极建议。

中国态度强硬，说理充分。美国的盟友们便纷纷表示不愿卷入。美国国内参众两院、报界舆论，对杜勒斯一片抱怨、反对之声，国务院收到5000多封来信中，有80%是批评杜勒斯在台湾海峡冒险行动的。这时，杜勒斯又有了新的决策：在9月30日的记者招待会上，他突然要求国民党从金、马撤退，“以换取共产党的停火”。此话引起台湾一片慌乱和怨恨。北京是否因此高兴呢？

10月6日清晨，毛泽东主席写就《告台、澎、金、马同胞书》，请陈毅等去研讨。大家认为写得精彩之至，决定当天就以国防部长彭德怀名义公开发表。文章宣布从当日起，在国民党船只无美舰护航条件下“停止炮击七天”，以便国民党方面向岛上输送供应品。又指出：中国内部战争，同胞之间可以谈判，和平解决，但不要美国插手，“这是民族大义”。文章一播出，台、澎、金、马震动，美、蒋矛盾激化，杜勒斯骑虎难下。他本想诱我吞下金、马两岛的“钓饵”，换取台湾脱离大陆，永久“独立”的前途。但他又一次低估了中国领导人的战略策略眼光。陈毅后来说：“毛主席的文章做得很妙。我们在金门打打停停，不是‘送瘟神’，而是要‘留瘟神’，杜勒斯脱身不得，还得替我们约束蒋介石不要闯祸”

1958年，陈毅（左）与毛泽东在一起

（见 1958 年 11 月 26 日向民主党派代表大会作的报告）。

坚定的立场，灵活的策略融为一体，成为这场斗争的特点。前线军事对峙的同时，中断了九个月的华沙中美大使级会谈得到恢复。炮击的同时，又辅以政治心理攻势。杜勒斯愈加被动，因其僵硬滞重而干脆被称为“套在西方外交政策脖子上的磨盘”（加拿大众议院合作联盟领袖哈曾 - 阿纠语）。因此，中、美之间围绕着台湾海峡局势进行的这场斗争，就不能不是这样一个结局：12 月 10 日，美国终于宣布自台湾地区撤出部分海空军，并且不得不遵守我不允许美舰为蒋舰护航的规定。

围绕着炮击金门、马祖而进行的这一场军事、外交斗争，中国极其生动有力地表达了自己坚决反对美国企图在台湾海峡划线、制造“两个中国”的立场。

陈毅对美国并无偏见仇恨，他认为：“美国是个了不起的国家，建国才 180 多年，科学、工业就成为世界最先进的。假若美国改变了目前敌视我们的政策，两国关系是有前途的。”杜勒斯病死于 1959 年 2 月，在他病中，陈毅曾向人们推荐过杜氏 1958 年 11 月在克利夫兰基督教会所做的一篇讲话，其中已承认：“红色中国正迅速变成一个军事和工业强国。”可见杜氏并非死硬到底的人物。中、美华沙谈判，陈毅又指示大使王炳南可与美大使握手、问好，星期天请吃顿饭。“不一定老是那么紧张嘛。不卑不亢，有理有节，此乃泱泱大国之风也。”

对中、美关系总体上的考虑，陈外长有过精彩的表述。1961 年 4 月陈毅访印尼时，有位《纽约时报》记者请评论一下中、美关系。陈毅说：“世界上的两个大国，长期处于这样僵持的关系，这种情况当然并不好。我们愿意改善中美关系，特别是中国人民同美国人民的传统友谊是长期发展起来的。……是不是请美国朋友冷静考虑一下，用一支强大的第七舰队占领台湾，支持一个蒋介石集团，这个情况如果不改变，中、美关系僵局怎么能够打开。……中国人民要保护自己的正当权利。这个问题要看美国的新总统能否采取主动。中国是处于被损害的地位。我们没有占领美国什么领土，我们没有援助美国什么叛乱集团来分裂人家的国家。美国的领导人是太自高自大了。要中国人屈服是不可能的。”

直到 1969 年 12 月，美国总统尼克松终于采取了主动。

与美国相对的，还有另一个大国苏联。

从 50 年代末期起，中、苏两党对马列主义、国际共运的某些理论原则问题，以及当代世界形势的若干重大问题，出现了一些不同意见，这本来不足为奇。但苏联领导人在渡过“波匈事件”的难关之后，大国主义故态复萌，把意识形态的分歧扩大到国家关系上，并要求中国在军事上外交上受制于苏联，服从苏联全球战略需要，这就使中、苏之间控制与反控制的斗争日趋激烈。中国采取了“坚持原则，后发制人；坚持斗争，留有余地；坚持团结，反对分裂”的方针，但分歧终究是无可挽回地公开化了。

1959 年 9 月 30 日，苏共中央第一书记赫鲁晓夫刚刚结束对美国的访问，匆匆赶到北京，参加中华人民共和国建国十周年庆典。当晚他就在中国领导人举行的盛大国庆宴会上讲话，教训热诚接待了他的主人不要“用武力去试试资本主义制度的稳固性”。大有以“老子党”自居、指手画脚之态。10月2日双方开始会谈，毛泽东、周恩来、陈毅等出席。赫鲁晓夫又指责中国1958年炮击金、马，是“冒险”、“好战”，“对亚洲和平不负责任”，甚至强烈暗示中国可以考虑暂时让台湾独立。陈毅当即起而反驳。赫鲁晓夫竟说：“好，我知道你是元帅，我是中将，军事上我得服从你，但现在在党内我是第一书记，你只是政治局委员，你应当听我的。”陈毅回敬说：“你讲得不对我们就不听你的，这是两个党在谈问题嘛！”

这样的会谈当然谈不拢。然而这次会谈加深了对问题的思考：中国革命和建设必须继续开辟一条适合本国特点的道路；新中国必须坚持独立自主的和平外交方针。

近代中国有志改革的优秀人物曾长久在黑暗迷茫之中寻求真理，包括青年陈毅在内，而最终是由俄国十月革命一声炮响，才将马列主义送来中国的。“走俄国革命的道路”，自然成为中国共产党人的共同信念。然而照搬照套的王明教条主义路线，又招致革命的惨重失败，红军被迫长征，负伤的陈毅奉命留在深山野林坚持三年游击战争……从这时起，毛泽东所倡导的马列主义普遍真理同中国革命具体实践相结合的思想，才开始被全党所认识和接受。这是划时代的转折。

中国革命胜利后，斯大林领导下的苏联给中国经济建设以大力支援。1952年陈毅随同刘少奇参加苏共“十九大”，曾受到斯大林亲切接见。斯大林为自己过去不适当地干涉了中国革命而当面向中国同志表示了歉意。这使包括陈毅在内的中国共产党人深为感动。但即便如此，陈毅也不盲目崇拜苏联，而是独立思考和客观地观察苏联。他看到了与国际主义精神同时存在的某些大国主义阴暗面，看到了事物的复杂性及值得忧虑的前途。

果然，1958年苏联提出与中国共建长波电台和海军联合舰队两项损害中国主权的建议，这理所当然遭到中国方面拒绝。然而赫鲁晓夫来访之日为此事受到中方责问时又矢口否认，硬说“那是某些政府部门干的事”。陈毅立即与他当面对证事实，令他语塞。碰壁之后他并未改弦更张，反而进一步采取了扩大和公开中苏分歧的做法：1959年在中印边界问题上塔斯社发表声明公开偏袒印度；赫鲁晓夫访美前苏联片面撕毁中苏双方技术合作协定……中苏关系被一步步推向破裂边缘。全世界都注视着中国共产党人将做出何种抉择。

“老实讲，我们可以跟着赫鲁晓夫走，”陈毅1963年与日本朋友谈话时说，“这样他马上会称你亲爱的同志，授你勋章，给你援助，可以得很多好处。但我们作另一种考虑：不服从他‘老子党’指挥，坚持原则，以平等的地位起来同他讨论问题，那马上就要遭受打击。我们考虑过后果，但为了保卫马列主义原则，保卫中国独立自主权利，中国决心不贪图他的‘好处’，把这场斗争坚持下去！”

做出这样的抉择需具有极大勇气。1959年的中国，外有美国武装威胁，中印边境冲突，内有严重自然灾害以及“左”的错误造成的巨大经济灾难。就在第二年，赫鲁晓夫在布加勒斯特会议上向中国党发难并遭到反击后，苏联政府突然于7月16日照会中国，全部撤走1390名专家，撕毁343项合同，废除257个科技合作项目……“这算什么马列主义？资本主义国家也不能这样！”陈毅作为外长对于这种“雪上加霜”的做法尤感愤慨。陈毅在8月4日向苏联驻华大使契尔沃年科深沉地说：中国经济受损失还是小事，对两国友谊造成伤痕是大事。中苏两国在马列主义理论和国际问题上有分歧可以辩论，但不能伤同志友谊，希望两国关系不再坏下去。

尽管苏联撤退专家、撕毁协议给中国建设造成巨大损失和严重困难，中国政府当时仍以团结为重，热情地欢送苏联专家。陈毅在欢送晚会上说：“苏联专家在中国工作期间，和我们朝夕相处，亲密合作，彼此之间建立了深厚的友谊和感情”；“我们一向把专家们当做我们的良师益友”；“你们对我们的帮助，我们是永远不会忘记的”。

但是，陈毅对苏共“老子党”的作风，是警惕的，经常对有关工作人员指出其危害性。

1960年11月，陈毅访阿富汗归来在新疆伊犁停留，在机场接见了苏联驻伊犁领事，接着来到中共伊犁区党委。不料那位领事也理所当然似的跟着进来参加开会。陈毅警觉了，不客气地说：“我们在机场不是已告别了吗？是谁请你到我们党委机关来的？你来做什么？”领事哑口无言，道了歉赶紧走路。陈毅再一问，以前一直如此，苏联领事要来就来，这里的干部以为既是“老大哥”，也从未提出反对。陈毅感慨道：“我们同志太老实！苏联人有点搞惯了，喜欢干涉人家内政。这是中国的地方嘛！”后来事实证明苏方确有所图。1962年春他们欺骗、策动数万伊犁人闹事，并越境跑到苏联去了。

问题的实质正是独立自主同霸权控制的矛盾。陈毅对此有一句传播于世的精当比喻——“我们不做卫星国。”1962年西方记者报道陈毅在日内瓦记者招待会上的谈话，便用这话作为黑色粗体字通栏大标题。陈毅在那次谈话中不无辛辣地说：“苏联的卫星重1000吨。但有着6亿人口的中国是太重了，作为一颗卫星，未免太重了一点。不是这样吗？——我们不希望拥有卫星国，但也决不做任何人的卫星国！”

为此，陈毅身体力行。经济上“卡脖子”吓不住中国。自力更生，艰苦奋斗。外交部几次要盖大楼，陈毅没同意。“要盖，等我死了以后吧。”外交部成千工作人员许多年挤在那幢破旧的清朝“总理各国事务衙门”的古旧建筑物里办公。为带领人民渡过难关，1959年中央决定减少高级干部薪水，毛泽东找了陈毅等几位政治局委员去商谈，大家一致同意每人减100元，都认为这有很大政治意义。作为外长，陈毅在这方面更大的贡献在于向各国的首脑、议员、记者做有关中苏分歧的解释说明工作。他的谈话抓住要害，展示矛盾，具体生动，坦率真挚，具有强大的说服力。

作为新中国科技战线早期领导人之一，陈毅对苏联片面撕毁为中国建立核工业提供技术援助的协定，并和美、英一起签订三国部分核禁试条约来剥夺中国及其他国家建立自己核力量权利的行为尤感气愤。他和毛泽东、周恩来一样，明确指出其目的就是要中国在帝国主义核威胁面前依赖苏联的“核保护伞”，听命于苏联。中国政府 1963 年 6 月 6 日在答复苏联政府的备忘录中庄严宣布：“中国人民决不承认某一个或某几个大国垄断世界核力量，对别的国家任意发号施令的特权。”

当然，作为一个无产阶级国际主义战士，陈毅始终牢记着中苏人民之间多年积累的深厚友谊。他曾多次在大会小会上讲中苏人民的友谊，讲苏联专家们在中国所做的大量工作和贡献。他讲过苏联顾问团副团长在告别宴会上说的一句话：“我们来时带的是苏联经验，回去时是带着中国的经验。”陈毅称赞这话讲得好，表达了两国人民互学互助的愿望与友情。直至 1963 年中苏关系公开破裂后，他仍在苏联驻华使馆庆祝十月革命节的酒会上发言，引用“友谊贵如金”的中国谚语，强调了两国友好的重要性。

第三节　边界与邻邦

中国的边远省县，多以“和”“平”“安”“宁”命名。

中国力求建立一条安宁友好的边界，然而一百余年来，中国的边境和领土，经常被蚕食，被鲸吞，纠纷复杂。西南方向——从阿富汗、尼泊尔、印度直至缅甸，也是一条漫长复杂、有历史争议、某些地段尚未正式标定的弧形边界。制度不同，国有大小，这些国家既遭受过帝国主义和殖民主义的祸害，往往又接下了帝国主义和殖民主义遗留的历史问题。其中有的国家对新中国多少怀有疑惧，怕中国以武力扩展疆土。国际上对中国不友好的各种势力，乘中印边境武装冲突之机，进一步挑拨中国和邻国的关系。对于解决边界问题，陈毅参与制订了中国的政策。中国的基本主张是：对历史上遗留下来的边界问题，双方应通过和平谈判，求得友好解决，而不应诉诸武力。在谈判中，既要照顾过去的历史背景，又要照顾已经形成的实际情况，经双方同意也可以做些必要的调整。在解决前，维持边界现状。总之，是严格按照和平共处五项原则，通过和平协商来求得解决。陈毅对外国朋友说过：“社会主义的中国，决不采取扩张政策。”是否真如此，人们要看事实。

1960 年 4 月，陈毅随同周恩来总理访问东南亚邻邦，第一站便是缅甸联邦。中缅边界有很长的一段迄今未曾标定，由于政权更迭，历史变迁，形成边界现状的原因很复杂，因此中国政府从一开始便采取非常审慎的态度，先保持边界现状。解放之初，国民党残匪流窜至缅甸境内，常过境来劫掠骚扰。毛泽东一再指示人民解放军不能过界追歼，即使残匪在边疆造成一些损害也不要过去。陈毅传达说：“过界就会形成干涉人家的内政。这些国家都要受震动，都要害怕。”陈毅对缅甸朋友说：“中缅是亲戚国家，完全可以采取万隆会议原则来解决两国之间的问题。”1960 年初缅甸总理奈温欣然来访，与周恩来草签了中缅友好条约和边界问题协定。

缅甸人民盛情欢迎中国客人。代表团抵达的第二天便应邀参加缅甸传统节日——泼水节的盛会。然而人们没想到，出现在面前的中国总理和副总理竟穿着圆领白色小褂，围纱笼，趿拖鞋，头扎白纱帕，完全和缅族人一样装束，兴致勃勃来到人群中，泼水祝愿，共叙胞波情谊。访问获得极大成功。

离开仰光，代表团飞抵印度首都新德里。中印两国长期来有密切的文化、艺术往来，著名的和平共处五项原则就是周恩来总理在 1953 年 12 月底接见印度代表团时首先提出，1954 年在中印《关于中国西藏地方和印度之间的通商和交通协定》的序言中加以肯定，在中印两国总理的联合声明中又共同倡导的。然而 1959 年起，印度先是在西藏问题上干涉了中国内政，其后又向中国提出了领土要求，印军越过边界传统习惯线侵入中国境内，迫使中国边防部队不得不进行了自卫反击。中印关系发生了令人遗憾的裂痕。周恩来和陈毅在此次访问中竭尽全力寻找和解与友谊的途径，进行了一系列会谈和访问，可惜印度方面对中国领导人的真诚努力未能做出响应。

飞机驶向尼泊尔首都加德满都。中尼之间的友好关系源远流长，但也有未定边界问题。此次访问除商谈中尼友好合作事宜外，还在双方已于同年 3 月签订的中尼边界协定的基础上，继续就珠穆朗玛峰问题等具体边界事项交换意见，签订了中尼和平友好条约，并交换了中尼边界协定批准书。中国过去出版的地图将珠穆朗玛峰划在中国境内，而尼方则把珠峰划在边界线上。经过多次友好商谈后，1961 年秋马亨德拉国王访华期间，双方终于就珠穆朗玛峰问题达成协议。中国出于对尼泊尔人民的友谊和感情的尊重，同意尼方关于两国边界线通过珠穆朗玛峰的划法，峰顶北部归中国，峰顶南部归尼泊尔。1961 年 10 月 5 日，两国国家元首在北京正式签订《中尼边界条约》并立即生效。英国作家马克斯韦尔在《印度对华战争》一书中说："中国心平气和并且公平合理地同它的其他邻国解决边界问题。这使印度的立场显得理亏。"

访问最后一站是柬埔寨，但行前突闻其国王逝世，举国行丧，主人担心形不成欢迎中国贵宾的热烈气氛。周恩来、陈毅商讨后决定按期前往，并为代表团全体成员在国内赶制了黑、白色服装，访问期间参加国王吊唁。柬埔寨朋友们深受感动。五天访问期间正遇柬埔寨 40 年来最酷热的天气，陈毅顶着烈日在金边"王家田"广场向青年群众演讲，高度评价西哈努克亲王的中立爱国主义政策。讲话一次又一次为欢呼声打断。巴黎《战斗报》评论："北京头号外交家在仰光，加德满都和金边取得了完全的胜利。"

1960 年 8 月，陈毅单独访问了西陲邻国阿富汗，参加其独立 42 周年庆典。陈毅抵达当晚，便拜访了国王、首相及大臣们，陈毅发扬了他独特的外交风格，在个人交往时不拘礼节、坦诚爽朗地交谈中国建设的经验、挫折、大中小型企业结合以至将军下连当兵。一直谈至夜 12 点，主人仍不倦，请陈毅"再谈！再谈！"说："我们到巴黎、纽约去谈，谈的是老一套，都是教科书上的东西。跟中国朋友一谈，就学到新鲜思想、新鲜的经验。"

1965 年春，陈毅访问尼泊尔受到尼泊尔人民的热烈欢迎

双方会谈中，陈毅充分照顾到阿富汗的和平中立立场，联合公报草案里没有直接提反美的话，也不明确写支持刚果、古巴人民斗争字句，而写的是："正在争取独立斗争中的国家，最终是必然胜利的，我们双方要给予支持。"这样的措辞对方欣然接受。在双方互谅互让的基础上，双方又签订了中阿友好和互不侵犯条约。

访问期间陈毅闹腹泻，身体较为虚弱，但他以极大毅力坚持。他在出席正式活动之外，又抱病接见了巴基斯坦驻阿大使，以及当时尚未与中国建交的伊朗、土耳其大使，以扩大接触了解，传送中国人民友好意愿。这一切都给人们留下难忘的印象。

1961 年 2 月，陈毅又访问了南海的海上邻邦印度尼西亚，签订了中国同印尼的友好条约。

还有一个，陈毅始终未去访问而又始终挂在心上的邻邦，那便是日本。中国把重建和发展中日睦邻关系放在对外政策的重要地位，但战后日本政府采取追随美国的政策，中、日关系一直未获得令人满意的发展。然而陈毅也好，周恩来也好，毛泽东也好，寄希望于未来，从发展两国的民间关系入手，以渐进和积累的方式促进中日关系正常化。

1958 年至 1959 年，中国向日本提出了改善中日关系的政治三原则：岸信介内阁必须停止敌视中国的言论和行动；停止制造"两个中国"的阴谋；保证不再阻挠中日关系的正常化。1959 年日本社会党委员长浅沼稻次郎、前首相石桥湛

1965 年 3 月，陈毅与阿富汗首相查希尔在中阿边界议定书上签字

山和政治界知名人士松村谦三相继访华，周恩来、陈毅等同他们会谈时除强调日本政府必须遵守政治三原则外，提出：只要日本政府不再发表敌视中国的言论，不参与制造“两个中国”的阴谋，不阻挠两国民间正常关系的发展，中日关系可以改善，贸易可以恢复，文化和友好往来可以发展，政府间的会谈也可以进行。陈毅还对来访的松村谦三先生说：中国赞成日美两国搞好关系，但希望美日友好不要妨碍中日关系，也不要因为中美关系僵持而妨碍中日友好。四十年来中日两国的创伤应当弥补，而不应加深，不要在不愉快之上再加不愉快。我们对中日关系的前途是乐观的。来访的日本著名政治家赞同中国方面的上述主张，表示愿为改善中日关系尽最大努力。1960 年 6 月，在日本日益不得人心的岸信介内阁下台了。中日关系出现了转机。8 月，日中贸易促进会专务理事铃木一雄访华。为争取在新形势下中日关系能有比较大的进展，经陈毅、廖承志等同毛泽东、周恩来研究决定，向日本提出了贸易三原则，即争取通过政府协定，民间合同和个别照顾三个渠道，促进中日贸易的发展。这得到日本经济界的欢迎。中日贸易逐渐地发展起来。到 1962 年秋天，松村谦三先生和日本前通商大臣高崎达之助在池田首相同意下，先后来中国访问。松村来，主要是谈改善中日政治关系及有关中日贸易的原则问题。高崎来，则着重谈具体的贸易安排。周恩来、陈毅、廖承志等热情地接待了他们，中日关系便实际上进入半民半官的阶段。

1960 年在中国外交上是很热闹的一年。这年年底，陈毅又一次随周总理南行，率 400 人之多的文艺、体育代表团对缅甸进行友好访问，参加缅甸独立 13 周年纪念及互换中缅边界条约批准书。“胞波”情谊重叙，亲上加亲。陈毅朗诵了 1957 年送别缅甸驻华大使时他写的祝颂中缅友谊的诗句：“我住江之头，君住江之尾。彼此情无限，共饮一江水。……”情亲意切的诗句，如甘美的泉水注入人们心头。

十天访问之后，周总理先行告别回国，陈毅和罗瑞卿大将则继续留下，向缅甸人民送去歌舞、鲜花和美好祝愿。奈温将军还特意请客人们到额不里海滩休息。

碧海、细沙、摇曳的椰枝，真似人间仙境。两年后就是在这里，陈毅陪同刘少奇主席访缅，与奈温将军等缅甸朋友赤足在海滩踢了一场不同寻常的藤球友谊赛。

在缅甸人民醇浓似酒的友情中，陈毅度过了1961年新年。回顾过去的一年，他屈指算了算：这一年跟缅甸签订了友好和互不侵犯条约以及边界条约；跟尼泊尔订了友好条约、边界协定和经济协定；同阿富汗有了友好条约；再加上一个中国柬埔寨友好和互不侵犯条约——“嗬，这是‘连和五番’哟！”陈毅笑着总结说，“1960年是友好年！”

后来，在1963年3月和11月，陈毅又代表中国政府分别同巴基斯坦和阿富汗签订了边界协议和条约。双方互谅互让，友好协商，求得公平合理的解决。中国政府考虑到巴基斯坦、阿富汗和中国都是帝国主义侵略的受害者，两国都热望和中国和平相处，所以对特殊情况做了必要的和适度的照顾。陈毅说：“中国同西南邻国友好地解决了历史遗留下来的边界问题，这是和平共处五项原则和万隆精神的巨大胜利，也是对于巩固这个地区的和平与加强亚非各国团结的重要贡献。”

第四节　日内瓦会议

1961年5月初，世界各地数百名记者潮水般拥向国际名城日内瓦，这里将要召开一次重要的国际会议——关于老挝问题的扩大的日内瓦会议。出席这次会议的中国代表团将由陈毅副总理率领。这是陈毅第一次单独负责、率团代表中国出席重要国际会议。

七年前，在这里举行过一次关于朝鲜问题、印度支那问题的日内瓦会议，周恩来总理以出色的外交努力，促使会议终于就印支问题达成了一系列协议，通过了《日内瓦会议最后宣言》。美国代表史密斯拒绝在协议上签字，只表示美国不使用威胁或武力去妨害这些协议和条款。然而后来，正是美国使用各种手段插手印支事务，破坏协议的执行，一直发展到直接出兵入侵印支。就在1961年5月，美国派出“特种部队”进入南越开展“特种战争”。也正是美国，策动老挝右派两次推翻了中间派以富马亲王为首的联合政府，使老挝陷入全面内战，有关协议被破坏殆尽。这次中、苏、美、英、法、越等十四国首脑开会，就是为了和平解决老挝问题。

陈毅多次参加了中国最高领导层对印支问题的研究。研究决定全力支持印支三国的抗美斗争。中国是印支的近邻，又是第一次日内瓦会议的参加国；美国对印支的干涉直接威胁到中国的安全。同时，支持印支人民抗美斗争又是中国应尽的国际主义义务。就在1961年3月，中国政府同富马亲王领导的老挝合法政府决定互派经济文化代表团，4月又正式建立外交关系。柬埔寨国家元首西哈努克亲王倡议召开扩大的日内瓦会议，以寻求维护日内瓦协议、恢复老挝和平的途径。中国政府迅速复信赞成，并分别致函日内瓦会议两主席予以促进。而美国则因为支持老挝右派向老挝王国政府军和寮国战斗部队的进攻遭到惨败，也不得不同意坐下来讨论老挝问题。

临行前，代表团在毛泽东和周恩来的直接关心下，做了周密细致的准备工作。陈毅对与会各国态度作了分析，提出要对美国以外其他西方国家和所有中立国多做工作，争取同他们一起达成协议，迫使美国接受。中央讨论并同意了参加日内瓦会议的工作方案。中国参加会议的方针是：争取在 1954 年日内瓦协议的原则基础上，达成新的保证尊重老挝独立和中立的国际协议。

陈毅于 5 月 10 日一到日内瓦便得知会议延期了，因为美国以未收到国际委员会核实老挝停火的报告为由，拒绝出席会议。各国代表团足足等候了两天，报告总算送到，证明早在 10 天前老挝就已实现了有效停火，但美国又横生枝节，说老挝左派力量代表无权出席会议。陈毅即与中国代表团人员商量，不能任由美国这样刁难设障，应予以揭露驳斥，决定主动进击，在中国领事馆召开记者招待会，谴责美方破坏会议的行径。

此举震动了日内瓦。美国国务卿腊斯克忙召集记者作辩解，但无济于事。各国记者普遍认为中国代表团一开始便取得了主动，将美国送上被告席。陈毅与腊斯克较量第一个回合的结果是：5 月 16 日，左派力量代表出席，日内瓦会议正式开幕。

16 日下午，陈毅在莱蒙湖畔的国联大厦，潇洒大度地和各国代表握手致意，而腊斯克却为了避免遇见中国代表团，竟由旁门绕入会议厅枯坐等候。陈毅在开幕会议上作了 18 分钟的讲话，阐明中国政府原则立场、观点和主张，指出老挝的内部问题必须而且只能由老挝人民自己解决；老挝问题的国际方面则是创造必要的国际条件，使老挝人民真正能够在不受外来干涉的情况下实现自己解决内部事务的愿望。他还提出："我们希望美国代表能够认真地同大家一起，寻求和平解决老挝问题的途径。"

第二天，报纸纷纷发表评论认为，陈毅外长的发言是"积极的"、"得体的"、"和解的"。腊斯克在第二天发言中打出"中立定义"这张牌，说中立定义"必须超出不结盟的经典的概念"，说穿了就是要实现与美国结盟的老挝右派上台当政的"中立"。陈毅毫不客气，在第二次发言中即引用杜勒斯过去说过的"中立是不道德"的名言，回敬腊斯克，指出腊斯克的中立定义实质还是干涉侵略，"如果这也叫中立的话，那只能是一种强加于人的不道德的中立"。

腊斯克的"中立定义"销路不好，连英国、法国也不表赞成。腊斯克又输了第二个回合。

腊斯克又主张在老挝"发展有效的国际机构"，国际监督机构可以充分往来老挝全国各地，无需取得老挝任何全国性或地方性文武官员的同意；这种国际监督机构可以裁编老挝的军队。陈毅尖锐指出：美国设想的这种国际监督机构，是要把老挝置于国际共管之下，而不是在尊重老挝独立的基础上维护老挝的中立。在讨论国际监督机构的职权时，必须尊重老挝的独立和主权。

腊斯克还主张对老挝的经济技术援助由这一地区的中立国家来管理。陈毅明确指出：首先是老挝行使主权、独立自主地接受外援的问题，应根据主权和平等的原则由老挝王国政府同有关国家进行双边协商，而不应由任何国际机构来管理。

为了保证老挝的中立并为此进行必要的国际监督，苏联代表团在和中国代表团一再磋商后提出了《关于老挝中立的宣言》等两个草案。陈毅在5月24日的会议上说：中国赞成苏联的建议，因为它是以1954年日内瓦协议为基础的，是划清了老挝问题的国际方面和国内方面的界限的，是符合老挝人民要求和平、独立和中立的愿望的。

然而，会议进展困难重重。从5月末起，由于美国几次三番在老挝战场停火问题上无理取闹，由于老挝左中右三方迟迟未达成协议，会议时开时断，陷入踏步不前的僵持状态。美、英、苏、法外长都相继将会议工作交给副手，离日内瓦回国了，只有陈毅仍住在市郊“花山别墅”，积极活动，开展工作。

最重要的事莫过于同北京保持联系。陈毅熟悉毛泽东、周恩来夜间工作的习惯，因此他尽可能在每日上午听情况，写报告，以便在北京时间午夜前后送到中央领导人手里，第二天日内瓦中午之前，便可收到复电。陈毅所筹划设计的一切重要行动，都严守外交纪律，及时报告请示。但在中央授权的范围之内，他又很撒得开，能抓住机会，迅速反应。会议间歇时，或四处造访，或接见记者，或广邀来客，坦率交谈，结识了不少朋友。

英国外交大臣霍姆勋爵与陈毅多次互访、晤谈，有时融洽，有时也有分歧。一次霍姆就中国向非洲“渗透”问题提出看法说：“为什么你们不能够不管别人，而专心致力于国内繁重的建设任务呢？”陈毅坦率地说：“你们西方人的毛病，就在于你们总是从个人的一生出发来思考问题，而我们却认为这过于狭窄。”事隔多年，霍姆仍称陈毅为“一个有用的朋友”（见《霍姆回忆录》）。

陈毅的朋友还有很多，他与英国代表团代理团长麦克唐纳谈文学、鸟类和

陈毅（左）与英国外交大臣霍姆

陶器，与英籍女作家韩素音谈四川老家，与印度外长梅农共赏中国佳肴……美国《先驱论坛报》记者沃尔德评论说："英国代表们发现他（指陈毅）比许多苏联官员要通人情。……他的收获是得到尊重。"

6月初，美苏两国首脑在维也纳举行会议，日内瓦会议休会。许多国家引颈翘首，等待肯尼迪与赫鲁晓夫会谈结果。陈毅向中国代表团新闻发言人吴冷西谈到中国的态度，说美苏改善关系并非坏事，只要真正有利于建立和平的国际环境，有何不可？问题在于不能把老挝作为大国交易中的筹码，任意摆布，老挝人民的命运应由老挝人民自己决定。后来的消息证明，维也纳会谈未就任何实质性问题达成协议。

与此同时，陈毅却力争主动。他广泛开展会外活动，促成老挝富马、苏发努冯和文翁三亲王会晤。美国多次阻挠此事，先是指使文翁不来瑞士，来后又要他拒绝和苏发努冯会晤。陈毅以坚持不渝的耐性，多次与西哈努克亲王、法国和印度代表磋商，多方推进，终于取得三亲王在苏黎世会晤的成功，并就老挝内部问题达成了原则协议。既然如此，会议就再没有理由不进入实质性讨论了。

美国仍不甘心，又在会上抛出一个新草案，要由国际监督委员会来全面管制老挝的外交、内政、军事、经济。陈毅在会议第五次发言中揭露这是"利用保护之名实行强占之实"。然而，达成协议的道路何在？在结束此次发言时，陈毅本着求同存异精神，综合归纳了开会以来各代表中所有可取意见，取其精髓，列出了四个方面的共同点，也即求出了各国发言的"最大公约数"，表现了灵活的策略思想及平等协商、寻求协议的精神，从而一扫40多天来会议步履艰难、众说纷纭、莫衷一是的沉闷、混乱以至悲观的空气。

至此，会议开始协议具体条款的谈判，前面还有一段漫长艰辛的路要走，会议将进入拖而不断，无大文章可做的状态。陈毅请示中央之后决定暂离日内瓦回国，将代表团工作留给副外长章汉夫及部长助理乔冠华去做。

临行前，陈毅参加了一次富马亲王和苏发努冯亲王举行的鸡尾酒会，遇见了美国代表团代理团长哈里曼。哈里曼年届七十，人称美国外交界"不落的明星"。他虽反共，但不赞成杜勒斯"遏制"中国的死硬政策，并提出过访问中国的申请。此番来日内瓦，他做出一些较为积极开明的姿态。酒会上，他想和陈毅搭上话，先与中国王炳南大使搭话，又让夫人与中国女工作人员搭话，最后，由加拿大代表朗宁介绍，主动向陈毅伸出右手。两只手刚一握住，记者们便纷纷抢下这一有历史意义的镜头。"美国政治家主动和中国政治家握了手，这是多年来破天荒的第一次"（巴黎《快报周刊》语）。这表明世界政治力量对比在发生变化。美国不能再漠视新中国的存在了。

陈毅二度重来日内瓦时，已是第二年（1962年）的7月了。这期间会议曲曲折折断断续续，经过五个月激烈的讨价还价和反复协商，曾在1961年12月18日达成了协议。但年底美国又策动右派发起进攻。老挝人民在军事上特别是南塔之战中取得了辉煌胜利，才迫使右派参加了三亲王会议，并于6月11日达

1961年6月，陈毅同美国哈里曼夫妇交谈

成了停火协议。日内瓦漫长的谈判，终于获得成功的结局。

1962年7月21日，第二次日内瓦会议达成了协议，一致通过了《关于老挝中立的宣言》和《关于老挝中立宣言的议定书》。在这两个国际文件中，老挝王国政府声明：它决心走和平中立的道路，以建立一个和平、中立、独立、民主、统一和繁荣的老挝，不承认任何军事同盟或联盟、包括东南亚条约组织的保护；各与会国声明：承认并尊重老挝王国的主权、独立、中立、统一和领土完整，愿为此承担一系列的义务。文件还规定：法国政府应该尽速把它在老挝的军事设施移交给老挝王国政府，但老挝王国政府认为必要时，法国政府可将人数明确限定的法国军事教练在一个有限的时期内留在老挝，以供训练老挝军队之用；此外一切外国军队和外国军事人员均撤出老挝。美国提出的由中立国家来管理老挝外援和国际委员会凌驾于老挝王国政府之上的主张都被打掉了。

会议成功意义何在？陈毅在签字仪式前的最后一次全体会议上有三点评价：其一，证明大国干涉老挝遭到了失败；其二，证明一个国家的命运只能由这个国家的人民自己决定；其三，证明尖锐复杂的国际争端是可以通过谈判来解决的。代表们对此报以热烈的掌声。7月23日，协议正式签字。陈毅用一支毛笔，在两个文件——《关于老挝中立的宣言》和《关于老挝中立宣言的议定书》的文本上，签下了自己的名字。

第五节　朋友遍天涯

1963年12月，周恩来总理和陈毅副总理开始了访问亚、非的万里行程。

被人称为“黑暗大陆”的非洲，陈毅还从未去过，只在年轻时去法国勤工俭学的路上，沿这块大陆东北的边缘航行过，但殖民主义者用种种残忍手段将黑奴像牲畜一样捆绑着卖到美洲去的悲惨故事，曾在他心头留下灼痛的烙印。二次大战结束，特别是1955年万隆会议之后，非洲民族独立解放运动蓬勃发展，仅1960年一年，就有17个国家取得了独立。英国不得不交还了苏伊士运河，法国殖民军不得不退出了阿尔及利亚，非洲大陆政治局面有了翻天覆地的变化。中国，作为一个解放了的国家，作为非洲独立运动的积极支持者，在这时候首次派自己的领导人对非洲进行大规模正式友好访问，其影响之大，不难想见。

12月5日，陈毅先周恩来总理一步，离开北京，应邀去肯尼亚参加独立庆典。9日，陈毅乘坐的包机抵达了肯尼亚首都内罗毕。

当天，陈毅拜会了反帝武装斗争“茅茅运动”的著名领导人之一，现任总理乔莫·肯雅塔，对肯尼亚人民长期坚忍不拔的斗争精神，表示钦佩；对肯尼亚获得独立，表示祝贺。

12日零时，在内罗毕市郊的“乌呼鲁”（意为“自由”）体育场上，陈毅与来自七十几个国家的宾客——包括英国女王伊丽莎白二世的丈夫爱丁堡公爵及尼赫鲁的女儿英迪拉·甘地夫人——同25万狂欢的人群一起，观看了升旗仪式。时钟敲响十二下，在这国土上挂了68年之久的英国国旗黯然降落，继而灯火齐明，黑、红、绿三色的肯尼亚新国旗冉冉升起。欢呼声、礼炮声满天回响，人群欢歌狂舞，通宵达旦。天亮后，隆重的庆典开始，肯雅塔总理庄严宣布了独立。

12月14日晨，陈毅乘专机从内罗毕起飞，抵达开罗，迎接周恩来，然后一同进行访问。

阿拉伯联合共和国是周总理一行访非第一站。1956年埃及政府收回苏伊士运河的斗争，曾得到中国人民的坚决支持。因此，中国客人抵达那天，尼罗河上轮船齐声鸣笛致意，船员们拥上甲板挥手欢呼：“中国万岁！”参观了埃及历史博物馆和革命历史馆后，陈毅强烈联想起中国革命历史，他用三句话表达了自己的感想：“中国和埃及都是世界文明古国，都长期受帝国主义的压迫侵略，都经过英勇斗争取得了独立。”

在阿联，周恩来总理提出了中国同阿拉伯国家相互关系的五项原则。

离开埃及便来到阿尔及利亚民主共和国。

阿尔及利亚人民经历了75年顽强斗争于1962年赶走了法国殖民军。人民中国曾无条件地大力支援阿尔及利亚人民的武装斗争和临时革命政府。为铭记这种友谊，阿尔及尔市一条新修的主要大街被命名为“北京大道”，周恩来、陈毅和阿尔及利亚领导人在那块醒目的路名牌下合了影，并在通车典礼上致词。

在阿尔及利亚，周恩来又提出了中国同非洲国家关系的五项原则。与在阿联提出的中国与阿拉伯国家关系的五项原则一样，这都是事先和陈毅等人一起作了充分研究并经毛泽东和中央同意的。这两个“五项原则”，概括起来说，便是：一、支持阿拉伯和非洲各国人民反对帝国主义和新老殖民主义、争取和维护民族独立的斗争。二、支持阿拉伯和非洲各国政府奉行和平中立的不结盟政策。三、支持阿拉伯和非洲各国人民用自己选择的方式实现团结和统一的愿望。四、支持阿拉伯和非洲国家通过和平协商解决彼此之间的争端。五、主张阿拉伯和非洲国家的主权应得到一切其他国家的尊重，反对来自任何方面的侵略和干涉。

出于一些西方观察家意料之外，中国领导人在此行的所有会谈中都未主动提到中苏分歧问题。原来出发之前中国外交家们已决定：不主动提出中苏关系问题，不要求别人支持，不把中国观点强加于人。如主人提出，我们则作说明解释，主要目标在于促进非洲民族独立运动的发展。这使非洲领导人甚为满意。

在摩洛哥首都拉巴特，年轻的国王哈桑二世打破惯例去市郊“和平宫”迎接中国客人。在金碧辉煌的王宫内，国王举行盛大宴会，请客人品尝阿拉伯风味的抓饭。陈毅与国王弟弟，一位19岁的亲王同桌。这位亲王放言无忌，批评中国对外政策太强硬，中国这么一个伟大国家，不应如此，等等。旁边几位年长的摩洛哥部长很担心，几次想阻止他。以坦诚爽直的外交风格闻名的陈毅倒欢迎这种年轻人的坦率，他耐心认真，逐一向亲王解释中国的外交立场，以至饭几乎未吃。起身告别时，亲王说：“元帅阁下，我很年轻，而你很有名望，经验很多，我讲的话请你不要见怪。当初我们能够复国独立，跟你们帮助越南人在奠边府打败了法国人，有很大关系，所以要感谢你们。”此事使陈毅更具体地感到了非洲政治局面的复杂性。各种力量和观念交错着、较量着，陈毅说：“需要我们学习的事物很多啊！”

哈桑国王本人始终是位热情好客的主人，一次与中国客人谈话时，讲到摩洛哥名城丹吉尔要塞——它紧扼大西洋通地中海的咽喉要道，自古为兵家必争之地，1960年才收归摩洛哥所有。陈毅对此表现出浓厚兴趣，说：“我年轻时在法国就想去看看丹吉尔。”不料国王听罢便发出热情邀请，并很快派自己的专机送陈毅去丹吉尔参观访问。陈毅从飞机上望去，欧、非两洲紧相吻接的景色一览无余，十分壮观。

在阿尔巴尼亚度过新年之后代表团本拟直飞西非对加纳等国访问，不料出发前发生了意外事件，1964年1月2日加纳发生了谋刺恩克鲁玛总统的案件，总统受了伤，卫士长被打死，刺客是一名被外国势力收买的卫士。加纳局势一下变得十分紧张，总统不得不搬入一所坚固城堡的居住，并停止了一切外出活动。这种情况下是否取消原定的访问？当晚陈毅在总理住房中商议，最后还是决定去。他们找来代表团秘书长黄镇，要他明日先飞加纳，与中国驻加纳大使黄华一起去见恩克鲁玛总统。恩克鲁玛当时心情矛盾，既希望周恩来总理来，又担心自己不便出迎失礼，还顾虑中国总理安全。不料黄华、黄镇一见他便说：“周恩来总理和陈毅副总理，对总统阁下的遇刺表示震惊和慰问。为了两国友谊，访问一定要照常进行。既然你们国内情况有困难，为了总统安全起见，请不必来机场接送，也不要到我们下榻的宾馆来，我们可以到总统的住处来会谈，国宴也可以在城堡里举行。”恩克鲁玛及整个加纳政府成员，都深受感动。一个大国领袖能这样细致地照顾对方困难，在最紧张时刻来表示支持，唯独不提自己的安全，这是世界政治史上罕见的啊！

在去加纳之前，先到突尼斯访问。在突尼斯的国宴上，布尔吉巴总统在讲话

1964 年 1 月，陈毅（左）与周恩来总理（右）访问几内亚，同几内亚总统塞古杜尔在民房前合影

中对中国的外交政策提出了若干异议，一时气氛很紧张，周恩来却完全能谅解，并当场作了具体、圆满的答复，博得一片掌声。布尔吉巴总统也很满意。第二天，突尼斯与中国正式宣布建立外交关系。代表团离开时，欢送的规模特别盛大。

1 月 11 日，中国代表团来到了加纳首都阿克拉，当晚便前往总统住地“克里斯兴堡”拜望主人，并接连几天在城堡内进行会谈。这城堡是 17 世纪贩卖黑奴的丹麦商人所建，在那阴森的地牢里，石桩上用铁链拴捆过数以千计的黑奴，等待押解上船运往美洲。看到这一切，陈毅心潮难平，在会谈间隙提笔填词一首《满江红·黄金海岸》——“惊世间残暴竟如斯，两洲血。”并祝愿：“独立非洲西北始，揭竿而起相踵接。看涤瑕荡垢土重光，全无敌。”

在中国领导人下榻的阿克拉国家大厦，曾接待过东西方许多国家首脑，但从未有过像中国总理与工作人员如此平等的事，以至吃饭分不清身份，上菜上错了。陈毅说：“没有关系，我们在国内都是平等的，只是职务不同。”临别前，代表团又举行一次特别的宴会，将宾馆服务人员都请来，中国总理和副总理亲自向他们敬酒。他们感动得流泪，举杯手发颤，说：“不敢想象像周总理、陈元帅这样的身份的贵宾，竟向我们‘卑贱的人’敬酒。”有人说：“这证明中国的社会主义是真正的社会主义。”

加纳、马里、几内亚……无论哪个城市，男女老少都倾城而出夹道欢迎中国客人，穿着大红大绿服装，伴着鼓点起舞。老人、儿童争上前摸中国客人乘坐的汽车，妇女按当地风俗脱下身上的花袍铺在路上，让中国客人的汽车碾过，以表达她们的友情。

从几内亚来到马里，与凯塔总统主要是谈经济援助问题。周恩来总理在马里提出了中国对外援助的八项原则，其基本精神是：平等互利，不看作单方面的恩赐；尊重受援国主权，绝不要求任何特权；尽量减少受援国经济负担；帮助受援国走上自力更生之路；力求投资少，见效快；提供中国最好的设备及物资；帮助受援国人员掌握技术；中国派出的专家不容许有特殊要求和享受。陈毅全过程地参加了这八项原则的制订，对八项原则的精神实质理解很深。陈毅向国内同志解释这些政策说："帝国主义的援助，就是养成你对他的依赖。给你点鸦片烟抽，你抽上瘾就不能摆脱我了。中国的援助是别开生面。因为我们受过这种援助的害，就能体己谅人，帮助他们走上自力更生的道路。"他举例：中国帮助马里建设了米厂、皮革厂、卷烟厂等。马里人爱喝茶，过去每年从中国进口，现在中国却派专家帮马里人自己种植和炒制茶叶，而宁可失去自己的茶叶出口市场。

1 月 27 日，在访非途中，中国与法国正式宣布建立了外交关系，这又是中国外交的一大胜利。1963 年 10 月陈毅就专程从外地赶回北京，与周恩来一起同前法国总理富尔商谈过建交问题。美国《基督教科学箴言报》说："法国的承认是一个重大的突破。""这正当共产党中国总理周恩来和外交部长陈毅进行另一次显耀力量的访问。他们有理由对中国外交上的成就感到满意。"

一个多月前陈毅参加肯尼亚庆典后赴开罗途中，曾在苏丹喀土穆机场停留，与苏丹外长谈起过"戈登将军毙命苏丹"的故事。戈登是英国殖民主义的刽子手，1860 年参与指挥英法联军火烧圆明园，劫掠北京城；后又率洋枪队镇压太平天国起义军。回英后被派到苏丹任总督，掠夺宰割苏丹人民。1885 年苏丹人民揭竿而起攻入喀土穆，起义军在总督府门前用长矛刺穿了戈登的胸膛，为苏丹人民报了仇，也为中国人民雪了恨。此番访问，总统阿布德中将又提起这段历史故事，与中国贵宾再叙两国人民共同的悲惨命运和反帝反殖运动中结下的深厚友谊。

访问埃塞俄比亚时，塞拉西皇帝迫于外来压力，把会谈地点安排在远离首都的阿斯马拉。周恩来、陈毅谅解主人的困难，欣然前往。埃塞俄比亚政府和人民都很友好，代表团车队经过，时常有花束抛来，一位男子为了把鲜花抛在代表团车上竟追车跑了半里路。此次访问后不很久，两国终于正式建立了外交关系。

中国代表团又来到了"非洲之角"索马里，这是非洲之行的最后一站。像以前在各国访问时一样，周总理全力投入会谈、记者招待会等工作，而陈毅则尽力分担其他工作，其中重要的一项，就是看望中国使馆工作人员，报告国内形势、国际动态、中央方针、出访成果等。这一次在首都摩加迪沙，在即将结束对非洲十国访问之前，陈毅在使馆作了整整六个小时的报告，详细总结了访问非洲的见闻。他说：

"我们看到了一个觉醒的非洲，一个革命的非洲，一个前进的非洲。非洲人有自豪感，对自己命运有信心，不像过去那样站不起来。他们产生了新的领袖和干部，产生了伟大的群众运动，不再跟着帝国主义和大国的指挥棒来考虑问题，而是根据自己整个大陆的翻身来考虑他们的建设，就像1949年解放了的中国一样，这是一种革命的苏醒！”

这次亚非之行（归途又访问了缅甸、巴基斯坦和锡兰），增强了了解，促进了友谊。尤其是周恩来提出的“五项原则”和“八项原则”，实际上为中国处理同所有第三世界国家的关系确立了具体的准则。亚非各国的首脑反映也很好。像缅甸总理奈温将军和陈毅是老朋友了，陈毅九次访缅（包括过路访问），奈温也常来华访问，由陈毅陪同。谈到中缅友谊，奈温请陈毅转告中国领导人说，在他的有生之年，绝不向外国提供军事基地来反对中国。

1954年陈毅访德时，苏联驻德大使普希金称赞新中国外交在坚持原则的同时，具有一种高水平的灵活性，并问是什么原因形成的？陈毅回答了两点：“第一，因为中国共产党有创造性的马列主义的领导，是根据实际情况确定各项对外方针的。第二，我们党在三十多年斗争历史中，与国内资产阶级及其他党派时分时合，为打击主要敌人，广泛团结各阶层力量，建立统一战线，在这方面我们积累了不少经验教训。因此现在搞国际斗争，就比较注意把原则的坚定性与策略的灵活性结合起来。”陈毅在写给中央的访德报告中还特地汇报了这种体会。

1956年2月，柬埔寨首相西哈努克亲王第一次应邀访华，中共中央和毛泽东主席决定给予隆重盛大的欢迎。陈毅亲自召集各接待单位的有关工作人员，向他们讲解：美国破坏日内瓦协议，破坏柬埔寨的中立，由美国拼凑的东南亚条约组织宣布对柬埔寨实行“保护”。1955年9月柬埔寨大选后，西哈努克亲王出任首相，新政府即宣布不同外国建立军事同盟，不向外国提供军事基地，不接受东南亚条约组织的“保护”。西哈努克亲王奉行和平中立政策，希望发展中柬关系；而我们也希望把中柬关系作为大小国在和平共处五项原则基础上平等友好相处的一个范例。他处于两大阵营中间，愿意保持独立和中立，我们应给予积极欢迎和支持。后来整个接待工作非常热情、周到、成功。周恩来总理和西哈努克亲王发表了联合公报，两国友好关系日益臻进。1958年7月19日，中柬正式建交。

苏加诺是印尼反帝反殖的领袖，1956年苏加诺第一次访问中国，一路参观游览，都由陈毅陪同。故宫博物院、鞍山钢铁厂、旅顺海军基地……陈毅都能旁征博引，论古析今，介绍许多有关中国的闻所未闻的新鲜情况和经验教训，使苏加诺感到中国元帅是一位熟知历史通晓人情、很有政治眼光又很坦诚真挚的人物。临离昆明回国前，苏加诺又专门向陈毅提问，领导中国这样一个幅员辽阔的大国，有什么领导方法没有？陈毅将毛泽东主席一贯倡导的领导方法作了详尽的介绍，苏加诺从此和陈毅成了朋友。

从1959年8月开始，印尼反对势力掀起排斥和驱赶华侨的浪潮，损伤了两国之间的友好关系。1961年4月陈毅率领友好代表团访问印尼时，虽然驱赶华侨行动已停止，但外界仍认为陈毅此行目的是为了处理两国在华侨问题上的纠纷。其实，陈毅行前与外交部对此已作了研究：这次访问目的不是谈判华侨问题，不算旧账，而是加强两国友好，讨论反对新老殖民主义问题。这一方针得到周总理的同意。

陈毅身穿白色西服来到雅加达，苏加诺立即以国家首脑一级礼遇给予破格接待，从机场直接请去总统府会见，第二天又亲手授予陈毅元帅一枚印尼二级共和国勋章（这种勋章授予总理和首席部长级的友好人物，一级勋章只授给苏加诺一人）。陈毅与苏加诺几度会谈，几乎在所有重大问题上，双方立场都接近一致。

一次谈话中，苏加诺对陈毅说："我的生活方式、我讲的东西是资产阶级一套，恐怕你们不愿听。"陈毅恳切地说："我们把你当做朋友看待。并且我认为做个资产阶级革命家并没有什么坏处，我们的孙中山先生就是中国资产阶级革命的领袖人物，无论如何他是先驱者，是中国历史上的伟大人物。"苏加诺于是释然，他后来对人讲："跟陈毅元帅谈话后，感到有股激荡的力量，往往得到一种满足。对于一个比较复杂的问题，陈毅只有寥寥数语，就可以说清楚。"在陈毅举行的告别宴会上，苏加诺致祝酒辞，称的是"陈元帅阁下，陈毅同志、陈毅兄：……"而陈毅则如往常一样亲昵地称苏加诺为"朋加诺"，"朋"，即印尼语中"兄"的意思。短短五天里，两国代表商谈并签署了三项文件：联合公报，文化交流协定和友好条约。陈毅离开雅加达前向主人们说的话，将被历史证明是正确的："人与人之间有一个认识过程，国与国之间也有一个认识过程。究竟中国是好是坏，要经过一段时间看一看，朋友是不是好朋友，要经过长时间艰难困苦的考验。"

亚非朋友多则多矣，但尽是一些小国、穷国和弱国。对此人们啧有烦言。陈毅在一次讲话中理直气壮地表示："新中国的外交政策就是顶着大国，支持小国，反对大国拿小国作为交易的筹码。这是真正的马列主义。"

在支持印支三国的斗争中，陈毅作为中国政府的外交部长，做了大量的工作。1964 年 8 月美国制造了所谓"北部湾事件"，开始了对越南北方的轰炸。中国政府立即发表声明："美国对越南民主共和国的侵犯，就是对中国的侵犯，中国人民绝对不会坐视不救。"1965 年 3 月，美军在越南发动了侵略战争，并对中国发出战争威胁。3 月 12 日，中国政府发表声明："中国人民不怕这一套"，"中国人民将坚定不移地采取一切可能措施，支持越南人民和印度支那人民，把反对美国侵略者的斗争进行到底"。

柬埔寨这样的小国敢于进行抗美爱国斗争，中国始终给予热忱支持，1964 年 11 月，陈毅率中国政府代表团赴柬埔寨参加独立庆典，须自昆明飞金边，当时美国飞机每日狂轰"胡志明小道"，专机是飞越还是绕过这一战区？陈毅在昆明，中央极关注他此行安全，反复研究代表团报告之后，总理回电："一切由陈总决定。"陈毅决定取道"胡志明小道"上空飞行，并干脆在出发前公开发布消息，将专机要走的航线公之于世。有人担心安全，陈毅道："越走最危险的地方越安全，都知道那是美国飞机的活动范围，我们出了事，这笔账还不记到他们头上？我谅他们也不敢打！"航行那天，果然时上时下有美国轰炸机躲躲闪闪的影子，陈毅安然坐着下围棋，并开玩笑："还有美国飞机护航哩！"

一些西方大国在亚非小国面前总觉得高人一等，而陈毅代表的中国外交恰反其道而行之。一次在北京剧场举办音乐会招待驻京外国使节，陈毅入场时，礼宾人员发现原先给陈毅留好的座位上坐上了两位非洲国家外交官，便赶紧去请那两位官员走开，换到另外的座位上去。陈毅发现了此事，亲自走到方才被请走的非洲朋友面前，与他们握手，诚恳致歉，仍将他们请回原来的座位，自己则另拣了一处地方坐。礼仪小事，却能看出陈毅对小国的态度，正像他在"东方歌舞团"成立典礼上讲的：

"亚、非、拉美，各国的舞蹈都有艺术价值，他们的色彩、线条、动作、声音是其他民族所没有的，世界上还没有一个大国去学他们，而我们是认真地学他们。这是真正的艺术，要表现伟大的未来，表现人类的团结一致，表现任何一个小国小民族都能够作为一个成员把自己的艺术贡献到世界大家庭里来。"

为团结更多的亚非拉国家朋友，支持被压迫人民的民族解放运动，陈毅平时只要稍能匀出些时间，就要询问最近来了什么客人，主动要求给他多安排活动，多做一点工作。哪怕是小国身份低的客人，他也不是敷衍客套一番了事，往往一谈就两、三个钟头。进入 60 年代，他不辞辛苦，频频出访。仅以 1964 年秋季为例：11 月 6 日，陈毅访问阿尔及利亚、阿联、巴基斯坦之后回到北京，只停了一夜，第二天即启程去柬埔寨庆祝独立日。22 日回北京，当天又投入出访准备，四天后即离京访问印尼，保健医生说他在国外常靠吃药维持精神。可次年 3 月他又接连访问了阿富汗、巴基斯坦、尼泊尔，归来 4 月初又与总理去印尼纪念万隆会议 10 周年……回到国内病倒了，然而病好之后又在三个月中接连三次出访非、亚两洲，去了九个国家，行程数十万里。全国解放之初他在华东军区一次干部大会上曾吐露过这样的想法："现在解放了，为人民牺牲生命的机会不多了，但是党的事业还需要我们零敲碎打地付出我们的健康，我们的生命。"

他在万里行程和异国土地上洒下心血汗水，为中国赢得了日益增多的朋友，到 1965 年为止，与中国建交国家已有 49 个，其中 34 个是亚非国家。

中国的友好之门并不只是对亚非拉朋友敞开的，最广泛的统一战线，重要在于"最广泛"三字。美苏两大国争夺世界霸权，而西欧国家独立自主、联合自强的倾向日益抬头。1964 年，毛泽东提出"两个中间地带"的战略思想，将西欧、日、加、澳、新划为美苏之间第二中间地带，因而中国采取了积极态度发展同西欧国家的关系。在陈毅外长的客人中，还有英国前帝国总参谋长、陆军元帅蒙哥马利。他退休后两次访问了中国，以了解西方人眼中这个"神秘、落后而又好斗"的国度。除了与毛泽东、周恩来进行重要谈话之外，其余时间多是由陈毅元帅陪同游览参观。

有一次宴会，陈毅安排的陪客阵容令客人大感兴趣。他们之中有中国末代皇帝溥仪，有原中国的大资本家荣毅仁，尤其还有获得特赦的前国民党将领。当总理依次介绍到杜聿明时，诙谐地笑道："他同陈毅作过战。"蒙哥马利问："你们谁战胜了？"总理指陈元帅："他获胜了。"蒙转向杜聿明："那次战役中你有多少军队？”答：“100 万。”“拥有 100 万军队的统帅，是不应该被打败的。”答：“可是陈毅元帅有 200 万人，因为我手下的人最后都跑到他那边去了！”一时满座欢笑。

在中国所闻所见的一切，给蒙哥马利留下深刻印象，他回国后在《三大洲》一书中写道：“从长远来看，世界和平的关键在于中国。中国兴起成为一个大国是不可避免的。……西方世界必须现在就同新中国和好，并且平等相待。”

在地理位置与民族心理上比英国更接近中国的，还有日本。

一次会见日本访华代表团时，陈毅向松村谦三先生提出一条建议说：“围棋、乒乓、书法、兰花，都可以交流。不谈政治，只谈友好。”松村先生立即赞同。周恩来说：“这一点陈毅副总理可以和你达成协议，君子协定也可以。”于是 1960 年 6 月，第一个日本围棋代表团访问了中国。1962 年中国围棋代表团首次访日，一些爱好围棋的右翼议员也在松村先生安排下与中国棋手对弈，交谈棋道，无形中播下中日友好的种子。

后来，1964 年 12 月，日本 29 位最知名的围棋手发表呼吁书，号召日本 800 万棋手参加要求恢复日中邦交的征集 3000 万人签名运动，因为妨碍两国围棋交流的最大障碍是两国外交关系尚未正常化。九段梶原武雄先生亲自背着大喇叭，摇着旗子，在闹市区征集签名，宣传日中友好。

1962 年 12 月，一位前日本陆军中将以负罪心情访问中国后回到东京，一下飞机就对记者发表了谈话：“陈毅副总理曾对我强调说：即使中国强大了，也绝不会侵略日本及其他国家。但是如果外国前来侵略，我陈毅就要打头阵！”为让更多日本人了解新中国，解除疑虑，陈毅还专门指示有关部门，邀请了日本前军人访华团来中国访问，让他们能有机会为日中人民世代友好贡献力量。

那么，美国人又是否在朋友之列？陈毅首先就反对笼统随便地使用“美国人”这个词，他说：American 这个词，不能和美帝国主义画等号，它还包括千百万美国人民，他们和美国国务院少数反华的决策人是有区别的。不仅有像斯诺、史沫特莱、安娜·路易斯·斯特朗这样的中国人民多年的亲密朋友，甚至对中国抱友好态度的像哈里曼先生这样的官员，陈毅也称为自己的朋友。

1962 年 10 月，陈毅与路透社总经理柯尔先生，进行过一次为时三小时的非正式谈话，一个中心题目就是中美关系问题。陈毅穿一身浅灰褐色西服，结一条鲜艳的绸领带，吸着烟，语调从容地说：

“如果建议举行中、美外长级会谈，我们不会反对。中国的态度是，在中美关系发展的任何新的行动中，美国必须采取主动。”

“如果美国对中国有疑惧，它应该设身处地地考虑一下：美国拥有核武器，拥有那么多军事基地，实行着包围中国的政策，难道他们认为中国人就不担心吗？难道肯尼迪处在我们的位置会睡得着觉？……我们有我们的忧虑，这些忧虑朝夕挂在心头，我们不能不枕戈待旦！”

这些推心置腹，坦诚真挚的话或许还不能触动美国当局，但它肯定会在千万个读到这谈话的美国人中引起思索和反响。

第六节　风涛激荡中的雄鹰

1964年4月，第一次亚非会议召开九年之后，第二次亚非会议筹备会才得以在雅加达召开，然而局面却比九年前复杂多了。一是由于“万隆精神”对推动亚非国家民族独立运动产生了极大影响，殖民主义及霸权主义者千方百计用收买、高压、挑拨离间等手段对第二次亚非会议进行阻挠破坏；二是由于国际政治力量组合和亚非国家之间的团结出现了一系列新情况：中苏关系破裂，中印发生边界争端，印度巴基斯坦也发生武装冲突……刚从亚非14国访问归来的陈毅，征尘未洗，又准备率代表团去雅加达开会，然而直至开会前两天，还未决定他是否前往。

原来，会前西方国家放出空气，说此次会议完全是由中国控制的。为澄清事实中国便照会筹备会召集国印尼：只要会能开成功，就对亚非有利，中国体谅东道国困难，可以不参加筹备会。可是4月7日印尼方面看到出席率很高，胆子壮了，匆忙向中国发出了邀请，继而又明确提出希望陈毅外长能出席会议。因此，中央临时决定陈毅赶去参加会议，已是9日凌晨，离会议开幕只有一天多了。9日上午周总理立即与陈毅及代表团有关人员研究会议情况，大家认为只要在亚非会议时间、地点上达成一致协议，就无大障碍了。时间紧迫，未容细议。当日下午陈毅登机启程南下，连续夜航。终于在第二天上午11时赶到了雅加达，下午便出席了会议开幕式。然而交谈中他发现印尼方面在开会时间、地点上另有意见，将影响会议顺利达成协议。陈毅便于12日拜会了苏加诺总统。

苏加诺主张，第二次亚非会议地点仍在印尼，时间放在今年。而据陈毅所了解的较多国家的意见，第二次亚非会议应换在非洲国家开。他劝说：总统阁下如果主张在非洲开，就是支持了非洲的斗争，顾全大局，表现了政治家风度，证明你无私利打算，去发言就响亮。苏加诺一听有理，但对开会时间仍主张在今年。陈毅又摆情况：今年7月有阿拉伯首脑会议，8月非洲首脑会议，10月不结盟国家会议，以后又有英联邦会议，联合国大会，国家领导人长期在外开会怎么行呢？他看出苏加诺的心思，便劝说：亚非会议和不结盟会议不应互相竞争，而应该互相补充，即使竞争也不必用抢先开会的办法……苏加诺松口道：时间问题还可以再商量。

这样，开会时间、地点问题算是大体一致了，然而另一场紧迫的辩论，却出乎意料在会议席上展开了。

与会二十二国代表，11日开始一般性发言。陈毅在发言中从亚非团结反帝的大局出发，强调协商一致，求同存异，完全不提中苏分歧问题、中印边界问题以及中国在联合国合法席位问题，代表们报之以热烈掌声。

然而，印度代表团团长、农粮部长辛格却突然提出，要邀请苏联参加第二次亚非会议，理由是苏有很大一部分领土在亚洲，因此，是个亚洲国家。这真是奇闻，小学生在常识课上都知道苏联是欧洲国家，而且九年前开第一次亚非会议时，正是印度总理尼赫鲁亲口表示过：“苏联亚洲部分未被邀请，因为在政治上它是一个欧洲单位即苏联的一部分”（1954 年 12 月 30 日，雅加达记者招待会）。现在如何一下颠倒了呢？印度代表发言后，锡兰代表表示支持，其余则未表赞同。

第二、第三天会议上，印度代表又再三提出邀请苏联的建议，陈毅发言加以反驳。然而分歧毕竟太大，牵涉到各与会国与中、苏、印三大国关系，事又来得突然，代表们来不及请示国内，来不及互相研究，只能默守中立，会议眼看陷入僵局。陈毅这才明白：苏联领导人早已蓄意插手亚洲事务，此次一面要印度发难，一面通过各种途径向某些与会国施加压力，想要在多数国家代表缺乏准备的情况下，挤进亚非集团。

13 日上午开会，印度代表首先发言，又添一理由说许多亚非国家经援、军援来自苏联，因此应邀苏参加会议。巴基斯坦外长即反问：印度是否准备让阿尔巴尼亚和南斯拉夫也参加亚非阵营？因为它们也支持亚非国家。陈毅在会上发言，澄清了某些人制造的中国支持苏联参加的谣言。但多数国家仍默守中立。

14 日，会议进入最后一天，关键时刻到来了，陈毅作了雄辩有力的发言，指出：苏联是一个传统的欧洲国家，这是小学生都知道的地理常识，苏联自己也从未以亚洲国家自居，在联合国也从未参加亚非集团活动，为何偏在此时提出这样一个不成问题的问题，给大会造成争执和分歧呢？中国并不是因为与苏联关系恶化才反对它参加，在中苏关系很好时，中国同样认为苏联是欧洲国家。

“中国反对邀请苏联，是为了维护万隆精神，维护亚非会议原则。如果屈从于某些大国压力而放弃原则，将使我们亚非会议蒙受耻辱！”

会场气氛立即变了，巴基斯坦等国代表纷纷站出来支持中国意见，而辛格越发激烈地争辩。你争我吵，会场乱了。主席提议暂时休会一小时，由阿富汗等六国代表组成小组会议决。好容易等到下午 6 点，小组会宣布达成了协议：将邀请苏联的提案推迟讨论，提交给明年召开的第二次亚非会议首脑会议作决定。

推迟讨论，意味着印度提议未被否决，势必使明年首脑会议一开幕便由此陷入争论，损害亚非团结。如果筹备会以这样的一纸决议宣告结束，在陈毅看来将是一次失败。此时印度代表已带着得胜的神气回旅馆去了，晚上东道主印尼还要为各国代表举行送行宴会，剩下时间已不多。陈毅留在咖啡厅里，进行着极其紧张的思考。

现在需要立即行动，向国内请示已来不及，连召集代表团开会也来不及，只有靠陈毅的信心、耐心和智慧来争取挽回局面。大会主席、印尼外长苏班德里约神色焦虑地跑来求助，他怕中国坚决不接受小组决议，甚或宣布退席，则会议将以破裂告终。况且苏联已施加了压力，援助印尼的十条兵舰正选在这两天交付给印尼，印尼左右为难。巴基斯坦代表听说后，主张大会主席行使职权，否定苏联参加。陈毅认为六国小组会作了决议，主席个人无权否决。另一位代表提出用投票方式裁决。陈毅说：“这个会上不能用表决手段，因为万隆会议的精神是协商一致，不用多数压少数，也不能把少数人意志强加给多数，要想法说服印度、锡兰代表撤销他们的建议。”

这可能吗？苏班德里约一筹莫展地走了。陈毅此时发现：由于印度代表已离开，咖啡厅里留下的各国代表都把注意力集中到中国代表身上，这正是一个放手做工作的好时机。离宴会开始只有 85 分钟了，要抓紧！陈毅放大讲话的声音，吸引一些外国代表团成员围拢上来。最先靠近的是一位中东国家大使，方才六国小组会参加者之一。陈毅坦率地说："你们这个小组会决议很不好，宣布出去，世界上会认为你们这些亚非国家不成熟，22 个国家这么些外长、大使，连这常识问题都不能解决，还要交给首脑会议。如果这样我感到羞耻。这问题都不能解决，还谈什么反帝反殖伟大运动？"大使点头赞同道："我们还可以再想办法。"

另一国家代表吃惊地表示，这些情况他根本不了解，国家小只派了他一人来，住了几天还未弄清争的是什么问题。陈毅于是扼要明了地将前后情况及利害关系跟他说了一遍。他恍然道："我要坚决反对邀请苏联参加，要保护亚非国家利益。"他离开陈毅，又向周围其他代表们宣传听到的情况。

人们接二连三来到陈毅和其他中国代表身旁。经过争分夺秒、积极努力的工作，休息厅里形势变了，绝大多数舆论转到中国这边来了。8 点钟宴会开始，陈毅抓紧时机，还在和邻座的巴基斯坦外长交换意见。

宴会后，夜里 10 点，会议继续进行。因许多国家对六国小组决议不满，大会主席将小组会扩大到包括中、印在内的十二国。咖啡厅的工作发生了效力，许多国家态度趋向明朗，经过一场争先恐后的辩论，很快形成这样一个局面：除印度、锡兰坚持邀请苏联外，其余十国均表示反对。印度代表被置于进退维谷、相当孤立的境地，如再逼下去，他有可能退出会议，这将导致会议破裂。怎么办？大会主席抽身离开会场请阿富汗代表代理主席职务，印度代表说话的调子也有所降低，陈毅立即与身边几位中国代表团员商议，"攻势"应适可而止。然而问题如何解决呢？成败在此一步了。

陈毅起来发言说："我非常痛心，为什么在这次会议上一定要提出苏联参加问题，使我们亚非会议走向破裂呢？从根本上说，我是愿意与大家合作，也愿意与印度代表合作，把会议开成功的。我们不能允许把亚非国家的利益出卖给某个大国，但具体问题上的争论，我们还要照顾到亚非团结的大局，愿意做出一定让步的，因此我建议——关于邀请苏联参加问题的决议，可以这样写：有的国家主张邀请，有的国家反对，有的国家建议推迟到首脑会议上去讨论，有的国家反对提交首脑会议。因此，没有就这问题达成一致协议。"

会场一片交头接耳之声。辛格经过几分钟紧张的思考之后，看看别无良策，终于同意了陈毅提出的方案。代理主席赶紧宣布小组会结束，立即按中国代表团意见起草决议案，提交明天的大会讨论通过。

这是一大胜利。因为按国际惯例，筹备会上"没有得出一致意见"的问题，是不能列入首脑会议议程的，更何况根据万隆精神，在未达成一致意见的情况下，不能强使会议接受部分或某些国家的意见。因此，这样一来实际上是最终否决了印度提案，而又保留了印度代表的"面子"。

会一散席，菲律宾外长罗慕洛便上前紧紧拥抱了陈毅，动情地说："我今天真正看到了万隆精神，感谢你促进了会议的成功！"大会秘书长、印尼副外长在记者招待会上说："对陈毅元帅在本次会议中为维护万隆会议所作的贡献，对他民主的顾全大局的精神，我要行脱帽礼表示感谢！"

第二天大会重新开始，顺利通过了十二国小组会决议，陈毅疲倦的脸上这才露出了明朗的笑容。他和代表团同志们，变被动为主动，为亚非团结事业，最终赢得了一局风云莫测、奇正相生的险棋。

对于世界政治局势来说，从 1964 年到 1965 年，可谓"多事之秋"。

1964 年 10 月 16 日，两条惊人的消息同时震动了全世界——中国成功地爆炸了第一颗原子弹；苏共中央第一书记赫鲁晓夫被解除了党内外一切职务。五年前正是赫鲁晓夫撕毁了帮助中国建立核工业的协议，而今天中国独立制造的原子弹恰巧在赫氏下台之日震撼了全球。

世界各国对中国刮目相看，并且关注着中国成为一个新的核大国之后会有什么新的行动。十天之后，法国《快报》周刊登载了陈毅对该刊记者的一次谈话，标题为"原子弹没有什么了不起"。陈毅谈了有关原子弹的三点看法：

"第一，中国是根据七亿人民希望和平建设社会主义的原则和世界人民利益来决定自己的对外政策，而不是根据有没有核武器。

第二，核武器是人制造的，不是核武器制造了人。人始终是第一位的，因此人类最终将能消灭核武器。

第三，中国研制核武器是为了防御，为了打破核垄断，以便最后销毁这些武器。我们将保证不首先使用核武器。"

那么赫鲁晓夫下台后的苏联又将如何？中共中央很快派出了周恩来、贺龙为首的代表团赴苏参加十月革命节庆祝活动。但令人失望的是，苏共新领导非但没有改善关系的诚意，而且准备在次年 3 月召开分裂性的各国共产党和工人党会议，以达到谴责和孤立中国党的目的。中国党的态度则是"仁至义尽"。1965 年 2 月接替赫鲁晓夫任部长会议主席的柯西金访越途中停留北京，周总理与陈毅在机场与他谈话时，做了尽力劝止的团结工作。柯西金归途中第二次路过北京，提出想见毛主席一次。陈毅反映了这一情况，考虑到这场斗争重大严峻的意义及对中苏两国人民负责到底的目的，建议主席还是一见为好。主席欣然采纳，于是便有了他与柯西金那次著名的谈话。

1965 年 3 月 1 日，莫斯科会议果真开了场，它对国际共运的发展方面毫无成果可言，倒成了另一个标志——国际共运内部产生了大分化。至此，"社会主义阵营"即便是在名义上也不复存在了。战线在重新划分，力量要重新组合。这正是"大动荡、大分化、大改组"的年代。

越南战场的形势也日趋紧张，美国不断采取"战争升级"行动以至轰炸了越南北方。1965 年 3 月陈毅访问尼泊尔、阿富汗、巴基斯坦时，三国领导人都对越战局势充满忧虑，要中国去劝越南人不要再打下去了。陈毅这样回答他们：在这个问题上，你们不要把中国的影响估计过大了。是和是战，只能由越南人民来决定。我们的态度是无条件支援越南抗击美国侵略。当然，朋友们的和平愿望我们是理解的。我认为目前唯一的办法，是希望你们去劝劝美国人，早日从越南撤走。

这年4月，正当B-52重型轰炸机对河内、海防等越南北方城市大举轰炸的时候，周恩来、陈毅秘密来到了炮声不绝的河内，冒着危险往来于弹火之下，亲自与越南领导人商量安排援越物资的品类、数量、运输、供应等问题，这是对越南人民坚定无私的支持。

激烈的动荡和分化是全球性的，非洲也在震荡。

1965年6月19日，周恩来总理和陈毅率中国代表团离京飞往开罗，并将飞赴阿尔及利亚，出席在阿尔及尔举行的第二次亚非会议。不料在飞行途中接到导航站转来的电讯，说阿尔及利亚发生了政变，前政府领导人本·贝拉被捕，由布迈丁领导的革命委员会掌握了首都局势。第二次亚非会议能否如期召开成了问题。陈毅与周恩来在开罗停留三天，反复研讨了阿尔及尔局势，并与阿联领导人进行了一系列紧急磋商。之后，陈毅于22日率代表团部分成员来到枪声未绝的阿尔及尔，实地了解情况。随行的保健医生带着外科手术缝合包和抢救药品以防万一，而陈毅早已将一切危险置之脑后，投入了紧张的外交活动。

起初，新上台的布迈丁政府积极承担东道国义务，力主如期开会。决定参加外长会议的已有十九国，但有些政府首脑出于对阿尔及利亚前领导本·贝拉的友好关系，反对立即承认新政权因而不主张如期开会。为促进亚非团结事业，陈毅一方面向新政权表示了支持，另一方面又向各国代表团做工作，力图促使会议如期召开。然而，由于美国的阻挠，苏联的插手，亚非国家之间对会议的要求和想法不尽相同，要达到“协商一致”十分困难。到24日，英联邦十三国再次呼吁延期开会，东道国的态度也渐渐发生了变化，中国代表团便考虑依据变化了的形势及时调整自己的方针。25日上午，正当陈毅与各国代表紧急商讨如何提出延期开会问题时，在预定的亚非会议会址“松树俱乐部”大厦里，突然发生了爆炸，我新华社两名工作人员受伤。这一卑劣的破坏事件，使与会各国代表的人身安全受到直接威胁。形势急转直下。陈毅召集中国代表团会议，会议一直到次日0时30分。

第二天一早，陈毅会见了阿尔及利亚驻华大使亚拉，向他提出推迟会议的紧急动议。接着陈毅与各国外长紧急磋商和交换意见，中午终于举行了中国、阿联、巴基斯坦等七国外长会议，一致达成协议取消原定的外长会议，并召开常设委员会会议，商定亚非会议的延期问题。

第二次亚非会议虽然最终“流产”了，但陈毅亲自参与的从筹备到延期的全部曲折过程并不因此而失去其深远的意义。它使中国政府支持亚非人民共同事业的坚定立场和顾全大局的一贯态度，得以再次昭示于天下。

8月，陈毅再度出访，赴雅加达参加印尼独立20周年庆祝活动。“千岛之国”的美丽风光和印尼人民浓醇似酒的友情又一次使他为之动情。没想到他离开仅一个多月，印尼就发生“九三〇”事件，中国印尼之间的友好关系中断了。

9月初，陈毅又访问了巴基斯坦、叙利亚、阿尔及利亚、马里、几内亚和阿富汗六国。在马里，他在西非炎热的日光之下参观了中国援建的纸厂、制糖厂，步行去看从广东引种的甘蔗田，所到之处都有许多马里群众拍手欢迎，跟着跑，一个劲儿喊“中国万岁！”这令陈毅感到中国肩上承担着的期望和责任。而另一方面，一路走来，又目睹了国际局势的动荡不宁。到巴基斯坦时正碰上印、巴冲突加剧，印军已攻抵拉合尔城下。离叙利亚回来，本来准备在伊拉克加油，不料伊拉克又发生政变，机场封闭了，只有绕道阿富汗坎大哈机场返回国内。多事之秋，风雨满楼。昔日“社会主义阵营”已经解体，民族独立运动正面临更复杂严峻的考验。各种力量在较量，挤压，……这样的时刻，中国人民应该有什么样的精神气魄呢？

1965年9月29日下午，近300名中外记者来到北京人民大会堂，出席陈毅副总理兼外长举行的记者招待会，世界各大新闻社都等候着北京发来的消息，看陈毅外长将代表中国作何发言。

1965年9月29日，陈毅在北京中外记者招待会上

陈毅是在陪同西哈努克亲王沿长江航行观光后，28日下午才回到北京的，但他胸有成竹，从容不迫，准备好了应付各种最挑剔最难答的问题，并且要旗帜鲜明地表达中国对一系列国际问题的看法。

首先提出的问题是：“美国在越南南方的兵力增加到13万，在战场上使用了各种新武器，你对这种做法有何评论？”这问题当前举世瞩目，陈毅直截了当地说：“越南人民能打败美国帝国主义，这一点有些人相信，有些人不相信。前些时候，有个法国朋友告诉我，美国的力量还没有使用完。……我说，你这话也有道理，但是，越南人民的力量也还没有使用完，全世界人民的力量也还没有用完，阁下为什么只看到美国的力量呢？”

接着，几位外国记者先后提出有关中印边界争端、印巴冲突、中国与联邦德国贸易关系，以及同发展中国家分享核知识等问题，陈毅择其要点，明确畅快，一一做了回答。

李宗仁先生刚刚回国，并举行过记者招待会，这次日本记者又向陈毅提出了关于国共合作可能性的问题，陈毅回答得简短而又意味深长：“新中国就是以共产党为首的，包括八个民主党派合作的局面。我们欢迎李宗仁先生参加这个合作，我们也欢迎蒋介石、蒋经国能像李宗仁先生这样参加这个合作，欢迎台湾省和台湾的任何个人和集团回到祖国的怀抱，参加这个合作。”

日本记者又问到中国发展核武器的情况。陈毅深知受过原子弹之害的日本人民对核武器问题极为敏感关注，因此再一次阐明：“中国保证任何时候不首先使用原子弹。我们的核武器只用于防御。”

陈毅以激昂慷慨的语调，一一回答了记者们提出的一系列重大国际问题，坦率地表明了中国人民不怕帝国主义、新老殖民主义压迫、挑衅、进攻的坚强决心。这位曾统兵百万、横扫千军的元帅外交家说出了中国军民有充分把握粉碎一切侵略者的英雄气概。在外交场合讲得如此铿锵、如此透明，是古今中外所罕见的，这就给记者们显示了人民中国坚强无畏，豪迈乐观的形象。展望未来国际局势的发展，陈毅充满信心地预言：“世界真正变为实现不同社会制度和平共处的大家庭的美好前景，一定要到来！”

20 世纪 60 年代陈毅一家的全家福

这是 1965 年的国庆，新中国已满 16 岁，陈毅自 1954 年那个天安门之夜起，参加外交工作也已 11 年了，如果说当年受任之初他曾有过“绠短汲深之惧”的话，那么现在他面对这剧烈动荡的世界，已抱着更豪迈、自信的乐观态度。1962 年 1 月，他在报上看了一篇介绍驯鹰人如何迫使雄鹰在半饥半饱之间生存，最终听从使唤，并失去宝贵自由的文章，颇有感慨，曾写了《驯鹰词》以咏其志：

……
若乃真雄鹰，展翅冲霄汉。
翱翔于太空，嬉游于海甸。
不恋投来食，安能受羁绊？

雄鹰当如此，人生当如此，国家更当如此！

第十四章　最后的军礼

历史是严峻的，历史又是公正的。“大雪压青松，青松挺且直。”在“文化大革命”中，陈毅以其无产阶级革命家的坚定信念和不屈不挠的斗争精神，向党和人民致了最后的军礼。

第一节　“乾纲独断”和坚守岗位

1966 年 6 月 1 日晚，中央人民广播电台向全国播放了北京大学聂元梓等人点名攻击中共北大党委的一张大字报的全文，陈毅很感意外，连夜去询问周恩来。五天前，周恩来根据中共中央政治局的决定，曾派人去北大批评了贴大字报的聂元梓等人。周恩来现在却告诉陈毅：他刚才接到康生电话，说：毛泽东主席赞成这张大字报，并亲自决定今晚由中央台播放全国。

陈毅惊讶，一时语塞。似这样令人震惊的意外之举，近几个月来已经不是第一次了。

4 月中旬，陈毅夫妇陪同刘少奇和夫人出访后回到昆明，中央发来急电：速至杭州开会。陈毅走进会场，才知是批判彭真主持制定的“二月提纲”。

时隔半月，在北京人民大会堂举行的中共中央政治局扩大会议上，“二月提纲”突然定性为“反党纲领”，彭真因“反党错误”被撤职后隔离审查。

5 月 16 日，通过由毛泽东主持制定的中共中央通知（即《五一六通知》）。

两天后，中央文化革命领导小组（简称“中央文革”）成立。组长陈伯达带领工作组，夺了《人民日报》社党委的领导权，为其制造舆论扫清道路。

这些事，不仅是政治局委员陈毅事先毫无所知，在京主持政治局工作的中共中央副主席刘少奇有的事先也不知道。今天的事，身为中共中央副主席的周恩来又是事后才知道的。这种完全违背集体领导原则的异常举动，怎么不令陈毅震惊和担忧！

6 月初，《人民日报》全文刊登了聂元梓的大字报，并发表了《横扫一切牛鬼蛇神》等社论。这一来，北京几十所大学，几百所中学都闹开了。外交部下属的外语学院等几所大学当然也不例外。上街的学生乱哄哄，阻碍正常外交活动的情况屡有发生。

面对这种突如其来、“史无前例”的“文化大革命”的冲击，陈毅态度鲜明：

对反修防修的“文化大革命”是拥护的，积极进行的，但如此冲垮党委领导，乱揪乱斗，造成社会混乱，他有不同意见。陈毅得到了毛泽东批准派工作组的消息后，当晚召集国务院外办中共党组会议，具体商定工作组成员名单，向外交系统迅速派出八个工作组。

然而，工作组进驻各外事系统不到一周，各单位造反派贴满了轰赶工作组的大字报，仿佛有人统一布置的一样。

陈毅每天听取各个工作组汇报，不断提醒大家：“工作组是中央决定派的，我是投的赞成票。你们一定要挺住，坚信党中央的领导。”“中央的八条规定，一定要坚决贯彻落实！”

1966 年 6、7 月，全国大乱，中共各级党委受冲击，大半冲垮或处于瘫痪状况。外交部党委在陈毅主持下，始终行使着领导权。机关干部坚持工作岗位，业余时间搞运动，保证了国家外事活动的顺利进行。

然而，在中央文革的煽动下，外事口所辖大专院校的学生冲垮校党委、哄赶工作组，并计划在北京召开的亚非作家紧急会议上“揪走资派”，以造成国际影响。

对文革小组幕后挑唆学生企图制造国际事端的阴谋活动，陈毅非常恼火，在刘少奇主持的中央碰头会上，他义正词严地进行斗争：“既然中央把召集这次大会的任务交给我，我就不怕负这个责任！谁要冲击大会，就是现行反革命，我陈毅绝不会客气的！”并在周恩来的布置下，采取了有力的预防措施，保证了亚非作家紧急会议在京顺利地举行。

运动发展到 7 月中旬，政治局内关于工作组问题的争论，以刘少奇、邓小平等为一方，以文革小组组长陈伯达、顾问康生为另一方，日趋剧烈、尖锐。争论的焦点是：“文化大革命”运动究竟要不要坚持党的领导。

大约在 7 月 16 日晚间的政治局会上，双方都拍了桌子。

陈毅支持工作组，愤起辩驳。陈伯达大骂陈毅派往对外文委的工作组是全国最坏的工作组。7 月 24 日，毛泽东召开会议，决定撤销工作组，并在第二天的政治局会议上宣布：派工作组“犯了方向路线性错误”。

中央宣布撤销工作组后，外交部副部长姬鹏飞想不通，他曾询问陈毅，工作组怎么说撤就撤了？陈毅满脸不高兴地说：“哎……我也不清楚是怎么回事！说怎么样搞，就怎么样搞。现在我们是乾纲独断罗！”①

“乾纲独断”，这就是陈毅 1966 年 8 月对中共全党政治形势的见解。

8 月 5 日，毛泽东写了《“炮打司令部”——我的一张大字报》。按照政治局规定，只传达到参加中共八届十一中全会的省委第一书记和大军区司令员、政委。然而，中央文革却把大字报内容很快泄露给造反派，并开始对刘少奇、邓小平发起进攻。

汇集到北京参加中共八届十一中全会的中央委员、中央候补委员，特别是各

① 姬鹏飞 1982 年 11 月与《陈毅传》编写者谈话。

省、市、自治区的主要负责人，个个忧心忡忡，满面愁云，谈起各地运动情况，没有不摇头的。

他们这次来，是向中央告急的，都关切地询问“文化大革命”结束的日期，因为按中央原先布置：“文化大革命”只开展三个月。

不料，得到的答案是异常严酷：

中共中央主席毛泽东的大字报在全会发表后，大家感到吃惊、不解。紧接着是政治局改选，副主席只保留林彪一人；在世界各国共产党的党史上绝无先例地增加了一个“最亲密战友”的特殊称谓。看来运动不但不会结束，还会更猛烈、更疯狂地开展下去。

陈毅感到中国革命的航船已偏入危险航道，他个人无力纠正航向。但是，他要坚守自己的指挥岗位，保持外事口的稳定。他在外交部全体工作人员大会上，旗帜鲜明地说过：“只要中央一天不撤我外交部长的职务，我就要顽强地表现自己，并企图影响这个运动！”

外事口各单位批斗工作组，陈毅总要为工作组承担责任，讲公道话。鉴于每次讲话后，造反派攻击陈毅的声势越轰越大，许多人劝陈毅不要出面讲话。方毅专门请秘书转告：“陈总不要再多讲话了！”“陈总不能倒，陈总一倒，外事口就会像快刀割韭菜，一倒一茬。”陈毅的回答是：“人家劝我少讲点话，他们都是好心。可是我压不住，还是要讲。见到问题不讲，这不是共产党员的态度。”

第二外国语学院批斗工作组时，陈毅赶到会场，旗帜鲜明地指出：“派工作组的错误是当时局面造成的，我是支持派工作组的；工作组的错误应该进行批判，但我们无权把他们整死，要帮助他们改正错误；把工作组打成反革命，打成黑帮，不如把我陈毅打成反革命，打成黑帮。”

面对造反派“你到底跟不跟毛主席走？！”的斥责，陈毅义正词严地答复说：“我决定跟毛主席走，但是，我不敢保证将来就不反对毛主席的一些意见！”

陈毅的举动，当然会被某些人视为“文化大革命”的巨大障碍。有人开始操纵造反派集中火力向陈毅发起围攻。

在围攻中，陈毅大义凛然地说：

“你们说我是黑帮头子，是修正主义、机会主义，你们懂什么叫机会主义？！什么是修正主义？！如果敌人今天来了，我们每个人发一支枪，我陈毅打得绝不会比你们差！也绝不会开小差！告诉你们，我是外交部长，没有罢官之前，我就是要掌握这个领导权！你们要我交权，办不到！老实说，我对你们不放心，我就是交，也不交给你们！”

8 月下旬，北京城里有关陈毅的流言蜚语猛然增多。什么“陈毅历史上一贯反对毛主席”，“陈毅反对文化大革命，死保工作组，与毛主席的革命路线唱对台戏”。造反派列举的材料，不少均为中央核心机密档案的篡改，或断章取义；陈毅在政治局讨论“文化大革命”情况的发言，也被造反派大段摘录，公布在大字报上。陈毅十分清楚，是中央文革乱抛档案，不断给造反派提供炮弹。

当然，炮弹也有带糖衣的。在文艺界召开的宣传大会上，江青亲自把陈毅的夫人张茜请上主席台并向到会群众热情引荐。陈毅明白江青的潜台词：只要你闭上嘴，只要你不再出来讲话，老账一笔勾销，你还是稳坐主席台的陈毅。

对当时他个人处境的分析，1971 年，陈毅在三〇一医院住院时，曾经和当时的外交部副部长乔冠华谈起过："1966 年 8、9 月份，只要我陈毅不吭气，住在中南海是不成问题的。但是，在讲与不讲的问题上，我最后还是选择了讲。文章不准写了，再不讲话，还算什么共产党员！"

8 月 31 日，毛泽东在天安门城楼接见红卫兵时，他挽着陈毅胳膊照了相，然后握着陈毅的手说："陈老总，我保你！"陈毅给毛泽东敬了军礼，真诚坦荡地说："请主席放心，我能过关，我是共产党员，我靠我的工作，能取得群众的信任。"

陈毅在政治局分工还管西北地区的"文化大革命"，他不能不吭气。

包头钢铁厂最近运到一批机器，是从苏联进口的，拆箱时发现，其中有不少是坏的，中方要求退换。苏方则说派出四名专家来作技术鉴定，然后再作定论。苏联专家一到包钢，就被造反派包围。他们还精制了高帽子，准备拉"苏修"专家在全厂批判游斗。

一个普通、具体的外贸交涉，顷刻之间，就可能变成加剧两国紧张关系的导火索。情况迅速报告到北京陈毅办公室。陈毅根据周恩来总理的指示，亲自给包头钢铁厂挂了电话。

厂长去贯彻陈毅"不准许把国内斗争方式用以对外"的指示，造反派不但不听，反把厂长也"架了飞机"批斗。

陈毅第三次电话打给造反派头头："小同志，我相信包钢红卫兵是坚决维护党和国家利益的，是顾全大局的！你们一定能使苏联专家尊重事实真相，一定能说服他们在退货协议上签字的。我在北京等待着你们的好消息……"

造反派终于接受了陈毅的意见。这样一个具体问题，非要一位副总理兼外交部长亲自处理，而且整整花了一个下午。

8 月 24 日，在外交部红卫兵成立大会上，造反派提议要陈毅当"红卫兵司令"。陈毅说："我这个人不搞个人迷信。""学习毛主席著作不要空喊口号！"8 月下旬，陈毅派人赶到干部宿舍，制止外交部造反派的抄家行动。事后，又找造反派谈话，苦口婆心劝导，使造反派又恢复了对陈毅的信任。9 月上旬，外办召集了外事工作座谈会。9 日上午，一向着装洒脱的陈毅，穿上一套绿军装，在鲜红的领章帽徽映衬下，显得威风凛凛。他开口直切主题："你们没有给我戴高帽子，我来讲一讲，帽子天天戴嘛，怕什么啊！无非比我这顶高点么。我坚决不同意国庆少接待外宾，我就为这句话来的……"

9 月下旬，国务院总结会上，陈毅结合汇报外事口运动的情况，阐述了自己对"文化大革命"的理解。陈毅认为，"文化大革命"与过去历次政治运动一样，目的应是为了弄清思想，改革不合理的制度，以达富国强兵之宏图。他说：因此他在外事口主要抓了开展批评与自我批评。陈毅亲自动员群众给领导，首先是给他自己贴大字报，帮助领导“洗澡下楼”。外事口各部门党组成员，包括陈毅自己，都在一定范围内（以不泄露外事机密为原则）作了自我批评。在和风细雨的气氛中，进行了一次思想革命。外事系统各级领导干部中，真正打倒的一个也没有。经过群众运动“洗澡下楼”，全部可以过关。

同时，陈毅还检查了自己求稳怕乱的思想，外事口派出的工作组的错误，他要负领导责任。

鉴于外事口既发动了群众，又坚持了党对运动的领导，与那些党委被冲垮，运动乱成一团糟的部门比，要算比较正常的。外事口的运动获得国务院的好评。

陈毅并非好大喜功之人。但是，这一次外事口的运动获得的好评，陈毅确实引以为荣。他一改讳谈自己成绩的习惯，在以后好几次外交系统的会议上，都不掩饰被评为“基本守法户”的快意，以鼓励大家敢于领导运动的信心。

陈毅不仅敢讲话，他还考虑得更远更深：青年人有热情，但是缺乏斗争经验，他不能看着他们犯错误。他感到肩上担子的分量，他的战斗岗位不仅在外事口，作为一个中央政治局委员，他有责任引导青年走正路。

这天，身穿军装的毛泽东主席又一次登上天安门接见红卫兵。陈毅习惯地行了标准举手礼。毛泽东微笑着点点头，与陈毅握了手，然后挽起陈毅的胳膊，走进休息室。毛泽东问了问陈毅近况。陈毅回答后，说：“主席，我还有个想法。”

毛泽东很感兴趣，问：“什么想法？”

“主席，现在年轻娃娃没有参加过路线斗争，也不懂得什么是路线斗争，我想，应该给他们讲讲历史，用我自己的经验教训，教会娃娃们搞路线斗争，你看行不行？”

“好嘛！”毛泽东吸了口烟，欣然应允。

第二节　挥戈上阵与“二月逆流”

1966 年 10 月 1 日，林彪在天安门城楼以他特有的拖腔拉调，得意洋洋地给刘少奇、邓小平的“错误”加上“资产阶级反对革命路线”的政治帽子。本来，对于这种政治定性，中共中央政治局内部有争论，一直没有通过。三天前，周恩来还根据中共中央的决定，召集了国务院各部、委、办党组成员会议，传达了中央政治局常委的意见：运动已经搞得差不多了，不能老搞下去，要转入抓生产……可今天，林彪突然公开宣称：“斗争还在继续。”言下之意，“文化大革命”运动不能结束，还要继续开展下去。

对林彪根底了如指掌者，陈毅算得上是一个。1927 年 8 月 10 日，陈毅接受中共中央军事部长周恩来委派，到七十三团当团指导员，林彪是七连连长。红军时代林彪的投机行为，陈毅记忆犹新。林彪在 5 月中央政治局会议上大讲特讲“政变经”；中共八届十一中全会上，又高喊“文化大革命”是“罢官运动”；林彪对毛泽东“一句顶我们一万句”的颂扬、“不理解也要执行”的“忠诚”，等等，深知林彪底细的陈毅不难看透林彪挥动红语录的表象后面，掩盖着什么样的居心。1966 年 9 月，陈毅在国务院外事办公室全体人员大会上毫不隐晦地说出自己的看法。他说：有的人嘴里说得好听，拥护毛主席，实际上不按主席思想办事；别看他把主席语录本举得很高，是真拥护毛主席，还是反对毛主席？我怀疑，我还要看。

陈毅憋不住地想把他的忧愤吐露一些给老战友，他在天安门城楼休息室找到文化部副部长肖望东，指着玉带河里倒映着的一条“打倒 ×××”的标语，“你看看，这就是文化大革命！”陈毅声音不高，却凝聚着满腔愤慨：“你看见了吧，文化大革命，一言以蔽之，就是要打倒老干部！”

仅仅过了两天，10 月 3 日《人民日报》全文刊登了《红旗》杂志第 13 期社论，打出了“对资产阶级反动路线必须彻底批判”的旗号。首当其冲遭受灭顶之灾的，是中共各省市委、各部局党组的“第一”书记们。

中共中央十月工作会议，正是在这个风口上召开的。参加这次会议的许多老同志，他们有一个共同的感受，正是毛泽东主席在会上批评的 12 个字“很不理解，很不认真，很不得力”。他们唯一的安慰和寄托，也是毛泽东主席的一段话：你们不要承认自己是三反分子，你们都是三反分子，我这个党的主席是什么呀！

然而，会上，刘少奇、邓小平已被中央文革小组定为“资反路线”的炮制者，作为黑司令部的总头目批判了。以此划线，人人检讨，根本不容辩解！在这种高压之下，不承认自己是三反分子，谈何容易？！各地“父母官”心情的压抑难以名状！他们处境的危殆更显而易见！

从来不“拉”华东“山头”的陈毅这次应华东的省市委第一书记们的请求宴请他们，一连串被造反派打叉叉的名字：陈丕显、江渭清、叶飞、李葆华、谭启龙……

陈毅拿起茅台酒，给每一位伸过酒杯的老部下斟满一杯，最后为自己面前的小酒杯倒满、举起。他在这次“家宴”上的某些话是不寻常的：

“困难，我们都见过，要说困难，长征不困难？三年游击战争不困难？建国初期要米没米，要煤没煤，头上飞机炸，下面不法投机商起哄捣乱，怎么不困难呢？困难！没有困难，还要我们这些共产党干什么？我还是那句老话：无论多么困难，都要坚持原则，坚持斗争，不能当墙头蒿草，哪边风大，就往哪边跑！”

“德国出了马克思、恩格斯，又出了伯恩施坦。伯恩施坦对马克思佩服得五体投地，结果呢？马克思一去世伯恩施坦就当叛徒，反对马克思主义！俄国出了列宁、斯大林，又出了赫鲁晓夫。赫鲁晓夫对斯大林比对亲生父亲还亲！结果呢？斯大林一死，他就焚尸扬灰，背叛了列宁主义！中国现在又有人把毛主席捧得这样高。毛主席的威望内外都知道嘛，不需要这样捧嘛！我看哪，历史惊人地相似，他不当叛徒，我不姓陈！”

“让我们干了最后一杯！我保不住你们了，你们各自回去过关吧。如果过得了关，我们再见；如若过不了关，很可能这是最后一次见面！”

元帅最后这番话，分明是与即将出征恶战的将军们诀别！而元帅自己，忧党忧国，忍无可忍，也准备挥戈上阵了。

1966年11月13日下午，面带微笑的周恩来总理和陶铸副总理率先，军装严整、步履稳健的叶剑英、贺龙、徐向前元帅和风度洒脱的“便衣元帅”陈毅随后，在工人体育场内绕场一周，与八万多名军队院校学员见面。掌声、欢呼声此起彼伏。

周恩来太忙，接见后与陶铸提前退场。四位元帅在肖华主任陪同下落座主席台。陈毅在年轻人的掌声中，第一个走上讲台。

这是11月份以来，陈毅出席的第四次群众大会。他不但有请必到，而且只要出席，必定讲话。陈毅仿佛在追赶，在拼搏，不断加快行军步伐，而将自己的一切置之度外。

陈毅说：“我今天在这里讲话，我就不是我字当头，如果我字当头，最好我不要来讲。我来讲，讲得不好，惹起麻烦，马上就要跑到外交部来揪你、找你、抓出来，要澄清问题，那怎么得了啊……今天，你们大家给我这个机会，我还是勇敢地来讲……大家不是要作路线斗争吗？我们完全欢迎大家来作路线斗争，但要学会来搞，不要乱搞……如果没有学会，这个损失很大。啊，你这个陈老总，今天在体育场，就是给我们泼冷水，唉，泼冷水是不好的，可是有时候有的同志头脑很热，太热了，给他一条冷水的毛巾擦一擦，有好处。……我说其他的恐怕不能讲，没有什么资格可以讲话，但是在你们青年人面前，我犯错误比你们多，我这一点有资格讲话，你们没犯过我这么大的错误。”

接着陈毅针对学生冲中南海、占领国防部的举动，提出严厉的批评，旗帜鲜明地反对逐步升级、无限上纲、口号越“左”越好的做法。这是“文化大革命”以来，特别是批判“资反路线”以来，学生们首次听到的系统的、严厉的、毫不拐弯的批评。在这之前，文革小组只讲“群众运动一切合理”，造反派能肆无忌惮，而广大干部和群众愤愤不平。

今天，陈毅这盆冷水泼得太解热了！台下议论纷纷，掌声阵阵；台上的老干部不断以掌声感谢陈毅元帅，感谢他讲出了自己想讲又不敢讲的话！

四位元帅的讲话稿立即在全国传开了，各省、市委组织宣传车上街，不断播送四位老帅的讲话记录稿，人民群众拍手叫好，非常拥护，一些军事院校也开始扭转了原先混乱不堪的局面，党委硬棒了，敢出来说话了。

当然，中央文革小组绝不会漠然视之。北京街头小报登了这样一条消息，王力说：“这次不打倒四个老帅，就准备上断头台。”

陈毅读到这条消息，勃然震怒，他正气凛然地说：“那就让他试试吧！”

王力还没有“上断头台”。可是陈毅在半个月之后，当另一大批3万多军队院校师生请他接见的时候，11月29日，他又和叶剑英等一起去北京工人体育场了。周恩来总理绕场一周离去，陈毅又开始讲话。这次讲话还是满腔热忱地鼓励和教育青年军人，要他们学会正确地进行路线斗争，“要提高到毛泽东思想的新的更高的水平”。

“不要把工作有错误、缺点的也当成黑帮、当成走资本主义道路当权派去斗，要区别，不同对待。”“对犯了路线错误的同志的批判，也要区分”不同的情况和程度。“不按这种科学的分析，就扩大化、简单化，就打不中目标”。陈毅这次讲话集中批评的就是斗批改中间的简单化、扩大化。他还很真切地说：“我年轻的时候犯过错误，就是路线斗争扩大化、简单化，认为斗争非常简单，用简单的方法解决思想问题。”

“我们应该弄清思想，团结同志，共同对敌。要团结百分之九十五以上的干部。真正的黑帮，真正的走资本主义道路的当权派，真正执行资产阶级反动路线的，是极少数。这样不会伤好人，不会伤可以改正错误的人。”

钟期光的儿子在外地串联回京，兴奋地向陈毅讲了他在外省所见：一些造反派想冲击省委，门卫的战士毫不退让，他们向群众用半导体喇叭宣传，同时就散发老帅们讲话的传单。

“散的是哪一次讲话？”陈毅问。

“两次都有：13 日的，29 日的。”

陈毅脸上现出几分快意。

11 月下旬，涌到北京“上访”的工人急剧增多，为说服来京串联的工人迅速返回本地抓革命促生产，周恩来总理决定召开一次工人大会，海报贴出，入场券发尽，大会讲稿却被陈伯达、江青否定了。已布置的工人大会无人讲话，临时请“救兵”，找陈毅去给工人讲讲国际形势。时间是 11 月 30 日下午 7 时，地点是工人体育馆。陈毅深知周恩来的苦衷，欣然前往。

周恩来走上主席台与全场工人见了面，随即由陈毅讲国际形势。

陈毅以简洁生动的语言，向听众们展示了一张世界形势图，一张中国逐步登上世界舞台，逐渐在国际事务中起到举足轻重地位的形势图。在全场工人振奋、自豪的欢笑声中，陈毅话锋一转，讲国民经济是外交的基础，号召工人们尽快回到原地狠狠抓革命，狠狠促生产。

次日，造反派工人到外交部，要找陈毅当面责问。北京街头贴满了打倒陈毅的大字报。

元帅挥戈上阵了，但是对方的力量更大，在复杂异常的形势下，斗争必须能伸能屈。

为了顾全大局，为了不影响 1967 年的工作，周恩来希望尽早结束国务院各部部长被围困批斗的局面，争取各部部长早些检查，早些过关，协助他抓好国计民生的大事。周恩来找来陈毅，讲明自己的考虑，希望陈毅带头检查。

陈毅虽然知道国务院公务繁忙，特别是外事工作不能中断，但要他向造反派检讨，没错而承认有错，他想不通，看着周总理疲劳、憔悴的神情，陈毅答应考虑。

一天下午，中央召开例行碰头会，研究有关运动的问题。当中央文革小组的“左派”们喋喋不休地质问和声讨时，陈毅、叶剑英发现一向精力充沛的周恩来总理竟打了瞌睡，十分震惊！两位元帅在回程的汽车中心情沉重，他们有一个共同的意念：我们要分担责任，可不能眼看着周总理累垮了！这种形势下，没有周总理不行啊！

陈毅立即找到周恩来表示：他检讨，一定深刻检讨，争取早日得到群众的谅解和信任，把外交部工作搞好。

周恩来非常高兴，叮嘱陈毅：检讨不要太长，写好先拿给我看看。

形势日趋恶化。

煤炭工业部部长张霖之被造反派鞭打致死；分管经济几个重要部门工作的谷牧、余秋里被造反派抓走；周总理派人去要，造反派顶住不给，……每想到国家的命运；几亿中国人民的衣食住行；党的干部遭受的摧残；一向刚毅、豪迈的陈毅，为党和国家的命运担心，坐立不安，夜不能眠。

1967 年 1 月 4 日，陈毅参加完碰头会，回家已是半夜，突然一声声“打倒陶铸”的口号震颤夜空。陈毅立即打电话询问李富春：“打倒陶铸”是否为政治局常委会的决定？李富春告之不是。陈毅悲愤至极：一位副总理，现任的党内第四把手，又是这样不经中央集体领导决定，随随便便点名批判？！还有什么党纪国法！要是按陈毅的脾气，立即去找造反派辩论，但考虑到对周恩来总理的许诺，不能再给周总理添麻烦，陈毅强压怒气，彻夜写检查直至天明。

1967 年 1 月 24 日下午 4 时，人民大会堂里座无虚席，四周边厅里也坐满了收听会场实况广播的学生。

陈毅念着自己的检查——一份经过周恩来亲自修改定稿的检查，语调沉重，态度虔诚。参加会议的周恩来作了总结，全场掌声如雷。为总理对外事上的信任，也为陈毅的检查过关。

因为这是第一位副总理被“解放”，周恩来显得兴致勃勃。他拉上陈毅，依次走进大会堂四周各厅，与学生们一一见面。

陈毅军装整齐，胸挺得笔直，步子稳健有力。如果留心观察，他的微笑是严肃的，目光是凝重的，他不像一位得胜还朝的将军，倒像是卸去沉重枷锁，准备投入更严酷斗争的勇士。

1967 年 1 月 5 日，上海造反派相继夺取报社和市委大权。9 日《人民日报》全文转载了《文汇报》《解放日报》上刊载的夺权宣言。12 日，《人民日报》套红刊登了中央发给上海造反派的贺电。陈伯达、康生、江青等人轮番接见造反派，集中宣传夺权！夺权！！夺权！！！

一时间，夺权的黑风扫荡了中国大地。

中共云南省委第一书记阎红彦，在身边留下“我是被陈伯达、江青逼死的”纸条，吞服几十片眠尔通，含恨辞世。

中共上海市委书记陈丕显、安徽省委书记李葆华、福建省委书记叶飞被打倒后，人在何处，是生是死，周恩来多方查问，均无消息。

1 月 6 日，刘少奇主席突然接到女儿婷婷的电话，说姐姐腿摔断，必须父母签字才能办住院手续。刘少奇夫妇不知有诈，王光美急忙登车赶往医院，半路就被造反派劫持到批斗会场。

几天后，一个深夜，造反派突然冲进贺龙元帅的家中。幸周恩来将贺龙一家接到中南海，住在自己家。

偌大的北京城，唯一尚未被造反派染指的中南海，其西门、东门，也先后被造反派冲开五次，均是周恩来亲自出面，好一番苦劝，才得以维持起码的秩序。

这些天，陈毅根据周恩来的指示，除了必要到场的外事活动，他几乎足不出户。他第一次从报上看到上海夺权的消息，异常吃惊，而现在夺权“风暴”已席卷全国了……难道党已经彻底变质？各级政府彻底变修？非彻底夺权不可？！果真如此，还有什么伟大、光荣、正确的党？十七年的建设成就岂不全部否定了吗？！陈毅想不通。然而，毛泽东支持“夺权”，在毛泽东的严威之下，谁也没办法，“乾纲独断”啊！

陈毅无法阻挡夺权的风暴，但是，他还是政治局委员，还是外交部长，他还可以在自己能够管辖的范围内，尽量地减少损失。

1月19日下午，按照与总理商定的办法，陈毅亲自打电话给外办副主任李一氓，嘱他迅速组织外办工作人员“夺权”，以免外事大权旁落，造成党和国家不可弥补的损失。

上海开了夺权的先例，军队院校造反派有中央文革支持，有恃无恐，无所不为。为了稳定部队，军委副主席叶剑英主持召开了中央军委常委会。陈毅、徐向前、聂荣臻等老帅看法一致：军队是国家的柱石，无论如何不能乱。林彪当场也表示赞成。1月初，中央军委向部队发出指示：军队坚持正面教育，不能搞大民主，不能成立战斗队，不能搞串联。但是，仅仅过了几天，林彪态度突然改变，竟批准中央文革小组提出的“揪军内一小撮”的口号，公开见诸《解放军报》。

军队又面临巨大的冲击。

1月19日下午，在总政召集的各大军区主管干部会议上，江青、陈伯达到场，突然发难，给总政主任肖华扣上“资产阶级政客”的大帽子，并逼迫肖华在当晚8时举行的10万人大会上检讨。是叶剑英报告了毛泽东，才制止了批斗总政主任、大乱军队的阴谋。

1966年11月份，叶帅、刘帅、聂帅均住在北京西山，陈毅与徐向前经常驱车前往，这几位为创建中国人民解放军奋斗几十年的老战友，时有会面，一起议论政局，商量稳定军队的办法。

1967年1月24日晚，全军文革组长徐向前“闯”进林彪住处毛家湾。徐帅把目前军队的混乱状况告诉林彪，主张军队必须稳定，要搞几条规定，如不能成立战斗组织，不能随意揪斗领导干部，不准夺权等。林彪同意由军委发一个文件，并请叶帅、聂帅等来共同研究。紧接着就去钓鱼台中央文革研究，并请周恩来总理和陈毅到钓鱼台开会，共同研究通过后，送毛泽东主席审批。毛泽东提出增加严格管教子女的内容，并提议交给住在京西宾馆的各大军区负责人讨论，征求意见。1月28日，毛泽东亲自签发了最后形成的军委八条命令，乃迅速发往全军。

外交战线上的混乱局面还在发展，而且波及驻外使领馆。陈毅担心在国际上闹出大事来，2 月 6 日，陈毅批送周恩来一份电报。电报中明确指出：内外有别，驻外使领馆一律不准搞“四大”（即大鸣、大放、大辩论、大字报）。周恩来呈送主席。2 月 7 日，毛泽东签发了这份电报，即外事口的“二七”指示，从而稳住了驻外使领馆。

为了慎重，不让造反派抓住辫子，陈毅又找来乔冠华、宦乡。陈毅说他查了一些资料，历来的国家关系，都是内外有别。国内搞运动，不能把外国人牵上。陈毅布置他们根据惯例，采取军委的方法，也来规定几条。如：不得揪外国人来批斗；不得强迫外国人接受宣传品；不得强迫外国人背语录。要想方设法使中国的对外关系，不要受这次运动的冲击和破坏。陈毅想订出几条无懈可击的规定，报送中央，请毛主席批准，照章执行。

此时，陈毅在与诸老帅的交谈中，都有一种决战逼近的预感。他们为顾全大局，曾一忍再忍，一退再退，现在已被逼上最后一块阵地。几位老帅无力改变领袖的决心，但是，他们能决定自己的选择。他们已在不同场合站出来正面地讲了许多告诫青年人的话，但是，直接地面对面地斥责造反派的重要头头，还没有人轻试。陈毅首先爆发。

第一个遭到怒斥的，是外交部已经夺得监督大权的造反派头头。造反派头头在机场向陈毅提出，要求在迎接外宾的见报名单上，把自己的名字排在陈毅后面，副外长的前面。陈毅一口回绝，他认为外长后面理所当然应排副外长的名字。这头头恼羞成怒，摔门而去。陈毅异常愤慨，他说自己革命 40 年，没想到会弄成这种模样，“我死了也不服气，我拼了老命也要斗争，我也要造他们的反！”“我过去也斗过人家，人家也斗过我，不要重复过去的错误，弄得人心惶惶，人人自危，早晨不知道晚上怎么样。大是大非问题不能哼哼哈哈，要我顺风倒，我不干！我的讲话可能触犯了一些人，我个人可能惨遭不幸，但是，如果我因此不敢讲自己的意见，我这个共产党员就一钱不值！”“我知道，只要我讲话，就会有人说陈毅又跳出来了。对！快要亡党亡国了，此时不跳，更待何时！”

2 月 13 日下午 2 点 45 分，怀仁堂。这里将围绕要不要党的领导；对老干部应不应该都打倒；要不要稳定军队等问题，爆发一场剧烈的斗争。2 月 16 日下午的怀仁堂碰头会更把这场斗争引向高潮，即以后震撼全国的所谓大闹怀仁堂的“二月逆流”。

2 月 16 日下午碰头会上，谭震林怒斥张春桥：“你们的目的，就是要整掉老干部。……这一次，是党的历史上斗争最残酷的一次，超过历史上任何一次！……”出于激愤，他提起皮包，离席欲去。陈毅叫住他：“不要走，要留在里边斗争！”陈毅自己并没有长篇发言，然而，他的发言触到了三个“痛点”：一是斯大林；二是赫鲁晓夫；三是延安整风中的内部问题。在会议记录（张春桥、姚文元、王力整理）中可以看到，陈毅说：“历史不是证明了到底谁是反对毛主席的吗？以后还要看，还会证明。斯大林不是把班交给了赫鲁晓夫，搞了修正主义吗？”陈毅决不会不知道：“斯大林晚年”的意思或暗示，是毛泽东最忌讳的话题。而现在毛泽东把班交给了谁？谁相当于赫鲁晓夫？路人皆知。至于延安整风，运动本身是伟大的；但其中有些问题，颇为重要和敏感，从来心照不宣。如今陈毅却“哪壶不开偏提哪壶”。

当夜9时许，陈毅在中南海外事口会议室接见归国留学生代表，带着怀仁堂斗争的激情，长达七小时慷慨陈词，展开了所有火力，向着阴谋家们猛烈开火！

“现在有些人，作风不正派！你要上去，你就上去嘛，不要踩着别人嘛，不要拿别人的鲜血去染红自己的顶子。中央的事，现在动不动就捅出来，弄一些不懂事的娃娃在前面冲。”

“现在把刘少奇的100条罪状贴在王府井，这是泄密！八大的政治报告是政治局通过的嘛，怎么叫他一个人负责呀？”

“朱老总今年81岁了，历史上就是‘朱毛’‘朱毛’，现在说朱老总是军阀，要打倒，人家不骂共产党过河拆桥呀？！”

“贺龙是元帅，副总理，怎么一下成了大土匪？！这不是给毛主席脸上抹黑吗？”

“这样一个伟大的党，只有主席、林副主席、周总理、伯达、康生、江青是干净的，承蒙你们宽大，加上我们5位副总理。这样一个伟大的党，就只有这11个人是干净的？！如果只有这11个是干净的，我陈毅不要这个干净！把我揪出去示众好了！一个共产党员，到了这个时候还不敢站出来讲话，一个铜板也不值！”

“我不是乱放炮，我是经过认真思考的。要我看，路线斗争要消除后果要很长时间。现在的文化大革命的后遗症，10年、20年不治！”

“我们已经老了，是要交班的。但是，绝不交给野心家、两面派！不能眼睁睁看着千百万烈士用自己宝贵生命换来的革命成果付之东流！”

恶人先告状，由江青安排，张春桥、王力和姚文元先后走进了毛泽东的书房。他们详细地集中地汇报了老帅们和副总理们的言论。起初毛泽东还轻松哂笑，觉得老帅们还是“很不理解”。汇报到陈毅的“黑话”时，毛泽东脸色阴沉下来，随即越听越火，雷霆震怒。周恩来力图缓解事态的愿望未能实现。

19日晚，毛泽东召来李富春、李先念和叶剑英等作了十分严厉的批评。于是，林彪和中央文革一伙，立即扯大旗当虎皮，向这批开国元勋发起猖狂围攻。

整整一个月里，陈毅白天是副总理兼外长，代表中国政府出现在谈判桌上、宴会厅里，精神鹰扬、庄谐成趣；晚上，走进“政治生活会”，便成了众矢之的。而这种围攻、批斗每天延续到后半夜。3月18日凌晨“政治生活会”结束这天，陈毅心情激愤地对秘书说：“40年前，我参加游行反对北洋军阀，差点被打死，今天又挨斗，‘三一八’是最黑暗的日子！”

其实，这只是拉开了黑暗的序幕。

怀仁堂二月抗争被定为“二月逆流”。从此，陈毅的处境日益困难。林彪和中央文革一伙在中央的各种会议上都把陈毅当靶子，批斗一通。陈毅发言，他们抓住个别字句批一顿；陈毅不发言，他们又说你陈毅向来喜欢发言，今天为何不讲话，也得批一通。文革小组一伙还不满足于在上面批，竭力煽动造反派组织群众性批判。

文革小组无视周恩来宣布的纪律，将中央碰头会上老同志的发言内容大加歪曲、篡改，通过北大、清华造反派，向社会迅速扩散开去。

陈伯达、戚本禹接见外交部造反派“做工作”，实际是给造反派交了底：揪斗陈毅的障碍是周恩来，中央文革支持。一外、二外造反派组成的“揪陈大军”从 7 月 15 日起，涌到外交部门口安营扎寨，他们拦截车辆，阻塞交通，妨碍正常外事活动，想压周恩来交出陈毅。

周恩来没有向造反派妥协，他坚持对陈毅的批判要小会为主，以理服人，不许在会场悬挂“打倒”和“三反分子”标语。8、9 两月外语学院和外交部的造反派先后组织八次批陈会。每有批判会，周恩来都竭力保护陈毅的安全。但造反派在文革小组的支持下，十分猖狂。8 月 26 日在外交部举行的批判会遭到外语学院造反派的冲击，冲入外交部院内，把陈毅的汽车轮胎放了气，包围办公大楼要揪陈毅。陈毅被困在外交部好几个小时。8 月 27 日凌晨，已经连续工作 18 小时的周恩来严正警告造反派：“谁要在路上拦截陈毅同志的汽车，我马上挺身而出；你们今天要冲会场，我一定出席，并站大门口，让你们从我身上踏过去！”

林彪、文革小组要尽阴谋，挑起事端，以激怒毛泽东，彻底铲除周恩来、陈毅。然而，算盘未能如意。毛泽东在王力“八七”讲话[①]记录稿上批了五个字：“大大大毒草”！不久，猖獗不可一世的王力、关锋、戚本禹先后被捕，外交部展开了“批极左、抓坏人”的群众运动。1968 年 2 月 13 日，外交部大字报栏上贴出了由 91 位司长、大使共同酝酿、起草的大字报：《揭露敌人，战而胜之——批判‘打倒陈毅’的反动口号》。文章列举大量事实证明，陈毅是中国共产党忠诚坚定的战士！

因为 91 人大字报为陈毅说了公道话，中央文革立即抓住不放，斥之为“二月逆流”新反扑。昼夜之间“批极左、抓坏人”变成批判“形‘左’实右”，在司、局长和大使等干部中，大抓“反党阴谋集团”。

听到 91 位同志不断挨批斗的消息，陈毅百感交集，夜不安寝。他唯一能做的，就是鼓动同志们揭发自己，与自己划清界限，免受株连……

姚文元给“中央文革”发去的一份电报在无意中说了真话：“二月逆流”问题传达以后，上海的干部、工人和居民中，凡讨论这个问题，总有为数不少的人痛哭流涕。有的提出质问：陈毅怎么可能反党？也有人说：如果陈毅真的反党，那就太可惜了。姚文元由此得出的结论是：陈毅在上海的流毒影响很深，很广，必须彻底戳穿画皮，暴露其反动灵魂。为此，上海市常委会编发铅印本《陈毅黑话录》散发社会。上海市委竟发函给陈毅，上海 ×× 万党员一致推举你作为右派代表参加“九大”。

---

① 王力在 1967 年 8 月 7 日接见外交部造反派时的讲话，公开煽动：“外交部可以夺权”。

陈毅投身革命四十余年，是党内公认作自我批评最多，否定自己最多的领导人之一，但是，对于自己的革命坚定性，他从来没有怀疑和否定过。他坦荡地说：到底自己是左派还是右派，自己说了不算，造反派说了也不算，还是要历史来做结论！

1969 年 4 月，中共“九大”在北京秘密召开。

陈毅是“九大”主席团成员。

在“九大”上，陈毅当选为中央委员、中共中央军事委员会副主席。

名单见诸报端，从张、姚严密控制下的上海市，有人以“上海无产阶级革命派”的署名，给陈毅发来了热情洋溢的贺信。这是人民的心声。

第三节　“事情最终会大白于天下”

自从中共八届十二中全会闭幕，陈毅的外交生涯就仿佛宣告结束了。除了受批判，无事可做。周恩来了解陈毅及其他受批判老同志的痛苦，经过周密思考，向毛泽东主席提出一项建议：“让几位老帅和中央各部、各省、市、自治区一些被打倒靠边的老同志到工厂蹲点，搞些调查研究。”蹲点调查的地点选择，周恩来是经过反复比较和苦心斟酌的：这些单位既要是自己力所能及，有把握保护这些老同志生命安全、身心健康的地方，又要不让大权在握的林彪、中央文革找借口再做文章。最后，他选定了已被中央文革划定为“斗批改”的样板单位——六厂二校。他在讨论会上说：到样板单位蹲点，有利接受“再教育”，提高革命觉悟。会后，他找来在六厂二校支左的中央警卫团领导干部，一一亲自交代，必须绝对保证这批老革命的安全，衣食住行都要尽量给以照顾。

陈毅从 1969 年 2 月初起，到北京市郊南口机车车辆修理厂蹲点，他住在工厂，参加工厂的劳动和班组会，每周给中央、毛泽东主席写一份调查报告，工作十分认真。

1969 年 3 月，毛泽东指示陈毅、叶剑英、徐向前、聂荣臻四位老帅每星期召开一次国际形势座谈会，周恩来委托陈毅主持，对目前国际斗争问题，发表见解。此时，陈毅心中只有一个念头，中国外交必须有所作为。

1969 年 3 月 1 日下午 3 时，陈毅、叶剑英、徐向前、聂荣臻先后步入紫光阁武成殿。从这天至 10 月 18 日，老帅们座谈了 23 次，给中央送上数次报告，对中国外交完成从 60 年代向 70 年代的转折和发展，做出了不可磨灭的贡献。

就在老帅形势座谈会上，陈毅最先向中央建议恢复中美大使级会谈，打开中美关系的冰冻状况。据做会议记录的熊向晖、姚广回忆：陈毅对他们说：“在我们给中央的报告中，要把尽早恢复中美会谈，打开中美关系僵持局面，作为重要的一条内容写进去。”工作人员担心造反派再抓陈毅的“辫子”，打他“与资产阶级头目握手言欢”。陈毅毅然决然地说：“我坚持我的看法，必须尽早恢复中美大使级谈判，打开中美关系。这个观点一定要报告给毛主席！”

同年 12 月，美国驻波兰大使奉尼克松总统之命，向中国驻波兰大使馆提出恢复中美大使级谈判的建议。周恩来报告后，毛泽东立即批准恢复华沙谈判。

1969 年 10 月 17 日，陈毅接到请柬，出席在首都体育馆举行的体育表演晚会。董必武、朱德、叶剑英、邓子恢、陈云、李富春、张鼎丞等也出席了晚会。表演结束后，在休息室里周恩来总理宣布了中央决定：10 月 20 日之前，在京老同志全部战备疏散：董必武、朱德去广东；陈云去江西；陈毅去开封、聂荣臻去邯郸；徐向前去石家庄……

徐向前考虑自己身体比陈毅强些，石家庄医疗条件较开封好，故向总理提出，自己去开封，让陈毅去石家庄。

陈毅到达石家庄后，仿佛革职为民。重要的中央文件看不到了，按照省革委会的安排，陈毅每周只有三个半天去铁路大厂参加工厂活动，其余时间，和妻子张茜一块学习马列著作和毛泽东选集。

陈毅是个喜爱到群众中去走动的人，现在想走动一次，需要报告省革委会批准，极不容易。他仅去西柏坡附近的平山县参观过一次，农民群众以玉米饼、地瓜酒热情款待，亲切真诚。

1970 年 7 月，陈毅经常感到腹部隐痛并伴有腹泻。厂医给他开了几次止痛片，吃后无效，延至 8 月底，本想向中央报告回北京治疗，却接通知让立即上庐山，去参加中共九届二中全会。陈毅登机时万没料到：身体上的病痛尚未治疗，精神上又将遭受难以言状的沉重打击。

1969 年陈毅在石家庄

中共九届二中全会，后来被党史界恰当地称为第二次庐山会议，和 1959 年的第一次庐山会议一样，是中国共产党党内生活很不正常的会议。这次会议的议题，是宪法、经济和战备，矛盾的焦点是在宪法的修改，焦点中的焦点，又只是中华人民共和国设不设国家主席。毛泽东多次表示不设国家主席并且自己不当国家主席。林彪却很想当国家主席而表面上竭力要拥护毛泽东当国家主席，企图以此使毛泽东表示一个“我不当你当吧”的旨意，就不但可以巩固自己“亲密战友和接班人”的地位，还能把江青、张春桥一伙的挑拨离间和投机钻营及时地堵回去。因为这时候，林彪、陈伯达和黄永胜、吴法宪、叶群、李作鹏、邱会作一帮与江青、康生、张春桥、姚文元、王洪文一帮，为了争夺“毛泽东以后”称君中国的地位，已经暗斗得十分激烈了。为了抢班夺权而密谋的宫廷政变早就在进行准备了。然而这些情况，只身离开北京已近一年的陈毅很不了解，他连普通的文件也难得看到。

陈毅到庐山后，被分配在华北组参加讨论。能避开华东组张春桥、姚文元等人的恶意纠缠、横蛮斥骂，陈毅倒也心安。虽然 8 月 23 日会议一开始，“大批判开路”，批判的矛头立即集中到陈毅等“二月逆流”的“黑司令”身上，陈毅还是很镇定，只听不开口。

8 月 23 日，林彪作报告。报告内容更加充分地发挥了这位“副统帅”的特长，高度颂扬毛泽东的天才，万分热忱地恳请毛泽东担任国家主席。

8 月 24 日，华北组按大会通知讨论林彪的报告，会议开始后，陈伯达、汪东兴走进会场。陈伯达异常激动，用他难懂的福建话，重复着一个骇人听闻的消息：有当权派在修改的宪法里否认毛主席的天才，有野心，搞阴谋。华北组的中央委员们反复询问，陈伯达则暗示此人是张春桥。于是，一些不明内情的中央委员愤怒批判这个当权派，同时也猛烈地围攻陈毅，责令这位“一贯反对毛主席的‘二月逆流’黑司令”明确表态！

本来，陈毅对陈伯达的“义愤”不知内幕，不准备轻易表态，只想照例检查一下自己“文化大革命”初期的“错误”。然而指名道姓提出的质问是严厉的，不容回避。而且，对于张春桥这帮人，陈毅的鄙薄和警惕的程度可说更甚于对林彪。再怎么说，林彪毕竟打过一些好仗，出生入死，为革命立过功勋。你张春桥这些阴谋家算什么东西！

陈毅作了发言，大意是：据我所知，毛主席不愿当国家主席。如果他改变了初衷，愿意当国家主席，我赞成毛主席当国家主席。再者：陈毅列举了大量历史事实，说明毛主席是天才，是“经过几十年锻炼出来的天才”，“群众中锻炼出来的”。“总之，天才这个解释，主要是从实践中经过锻炼，锻炼了人的才能。这样解释天才是对的，生而知之，天生之才，这是错误的，不符合马列主义，不符合毛泽东思想的。现在还有人出来否认毛主席天才，这个问题不简单。”

这一篇结合历史事实，力图用辩证法和唯物论观点来阐明问题，有理有据的发言，收进华北组第二期简报时，竟被“概括”成一句话：陈毅同志作了拥护陈伯达意见的发言。

华北组第二期简报，连同陈伯达的暗示，立即在其他各组传开了，对张春桥等人在“文化大革命”中的劣迹早已深恶痛绝的中央委员们纷纷给中央政治局写信，批判、声讨异常激烈。那一天，张春桥坐在华东组会场里，神情紧张、沮丧。面前的烟缸，塞满烟头。照他那副狼狈样，不清楚林彪和江青两个阴谋集团夺权真相的绝大多数中央委员，都感到从未有的痛快！凡是熟悉陈毅的老干部，都认为陈毅与他们是心灵相通的。

然而毛泽东对林彪，已经深怀疑忌了。林彪所审定的中国人民解放军是“毛主席缔造和领导的，林副主席直接指挥的”这种提法；还有“林副主席一号命令”，等等，都说明林彪在企图把军权“直接”控制在自己手里，而且已经部分地达到了目的。这就是十分危险的。而今，林彪又想进而取得行政大权，毛泽东立即察觉了林彪的用心。8 月 25 日，分组讨论会暂停，收回了华北组第二号简报。毛泽东严厉地批评了陈伯达，并找林彪谈话。毛泽东对“天才”问题上纲很高，令人震惊。显然，一场运动中的运动又将开始——这就是继而全面开展的“批陈整风”，开始打击林彪集团。

张春桥恢复了镇定。一直“静观”的康生气势汹汹登台了。他煞有介事地宣称，庐山这场斗争是“二月逆流与八月红流合流”，是“二陈合流”，他采取移花接木，栽赃诬陷的卑劣手段，从背后捅陈毅一刀。

1971 年夏天，陈毅与外交部副部长乔冠华住在同一医院。陈毅把庐山会议前后详情向乔冠华说了一遍，最后愤怒地说：“现在有人宣传，说我讲了要跟陈伯达战斗在一起，团结在一起，胜利在一起，根本没有这个事，那是造谣！”

乔冠华建议陈毅找找毛主席，彻底澄清事实，陈毅从容地摇摇头，说：“中国有句古话，‘止谤莫如不言’。有许多事，你越去解释，越说不清楚。我现在不说，我相信事情最终会大白于天下！”

第四节 “……一直向前……战胜敌人”

中共九届二中全会临近结束时，陈毅、徐向前等几位老干部都曾向黄永胜提出：能否让他们回北京检查一下身体。黄永胜电话中一口回绝：“哪里来的，回哪里去！”

张茜见丈夫身体日渐消瘦，腹痛加剧，心中着急，催陈毅连夜给周恩来写信，请求批准返京治病。周恩来接信立即复函同意。

1970 年 10 月 21 日，陈毅和夫人张茜回到北京。此时，陈毅只有军委副主席的职务，当天便与解放军三〇一总院联系。医院回电话：六病室没有床位，等准备好床位，再通知。直到 26 日才来了住院通知。其实，南楼六病室有五组空病房，只因黄永胜正在住院，听说陈毅要来住院，气哼哼地说了句：他来吧，我走！医院负责人便不敢收治陈毅，直拖到黄永胜出院。

住院难，诊治更难！

陈毅在六病室没住几天，又被搬到五病室。陈毅后来曾多次对妻子张茜说：“我对三〇一医院没有意见。”因为他凭直觉也判断出谁是制造冷遇的幕后总指挥。陈毅住院的第二天，李作鹏也住进了六病室。当晚，陈毅在走廊里散步，迎面遇上来看李作鹏的邱会作、吴法宪。第二天就被搬离六病室。

下面抄录的是陈毅入院的首页病历：

陈毅，男，70 岁，70-10-26 入院。

主诉：头痛、头昏、高血压十余年，近两月加重。近两年多来体重下降二十多公斤。要求住院治疗期间进行一次全面检查。

年逾古稀，体重骤降，这本是患有肿瘤等严重疾病的重要体征，理应及时组织会诊，做到早期诊断，早期治疗。然而，陈毅住院后，医院某负责人专门对医生交代：陈毅主要是治疗高血压和一般查体。此外，又反复向医护人员"敲警钟"，他是"二月逆流"黑干将，你们思想上要划清界限，这是阶级立场问题！

56 天过去了，陈毅病历上除了经治医生的病程记录和科、部主任的一般性查房记录外，没有一次各科会诊的记录。

相反，黄永胜因胃痛住院 18 天，医院某负责人亲自出面为他组织大小会诊 16 次，其中请著名专家会诊次数达七次之多。

这恐怕就是邱会作"医疗为政治服务"的最好注释。

医生奉命对张茜说：陈毅身体检查不出什么，可以出院。1970 年 12 月 22 日，陈毅出院了。当然，留在医院病历上的白纸黑字注明：病人自己要求出院。

1971 年 1 月 16 日下午 5 时许，周恩来接到三〇一医院报告：陈毅阑尾炎亚急性发作，需要立即做切除阑尾的手术。周恩来批准了，并派自己的保健医生卞志强陪张茜一起前往医院。

晚，6 时 15 分，手术开始了。

刚过几分钟，手术室里突然慌乱起来。原来，腹腔打开后，医生们才发现：陈毅的阑尾是好的，真正的病因，是靠近肝曲外的结肠癌，并已有局部淋巴结转移，侵及附近肝脏。由于病发部位较高，只得将开阑尾的切口，向上延长为丁字形，尽目力所及，把已经转移的部分尽力切除干净。因为手术室根本没有做大手术的准备，手术只能做做停停，原先预定半小时的手术，整整做了五个多小时。

医院个别负责人担心周恩来查问，写了一份不足百字的"检查"，承认重视不够，发生差错，以此搪塞周恩来。"检查"送请邱会作过目。邱会作冷冷一笑，说："陈老总手术发现癌是好事，你们有什么错误？！陈老总要长瘤子，你能让他不长吗？！"说完在"检查"上批示："暂不要写报告，以后需要写时，再研究。"

事后，邱会作不放心，又派老婆专门去找那个医院负责人谈话，不要上报检查，自找麻烦。直到陈毅逝世，医院负责人没有向中央、向周恩来交出一个字的检查。

周恩来听卞医生详细讲述了陈毅入院和手术情况，心里十分惦记。三〇一医院是总后管辖的单位，他无法干预陈毅的具体治疗。他十分担心，夜不安寝，陡然想起致力于镭放射研究几十年的老专家吴桓兴院长。请吴院长为陈毅门诊放疗，他热切期待奇迹在陈毅身上出现。

陈毅手术后两个月开始"放疗"。每周六次，剂量大小，时间长短，完全由吴院长根据陈毅的病情及对治疗的反应来控制。他工作得非常认真，每次要把镭放射点对得完全准确、十分满意后才进行治疗。

陈毅从来不询问自己的病情，每回治疗他总是亲热地与吴院长摆"龙门阵"，绝对服从和配合治疗。他让吴桓兴叫自己陈毅、老陈，或者干脆叫老头。有一回，他问吴桓兴："你为什么道理回到中国工作。"

吴桓兴激动地说出自己心里话：华侨是有爱祖国、爱家乡传统的。

"你现在想不想离开？！"陈毅又坦率地问道。

吴桓兴完全信赖陈毅，他也直率地说出深藏心底的老实话："挨骂的时候，就想走，真想走啊！"

陈毅沉重地点点头，他握着吴桓兴发颤冰凉的双手，真诚地道歉，并鼓励他说，我们党的政策不是现在这个样子，不是要排挤知识分子，不是要排挤华侨的，你相信我陈毅一句话，党的知识分子政策是任何人篡改不了的！毁灭知识的人最终要受到历史的惩罚。

…………

吴桓兴被陈毅的真诚和信念深深打动了，他仿佛感到自己是被治疗的病人，而陈毅元帅，则是世间最高明的医生！

"五一"节的夜晚，天安门广场前礼花缤纷，灯火通明。城楼休息室里，毛泽东正会见各国外宾。

"主席，您看看，今天陈毅同志来了！"周恩来异常激动地招呼着。

"主席，您好！"身穿军装的陈毅笑容满面快步走到毛泽东面前，尊敬地行了军礼。

毛泽东兴奋地站起身，伸出大手握住陈毅的手，关切地询问他的健康情况。

在场的外宾都看清了，眼前这位面容消瘦的军人，正是近两年没有公开露面的陈毅外长。陈毅与外宾一一握手。西哈努克亲王双手紧紧捧着陈毅的手连声问候。翻译们个个喜形于色：陈老总身体很好，还能回外交部领导工作！

深夜两点，吴桓兴院长如约走进人民大会堂边厅，刚刚开完会的周恩来总理步履轻快地迎过来，没开口先绽出笑容："吴院长，我要报告你个好消息，陈老总吃烤鸭了，吃得好香！我甚至有这样的想法，会不会是医生弄错了？陈老总恐怕不是癌症！有这种可能吗？"

吴桓兴被周恩来的动情言语，闪烁着希望的眼神深深感动了，可是，他是医生，不能向总理隐瞒真情："最近三〇一医院给陈总拍了片子，怀疑已经有肺转移，不过陈总有毅力，适应性强，只要他有食欲，我一定尽力延长陈总的生命……我要让他亲眼看到中国进入联合国……"吴桓兴说不下去，老泪横流。

周恩来久久握住吴桓兴的双手，用力摇晃着说："谢谢您，吴老！"

蓝天无垠，碧海万顷，白帆点点，海鸥翩翩。一片金色平坦的沙滩上，撑着一把红白相间的太阳伞。伞下，暂时离开三〇一医院来北戴河疗养的陈毅和朱德、聂荣臻三位元帅席地而坐，谈天说地，道古论今。一阵阵坦荡、豪放的笑声，被拂面的海风送出去很远很远，相比之下，这里没有人监视，没有冷眼恶语，几十年并肩战斗的经历，从哪里都能扯出话题。三位开国元勋每天结伴，欢声笑语从未间断。

周恩来专程到北戴河会见西哈努克亲王。晚饭后去看望陈毅，再三嘱咐：安心休养，四届人大就要召开了，希望他早日康复。

农历七月十三日，是陈毅七十寿辰。陈毅挽着聂荣臻的胳膊，笑吟吟地说：“今年建军 45 年，我们参军 45 年，来，我们两个老战友、老朋友，老同乡又是老头子，一块合影留个纪念吧！”①

石阶下，两位元帅穿着一身普普通通的布军装，面对照相机，坦荡、庄重地笑着。

1971 年，陈毅（右）七十寿辰，与聂荣臻在北戴河

不多久，“九一三”事件发生，林彪、叶群等出逃，摔死在温都尔汗。在中央召集的老同志座谈会上，陈毅带着病痛两次作长篇发言，满腔义愤地将红军创建初期林彪的历史真实面目作了系统、全面的揭发！经过这次竭尽生命全力的搏斗，陈毅躺倒了，从此再没下过床。

为了挽救陈毅的生命，保证治疗效果，周恩来亲自批示：将陈毅转到北京日坛医院，并亲笔批准日坛医院为陈毅作胃肠短路手术。

陈毅病重的消息在老同志中传开了。

周恩来走进陈毅病房，宽慰病人沉重的心。刘伯承被人搀扶着走进病房，他以手代眼，紧握了陈毅的手。朱德夫妇、聂荣臻夫妇、徐向前、李富春都来看望。王震经常逗留在陈毅床边，他怕陈毅寂寞，总是带着小孙女。乔冠华带来联合国遇到的老朋友的问候。叶剑英几乎每天来探望。李先念看罢陈毅退出病房时泪流满面。

1972 年 1 月 4 日，陈毅体温略微下降，神志恢复清醒，他认出守在床边的妻子和 4 个孩子，嘴唇翕动着，女儿姗姗把耳朵贴近爸爸唇边，终于听清了：

① 陈毅生日是阴历七月十三，而 1971 年的阴历七月十三日是阳历的 9 月 2 日。实际上，他的生日应是 1901 年 8 月 26 日。

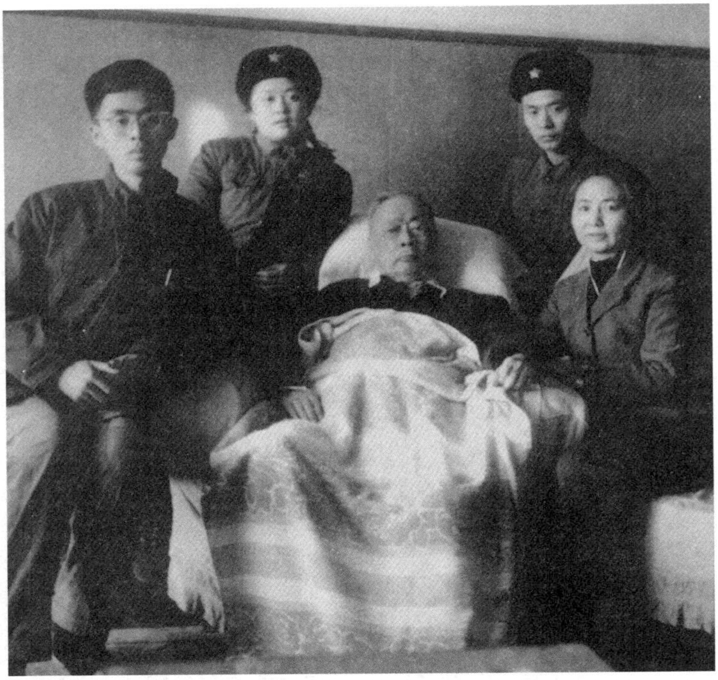

1971年底，手术后的陈毅和家人在一起

“……一直向前……战胜敌人……”这是陈毅留给妻子儿女唯一的遗言。

1972年1月6日深夜11时55分，陈毅永远停止了呼吸和心跳。

哭声骤然四起……

放下电话，望着桌上的政治局委员一一圈阅的文件，周恩来沉重地叹息一声。按照文件上所定的规格：陈毅的追悼会由军委出面组织，悼词连头带尾仅600字，简历还占去一半篇幅。

宋庆龄副主席、西哈努克亲王，以及许多民主人士都要求参加陈毅的追悼会，但是当时的政治局规定不允许参加，周恩来无权改动。

1月10日，中南海“游泳池”。午饭后，照例午睡的毛泽东突然缓缓坐起身：“调车，我要去参加陈毅同志追悼会。”

“游泳池”打来的电话，驱散了周恩来的满脸阴云，他立即拨通中央办公厅的电话，声音洪亮有力：“凡是提出参加陈毅同志追悼会要求的，都能去参加。”周恩来的“大红旗”风驰电掣超过毛泽东专车。待毛泽东主席在八宝山下车时，周恩来已用电话调来报社、电台的记者、摄影师。

八宝山休息室里，毛泽东清泪两行，他握着张茜的手，话语格外缓重、沉痛：“我也来悼念陈毅同志，陈毅同志是一个好同志！”又对陈毅的孩子们说：“要努力奋斗哟！陈毅为中国革命、世界革命做出贡献，立了大功劳的，这已经作了结论了嘛！”

张茜搀扶着毛泽东走进会场。

在鲜红党旗覆盖下的陈毅骨灰盒前，毛泽东深深地三鞠躬。会场里呜咽之声

1972 年 1 月 10 日，毛泽东主席在陈毅追悼会上说：“陈毅同志是一个好同志。”

骤然形成高潮，是为陈毅，也是为“文化大革命”以来蒙受屈辱的一切同志。

陈毅逝世的讣告向全国全世界公布了。在陈毅遗像前，毛泽东臂缠黑纱与张茜亲切握手的大幅照片刊登在《人民日报》头版。倾注深情和思念的唁电、唁函立刻从世界各个大洲和全国四面八方纷纷飞往北京。

张茜曾彻夜不眠，回忆整理出毛泽东主席在追悼会时的全部说话内容。

张茜被确诊为肺癌晚期，手术后，她毅然选择了自己生命的最后战斗岗位：把陈毅用鲜血和生命写成的大量诗词整理出来，是非功过，人民评说！

铅印本、油印本、复写本、抄写本，终于把陈毅那一首首用血与火凝炼而成的诗章，在中国大地上传开了。张茜握着全国各地寄来的慰问信，苍白浮肿的脸上呈现出宽慰的笑容。1974 年 3 月她默默地永远地闭上了眼睛！

陈毅的精神、张茜的微笑永远留驻在中国的大地上！

生平大事年表
（1901—1972）

1901 年　诞生

■ 8 月 26 日（清光绪二十七年辛丑七月十三日）出生于四川省乐至县复兴场张安井村。

1906 年　5 岁

■ 开始在私塾读书。

1908 年　7 岁

■ 随父亲陈昌礼到湖北利川建南司外祖父的任所寄读。

1910 年　9 岁

■ 陈家由乐至迁居成都东门外上河心，租田耕种。陈毅随父由利川回成都，上小学。

1911 年　10 岁

■ 祖父陈荣盛与地主打官司败诉，家庭破产。

1913 年　12 岁

■ 初秋，考入成都华阳县德胜乡高等小学。

1916 年　15 岁

■ 考入成都甲种工业学校，读染织专业。

1918 年　17 岁

■ 3 月　考入成都留法勤工俭学预备学校。

1919年　18岁

■ 春　考取官费留法勤工俭学生。
■ 6月1日　离成都首途赴法。
■ 8月14日　由上海乘法国货轮“麦浪”号四等舱启程。
■ 10月10日　到达法国马赛，入华工医院治病，年底出院到巴黎，入蒙达尼学校法文补习班学习，与蔡和森等同学。

1920年　19岁

■ 在巴黎施乃德工厂做工8个月，开始接受马克思主义。参加李富春等组织的工学互助社（工学世界社）。

1921年　20岁

■ 2月　作为四川学生代表参加争取勤工俭学学生“吃饭权、工作权、求学权”的“二二八”运动。被工厂解雇。斗争有成果后，被安排入圣·日尔曼公学读书。
■ 6月至8月　为反对北洋政府向法国出卖筑路权的秘密借款，与周恩来、蔡和森、赵世炎等一起，发动和领导了留法学生的爱国运动，取得胜利。
■ 9月20日　与蔡和森、赵世炎、李隆郅（立三）等发动和领导勤工俭学学生代表100余人占领里昂中法大学校园，全体遭法方关押。
■ 10月14日　由法国当局武装押送，陈毅和蔡和森、李隆郅等100余人被遣送回国。
■ 11月　回到上海。

1922年　21岁

■ 1月直至初秋　作为四川留法学生代表回四川，先后向重庆、成都的军政当局请求解决勤工俭学学生的经费，均无结果。秋末冬初，回乐至家乡。其间，由蔡和森介绍加入社会主义青年团。

1923年　22岁

■ 春　应聘担任重庆《新蜀报》主笔，撰写大量抨击时弊和鼓动反抗军阀暴政的文章，在知识界和青年中颇有好影响。
■ 10月　为《新蜀报》著文抨击时政，被杨森下令“克日离川”，礼送出境。
■ 本月　到北京中法大学学习。
■ 11月　经颜昌颐、肖振声介绍，由社会主义青年团团员转为中国共产党正式党员。
■ 年底　任中共北京西部区中法大学党支部书记。

1924 年　23 岁

■ 在中法大学西山学院学习，从事中共地下工作；参加茅盾等组织的文学研究会，发表不少作品；被选为中法大学学生会主席。

1925 年　24 岁

■ 3 月　孙中山逝世，带领同学迎灵守灵，并写《西山埋葬》以寄哀思。

■ 4 月　在北京香山宋氏别墅与金满城、李嵩高成立“西山文社”。此后，创作增多，有《归来的儿子》《十年的升沉》等。

■ 下半年　在中共北京地方委员会领导下，开始从事工会工作，学生运动，统战工作；担任北京市学生联合会党团书记；经中共组织批准参加国民党北京特别市党部担任执行委员会委员，兼《革命周报》编辑委员。并继续担任中法大学学生会主席，主办校刊《救国报》。年底，毕业于中法大学文学院（服尔德学院）。

1926 年　25 岁

■ 1 月　在北京“列宁学会”发表《纪念列宁》的讲演，遭徐志摩批评，又发表了《在列宁逝世纪念日与徐志摩的争论》。

■ 3 月 13 日　与李大钊出席在清华园大礼堂举行的纪念孙中山逝世周年大会，发表演说，宣传共产主义学说，痛斥帝国主义的侵略行径和军阀的罪行。

■ 3 月 14 日　参加国民反日大会，愤怒声讨日军炮击大沽口的暴行。17 日，国民党北京特别市党部召集紧急会议，为反驳和抗议英、美、法、日、意、西、荷、比八国横蛮要求段祺瑞政府和国民军在 44 小时内拆除天津至大沽口之间防御工事的最后通牒，决定在 3 月 18 日召开国民大会，举行大示威；被派作为代表之一赴国务院交涉，敦促段祺瑞政府驳回八国通牒。18 日，参加天安门国民大会。会后，示威游行队伍遭反动军警血腥镇压。陈毅身在前列，临危不惧，救护同学。当晚，参加在北京大学一院召开的有北京市 200 余团体出席的联席会议，组织了“北京惨案善后委员会”。19 日，陈毅为主席召开了北京特别市党部紧急会议，决定组织“行动委员会”“惨案善后委员会”，发表告中外民众宣言，派代表赴上海、广东、长沙、南京、天津、张家口、汉口宣传惨案真相。此后，陈毅全力投入有关宣传、联络和善后工作。

■ 8 月　受中共北方区委与李大钊的派遣，离北京到四川杨森部队做响应北伐的兵运工作。

■ 8 月 26 日　在杨森处会见已来该军工作的朱德。

■ 8 月 29 日　因英国商船在长江云阳段使杨森部饷船三只沉没，杨森在朱德、陈毅鼓励下扣留了驶抵万县的英轮两艘。9 月 2 日，陈毅先后主持了万县各界反英暴行筹备会及群众抗英大会，与朱德在会上讲话。大会后举行了示威游行，并通电全国。5 日，英舰船三艘载海军陆战队数百名到万县以暴力劫夺英轮，英舰炮击万县市区，造成万县惨案。朱德、陈毅敦促并协助杨森反击英舰。英舰两艘负伤逃去。军民振奋。后杨森屈服于吴佩孚的压力，这场斗争以虎头蛇尾告终。

■ 9、10 月　经朱德介绍，与中共重庆地方委员会（相当于后来的四川省委）接上关系，被派往达县川军田颂尧部胡翼旅任党代表，并在学生界开展工作。

■ 11 月　被调回重庆，负责共青团工作和青年工作。12 月上旬杨闇公、刘伯承、吴玉章等通过以共产党人为主的国民党四川省特别党部领导发动顺（庆——今南充）泸（州）起义，陈毅参加了起义的组织工作，并准备担任起义军政治部主任（以后起义失败）。

■ 12 月 25 日　去合川川军第二十八军第三师工作，被任命为该师政治部组织科长。

1927 年　26 岁

■ 1、2 月　为三师政治部刊物《武力与民众》撰稿，宣传国民革命和三大政策；利用军官教育团等合法讲坛向部队灌输反帝反封建意识；推动学运、工运和农运；秘密发展共产党组织。

■ 3 月 31 日　四川军阀在重庆枪杀参加反对英、美军舰炮轰南京下关暴行大会的工人、学生，制造了“三三一”惨案，并大肆捕杀共产党人。

■ 4 月 5 日　陈毅潜抵重庆，然后登轮赴武汉。

■ 5 月　由中共中央军委分配到武汉中央军事政治学校工作，以校政治部准尉文书的公开身份作掩护，同恽代英、施存统组成该校中共党委，任书记。

■ 7 月中旬　汪精卫宣布“分共”、“清党”后，军校改编为第二方面军教导团。陈毅仍以准尉文书身份隐蔽在连队。

■ 8 月 1 日　南昌起义。

■ 8 月 2 日　教导团以“东征讨蒋”名义乘船离武汉。4 日抵九江，即被张发奎下令缴械。陈毅连夜召开共产党组织的紧急会议，布置应变办法。然后与特务连连长肖劲奔赴南昌，追赶起义军。7 日，在抚州（临川）赶上起义军。10 日，由前委书记周恩来任命为第十一军二十五师七十三团团指导员，随军南下。

■ 8 月 25 日　参加起义军攻击会昌钱大钧部的战斗，第一次经受战火的考验。

■ 9 月　随军经长汀进抵广东，第二十五师与第九军教育团奉命由朱德指挥，留守三河坝。10 月初，与敌军血战三昼夜后转赴饶平茂芝，开了干部会议，开赴闽粤赣边界。

■ 10 月　部队进入赣南，只剩 1500 多人，原师一级军政主官均已离队，濒于溃散。陈毅作为唯一的团级政工干部，协助朱德做稳定部队的工作。

■ 10 月下旬 部队进入信丰城。陈毅主持整顿纪律，并号召部队要跟朱军长干革命。朱德在队前宣布：今后这支部队由他和陈毅领导。

■ 10 月底 部队在大余城整编，改称“国民革命军第五纵队”，下辖三个支队，朱德（化名王楷）为司令，陈毅为指导员，把一批党团员分配到大队（连）工作，加强共产党对部队的领导。

■ 11 月上旬 第五纵队进入湘赣边界崇义上堡地区。陈毅主持整顿纪律，做出没收与缴获全部归公的规定；大力开展群众宣传工作，恢复群众组织，开始把武装斗争与农民运动结合起来；同时，进行军事训练，开始从正规战向游击战转变。

■ 11 月中旬 朱德、陈毅派毛泽覃去井冈山与毛泽东联系。同时，利用朱德与滇军第十六军军长范石生的旧交，建立了统战关系，决定在保持独立自主条件下与之合作。下旬，第五纵队以第十六军四十七师一四〇团的番号为掩护，继续支持粤北农民暴动，并从第十六军得到大量资财补充。

■ 11 月 26 日至 28 日 与朱德在汝城召开湘南各县中共县委书记会议，讨论和布置湘南年关暴动。

■ 11 月底 由于湘赣边界秋收起义军一团三营取得第十六军一四一团番号，粤北农军 200 余人取得第十六军特务营番号，为统一领导中共在以上各部及第十六军原有共产党的工作，秘密建立中共第十六军军委，陈毅为书记。

■ 12 月上旬 率部进入粤北仁化，和中共北江特委取得联系，在仁化县董塘区与农民自卫军配合，镇压土豪，收缴民团枪支武装农民；帮助董塘区成立苏维埃政权，建立工农革命军独立第四团。旬末，根据中共广东省委指示去韶关，准备南下参加广州起义。

■ 12 月中旬 得悉广州起义失败，折回韶关西北之犁铺头。开办教导队。发动群众打土豪。

■ 12 月下旬 和朱德一起在犁铺头会见毛泽东派出联系的何长工。在犁铺头进行军政训练，常到教导队上课。

1928 年 27 岁

■ 1 月上旬 范石生密信通报合作事暴露，朱德、陈毅立即离开范部北移。打开仁化城。决定组织宜章暴动。12 日，智取宜章。13 日，召开群众大会。打出工农革命军第一师旗号，朱德为师长，陈毅为党代表，王尔琢为参谋长。

■ 1 月中旬 粉碎独立第三师师长许克祥部六个团的进攻，歼其 1000 余人。以缴获的枪支装备宜章农军，扩编为工农革命军第三师。在暴动与战斗胜利影响下，湘南各地工农纷纷起义。与朱德率部北上支援各地起义。

■ 2 月 4 日 攻克郴州，与朱德率部进驻郴州城。

■ 2月上旬　全力投入郴州的群众团体建设与政权、农军建设，成立工农革命军第七师。接着挥师北上，连克耒阳、永兴、资兴，在耒阳建立工农革命军第四师，暴动波及整个湘南及粤北一带。

■ 3月上旬　中共湖南省委和湘南特委实行“左”倾盲动主义，引起广大群众的不满与反抗。3月12日，少数坏人利用群众对焚烧城市的不满，在郴州制造混乱。陈毅按照湘南特委的要求带一个营赶到郴州处理这一事件，兼任中共郴县县委书记，查明真相，处理善后。

■ 3月16日至20日　湘南工农兵代表大会在永兴举行。选举产生了湘南苏维埃政府，陈毅当选为执行委员。这是中国最早的地区苏维埃政府之一。

■ 3月底　湘、粤两省国民党军七个师分北、南两路向湘南工农革命军“协剿”，加上“左”倾盲动主义造成的后果，工农革命军退出湘南，向湘赣边界转移。

■ 4月上旬　陈毅部署郴县部分干部转入地下斗争，而后率第一师一部及郴县党政机关、工农革命军第七师和革命群众向资兴转移。各县农军及群众相继汇聚，达8000余人。中旬，与各县及农军负责人会议，进一步明确向井冈山地区转移。

■ 4月中旬至5月上旬　与朱德带领的工农革命军第一师主力在酃县沔渡会合。朱德、陈毅率部到达宁冈砻市一带。毛泽东率部返回砻市。毛泽东率领的部队与朱德、陈毅率领的南昌起义部队及湘南农军会师，成立工农革命军第四军。陈毅在砻市召开的庆祝会师和宣布成立工农革命军第四军大会上担任执行主席。大会正式宣布朱德任军长兼第十师师长，毛泽东任军党代表兼第十一师师长，陈毅任第十二师师长。其间，朱德、陈毅率部出黄坳、五斗江，击败赣敌杨如轩部，进占永新。

■ 5月中旬　陈毅与朱德、毛泽东率部在草市坳、永新城击破赣敌杨如轩第三次“进剿”，再克永新，缴获大批军械、银洋。

■ 5月20日至22日　出席在宁冈茅坪召开的中共湘赣边界第一次代表大会，成立中共湘赣边界特别委员会，选举毛泽东为特委书记，朱德、陈毅同为候补常委。接着红四军开代表大会，改选陈毅担任军委书记。

■ 5月下旬　由第十二师改编的第三十、三十三团（均为湘南农军）被遣送回湘南。中共湖南省委派杜修经第一次来井冈山，送来湖南省委肯定应在井冈山建立根据地、部队要和特委一致行动的信。

■ 6月23日　陈毅与朱德、毛泽东率部在新老七溪岭恶战获胜，追围歼敌，取得龙源口大捷，三占永新。

■ 6月下旬　红四军军委决定在永新、莲花、安福分兵游击，开展群众工作，巩固和发展革命根据地。此时为井冈山全盛时期。

■ 6月30日　协助毛泽东在永新城内召开中共湘赣边界特委、红四军军委和永新县委联席会议，讨论湖南省委要红四军立即向湘南发展的指示。会议决定红四军应继续在湘赣边界各县做深入的群众工作，建设巩固的革命根据地；建议湖南省委重新讨论。

■ 7月上旬　湘、赣两省敌军发动第二次“会剿”。朱德、陈毅率第二十八团、二十九团进取酃县、茶陵。中旬，攻克酃县后，第二十九团官兵强烈要回宜章家乡，第二十八团也愿去赣南。朱德、陈毅多次劝阻无效。在沔渡代表会上以压倒多数通过去湘南的决议，陈毅写信报告了特委及毛泽东，但部队未听毛泽东的阻止，坚持开往湘南。并改军委为前委，选陈毅为前委书记。

■ 7月24日　攻克郴州，缴获颇多。傍晚敌反扑，被迫撤出郴州，第二十九团营以下官兵绝大多数跑散回乡。

■ 7月下旬至8月中旬　部队集结资兴布田村，在中共地方党组织和群众支援下休整，做群众工作。去湘粤赣边界探路的先头部队负责人、第二十八团二营营长袁崇全叛变。

■ 8月中旬　与朱德率部东移桂东县沙田。在沙田，开党员代表大会，陈毅主动承担湘南失败的领导责任。

■ 8月23日　在桂东与毛泽东会合，开前委扩大会，决定重回井冈山，撤销前委，成立以毛泽东为书记的行动委员会。

■ 9月13日　前后打败敌刘士毅部，攻克遂川，俘敌200余。

■ 9月26日　与朱德、毛泽东率部返回井冈山。

■ 10月4日至6日　出席在茅坪召开的中共湘赣边界第二次代表大会，被选为第二届特委委员。

■ 11月6日　出席特委扩大会，讨论于本月2日收到的中共中央6月4日给前委的指示信。重新组织红四军和根据地的最高领导机关前敌委员会。陈毅任前委秘书长。

■ 11月14日至15日　出席中共红四军第六次代表大会。会议选举23名委员组成军委，陈毅为委员。

1929年　28岁

■ 1月上旬　出席红四军前委召开的联席会议。决定：为打破敌人的经济封锁和第三次“会剿”，红四军一部留守井冈山；主力转往外线作战。

■ 1月14日　毛泽东、朱德率红四军主力下井冈山，出击赣南。陈毅作为军士兵委员会秘书长随军部行动。

■ 1月下旬　红四军主力进占大余，遭敌军攻击，退入粤北南雄之乌径，后又入赣南，经信丰、安远至寻邬，追兵紧蹑其后。

■ 2月2日　在罗幅嶂出席红四军前委会议，总结下山后的经验，决定军委暂时停止办公，由前委直接领导红四军；部队进行改编，陈毅为第一纵队党代表（纵队长林彪）。

- 2月10日至11日　参加大柏地战斗，将敌刘士毅部两个团大部歼灭。
- 2月17日　经宁都城到达吉安东固。与朱德、毛泽东一起和东固红二、四团负责人交流经验。决定抛弃固定区域之公开割据政策而采取变定不居的游击政策（打圈子政策）。
- 2月25日　赣敌再次进击，率一纵队在朱德、毛泽东指挥下撤离东固地区。
- 3月12日　率一纵队进占福建长汀四都镇，击溃郭凤鸣旅一个团的进攻。14日，攻克长汀，歼敌2000余人。
- 3月中旬　参与红四军长汀整编。红四军成立政治部，毛泽东兼主任。部队编成三个纵队。
- 3月20日　出席前委扩大会，会议决定在赣南、闽西20余县范围内，开展游击战争，发动群众，建立苏维埃政权和农民武装，并与湘赣边界相连接。
- 4月1日　率一纵队随朱德、毛泽东抵瑞金，与红五军会合。
- 4月5日　出席红四军前委会，讨论中央“二月来信”。认为要把红军分得很小、散入农村的做法不妥。
- 4月11日　在于都出席红四军前委扩大会议，讨论行动计划，决定：彭德怀率部回湘赣边界恢复井冈山根据地，朱德、毛泽东分头率部在赣南发动群众，建立赣南革命根据地。
- 5月18日　出席在瑞金召开的红四军前委扩大会，因赣敌进迫而闽西空虚，决定部队再次入闽。
- 6月8日至中旬　前委连日开会。决定成立第四纵队，取消临时军委，由陈毅接任政治部主任，代理前委书记。前委扩大会决定召开中共红四军第七次代表大会。
- 6月20日至21日　主持召开红四军前委扩大会。22日，中国共产党红军第四军第七次代表大会在龙岩城召开。陈毅主持大会并代表上届前委作了工作报告。经讨论，通过《红军第四军党的第七次代表大会决议案》。改选了前委，陈毅为书记。
- 7月9日　向中央汇报坚持闽西斗争的情况并送呈《四军七次大会决议案》《党内争论文件》等。
- 7月中旬　接中共中央来信要红四军派领导干部去上海参加军事会议、汇报红四军情况。前委决定陈毅前往参加会议，由朱德代理前委书记。
- 7月下旬至8月下旬　经厦门、香港，乘轮船到达上海。
- 8月29日　列席中央政治局会议，汇报了红四军情况与党内争论的问题。会议决定由周恩来、李立三、陈毅三人组成一个委员会，提出决议送政治局讨论通过。
- 9月1日　将连日赶写的《关于朱德、毛泽东军的历史及其状况的报告》

等五个文件送中央。

■ 9月28日　由周恩来召集讨论由陈毅起草的《中共中央给红军第四军前委的指示信》，经中央政治局讨论通过。

■ 10月1日至11日　离上海，经香港、汕头到达中共东江特委所在地。与特委开会研究红四军按中央指示进入东江的工作。

■ 10月22日　到达闽粤边境的松源，回到红四军前委。当晚即向前委传达了中央的指示信。并致信毛泽东，请其回前委工作。

■ 10月下旬　红四军攻克梅县。粤军蒋光鼐部三个团来袭，与朱德率部撤回赣南。

■ 11月4日　在寻邬大田乡写信给中共中央，汇报了返部情况，并再次写信请毛泽东回前委工作。然后与朱德率红四军回闽西。11月18日，在上杭官庄举行的前委扩大会上，传达中央“九月来信”。

■ 11月下旬　占领长汀。毛泽东回到红四军前委。28日，在长汀举行前委扩大会，决定召集中共红四军第九次代表大会。协助毛泽东调查研究，整理材料，准备中共红四军第九次代表大会。

■ 12月28日至29日　与毛泽东一起在上杭古田主持召开了中共红四军第九次代表大会，详细传达了中央“九月来信”。还在大会上作了反对肉刑、反对枪毙逃兵的专题发言。会议一致通过了《中国共产党红军第四军第九次代表大会决议案》(即《古田会议决议》)。改选前委，陈毅等11人被选为红四军前委委员。

1930年　29岁

■ 2月6日至9日　红四军前委、红五军、红六军军委和赣西南特委的联席会议（二七会议）在吉安陂头召开。会议决定成立共同前委，陈毅（未出席）被选为共同前委委员。会议后，陈毅被任命为红六军政治委员、军委书记，并一度兼该军第二纵队政治委员。

■ 2月24日至26日　与黄公略指挥红六军第二纵队配合红四军在水南直夏、富滩地区歼敌独立十五旅大部，俘1600余人。

■ 3月起　率红六军（后改为红三军）第二纵队在兴国等地发动群众。

■ 6月中、下旬　到福建长汀出席红四军前委、闽西特委联席会议。根据中央指示，将红四军、红三军、红十二军整编为第一路军（不久改称为第一军团）。

■ 6月下旬　奉调离开红三军，负责组建红二十二军。

■ 6月底　红二十二军在江西信丰成立，任军长（曾兼政治委员），属第一军团建制。

■ 7月　在信丰举办红二十二军干部学校，兼任校长。在赣南组织训练部队，并参加土地革命工作。

- 8月下旬至9月上旬　第一方面军成立后，奉命再攻长沙。在总前委书记毛泽东要求下，陈毅配合赣西南特委，将大量预备军送往前线补充主力。9月，与肖菊英在泰和结婚（肖1932年落井而死）。
- 10月初　率红二十二军北上，配合攻打吉安。
- 10月7日　江西省苏维埃政府在吉安成立，陈毅为政府委员。
- 12月上旬　红二十二军缩编为红六十四师，归属红十二军建制。
- 12月12日　富田事变发生，陈毅受命前往处理。
- 12月　江西省行动委员会被解散，相当于省委的中共赣西南特区委成立，陈毅为书记。

1931年　30岁

- 3、4月　出席从3月18日至4月17日举行的中共苏区中央局第一次扩大会议。在毛泽东提议下，陈毅被增选为苏区中央局委员，呈报中央，但未获准。
- 4月　在东固组织革命动员委员会，任主席，负责筹集粮草。
- 4月至10月　在赣西南特区委支援反"围剿"，还率领地方武装配合作战，拔除苏区内的白色据点。此时，赣西南地区和红一方面军大打AB团，经常指示要认真调查，注重证据，对于一些查无实据的在押者批准释放，以致被李韶九等怀疑为AB团首要分子，幸得毛泽东保护。
- 11月上旬至中旬　出席在瑞金叶坪召开的中华苏维埃全国第一次代表大会，当选为苏维埃中央执行委员会委员，被授予红星奖章。

1932年　31岁

- 1月9日　中央革命军事委员会（简称中革军委）决定设立江西省军区总指挥部。被任命为总指挥兼政治委员，指挥独立第二、第三、第四、第五、第六师及江西省所有赤色地方武装。
- 1月10日　中革军委发布攻取赣州的军事训令，规定陈毅为支作战军指挥。红军围攻月余不下，于3月7日撤围。
- 3月　从江西军区陆续动员大批赤卫队和民工赴闽南支援朱德、毛泽东率领的东路军。继而又支援粤北的作战。
- 5月　与李富春、吴德峰受命组成江西省肃反委员会。宣布：在过去红军肃反工作中作为AB团分子被杀的官兵，尚未宣布而查不清楚的，其家属如在地方仍一律以红军家属优待。
- 8月　组织江西军区所属部队配合第一方面军进行乐安、宜黄战役。
- 12月　中革军委决定以红一军团警卫师以及江西军区部队组成西方军。陈毅协同一军团军政主官共同指挥，主要任务是经常派出两个独立团以上的部队"在敌人的深远后方进行游击战争，配合主力红军作战"。

1933 年　32 岁

- 2、3 月　带领新二十二军以及江西军区部队和地方游击队配合主力红军在周恩来、朱德指挥下进行第四次反“围剿”。
- 6 月 1 日　在兴国筲箕窝参加兴国模范师出征誓师大会，宣读中革军委贺电并授旗。
- 6 月　中共苏区中央局在江西军区所在地宁都召开扩大会议讨论战略问题。陈毅列席了会议，并在发言中肯定了毛泽东创建红军和苏区的功绩，以及指挥一、二、三次反“围剿”所取得的胜利。
- 7 月　中共苏区中央局在宁都布置召开江西省委扩大会，清算所谓江西的“罗明路线”，点名批评邓小平、毛泽覃、谢维俊、古柏。陈毅不愿上台发言。
- 9 月　第五次反“围剿”开始。任西方军总指挥，率所部转战赣江两岸，配合主力红军作战。
- 12 月　中共中央和中革军委号召 12 月份突击扩大红军。西方军提前完成规定的任务。

1934 年　33 岁

- 1 月　出席中华全国苏维埃第二次代表大会，再次当选全苏中央执行委员，接受二等红星奖章。
- 5、6 月　在单纯防御的苦战中深怀忧思，连续发表《几个支点守备队的教训》《开展群众游击战争的潮流》《最近时期西北线游击斗争的检查》等军事著作。被诬蔑为“鼓吹游击主义，实属典型的机会主义”。
- 8 月 28 日　在江西兴国老营盘指挥作战时负重伤。
- 9 月　在朱德、周恩来关心下，经博生医院转到瑞金云石山国家医院治疗。
- 10 月 9 日　红军和中央机关即将长征。周恩来到医院看望，面告陈毅：中央将率中央红军撤离中央苏区，决定任命陈毅为中共中央分局委员、中央政府办事处主任，留在苏区领导斗争。
- 10 月 13 日　中共中央分局书记项英到医院向陈毅传达中央有关中央苏区斗争的部署并作初步商讨。陈毅主张在掩护红军主力撤出中央苏区的任务完成后尽快分散，转入游击战争。
- 10 月 14 日　中共中央分局和中央政府办事处在瑞金马道口召开会议，项英传达贯彻中共中央布置的方针和任务。陈毅作简短讲话。
- 10 月 22 日　中革军委电项英，指示“中央军区应从 22 日起即宣布成立”，项英为司令员兼政治委员（按：陈毅没有军职）。
- 11 月　与中央政府办事处副主任梁柏台一起颁发第一号布告；压缩合编中央政府的部局；疏散和安排干部家属及病弱干部；布置埋藏机器与钨砂；开始分散和安置伤员。

■ 11月22日　中央军区组织力量在会昌谢坊伏击敌人，歼灭、击溃各半个旅，但暴露了自己的实力。次日，最后一个县城会昌被敌侵占。

■ 11月下旬　中央军区开始向游击战争转变，在于都宽田开办了游击训练班。陈毅也去授课。

■ 12月　与梁柏台发布中央政府办事处第三号布告，严办蛊惑拒用苏维埃货币者；发布中央政府办事处紧急命令，惩治反动分子及叛徒。

1935年　34岁

■ 1月　红二十四师等部集中与敌激战，损失甚重；陈毅写了一个全面转入游击战争的指示，准备发各省委、特委，但交通已断绝，电台不通，无法下达。

■ 2月5日　中共中央书记处在项英连电请示下发来急电，指示立即转入游击战争，并指示成立中央革命军事委员会中区分会，以项英、陈毅、贺昌等五人组成，项为主席。

■ 2月13日　中共中央书记处发来详细指示，做出对游击战争的部署和指导。当晚，中共中央分局召开紧急会议传达讨论，决定分九路突围。敌封锁严密，突围损失严重，许多重要领导人牺牲。

■ 2月中、下旬　亲自在禾丰、上坪山区安排疏散最后的2000余名伤员到群众家养伤。

■ 2月28日　与项英等接到中共中央书记处传达遵义会议决议的电报，热忱拥护。

■ 3月9日　与项英、贺昌率中央军区直属队及第七十团编四个大队突围，贺昌牺牲，部队大部被打散，突围未成，退回上坪山区。

■ 3月12日　与项英带少数警卫人员穿便衣突围。3月底，到达中共赣粤边特委、军分区所在地油山。

■ 4月上旬　与项英在大余长岭召开干部会议，确定了长期坚持游击战争，保存和积蓄革命力量，准备迎接新的革命高潮的斗争方针。并将赣粤边划分油山、北山、信康赣、南山与上犹崇义五个区，将突围来的1300余人分为五个游击大队。以油山为中心建立秘密的交通联络网。

■ 春、夏　粤军对赣粤边发动大“清剿”，与项英召开中共县、区委与游击队领导人联席会议，确定坚持公开斗争与半公开斗争相结合、武装斗争与地下党的秘密斗争相结合、武装斗争与群众斗争相结合、非法斗争与合法斗争相结合的方针。陈毅来往于各游击区，组织和指挥游击队挺进山外打击敌人。

■ 7月至9月　继续组织群众与敌人的“移民并村”、“封坑搜山”作斗争。

■ 10月20日　叛徒龚楚诱捕项英、陈毅未成，制造“北山事件”，杀害中共党政军干部及游击队员50余人。

■ 10月下旬至11月下旬　与项英向全区发出加强政治教育、气节教育的指示后，陈毅亲自去北山的帽子峰一带与龚楚彻底搞垮北山区的图谋作斗争，使北山区的中共组织、游击队及指挥机关得到恢复。

1936年　35岁

■ 6月　“两广事变”爆发。与项英在油山提出“反对军阀战争，实行抗日战争；变军阀战争为抗日的革命战争”的口号，广泛散发《为两广事变告群众书》。此后，游击队与游击区扩大；赤白交界区的抗租、抗粮、抗债、抗税、抗丁斗争，白区的武装分粮等工作开展。

■ 9月　两广事变结束后，蒋系第四十六师即以碉堡封锁为主要手段“进剿”。与项英召开干部会研究对策，做出“九月决议”：依靠和组织群众反碉堡；游击队出击建立新区；放手搞“两面政权”、“黄色村庄”。

■ 12月　梅山遇险，作《梅岭三章》。

■ 本月　“西安事变”发生。与项英召开干部会议，分析形势：中国革命发展到了全国走向抗日的新阶段，要大家做好思想准备，迎接抗日高潮的到来。会议决定在农村和城镇开展抗日救亡活动，在军事上将游击队适当集中，进行整训，准备打退国民党军新的进攻。

1937年　36岁

■ 1月　蒋介石从西安回南京后，实行“北和南剿”方针。项英、陈毅当即制订和布置了对策。

■ 2月起　与项英分头率游击队与敌周旋。陈毅随南雄县委行动，积极开展游击活动，牵制敌人。

■ 4月中旬　与项英在梅岭斋坑召开兵运工作会议。兵运工作干部陈宏在归途中被捕叛变。敌人制定了诱捕项英、陈毅，同时袭击包围斋坑的计划。陈毅去大余及时发觉敌计脱险。敌突袭项英、杨尚奎、陈丕显驻地，搜索烧山未获。敌对梅山发动围困搜捕数十天。

■ 7月7日　“卢沟桥事变”，抗日战争爆发。

■ 7月中旬　见香港刊物登载的毛泽东在中国共产党代表会议上的报告摘要，即与项英召开干部大会，通过对毛泽东报告摘要的学习讨论，统一认识；并决定将赣粤边红军游击队改为抗日义勇军。陈毅起草《向赣南军政当局提出合作意见书》。

■ 8月8日、15日　中共赣粤边特委和赣粤边抗日义勇军先后发表《停止内战，联合抗日》宣言，《告赣南民众书》。

■ 9月上旬　去大余与县长彭育英谈判。又到赣州与江西省政府代表、第四十六师代表谈判。抵赣州受到群众热烈欢迎。

■ 9月24日　与项英到南昌同国民党江西省政府谈判；并通过南京八路军办

事处博古、叶剑英转电毛泽东、张闻天，三年来首次得以向中央汇报情况。

■ 9月下旬　项英、陈毅在南昌发表《告南方游击队公开信》，要求各游击队立即集中，听候改编，为抗击日本侵略、争取民族解放而战斗。

■ 10月　在中共中央指示下，同国民党签署协定，实现了停战；并派人到各游击区去传达中共中央指示。

■ 11月　亲赴湘赣边区传达中共中央指示，险被错杀。后又到皖浙赣边区传达。使这些游击队及时下山改编。

■ 12月13日　中共中央政治局听取项英所作的《三年来坚持的游击战争》长篇报告，当即做出《关于南方游击区工作的决议》。决议说："这是中国人民一个极可宝贵的胜利。""政治局号召全党同志来学习这些同志的模范。"

■ 12月14日　中共中央政治局决定：撤销中共中央分局，成立中共中央东南分局，陈毅为分局委员。成立中共中央军事委员会新四军分会，陈毅为副主席。

1938年　37岁

■ 1月6日　新四军军部在南昌成立。被任命为新四军第一支队支队长。

■ 1月15日　长江以南的新四军各部队奉命集中。3月，第一、三支队先后在皖南歙县的岩寺集中。

■ 4月中、下旬　项英委托陈毅组建新四军先遣支队，由第二支队副支队长粟裕率领，去江南敌后作战略侦察。

■ 5月4日　毛泽东发出指示：茅山根据地大体建立后还应准备分兵东进和北上江北。

■ 5月28日　在南陵召开第一支队干部会议，作《新的战斗条件和新的战斗任务》的报告。

■ 6月1日　率第一支队离开南陵，6月3日晚通过芜湖、宣城间日军封锁线，进入江南敌后。

■ 6月15日　率第一支队司令部进驻茅山北麓的宝埝镇。一路布置与丹阳自卫总团管文蔚联系；向许维新、樊玉林、纪振纲等做统战工作，并布置第二团一部配合先遣支队对日军作战。

■ 6月17日　先遣支队并第二团一部在镇江西南韦岗伏击日军军车获胜。江南新四军首战告捷。

■ 7月1日　亲自指挥第二团夜袭并火烧了京（南京）沪铁路的日军据点新丰车站。此后，取得一系列战斗胜利。

■ 7月7日　在句容宝埝镇召开镇（江）丹（阳）金（坛）句（容）四县各界代表会议，成立共产党、新四军领导的镇、丹、金、句四县人民抗敌自卫委员会。随后，各县人民抗敌自卫委员会成立。

■ 9月中旬　应管文蔚之请，派一批干部去丹阳自卫总团加强工作，将该部改编为丹阳挺进纵队。不久，该部发展到长江边。

■ 10月　到长江南岸视察，确定争取扬中为今后渡江北上的“跳板”。

1939年　38岁

■ 1月　丹阳挺进纵队第二次进击，解放了扬中。挺纵一部进驻长江以北大桥、嘶马地区。

■ 2月　为国民党第三战区命第一支队接替第一〇八师水阳防御阵地事，赴国民党江南前敌指挥部冷欣处谈判，据理力争，取消了这一命令。

■ 2月23日至3月14日　中共中央军委副主席周恩来到皖南军部传达中共六届六中全会精神，陈毅参与商定了“向南巩固，向东作战，向北发展”的方针。

■ 3月底　写新诗《十年》，此即《新四军军歌》歌词初稿。

■ 5月下旬　为执行中共中央“东进北上”指示，派叶飞、吴焜率第六团东进澄（江阴）、锡（无锡）、虞（常熟）地区。后继续向东发展，夜袭浒墅关火车站日军，一直打到日军据守的上海虹桥飞机场。

■ 5月底　到江北视察，听取惠浴宇、管文蔚汇报情况后，确定了在苏北发展中“联李（明扬、长江）、孤韩（德勤）、抗日”的策略方针。

■ 7月中旬　一进泰州，与国民党苏鲁皖游击总指挥部正、副总指挥李明扬、李长江（简称“二李”）开始搞统战。

■ 8月　新四军第一、二支队合并指挥。

■ 11月7日　新四军江南指挥部在溧阳水西村成立，与粟裕分任正、副指挥。

■ 11月8日　第二团、新六团延陵大捷，歼日军170余名。

■ 11月下旬　到江阴南部叶飞部队，布置向苏北发展。月底，叶飞率部到扬中整训，与管文蔚部合编为新四军挺进纵队（简称“挺纵”）。

■ 12月上旬　二进泰州，与李明扬、李长江会晤，“所谈甚好”，二李承认新四军开到苏北的挺进纵队、苏皖支队，并准备与挺进纵队配合在苏北东进。

■ 12月19日　主持召开中共苏皖区第一次代表大会，成立中共苏皖区委，下设苏皖特委、苏南特委和苏北特委。

1940年　39岁

■ 1月　出席项英主持召开的中共东南局与军分会的联席会议。讨论关于新四军皖南、江南部队发展方向的问题。中共中央19日复电指出华中是目前最好发展的区域，“江南陈毅同志应努力向苏北发展”。

■ 1月下旬　劝说项英将军部和皖南主力向江南转移，然后向浙西和苏北东部发展。

■ 2月　回江南指挥部为迎接军部和皖南主力东移作准备。

■ 春　同张茜在水西村江南指挥部结婚。

- 3月　韩德勤以八个团兵力进攻新四军淮南路东根据地中心半塔集，陈毅急令叶飞率挺纵主力驰援；自己冒险三进泰州，缓和挺纵与二李的矛盾，以策挺纵后方的安全。
- 本月　华中的反共风云日紧，项英东移江南的决心动摇，派袁国平到苏南参加会议时向陈毅解释。陈毅要求与中央的电台直接通报。
- 4月21日　陈毅的电台首次和中共中央通报。
- 5月2日　陈、粟再次电中央建议皖南主力集中苏南，指出历史上多次长征损失均大，皖南部队不宜于顽军进攻时长征闽、浙。
- 5月4日　由毛泽东拟稿，中共中央政治局向东南局、军分会发出《放手发展抗日力量，抵抗反共顽固派的进攻》的指示。中共中央同意陈毅建议，令叶飞部从淮南开回苏北。
- 6月15日　在八路军南下和皖南主力东移均暂时无望的情况下，陈毅电中共中央和项英、胡服：我决心布置移往苏北。苏南主力同日开始行动。
- 6月18日　命令新四团、新六团对妄图堵截新四军北进道路的国民党两个团进行还击，在西塔山歼击了该军。
- 6月28日　二李在韩德勤的挑唆下，以十倍于挺纵的兵力向驻在郭村的挺纵进攻，陈毅轻舟简从，星夜渡江北上。7月2日，战斗胜利，二李部队后撤至塘头一线。陈毅进郭村，指挥部队于7月4日攻取塘头，兵临泰州而不入，与李明扬谈判，争取继续合作。
- 7月8日　粟裕率江南主力北渡长江，到塘头会合。嗣后，遵中央指示，将江南指挥部改为苏北指挥部，陈毅任指挥兼政治委员、粟裕任副指挥，新四军部队及起义部队整编为三个纵队九个团。
- 7月下旬　陈毅与二李谈判成功。25日，率部东进黄桥，二李部队如约让路。
- 7月30日　毛、朱、王来电：同意胡服对苏北战略问题的意见和陈毅争取二李的策略。
- 8月2日　胡服致电陈毅并报毛、朱、王：苏北各部队将来由陈毅担任战役上的统一指挥。
- 8月上旬　中共苏北区党委成立，陈毅兼书记，陈丕显为副书记。委派五个县的县长。开展对韩国钧、朱履先等中间派人士的统战工作，并继续发展深入。大力发动黄桥地区群众。
- 9月中、下旬　发动以反对粮食封锁、反对腐败政治为中心的统战工作，争取中间派的支持。为粉碎粮食封锁，指挥部队攻克姜埝，解决保九旅主力。
- 9月底　在姜埝召开军民代表会议；为争取社会各阶层支持与韩德勤决战并集中兵力于黄桥，主动让出姜埝。
- 10月初　与粟裕等精心组织了黄桥战役，取得军政全胜。以7000兵力歼灭韩方主力1.1万余人。

■ 10月中旬　部队迅速向北挺进，与南下增援的八路军先头部队会师于盐城以南白驹镇附近。

■ 本月中旬　遵中共中央指示精神通过韩国钧、李明扬与韩德勤谈判和平。

■ 10、11月　蒋介石组织汤恩伯率10万人进攻皖东北，李品仙率5万人进攻皖东。陈毅与胡服等反复研究是否先解决苏北韩德勤而后增援皖东。陈毅出于政治上的考虑，与粟裕联名建议暂不打韩德勤，倾向于由皖南主力渡江北上增援皖东。

■ 11月17日　为统一指挥华中的新四军和八路军部队，华中总指挥部在东台成立，叶挺任总指挥，陈毅任副总指挥并在叶挺过江前代总指挥，胡服任政治委员。

■ 11月中旬　抗日军政大学第五分校成立，陈毅兼校长。

■ 11月18日　毛、朱、王向全军转发了陈毅《关于苏北统战工作的经过与主要经验》的报告，批示："中央及军委完全同意陈毅同志的统战方针及统战工作。"

■ 12月上旬　在海安召开苏北临时参议会，准备成立苏北行政公署。

1941年　40岁

■ 1月1日　庆祝元旦，在盐城阅兵；参加盐城县参议会成立大会；并以兼校长身份出席抗日军政大学第五分校开学典礼。

■ 同日　发表《现在的苏北应该做些什么？》一文。

■ 同日　接到中共中央12月31日指示：蒋介石已令汤恩伯、王仲廉、李仙洲等率军20万人进逼华中、山东。对此，"华中及山东党与军队必须紧急动员起来"，"打破顽固派的进攻"。军事指挥"统一于副总指挥陈毅、政治委员刘少奇的指挥之下"，"中原局统一领导山东与华中"。

■ 1月7日　获悉皖南事变发生。11日，日军飞机18架轰炸盐城，驻地文庙亦中弹。即在郊外与刘少奇商讨对皖南军部的救援之策。

■ 1月12日至15日　在盐城西郊举行旅以上干部会议。面对日、蒋南北夹击形势，总指挥部决定将主力分为南、北两线展开。北线由八路军张爱萍、梁兴初率部对付由山东南下的反共军，南线重建新四军苏北指挥部，由粟裕等率领回驻东台以应付南线严重局势。

■ 1月14日　陈毅等新四军各支队、纵队司令联名为解除新四军皖南部队重围致电蒋介石。

■ 1月17日　国民党发布反革命命令，宣布新四军为"叛军"，取消番号。将叶挺军长交军事法庭审理。同日，新四军将领发表《抗议国民党顽固派制造皖南事变的通电》。

■ 1月18日　与刘少奇报告中央军委：军部问题发生后，已注意悲观丧气情绪之克服。现准备在苏北成立新四军军部，以陈毅代军长。

■ 1月20日　中央军委发布命令，任命新四军领导人，以陈毅代军长，张云逸为副军长，刘少奇为政治委员，赖传珠为参谋长，邓子恢为政治部主任。接着，新四军将领发表就职通电与《新四军将领声讨亲日派通电》。

■ 1月25日　庆祝新军部成立大会在盐城游艺园举行。以代军长名义宣读中央军委的命令并讲话，发布了军部领导人的就职通电。就职以后，发表《论皖南事变及新四军的态度》一文。

■ 1、2月　同刘少奇一起多次与中央军委研究，最后确定将所属部队整编为七个师和一个独立旅及直属队（包括扩大和特务团等），任命各师、旅的领导人，统一了编制和指挥。

■ 1月底　军卫生部成立，派卫生部长沈其震到上海去动员一批高级医务人员到新四军工作。其中包括奥地利泌尿科、妇科专家罗生特，医学博士江上峰等20余人（他们于3月20日抵盐城）。

■ 2月初　中央军委电示：华中战略指导中心应着重于三个基本战略区，要求陈毅着重巩固苏鲁基本根据地，待机向鄂豫陕边及苏浙皖边、闽浙赣边发展。

■ 2月14日　再次赴东台，同粟裕等组织讨伐投降日军的国民党苏鲁皖边区游击总指挥部副总指挥李长江部的战役。2月18日与刘少奇联名颁发讨伐命令。19日战役发起，直捣李总部，歼李伪军5000余人。同时，日伪军5000人也开始“扫荡”苏中，进占泰州、海安、东台等地。在新河边对干部讲形势时指出：“在敌伪联合围攻之下，我们均只能占据乡间作长期坚持，只有在坚持长期斗争中，始能巩固自己的阵地，城镇之得失不足虑。”14日返抵盐城，军部已迁入盐城西门外之泰山庙内。

■ 3月27日　中共中央、中央军委决定组织新的中共中央中原局（后改称华中局）和中央军事委员会华中分会，陈毅均为委员。

■ 3月25日至4月20日　为粉碎国民党军一部从山东南下和韩德勤配合反共，曾三次赴东沟、益林部署作战。在4月13日驱歼进占蒋营等地的反共军之后，采取了暂时妥协的方针。

■ 5月初　下令第五、第九、第十旅清剿洪泽湖匪，历时月余，扫清湖匪，控制了洪泽湖、成子湖。

■ 5月　在盐城开展“红五月”活动。为全县师生作长篇报告。

■ 5月15日至19日　举行高干会，传达中共中央对皖南事变的有关决定，总结皖南建军的经验教训。17日发言中，强调要加强共产党对军队的领导。

■ 5月22日　军司令部、华中局合署颁行关于帮助农民麦收的指示。

■ 6月3日　出席盐城县第一届参议会第二次会议，并作《帝国主义战争和中国问题》的报告。

■ 6月4日　召开干部大会讲解皖南事变的经验教训。

■ 6月23日　撰写《论“扫荡”与反“扫荡”》。

■ 7月1日　为纪念中国共产党创建20周年，作《论建军工作》，进一步强调党对军队领导的重要性。

■ 7月10日　由于日军即将大举“扫荡”盐阜区，根据军部6月18日的决定，和刘少奇等率军部离盐城向湖垛地区转移。

■ 7月19日　卫生学校开学，前往讲话并题词。

■ 7月22日　日军突入盐城，26日占领阜宁，新四军部队转入日军侧后作战。

■ 7月31日　与刘少奇分两路活动，8月4日会合，决定乘日伪军转兵苏中时实行反攻。

■ 8月5日　与刘少奇报告中央军委：敌占盐城、控制苏北水网地区后，在苏北建立华中总的战略根据地之任务现已无法达到，将军部6000余人缩编到1000人以下，根据地工作交各师负责。

■ 8月7日　夏季反“扫荡”结束，日军企图伪化苏北的企图破灭。

■ 8月10日　发电报向毛泽东并中共中央报告：向东发展任务已完结，目前是巩固已得阵地，今后发展将以皖东为基础，沿长江两岸逐渐向西发展。

■ 8月19日　与刘少奇率军部由北路马移至停周村。

■ 9月12日　与刘少奇发布命令，令第四、二、六、五、七、三师配合国民党军打击进犯郑州、洛阳之日军。

■ 9月27日　为反击侵入根据地的国民党军，打通盐阜、淮海、皖东的联系，成立前方指挥所（简称“前指”）。次日，率前指西进。

■ 10月15日至21日　胜利地举行了程道口战役。

■ 11月3日　撰写《论时局》一文。

■ 11月　在四师参谋人员训练班讲《关于参谋工作的职责与认识》。

■ 12月8日　太平洋战争爆发，与军部其他领导人电示各师、旅：乘日军抽调部队赴太平洋作战之机，相机进占日伪撤退的据点。

■ 12月24日　致电各师及军部领导人，应乘日军他调、伪军惶恐之时，大力争取伪军，造成今后战略进展的有利条件。

1942年　41岁

■ 1月5日　军部与华中局由停翅港移阜宁之单家港。

■ 1月　撰写《四年抗战与新四军现状》。

■ 1月20日至3月5日　华中局第一次扩大会议在单家港举行。陈于2月23日作《论军事建设》的报告，3月4日又作军事建设问题总结报告。刘少奇在3月5日宣布他将奉命返延安，军分会书记一职由陈代理。

■ 2月　闻韩紫石（韩国钧）陷敌不屈而死，诗以赞之。

■ 2月7日　带病参加抗大第五分校毕业典礼，讲话后，用担架抬回军部。病中，又写《苏南反“清乡”的总结》。

■ 3月8日　回停翅港。写信给罗生特，简述了自己41岁以前的经历。

■ 3月16日　下午刘少奇召集军分会、华中局的负责人陈毅、饶漱石、曾山、赖传珠等郑重交代：今后华中局书记由饶漱石代理，但华中局的领导工作仍依靠陈毅。
■ 4月17日　到抗大作战略问题报告。
■ 同日　向毛泽东主席等报告自中央军委1941年12月关于精兵简政的指示以来，新四军执行精兵简政的情况。
■ 5月5日　到中共盐阜区委会所在地去参加韩紫石追悼会。次日，盐阜行署召集参加追悼会的各界人士开座谈会，征求对行署的意见。5月7日作题为《向盐阜各界致词》的讲话，解释中共的若干政策问题。
■ 5月9日　华中局确定饶漱石到二师去处理领导关系等问题，估计需时3个月，华中局书记及新四军政委的职务均由陈毅兼代。
■ 6月1日　抗日军政大学华中总分校成立，兼任校长。
■ 6月2日　签发华中局关于突击夏收、对付日伪抢粮的指示。
■ 6月6日　签发华中局、军分会关于夏收与秋收之间工作的指示，并将抗大总分校开学后的情况向中央军委和抗大总校报告。
■ 6月21日　向中共中央和毛泽东主席提出建立山东、华中统一领导及发展方针的意见（毛于6月24日复电："所见甚是"）。
■ 7月1日　为中共党庆发表《伟大的二十一年》。
■ 8月8日　向毛泽东主席和中共中央作《关于地方党政领导方式及与各方面关系问题》的报告。
■ 8月　在华中抗日军政大学教育会议上提出《对抗大工作的建议》。
■ 8月14日　就苏中党政活动及组织形式给粟裕以指示。
■ 8月27日　签发华中局关于补充主力部队的决定。
■ 9月　撰写《精兵简政文选序言》。
■ 本月　饶漱石回到军部，陈毅不再代理华中局书记及新四军政委两项职务。
■ 10月10日　到单家港参加新安旅行团建团8周年大会，发出"组织10万儿童"的号召；要求大家"一面工作，一面学习，学好本领，建设新中国"。
■ 10月25日　出席盐阜区首届参议会开幕式。
■ 11月9日　到官路曹欢迎副军长张云逸到任。
■ 12月19日　向中共中央和毛泽东主席报告自己对于统一华中领导的意见。
■ 12月25日　军部与华中局机关由盐阜区向淮南转移。

1943年　42岁

■ 1月10日　军部与华中局抵达目的地——原第二师师部驻地黄花塘。
■ 1月中旬至3月中旬　因病在第二师医院住院。
■ 2月中旬　日军"扫荡"韩德勤部及新四军第三师地区，韩部经新四军同意后，转移到洪泽湖附近地区暂避。韩部下保安第三纵队王光夏等部却在日军“扫荡”结束后，违约不返原防，而且破坏民主根据地政权，叫嚷要在洪泽湖畔建立反共基地。

- 3 月 8 日　被接回军部。确定对韩德勤、王光夏等采取“先礼后兵”的方针，而后返回医院。
- 3 月 15 日　对韩、王劝说无效。再次被接回军部。随即决定驱逐韩、王的部署。
- 3 月 17 日　新四军部队在收复山子头战斗中击毙王光夏、活捉韩德勤。
- 3 月 23 日　赴第四师。经与第四师领导多日磋商后，报请中央军委批准，于 4 月 1 日释放韩德勤。
- 6 月 1 日　中共中央发出《关于领导方法的若干问题的决定》。饶漱石认为，学习了毛泽东的《关于农村调查》之后，很有启发，也要亲作农村调查，实际上是暂离军部，借机打击陈毅。
- 6 月 8 日　开整风联席会议。
- 7 月 1、2 日　开干部会纪念“七一”，连续作报告两天。
- 7 月 5 日　为纪念抗战五周年，撰写《新四军在华中》一文。
- 8 月 1 日　在干涸的黄花塘内举行军人大会以庆祝建军节。并主持阅兵式。
- 8 月 13 日　根据华中局 8 月 10 日关于加强整风工作的指示，召开直属队领导人及各部长会议，检查领导工作，提出今后改进意见。14 日，会议继续举行。下午饶漱石回军部，认为有些意见是“反对政治委员”的问题，性质严重，开始找有关人员个别谈话，挑拨内部关系。
- 8 月 20 日　华中局开会检查工作。
- 8 月 21 日至 22 日　下午军分会开会，各委员作自我批评。
- 8 月 24 日　华中局与军部分开办公，并成立直属政治处。
- 9 月 10 日　在军直作报告，讲述古田会议决议。
- 10 月 12 日　为《新四军殉国先烈纪念册》作序。
- 10 月 16 日　开整风委员会主任联席会议，饶进一步布置对陈的斗争。下午，在以“漫谈会”方式举行的军分会会议上，陈作自我批评。然后对陈开展批评、斗争，把性质定在“反对政委制度”、“反对党中央”的线上，饶将排挤陈的活动推向高峰，此即“黄花塘事件”。
- 10 月底　饶给毛泽东发电报，造谣诬告陈；同时授意一些领导人也给中共中央发一份电报，以求挤走陈毅。
- 11 月初　陈向毛泽东主席报告了事情经过。
- 11 月 8 日　毛回电要陈赴延安参加中共“七大”。
- 11 月 15 日至 16 日　向机关、直属队干部解答时事问题。
- 11 月 19 日　到党校讲课。
- 11 月 25 日　作《赴延安留别华中诸同志》诗一首，然后踏上赴延安的旅途。

1944年　43岁

- 1月14日　在太行致电毛泽东，报告将在太行了解整风经验后再赴延。
- 2月　离太行西进，3月7日到达延安。
- 3月15日　在毛泽东的提示下致电华中局作自我批评。毛泽东同时致电华中局，说明“关于内战时期在闽西区域的争论，属于若干个别问题的性质，并非总路线的争论，而且早已正确的解决了”。又指出陈在内战及抗战时期都是有功劳的。
- 4月　在读了毛泽东撰写的《学习与时局》初稿后，写信给毛泽东，论述教条宗派与经验宗派问题。
- 4、5月间　向中央军委作系统的《华中工作总结报告》。
- 5月21日　中共六届七中全会第一次会议开会，应邀到会。
- 8月10日　参加会见美军驻延安观察组人员，从此在延安公开活动。
- 8月28日　写好《苏北事件真相》及《皖南事变真相》两个文件，经毛泽东主席等审阅后，交给美军观察组组长包瑞德上校。
- 9月27日　向毛泽东报告红七军历史座谈会的收获。
- 12月1日　写信向毛泽东主席陈述自己对同国民党、美国代表签署协定的意见以及自我修养的收获。当天毛即复信慰勉。
- 12月10日　在参加9日七中全会对成立解放区委员会的议论后，向毛泽东写信陈述自己对这个问题的补充意见。
- 12月26日　与刘少奇电示华中关于发展江南的准备工作。

1945年　44岁

- 1月14日　在劳动英雄与模范工作者大会的闭幕式上讲话。
- 1月28日　在《解放日报》上发表《追忆彭雪枫同志》。
- 春为中共“七大”起草《建军报告》。
- 4月21日　中共“七大”开幕，作颂诗《七大开幕》一首。
- 5月1日　代表华中新四军在“七大”会上发言。
- 6月　在中共“七大”上当选为中央委员。
- 8月9日　毛泽东主席发表《对日寇的最后一战》的声明。11日，新四军军部下令全军对日总反攻。
- 8月12日　为中央军委起草致华中局并新四军五师电，关于执行中共中央12日指示（即改变夺取江南大城市的方针）的具体部署。
- 8月14日　日本宣布无条件投降。
- 8月23日　中共中央军事委员会组成，陈毅为委员。
- 8月25日　乘美军飞机由延安到山西黎城长凝机场，拟取道冀鲁豫返华中。
- 8月26日　被中共中央任命为新四军军长、华中局副书记。
- 9月19日　中共中央指示全国战略方针为“向北发展，向南防御”。决定罗荣桓率山东大部主力去东北，新四军大部主力到山东，一部去东北，江南部队撤到江北，中共华中局移至山东与山东分局合组成华东局，陈、饶到山东，在华中成立华中分局，受华东局领导。

■ 10月4日　抵山东临沂，同罗荣桓会合，并开始交接山东工作。

■ 10月10日　国、共双方代表签订《会谈纪要》。

■ 10月12日　中央军委指示，华东目前的中心任务除调兵东北外，是切断津浦路，阻止蒋军北上，并求歼其一部或大部，以保卫解放区。

■ 10月15日　津浦前线指挥部成立。接着即率指挥部移驻香城，组织津浦路徐州至济南段的作战。战役自10月18日开始，19日克邹县、大汶口，歼日伪军一部，11月3日又在界河以北歼伪第三方面军吴化文部4000余人，继续向南发展攻势，至12月中旬攻克滕县及临城（今薛城）外围各据点。至此，粉碎了蒋、日、伪军打通津浦路的企图，歼其2万余人。

■ 10月25日　华中局、新四军领导机关全部入鲁，中共中央华东局正式成立。华中分局与华中军区亦成立。

■ 12月3日　中央军委决定新四军军部兼山东军区领导机关。陈毅军长兼山东军区司令员。

1946年　45岁

■ 1月7日　津浦前线指挥部撤销，组成山东野战军（简称山野），陈任司令员兼政委。下辖第一、第二纵队，第七、第八师。其时国民党军约10万人由徐州向鲁南枣庄、峄县（今峄城）一线进犯，山野于11日开始反击，国民党军缩据韩庄、贾汪一线。

■ 1月9日　国民党新编第六路军由其总司令郝鹏举率领举行反内战起义，改编为“华中民主联军”。陈多次前往训话。

■ 1月13日　国、共双方在1月10日签订的停战协议本日起生效。

■ 1月23日　向飞抵峄县的军事调处执行部徐州小组提出国民党军违令的材料，要求查处。

■ 2月2日　与飞抵临沂的军事调处执行部济南小组晤谈执行第二号命令事。

■ 2月11日　在临沂西关文庙向党政军领导机关干部传达中共中央2月1日《关于目前形势和任务》的指示，指出练兵、减租、生产是目前解放区三项中心工作，部队要通过练兵达到正规化。

■ 2月23日　华东局颁发了《百日练兵军政工作指示》。

■ 3月2日至3日　三人委员会周恩来、张治中、马歇尔由北平飞抵济南，陈往迎接，并一同飞往徐州。其间详谈了国民党军诸多违令事件及处理办法。

■ 3月7日　山东党政军领导机关在临沂集会庆祝叶挺将军出狱，陈到会讲话，并致电慰问，促请其返回新四军。

■ 4月12日　得悉叶挺等于4月8日殉难，作《哭叶军长希夷同志》悼诗志哀。19日在临沂举行追悼会，陈号召“继承四·八烈士遗志，为革命奋斗”。

- 5月　在华东局高干会议上作《关于如何正确执行中央“五·四”指示的报告》。
- 6月　在临沂接见由青岛飞来的美海军陆战队的克莱门将军，向他揭露了国民党在美国的支持下，正准备发动全面内战的阴谋。
- 6月7日至16日　在山东境内胜利地进行了津浦路、胶济路讨逆战役。歼伪军3万余人，解放德州等城镇数座。
- 6月22日　中央军委鉴于国民党军大举进攻在即，拟定了外线出击以粉碎国民党军的内战阴谋的作战方针。陈毅表示坚决拥护。
- 6月26日　包围中原解放区的国民党军开始大举进攻，中原解放军胜利突围，全面内战爆发，解放战争开始。
- 6月28日至29日　到新安镇附近会晤中共华中分局领导人邓子恢、张鼎丞，研究作战方针。
- 7月1日　中共华东局发布迎击国民党军大举进攻的紧急动员令。
- 7月13日至8月27日　苏中战役七战七捷。
- 7月14日　在前方指挥所干部会上作《如何取得战争的胜利》的报告。
- 7月18日　徐州国民党军以17万余人开始向淮北、鲁南解放区进攻。山野积极准备迎敌。
- 7月24日　对第八师营以上干部做出出击华中的动员。
- 7月27日至29日　进行朝阳集战斗，歼国民党军第九十二旅等部5000余人。
- 8月7日至9日　围攻泗阳未克，淮北战场情势紧张，山野陷于被动。
- 9月7日　到华中分局与邓子恢、张鼎丞会商9、10两月在淮北作战问题。
- 9月19日　撤出淮阴、海安。
- 9月23日　中央军委指示合并山东、华中两个野战军指挥部，陈为司令员兼政委。
- 9月28日　报告中央军委：“陈已来华野，即以华野为统一指挥机关。宋时轮、唐亮率山野指挥部进驻沭阳以北，负责指挥七、八两师、滨海警备旅……华中分局移淮海区主持，陈士榘任军部参谋长，即在临沂主持工作。”
- 10月19日至30日　涟水保卫战，歼敌整编第七十四师一部，掩护华中后方向山东转移。
- 10月27日　在华中军区直属队干部会议上作《华东三个月自卫战争的总结和今后任务》的报告。
- 11月上旬　在涟水西北陈师庵召开团以上干部会议，进一步讲清形势任务与要求。

■ 11月10日　对进攻鲁南解放区的国民党军发动台（儿庄）枣（庄）路反击战。

■ 11月11日　延安《解放日报》报道华东部队开展立功运动的消息，“号召普遍响应立功运动”。

■ 12月1日　朱德生日，在八师连以上干部大会上介绍总司令的生平和时事问题，号召八师连续打歼灭战。

■ 12月9日　率一纵、八师自鲁南南下，待粟裕等到达后，于13日至19日胜利地进行了宿北战役，歼国民党整编第六十九师等部2.1万余人，中央军委传令嘉奖一切有功将士。此后，华东战局转趋主动。

■ 12月25日　山东、华中两野战军合并。

1947年　46岁

■ 1月2日至20日　鲁南战役获胜，歼蒋军5万余人。

■ 1月下旬　华东全军实行统一整编，撤销山东、华中两野战军番号，正式组成华东野战军（简称“华野”），下辖12个纵队，陈为司令员兼政委，并成立中共华东野战军前委，陈为前委书记。

■ 本月下旬　在临沂附近召开的前委扩大会议上作“一面打仗、一面建设”的报告。中央军委对此颇为赞许。

■ 2月6日　对1月27日叛变之郝鹏举部实行讨伐，至7日黄昏，歼叛军2个师，生俘郝鹏举。

■ 2月20日至23日　莱芜战役获胜，歼蒋军5.6万余人，解放了胶济线13个城镇。

■ 3月　前委扩大会议在淄川大矿地举行，传达贯彻中共中央关于《迎接中国革命的新高潮》的指示。陈毅总结8个月作战经验，布置休整，准备迎击国民党军新的进攻。

■ 3月下旬　国民党集中了24个整编师、60个旅，共45万人，开始对山东实施重点进攻。

■ 4月下旬　实施蒙泰战役，于22日攻克泰安，歼国民党军整编第七十二师等部。

■ 5月13日至16日　孟良崮战役，歼国民党精锐主力整编第七十四师等部3.2万人。

■ 5月28日至6月2日　野战军在沂水西北之坡庄召开团以上干部会议作孟良崮战役总结，陈作形势任务报告。

■ 6月底　第一、三、四、八、十纵队分兵向敌后出击，连克数城。但自7月下半月以后，由于雨季作战，洪水横流，各路攻击均未得手，部队减员甚众。为争取主动，指挥部北渡黄河。

■ 8月29日　前委发布《野战军拥护土改并支援农民土地改革的决定》。

■ 9月3日　遵照中央军委的指示，与粟裕率第六纵队进入鲁西南地区，统一指挥外线6个纵队作战，以配合晋冀鲁豫野战军实施战略进攻。

■ 9月7日至9日　沙土集战役获胜，歼国民党军整编第五十七师万余人，开始掌握外线作战的主动权。在此前后，陈大力宣传反攻形势，华野大军在雨季艰苦的外线作战中重振军威。

■ 9月9日　《大众日报》发表陈毅著文《如何爱护民工与组织民工》。

■ 9月22日　中共中央决定改华东野战军外线兵团为晋冀鲁豫野战军，归中共晋冀鲁豫中央局领导并负责统筹其后勤供给。陈毅任晋冀鲁豫中央局第二副书记。他与粟裕（中共晋冀鲁豫中央局委员）代表该局指导黄河以南、运河以西、平汉以东、淮河以北地区之党政军民工作。

■ 9月26日　所部南越陇海路，挺进豫皖苏，并于10月内解放睢县、夏邑等24座县城，扫灭国民党地方保安团队6个团。为经营一个新解放区奠定了基础。

■ 11月　月初到晋冀鲁豫中央局联系工作，8日渡黄河抵达华野的后梯队所在地朝城。9日到华东随营军校，作《对反攻形势的说明》。10日在野战军后方干部会议上作整理后方工作的报告，然后到淮阳给晋冀鲁豫野战军第十二纵队讲话。该纵队为中原突围之新四军第五师老部队。陈风趣地说："我代理新四军军长未能同五师同志见面，今日是老乡见老乡，两眼泪汪汪。"讲了两个小时。11日以后，经阳谷、德州到惠民，同华东局及军区领导人会商后，18日又上路。24日夜抵达目的地冶陶，受到薄一波等的热烈欢迎。25日下午，向参加土地会议的县以上干部讲《毛主席的军事思想》。再向军区干部讲华东野战军自卫战争的经验。

■ 12月　月初应召到中共中央工作委员会汇报工作。接着，又奉命到陕北参加中共中央的会议。途经晋察冀军区、晋绥军区时，都作了华东一年自卫战争初步总结的报告。在晋绥的报告，从12月31日开始，1948年元旦才结束。

1948年　47岁

■ 1月7日　到达陕北米脂县杨家沟向中共中央报到。

■ 1月10日　应邀在西北野战军高干会议（即前委扩大会）上作华东一年自卫战争的经验介绍。

■ 1月18日至1月底　参加毛泽东主持的中央会议，通过了毛泽东提出的《关于目前党的政策中的几个重要问题》。从19日下午3时到21日下午，均由陈毅就华东野战军的情况作汇报，讲了九个问题，提出了恢复总政治部、办大军校等建议。其间还研究了派遣华东野战军第一兵团三个纵队到江南实行宽大地域的战略机动问题。因而从1月27日起，连续与粟裕电报往复商讨此事。

■ 2月4日　离杨家沟东返。受中共中央委托，到中共中央后方委员会、晋绥、晋察冀、晋冀鲁豫等处传达中央会议精神，主要是纠正土改、整党及新区政策中的“左”的问题。2月21日到达晋察冀以后向中共中央报告了参加中共中央后方委员会会议的情况。

■ 3月2日　中工委召集了晋察冀、晋冀鲁豫和华东三个中央局领导人参加的会议，陈毅参加了全部七次会议，认真传达了中央指示精神并积极提出了自己对各项工作的意见。

■ 4月2日　回到濮阳与粟裕见面，并在5日向华野一兵团团以上干部讲述《到中央去的沿途见闻》。

■ 4月16日　粟裕提出将第一兵团暂时留在中原歼敌比远出江南的战略机动更为有利的意见，陈毅鼓励其分别报告刘、邓和中央军委。

■ 4月20日　刘、邓向中共中央要求调陈毅到中原工作，以加强中原的领导力量。

■ 4月23日　在华野一兵团团以上干部会议上传达中共中央12月会议精神。27日，为会议作总结报告。当晚，同粟裕离濮阳到中共中央开会。

■ 4月30日　抵阜平城南庄，参加由毛泽东主席召集的会议。5月5日，中央采纳粟裕的意见，决定：华野一兵团暂不渡江南进，仍留中原歼敌。在刘、邓的一再要求下，决定陈毅任中共中央中原局第二书记、中原军区及中原野战军第一副司令员（华野职务不变）。这一决定在5月9日正式以通电下达。

■ 5月7日　与粟裕陪同前去华野第一兵团视察的朱德总司令南下。12日抵达一兵团所在地濮阳孙王庄。

■ 5月14日　一兵团连以上干部开欢迎会，陈作《向朱总司令学习》的讲话。

■ 同日　与粟裕联名致电华东局、中原局及陈（士榘）唐（亮）兵团，传达毛泽东主席提出的“军队向前进，生产长一寸，加强纪律性”三项方针。并且说，毛泽东指出：中原局所面临的困难是中国革命最后最大的困难，要加紧解决。

■ 5月29日　将亲自起草的《对第一兵团部队工作开展反军阀主义倾向的决议》交由前委扩大会议（一兵团团以上干部会议）审议通过。

■ 5月30日　与邓子恢带领4700名干部离开濮阳去中原。他们经馆陶渡黄河，过邯郸，越太行，经晋城，再过黄河到洛阳。6月12日他俩向中央军委发出《支前与生产结合经验介绍》的电报（6月24日中央军委复电称，办法甚好，准备研究在全军推广）。

■ 6月14日　下午抵宝丰县皂角树村同邓小平、刘伯承等会合，次日即参与研究作战问题。

■ 6月17日至19日　在野战军司令部驻地向军区、第二、第五分区及直属队团以上干部传达中共中央十二月会议精神及中央首长指示。

- 6 月 26 日　与刘伯承、邓子恢、张际春到襄城西北第四纵队教导团驻地向团以上干部传达中央指示。次日 17 时与刘、邓、邓（子恢）致电粟裕："为保障你们歼区寿年兵团，我们决心以一部监视十八军，主力主动攻击北进之吴兵团吸十八军回援。"28 日下午，在团以上干部会议作战斗动员，会后各部即准备战斗。29 日发出战字第一号命令，然后与刘、邓率前进指挥所到舞阳以东之吴城地区指挥作战。此行直至 7 月 9 日才又返抵皂角树村。
- 7 月 2 日至 16 日　襄樊战役获胜，歼国民党第十五绥靖区司令官康泽以下 2 万余人，同刘伯承一起接见了副司令官郭勋祺，并对在俘之川籍官兵训话。
- 7 月 25 日　决定中原全军休整一两个月。同日邓小平赴中央开会，中原局工作暂由陈主持。
- 7 月 31 日至 8 月 8 日　中原局、中原军区及第一、第三、第四、第九纵队团以上干部在宝丰进行整党与整军，陈毅传达中共中央、毛泽东主席自十二月会议以来的各项方针政策。8 月 15 日至 21 日又到方城崔庄向第二、第六纵队的团以上干部传达。
- 9 月 6 日　根据邓小平转达中央指示精神，制定了《中原局关于克服无纪律无政府状态并建立请示与报告制度的决定》。
- 9 月 12 日　起草《关于 1948 年夏季中原情况及政策转变问题向毛主席的综合报告》。
- 9 月 25 日　与刘伯承、李达复电粟裕，同意他提出的举行淮海战役的建议。
- 10 月 5 日　军区指挥部移至独树镇。当晚对二分区区级以上干部作报告。
- 10 月 7 日　与刘伯承到第四纵队，在团以上干部会议上作关于建军及秋季作战准备工作的指示，要求在战术思想上除以多打少外，还要能以少胜多；每一个部队，不仅要善于进攻，还要善于防守。下午，参观抛射炸药、登城、架设浮桥通过水壕的演习。
- 10 月 11 日　邓小平返部。
- 同日　中央军委电令攻郑州，以抑留孙元良兵团、保证华野下一步之作战。
- 同日　毛泽东主席提出关于淮海战役的作战方针。
- 10 月 18 日　中原军区发出关于郑州作战的基本命令。下午与邓小平、张际春到第四纵队司令部指挥攻郑作战。22 日，郑州守敌逃走，郑州解放；24 日，开封解放。
- 10 月 26 日　与邓将中原配合华东作战之部署意见报中央军委，并电令豫皖苏区作战前的一切必要准备。
- 11 月 2 日　奉中央军委 1 日 17 时电示，与邓统一指挥淮海战役。对西线兵力提出部署意见。
- 11 月 5 日 13 时　陈、邓决定淮海战役于 11 月 7 日夜发起。

■ 11月6日　与邓电令各部，以后作战所取得的津浦线上的城市（包括徐州）均归华东局接管。

■ 同日　淮海战役打响。7日，直接指挥部队首歼国民党第一八一师于马牧集。

■ 11月10日　刘伯承到达前指。遵中央军委电令，全力攻夺宿县，切断徐蚌路。15日，攻克宿县。

■ 11月16日　中共中央军委决定成立总前委，陈毅为常委，其时，指挥部位于永城东南之张围子。

■ 11月22日　淮海战役第一阶段胜利结束，下一步决定打国民党军第十二兵团，即黄维兵团。当晚，指挥所召集中野各纵队首长在驻地周殷圩开会，决定打敌左翼之十军，指挥所移住临涣集东南之小李家。

■ 11月23日　淮海战役第二阶段开始，24日向黄维兵团全线出击，25日将其包围于双堆集地区。

■ 11月29日　徐州杜聿明集团开始撤逃。30日，徐州解放。12月4日杜集团被华野包围于陈官庄地区。

■ 12月5日　刘、陈、邓于11时5分将对黄维兵团的总攻击令用电话下达到中野东、南、西三个作战集团。12月6日16时半开始炮火准备，17时半开始攻击。

■ 12月15日　黄维兵团被歼，淮海战役第二阶段胜利结束。

■ 12月17日　遵照中共中央军委12月12日电示，刘、陈、邓驱车到肖县蔡凹华野指挥所与粟裕、谭震林开总前委会议，提出淮海战役之后的作战任务，渡江作战，及在渡江之后两军共同经营东南的意见。会议于18日结束后，刘、陈便于次日乘车去向中央军委汇报。

1949年　48岁

■ 1月6日至8日　参加中共中央政治局会议，在7日的发言中着重谈了渡江作战问题。8日，会议通过了《目前形势和党在1949年的任务》的决议。

■ 1月10日　历时66天的淮海战役以歼敌55.5万余人胜利结束。

■ 1月11日　离西柏坡南返，22日抵达徐州。出席并主持华野在贾汪召开的前委扩大会议，传达中共中央指示，并于25日为大会作总结。次日即赶至商丘与邓小平会合。

■ 1月29日　出席中野高干会议，传达中央指示。其后出席总前委会，着重研究渡江作战的部署及各项准备工作，还学习了中央军委“关于把军队变为工作队”的指示。2月9日，与总前委书记邓小平向中共中央作了对党内思想动向有分析的报告。中央2月13日复电认为“极好”，即转各处研究；特别指出要防止轻敌倾向。

■ 2月5日前后　华野整编为第三野战军（简称“三野”），陈毅任司令员兼政委、中共三野前委书记。

■ 2月11日　中央军委决定刘、邓、张际春、陈赓四人参加华东局为委员，总前委照旧行使领导军事及作战的职权。同时更要求总前委、华东局、华东军区应同三野前委靠拢，以利工作。这样总前委以后便从第二野战军（由中野改编）指挥部所在的商丘到了徐州。

■ 2月15日　在徐州参加扩大后的中共华东局会议。

■ 2月18日　到贾汪参加三野前委扩大会议，并于19日作了党的新区政策的报告。当晚又召集军以上干部会议，研究渡江作战问题。并于20日签发了第三野战军渡江作战预备命令（京字第一号）。

■ 3月5日至13日　出席中共七届二中全会，在发言中谈渡江作战等军事问题和城市工作问题；请求到上海工作。

■ 3月14日　中共中央召集安排全国各大区组织人事问题的座谈会。华东方面，提议陈毅为中共中央华东局第三书记，上海市市长。

■ 3月16日　离西柏坡南下，17日到济南同粟裕商量军事问题，18日抵徐州。

■ 3月21日　三野指挥部南进到蚌埠东南之孙家圩子（属凤阳县）。陈、邓到达后，于3月26日召集总前委会议（三野的兵团首长参加），检查了渡江作战准备工作。30日三野颁发了京字第二号命令。又确定由粟裕代理三野前委书记。31日总前委制定了《京沪杭战役实施纲要》，呈报中央军委（4月3日得到同意）。

■ 4月2日　与邓小平到达总前委渡江作战指挥位置——合肥东南之瑶岗村，统一指挥第二、第三野战军东、中、西三路大军渡江作战。

■ 4月17日　与邓小平将渡江准备工作情况报告中央军委，确定22日渡江，不再推迟。18日，中央军委复示："完全同意总前委整个部署，即二野、三野各兵团于4月20日开始攻击，22日实行总攻，一气打到底。完成渡江任务后，再考虑略事整顿，采取第二步行动……"

■ 4月20日　18时半，中路渡江作战开始。

■ 4月21日　毛泽东主席、朱德总司令发布《向全国进军的命令》。中午，总前委向中央军委报告：七、九两兵团（中路）渡江成功。接着，东路、西路大军渡江也告成功。

■ 4月23日　总前委取消原定第四兵团接管南京的任务，改为出击浙赣路，协同第三、第五兵团歼灭浙赣线上之敌，南京城防改由第八兵团两个军担任。南京当晚解放。

■ 4月25日　毛泽东主席、朱德总司令发布《中国人民解放军布告》，宣布"约法八章"。

■ 4月27日　与邓小平当夜率总前委轻便指挥部进驻南京。

■ 4月29日　粟裕报告，逃向杭州而被逼入山区之敌8个军已大部就歼，仅五十四军残部约两个师逃跑。中央军委估计上海的国民党军也有逃跑的可能，催促总前委抓紧完成占领上海的准备工作。陈毅参加5月1日在南京举行的解放区与地下党干部的会师大会之后，当晚即赶赴镇江，5月2日到达丹阳与华东局、华东军区等会合，立即召开总前委会议，听取粟裕、唐亮对上海战役的设想和部署的汇报。接管上海的准备工作立即展开。

■ 4月　签发了《入城三大公约、十项守则》的命令。

■ 5月10日　向接管干部和部队作城市政策纪律报告。指出入城纪律是入城政策的前奏，是见面礼。

■ 5月24日　对上海市区的总攻击开始，至25日凌晨，苏州河以南的市区解放。

■ 5月27日　上海解放。上海市军管会正式成立，陈毅任军管会主任。6月2日，崇明解放，淞沪战役胜利结束，共歼敌15.3万余人。

■ 5月28日　下午3时，在市府主持接管仪式，国民党政府代理市长赵祖康交出印信。上海市人民政府正式成立，就任市长。

■ 5月31日　与邓小平、饶漱石、吴克坚等前往看望宋庆龄。

■ 6月10日　为稳定上海金融市场，打击银元投机活动，决定查封证券大楼。

■ 6月17日　举行上海市人民政府第一次政务会议，出席讲话。

■ 6月25日　由于美蒋于6月23日开始对各海口实行武装封锁，华东局开会讨论反对帝国主义和国民党封锁与发展城乡生产问题。又出席华东财经会议并发言。

■ 7月6日　上海百万军民举行"七七"示威大游行，陈毅检阅武装部队，下令拘禁了在游行中寻衅捣乱的美国违法分子。

■ 8月3日　在上海市各界代表大会上作《关于上海市军管会和人民政府6、7两月的工作报告》。

■ 8月26日　在上海工商界联合会筹备会成立大会上致辞。接着赶到法商水电公司职工会成立大会上讲话，要求"工人把眼光放远，克服目前困难。外商遵守政府法令仍受我们欢迎"。

■ 8月31日　晚，在中国大戏院接受上海各界劳军总会献旗。该总会劳军总金额为87.5亿元（合人民币87.5万元）。

■ 9月7日以后　赴北平参加中国人民政治协商会议，并代表中国人民解放军在会上致辞。参加选举中央人民政府，当选为中央人民政府委员会委员。9月28日，《人民日报》发表《陈毅将军谈上海工作》。

■ 10月1日　参加中华人民共和国成立典礼，在天安门城楼上即兴赋诗《开国小言》。

■ 11月10日至14日　上海市第一届学生代表大会在光华大学举行，出席了开幕式，并在闭幕会上致辞。

■ 12月11日　为纪念茅丽瑛烈士殉难十周年题词：为人民利益牺牲是最

光荣的，人民永远纪念她。

- 12月17日　下午，在上海市各界代表大会协商委员会上被推选为主席。

1950年　49岁

- 1月1日　号召全市军民“贯彻反封锁六大任务，为克服困难建设新上海而斗争！”
- 1月8日　上午9时，在上海教育工作者工会筹备会成立大会上，号召大家配合即将到来的经济建设高潮，培养大批工农新知识分子。
- 2月2日　华东军政委员会成立，代表华东局致祝词。
- 2月6日　美制蒋机17架轰炸上海，造成全市停电。立即召开紧急会议，并签发军管会防空紧急通知。次日，偕副市长潘汉年、公安局长叶进明赴上海电厂视察灾情，慰问死难者家属，并给中央发电报报告敌机轰炸情况。11日召集市协商委员会商讨反轰炸问题，12日下午6时，在反对美帝轰炸、追悼死难同胞大会上，号召市民在考验中更勇敢地站起来。次日，在市府中共党组会议上作反轰炸部署。
- 3月12日　就上海财经形势的实际情况给中共中央和毛泽东写信，要求在公债、税收催交上采取松动一点的政策。
- 4月4日　再次给中央写信，反映上海财经形势相当严重，失业、倒闭、请愿时有发生。4月15日又写信如实报告情况。
- 4月15日至22日　出席上海市各界代表大会，作了上海市工作报告，并于22日作了总结发言。会后，写信向中央汇报，认为“紧张情况已开始好转”。
- 5月1日　上午9时，检阅上海市51万人举行的“庆祝五一劳动节工人纠察队大检阅”。号召全市工人发扬30年斗争传统，克服困难。
- 5月13日　在工商业税民主评议委员会成立大会上说：“务必做到公平合理，使政府税收与纳税人负担在公私兼顾的原则下妥善处理。”
- 5月17日　舟山解放。华东军区暨第三野战军前委发出《关于攻台（湾）准备工作的指示》。
- 6月　在京参加中共七届三中全会。会间毛泽东主席宴请荣毅仁、刘鸿生、吴蕴初、郭棣活等人，朱德、周恩来、陈毅作陪。陈毅亦邀请在京的上海工商界人士座谈。赵朴初曾即席赋诗，有“四月江南不等闲，将军妙语绝人间”之句。
- 本月　根据中央指示，陈毅在返回上海后，还须兼管华东军区工作。
- 6月25日　朝鲜战争爆发。27日，美国总统杜鲁门发表声明，公然宣布在武装干涉朝鲜内政的同时，命令美国第七舰队向台湾海峡出动，侵占中国领土台湾，对上海影响甚烈。
- 8月　在华东空军司令部、政治部成立大会上讲话。中共华东军区委员会成立，任第一书记。

■ 10月16日至24日　上海第二届各界代表大会第一次会议开会，陈毅致开幕词，提出“争取经济进一步好转，团结制止侵略；发挥人民民主，严厉镇压反革命活动”的任务。22日选举市府委员，陈毅当选为市长。

■ 10月25日　中国人民志愿军入朝参战。

■ 11月2日至4日　在上海海南路10号召开的华东军区高干会议上，深刻讲述自朝鲜战争爆发以来的形势任务，指出目前最主要的工作还是“加紧剿匪肃特，巩固后方，完成土改”。党政军民全体动员，政治上仇美，提高斗志；军事上加紧练兵，提倡在战斗中建军，建设海军、空军，整顿部队，建设后勤工作。

■ 12月6日　美国宣布对中国全面禁运。上海市军管会从12月30日开始，对美国在沪企业中的150个单位实行军事管制。

1951年　50岁

■ 1月9日　在新当选的市长、市府委员就职大会上报告1951年的工作任务。

■ 1月13日　在报纸上公开指示：“一切失足分子只有向人民悔过立功才是出路。”

■ 1月15日　代表中央军委到南京军事学院成立大会上致祝辞，并向刘伯承院长授旗。

■ 1月中旬　在华东军区炮兵司令部、工兵司令部成立大会上发表《增加新知识，学习新技术》的演说。

■ 2月3日　在南京军事学院学员干部大会上作《论正规化现代化国防军的建设》的讲话。

■ 3月　赴福建前线视察。

■ 5月　出席华东军区及第三野战军历时半月的文艺、体育大检阅。

■ 6月18日　与刘伯承在安徽临淮关组织步兵师江河进攻战斗实兵演习。这是解放军第一次多兵种协同作战的大演习。

■ 6月末　为纪念建军24周年，发表《学习毛主席的马列主义的创造作风》。

1952年　51岁

■ 2月20日　在上海工人“五反”运动代表会议上讲话。当晚，在上海市委共产党员干部大会上对“三反”运动作指示，并宣布对15名干部的处分。3月10日，又在中共华东局干部党员大会宣布对7个干部的处分。

■ 6月1日　庆祝“六一”儿童节，参加广播大会。晚，向在逸园举行营火晚会的3000多少儿代表讲话。

■ 6月11日　在南京汤山为军事学院、总高级步校、华东炮兵联合实弹射击和航空兵轰炸示范演习作总结。

■ 10月　参加中国共产党代表团赴莫斯科出席苏共“十九大”，12月28日返抵北京。

1953年　52岁

■ 3、4月　亲自检查上海里弄工作，并召集普陀区南英华里等里弄工作人员谈话做调查。

■ 6月25日　在上海第三届人代会三次会议讨论帝国主义天主教进行阴谋活动问题时作重要讲话。

■ 10月10日　在华东各地工商界、民主党派代表人士座谈会上谈公私合营和总路线问题。

■ 11月12日　向上海1.4万余教授、科学家、艺术家、教育家等作“关于过渡时期总路线和总任务”的报告。

■ 12月4日　到北京参加全国军事系统高级干部会议，作关于坚持部队政治工作制度的发言。

■ 12月7日至次年1月26日　出席军事系统高级干部会议，参加揭发高岗、饶漱石反党联盟的斗争。

■ 12月7日　夜，到玉泉山向毛泽东主席谈华东执行总路线的情形。

■ 12月9日　夜，在颐年堂毛泽东召集的会议上讨论国家资本主义的实行、进展问题。

■ 12月13日　夜，毛泽东召陈毅谈话，谈及高岗、饶漱石两人的问题，提出要警惕非法活动。20日上午，毛再次召集谈话，强调党内团结，认为高、饶案情已大白。

■ 12月　出席军事系统高干会议后，中共中央决定修改中国人民解放军政治工作条例，受命与罗荣桓、谭政一道主持修改工作。在陈、罗、谭主持下，修改工作很快完成，并于翌年4月15日经中共中央和中央军委批准颁布实行。

1954年　53岁

■ 1月12日　出席中共中央政治局会议，通过增强党内团结的决定和召集中共七届四中全会的议程。

■ 2月6日　出席中共七届四中全会。在会上作了题为《为增强党的团结和巩固与提高中央的威信而斗争》的发言。会后，与邓小平、谭震林主持饶漱石问题的座谈会。

■ 3月4日　在怀仁堂向2000余高、中级干部传达饶漱石问题。

■ 4月　出席中共中央华东局扩大会议。作传达四中全会精神的发言（这发言被毛泽东称赞为“能概括，有点理论了”）。后又作传达四中全会内容的报告。

■ 5月　赴山东检查中共山东分局的工作，解决积累的问题，历时40天。

■ 6月22日　毛泽东与陈毅谈话，说："路遥知马力，事久见人心。"

■ 6月26日　毛泽东与陈毅谈话，说："希望今冬与震林同来中央工作。"

■ 6月　任中央人民政府人民革命军事委员会副主席。

■ 9月　出席第一届全国人民代表大会第一次会议，被任命为副总理、国防委员会副主席。其后于10月31日，经国务院常务委员会决定，分任常务副总理，兼管科学院、政法、文化工作，也参与国防工作（上海市市长职务不变）。

■ 本月　任中共中央军事委员会委员。

■ 10月3日至27日　率中国人民友好代表团访问德意志民主共和国。其后于12月11日完成《关于德国问题的材料》、《出国见闻》；又于12月17日向毛泽东详谈西德问题。

■ 11月22日至12月26日　掌握第三次全国民政工作会议，扭转了民政系统以管政权建设为主的错误方针，批判了"民主建政"的错误口号。

■ 12月5日至翌年1月8日　召集和掌握全国扩展公私合营工业计划会议。其间12月30日至翌年1月5日召集私营工商业问题座谈会。两会解决了调整公私关系，统筹兼顾，党内外协商和适当地扩展公私合营工业等问题。

1955年　54岁

■ 1月4日　出席中共中央军事委员会，商讨各大区人事安排和旅大接收等问题。又参加中共中央政治局会议，通过各省、市名单和中央管理干部名单。

■ 1月20日夜23时　应召到毛泽东主席处开会，讨论浙江一江山岛攻下后，准备攻大陈岛问题，并研究美国提出停火的真实意图。

■ 1月23日　返上海工作。其后出席中共上海局、上海市委和市人大会议，并听取浙江、江苏等省工作汇报。

■ 3月5日　周恩来总理召集汇报会，陈毅谈科学院问题和援助越南问题，习仲勋谈西藏等问题。出席9日国务院研究西藏问题的会议和10日周总理欢迎西藏两活佛和西藏僧俗官员的招待会，并参加12日送达赖、班禅返西藏。

■ 3月17日　中共中央批转陈毅关于全国扩展公私合营工业计划会议和关于召开私营工商业问题座谈会的报告，希全国各地"认真研究并组织贯彻"。

■ 4月　随周恩来为团长的中国代表团参加在印尼万隆召开的第一次亚非会议。

■ 5月10日　国务院再次分工，确定陈毅分管第一、第二办公室，民族事务和科学、卫生工作。

- 9月27日　在中南海怀仁堂由毛泽东授予中华人民共和国元帅军衔和一级八一勋章、一级独立自由勋章、一级解放勋章。
- 10月4日至11日　出席中共七届六中全会。此次会议通过《关于农业合作化的决议》。在会上作了重要发言。

1956年　55岁

- 1月上旬　参加《1956年至1967年全国农业发展纲要》（草案修正稿）的起草和修改；并参加中央关于知识分子问题的指示及周恩来关于知识分子问题的报告的修改。
- 1月18日　应召到中南海游泳池讨论农业发展纲要向党外动员征求意见问题，毛泽东面托陈毅与彭真协办。
- 1月24日　中共中央批复民族事务委员会共产党党组《关于庆祝西藏自治区筹备委员会成立和去西藏进行访问组织中央代表团的几项问题的请示》，指定陈毅为代表团团长。于1月下旬起即大力投入此工作。
- 1月26日　向中央机关干部大会作《关于全国农业发展纲要草案的报告》。
- 2月　就任全国科学规划委员会主任，领导编制全国科学技术发展远景规划。
- 3月16日　率中央代表团离京赴藏。
- 4月17日至6月4日　在西藏进行访问活动。其中4月22日在拉萨庆祝西藏自治区筹备委员会成立大会上代表中央致贺词；5月10日至19日访问后藏日喀则。6月4日，离藏东返。
- 6月中旬起　参加中共第八次全国代表大会的筹备工作。
- 7月　参加中共上海市代表大会。
- 9月15日起　参加中国共产党第八次全国代表大会，作《目前国际形势和我们的外交政策》的报告。在八届一中全会上，当选为中央政治局委员。
- 10月1日起　陪印尼总统苏加诺赴各地参观访问，途经沈阳、杭州、广州等地，直送至昆明返国。
- 10月28日　出席科学规划会议。因工作将主要转向外交方面，根据中央指示把领导科学技术的工作移交聂荣臻承担。
- 11月1日　突发脑贫血，在印度大使的宴会上晕倒，被送入北京医院诊治。经诊断患有多种心、脑疾病，系疲劳过度引起。
- 11月22日　病愈出院，院方建议择地休养。
- 11月23日　经中共中央批准离京赴广东从化休养。

1957年　56岁

- 1月4日　与罗荣桓、邓子恢联名向中央提出《关于开发海南岛的意见》，指出：海南岛确是值得迅速、大规模地开发的地方，不论从经济上、政治上、国防上着眼，开发工作仍应提前进行为宜，建议除将修建南渡江上游的大水库和发电站列入第二个五年计划外，便是有计划地移民。意见书中提出了动员海南军区复员军人留岛屯垦的设想，认为留下的复员军人还是以组织国营农场的形式为适当。这样不仅可以训练大批将来开发海南岛国营农场的骨干，而且在开发海南生产的示范与推动上，意义也很大。

■ 2月5日　由南方返京。

■ 4月4日　继续在家中休养。上午，周恩来、邓颖超和朱德来访，对其健康状况甚表关切。

■ 6月4日　下午，从阅读参考材料得知：一些地方发生学潮，坏分子、反革命分子趁机活动，资产阶级和民主党派中出现了一些新动向，共产党的弱点也明显暴露，特别在肃反与思想改造方面反响很大。当晚，朱德来访，与之谈了自己的忧虑。

■ 6月17日　中南海颐年堂来电话，问能否参加会议。陈立即前往。此会系毛泽东主持，主要听取各地整风反右情况的汇报。

■ 8月1日　撰写的《人民解放军如何教育了我》一文发表。当晚9时，出席中共中央政治局会议。

■ 8月21日　出席政治局会议，通过农业发展纲要四十条修改稿。

■ 9月20日至10月9日　出席中共八届三中全会。

■ 10月15日　上午与周恩来总理谈话，决定正式恢复工作，先暂时分管外事、文化和贸易等项工作。

■ 10月16、19、26、30日　出席国务院常会，讨论统一调拨、商业市价、三门峡的修建计划和培养工人阶级的技术干部队伍等问题。

■ 12月18日　出席中央军委会议，讨论军民用工业结合问题，明确主张军事工业宜加以掌握和提高，而不应减弱，即只宜在不妨碍军工的条件下做些民用产品。

1958年　57岁

■ 2月5日　出席中共中央政治局会议。会上通过政府各部名单，内定由陈兼任外交部长。11日，正式公布这一任命。

■ 2月14日至21日　随同周恩来总理率代表团访问朝鲜，并安排中国人民志愿军在年内全部撤军。17日，在志愿军总部讲话。

■ 2月23日　在京中央委员、候补中央委员70余人在中南海颐年堂听取周恩来作访朝报告，陈与张闻天、粟裕作补充。

■ 2月24日　应召与周恩来谈日本问题，准备与日本八幡钢铁代表团谈判长期贸易合同。下午与周恩来出席外交部党组扩大会，正式履行外交部长一职。

■ 3 月 4 日　为集中精力从事外交工作，经毛泽东主席批准辞去上海市市长职务。

■ 5 月 27 日至 7 月 22 日　出席中央军委召开的有高级干部 1000 多人参加的军委扩大会，7 月 14 日至 15 日在会上作长篇发言。

■ 7 月 31 日至 8 月 3 日　接待苏共中央第一书记、苏联部长会议主席赫鲁晓夫访华，并多次参加会谈。

■ 8 月 25 日至 9 月中旬　陪同来华访问的柬埔寨国家元首西哈努克到外地参观。

■ 9 月 27 日　为原子反应堆和回旋加速器建成剪彩。

■ 12 月 3 日　陪来访的朝鲜民主主义人民共和国首相金日成率领的朝鲜政府代表团到外地参观。

1959 年　58 岁

■ 1 月 26 日　与民主德国外长博甫次博士会谈。先后向刘少奇和毛泽东报告会谈情况，得到一致赞同。

■ 2 月　撰写《忆三年游击战争》一文。

■ 3 月 11、12 日　与刘少奇等中央领导人谈西藏问题。

■ 3 月 21 日　赴刘少奇处讨论西藏平叛问题，然后去周总理处讨论平叛涉及的外交措施问题。

■ 4 月 19 日　11 时，应召到毛泽东处谈印度干涉西藏问题。

■ 4 月 25 日　夜，与毛泽东、周恩来谈对印度政策。

■ 7、8 月　庐山会议期间，受命留守北京，主持国务院日常工作。

■ 9 月 26 日　中共中央组成新的军事委员会，毛泽东为主席，林彪、贺龙、聂荣臻为副主席，陈毅与朱德、刘伯承、邓小平等为常委。

■ 9 月底至 10 月初　赫鲁晓夫访问北京，陈毅参加会谈，坚持独立自主原则。

■ 10 月 20 日　中央在怀仁堂集会谈国内外形势，陈毅出席。

■ 10 月 23 日　毛泽东处集会谈国内外形势，陈毅应召参加。

1960 年　59 岁

■ 1 月 5 日至 17 日　赴上海出席中共中央全会扩大会。会议期间，陈毅等应召同毛泽东谈话，就政治经济学、修正主义、文艺方针、政治形势等方面作广泛交谈，又到周恩来处谈对日声明等问题。

■ 1 月 26 日　夜，到刘少奇处谈中缅问题，主张与缅甸签订协定和中缅友好条约。

■ 4 月 13 日　随同周恩来总理出访缅甸、印度、尼泊尔、柬埔寨、越南等 5 国。

■ 5 月 16 日　回到武汉。夜，与周恩来向正在武汉的毛泽东汇报出访 5 国情况，又谈及中美关系、中苏团结等问题。

■ 5月27日　出访蒙古。

■ 7月16日　苏联片面决定撤回苏联专家，通知从7月28日起至9月1日全部撤回。陈感叹“赫公把文章作绝”，实等于逼中国自力更生，中国决不会因此而屈服。

■ 8月21日至27日　访问阿富汗，参加其独立42周年庆典，签订了中阿友好和互不侵犯条约。

■ 9月14日至10月20日　中央军委召开扩大会议。陈毅在会上作国际形势与外交的发言。

■ 10月4日　陪缅甸奈温将军到中国南方参观访问。

■ 12月20日　陪柬埔寨西哈努克亲王赴中国南方参观。

■ 12月30日　赴缅甸进行友好访问。

1961年　60岁

■ 1月1日至20日　在缅甸参加该国独立13周年纪念活动，互换中缅边界条约批准书，随带歌舞队、体育队出访。

■ 2月22日　晚7时，在刘少奇处出席中央常委会，谈国内工作，着重计划落实，该下马的下马，该保的力保。

■ 3月13日　接周恩来通知，中央常委赴广州开会期间，留陈毅、陆定一、罗瑞卿、薄一波在京工作。又与周谈人民公社问题。陈主张因地制宜，实事求是，管理体制多样化，以鼓舞群众积极性为主，否则不能解决问题。

■ 3月26日　率友好代表团访问印度尼西亚共和国，接受印度尼西亚二级共和国勋章。

■ 5月9日至6月中旬　率领代表团赴瑞士参加关于老挝问题的扩大的日内瓦会议，与美国作针锋相对的斗争，促使会议得以有成效地进展。

■ 9月6日　与平杰三谈处理30万右派问题。陈认为失之过左，宜从宽处理，争取他们站在革命道路上。

1962年　61岁

■ 1月11日至2月7日　在北京参加中共中央召开的扩大的工作会议（七千人大会）。

■ 3月上旬　在广州向全国科学家会议和全国话剧、歌剧、儿童剧创作座谈会作了著名的“广州会议讲话”，向知识分子行“脱帽礼”。

■ 7月　赴日内瓦签署《关于老挝中立的宣言》和议定书。

1963年　62岁

■ 3月1日　赴机场迎接巴基斯坦外长布托，并与布托会谈。

■ 3月2、3日 陪刘少奇主席、周恩来总理接见布托，并参加中巴边界条约签字和与布托继续会谈。
■ 3月6日至10日 赴机场迎接老挝国王和富马首相，陪毛主席、刘主席会见和宴请老挝贵宾，陪同老挝贵宾在北京和外地参观。
■ 4月12日至26日 陪刘少奇出访印尼、缅甸。
■ 5月1日至6日 陪刘少奇主席出访柬埔寨。
■ 5月10日至16日 陪刘少奇主席出访越南。
■ 6月13日至23日 接待朝鲜崔庸健委员长访华，陪同党和国家领导人对崔的接见和会谈，并陪崔前往东北各地参观访问，直到送其返国。
■ 7月1日 与聂荣臻到五院参观东风一、二号火箭。
■ 7月8日 与聂荣臻参观自动控制研究院。
■ 8月4日至10日 接待索马里总理访华，并陪同游览和参与会谈。
■ 9月 “围棋外交”取得成功。接受日本棋院赠送的名誉七段证书。10月13日设宴招待日本围棋代表团。次年12月，日本29位最著名围棋手发表呼吁书，号召日本800万围棋爱好者参加要求恢复日中邦交征集3000万人的签名运动。
■ 10月23日至11月2日 通过法国战斗报记者与谢黎同法国前总理富尔首次接触，并陪同中共中央和国家领导人多次接见和会谈，为后来中法建交铺平了道路。
■ 12月9日 赴肯尼亚参加独立庆典。
■ 12月13日 从肯尼亚出发，随同周恩来总理访问亚洲、非洲诸国和阿尔巴尼亚。

1964年 63岁

■ 1月27日 中法建交。这是西方大国第一个同中国建交，轰动世界。
■ 1、2月 继续在亚洲、非洲诸国和阿尔巴尼亚访问。
■ 4月9日至15日 率代表团到印度尼西亚雅加达参加第二次亚非会议筹备会议。经过坚韧的、有理有节的斗争，使筹备会对印度提出的邀请苏联参加亚非会议的提案以“没有得出一致意见”的决议案作罢。
■ 7月5日至9日 出访越南。
■ 7月10、11日 出访缅甸。
■ 8月18日 与聂荣臻听科学讨论会汇报。
■ 8月31日 出席北京科学讨论会闭幕式。
■ 10月下旬至11月初 访问阿尔及利亚、阿联、巴基斯坦。
■ 11月8日 启程去金边参加柬埔寨独立庆典，飞机直接通过美军飞机封锁的地区。13日返抵南宁。
■ 11月26日至12月6日 出访印尼、缅甸。

1965年　64岁

■ 2月　和周恩来总理一起两次接待访越过境的苏联部长会议主席柯西金，建议毛泽东主席与柯西金作了谈话。

■ 3月　访问尼泊尔、阿富汗和巴基斯坦。

■ 4月初　与周恩来总理赴印度尼西亚参加万隆会议十周年纪念。此行途中，与周总理秘密访问美机轰炸中的越南河内，与越南领导人商量安排援越物资的品类、数量、运输等问题。

■ 6月下旬　赴开罗转阿尔及尔参加第二次亚非会议的外长会议，途中，阿尔及利亚发生政变，到阿尔及尔争取外长会议如期召开未成。

■ 9月初至中旬　访问巴基斯坦、叙利亚、阿尔及利亚、马里、几内亚、阿富汗六国。

■ 9月下旬　陪同西哈努克亲王沿长江航行观光。

■ 9月29日　在北京举行中外记者近300人的记者招待会，畅谈对国际国内一系列问题的看法与态度。

1966年　65岁

■ 3、4月　与张茜陪同刘少奇主席及夫人王光美访问巴基斯坦、阿富汗、缅甸。

■ 4月中旬　出席中共中央在杭州召开的批判“二月提纲”的政治局会议。

■ 5月4日至26日　出席在北京召开的中共中央政治局扩大会议。16日，会议通过《中国共产党中央委员会通知》(“五一六通知”)。

■ 6月　向外交系统派出8个工作组，并态度鲜明地支持工作组的工作。

■ 6月27日　主持召开亚非作家紧急会议，并代表中国政府致贺词，坚决抵制造反派对大会的冲击。

■ 7月25日　毛泽东召开会议，决定撤销工作组，并于次日政治局会议上宣布：派工作组犯了方向路线性错误。会后，陈毅说：我们现在是乾纲独断。

■ 8月1日至12日　出席中共八届十一中全会。全会通过《中国共产党中央委员会关于无产阶级文化大革命的决定》(“十六条”)。

■ 8月　出席外交系统各单位批斗工作组的大会，为各工作组承担责任，并教育造反派。电话劝止包头钢铁厂造反派企图批判游斗苏联专家的行动。在外交部红卫兵成立大会上拒绝当“红司令”。派人劝阻外交部造反派的抄家行动。

■ 9月下旬　在国务院的总结会上，陈毅主持进行的外事口的“文化革命”运动因坚持了共产党的领导受到好评。

■ 10月初　宴请华东各省第一书记，讲伯恩斯坦背叛马克思、恩格斯，赫鲁晓夫背叛列宁、斯大林，现在又有人大捧毛主席，提出：“他不当叛徒，我不姓陈！”

- 11月13日　与叶剑英、贺龙、徐向前在工人体育馆和8万多名军队院校学员见面。发表讲话，教育学员们听从党委领导，学好路线斗争，并批评极左的思想行动。
- 11月29日　在工人体育馆再次接见上访军校学员，发表讲话。两次讲话稿传遍全国。
- 11月30日　在工人体育馆向一万多上访工人讲国际形势及我国国际地位的提高，勉励工人们回去抓革命、促生产。

1967年　66岁

- 1月24日　在人民大会堂向学生和群众作了检查，周恩来总理作了总结。陈毅成为第一个获得“解放”、恢复工作的副总理。
- 1月28日　毛泽东签发了稳定军队的“八条”命令。
- 2月13、16日　在怀仁堂的中央碰头会上就坚持共产党的领导、保护干部的大多数、稳定军队等与谭震林、李先念、李富春、叶剑英、徐向前、聂荣臻等一起向野心家、阴谋家们作斗争，被污蔑为所谓大闹怀仁堂的“二月逆流”。
- 2月16日夜　在中南海外事口会议室接见归国留学生代表，讲话长达7小时，向野心家、阴谋家们猛烈开火，并说文化大革命的后遗症10年、20年不治。
- 2月19日至3月18日　因所谓“二月逆流”而一再受到错误批判。
- 7、8月　野心家们煽起对陈毅的揪斗高潮。周恩来坚决保护陈毅。在毛泽东批判王力“八七讲话”（煽动夺外交大权的讲话）为“大大大毒草”之后，造反派的气焰稍减。

1968年　67岁

- 2月13日　外交部大字报栏贴出91位司长、大使联名写的大字报《揭露敌人，战而胜之——批判“打倒陈毅”的反动口号》。之后，大字报的91位署名者在“中央文革”策动授意下大受批判。陈毅为保护他们，鼓励他们揭发自己。
- 10月13日至31日　出席在北京举行的中共八届十二中全会。见宋时轮为不肯揭发陈毅而挨批判，鼓励宋时轮揭发。

1969年　68岁

- 2月初起　到京郊南口车辆厂蹲点，调查研究，每周写调查报告。
- 3月5日起　在毛泽东、周恩来布置下，与叶剑英、徐向前、聂荣臻每周一次举行国际形势座谈会。陈毅向中央建议恢复中美大使级会谈，打开中美关系的冰冻状况。座谈会共举行23次，至10月18日终了。

■ 4月1日至24日　出席在北京举行的中共第九次全国代表大会。被张春桥等诬蔑为“右派代表”。会上当选为中央委员。

■ 4月28日　出席中共九届一中全会。会上当选为中央军委副主席。

■ 10月　以“战备疏散”名义被下放到石家庄。

1970年　69岁

■ 7月　开始腹痛并伴有腹泻。

■ 8月28日至9月6日　出席中共九届二中全会。因不了解党内斗争新情况，发言中维护毛泽东是在实践中群众中锻炼出来的天才，被诬为“二陈合流”。

■ 10月21日　因腹痛加剧，消瘦日甚，回北京。26日方为三〇一医院收治，住院56天，无一次会诊，肠癌竟未发现。

1971年　70岁

■ 1月16日　三〇一医院以患阑尾炎为其手术，结果发现是肠癌，已有局部转移。手术后，经日坛医院吴桓兴院长门诊放疗，略有恢复。

■ 5月1日　焰火之夜，最后一次登天安门城楼，会见毛泽东、周恩来及来宾。癌症已由肺转移。

■ 8、9月　在北戴河与朱德、聂荣臻一同疗养，度过最后一个生日。

■ 9月　“九一三”事件后，中央召集老同志座谈会。陈毅作最后的战斗，两次长篇发言揭发林彪历史真实面目。

1972年　71岁

■ 1月4日　向妻子儿女作最终嘱咐：“……一直向前……战胜敌人……”

■ 1月6日23时55分　逝世于北京日坛医院。

■ 1月10日　追悼会。毛泽东亲临志哀，说：“林彪是反对我的，陈毅是支持我的。”“他是我们党的一个好党员、好同志。”

后 记

张衡赋“二京”，左思赋“三都”，均历时十年。刘勰慨叹：“虽有巨文，亦思之缓也！”

《陈毅传》是在中央军委和总政治部的关怀、指导下，在中共南京军区党委、军区政治部的具体领导下编写的。我们认为，一位革命的伟人，在总体上都是值得崇敬和歌颂的，但他也有其局限性，为其立传也不应一味地崇拜和歌颂，而要坚定地实事求是地步入传主的实际。陈帅博学多才，兼资文武。要为这样一位开国元勋立传，作者与传主之间的距离岂是十年行程所能消弭的！仅仅为了尽可能缩减这个距离，我们不得不“长行军”、“强行军”；但也深信，凭借陈帅声震寰宇的赫赫功名和他在全国各族人民心中的德望，编写工作定是多助而能逐步完成的。

立传的首要条件是充分占有真实材料。编写组自 1979 年冬成立后，便千方百计地“抢救‘活’材料（口述、回忆），发掘‘硬’材料（档案、文献）”。我们效法蜜蜂采集花粉，奔向陈帅的亲友、历史事件的当事人、知情人（包括部分过去的敌人）采访。十年访问，超过 1000 人次。其中包括数十位颇有威望的党、政、军高级领导人和知名人士。许多耄耋老人的忆述是从病榻上获得的。有的访问未竟，人已谢世，更使人悟到抢救任务之迫切。我们又学钻井采矿，频繁进出于“勘探现场”——档案馆、博物院、图书馆、文化馆、革命纪念馆、史迹陈列馆、地方史志办公室，以及中共党史资料征集研究系统和政协系统的文史资料部门，查阅档案文书及图片、实物。一旦发现“矿苗”，立即开发，锲而不舍，务求见底。当然这“底”并非朝夕之功所能见到的。

中央军委决定为陈帅立传是得人心的事。我们的采访，处处“绿灯”。热心的人们积极讲述历史故事，提供资料线索，引导实地调查，展示研究成果，帮助核对史实，安排食宿交通……可谓无微不至。十年间，各档案馆（如中央、中共中央办公厅秘书局、国务院办公厅秘书一局、解放军、外交部、中共上海市委、南京军区等档案馆、处）、博物馆（如中国革命博物馆、中国人民革命军事博物馆）、军事科学院图书馆、解放军画报社资料室，以及有关的历史资料丛书编委会办公室等提供的档案资料；许多省、市、自治区（尤其是部分革命老区，如江西的赣州、吉安，闽西的龙岩，粤北的韶关，湘南的郴州，陕北的延安，以及苏南的茅山，苏北的盐阜、淮海，皖北的宿县、淮北，皖南的芜湖、宣城，山东的临沂、泰安，还有陈帅的故乡——四川乐至等）的党、政机关及所属各级组织提供的巨大帮助；各大军区、国防大学和有关的省军区、集团军、军分区、人民武装部给予的有力支持；还有许多从书信、电话中传输而来的珍贵史料、编写意见和关怀、鼓励。这一切给了我们以必要的条件，使我们能在《当代中国》丛书及国防军事卷两级编委会、办公室的组织指导下，整理素材，编制纲目，撰写书稿。

传记纲目经南京军区党委讨论通过后送审，得到许多党、政、军领导人的认可，中央军委邓小平主席更欣然为《陈毅传》题写书名。在初稿完成后，国防军事卷办公室在北京主持召开了书稿讨论会；中央文献研究室、中央档案馆、外交部外交史编辑室、军事科学院军事历史研究部等单位提出了许多指导性的意见；一批老革命家或亲笔修改，或当面指点，或函、电校正，帮助极大；而长期以来不断给我们以真诚帮助的毛泽东、周恩来、朱德、刘少奇、任弼时、彭德怀、刘伯承、贺龙、罗荣桓、徐向前、聂荣臻、叶剑英等研究组、传记组提出的许多意见都是富有建设性的。

经过中央军委战史军史编审委员会和中共南京军区委员会两级审定，在《当代中国》丛书编委会及其编辑部的主持下，《陈毅传》得以作为《当代中国人物传记》丛书的一卷出版了。这是中共中央书记处、中央军委早有的要求和广大读者的愿望，也是十年间南京军区和军区政治部历届领导人连续努力、加强领导的成果。《陈毅传》如能得到广大读者的欢迎，有助于人们对陈帅的了解与研究，那么，我们希望广大读者和我们一起，向曾经直接、间接地给予编写工作以指导、帮助和支持的所有机关、团体和个人致谢！没有他们的共同努力就没有这部《陈毅传》。

《陈毅传》的出版，仅仅是对陈毅元帅系统认识和综合研究的初步而不是完成。伟大时代造就了一代英雄。陈帅是当之无愧的一位大英雄。“陈毅”这个大题目的内蕴是很丰富的。更广、更深、更艰巨的材料发掘、整理和系统研究工程有待加倍努力。由于主、客观条件的局限，书中会有不少缺陷和错误，敬请读者批评指正，以便来日修订。

南京军区《陈毅传》编写组